BILINGUAL

हिन्दी और अंग्रेजी के साथ

CTET

(CENTRAL TEACHER ELIGIBILITY TEST)

PAPER - 1 & PAPER - 2

CDP

Child Development & Pedagogy

बाल विकास एवं शिक्षाशास्त्र

SACHIN ACADEMY

SACHIN ACADEMY

GET IT ON Google Play

YOUTUBE

SACHIN CHOUDHARY

SACHIN ACADEMY

INVINCIBLE
Publication Private Limited

Published by
Invincible Publication Pvt. Ltd.
1103-A, 11th Floor, SAS Tower, Sector 38, Gurugram – 122003
Phone: +91-124-4034247
www.invinciblepublishers.com

CTET CDP BY SACHIN CHOUDHARY

First Edition 2024
This edition can be exported from India only by Invincible Publication.

ISBN-13: 978-93-58864-97-7

Invincible Publication Pvt. Ltd.

Sales Office : 4760-61/23, Basement, Pratap Street, Ansari Road,
Daryaganj, New Delhi - 110002
Phone: +91-11-40198405
Email: invinciblepublishers@gmail.com

TABLE OF CONTENT

UNIT - 1

GET IT ON Google Play

YOUTUBE

CHAPTER -1

GROWTH AND DEVELOPMENT
(वृद्धि एवं विकास)

1. Assertion (A): While some children start babbling and uttering two word sentences at 12 months, others don't do this till they are 20 months old.

Reason (R): Development milestones are only suggestive and development of individual children can be quite varied.
Choose the correct option.
(1) (A) is true but (R) is false.
(2) Both (A) and (R) are false.
(3) Both (A) and (R) are true and (R) is the correct explanation of (A).
(4) Both (A) and (R) are true but (R) is not the correct explanation of (A).

अभिकथन (A): जबकि कुछ बच्चे 12 महीने की उम्र में वड़बड़ाना और दो शब्दों का वाक्य बोलना शुरू कर देते हैं, अन्य 20 महीने की उम्र तक ऐसा नहीं करते हैं।

कारण (R) : सही विकल्प चुनें। विकासात्मक प्रतिमान केवल सांकेतिक हैं और व्यक्तिगत बच्चों का विकास काफी भिन्न हो सकता है।
(1) (A) सही है लेकिन (R) गलत है।
(2) (A) और (R) दोनों गलत हैं।
(3) (A) और (R) दोनों सही हैं और (A) की (R) सही व्याख्या करता है।
(4) (A) और (R) दोनों सत्य हैं लेकिन (R), (A) की सही व्याख्या नहीं करता है।

Ans : 3

2. Which of the following statement about development is correct?

(1) Development proceeds from specific to general.
(2) Different aspects of development are independent to each other.
(3) Development is a discontinuous process.
(4) Development occurs in a spiral manner, not linear.

विकास के सन्दर्भ में निम्नलिखित में से कौन-सा कथन सही है?
(1) विकास विशिष्ट से सामान्य की ओर बढ़ता है।
(2) विकास के विभिन्न पहलू एक-दूसरे से स्वतंत्र होते हैं।
(3) विकास एक असतत प्रक्रिया है।
(4) विकास चक्रिय तरीके से होता है, रैखिक नहीं।

Ans : 4

3. Growth in height and weight of children is an example of:

(1) Change in affective domain
(2) Change in cognitive domain
(3) Quantitative change
(4) Qualitative change

बच्चों की लम्बाई और वजन में वृद्धि किसका उदाहरण है?
(1) भावात्मक परिवर्तन
(2) संज्ञानात्मक परिवर्तन
(3) मात्रात्मक परिवर्तन
(4) गुणात्मक परिवर्तन

Ans : 3

4. Assertion (A): During adolescence the pressures to conform to gender expectations and follow conventions of femeinity or masculinity increases.

Reason (R): Gender and gender roles are determined biologically.
Choose the correct option.
(1) Both (A) and (R) are true and (R) is the correct explanation of (A).
(2) Both (A) and (R) are true but (R) is not the correct explanation of (A).
(3) (A) is true but (R) is false.
(4) Both (A) and (R) are false.

अभिकथन (A): किशोरावस्था के दौरान जेंडर अपेक्षाओं के अनुरूप स्त्रीत्व या पुरुषत्व की परंपराओं का पालन करने के लिए दबाव बढ़ जाता है।

कारण (R): जेंडर और जेंडर भूमिकाएँ जैविक रूप से निर्धारित की जाती हैं।

सही विकल्प चुनें।
(1) (A) और (R) दोनों सही हैं और (A) की (R) सही व्याख्या करता है।
(2) (A) और (R) दोनों सही हैं लेकिन (A) की (R) सही व्याख्या नहीं करता है।
(3) (A) सही है लेकिन (R) गलत है।
(4) (A) और (R) दोनों गलत हैं।

Ans : 3

5. Sensitive periods are those time periods during which certain _____ are especially important for course of 'normal' development.

(1) genetic predispositions
(2) ethnic factors
(3) environmental factors
(4) hereditary factors

संवेदनशील अवधि वह समय अवधि होती है जिसके दौरान कुछ ________ विशेष रूप से 'सामान्य' विकास के लिए महत्वपूर्ण होती हैं।

(1) उत्पत्तिमूलक कारक
(2) मानवजाति कारक
(3) पर्यावरणीय कारक
(4) वंशानुगत कारक

Ans : 3

6. Change and stability in emotions, personality and social relationships together constitute:

(1) Personality development
(2) Emotional development
(3) Psychosocial development
(4) Cognitive development

भावनाओं, व्यक्तित्व और सामाजिक संबंधों में परिवर्तन और स्थिरता किस विकास में शामिल हैं?

(1) व्यक्तित्व विकास
(2) भावनात्मक विकास
(3) मनोसामाजिक विकास
(4) संज्ञानात्मक विकास

Ans : 3

7. Sneha's height is growing very fast and now her hand can easily reach the handle of her long cupboard from which she can open the cupboard very easily. Sneha's change in height is called__________

(1) Scaffolding (2) Growth
(3) Learning (4) Adaptation

स्नेहा का कद बहुत तेजी से बढ़ रहा है और अब उसका हाथ उसकी लंबी अलमारी के हैंडल तक आसानी से पहुँच सकता है जिससे वह बहुत आसानी से अलमारी खोल सकती है। स्नेहा के कद में बदलाव कहा जाता है? कहा__________

(1) पाड़ (2) वृद्धि
(3) सीखना (4) अनुकूलन

Ans : 2

कद बढ़ना = वृदि है। वृद्धि मात्रात्मक (quantitative) होती है जो परिपक्वता (maturation) के बाद रुक जाती है।

8. At which age can children engage in word play and like jokes and riddles that involve a play on words?

(1) Twelve years (2) One year
(3) Three years (4) Seven years

किस आयु में बच्चे शब्दों के खेल में शामिल हो सकते हैं और ऐसे चुटकुलों और पहेलियों को पसंद कर सकते हैं जिनमें शब्दों का खेल शामिल हो ?

(1) बारह वर्ष (2) एक वर्ष
(3) तीन वर्ष (4) सात वर्ष

Ans : 4

उत्तर बाल्यावस्था middle childhood)
(6-11 वर्ष की अवस्था)

9. In early childhood, growth _____ and thinking is _____, while in middle childhood, growth _____ and thinking is _____.

(1) slows, somewhat egocentric, is steady, logical
(2) is steady, somewhat egocentric; slows, logical
(3) is steady, logical; slows, egocentric
(4) slows, logical; is steady, egocentric

प्रारंभिक बाल्यावस्था में वृद्धि _____ और सोच _____ है, जबकि मध्य बाल्यावस्था में वृद्धि _____ और सोच _____ है।

(1) धीमी, कुछ हद तक आत्मकेंद्रित; स्थिर है, तार्किक
(2) स्थिर है, कुछ हद तक आत्मकेंद्रित; धीमी, तार्किक
(3) स्थिर है, तार्किकः धीमी, आत्मकेंद्रित
(4) धीमी, तार्किक, स्थिर है, आत्मकेंद्रित

Ans : 2

10. Which of the following is a gross motor skill?

(1) Knitting
(2) Swimming
(3) Cutting along the outline of a circle on a paper
(4) Cutting along the outline of a big rectangle on a paper

निम्नलिखित में से कौन-सा स्थूल गतिक कौशल है ?

(1) बुनाई
(2) तैरना
(3) एक कागज़ पर वृत्त को रूपरेखा के अनुसार काटना
(4) एक कागज़ पर एक बड़े आयत को रूपरेखा के अनुसार काटना

Ans : 2

स्थूल गामक कौशल (gross motor skill) में मांसपेशियों muscles का ज्यादा use होता है। जैसे उछलना - कूदना (jump), दौड़ना (running), तैरना (swimming) etc.

11. Physical growth and development follow the _____ and _____ principles of development.

(1) integration (simple to complex); differentiation (complex to simple)
(2) cephalocaudal (top-down); proximodistal (inner to outer)
(3) proximodistal (top-down); cephalocaudal (inner to outer)
(4) differentiation (simple to complex); integration (complex to simple)

भौतिक वृद्धि और विकास, विकास के _____ और _____ सिद्धांतों का पालन करते हैं।

(1) एकीकरण (सरल से जटिल); विभेदीकरण (जटिल से सरल)
(2) शीर्षगामी (अवरोही); समीपस्थ (आंतरिक से बाहरी)
(3) समीपस्थ (अवरोही); शीर्षगामी (आंतरिक से बाहरी)

(4) विभेदीकरण (सरल से जटिल); एकीकरण (जटिल से सरल)

Ans : 2

Cephalocaudal शीर्षगामी (head to toe सर से पैर) & proximodistal (inner to outer आंतरिक से बाहर)

12. Assertion (A): The physical development of children is important as it also influences a child's social and cognitive development.
Reason (R): All aspects of development are inter related in childhood and greatly influence each other.
Choose the correct option.
(1) Both (A) and (R) are true and (R) is the correct explanation of (A).
(2) Both (A) and (R) are true but (R) is not the correct explanation of (A).
(3) (A) is true but (R) is false.
(4) Both (A) and (R) are false.

कथन (A): बच्चों का शारीरिक विकास महत्वपूर्ण है क्योंकि यह बच्चों के सामाजिक व संज्ञानात्मक विकास को भी प्रभावित करता है।

तर्क (R): बचपन में विकास के सभी आयाम एक दूसरे से जुड़े हुए हैं तथा एक दूसरे को बेहद प्रभावित करते हैं।

सही विकल्प चुनें।

(1) (A) और (R) दोनों सही हैं और (A) की (R) सही व्याख्या करता है।
(2) (A) और (R) दोनों सही हैं लेकिन (A) की (R) सही व्याख्या नहीं करता है।
(3) (A) सही है लेकिन (R) गलत है।
(4) (A) और (R) दोनों गलत हैं।

Ans : 1

विकास के सभी आयाम (domain) शारीरिक, मानसिक, सामाजिक आदि एक दूसरे से जुड़े है अर्थात एक दूसरे को प्रभावित करते है।

13. The principle that suggests growth follows a pattern beginning from head and then proceeding to the rest of the body is:
(1) Proximodistal principle
(2) Cephalocaudal principle.
(3) Principle of individuality
(4) Principle of uniformity

विकास का कौन-सा सिद्धांत यह सुझाता है कि विकास सिर से शुरू होता है और फिर शरीर के बाकी हिस्सों में आगे बढ़ता है:
(1) समीपदूराभिमुख सिद्धांत
(2) शीर्षगामी सिद्धांत
(3) व्यक्तिगत भिन्नताओं का सिद्धांत
(4) एकरूपता का सिद्धांत

Ans : 2

शीर्षगामी सिद्धांत (सिर से पैर की तरफ विकास होता है)

14. Typical identifying characteristics of creative children include:
(1) Rigidity for ideas.
(2) High tolerance for boredom
(3) Preference for complexity
(4) Convergent thinking

रचनात्मक बच्चों की विशिष्ट पहचान विशेषताओं में शामिल हैं:
(1) विचारों की अनम्यता
(2) ऊब के लिए उच्च सहिष्णुता
(3) जटिलता के लिए वरीयता
(4) अभिसारी सोच

Ans : 3

रचनात्मक बालक (creative child) **में अपसारी चिंतन पाया जाता है** (divergent thinking)

15. At which stage are children able to participate in games with rules, develop their athletic abilities and logical thought process also increases

though it is restricted to concrete experiences?
(1) Early childhood
(2) Middle childhood
(3) Adolescence
(4) Infancy

किस स्तर पर बच्चे नियमों के साथ खेलों में भाग लेने में सक्षम होते हैं, उनकी एथलेटिक क्षमताओं का विकास होता है और तार्किक विचार प्रक्रिया भी बढ़ जाती है, हालांकि यह ठोस अनुभवों तक ही सीमित होती है?
(1) बचपन (2) मध्य बचपन
(3) किशोरावस्था (4) शैशवास्था

Ans : 2

मध्य बचपन (middle childhood) इसे खेल की अवस्था (play age) भी कहते है

16. Development is:
(1) Disorderly
(2) Totally unpredictable
(3) Unidimensional
(4) Dynamic

विकास-
(1) अव्यवस्थित होता है।
(2) पूरी तरह से अप्रत्याशित है।
(3) एक आयामी है।
(4)गतिशील है।

Ans : 4

विकास गतिशील होता है अर्थात सबका विकास अपने ढंग से होता है, जिसमे बदलाव आता रहता रहता है।

17. The cephalo-caudal principle of development states that development proceeds from:
(1) Head to toe
(2) Toe to head
(3) Centre to extremities
(4) Extremities to centre

विकास के शीर्षगामी सिद्धांत में कहा गया है कि विकास किस प्रकार आगे बढ़ता है ?
(1) सिर से पैर की ओर
(2) पैरों से सिर की ओर
(3) केंद्र से छोर तक
(4) बाहर से केन्द्र की ओर

Ans : 1

18. Which aspect of development deals with the acquisition of skills, values and attitudes of the society and formation of healthy interpersonal relationships?
(1) Cognitive development
(2) Social development
(3) Emotional development
(4) Physical development

विकास का कौन सा पहलू समाज के कौशल, मूल्य व रवैया के अधिग्रहण व अंतर्वैयक्तिक रिश्ते बनाने से संबंधित है?
(1) संज्ञानात्मक विकास
(2) सामाजिक विकास
(3) संवेगात्मक विकास
(4) शारिरिक विकास

Ans : 2

सामाजिक विकास में बच्चा सामाजिक गुण सीखता है जैसे - समायोजन, व्यवहार, tolerate, **सहयोग, मूल्य, रिश्ते निभाना आदि।**

19. Which domain of child development deals with the affective component of child's personality-her feelings'towards people, objects and surroundings ?
(1) Physical (2) Spiritual
(3) Emotional (4) Cognitive

बाल विकास का कौन सा क्षेत्र बच्चों के व्यक्तित्व के भावात्मक घटक से संबंधित है जैसे कि व्यक्तिओं, वस्तुओं व उसके आस-पास के प्रति बच्चों की भावनाएँ ?

(1) शारीरिक (2) आध्यात्मिक
(3) संवेगात्मक (4) संज्ञानात्मक

Ans : 3

संवेगात्मक विकास में emotion, values, attitude **आदि का विकास शामिल है।**

20. In the context of physical development, children acquire ______ before achieving the capacity to use______.

(1) gross motor skills; fine muscles
(2) fine motor skills; gross muscles
(3) language; analytical reasoning
(4) analytical reasoning; language

शारीरिक विकास के संदर्भ में, बच्चे ______ पहले हासिल करते हैं फिर ______ के कौशल सीखते हैं।

(1) स्थूल गतिक कौशल; सूक्ष्म मांसपेशियों के इस्तेमाल
(2) सूक्ष्म गतिक कौशल; स्थूल मांसपेशियों के इस्तेमाल
(3) भाषा; विश्लेषणात्मक तर्क
(4) विश्लेषणात्मक तर्क; भाषा

Ans : 1

शारीरिक विकास में बच्चा पहले बड़ी वस्तुओ का प्रयोग करता है, उसके बाद उँगलियों से कार्य करता है।

21. Contemporary theories of child development view children as :

(1) blank slate who can be totally molded as per the environment.
(2) active purposeful beings who contribute substantially to their own development.
(3) having an innate plan for orderly growth that cannot be changed.
(4) genetically programmed beings who cannot do anything to alter their own course of development.

बाल विकास के समकालीन सिद्धान्त बच्चों के बारे में क्या समझ रखते हैं ?

(1) बच्चे 'कोरी पट्टी' हैं जिन्हें वातावरण के अनुकूल पूरी तरह से ढाला जा सकता है।
(2) बच्चे सक्रिय उद्देश्यपूर्ण प्राणी हैं जिनकी अपने खुद के विकास में महत्वपूर्ण भूमिका है।
(3) बच्चों के विकास की व्यवस्थित योजना जन्मजात होती है जिसे बदला नहीं जा सकता ।
(4) बच्चों के विकास की दिशा आनुवांशिक रूप से क्रमोदेशित होती है जिसे बदलने के लिए वह कुछ भी नहीं कर सकते।

Ans : 2

समकालीन सिद्धांत के अनुसार बच्चे सक्रिय ज्ञान (active knowledge) निर्माता है जो ज्ञान का निर्माण स्वयं करते है ।

22. Which of the following statement is correct in the context of development ?

(1) Development depends only on environmental factors.
(2) Development depends only on the heredity factors.
(3) Development is a temporary change of short duration.
(4) Development continues in a holistic and systematic manner.

विकास के सन्दर्भ में कौन सा कथन सही है?

(1) विकास केवल पर्यावरणीय कारकों पर निर्भर करता है ।
(2) विकास केवल आनुवांशिक कारकों पर निर्भर करता है ।
(3) विकास कम समय के लिए होने वाला अस्थायी परिवर्तन है ।
(4) विकास समग्र एवं व्यवस्थित रूप से निरंतर होता रहता है।

Ans : 4

विकास निरंतर चलने वाली प्रक्रिया है जो जन्म से मृत्यु तक चलती है।

23. In which period do children establish autonomy from the family and define personal values and goals carving their own identity?

(1) Early childhood
(2) Middle childhood
(3) Late childhood
(4) Adolescence

वह कौन सी अवस्था है जिसमें बच्चे परिवार से स्वायत्तता स्थापित करते हैं और अपने व्यक्तिगत मूल्यों एवं लक्ष्यों को परिभाषित करते हुए अपनी खुद की एक पहचान का निर्माण करते हैं?

(1) प्रारंभिक बाल्यावस्था
(2) मध्य बाल्यावस्था
(3) उत्तर बाल्यावस्था
(4) किशोरावस्था

Ans : 4

किशोरावस्था में बच्चे पहचान का निर्माण करने का प्रयास करते है । इस अवस्था में बच्चे स्वायत्त चाहते है, वह सोचते है अब हम बड़े हो गए है अपने निर्णय (decision) **स्वयं ले सकते है।**

24. Assertion (A) : In the context of physical development it is important to look at a 'range' rather than specific age to understand a child's development.

Reason (R) : There are considerable individual differences in children's growth and development.

Choose the correct option:

(1) Both (A) and (R) are true and (R) is the correct explanation of (A).
(2) Both (A) and (R) are true but (R) is not the correct explanation of (A).
(3) (A) is true but (R) is false.
(4) Both (A) and (R) are false.

कथन (A) : शारिरिक विकास के संदर्भ में बच्चों के विकास को समझने के लिए यह जरूरी है कि बजाए एक विशिष्ट उम्र को देखने के विकास की 'सीमा क्षेत्र' को देखा जाए।

तर्क (R) : बच्चों की वृद्धि व विकास में व्यक्तिगत भिन्नताएँ होती हैं।

सही विकल्प चुनें।

(1) (A) और (R) दोनों सही हैं और (R) सही व्याख्या करता है (A) की
(2) (A) और (R) दोनों सही हैं लेकिन (R) सही व्याख्या नहीं है (A) की।
(3) (A) सही है लेकिन (R) गलत हैं।
(4) (A) और (R) दोनों गलत हैं।

Ans : 1

बच्चे के विकास में व्यक्तिगत विभिन्नताएं (individual differences) का अर्थ है, हर बच्चा दूसरे से अलग है। हर बच्चे का विकास अपने ढंग से होता है, शारीरिक विकास किसी का जल्दी व किसी का थोड़ी देर से भी हो सकता है।

25. Which one of the following is not the principle of development ?

(1) Development is a sequential process.
(2) Development has no specific direction.
(3) Development is somewhat predictable.
(4) Development is a result of interplay of heredity and environmental factors.

निम्नलिखित में से कौन सा विकास का सिद्धांत नहीं है ?

(1) विकास एक क्रमानुसार होने वाली प्रक्रिया है।
(2) विकास की कोई विशिष्ट दिशा नहीं होती।
(3) कुछ हद तक विकास की भविष्यवाणी की जा सकती है।
(4) विकास आनुवंशिकता और पर्यावरण कारकों की पारस्पारिक अंतः क्रिया का परिणाम है।

Ans : 2

विकास की दो दिशाएँ है शीर्षगामी (cephalocaudal) और समीपस्थ (proximodistal)

26. The pace of child development ______.

(1) is uniform, standard and is disorderly.
(2) has individual variations and is disorderly.
(3) is uniform, standard and is somewhat sequential and orderly.
(4) has individual variations and is somewhat sequential and orderly.

बाल विकास की गति

(1) एकसमान मानकीय और अव्यवस्थित होती है।
(2) में व्यक्तिगत भिन्नताएँ होती हैं और यह अव्यवस्थित होती है।
(3) एकसमान मानकीय और कुछ हद तक सुनियोजित और क्रमानुसार होती है।
(4) में व्यक्तिगत भिन्नताएँ होती हैं और यह कुछ हद तक सुनियोजित और क्रमानुसार होती है।

Ans : 4

बाल विकास की गति में व्यक्तिगत भिन्नताएं (individual differences) अर्थात सबका विकास अलग तरीके से होता है। विकास का क्रम सुनियोजित है अर्थात विकास की अवस्थाएँ क्रमागत है जैसे 1. गर्भावस्था, 2. शैशवावस्था, 3. बाल्यावस्था, 4. किशोरावस्था, 5. प्रौढ़ावस्था,

27. Assertion (A): Learning and development are related to each other.

Reason (R): Learning creates new conditions for development.
Choose the correct option:

(1) Both (A) and (R) are true and (R) is the correct explanation of (A).
(2) Both (A) and (R) are true but (R) is not the correct explanation of (A).
(3) (A) is true but (R) is false.
(4) Both (A) and (R) are false.

अभिकथन (A) : अधिगम और विकास एक दूसरे से जुड़े हुए हैं।

कारण (R) : अधिगम विकास के लिए नई स्थितियाँ सृजित करता हैं।

सही विकल्प चुनें ।

(1) (A) और (R) दोनों सही हैं और (R) सही व्याख्या करता है (A) की ।
(2) (A) और (R) दोनों सही हैं, लेकिन (R) सही व्याख्या नहीं है (A) की ।
(3) (A) सही है, लेकिन (R) गलत है।
(4) (A) और (R) दोनों गलत है ।

Ans : 1

अधिगम और विकास एक दूसरे से जटिल रूप से जुड़े है और एक दूसरे को प्रभावित करते है।

28. Which stage of development is characterised by dealing with issues of finding one's own identity and abstract thinking?

(1) Infancy
(2) Early childhood
(3) Middle childhood
(4) Adolescence

विकास की कौन-सी अवस्था की प्रमुखता है अमूर्त सोच व अपनी खुद की पहचान खोजने की चाह ?

(1) शैशवस्था
(2) प्रारंभिक बाल्यावस्था
(3) माध्यमिक बाल्यावस्था
(4) किशोरावस्था

Ans : 4

अमूर्त चिंतन (abstract thinking) किशोरावस्था में शुरू होता है

29. Which of the following is a correctly matched pair?

(1) Infancy - 6 - 11 years
(2) Middle childhood - 2 - 6 years
(3) Formal operational stage - 11 years and above
(4) Pre-operational stage - birth till 2 years

निम्न में से किस युग्म का मिलान सही है ?

(1) शिशुवस्था 6-11 साल
(2) माध्यमिक बाल्यावस्था 2 - 6 साल
(3) अमूर्त संक्रियात्मक अवस्था - 11 साल से अधिक
(4) पूर्व संक्रियात्मक चरण - जन्म से 2 वर्ष

Ans : 3

Stage 1 - sensory motor (ज्ञानेंद्रित अवस्था) = 0 – 2 वर्ष
Stage 2 – preoperational stage (**पूर्व संक्रियात्मक अवस्था**) = 2 – 7 वर्ष
stage 3 – concrete operational stage (**मूर्त संक्रियात्मक अवस्था**) = 7 - 11 वर्ष
stage 4 – formal operational stage (**अमूर्त संक्रियात्मक अवस्था**) = 11 – 15 वर्ष

30. Which of the following is a part of the domain of emotional devidopmnerit ?

(1) Interpersonal Skills
(2) Attention and Memory
(3) Functioning of Body System
(4) Perceptual and Motor Capacities

निम्न में से कौन से संवेगात्मक विकास का हिस्सा है?

(1) अंतर्वैयक्तिक कौशल
(2) अवधान व स्मृति
(3) सारिरिक प्रणाली की क्रिया
(4) प्रतिबंध और गतिक कौशल

Ans : 1

अंतर्वैयक्तिक कौशल का अर्थ है अपने आप को दूसरो के सामने व्यक्त करने से संबंधित कौशल है

31. Assertion (A): Motor co-ordination of children as not important for learning at the school.
Reason (R): Learning and development are independent of each other.
Choose the correct option

(1) Both (A) and (R) are true and (R) is the correct explanation of (A)
(2) Both (A) and (R) are true but (R) is not the comct explanation of (A)
(3) (A) is true but (R) is false
(4) Both (A) and (R) are false.

कथन(A) : स्कूल में सीखने के लिए बच्चों के गति कौशल का समन्वय महत्वपूर्ण नहीं है।

तर्क (R) : सीखना और विकास एक दूसरे से सवतंत्र है।
सही विकल्प चुनें।

(1) (A) और (R) दोनों सही है और (R) नही करता है (A) की
(2) (A) और (R) नहीं (R) नहीं है(A) की
(3) (A) सही है लेकिन (R) गलत है।
(4) (A) और (R) दोनों गलत है।

Ans : 4

विकास और सीखना एक दूसरे से संबंधित प्रक्रिया है अर्थात एक दूसरे को प्रभावित

करते है। सिखने के लिए गति कौशल का समन्वय (Coordination) **महत्वपूर्ण है**

32. What is the role of family and peers in the development and socialization of children in middle school?

(1) Both have no role.
(2) Family does not have any role; peers have a significant role.
(3) Pers do not have any role; family has a significant role.
(4) Both have important though different roles

माध्यमिक स्कूल में परिवार व समकक्षियों की बच्चों के विकास में क्या भूमिका है?

(1) दोनों की कोई भूमिका नहीं है।
(2) परिवार को कोई भूमिका नहीं है समकक्षियों की महत्वपूर्ण भूमिका है।
(3) समकक्षियों की कोई भूमिका नहीं है परिवार की प्रमुख भूमिका।
(4) दोनों की अलग- अलग परन्तु महत्वपूर्ण भूमिका है।

Ans : 4

33. Which of the following is NOT included in physical development ?

(1) Changes in body size and proportions
(2) Functioning of body systems
(3) Perceptual and motor capacities
(4) Changes in emotional communication

निम्न में से क्या शारिरिक विकास में शामिल नहीं है ?

(1) शारिरिक आकार व अनुपात में बदलाव
(2) शारिरिक प्रणाली का कार्य
(3) प्रतिबोधिक व गतिक कौशल
(4) संवेगात्मक संप्रेक्षण में बदलाव

Ans : 4

संवेगात्मक संप्रेक्षण में बदलाव संवेगात्मक विकास कहता है, संवेगात्मक विकास यानि संवेगो का सही प्रयोग करना (emotions **को** control **करना)**

34. Physical development of a child is directly concerned with -
(i) growth rate
(ii) sensory functioning
(iii) fine and gross motor skills
(iv) interpersonal relationships
(1) (i), (iii) (2) (i), (iv)
(3) (i), (ii), (iii) (4) (i), (ii), (iii), (iv)

बच्चों के शारीरिक विकास का सीधा संबंध किससे हैं?

(i) वृद्धि दर
(ii) संवेदी प्रकार्य
(iii) सूक्ष्म और सकल मोटर कौशल
(iv) अंतर्वैयक्तिक संबंध
(1) (i), (iii)
(2) (i), (iv)
(3) (i), (ii), (iii)
(4) (i), (ii), (iii), (iv)

Ans : 3

अंतर्वैयक्तिक संबंध संवेगात्मक विकास से संबंधित है

35. Development is a ____ process that begins ____.
(1) continous life-long at the time of conception
(2) continous life-long; at birth
(3) process during childhood; at the time of conception
(4) process during childhood; at birth

विकास एक ______ प्रक्रिया है जिसकी शुरुआत ____ के समय होती हैं।

(1) जीवन भर चलने वाली, गर्भधारण
(2) जीवन भर चलने वाली जन्म
(3) बचपन के दौरान होने वाली गर्भधारण
(4) बचपन के दौरान होने वाली जन्म

Ans : 1

विकास एक निरन्तर प्रक्रिया है, जो जीवन भर चलती है। गर्भधारण से मृत्यु (womb to tomb**) तक।**

36. Assertion (A): A child has to have some neuromotor maturation before she learns to catch a ball.

Reason (R) : Learning is dependent upon development.

Choose the correct option.

(1) Both (A) and (R) are true and (R) is the correct explanation of (A)

(2) Both (A) and (R) are true but (R) is not the correct explanation of (A)

(3) (A) is true but (R) is false

(4) Both (A) and (R) are false

कथन (A) गेंद को पकड़ने के लिए सीखने से पहले एक बच्चे में कुछ गतिक परिपक्वता होनी चाहिए।

तर्क (R) सीखना विकास पर निर्भर है।

सही विकल्प चुनें।

(1) (A) और (R) दोनों सही हैं और (R) सही व्याख्या करता है (A) की

(2) (A) और (R) दानों सही हैं लेकिन (R) सही व्याख्या नहीं है (A) की

(3) (A) सही है लेकिन (R) गलत है।

(4) (A) और (R) दोनों गलत है।

Ans : 1

(A) और (R) दोनों सही हैं और (R) सही व्याख्या करता है (A) की

37. Theorists now prefer to refer to certain periods as 'sensitive periods' rather than 'critical periods' in recognition that:

(1) Development is dynamic in nature

(2) Development is determined by heredity only

(3) Development is determined by environment only

(4) Development is fixed and static

आजकल सिद्धांतकार 'क्रंतिक अवस्था' के बजाए 'संवेदनशील अवधि' का प्रयोग करते हैं क्योंकि

(1) विकास की प्रकृति गतिशील है

(2) विकास केवल आनुवंशिकता से निर्धारित होता है

(3) विकास केवल पर्यावरण द्वारा निर्धारित किया जाता है

(4) विकास स्थिर और नियत है

Ans : 1

विकास की प्रकृति गतिशील है अर्थात विकास सबका अलग अलग गति से होता है।

38. A child's growth and development is influenced by:

(i) parenting styles

(ii) genetic make - up

(iii) schooling experiences

(iv) personal interests

(1) (ii), (iii) (2) (i), (ii)

(3) (i), (iii), (iv) (4) (i), (ii), (iii), (iv)

एक बच्चे की वृद्धि और विकास निम्नलिखित में से कौन-से कारकों द्वारा प्रभावित होती है?

(i) परवरिश की शैलियाँ

(ii) आनुवंशिक ढाँचा/संरचना

(iii) विद्यालयी अनुभव

(iv) व्यक्तिगत रुचि

(1) (ii), (iii)

(2) (i), (ii)

(3) (i), (iii), (iv)

(4) (i), (ii), (iii), (iv)

Ans : 4

वृद्धि एवं विकास, वंशानुक्रम एवं वातावरण दोनों से प्रभावित होने वाली प्रक्रिया है।

39. **Assertion** (A): All children across cultures proceed through the stages of development in the same manner at the same age.

Reason (R) : Childhood is universal and unidimensional.

Choose the correct option.
(1) Both (A) and (R) are true and (R) is the correct explanation of (A).
(2) Both (A) and (R) are true and (R) is not the correct explanation of (A).
(3) (A) is true but (R) is false.
(4) Both (A) and (R) are false .

अभिकथन (A) : सभी संस्कृतियों में बच्चे एक ही उम्र में एक ही तरीके से विकास के चरणों से गुजरते हैं।

तर्क (R) : बचपन सार्वभौमिक और एक आयामी होता है।

सही विकल्प चुनें।
(1) (A) और (R) दोनों सही है और (A) की (R) सही व्याख्या करता है ।
(2) (A) और (R) दोनों सही है लेकिन (A) की (R) सही व्याख्या नहीं करता है।
(3) (A) सही है लेकिन (R) गलत है।
(4) (A) और (R) दोनों गलत है।

Ans : 4

बच्चो में व्यक्तिगत भिन्नताएं होती है, बच्चा विभिन्न चरणों से क्रम से गुजरता है, परन्तु अलग अलग तरीके से।

40. Which of the following is an example of fine motor skill?

(1) Running on road
(2) Swimming in river
(3) Kicking a football
(4) Putting beads in a thread

निम्नलिखित में से कौन - सा सूक्ष्म गत्यात्मक कौशल का उदाहरण है ?

(1) सड़क पर दौड़ना
(2) नदी में तैरना
(3) फुटबाल को लात मारना
(4) धागे में मोती पिरोना

Ans : 4

इसमें हमारे muscles का कम use होता है।

41. Which period marks the transition from childhood to adulthood?

(1) Early childhood
(2) Middle childhood
(3) Preoperational period
(4) Adolescence

बचपन से वयस्कता के परिवर्तनकाल का समय कौन-सा है ?

(1) प्रारंभिक बाल्यावस्था
(2) माध्यमिक बाल्यावस्था
(3) पूर्व-संक्रियात्मक अवस्था
(4) किशोरावस्था

Ans : 4

किशोरावस्था में बच्चा बाल्यावस्था के गुण छोड़कर वयस्कावस्था के गुण दिखाना प्रारम्भ करता है।

42. The early primary years of childhood should focus on the development of

(i) physical skills
(ii) social skills
(iii) cognitive capabilities
(iv) emotional skills
(v) abstract reasoning

(1) (i) (ii) (2) (i) (iii)
(3) (i) (ii) (iii) (iv) (4) (i) (ii) (iii) (iv) (v)

बचपन के प्रारंभिक सालों में किसके विकास पर ध्यान केन्द्रित करना चाहिए?

(i) शारीरिक कौशल
(ii) सामाजिक कौशल
(iii) संज्ञानात्मक क्षमता
(iv) संवेगात्मक कौशल

(v) अमूर्त तर्क

(1) (i) (ii) (2) (i) (iii)

(3) (i) (ii) (iii) (iv) (4) (i) (ii) (iii) (iv) (v)

Ans : 3

अमूर्त तर्क बच्चा किशोरावस्था में करता है।

43. Recent theories in the field of child development suggest that development gets influenced by

(i) genetics (ii) education

(iii) culture (iv) social policies

(1) (i) only (2) (i), (ii) only

(3) (i), (ii), (iii) only (4) (i), (ii), (iii), (iv)

बाल विकास के क्षेत्र में हाल ही के सिद्धान्त यह सुझावित करते हैं कि विकास प्रभावित होता है-

(i) आनुवंशिकता से

(ii) शिक्षा से

(iii) संस्कृति से

(iv) सामाजिक नीतियों से

(1) केवल (i)

(2) केवल (i), (ii)

(3) केवल (i), (ii), (iii)

(4) (i), (ii), (iii), (iv)

Ans : 4

44. Development of children occurs

(1) in an orderly manner but is individualistic in nature.

(2) in a disorderly manner suddenly at a particular moment.

(3) at the same rate for all children across the world.

(4) as a result of schooling only.

बच्चों का विकास किस प्रकार से होता है?

(1) व्यवस्थित रूप से होता है परन्तु स्वाभाविक रूप से वैयक्तिक होता है ।

(2) अव्यवस्थित रूप में, किसी विशिष्ट पल में अचानक से उभर आता है ।

(3) पूरे विश्व में सभी बच्चों में एकसमान दर से होता है ।

(4) केवल विद्यालयीकरण के परिणाम से होता है ।

Ans : 1

व्यक्तिगत का सिद्धांत एवं समान प्रतिरूप का सिद्धांत

45. In the field of child development, the concept of 'brain plasticity' suggests

(1) Entire period of childhood and adolescence is a sensitive period of cognitive development.

(2) Development proceeds at same rate among all individuals

(3) Only heredity influences development, not environment

(4) Development in one domain doesn't influence development in another domain.

बाल विकास के क्षेत्र में, 'मस्तिष्क नमनीयता' संप्रत्यय क्या सुझाता है ?

(1) बाल्यावस्था और किशोरावस्था की पुरी अवस्था संज्ञानात्मक विकास के लिए संवेदनशील अवस्था है।

(2) विकास सभी बालकों में एकसमान दर से होता है।

(3) केवल आनुवंशिकता विकास को प्रभावित करती है, वातावरण नहीं ।

(4) एक क्षेत्र में विकास दूसरे क्षेत्र के विकास को प्रभावित नहीं करता है।

Ans : 1

मस्तिष्क नमनीयता अर्थात मस्तिष्क परिपक्वता से संबंधित है

46. Development is

(1) A discontinuous process.

(2) A gradual and sequential process.

(3) Influenced by personal factors but not by environmental factors.

(4) Influenced by environmental factors but not by personal factors.

विकास

(1) एक अनिरन्तर प्रक्रिया है।
(2) एक क्रमिक प्रक्रिया है।
(3) व्यक्तिगत कारकों से प्रभावित होता है लेकिन वातावरणीय कारकों से नहीं।
(4) वातावरणीय कारकों से प्रभावित होता है लेकिन व्यक्तिगत कारकों से नहीं।

Ans : 2

47. Which of the following is a hereditary factor which influences development?

(1) Social policies
(2) Educational institutions
(3) Biological maturation
(4) Cultural practices

निम्न में से कौन-सा आनुवंशिक कारक है जो विकास को प्रभावित करता है?

(1) सामाजिक नीतियाँ
(2) शैक्षिक संस्थाएँ
(3) जैविक परिपक्वता
(4) सांस्कृतिक प्रथाएँ

Ans : 3

जैविक परिपक्वता - आनुवांशिक कारक है

48. Which of the following statement is not correct in context of development?

(1) Children develop at different rates.
(2) Development takes place gradually.
(3) Development is relatively orderly.
(4) Development is always discontinuous.

विकास के संदर्भ में निम्न में से कौन-सा कथन सही नहीं है ?

(1) बच्चे अलग-अलग दर / गति पर विकसित होते हैं ।
(2) विकास क्रमिक रूप से होता है ।
(3) विकास अपेक्षाकृत रूप से व्यवस्थित होता है ।
(4) विकास हमेशा अनिरन्तर होता है ।

Ans : 4

विकास निरंतर चलने वाली प्रक्रिया है, यह गर्भधारण से मृत्यु तक चलती है।

49. The underlying assumption of theories which explain development as taking place in different stages is that development is______

(1) continous
(2) discontinuous
(3) culture dependent
(4) genetic dependent

वह सिद्धान्त जो विकास को विभिन्न चरणों के तौर पर व्याख्यायित करते हैं, वे मानते हैं कि विकास__________।

(1) निरन्तर होता है
(2) रुक-रुक कर होता है
(3) संस्कृति आधारित होता है
(4) आनुवंशिकता पर आधारित होता है

Ans : 2

Discontinuous = इसमें विकास अवस्थाओं से गुजरकर होता है।

50. Concept of critical period assumes:

(1) irreversible damage in course of development.
(2) no impact of environment on development.
(3) very minimal impact of heredity on development.
(4) negative impact of rewards on course of development.

क्रांतिक अवधि के संप्रत्यय की क्या अवधारणा है ?

(1) विकास के दौरान अपरिवर्तनीय क्षति ।

(2) वातावरण का विकास पर कोई प्रभाव ना होना।
(3) आनुवंशिकता का विकास पर बहुत कम प्रभाव होना ।
(4) पुरस्कारों का विकास के दौर पर नकारात्मक प्रभाव होना ।

Ans : 1

51. Which point of view is supported by the theorists believing in 'Plasticity of Development'?

(1) Only nature determines development.
(2) Nurture influences development.
(3) Development is always continuous.
(4) Development is always discontinuous.

'विकास की नमनीयता' में विश्वास रखने वाले सिद्धांतकारी निम्न में से किस दृष्टिकोण को मानते हैं ?

(1) केवल स्वभाव ही विकास निर्धारित करता है।
(2) पालन-पोषण विकास को प्रभावित करता है।
(3) विकास हमेशा निरन्तर होता है।
(4) विकास हमेशा अनिरन्तर होता है।

Ans : 2

विकास की नमनीयता में विश्वास रखने वाले मनोवैज्ञानिक वातावरणीय कारको का प्रभाव विकास पर बताते है।

52. While domains of development sometimes overlap in explaining students' abilities, yet which of the following domain of development dominantly attempts to study the nature of reasoning of individuals about their and others' actions and behaviours?

(1) Language development
(2) Moral development
(3) Physical development
(4) Cultural development

हालाँकि विकास के विभिन्न क्षेत्र विद्यार्थियों की योग्यताओं का वर्णन करते हुए पारस्परिकता करते हैं, फिर भी निम्न में से विकास का कौन-सा क्षेत्र मुख्य रूप से व्यक्तियों के अपने और दूसरों के कार्यों और व्यवहारों पर तर्क की प्रवृत्ति का अध्ययन करता है ?

(1) भाषा विकास
(2) नैतिक विकास
(3) शारीरिक विकास
(4) सांस्कृतिक विकास

Ans : 2

व्यवहार, भाव, मूल्य, नैतिक विकास में शामिल है

53. Assertion (A) :Parents should be involved in discussions on childhood care.
Reason (R) :A child's development is influenced by family's atmosphere.
Choose the correct option:
(1) Both (A) and (R) are true and (R) is the correct explanation of (A).
(2) Both (A) and (R) are true but (R) is not the correct explanation of (A).
(3) (A) is true but (R) is false.
(4) Both (A) and (R) are false.

कथन (A).अभिभावकों को बाल्यावस्था देखभाल से संबंधित चर्चा में शामिल करना चाहिए ।

तर्क (R) :बाल विकास पारिवारिक परिवेश से प्रभावित होता है ।

सही विकल्प चुनें :
(1) (A) और (R) दोनों सही हैं और (R), (A) की सही व्याख्या करता है।
(2) (A) और (R) दोनों सही हैं लेकिन (R), (A) की सही व्याख्या नहीं है।

(3) (A) सही है लेकिन (R) गलत है ।
(4) (A) और (R) दोनों गलत हैं ।

Ans : 1

बाल विकास परिवार में महत्वपूर्ण भूमिका निभाता है। अभिभावकों को चर्चा में शामिल करने से देखभाल के सही तरीके के प्रति जागरूक रहेंगे।

54. Which domain of development discusses aspects related to display of self-control, expression and understanding of feelings?

(1) Emotional (2) Moral
(3) Physical (4) Motor

विकास का कौन-सा क्षेत्र स्व-नियमन प्रदर्शन, भावनाओं को समझने और दर्शाने से संबंधित पहलुओं की बात करता है ?

(1) संवेगात्मक (2) नैतिक
(3) शारीरिक (4) गत्यात्मक

Ans : 1

स्व-नियमन प्रदर्शन भावनाओ को समझने और दर्शाने से संबंधित पहलुओं का संबंध संवेगात्मक विकास से है।

55. Which of the following statement about development is correct?

(1) Development is purely erratic.
(2) Development is highly discontinuous.
(3) Rate of development varies across individuals,
(4) Development occurs from feet towards head.

निम्नलिखित में से कौन-सा कथन विकास के बारे में सही है ?

(1) विकास पूरी तरह से अनिश्चित है।
(2) विकास अत्यधिक अनिरंतर है।
(3) व्यक्तियों की विकास दर में विभिन्नता पाई जाती है।
(4) विकास पैर से सिर की तरफ होता है।

Ans : 3

विकास दर में विभिन्नता अर्थात हर व्यक्ति का विकास दर अलग होता है। कोई जल्दी विकास करता है तो कोई मंद गति से करता है

56. Which of the following Principle of Development suggests that 'some specific responses get combined in the later process of development to form a whole'?

(1) Principle of Continuity
(2) Principle of Integration
(3) Cephalocaudal Principle
(4) Proximodistal Principle

विकास का कौन-सा सिद्धान्त यह निर्दिष्ट करता है कि 'समग्र निर्माण हेतु कुछ विशिष्ट प्रतिक्रियाएँ विकास की बाद की प्रक्रिया से समन्वित होती हैं ?

(1) निरन्तरता का सिद्धान्त
(2) एकीकरण का सिद्धान्त
(3) शीर्षगामी सिद्धान्त
(4) अधोगामी (समीप - दूराभिमुख) सिद्धान्त

Ans : 2

एकीकरण का सिद्धांत से तात्पर्य है, बालक पहले सम्पूर्ण चलना सिखाता है, फिर अंग के भागो को चलाना सीखता है तथा अंत में सभी में एकीकरण करता है।

57. Which of the following factor comes under the category of socio-cultural factors having an influence on development?

(1) School climate
(2) Neurological deficits
(3) Biological dispositions
(4) Genetic makeup

निम्न में से कौन-सा घटक सामाजिक-सांस्कृतिक घटकों की श्रेणी में आता है जो विकास को प्रभावित करता है ?

(1) स्कूली माहौल
(2) तंत्रिका संबंधी विकार
(3) जैविक प्रवृत्तियाँ
(4) आनुवंशिक बनावट

Ans : 1

स्कूल माहौल, सामाजिक घटको की श्रेणी में आता है

58. Assertion (A) :Parents and teachers should ensure positive childhood experiences for all students.
Reason (R) : Childhood is a sensitive period of development especially for cognitive and emotional development.
Choose the correct option:
(1) Both (A) and (R) are true and (R) is the correct explanation of (A).
(2) Both (A) and (R) are true but (R) is not the correct explanation of (A).
(3) (A) is true but (R) is false.
(4) Both (A) and (R) are false.

अभिकथन (A) :अभिभावकों और अध्यापकों को सुनिश्चित करना चाहिए कि सभी विद्यार्थियों के बाल्यावस्था अनुभव सकारात्मक हों ।
कारण (R) : बाल्यावस्था विकास के लिए एक संवेदनशील चरण है, खासकर संज्ञानात्मक और संवेगात्मक विकास के लिए ।
सही विकल्प चुनें
(1) (A) और (R) दोनों सही हैं और (R), (A) की सही व्याख्या करता है ।
(2) (A) और (R) दोनों सही हैं लेकिन (R), (A) की सही व्याख्या नहीं है ।
(3) (A) सही है लेकिन (R) गलत है ।
(4) (A) और (R) दोनों गलत हैं ।

Ans : 1

बाल्यावस्था एक संवेदनशील चरण है, अभिभावक और अध्यापक का प्रभाव बहुत अधिक पड़ता है बच्चे पर।

59. Although domains of development are interrelated yet development of intellectual abilities such as logical reasoning are a significant part of study under___ domain of development.

(1) Emotional (2) Physical
(3) Cognitive (4) Social

हालांकि विकास के क्षेत्र एक-दूसरे से संबंधित होते हैं फिर भी बौद्धिक क्षमताएँ जैसे कि तार्किक विचार इत्यादि को विकास के किस क्षेत्र के अंतर्गत सापेक्ष रूप से पढ़ा जाता है ?

(1) भावनात्मक (2) शारीरिक
(3) संज्ञानात्मक (4) सामाजिक

Ans : 3

60. Children learn language with much ease upto a specific period of time because they are especially responsive to environmental influences in that period. This period is known as _______ period of development.

(1) Sensitive (2) Zonal
(3) Atypical (4) Non-responsive

बच्चे समय की एक विशिष्ट अवधि तक बहुत सरलता के साथ भाषा सीखते हैं क्योंकि उस अवधि में वे पर्यावरणीय प्रभावों के साथ प्रतिक्रिया करते हैं। इस अवधि को विकास की किस अवधि के रूप में जाना जाएगा ?

(1) संवेदनशील
(2) क्षेत्रीय
(3) विशिष्ट (असामान्य)
(4) अ-प्रतिक्रियात्मक

Ans : 1

जिस अवस्था में पर्यावरणीय कारको का ज्यादा प्रभाव पड़ता है वह संवेदनशील अवस्था कहलाती है बाल्यावस्था संवेदनशील अवस्था है।

61. While at times, different domains of development intersect in explaining human capabilities, yet which of the following domain of development explicitly discusses intellectual abilities such as | problem solving, critical thinking and logical reasoning ?

(1) Physical (2) Motor
(3) Social (4) Cognitive

अनेक स्थितियों में विकास के विभिन्न क्षेत्र मानवीय क्षमताओं की व्याख्या करने में परस्पर प्रतिच्छेद करते हैं, तथापि विकास का कौन-सा क्षेत्र प्रत्यक्ष रूप से बौद्धिक योग्यताओं जैसे कि समस्या समाधान, समालोचनात्मक चिन्तन और तार्किकता की स्पष्टतया चर्चा करता है ?

(1) शारीरिक (2) गत्यात्मक
(3) सामाजिक (4) संज्ञानात्मक

Ans : 4

संज्ञानात्मक विकास में चिंतन, प्रत्यक्षण (perception), बौद्धिक क्षमताओं का विकास शामिल है।

62. Which principle of development is illustrated in the following statement?

"Children who are deprived of a conducive environment for learning language in their early years have some difficulty in picking language later in life."

(1) Development of language is totally dependent on genetics.
(2) Language and cognition are complexly interrelated.
(3) Development is disorderly and unpredictable.
(4) There is a sensitive period of language development.

निम्नलिखित कथन में विकास के किस सिद्धांत को दर्शाया गया है ?

"जो बच्चे अपने शुरुआती वर्षों में भाषा सीखने के लिए अनुकूल वातावरण से वंचित रहते हैं, उन्हें बाद के जीवन में भाषा चुनने में थोड़ी कठिनाई होती है ।"

(1) भाषा का विकास पूरी तरह आनुवंशिकी पर निर्भर है ।
(2) भाषा और अनुभूति जटिल रूप से परस्पर संबंधित है ।
(3) विकास अव्यवस्थित और अप्रत्याशित होता है ।
(4) भाषा के विकास का एक संवेदनशील काल है।

Ans : 4

भाषा विकास पूर्व बाल्यावस्था में अधिक होता है। बाल्यावस्था एक संवेदनशील अवस्था जो भाषा बच्चे को बोली जाएगी वही भाषा बच्चा सीखेगा/ अनुकरण करेगा

63. What is meant by 'sensitive period in child development?

1. Period concerning a rapid advances only in cognition and learning.
2. Optimal period for development of specific capabilities.
3. Period in which development of only language can be accelerated.
4. Period at which physical growth is at its peak.

बाल विकास में संवेदनशील अवधि' का क्या अर्थ है?

1. केवल संज्ञान और सीखने में तेजी से प्रगति से संबंधित अवधि।
2. विशिष्ट क्षमताओं के विकास के लिए इष्टतम अवधि।
3. वह काल जिसमें केवल भाषायी विकास को गति दी जा सके।
4. वह अवधि जिसमें शारीरिक वृद्धि अपने चरम पर होती है ।

Ans : 2

विशिष्ट क्षमताओं का विकास वातावरणीय कारको पर निर्भर करता है, इसे संवेदनशील अवधि कहते है।

64. Thought becomes abstract and idealistic during the period of -

1. Infancy 2. Early childhood
3. Middle childhood 4. Adolescence

किस अवधि के दौरान विचार अमूर्त और आदर्शवादी हो जाता है?

1. शैशवावस्था 2. प्रारंभिक बचपन
3. मध्य बचपन 4. किशोरावस्था

Ans : 4

अमूर्त चिंतन 11+ वर्ष में शुरू होता है, यह किशोरावस्था की विशेषता है।

65. The social expectations at each stage of development is referred to as-

1. Developmental tasks
2. Developmental needs
3. Developmental hazards
4. Developmental domains

विकास के प्रत्येक चरण के लिए सामाजिक अपेक्षा को क्या कहा जाता है?

1. विकासात्मक कार्य
2. विकासात्मक आवश्यकताएँ
3. विकासात्मक बाधाएँ
4. विकासात्मक क्षेत्र

Ans : 1

सभी व्यक्तियों की विशेषतः आयु में सामाजिक अपेक्षाये समान हो जाती है जिसे विकासात्मक कार्य कहते है।

66. Assertion (A): Cognitive development progresses quite rapidly till middle childhood and then comes to a stop.
Reason (R): Human beings cannot learn new things after the stage of middle childhood.

Choose the correct option.

1. Both (A) and (R) are true and R is the correct explanation of (A).
2. Both (A) and (R) are true but R is not the correct explanation of (A).
3. (A) is true but (R) is false.
4. Both (A) and (R) are false.

कथन (A) : संज्ञानात्मक विकास मध्य बाल्यावस्था तक तेजी से विकसित होता है और फिर ठहर जाता है।

तर्क (R) : मानव मध्य बाल्यावस्था के चरण के बाद नई चीजें नहीं सीख सकते।
सही विकल्प चुनें।

1. (A) और (R) दोनों सही हैं और (R) सही व्याख्या करता है (A) की।
2. (A) और (R) दोनों सही हैं लेकिन (R) सही व्याख्या नहीं है (A) की।
3. (A) सही है लेकिन (R) गलत है।
4. (A) और (R) दोनों गलत हैं।

Ans : 4 (A)

Sol

संज्ञानात्मक विकास किशोरावस्था में पूर्ण होता है। बच्चा उम्र भर नई चीज़े सीखता है।

67. Assertion (A): Children of poor income families have very different childhood than children of high-income families.

Reason (R): The period of childhood is experienced differently by children across varying cultures.
Choose the correct option.

1. Both (A) and (R) are true and (R) is the correct explanation of (A).
2. Both (A) and (R) are true but (R) is not the correct explanation of (A).
3. (A) Is true but (R) is false.
4. Both (A) and (R) are false.

अभिकथन (A) : आर्थिक रूप से कमज़ोर आय वाले परिवारों के बच्चों का बचपन उच्च आय वाले परिवारों के बच्चों की तुलना में बहुत अलग होता है।

कारण (R) : अलग-अलग संस्कृतियों में बच्चों द्वारा बचपन का काल अलग-अलग अनुभव किया जाता है।

सही विकल्प चुनें

1. (A) और (R) दोनों सही हैं और (R) सही व्याख्या करता है (A) की।
2. (A) और (R) दोनों सही हैं लेकिन (R) सही व्याख्या नहीं है (A) की।
3. (A) सही है लेकिन (R) गलत है।
4. (A) और (R) दोनों गलत हैं।

Ans : 1

बढ़ती उम्र के साथ बच्चे को जो अनुभव मिलता है उससे बच्चे का विकास होता है। प्रत्येक बच्चे का विकास अपने ढंग से होता है। दूसरो से अलग होता है।

68. Which principle of development does this illustrate. :

The child learns to stand before she can walk and babble before she talks?

1. Development is sequential
2. Development proceeds from head to toe
3. Development is disorderly
4. Development progresses from centre to the extremities.

निम्नलिखित उदाहरण विकास के किस सिद्वांत की व्याख्या करता है –

एक बच्ची चलने से पहले खड़ा होना सीखती है और बोलने से पहले बड़-बड़ाना?

1. विकास क्रमबद्ध होता है।
2. विकास का क्रम सिर से पैरों की ओर होता है।
3. विकास अव्यवस्थित होता है।
4. विकास केन्द्र से हाथ-पैर की तरफ होता है।

Ans : 1

विकास का क्रम / दिशा - शीर्षगामी और अधोगामी

69. Developmental changes –

1. occur in an orderly and sequential manner.
2. occur at very fast pace in infancy and then there is no growth till adolescence.
3. always occur in a linear manner rather than a spiral manner.
4. occur in a forward manner till adolescence and then move backwards.

विकासात्मक परिवर्तन –

1. एक क्रमबद्ध और क्रमिक तरीके से होते हैं।
2. शैशवावस्था में बहुत तेज गति से होते हैं और फिर किशोरावस्था तक कोई वृद्धि नहीं होती है।
3. हमेशा रैखिक तरीके से होते हैं, चक्रीय ढंग से नहीं।
4. किशोरावस्था तक आगे की ओर होते हैं और फिर पीछे की ओर बढ़ते हैं।

Ans : 1

विकासात्मक परिवर्तन क्रमबृद्ध और क्रमिक तरीके से होता है।

70. Assertion (A): Progress and paths of development of children cannot be predicted accurately.

Reason (R): Unique combinations of genetic and environmental factors can result in different paths of change.

Choose the correct option.

1. Both (A) and (R) are true and (R) is the correct explanation of (A).
2. Both (A) and (R) are true but (R) is not correct explanation of (A)
3. (A) is true but (R) is false.

4. Both (A) and (R) are false.

कथन (A) : बच्चों के विकास के मार्ग व प्रगति का सटीकता से पूर्वानुमान नहीं लगाया जा सकता।

तर्क (R) : आनुवंशिकता व पर्यावरणीय कारकों के अनूठा संयोजन बच्चों में अलग-अलग बदलाव का मार्ग तय करते हैं।

1. (A) और (R) दोनों सही है और (R) सही व्याख्या करता है (A) की।
2. (A) और (R) दोनों सही लेकिन (R) सही व्याख्या नहीं है (A) की।
3. (A) सही है और (R) गलत है।
4. (A) और (R) दोनों गलत हैं।

Ans : 1

विकास का पूर्वानुमान कभी सटीक नहीं होता, यह अपेक्षाकृत है, जिस पर वातावरण एवं आनुवंशिकता दोनों की अन्तः क्रिया का प्रभाव पड़ता है। जिससे बच्चो में व्यक्तिगत विभिन्नता मिलती है।

71. Assertion (A): Comparisons among children can very accurately assess a child's developmental progress

Reason (R): The pattern and sequence of development as well as the rates of development are the same, for all children universally

Choose the correct option.

1. Both (A) and (R) are true and (R) is the correct explanation of (A).
2. Both (A) and (R) are true but (R) is not the correct explanation of (A).
3. (A) is true but (R) is false.
4. Both (A) and (R) are false.

कथन (A) : बच्चों के विकास की प्रगति को दूसरे बच्चों से तुलना करके सही ढंग से शुद्धता से सटीकता से मापा जा सकता है।

तर्क (R) : विकास का स्वरुप व अनुक्रम एवं विकास की गति सभी बच्चों के लिए सार्वभौमिक रूप में समान होती है।

सही विकल्प चुनें।

1. (A) और (R) दोनों सही हैं और (R) सही व्याख्या करता है (A) की।
2. (A) और (R) दोनों सही हैं, लेकिन (R) सही व्याख्या नहीं है (A) की।
3. (A) सही है, लेकिन (R) गलत है।
4. (A) और (R) दोनों गलत हैं।

Ans : 4

72. 'Discontinuity' in the developmental process refers to

1. New ways of understanding the world that emerge during the process of development.
2. Negative breaks in the developmental process.
3. A downward negative trend in development.
4. Interference in the developmental process

विकासात्मक प्रक्रिया में असातत्य के क्या मायने हैं?

1. विकास की प्रक्रिया के दौरान उभरने वाले नए तरीके जो संसार को समझने में मदद करते हैं।
2. विकासात्मक प्रक्रिया में नकारात्मक विच्छेद।
3. विकास की प्रक्रिया में अधोमुखी गिरावट।
4. विकास की प्रक्रिया में हस्तक्षेप।

Ans : 1

73. Authoritative style of parenting / child rearing is based on:

1. Making decisions for the child
2. Not listing to a child's point of view

3. Making unreasonable demands from the child
4. Engage in joint decision making wherever possible

पालन पोषण की प्राधिकारिक शैली किस पर आधारित है?

1. बच्चे के बारे में खुद निर्णय लेना।
2. बच्चे के पक्ष को न सुनना।
3. बच्चे से अविवेकपूर्ण माँग करना।
4. जब संभव हो तब बच्चे के साथ साझेदारी में निर्णय लेना।

Ans : 4

प्राधिकारिक शैली बच्चे की भागीदारी को महत्वपूर्ण मानते है।

74. Encouraging students to compete among themselves in the classroom can have the following consequences. Which of these would you perceive to be harmful for a child's growth?

(i) It creates 'winners' and 'losers' within a classroom
(ii) It increases the stress and anxiety level of students hampering their cognitive growth
(iii) It can create 'star' students within a classroom whose achievement can be source of pride for schools
(iv) It can prepare students to fit into the competitive, market based economics.

1. (i), (ii) 2. (i), (ii), (iv)
3. (i), (ii), (iii), (iv) 4. (ii), (iii), (iv)

कक्षा में विद्यार्थियों में पारस्परिक प्रतिस्पर्धा के लिए प्रेरित करने के कई परिणाम हो सकते हैं। आप के अनुसार निम्न में से कौन से प्रभाव बच्चों के विकास में हानिकारक हैं?

(i) इससे कक्षा में 'विजेता' एवं 'हारे हुए विद्यार्थियों' में विभेदीकरण होता है।
(ii) इससे विद्यार्थियों पर दबाव पड़ता है व चिंता का स्तर बढ़ जाता है जो उनके संज्ञानात्मक विकास को बाधित करता है।
(iii) इस से कक्षा में 'तारक' विद्यार्थियों को चिन्हित करने के लिए बढ़ावा मिलता है जिनकी उपलब्धियों पर स्कूल गर्व कर सकता
(iv) इससे विद्यार्थियों को प्रतिस्पार्धिक, बाजार केन्द्रित अर्थ व्यवस्था में ढलने के लिए तैयार किया जाता है।

1. (i), (ii) 2. (i), (ii), (iv)
3. (i), (ii), (iii), (iv) 4. (ii), (iii), (iv)

Ans : 3

75. The direction and sequence of development are similar for every child but each child develops at her own rate. Which principle of child development does this illustrate?

1. Discontinuity 2. Linearity
3. Uniformity 4. Individuality

विकास की दिशा और क्रम हर बच्चे के लिए समान होता है, लेकिन हर बच्चा अपनी गति से विकसित होता है। यह बाल विकास के निम्नलिखित में से किस सिद्धांत को दर्शाता है?

1. आनिरन्तरता 2. रैखिकता
3. एकरूपता 4. पृथकता

Ans : 4

individuality **पृथकता (हर बच्चे का विकास दूसरे बच्चे से अलग तरीके से होता है।)**

76. Assertion (A): It is difficult to make generalized claims about children and childhood because there is so much of multiplicity.

Reason (R): Childhood is a socio-cultural construct.

Choose the correct option
1. Both (A) and (R) are true and (R) is the correct explanation of (A).
2. Both (A) and (R) are true but (R) is not the correct explanation of (A).
3. (A) is true but (R) is false.
4. Both (A) and (R) are false.

कथन (A) : बच्चों और बचपन के बारे में समनायिकृत दावा करना कठिन हैं क्योंकि इसमें बहुत बहुलता/ विविधता है।

तर्क (R) : बचपन एक सामाजिक-सांस्कृतिक संकल्पना है।

सही विकल्प चुनें।
1. (A) और (R) दोनी सही हैं और (R) सही व्याख्या करता है (A) की।
2. (A) और (R) दोनों सही हैं लेकिन (R) सही व्याख्या नहीं है (A) की।
3. (A) सही है लेकिन (R) गलत है।
4. (A) और (R) दोनों गलत है।

Ans : 1

बचपन पर सामाजिक अन्तः क्रिया का प्रभाव पड़ता है।

77. Assertion (A): It is important to focus on the development of children from infancy to adolescence.

Reason (R): Even though the first few years of life are significant for development, from the point of view of brain plasticity, the whole of childhood and adolescence is a sensitive period.

Choose the correct option.
1. Both (A) and (R) are true and (R) is the correct explanation of (A).
2. Both (A) and (R) are true but (R) is not the correct explanation of (A).
3. (A) is true but (R) is false.
4. Both (A) and (R) are false.

कथन (A) : बच्चों के विकास पर शैशवास्था से किशोरावस्था तक ध्यान देना ज़रूरी है।

तर्क (R) : यद्यपि जीवन के शुरूआती कुछ वर्ष विकास के लिए बहुत महत्वपूर्ण हैं, मस्तिष्क नमनीयता के दृष्टिकोण से पूरी बाल्यवास्था और किशोरावस्था संवेदनशील अवधि है।

सही विकल्प चुनें।
1. और (B) दोनों सही हैं और (R) सही व्याख्या करता है (A) की।
2. (A) और (B) दोनों सही हैं लेकिन (R) सही व्याख्या नहीं है (A) की।
3. (A) सही है लेकिन (R) गलत है।
4. (A) और (R) दोनों गलत है।

Ans : 1

78. Childhood is :

1. a social construct.
2. a physiological construct.
3. a stage characterizing the period from birth till the child begins going to school.
4. a period of development in which only quantitative changes takes place.

बाल्यावस्था से क्या अभिप्राय है?
1. यह एक सामाजिक संरचना है।
2. यह एक शारीरिक संरचना है।
3. यह बच्चे के जन्म से लेकर उसके विद्यालय जाना शुरू करने तक की अवधि को अभिलक्षित करने वाला चरण है।
4. यह विकास की वह अवधि है जिसमें सिर्फ मात्रात्मक परिवर्तन होते हैं।

Ans : 1

बाल्यावस्था एक सामाजिक संरचना है अर्थात बाल्यावस्था में सामाजिक कारको का प्रभाव पड़ता है ।

79. ________ is a result of the continuous and complex interaction between hereditary and socio-cultural environment.

1. Only cognitive development
2. Only social development
3. Both cognitive and social development
4. Physical, cognitive and social development

आनुवांशिकता और सामाजिक सांस्कृतिक वातावरण के बीच निरंतर और जटिल क्रिया से कौन-सा विकास प्रभावित होता है?

1. केवल संज्ञानात्मक विकास
2. केवल सामाजिक विकास
3. दोनों संज्ञानात्मक तथा सामाजिक विकास
4. शारीरिक, संज्ञानात्मक तथा सामाजिक विकास

Ans : 4

विकास में शारीरिक, संज्ञानात्मक, सामाजिक आदि विकास शामिल है।

80. Which principle of development does the following example illustrate-

The development of a child does not take a straight path, it turns back and then moves forward again.

1. Principle of uniformity
2. Principle of spiral advancement
3. Development is uni-directional
4. Development is discontinous.

"बच्चे का विकास एक सीधा पथ नही है, यह आगे बढ़ता है फिर पीछे मुड़ता है फिर आगे बढ़ता है।" उपरोक्त वाक्य विकास के किस सिद्धान्त को दर्शाता है ?

1. एक रूपता सिद्धान्त
2. चक्रीय बढ़ोत्तरी
3. एक-दिशायी विकास
4. विकास की सततहीनता

Ans : 2

spiral development (चक्रीय बढ़ोतरी) विकास सरल रेखीय (linear) न होकर चक्रीय प्रकृत्ति में होता है अर्थात कभी तेज गति व कभी मन्द गति से होता है।

81. Select the statement about development that is **not** correct.

1. Development is multi-dimensional and multi-directional.
2. Development is not effected by cultural changes.
3. Development is a lifelong process of change.
4. Development follows a predictable pattern.

निम्नलिखित वक्तव्यों में कौन सा विकास के विषय में सही **नहीं** है?

1. विकास बहुआयामी एवं बहुमुखी होता है।
2. सांस्कृतिक परिवर्तन से विकास प्रभावित नहीं होता।
3. विकास जीवन पर्यन्त परिवर्तन की प्रक्रिया है।
4. विकास सुनिश्चित पूर्व निर्धारित रीति से होता है।

Ans : 2

विकास सभी कारको से प्रभावित होता है जैसे - सांस्कृतिक, सामाजिक, नैतिक, भाषिक आदि।

82. Assertion(A) : Children should be provided with love, care and lot of opportunities to develop and learn in early childhood.

Reason(R) : Outcome of severely deprived childhood can be easily modified in later years.

Choose the correct option.
1. Both (A) and (R) are true and (R) is the correct explanation of (A)
2. Both (A) and (R) are true but (R) is not the correct explanation of (A)
3. (A) is true but (R) is false
4. Both (A) and (R) are false

कथन (A) : बच्चों को आरंभिक बाल्यावस्था में विकास और अधिगम हेतु प्यार, देखभाल और बहुत से अवसर प्रदान करने चाहिए।

तर्क (R) : गंभीर रूप से वंचित बाल्यावस्था के परिणामों को बाद के वर्षों में बदलना बहुत आसन होता है।

1. (A) और (R) दोनों सही हैं, लेकिन (R) सही व्याख्या करता है (A) की।
2. (A) और (R) दोनों सही हैं, लेकिन (R) सही व्याख्या नहीं है (A) की।
3. (A) सही है और (R) गलत है।
4. (A) और (R) दोनों गलत हैं।

Ans : 3

83. Which stage of development is characterized by lot of harmonal changes and an active search for identity?

1. Adolescence
2. Infancy
3. Early childhood
4. Middle childhood

विकास के किस चरण में बहुत से हार्मोन संबंधी परिवर्तन होते हैं तथा अपनी पहचान की सक्रिय खोज पर बल होता है?

1. किशोरावस्था
2. शैशवावस्था
3. प्रारंभिक बाल्यवस्था
4. माध्यमिक बाल्यवस्था

Ans : 1

पहचान बच्चा किशोरावस्था में बनाने का प्रयास करता है, शरीर में अचानक परिवर्तन भी इसी अवस्था में होता है।

84. Assertion (A): Language development takes place only during infancy and hence adequate stimulation should be given only till infancy.

Reason (R): Negative environment during early years do not have any long term consequences.

Choose the correct option.
1. Both (A) and (R) are true and (R) is the correct explanation of (A).
2. Both (A) and (R) are true but (R) is not the correct explanation of (A).
3. (A) is true but (R) is false.
4. Both (A) and (R) are false.

कथन (A): भाषा विकास केवल शैशवावस्था के दौरान होता है और इसलिए केवल शैशवावस्था तक ही उपयुक्त उद्दीपन प्रदान करना चाहिए

तर्क (R): शुरूआती वर्षों के दौरान अनुभव किए गए नकारात्मक वातावरण का दीर्घकालिक प्रभाव नहीं होता।

सही विकल्प चुनें।

1. (A) और (R) दोनों सही है और (R) सही व्याख्या करता है (A) की।
2. (A) और (R) दोनों सही है, लेकिन (R) सही व्याख्या नहीं है (A) की।
3. (A) सही है, लेकिन (R) गलत है।
4. (A) और (R) दोनों गलत हैं।

Ans : 4

85. Which of the following statements about development are correct?

(i) There are individual differences in the rate of development
(ii) Cognitive development is determined solely by genetics.

(iii) Development follows a predictable pattern.
(iv)All domains of development are inter-related

1. (i) (ii) (iii) 2. (i) (ii) (iv)
3. (i) (iii) (iv) 4. (i) (ii) (iii) (iv)

विकास के विषय में कौन-सा वक्तव्य सही है –

(i) विकास की गति में व्यक्तिगत विभिन्नताएँ होती हैं।
(ii) संज्ञानात्मक विकास पूर्णतः आनुवांशिकता द्वारा निर्धारित होता है।
(iii)विकास पूर्वनिर्धारित क्रम में होता है।
(iv)विकास के सभी पक्ष-क्षेत्र परस्पर संबंधित हैं।

1. (i), (ii) और (iii)
2. (i), (ii) और (iv)
3. (i), (iii) और (iv)
4. (i), (ii), (iii) और (iv)

Ans : 3

86. The development period in which internalised norms are questioned and the opinions of the peer group usually become more important than family is called_____

1. Infancy 2. Early Childhood
3. Middle childhood 4. Adolescence

विकास की उस अवधि को क्या कहते हैं, जब आत्मसात मानकों पर प्रश्न उठाया जाता है और अकसर परिवार की तुलना में साथियों की राय बहुत महत्त्वपूर्ण हो जाती है?

1. शैशवावस्था
2. आरंभिक बाल्यावस्था
3. मध्य बाल्यावस्था
4. किशोरावस्था

Ans : 4

किशोरावस्था को gang age भी कहा जाता है। इस अवस्था में बच्चो पर माता पिता से ज्यादा साथियो का प्रभाव पड़ता है।

87. Which period of development comprises each of the following characteristics: establishment of independence, development of identity and abstract thinking?

1. Middle childhood.
2. Late childhood.
3. Adolescence
4. Early Adulthood

विकास की कौन सी अवस्था में निम्न लक्षण समाहित हैं?

स्वतंत्रता की स्थापना, अस्मिता का विकास और अमूर्त चिंतन

1. मध्य बाल्यावस्था
2. उत्तर बाल्यावस्था
3. किशोरावस्था
4. पूर्व वयस्कावस्था

Ans : 3

किशोरावस्था में स्वतंत्रता, पहचान, अमूर्त चिंतन जैसे गुण आते है।

88. Which of the following statements is correct?

1. Children's development takes place in a socio-cultural context.
2. Childhood is a period that can be divided into 10 distinct stages.
3. Children's thinking is not influenced by social interactions.
4. Children's development is solely determined by genetics.

निम्न में से कौन-सा कथन सही है?

1. बच्चों का विकास एक सामाजिक-सांस्कृतिक परिपेक्ष में होता है।
2. बचपन वह अवधि है जिसे 10 भिन्न अवस्थाओं में बाँटा जा सकता है।
3. बच्चों की सोच सामाजिक अन्तः क्रिया से प्रभावित नहीं होती है।

4. बच्चों का विकास केवल आनुवंशिकता पर आधारित होता है।

Ans : 1

सामाजिक सांस्कृतिक परिप्रेक्ष्य का प्रभाव बच्चे के विकास पर होता है।

89. As per contemporary perspectives, the course of child development is -
    1. uniform across children and specific milestones are definitely achieved by all children as they reach a certain age.
    2. multi directional since children grow up in varying contexts.
    3. completely unpredictable even though development is uni-directional for all.
    4. determined solely by hereditary information received from parents.

समकालीन विचारधाराओं के अनुसार, बाल विकास की प्रक्रिया -

1. सभी बच्चों के लिए एक समान है और सभी बच्चे एक निश्चित आयु तक आते-आते विशिष्ट निर्धारित लक्ष्य अवश्य प्राप्त कर लेते हैं।
2. बहुआयामी है क्योंकि बच्चे विभिन्न प्रकार के संदर्भों में पलते-बढ़ते हैं।
3. का पूर्वानुमान बिल्कुल नहीं लगाया जा सकता, यद्यपि विकास सभी के लिए एक दिशात्मक होता है।
4. सिर्फ माता-पिता से प्राप्त आनुवंशिक गुणों द्वारा ही निर्धारित होती है।

Ans : 2

बच्चो को विकास सामाजिक, सांस्कृतिक भौतिक कारको में होता है

90. At which stage of development do children actively engage in make believe play?

    1. Infancy
    2. Early childhood
    3. Middle childhood 4. Adolescence

विकास की किस अवस्था में बच्चे कल्पनाशीलता वाले खेल में सक्रिय रूप से भाग लेते हैं?

1. शैशवावस्था
2. प्रारंभिक बाल्यावस्था
3. मध्य बाल्यावस्था
4. किशोरावस्था

Ans : 2

प्रारम्भिक वाल्यावस्था को खेल अवस्था कहते है, इसमें बच्चा सक्रिय रूप से खेल में भाग लेता है।

91. Assertion (A): Delay in physical development of children can be attributed entirely to their genetic make-up.

Reason (R): Hereditary factors are solely responsible for physical development of children.

Choose the correct option.

1. Both (A) and (R) are true and (R) is the correct explanation of (A).
2. Both (A) and (R) are true but (R) is not the correct explanation of (A).
3. (A) is true but (R) is false.
4. Both (A) and (R) are false.

अभिकथन (A) : बच्चों के शारीरिक विकास में देरी के लिए पूरी तरह से उनकी आनुवंशिक बनावट को जिम्मेदार ठहराया जा सकता है।

कारण (R) : बच्चों के शारीरिक विकास के लिए वंशानुगत कारक ही उत्तरदायी होते है।

सही विकल्प चुनें ।

1. (A) और (R) दोनों सही हैं और (R) सही व्याख्या करता है (A) की।

2. (A) और (R) दोनों सही हैं, लेकिन (R) सही व्याख्या नहीं है (A) की।
3. (A) सही है, लेकिन (R) गलत है।
4. (A) और (R) दोनों गलत है।

Ans : 4

92. Which of the following is an example of use of fine motor skills?

1. Running 2. Walking
3. Scribbling 4. Jumping

निम्नलिखित में से कौन-सा सूक्ष्म कौशल के उपयोग का एक उदाहरण है?

1. दौड़ना 2. चलना
3. घसीटकर लिखना 4. कूदना

Ans : 3

सूक्ष्म गतिक कौशल - इसमें हमारे muscle का कम use होता है- लिखना, चित्र बनाना आदि।

93. Which of these children would be in the middle childhood stage?

1. A child who is beginning to imitate social roles while engaging in make believe play.
2. A child who has developed an understanding of the meaning of rules and can reason.
3. A child who can hypothesize possible causes and accordingly design complex experiments.
4. A child who is just beginning to show fine motor skills such as grasping a pencil and other such objects.

इनमें से कौन-सा बच्चा मध्य बाल्यावस्था में होगा?

1. एक बच्चा जो सामजिक भूमिकाओं की नकल करना शुरू कर रहा है काल्पनिक खेल के दौरान।
2. एक बच्चा जिसने नियमों के अर्थ की समझ विकसित कर ली है और तर्क कर सकता है।
3. एक बच्चा जो संभावित कारणों की परिकल्पना कर सकता है और तदनुसार जटिल प्रयोगों की योजना बना सकता है।
4. एक बच्चा जो अभी स्थूल कौशल दिखाना शुरू कर रहा है जैसे कि एक पेंसिल और ऐसी अन्य वस्तुओं को पकड़ना।

Ans : 2

मध्य बाल्यावस्था (6 to 11) वर्ष में बच्चा तर्क करना शुरू करता है। और नियम के अर्थ समझने लगता है।

94. Development of children proceeds from_______to______

1. abstract; concrete.
2. general; specific.
3. toe; head.
4. extremities; centre.

बच्चों के विकास का क्रम –

1. अमूर्त से मूर्त की तरफ होता है
2. समान्य से विशिष्ट की ओर होता है
3. पैरो से सर की ओर होता है
4. हाथ-पैर से केंद्र की ओर होता है।

Ans : 2

विकास सामान्य से विशिष्ट होता है।

95. Make-believe play blossoms and supports all aspects of psychological development in-

1. Infancy
2. Early childhood
3. Middle childhood
4. Adolescence

किस अवस्था में प्रतीकात्मक खेल बढ़ता है तथा संज्ञानात्मक विकास को समर्थन देता है?

1. शैशवावस्था

2. प्रारंभिक बाल्यावस्था
3. मध्य बाल्यावस्था
4. किशोरावस्था

Ans : 2

प्रतीकात्मक खेल द्वारा संज्ञानात्मक विकास प्रभावित होता है प्रतीकात्मक खेल प्रारम्भिक बाल्यावस्था में होता है

96. Which of the following statements about development is **NOT** correct?

1. Development is a product of heredity and environment.
2. Development is somewhat predictable.
3. Rate of development is uniform and universal.
4. Development proceeds from general to specific.

निम्नलिखित में से विकास के बारे में कौन सा कथन सही नहीं है?

1. विकास आनुवंशिकता व पर्यावरण की अंतःक्रिया का उत्पाद है।
2. विकास का कुछ हद तक पूर्वानुमान लगाया जा सकता है।
3. विकास की दर एकसमान और सार्वभौमिक है।
4. विकास सामान्य से विशिष्ट की ओर होता है।

Ans : 3

विकास की दर भिन्न भिन्न होती है अतः बच्चो में व्यक्तिगत विभिन्नताएं पाई जाती है।

97. Assertion(A): Rumi could make two-word utterances at 18 months while Pooja did so at 24 months so Pooja is definitely developmental delayed.

Reason(R): Developmental milestones accurately predict the exact age for achievement of set goals for children.

Choose the correct option.

1. Both (A) and (R) are true and (R) is the correct explanation of (A).
2. Both (A) and (R) are true but (R) is not the correct explanation of (A).
3. (A) is true but (R) is false.
4. Both (A) and (R) are false.

अभिकथन (A) : रूमी 18 महीने में दो-शब्दों का उच्चारण कर सकती थी जबकि पूजा ने 24 महीने में ऐसा किया था, इसलिए पूजा का विकास पक्के तौर पर निलंबित है।

कारण (R) : विकासात्मक प्रतिमान बच्चों के लिए निर्धारित लक्ष्यों की उपलब्धि के लिए सटीक आयु की सही भविष्यवाणी करते हैं।

सही विकल्प चुनें

1. (A) और (R) दोनों सही हैं और (R) सही व्याख्या करता है (A) की।
2. (A) और (R) दोनों सही हैं, लेकिन (R) सही व्याख्या नहीं है (A) की।
3. (A) सही है लेकिन (R) गलत है।
4. (A) और (R) दोनों गलत हैं।

Ans : 4

98. A five-year - old child can -

1. hypothesise possible causes and their effects.
2. design complex experiments to scientifically investigate phenomena.
3. do symbolic and abstract reasoning.
4. initiate goal directed behavior and engage in symbolic play.

पाँच साल की बच्ची क्या कर सकती है?

1. संभावित कारणों और उनके प्रभावों की परिकल्पना।
2. घटनाओं की वैज्ञानिक रूप से जाँच

करने के लिए जटिल प्रयोगों की योजना बनाना।
3. प्रतीकात्मक और अमूर्त तर्कीकरण।
4. लक्ष्य निर्देशित व्यवहार व प्रतिकात्मक खेल की शुरूआत।

Ans : 4

प्रतीकात्मक खेल बच्चा पूर्व बाल्यावस्था में खेलता है।

99. Which of the following statement is correct about the process of development of an individual?

1. It is uni-dimensional in nature
2. It is influenced only by heredity of an individual
3. There is cultural diversity in the process of development
4. Development is only based on environmental factors

निम्नलिखित में से कौन-सा कथन, व्यक्ति के विकास की प्रक्रिया के बारे में सही है?
1. विकास की प्रक्रिया एकदिशीय होती है।
2. यह केवल व्यक्ति की आनुवांशिकता से प्रभावित होता है।
3. विकास की प्रक्रिया में सांस्कृतिक विविधताएं होती है।
4. विकास केवल वातावरणीय कारकों द्वारा निर्धारित होता है।

Ans : 3

विकास सांस्कृतिक कारको से भी प्रभावित होता है। अर्थात सांस्कृतिक कारक में भी विभिन्नताएं होती है अलग अलग संस्कृति में अलग अलग मान्यताएं भाषाएँ होती है।

100. Development of individual child -

1. can be predicted accurately and absolutely by referring to the developmental milestones.
2. cannot be predicted at all.
3. can be predicted somewhat but all children develop at different rates.
4. is disorderly and discontinuous.

बालकों के व्यक्तिगत विकास -

1. के लिए विकासात्मक प्रतिमानों को उद्धृत करके सटीकता से व पक्के तौर पर भविष्यवाणी की जा सकती है।
2. के लिए पूर्वानुमान बिल्कुल नहीं लगाया जा सकता।
3. के लिए कुछ हद तक पूर्वानुमान लगाया जा सकता है परन्तु सभी बच्चों के विकास की दर अलग-अलग होती है।
4. अव्यवस्थित व असतत होता है।

Ans : 3

101. Which of the following is **NOT** a principle of the development?

1. Development occurs along a single course and is not uni-dimensional.
2. Development proceeds from the top-down and from centre outwards.
3. Development is influenced by both 'nature' and 'nurture'.
4. Development occurs in socio-cultural contexts.

इनमें से कौन सा विकास का सिद्धांत नहीं है?

1. विकास एकधारणीय और एका-आयामी होता है
2. विकास ऊपर से नीचे और केन्द्र से बाहर की ओर होता है
3. विकास आनुवांशिकता और सम्पोषण से प्रभावित होता है
4. विकास सामाजिक-सांस्कृतिक परिपेक्ष में होता है

Ans : 1

विकास बहुआयामी होता है।

102. Development is –

1. unidimensional.
2. uni-directional.
3. modifiable.
4. totally genetically pre-programmed.

विकास .... है।

1. एक – आयामी
2. एक दिशायी
3. में बदलाव किया जा सकता
4. आनुवांशिकता द्वारा पूर्ण रूप से पूर्व निधारित

Ans : 3

विकास में सुधार करके बदलाव किया जा सकता है।

103. Choose the correct statement about development.

1. Development is unidirectional and unidimensional.
2. Development is modifiable.
3. Development is totally genetically programmed.
4. Individuals achieve developmental milestones at the same age and pace.

विकास के विषय में सही वक्तव्य चुनिये।

1. विकास एक दिशायी और एक आयामी होता है।
2. विकास परिवर्तनीय है।
3. विकास पूर्ण रूप से आनुवांशिकता से योजनाबद्ध है।
4. सभी व्यक्ति एक ही आयु और गति से विकास के पड़ावों को प्राप्त करते हैं।

Ans : 2

विकास को अच्छा वातावरण देकर सुधारा भी जा सकता है।

104. In the context of children, 'development' includes

1. only qualitative changes.
2. only quantitative changes.
3. both qualitative and quantitative changes.
4. neither qualitative not quantitative changes.

बच्चों के संदर्भ में विकास के अंतर्गत_______ आते हैं।

1. केवल गुणात्मक परिवर्तन
2. केवल मात्रात्मक परिवर्तन
3. गुणात्मक एवं मात्रात्मक परिवर्तन दोनों
4. न ही गुणात्मक और न ही मात्रात्मक परिवर्तन

Ans : 3

विकास में दोनों परिवर्तन होते है। जबकि वृद्धि में सिर्फ मात्रात्मक होता है।

105. Child development is divided into which of the following domains?

1. Motor, psychological, emotional and social
2. Physical, cognitive, spiritual and emotional
3. Physical, cognitive, motor and social
4. Psychological, Physiological, social and emotional

बालक का विकास किन क्षेत्रों में बँटा है?

1. गामक, मनोवैज्ञानिक, संवेदनात्मक और सामाजिक
2. शारीरिक, संज्ञानात्मक, आध्यात्मिक और संवेदनात्मक
3. शारीरिक, संज्ञानात्मक, गामक और सामाजिक
4. मनोवैज्ञानिक, शारीरिक, सामाजिक और संवेदनात्मक

Ans : 3

आध्यात्मिक ज्ञान विकास का क्षेत्र नहीं होता

106. As an infant Raghav was deprived of personal affection. In his late childhood he found considerate teachers.Yet, he has issues trusting people and lacks courage to take risks. Which issue of development aptly describes Raghav's case?

1. Continuity-discontinuity issue
2. Early- later experiences issue
3. Nature-nurture issue
4. Uniformity - individuality issue

राघव जब शिशु था तब उसे माता-पिता के स्नेह से वंचित रहना पड़ा। बाल्यावस्था के आगे के चरण में उसे बहुत संवेदनशील अध्यापक मिले। फिर भी उसे लोगों पर विश्वास करने में परेशानी होती है और वह जोखिम लेने का साहस नहीं दिखा पाता। राघव के विषय में विकास का कौन-सा मुद्दा एकदम स्पष्ट रूप से वर्णित होता है?

1. निरन्तरता – अनिरन्तरता का मुद्दा
2. आरंभिक – बाद के अनुभवों का मुद्दा
3. प्रकृति – पालन-पोषण का मुद्दा
4. एकरूपता – वैयक्तिकता का मुद्दा

Ans : 2

बच्चे का अनुभव बच्चे के व्यक्तित्व विकास में महत्वपूर्ण योगदान देता है।

CHAPTER -2

HEREDITY AND ENVIRONMENT
(आनुवंशिकता और पर्यावरण)

1. Heredity totally determine an individual's

(i) Sex
(ii) Gender
(iii) Academic Success
(iv) Learning Style
(1) (i), (iii), (iv) (2) (ii), (iii), (iv)
(3) (i) (4) (ii)

आनुवंशिकता पूरी तरह से एक व्यक्ति के/की का निर्धारण करती है।

(i) सेक्स
(ii) जेंडर
(iii) शैक्षणिक सफलता
(iv) सीखने की शैली
(1) (i), (iii), (iv) (2) (ii), (iii), (iv)
(3) (i) (4) (ii)

Ans : 3

2. Sunita, a 12 year old girl, shows exceptional musical ability. Both her parents are accomplished singers, and they send her for classes for voice training after school. Her capabilities are most likely to be the result of an interaction between:

(1) growth and maturation
(2) nutrition and discipline
(3) heredity and environment
(4) gender identity and genetic

सुनीता, एक 12 वर्षीय लड़की, विशेष संगीतीय क्षमता रखती है। उसके माता-पिता, दोनों ही निपुण गायक हैं, और वे सुनीता को अपनी आवाज को और बेहतर करने के लिए प्रशिक्षण कक्षा में भेज रहे हैं। सुनीता की यह क्षमता संभावित रूप से किन कारकों के अंतः क्रिया का परिणाम है?

(1) वृद्धि और परिपक्वता
(2) पोषण और अनुशासन
(3) आनुवंशिकता और वातावरण
(4) लैंगिक पहचान और आनुवंशिक संरचना

Ans : 3

3. ______refers to the process of predetermined unfolding of genetic dispositions.

(1) Maturation (2) Scaffolding
(3) Adaptation (4) Socialisation

______आनुवंशिक स्वभाव के पूर्व निर्धारित प्रकटीकरण की प्रक्रिया को संदर्भित करता है।

(1) परिपक्वता (2) पाड़
(3) अनुकूलन (4) समाजीकरण

Ans : 1

जब व्यक्ति शारीरिक, मानसिक और भावनात्मक रूप से विकसित हो जाता है तो उसे परिपक्वता कहा जाता है। maturation, heredity से संबंधित होती है

4. Which of the following is determined only by heredity factors?

(1) Colour of eyes
(2) Level of understanding
(3) Interest
(4) Emotional maturity

निम्न में से कौन-सा केवल वंशानुगत कारकों से निर्धारित होता है?

(1) आँखों का रंग

(2) समझ का स्तर
(3) रुचि
(4) भावनात्मक परिपक्वता

Ans : 1

आंखों का रंग आंखों में मौजूद मेलानिन की मात्रा द्वारा निर्धारित (decide) होता है। वंशानुक्रम में आंखों के रंग का निर्धारण विभिन्न genes के माध्यम से होता है।

5. Which of the following statement is correct regarding influence of heredity and environment on development?

(1) Impact of heredity and environment on development is fixed and cannot be altered.
(2) Only environment impacts development not heredity.
(3) Only heredity impacts development not environment.
(4) Both heredity and environment impact development in a complex manner.

आनुवंशिकता और वातावरण के विकास पर प्रभाव के संदर्भ में निम्न में से कौन-सा कथन सही है?

(1) आनुवंशिकता और वातावरण का विकास पर प्रभाव निश्चित है और उसे बदला नहीं जा सकता।
(2) केवल वातावरण ही विकास को प्रभावित करता है, आनुवंशिकता नहीं।
(3) केवल आनुवंशिकता ही विकास को प्रभावित करती है, वातावरण नहीं।
(4) आनुवंशिकता और वातावरण दोनों ही एक जटिल रूप से विकास को प्रभावित करते हैं।

Ans : 4

आनुवंशिकता जींस के द्वारा विकास को प्रभावित करती है जबकि वातावरण बाहरी कारकों (external factors) जैसे खान पान, सामाजिक प्रतिक्रिया (social response) आदि को प्रभावित करता है और यह दोनों मिलकर ही विकास को निर्धारित करते हैं।

6. Which of the following factor is personal factor which influences learning?

(1) School climate
(2) Heredity
(3) Cultural context
(4) Teacher's pedagogy

निम्नलिखित में से कौन-सा व्यक्तिगत कारक है जो अधिगम को प्रभावित करता है?

(1) स्कूली माहौल
(2) आनुवंशिकता
(3) सांस्कृतिक संदर्भ
(4) अध्यापिका का शिक्षाशास्त्र

Ans : 2

कुछ गुण और कौशल(skills) हमें अपने माता-पिता और परिवार द्वारा आनुवंशिकता के द्वारा ही मिलते हैं जो हमारे अधिगम को प्रभावित करते हैं।

7. The interplay of environment and hereditary factors is responsible for -

1. only physical development
2. only cognitive development
3. physical and cognitive development
4. physical, social and cognitive development

वातावरण व आनुवंशिक कारकों की परस्पर क्रिया किसके लिए ज़िम्मेदार है?

1. केवल शारीरिक विकास
2. केवल संज्ञानात्मक विकास
3. शारीरिक व संज्ञानात्मक विकास
4. शारीरिक, सामाजिक व संज्ञानात्मक विकास

Ans : 4

वातावरण व आनुवंशिक कारक आपस में मिलकर व्यक्ति का संपूर्ण विकास करते हैं

चाहे वह शारीरिक हो, सामाजिक हो या संज्ञानात्मक (cognitive) हो।

8. Learning is significantly affected by personal as well as enviromental factors. Which of the following statement is correct in this context?

1. Aptitude and attitude both are personal factors.
2. Religion and attention both are personal factors.
3. Interest and community both are enviromental factors.
4. Age and school both are enviromental factors.

अधिगम व्यक्तिगत और पर्यावरणीय कारकों से महत्त्वपूर्ण रूप से प्रभावित होता है। इस सन्दर्भ में निम्नलिखित में से कौन सा कथन सही

1. अभिरुचि और अभिवृत्ति दोनों व्यक्तिगत कारक है।
2. कक्षायी शिक्षाशास्त्र और अवधान दोनों व्यक्तिगत कारक है।
3. रूचि और समुदाय दोनों पर्यावरणीय कारक हैं।
4. उम्र और विद्यालय दोनों पर्यावरणीय कारक हैं।

Ans : 1

अभिरुचि व्यक्ति की पसंद होती है और अभिवृत्ति व्यक्ति के सोच, विचार, व्यवहार और भावनाओं(emotions) को दर्शाती है।

9. Cognitive development among children is the result of -

1. only heredity
2. only environment
3. interaction of heredity and environment
4. only economic factors

बच्चों में संज्ञानात्मक विकास किसका परिणाम है?

1. केवल आनुवांशिकता का।
2. केवल वातावरण का।
3. आनुवांशिकता और वातावरण की पारस्परिक क्रिया का।
4. केवल आर्थिक कारकों का।

Ans : 3

संज्ञानात्मक विकास के अंतर्गत मानसिक प्रक्रियाएं(mental processes), ज्ञान(knowledge), सोचने की क्षमता ये सभी आते हैं जो कि आनुवंशिकता और वातावरण के द्वारा व्यक्ति में विकसित होते हैं।

10. As soon as Sunita began to walk she would dance whenever she heard music. Her parents clapped when she danced and encouraged her to imitate dancing by children on the T.V shows. Soon Sunita started to dance quite well.

Which principle of development does the above example illustrates?

1. Development is a result of interaction between heredity and environment.
2. Development is discontinuous.
3. Development is totally unpredictable.
4. Development is determined solely by heredity.

जब से सुनीता ने चलना शुरु किया था, वह जब भी संगीत सुनती थी, नृत्य करना शुरु कर देती है। जब वह नृत्य करती है, उसके माता - पिता ताली बजाते हैं और टी. वी कार्यक्रम में नृत्य कर रहे बच्चों की नकल करने के लिए कहते हैं। सुनीता ने बहुत जल्दी ही नृत्य अच्छी तरह से करना सीख लिया है।

यह उदाहरण विकास के किस सिद्धान्त को दर्शाता है?

1. विकास आनुवंशिकता और परिवेश के बीच अन्त: क्रिया का परिणाम है।
2. विकास अनिरन्तर प्रक्रिया है।
3. विकास पूर्ण रूप से अप्रत्याशित है।
4. विकास पूर्ण रूप से आनुवंशिकता निर्धारित है।

Ans : 1

इस कथन से यह ज्ञात होता है कि सुनीता ने नृत्य परिवेश(environment) के साथ अंतः क्रिया(interaction) करके सीखा है। अतः विकास को परिवेश पूर्ण रूप से प्रभावित करता है।

11. Which of the following is definitely predetermined by genetics / heredity?

1. Choice of friends
2. Colour of the eyes
3. Academic success
4. Interest in studies

इनमें से कौन-सा पूणर्तः अनुवांशिकी द्वारा पूर्व निर्धारित होता है?

1. मित्रों का चयन 2. आखों का रंग
3. शैक्षणिक सफलता 4. शिक्षा में रुचि

Ans : 2

12. Language development among children gets influenced by –

1. genetics only.
2. environment only.
3. genetics as well as environment.
4. neither genetics nor environment.

बच्चों में भाषा विकास किससे प्रभावित होता है?

1. केवल आनुवंशिकता से
2. केवल पर्यावरण से
3. आनुवंशिकता एवं पर्यावरण दोनों से
4. ना आनुवंशिकता से ना पर्यावरण से

Ans : 3

बच्चे भाषा कौशलों को अपने माता-पिता से अर्जित (acquire) करते हैं और समाज से अंतः क्रिया (interaction) द्वारा भी उनको सीखते हैं।

13. Physical traits of colour of eyes and hair are__________

1. dominantly determined by environmental factors.
2. inherited.
3. influence by cultural factors.
4. a result of interaction between heredity and environment.

शारीरिक लक्षण जैसे – आँखों का रंग, ऊँचाई, बालों का रंग –

1. मुख्यतः पर्यावरणीय कारक द्वारा सुनिश्चित होते हैं।
2. वंशागत होते हैं।
3. सांस्कृतिक कारक द्वारा सुनिश्चित होते हैं।
4. आनुवंशिकता और पर्यावरण के बीच अंतःक्रिया का परिणाम होते हैं।

Ans : 2

बच्चों में शारीरिक लक्षण जैसे आंखों का रंग, वजन, ऊंचाई, बालों का रंग, शारीरिक स्वास्थ्य आदि सभी वंशागत(genetic) होते हैं।

14. Which of the following statement regarding the role of heredity and environment in child development is correct?

1. The role of environment is fixed, whereas the impact of heredity can be altered.
2. The role of heredity is fixed whereas environmental factors do not play much role.
3. Role of both heredity and environment are fixed and cannot be altered.
4. The relative effect of heredity and environment vary in different areas of development.

बाल विकास में आनुवंशिकता और परिवेश की भूमिका के संबंध में निम्नलिखित में से कौन-सा कथन सही है?

1. परिवेश की भूमिका निश्चित होती है, जबकि आनुवंशिकता के प्रभाव को बदला जा सकता है।
2. आनुवंशिकता की भूमिका निश्चित होती है, जबकि परिवेशीय कारकों का प्रभाव न्यूनतम होता है।
3. आनुवंशिकता और परिवेश दोनों की भूमिका निश्चित होती है और इसे बदला नहीं जा सकता।
4. विकास के विभिन्न क्षेत्रों में आनुवंशिकता और परिवेश के सापेक्ष प्रभाव अलग-अलग होते हैं।

Ans : 4

आनुवंशिकता बच्चों को शारीरिक, मानसिक और व्यक्तिगत(personally) रूप से प्रभावित करती है और परिवेश जैसे समाज, स्कूल, मीडिया यह सब बच्चों को प्रभावित करता है।

15. A - Children acquire language since they are genetically predisposed to do so and the environment does not play any role in it.

R - Language development is a product of only heredity.

Choose the correct option.

1. Both (A) and (R) are true and (R) is the correct explanation of (A)
2. Both (A) and (R) are true but (R) is not the correct explanation of (A)
3. (A) is true but (R) is false
4. Both (A) and (R) are false.

अभिकथन (A) : बच्चे भाषा को सीखने के लिए आनुवांशिक रूप से प्रवृत्त होते हैं एवं पर्यावरण इसमें कोई भूमिका नहीं निभाता है।

कारण (R) : भाषायी विकास केवल आनुवांशिकता का ही उत्पाद है। सही विकल्प चुनें

1. (A) और (R) दोनों सही हैं और (R) सही व्याख्या करता है (A) की।
2. (A) और (R) दोनों सही हैं, लेकिन (R) सही व्याख्या नहीं है (A) की।
3. (A) सही है, लेकिन (R) गलत है।
4. (A) और (R) दोनों गलत हैं।

Ans : 4

बच्चों में भाषा के विकास को पर्यावरण और आनुवंशिकता दोनों प्रभावित करते हैं।

16. Which of the following factors contributes towards overall development of a child?

(i) Heredity
(ii) Physical environment
(iii) Social context

(1) Only (i) (2) Only (ii) and (iii)
(3) Only (i) and (ii) (4) (i), (ii) and (iii)

निम्न में से कौन से कारक बच्चे के संपूर्ण विकास के लिए ज़िम्मेदार हैं?

(i) आनुवंशिकता
(ii) भौतिक वातावरण
(ii) सामाजिक परिवेश

(1) केवल (i)
(2) केवल (ii) और (iii)
(3) केवल (i) और (ii)
(4) (i), (ii) और (iii)

Ans : 4

बच्चे का विकास आनुवंशिकता एवं वातावरण के बीच अन्तः क्रिया का परिणाम है

17. Assertion (A): Course of a child's physical development is totally determined at the time of birth.

Reason (R)**:** Heredity is the only factor responsible for development of children.

Choose the correct option:

(1) Both (A) and (R) are true and (R) is the correct explanation of (A)
(2) Both (A) and (R) are true but (R) is not the correct explanation of (A)

(3) (A) is true but (R) is false
(4) Both (A) and (R) are false

कथन (A) : एक बच्चे के शारीरिक विकास की दिशा पूरी तरह से उसके जन्म के समय निश्चित हो जाती है।

तर्क (R) : केवल अनुवंशिकता ही ऐसा एकमात्र कारक है जो बच्चों के विकास के लिए उत्तरदायी है।
सही विकल्प चुनें।
(1) (A) और (R) दोनों सही है और (A) की (R) सही व्याख्या करता है।
(2) (A) और (R) दोनों सही है लेकिन (A) की (R) सही व्याख्या नहीं करता है।
(3) (A) सही है लेकिन (R) गलत है।
(4) (A) और (R) दोनों गलत है।

Ans : 4

बच्चे का विकास आनुवंशिकता एवं वातावरण दोनों से प्रभावित होता है आनुवंशिकता विकास की सीमा निर्धारित करता है और वातावरण उस सीमा में रहकर विकास के अवसर प्रदान करता है।

18. Assertion (A): Delay in achievement of developmental milestone by children can be directly attributed to heredity.
Reason (R) : Environmental factors do not play any role in development.
Choose the correct option.
(1) Both (A) and (R) are true and (R) is the correct explanation of (A).
(2) Both (A) and (R) are true but (R) is not the correct explanation of (A).
(3) (A) is true but (R) is false.
(4) Both (A) and (R) are false.

कथन (A) : बच्चों के विकासात्मक प्रतिमान की उपलब्धि में देरी के लिए सीधे आनुवंशिकता को जिम्मेदार ठहराया जा सकता है।

तर्क (R) पर्यावरणीय कारक विकास में कोई भूमिका नहीं निभाते हैं।

सही विकल्प चुनें।
(1) (A) और (R) दोनों सही है और (A) की (R) सही व्याख्या करता है।
(2) (A) और (R) दोनों सही है लेकिन (A) की (R) सही व्याख्या नहीं करता है।
(3) (A) सही है लेकिन (R) गलत है।
(4) (A) और (R) दोनों गलत है।

Ans : 4

19. The rate of development of each child:
(1) is determined at the time of conception and environment does not play much role in it.
(2) unfolds in a dynamic manner through the interaction of heredity and environment.
(3) can be accurately predicted by looking at the developmental milestones.
(4) cannot be predicted at all since it happens in a random manner.

प्रत्येक बच्चे के विकास की दर
(1) गर्भधारण के समय निर्धारित हो जाती है और पर्यावरण इसमें ज्यादा भूमिका नहीं निभाता है।
(2) आनुवंशिकता और पर्यावरण की अंतः क्रिया के माध्यम से गतिशील तरीके से उभरती है।
(3) को विकासात्मक प्रतिमान को परखकर सटीक भविष्यवाणी की जा सकती है।
(4) की भविष्यवाणी बिल्कुल नहीं की जा सकती क्योंकि यह यादृच्छिक तरीके से होता है।

Ans : 2

20. ______refers to the complex forces of the physical and social world that influence a child's experience during the course of her development.

1. Nature
2. Heredity
3. Nurture
4. Chromosomes

निम्नलिखित में से कौन सा कारक भौतिक एवं सामाजिक दुनिया की जटिल शक्तियों को संबोधित करता है जो किसी बालिका के अनुभवों को उसके विकास के दौरान प्रभावित करते हैं?

1. प्रकृति 2. आनुवांशिकता
3. लालन-पालन 4. क्रोमोजोम

Ans : 3

पालन पोषण वातावरणीय कारक है इसमें भौतिक, सामाजिक, नैतिक आदि सभी कारक संबंधित है।

21. Which of the following traits are determined solely by heredity?

(i) Colour of eyes (ii) Intelligence
(iii) Moral development
(iv) Social skills

1. (i) 2. (ii)
3. (i), (ii) 4. (i), (ii), (iii)

निम्नलिखित में से कौन सी प्रवृत्ति / गुण पूर्णतः आनुवांशिक है?

(i) आंखों का रंग (ii) बुद्धि
(iii) नैतिक विकास (iv) सामाजिक कौशल

1. (i) 2. (ii)
3. (i) और (ii) 4. (i), (ii) और (iii)

Ans : 1

आँखों का रंग बच्चो को आनुवंशिकता द्वारा प्राप्त होता है।

22. ______is used to refer to the time when children are particularly susceptible to certain kinds of stimuli in their environment.

(1) Sensitive periods
(2) Schema
(3) Emotional periods
(4) Biological maturity

वह समय जब बच्चे वातावरण के कुछ उद्दीपन से खास तौर पर प्रभावित होते हैं क्या कहलाता है?

(1) संवेदनशील काल
(2) स्कीमा
(3) संवेगात्मक समय काल
(4) जैविक परिपक्वता

Ans : 1

संवेदनशील अवस्था में बच्चा वातावरण के प्रति विशेष रूप से संवेदनशील होता है इसे विशिष्ट अवधि अर्थात जन्म से छः वर्ष की अवधि है

CHAPTER -3

SOCIALIZATION (समाजीकरण)

1. ________________ is the process in which a child picks up social skills, idea and values through interaction with parents, teachers, peers and significant others,

(1) Scaffolding (2) Socialization
(3) Metacognition (4) Integration

वह प्रक्रिया जिसमें एक बच्ची अपने माता-पिता, समकक्षी व अन्य महत्वपूर्ण व्यक्तिओं से अंतः क्रिया करके सामाजिक कौशल, विचार व मुल्य सीखती है__________________ कहलाती है।

(1) पाड़ (2) समाजीकरण
(3) अधिसंज्ञान (4) एकीकरण

Ans : 2

समाजीकरण वह प्रक्रिया है जिसके द्वारा बच्चा विभिन्न कौशल दूसरो के साथ अन्तः क्रिया द्वारा सीखता है।

2. During middle childhood,________ the primary agency of socialization continues to play an important role but secondary agencies of socialization________ also become important.

(1) family; peers and media
(2) peers; family and school
(3) media; family and school
(4) school; peers and media

मध्य बाल्यावस्था के दौरान,________ जोकि समाजीकरण का प्राथमिक कारक है, एक महत्वपूर्ण भूमिका निभाना जारी रखता है, लेकिन________, जोकि समाजीकरण के द्वितीयक कारक है, भी महत्वपूर्ण भूमिका निभाते है।

(1) परिवार, साथी और मीडिया
(2) साथी परिवार और विद्यालय
(3) मीडिया, परिवार और विद्यालय
(4) विद्यालय, साथी और मीडिया

Ans : 1

समाजीकरण की दो कारक है

मुख्य कारक – परिवार

द्वितीय कारक – साथी, विद्यालय, मिडिया आदि

3. While ______ agencies of socialisation are predominantly important in infancy,______agencies of socialization also become important in early childhood.

(1) tertiary; secondary
(2) primary; secondary
(3) secondary; primary
(4) secondary; tertiary

शैशवावस्था में समाजीकरण की ______ संस्थाएँ प्रमुख रूप से महत्त्वपूर्ण हैं, जबकि प्रारंभिक बाल्यावस्था में समाजीकरण की ______संस्थाएँ भी महत्त्वपूर्ण हो जाती हैं।

(1) तृतीयक; माध्यमिक
(2) प्राथमिक, माध्यमिक
(3) माध्यमिक; प्राथमिक
(4) माध्यमिक; तृतीयक

Ans : 2

समाजीकरण की दो संस्थाए होती हैं।

1. प्राथमिक संस्था (मुख्य) = परिवार
2. द्वितीय संस्था / गौण (secondary) = मित्र, स्कूल मीडिया, पुस्तकाल्य, पडोस आदि।

प्राथमिक संस्था का प्रभाव शैशवावस्था में अधिक पडता हैं। परिवार शैशवावस्था में

समाजीकरण में मुख्य भूमिका निभाएंगे। माध्यमिक स्कूल में बच्चो के समाजीकरण में परिवार की भूमिका प्रारंभिक बचपन की तुलना में कम हो जाती है।

4. Assertion (A): Coming of age or menarche is celebrated in certain cultures while it is kept a secret in other cultures.

Reason (R): Childhood experiences unfold differently for children depending upon their socio-cultural contexts

Choose the correct option

(1) Both (A) and (R) are true and (R) is the correct explanation of (A)
(2) Both (A) and (R) are true but (R) is not the correct explanation of (A)
(3) (A) is true but (R) is false
(4) Both (A) and (R) are false

अभिकथन (A) कुछ संस्कृतियों में पहले मासिक धर्म का आना उत्साह के साथ मनाया जाता है जबकि अन्य संस्कृतियों में इसे गुप्त रखा जाता है।

तर्क (R) बच्चों के लिए बचपन के अनुभव उनके सामाजिक-सांस्कृतिक संदर्भों के आधार पर अलग तरह से होते हैं।

सही विकल्प चुनें:

(1) (A) और (R) दोनों सही हैं और (A) की (R) सही व्याख्या करता है।
(2) (A) और (R) दोनों सही हैं लेकिन (A) की (R) सही व्याख्या नहीं करता है।
(3) (A) सही है लेकिन (R) गलत है।
(4) (A) और (R) दोनों गलत हैं।

Ans : 1

हर संस्कृतिक के अलग नियम, मानक होते है। हर संस्कृति में बच्चे के अनुभव भिन्न होते है।

5. Assertion (A): Advertisements and films exert a major influence in determining the attitudes and values held by adolescents.

Reason (R) : Media is a powerful secondary agency of socialization

Choose the correct option:

(1) Both (A) and (R) are true and (R) is the correct explanation of (A)
(2) Both (A) and (R) are true but (R) is not the correct explanation of (A)
(3) (A) is true but (R) is false
(4) Both (A) and (R) are false

अभिकथन (A) किशोरों पर फिल्मों और विज्ञापनों का एक बड़ा प्रभाव पड़ता है व उनके व्यवहार व मूल्य भी उससे प्रभावित होते हैं।

तर्क (R) मीडिया किशोरों के समाजीकरण की एक शक्तिशाली द्वितीयक संस्था है।

सही विकल्प चुनें:

(1) (A) और (R) दोनों सही हैं और (A) की (R) सही व्याख्या करता है।
(2) (A) और (R) दोनों सही हैं लेकिन (A) की (R) सही व्याख्या नहीं करता है।
(3) (A) सही है लेकिन (R) गलत है।
(4) (A) और (R) दोनों गलत हैं।

Ans : 1

किशोरावस्था में बच्चे फिल्मों, विज्ञापनों आदि से बहुत प्रभावित होते है। मीडिया किशोरो के समाजीकरण की शक्तिशाली संस्था है।

6. Children learn their societal role through the processes of:

(1) socialization and acculturation.
(2) assimilation and accommodation
(3) adaptation and accommodation.
(4) adaptation and acculturation

बच्चे समाज में अपनी भूमिका को किन प्रक्रियाओं द्वारा सीखते हैं?

(1) समाजीकरण व उत्संस्करण
(2) समावेशन व समायोजन
(3) अनुकुलन व समायोजन
(4) अनुकूलन व उत्संस्करण

Ans : 1

समाजीकरण द्वारा बच्चा समाज के विभिन्न व्यवहार, रीति-रिवाज, गतिविधियां इत्यादि सीखता है।

7. The process of teaching young generation about social processes through everyday interactions is called :

(1) Sociability
(2) Culturing
(3) Socialization
(4) Delayed imitation

वह प्रक्रिया जिसमें युवा पौड़ी रोजमर्रा को अंतःक्रिया से सामाजिक प्रक्रियाओं को सीखती है, क्या कहलाती है?

(1) सृजनता (1) संवर्धन
(3) समाजीकरण (4) स्थगित अनुकरण

Ans : 3

समाजीकरण प्रक्रिया में बच्चा अन्तः क्रिया द्वारा विभिन्न सामाजिक कौशलों को ग्रहण करता है।

8. As an agency of secondary socialization, the primary function of the school is to:

(1) Cut the child off from the home.
(2) Undo the learnings children had at home.
(3) Contradict the learnings acquired by the child in the family.
(4) Be an extension of the family and build upon the things child is familiar with.

समाजीकरण की द्वितियक संस्था के रूप में स्कूल का क्या प्रमुख उद्देश्य है?

(1) बच्चे को घर से अलग कर देना।
(2) बच्चे की घर में सीखी बातों को पूर्ववत् करना।
(3) बच्चों द्वारा घर में सीखी गई बातों का खंडन करना।
(4) परिवार का विस्तार जिससे बच्चे की परिचित चीजों को आगे बढ़ाया जा सके।

Ans : 4

विद्यालय समाजीकरण की द्वितीय संस्था है। विद्यालय परिवार का विस्तृत रूप है जिससे बच्चे की परिचित चीजों को आगे बढाया जाता है।

9. ______ Is the process by which children learn the norms of the society

(1) Assimilation (2) Meta cognition
(3) Socialization (4) Segregation

किस प्रक्रिया में बच्चे समाज में रहने के तौर-तरीके सीखते हैं?

(1) समायोजन (2) अधिसंज्ञान
(3) समाजीकरण (4) पृथक्करण

Ans : 3

समाजीकरण एक जटिल प्रक्रिया (complex process) है जिसमें कई संस्थाएँ बच्चों को उनके जीवन में कई बार प्रभावित करती है।

10. Socialization is a :

(1) linear and fixed process
(2) simple and uni-dimensional process
(3) complex and multi-dimensional process
(4) rigid and universal process

समाजीकरण :

(1) रैखिक व निश्चित प्रक्रिया है।
(2) सरल व एकायामी प्रक्रिया है।
(3) जटिल व बहु-आयामी प्रक्रिया है।
(4) अन्मय व सार्वभौमिक प्रक्रिया है।

Ans : 3

समाजीकरण एक जटिल प्रक्रिया है जिसमें

कई संस्थाएँ बच्चों को उनके जीवन में कई बार प्रभावित करती है।

11. In middle schools family has_____ role and peers have_____role in the development and socialization of children.

(1) no; no
(2) important, significant
(3) no; significant
(4) significant; no

माध्यमिक स्कूल में बच्चों के विकास एवं समाजीकरण में परिवार को_____और समकक्षियों की______।

(1) कोई भूमिका नहीं है; कोई भूमिका नहीं है।
(2) महत्वपूर्ण भूमिका है; प्रमुख भूमिका है।
(3) कोई भूमिका नहीं है; प्रमुख भूमिका है।
(4) प्रमुख भूमिका है; कोई भूमिका नहीं है।

Ans : 2

बच्चे के विकास में परिवार की महत्तवपूर्ण भूमिका होती है जो शैशवावस्था और पूर्व बाल्यावस्था में महत्तवपूर्ण भूमिका निभाती हैं।

12. Assertion (A): It is important for middle school teachers to enable the students to look at the portrayal of gender stereotypes in the media critically.

Reason (R) : Media is an important socialising agency.
Choose the correct option.

(1) Both (A) and (R) are true and (R) is the correct explanation of (A).
(2) Both (A) and (R) are true but (R) is not the correct explanation of (A).
(3) (A) is true but (R) is false.
(4) Both (A) and (R) are false.

कथन (A) : माध्यमिक स्कूल के शिक्षकों के लिए यह महत्वपूर्ण है कि वे मीडिया में जेंडर रूढ़िवादिता के चित्रण को आलोचनात्मक रूप से देखने के लिए छात्रों को सक्षम करें।

तर्क (R) : मीडिया समाजीकरण की एक महत्वपूर्ण संस्था है।

सही विकल्प चुनें।

(1) (A) और (R) दोनों सही हैं और (R) सही व्याख्या करता है (A) की।
(2) (A) और (R) दोनों सही हैं लेकिन (R) सही व्याख्या नहीं है (A) की।
(3) (A) सही है लेकिन (R) गलत है।
(4) (A) और (R) दोनों गलत हैं।

Ans : 1

"माध्यमिक स्कूल में बच्चों पर मीडिया का महत्तवपूर्ण प्रभाव पड़ता हैं। शिक्षक मीडिया के प्रयोग द्वारा जेंडर रूढ़िवादिता को आलोचनात्मक रूप से दिखा सकता हैं।

13. Socialization is a ___ process in which connections among various agencies of___ socialization are

(1) simple; important
(2) simple; not so important
(3) complex; important
(4) complex; not so important

समाजीकरण एक_____ प्रक्रिया है जिसमें समाजीकरण की विभिन्न संस्थाओं के आपसी संबंध___

(1) सरल महत्वपूर्ण हैं।
(2) सरल महत्वपूर्ण नहीं हैं।
(3) जटिल महत्वपूर्ण हैं।
(4) जटिल महत्वपूर्ण नहीं हैं।

Ans : 3

समाजीकरण एक जटिल प्रक्रिया है जिसमें कई संस्थाएँ बच्चों को उनके जीवन में कई बार प्रभावित करती है।

14. In middle school, the role of family as a agency for socialization of children:

(1) becomes redundant.
(2) decreases as compared to the early childhood years.

(3) increases as compared to the early childhood years.
(4) remains as important as than in early childhood years.

माध्यमिक स्कूल में, बच्चों के समाजीकरण में परिवार की भूमिका :
(1) अनावश्यक हो जाती है।
(2) आरंभिक बचपन की तुलना में कम हो जाती है।
(3) आरंभिक बचपन की तुलना में बढ़ जाती है।
(4) आरंभिक बचपन के जितनी ही रहती है।

Ans : 2

15. Which of the following are secondary agencies of socialisation?

(i) School	(ii) Books
(iii) Media	(iv) Parents
(1) (i), (iv)	(2) (i), (ii), (iv)
(3) (i), (iii),(iv)	(4) (i), (ii), (iii)

निम्नलिखित में से कौन-से समाजीकरण के द्वितीयक कारक है?

(i) विद्यालय	(ii) किताबे
(iii) मीडिया	(iv) माता-पिता
(1) (i), (iv)	(2) (i), (ii), (iv)
(3) (i), (iii), (iv)	(4) (i), (ii), (iii)

Ans : 4

16. **Assertion** (A): Socialisation happens only at school once the children begin to go to school.

Reason (R) : School is the only institution of secondary socialisation. Choose the correct option.
(1) Both (A) and (R) are true and (R) is the correct explanation of (A).
(2) Both (A) and (R) are true but (R) is not the correct explanation of (A).
(3) (A) is true but (R) is false.
(4) Both (A) and (R) are false.

अभिकथन (A) : समाजीकरण स्कूल में ही होता है जब बच्चे स्कूल जाना शुरू करते हैं।

तर्क (R) : स्कूल द्वीतियक समाजीकरण की एकमात्र संस्था है।

सही विकल्प चुनें।
(1) (A) और (R) दोनों सही है और (A) की (R) सही व्याख्या करता है।
(2) (A) और (R) दोनों सही है लेकिन (A) की (R) सही व्याख्या नहीं करता है।
(3) (A) सही है लेकिन (R) गलत है।
(4) (A) और (R) दोनों गलत है।

Ans : 4

समाजीकरण घर, पडोस, विद्यालय, खेल, मीडिया आदि सभी से होता हैं। द्वितीय संस्था समाजीकरण की - विद्यालय, मीडिया, Books आदि हैं।

17. ________ is a primary and ____________is secondary agent of socialisation of children.

(1) Immediate Neighbourhood; Mass Media
(2) Print media; Religious Organisations
(3) School; Family
(4) Law; Newspaper

बच्चों में समाजीकरण की प्राथमिक संस्था__________है और________ द्वितीयक संस्था है।
(1) एकदम नजदीकी आसपड़ोस; जन संचार माध्यम
(2) मुद्रित माध्यम; धार्मिक संगठन
(3) विद्यालय; परिवार
(4) कानून; समाचार पत्र

Ans : 1

18. Assertion (A) : School plays an important role in the socialization of the child.

Reason (R) : Religious organisation is a primary agent of socialization.

Choose the correct option:
(1) Both (A) and (R) are true and (R) is the correct explanation of (A)
(2) Both (A) and (R) are true but (R) is not the correct explanation of (A)
(3) (A) is true, but (R) is false
(4) Both (A) and (R) are false

अभिकथन (A): विद्यालय बच्चे के समाजीकरण में एक महत्त्वपूर्ण भूमिका निभाता है।

कारण (R) : धार्मिक संस्थाएँ समाजीकरण की प्राथमिक कारक है।

सही विकल्प चुनें:
(1) (A) और (R) दोनों सही हैं और (R), (A) की सही व्याख्या करता है।
(2) (A) और (R) दोनों सही हैं लेकिन (R), (A) की सही व्याख्या नहीं है
(3) (A) सही है लेकिन (R) गलत है
(4) (A) और (R) दोनों गलत है।

Ans : 3

विद्यालय बच्चों के समाजीकरण में महत्तवपूर्ण भूमिका निभाता हैं। धार्मिक संस्थाएँ समाजीकरण की द्वितीय संस्था हैं।

19. Secondary socialisation maps the period in ______ when the child begins to attend formal institutions such as the school.

1. infancy
2. early childhood
3. middle childhood
4. adolescence

बच्चों का द्वितीयक समाजीकरण ______ की अवस्था में प्रारंभ हो जाता है जब वह स्कूल जैसे औपचारिक संस्थानों में जाना शुरू कर देते हैं।

1. शैशवस्था
2. पारंपरिक बाल्यावस्था
3. माध्यमिक बाल्यावस्था
4. किशोरावस्था

Ans : 2

प्रारम्भिक बाल्यावस्था में बच्चा परिवार से निकल समाज के सम्पर्क में आता है। प्रारम्भिक विद्यालय में पड़ोस, साथी, विद्यालय आदि का प्रभाव ज्यादा पड़ता है।

20. Children's engagement with learning in schools is influenced by which of the following factors?

(i) Socialisation by the family
(ii) Peer relations
(iii) Cultural values
(iv) Self-esteem of the children

1. (iv) 2. (ii) and (iv)
3. (i), (ii), (iii), (iv) 4. (i), (iii)

निम्न में से कौन-से कारकों द्वारा विद्यालयों में बच्चों का अधिगम से जुड़ाव प्रभावित होता है?

i. पारिवारिक समाजीकरण
ii. समकक्षी सम्बन्धों
iii. सांस्कृतिक मूल्य
iv. बच्चों का आत्म-सम्मान

1. (iv)
2. (ii) और (iv)
3. (i), (ii), (iii) और (iv)
4. (i) और (iii)

Ans : 3

विद्यालय द्वारा बच्चा पारिवारिक समाजीकरण, समकक्षी सम्बन्ध, सांस्कृतिक मूल्य, बच्चों का आत्म सम्मान आदि सभी गुण सीखता है।

21. Peer group-

1. has a significant role in secondary socialisation of childhood.
2. does not have any role in the socialisation of children.
3. has a small but insignificant role in the socialisation of children.
4. is not an agency of secondary socialisation.

समकक्षी समूह के संदर्भ में क्या सही है?

1. बच्चों के द्वितीयक समाजीकरण में उनकी एक महत्त्वपूर्ण भूमिका होती है।
2. बच्चों के समाजीकरण में उनकी कोई भूमिका नहीं होती है।
3. बच्चों के समाजीकरण में उनकी लघु लेकिन निरर्थक भूमिका होती है।
4. यह द्वितीयक समाजीकरण का कारक नहीं होता है।

Ans : 1

समकक्षी समूह समाजीकरण की द्वितीय संस्था है जिसका प्रभाव बच्चे के समाजीकरण पर अधिक पड़ता है।

22. Sibling relationships :

(1) are different than relationships with parents and peers and play an important role in socialization throughout childhood.

(2) are similar to relationships with parents and peers and play an important role in socialization throughout childhood.

(3) play an important role only during early childhood.

(4) do not have much role in socialization.

भाई-बहन के रिश्ते / रिश्तों :

(1) माता-पिता और साथियों के साथ संबंधों से भिन्न होते हैं और बाल्यावस्था में समाजीकरण में महत्त्वपूर्ण भूमिका निभाते हैं।

(2) माता-पिता और साथियों के साथ संबंधों के समान हैं और बाल्यावस्था में समाजीकरण में महत्त्वपूर्ण भूमिका निभाते हैं।

(3) केवल प्रारंभिक बाल्यावस्था में ही महत्त्वपूर्ण भूमिका निभाते हैं।

(4) की समाजीकरण में अधिक भूमिका नहीं है।

Ans : 1

CHAPTER -4

JEAN PIAGET (जीन पियाजे)

1. As per Jean Piaget, pre-operational stage is characterized by abilities to perform:

   (1) Imitation and reversibility
   (2) Symbolic play and animism
   (3) Classification and seriation
   (4) Conservation and abstract thinking

   जीन पियाजे के अनुसार, निम्नलिखित में कौन-सी क्षमताएँ पूर्व संक्रियात्मक अवस्था की विशेषता हैं?

   (1) नकल और प्रतिवर्तीता
   (2) प्रतीकात्मक खेल और जीववाद
   (3) वर्गीकरण और क्रमबद्धता
   (4) संरक्षण और अमूर्त चिंतन

   Ans : 2

2. Jagriti has learned that her dog, Rusty, is a Golden Retriever. When she sees another dog that looks similar to Rusty but is a different breed, she calls it a dog too. According to Jean Piaget's theory of cognitive development, which concept does this demonstrate?

   (1) Conservation
   (2) Assimilation
   (3) Egocentrism
   (4) Object permanence

   जागृति को पता चल गया है कि उसका कुत्ता रस्टी एक गोल्डन रिट्रीवर है। जब वह एक और कुत्ते को देखती है जो रस्टी जैसा दिखता है लेकिन एक अलग नस्ल का है, तो वह उसे भी कुत्ता ही समझती है। जीन पियाजे के संज्ञानात्मक विकास के सिद्धांत के अनुसार यह किस अवधारणा को प्रदर्शित करता है?

   (1) संरक्षण
   (2) समायोजन/आत्मसातीकरण
   (3) अहंकेन्द्रिता
   (4) वस्तु स्थायित्व

   Ans : 2

3. Jean Piaget's theory of cognitive development implicates that:

   (1) Behaviour should be conditioned using rewards and punishments.
   (2) Concepts should be taught in a sequence of complex to simple.
   (3) Curriculum should be designed keeping children's age-group and stage in mind.
   (4) Focus of teaching should be the outcome of the activity instead of the process of thinking.

   जीन पियाजे के संज्ञानात्यक विकास का सिद्धांत यह बताता है कि:

   (1) व्यवहार को दंड और पुरस्कारों के माध्यम से अनुकूलित किया जाना चाहिए।
   (2) अवधारणाओं को जटिल से सरल के क्रम में सिखाया जाना चाहिए।
   (3) पाठ्यक्रम को बच्चों के आयु-समूह व चरण को ध्यान में रखकर तैयार किया जाना चाहिए।
   (4) शिक्षण का बल गतिविधि के परिणाम पर होना चाहिए न कि सोचने की प्रक्रिया पर।

   Ans : 3

4. The correct sequence of stages of cognitive development given by Piaget is:

(1) Sensorimotor stage, Pre-Operational stage, Concrete Operational stage, and Formal Operational stage
(2) Pre-Operational stage, Concrete Operational stage, Sensorimotor stage, and Formal Operational stage
(3) Formal Operational stage, Concrete Operational stage, Pre-Operational stage, and Sensorimotor stage
(4) Sensorimotor stage, Concrete Operational stage, Pre-Operational stage, and Formal Operational stage

पियाजे द्वारा दिए गए संज्ञानात्मक विकास के चरणों का सही क्रम क्या है?
(1) संवेदी चालक चरण, पूर्व-संक्रियात्मक चरण, मूर्त संक्रियात्मक चरण, और अमूर्त संक्रियात्मक चरण
(2) पूर्व संक्रियात्मक चरण, मूर्त संक्रियात्मक चरण, संवेदी चालक चरण, और अमूर्त संक्रियात्मक चरण
(3) अमूर्त संक्रियात्मक चरण, मूर्त संक्रियात्मक चरण, पूर्व संक्रियात्मक चरण, और संवेदी चालक चरण
(4) संवेदी चालक चरण, मूर्त संक्रियात्मक चरण, पूर्व-संक्रियात्मक चरण, और अमूर्त संक्रियात्मक चरण

Ans : 1

जीन पियाजे के अनुसार संज्ञानात्मक विकास चार चरणों में पूरा होता है-

stage 1 - Sensori motor stage (संवेदी गामक अवस्था) = 0-2 वर्ष
Stage 2- Pre-operational stage (पूर्व सक्रियात्मक अवस्था) = 2-7 वर्ष
stage 3 - Concrete operational stage (मूर्त सक्रियात्मक अवस्था) = 7-11 वर्ष
Stage 4 - Formal operational stage (औपचारिक सक्रियात्मक अवस्था) = 11+ वर्ष

5. One of the main characteristics of pre-operational thought according to Jean Piaget is _______ which refers to the tendency to focus on one aspect of a situation and neglect others.

(1) Causation (2) Centration
(3) Decentration (4) Transduction

जीन पियाज़े के अनुसार पूर्व-संक्रियात्मक चिंतन की मुख्य विशेषताओं में से एक _____ है जो किसी स्थिति के एक पहलू पर ध्यान केंद्रित करने और दूसरों की उपेक्षा करने की प्रवृत्ति को संदर्भित करता है।
(1) कारण-परिणाम का विश्लेषण (कारण कार्य संबंध)
(2) केंद्रीयन
(3) विकेंद्रीयन
(4) पारगमन

Ans : 2

6. Four-year-old Aparna says that a button is alive because it helps tie her shirt together. According to Jean Piaget, her thinking is characterized by:

(1) Transductive reasoning
(2) Animistic thinking
(3) Centration
(4) Hypothetical-deductive thinking

चार वर्ष की अपर्णा कहती है कि एक बटन ज़िंदा है क्योंकि यह उसकी शर्ट को एक साथ बाँधने में मदद करता है। जीन पियाज़े के अनुसार, उसकी सोच की विशेषता है :
(1) पारगमनात्मक तर्क
(2) जीववादी चिंतन
(3) केंद्रीयन
(4) परिकल्पित-निगमनात्मक चिंतन

Ans : 2

जीववादी चिंतन - निर्जीव वस्तुओं को सजीव समझने से सम्बन्धित बुद्धि।

7. According to Jean Piaget a child who believes that water when poured from one container to another, gains or looses in quantity depending on the shape of the second container:

(1) has not attained conservation
(2) has not mastered object permanence
(3) is limited in thinking due to animism
(4) is unable to perform seriation

जीन पियाजे के अनुसार उस बच्चे की सोच के बारे में क्या कहा जा सकता है जो मानता है कि जब पानी को एक बर्तन से दूसरे में डाला जाता है तब पानी की मात्रा बर्तन के आकार अनुसार कम या बढ़ जाती है?

(1) बच्चे में संरक्षण के कौशल नहीं है।
(2) बच्चे ने वस्तु स्थायित्वता नहीं हासिल की है।
(3) जीववादी सोच बच्चे के विचारों को सीमित करती है।
(4) बच्चा क्रमबद्धता की प्रक्रिया करने में अक्षम है।

Ans : 1

संरक्षण के नियम का ज्ञान बच्चे को नहीं हैं। इसका अर्थ हैं - वस्तु का रंग, रूप आकार बदल दिया जाए तो इसकी मात्रा पर कोई प्रभाव नहीं पड़ता।

8. Assertion (A): A major criticism of Jean Piaget's theory of cognitive development is his belief that all children progress through the sequence of four stages in the same manner.

Reason (R) : Socio-cultural factors play an important role cognitive development

Choose the correct option

(1) Both (A) and (R) are true and (R) is the correct explanation of (A)
(2) Both (A) and (R) are true but (R) is not the correct explanation of (A)
(3) (A) is true but (R) is false
(4) Both (A) and (R) are false

अभिकथन (A) जीन पियाजे के संज्ञानात्मक विकास के सिद्धांत की एक प्रमुख आलोचना उनका यह विश्वास है कि सभी बच्चे चार चरणों के क्रम में एक ही तरीके से प्रगति करते हैं।

तर्क (R) सामाजिक-सांस्कृतिक कारक संज्ञानात्मक विकास में महत्वपूर्ण भूमिका निभाते हैं।

सही विकल्प चुनें:

(1) (A) और (R) दोनों सही हैं और (R) सही व्याख्या करता है (A) की।
(2) (A) और (R) दोनों सही हैं लेकिन (R) सही व्याख्या नहीं है (A) की।
(3) (A) सही है लेकिन (R) गलत है।
(4) (A) और (R) दोनों गलत हैं।

Ans : 1

जीन पियाजे के अनुसार संज्ञानात्मक विकास चार चरणों में पूरा होता है। ये चारों चरण स्थिर हैं इनको बदला नही जा सकता।

9. Children's reasoning in _____ stage is limited with focus on one perceptual dimension of the problem.

(1) Formal conventional
(2) Pre-operational
(3) Concrete operational
(4) Formal operational

किस चरण में बच्चों की तर्कशीलता समस्या को एक ही पहलू से प्रत्यक्ष दिखाई देने वाली अनुभूति पर सीमित रहती है?

(1) औपचारिक पारंपारिक
(2) पूर्व संक्रियात्मक
(3) मूर्त संक्रियात्मक

(4) अमूर्त संक्रियात्मक

Ans : 2

पूर्व संक्रियात्मक अवस्था मे बच्चे में केन्द्रीकरण का गुण पाया जाता है अर्थात् उत्तर देते समय एक ही विशेषता को देखना।

10. In Piaget's theory, the process in which children either modify their schemas or make new ones due to direct interaction with the environment is called:

(1) Invariation (2) Conditioning
(3) Adaptation (4) Equilibriation

पियाजे के सिद्धान्तों के अनुसार उस प्रक्रियों को जिसमें बच्चे या तो नये स्कीमा का निर्माण करते हैं या अपने स्कीमा में बदलाव करते हैं, को क्या कहते हैं?

(1) परिवर्तन (2) अनुबंधन
(3) संतुलीकरण (4) अनुकूलन

Ans : 3

11. According to Jean Piaget, children in concrete operational stage can think logically but have difficulty in:

(1) Symbolic representation
(2) Tasks of conservation
(3) Hypo-thetico deductive reasoning
(4) Tasks of seriation

जीन जॉं पियाजे अनुसार मूर्त संक्रियात्मक अवस्था में बच्चे तर्कपूर्ण ढंग से सोच पाते हैं पर उन्हें. में कठिनाई आती हैं।

(1) प्रतिकात्मक प्रतिनिधित्व
(2) संरक्षण के कार्य
(3) परिकल्पित निगमनात्मक तर्क
(4) क्रमबद्धता के कार्य

Ans : 3

परिकल्पित निगमनात्मक तर्क बच्चा, चौथी अवस्था अमूर्त संक्रियात्मक अवस्था (Abstract Operational stage) में करता है।

12. According to Jean Piaget, when a child is shown a toy and then it is hidden. Instead of forgetting, about it the child tries to find that toy. At____ stage this characteristic is found in the child, and it is called____.

(1) Preoperational, egocentrism
(2) Preoperational, object permanence
(3) Sensory-motor, object permanence
(4) Concrete operational, reversible [mental operation

जीन पियाजे के अनुसार जब किसी बच्चे को खिलौना दिखाया जाता है और फिर छुपा दिया जाता है। वह उसे भूलने की बजाय खिलौने को खोजने की कोशिश करता है। बालक में यह विशेषता____ अवस्था में पायी जाती है, इस विशेषता को____कहते हैं।

(1) पूर्व संक्रियात्मक, आत्मकेंद्रिता
(2) पूर्व संक्रियात्मक वस्तु स्थायित्व
(3) संवेदीचालक, वस्तु स्थायित्व
(4) मूर्त संक्रियात्मक, प्रतिवर्ती मानसिक संक्रिया

Ans : 3

Stage: Sensory motor stage (संवेदी गामक अवस्था) में बच्चे को वस्तुस्थायित्व (object permanancy) का ज्ञान 8, महीने से होना शुरू होता है 24 महीने तक आते-आते पूरा ज्ञान हो जाता है।

13. The ability to form and use symbols is a major accomplishment of

(1) sensori motor stage
(2) pre-operational stage
(3) concrete operational stage
(4) formal operational stage

प्रतीकों के निर्माण एवं उपयोग करने की क्षमता ________ की एक प्रमुख उपलब्धि है।

(1) संवेदी पेशीय अवस्था
(2) पूर्व संक्रियात्मक अवस्था

(3) मूर्त संक्रियात्मक अवस्था
(4) अमूर्त संक्रियात्मक अवस्था

Ans : 2

पूर्व संक्रियात्मक अवस्था में बच्चे को प्रतीकात्मक ज्ञान (Symbolic knowledge) हो जाता है।

14. In Piaget's theory, what process describes an infant's action when she changes the way she holds her hand as she reaches for round objects as oppossed to square ones?

(1) Accommodation
(2) Conditioning
(3) Inter-subjectivity
(4) Schemas

पियाजे के सिद्धांत के अनुसार, कौन सी प्रक्रिया है जो एक शिशु की क्रिया का वर्णन करती है जिसमें वह गोलाकार वस्तुओं की जगह समकोण वस्तुओं तक पहुँचने के लिए अपने हाथ के पकड़ने के तरीके को बदलती है?

(1) समायोजन (2) अनुबंधन
(3) अंतर-विषयकता (4) स्कीमा

Ans : 1

Accommodation (समायोजन) का अर्थ है जब शिशु अपने नए ज्ञान को ग्रहण करते समय स्कीमा को बदलकर व्यवहार करता है।

15. According to Jean Piaget, It is in _______ stage that the children are able to overcome the limitations of centration and demonstrate logical thought.

(1) sensorimotor
(2) pre-operational
(3) concrete operational
(4) formal operational

जीन पियाजे के अनुसार, किस चरण में बच्चे केन्द्रियता की सीमाओं से उभरकर तार्किक चिंतन कर पाते है?

(1) संवेदो चालक
(2) पूर्व संक्रियात्मक
(3) मूर्त संक्रियात्मक
(4) अमूर्त संक्रियात्मक

Ans : 3

मूर्त संक्रियात्मक अवस्था में बच्चों को विकेन्द्रीकरण, पलटन एवं संरक्षण के नियम (Decentration, Reversibility and Law of Conservation) का ज्ञान हो जाता है इनका ज्ञान बच्चे को पूर्व सक्रियात्मक अवस्था में नहीं होता।

16. Assertion (A): Ramesh, a five year old reasons that the water poured from a broader glass to a taller glass has become more in quantity.

Reason (R): Children in concrete operational stage cannot solve problems in a systematic and logical manner.

Choose the correct option:

(1) Both (A) and (R) are true and (R) is the correct explanation of (A).
(2) Both (A) and (R) are true but (R) is not the correct explanation of (A).
(3) (A) is true but (R) is false.
(4) Both (A) and (R) are false.

कथन (A): पाँच साल का रमेश तर्क करता है कि एक चौड़े गिलास से एक लम्बे गिलास में डाला गया पानी मात्रा में अधिक हो गया है।

तर्क (R): मूर्त संक्रियात्मक अवस्था में बच्चे समस्याओं को व्यवस्थित और तार्किक तरीके से हल नहीं कर पाते।

सही विकल्प चुनें।

(1) (A) और (R) दोनों सही हैं और (R) सही व्याख्या करता है (A) की
(2) (A) और (R) दोनों सही हैं लेकिन (R) सही व्याख्या नहीं है (A) की
(3) (A) सही है लेकिन (R) गलत है।

(4) (A) और (R) दोनों गलत हैं।

Ans : 1

17. According to Jean Piaget, the infant explores the world by coordinating sensory experiences with .physical actions in _____ stage.

(1) Concrete operational stage
(2) Sensori motor stage
(3) Pre-operational stage
(4) Formal operational stage

जीन पियाजे के अनुसार, किस अवस्था में शिशु शारीरिक क्रियाओं के साथ संवेदी अनुभवों का समन्वय करके दुनिया की खोज करती है?

(1) मूर्त संक्रियात्मक अवस्था
(2) संवेदी चालक अवस्था
(3) पूर्व संक्रियात्मक अवस्था
(4) अमूर्त सक्रियात्मक अवस्था

Ans : 2

संवेदी गामक अवस्था में बच्चा शारीरिक क्रियाएं (Physical activity) अधिक करता है। बच्चे के ज्ञान का आधार संवेदी अनुभव होते है।

18. In Jean Piaget's theory a child who percieves car to be alive because it moves, is demonstrating:

(1) animistic thinking
(2) centration
(3) irreversibility
(4) seriation.

जीन पियाजे के सिद्धान्तों में एक बच्ची जो मानती है कि कार सजीव है क्योंकि वह चलती है क्या प्रदर्शित करती है?

(1) जीववादी सोच (2) केन्द्रियता
(3) अप्रतिवर्ती सोच (4) क्रमबद्धता

Ans : 1

19. in Jean Piaget's theory_____is said to occur when a child perceives new objects or events in terms of existing schemas:

(1) Assimilation (2) Organization
(3) Metacognition (4) Scaffolding

जीन पियाजे के सिद्धांत में इस प्रक्रिया को क्या कहते हैं - जब कोई बच्चा मौजूदा स्कीमा के संदर्भ में नई वस्तुओं या घटनाओं को देखता है?

(1) समावेशन (2) संगठन
(3) अनुकुलन (4) पाड़

समावेशन (Assimilation) का अर्थ है, जब बच्चा मौजूदा स्कीमा के अनुसार नए ज्ञान को ग्रहण करता है।

Ans : 1

20. Despite their abilities to solve different kinds of problems children still cannot think hypothetically.

(1) Sensorimotor
(2) Concrete operational
(3) Pre-operational
(4) Formal operational

_______में बच्चे विभिन्न प्रकार की समस्याओं को सुलझाने के कौशल पा लेते हैं परन्तु निगमनात्मक सोच नहीं कर पाते।

(1) संवेदी चालक अवस्था
(2) मूर्त संक्रियात्मक अवस्था
(3) पूर्व संक्रियात्मक अवस्था
(4) अमूर्त संक्रियात्मक अवस्था

Ans : 2

मूर्त संक्रियात्मक अवस्था में बच्चा समस्या को हल करने के कौशल तो पा लेता है परन्तु निगमनात्मक सोच नहीं कर पाता।

21. Assertion (A) Sarla, a six year old cannot do tasks of conservation and seriation.

Reason (R): Children in pre-concrete stage have difficulties in considering multiple aspects of a situation.

Choose the correct option:

(1). Both (A) and (R) are true and (R) is the correct explanation of (A).

(2). Both (A) and (R) are true but (R) is not the correct explanation of (A).

(3) (A) is true but (R) is false.

(4) Both (A) and (R) are false.

अभिकथन (A) : छह वर्षीय सरला संरक्षण और क्रमांकन के कार्य नहीं कर सकती है।

तर्क (R) : पूर्व संक्रियात्मक अवस्था में बच्चों को स्थिति के कई पहलुओं पर विचार करने में कठिनाई होती है।

सही विकल्प चुनें।

(1) (A) और (R) दोनों सही हैं और (R) सही व्याख्या करता है (A) की।

(2) (A) और (R) दोनों सही हैं लेकिन (R) सही व्याख्या नहीं है (A) की।

(3) (A) सही है लेकिन (R) गलत है।

(4) (A) और (R) दोनों गलत है।

Ans : 1

22. According to Piaget which of these factors plays an important role in cognitive development?

(1) Activity (2) Conditioning
(3) Imitation (4) Reinforcement

पियाजे के अनुसार इनमें से कौन सा कारक संज्ञानात्मक विकास में महत्वपूर्ण भूमिका निभाता है?

(1) गतिविधि (2) अनुकुलन
(3) अनुकरण (4) पुर्नबलन

Ans : 1

पियाजे के अनुसार अनुभव (गतिविधि) बच्चे के संज्ञानात्मक विकास को समृद्ध करता है।

23. Jean Piaget suggested that:

(1) Childern think and learn differently from adults.

(2) Language facilitates the development of cognition.

(3) Children thinking is quantitively different from that of adults.

(4) are born as blank slate and are unintelligent at birth.

जीन पियाजे ने सुझाव दिया कि

(1) बच्चे बड़ों से अलग सोचते और सीखते हैं।

(2) भाषा विकास को सुसाध्य करती है।

(3) बच्चों की सोच वयस्कों से मात्रात्मक रूप से भिन्न होती है।

(4) बच्चे एक खाली स्लेट के रूप में पैदा होते हैं और जन्म के समय नासमझ होते हैं।

Ans : 1

पियाजे के अनुसार बच्चों का चिन्तन वयस्कों से प्रकार में भिन्न है।

24. According to Piaget which of these factors does not play an important role in cognitive development?

(1) Activity

(2) Experience with the physical world

(3) Conditioning

(4) Maturation

पियाजे के अनुसार इनमें से कौन सा कारक संज्ञानात्मक विकास में महत्वपूर्ण भूमिका नहीं निभाता है?

(1) गतिविधि

(2) भौतिक दुनिया के साथ अनुभव

(3) अनुकूलन

(4) परिपक्वता

Ans : 3

अनुकूलन व्यवहारवादी सिद्धान्त का आधार है।

25. According to Piaget, at which stage of cognitive development children develop the abilities of 'conservation' and 'classification'?

(1) Sensori-motor
(2) Pre-operational
(3) Concrete operational
(4) Formal operational

पियाजे के अनुसार किस चरण में बच्चे संरक्षण व वर्गीकरण के कौशल विकसित कर लेते हैं?

(1) संवेदी चालक
(2) पूर्व संक्रियात्मक
(3) मूर्त संक्रियात्मक
(4) अमूर्त संक्रियात्मक

Ans : 3

पियाजे के अनुसार मूर्त संक्रियात्मक अवस्था मे बच्चे को संरक्षण (Conservation), वर्गीकरण (Classification), क्रमागत (Sertation), विकेन्द्रीकरण (Decentration) का ज्ञान हो जाता है।

26. Which of the following is NOT an educational implications of Jean Piaget's theory?

(1) Using appropriate rewards and punishment.
(2) Sensitivity to children's readiness to learn,
(3) Acceptance of individual differences.
(4) Discovery learning.

निम्न में से कौन सी पद्धति जो पियाजे के शिक्षागत निहितार्थ के अनुरूप नहीं है?

(1) उपयुक्त ईनाम व सजा का प्रयोग
(2) बच्चों के सीखने तैयारी/ तत्परता के लिए संवेदनशीलता
(3) व्यक्तिगत विभिन्नताओं को स्वीकारना
(4) खोज अधिगम

Ans : 1

पियाजे ईनाम व सजा के प्रयोग को शिक्षा में नकारते है। ईनाम व सजा व्यवहारवादियों के सिद्धान्त का आधार है।

27. As per Jean Piaget, children's thinking is_______that of adults.

(1) Qualitatively different from
(2) Quantitively different from
(3) Inferior than
(4) Superior than

जीन पियाजे के अनुसार, बच्चों की सोच वयस्कों _____होती है।

(1) से गुणात्मक रूप से भिन्न
(2) से मात्रात्मक रूप से भिन्न
(3) से कम
(4) से बेहतर

Ans : 1

पियाजे के अनुसार बच्चों का चिन्तन वयस्कों से प्रकार में भिन्न है।, मात्रा में नहीं

28. According to Piaget which of these factors does not play an important role in cognitive development?

(1) Activity
(2) Exploration
(3) Language
(4) Biological Maturation

पियाजे के अनुसार इनमें से कौन सा कारक संज्ञानात्मक विकास में महत्वपूर्ण भूमिका नहीं निभाता है?

(1) गतिविधि
(2) अन्वेषण
(3) भाषा
(4) जैविक परिपक्वता

Ans : 3

जीन पियाजे के अनुसार चिंतन भाषा से पहले विकसित होता है। अतः भाषा को जीन पियाजे ने गौण कारक (secondary factor) माना है।

29. As per Jean Piaget, children acquire the ability to perform abstract reasoning in:

(1) Sensori-motor period
(2) Pre-operational stage
(3) Concrete operational stage
(4) Formal operational stage

जीन पियाजे के अनुसार बच्चे किस स्तर पर अमूर्त तर्क करने की क्षमता विकसित कर लेते है?

(1) संवेदी चालक अवस्था
(2) पूर्व संक्रियात्मक अवस्था
(3) मूर्त संक्रियात्मक अवस्था
(4) अमूर्त संक्रियात्मक अवस्था

Ans : 4

अमूर्त तर्क बच्चा अमूर्त संक्रियात्मक अवस्था में करता है।

30. In Jean Piaget's theory, the tendency to see the world and the experiences of others from one's own viewpoint is referred to as :

(1) Adaptation (2) Egocentricism
(3) Animism (4) Equilibration

जीन पियाजे के सिद्धान्तों में, दूसरों के अनुभवों व सांसारिक दृष्टिकोण को अपनी दृष्टि से देखने की प्रवृत्ति क्या कहलाती है?

(1) अनुकूलन (2) आत्मकेन्द्रियता
(3) जीववाद (4) संतुलीकरण

Ans : 2

आत्म केन्द्रियता (Egocentrism) pre Operational Stage में बच्चे में गलत अवधारणा विकसित होती है।

31. As per Jean Piaget's theory, At which stage do children become more skilled at symbolic play, yet continue to think in a concrete manner but not in abstraction?

(1) Sensorimotor stage
(2) Post-conventional stage
(3) Concrete operational stage
(4) Formal operational stage

जीन पियाजे के सिद्धान्त के अनुसार किस चरण में बच्चे प्रतीकात्मक खेल करने में सक्षम हो जाते हैं, परन्तु उनकी सोच मूर्त वस्तुओं तक ही सीमित होती हैं बजाए अमूर्तता के?

(1) संवेदीचालक अवस्था
(2) उत्तर पारंपरिक अवस्था
(3) मूर्त संक्रियात्मक अवस्था
(4) अमूर्त संक्रियात्मक अवस्था

Ans : 3

मूर्त संक्रियात्मक अवस्था में बच्चे चिंतन शुरू करते है मूर्त विषयों पर।

32. According to Jean Piaget, which of the following are the part of adaptation?

(i) Assimilation
(ii) Accommodation
(iii) Scaffolding
(iv) Conditioning

(1) (i), (ii) (2) (ii), (iii)
(3) (i), (iv) (4) (iii), (iv)

जीन पियाजे के अनुसार निम्नलिखित में से अनुकूलन के भाग कौन से हैं?

(i) समायोजन (ii) समावेशन
(iii) पाड़ (iv) अनुबंधन

(1) (i), (ii) (2) (ii), (iii)
(3) (i), (iv) (4) (iii), (iv)

Ans : 1

पाड़ (Scaffolding) लेव वायगोत्स्की द्वारा प्रतिपादित सम्प्रत्यय है। Conditioning (अनुबन्धन) व्यवहारवादियों के सिद्धान्त का आधार है।

33. According to Jean Piaget, children learn meaningfully:

(1) through the process of conditioning of stimuli and response.
(2) when offerred rewards and punishment.

(3) when adults take control and provide explanations.
(4) through self-initiated activity and discovery.

जीन पियाजे के अनुसार बच्चों में अर्थपूर्ण अधिगम किस प्रक्रिया में होता है?

(1) उद्दीपन व प्रक्रिया के अनुबंध की प्रक्रिया में।
(2) तब जब ईनाम और सजा का प्रयोग किया जाता है।
(3) जब वयस्क नियंत्रण लेते हैं व व्याख्यान देते हैं।
(4) खुद से आरंभ की गई गतिविधि व खोज में।

Ans : 4

जीन पियाजे के अनुसार बच्चे अपने ज्ञान का निर्माण स्वयं करते है।

34. Which of the following statements in not correct about Piaget's proposal about sequence of stages?

(1) All aspects of cognitive change in an integrated fashion, following a similar course.
(2) Stages can be skipped.
(3) Stages occur in a fixed order.
(4) Stages are universal; they are assumed to characterize children everywhere.

पियाजे द्वारा प्रस्तावित चरण बद्ध क्रम के बारे में कौन सा वाक्य सही नहीं है?

(1) संज्ञानात्मक बदलाव एकीकृत रूप में होता है जिसकी दिशा समान होती है।
(2) एक चरण को लाँघ कर दूसरे चरण पर आगे बढ़ा जा सकता है।
(3) सभी चरण एक निश्चित अनुक्रम अनुसार होते हैं।
(4) चरण सार्वभौमिक हैं; यह हर जगह के बच्चों के गुणधर्म को दर्शाती हैं।

Ans : 2

जीन पियाजे के अनुसार किसी भी चरण को छोडा नहीं जा सकता क्योंकि ये चरण स्थिर है।

35. Assertion (A): A major criticism of Jean Piaget's theory is the consideration that children are active beings.

Reason (R): Children learn through passive reception of information.
Choose the correct option.

(1) Both (A) and (R) are true and (R) is the correct explanation of (A)
(2) Both (A) and (R) are true but (R) is not the correct explanation of (A)
(3) (A) is true but (R) is false
(4) Both (A) and (R) are false

कथन (A) : जीन पियाजे के सिद्धांत की एक प्रमुख आलोचना उनके द्वारा दिया गया विचार है कि बच्चे सक्रिय प्राणी हैं।

तर्क (R) : बच्चे सूचना को निष्क्रिय रूप से ग्रहण करके सीखते हैं।

सही विकल्प चुनें।

(1) (A) और (R) दोनों सही हैं और (R) सही व्याख्या करता है (A) की।
(2) (A) और (R) दोनों सही हैं लेकिन (R) सही व्याख्या नहीं है (A) की|
(3) (A) सही है लेकिन (R) गलत है।
(4) (A) और (R) दोनों गलत हैं।

Ans : 4

जीन पियाजे के अनुसार बच्चे सक्रिय ज्ञान निर्माता है। बच्चो को इन्होंने little scientist कहा है।

36. According to Piaget which of these factors plays an important role in cognitive development?

(1) Activity (2) Conditioning
(3) Language (4) Reinforcement

पियाजे के अनुसार इनमें से कौन सा कारक संज्ञानात्मक विकास में महत्वपूर्ण भूमिका निभाता है?

(1) गतिविधि (2) अनुकूलन
(3) भाषा (4) पुनर्बलन

Ans : 1

पियाजे के अनुसार बच्चे को सीखाने की जरूरत नहीं है, बच्चा स्वयं अपने प्रयासो से सीखता है।

37. Which of the following is a correctly matched pair?

(1) Sensorimotor Period-Application of logic to concrete problems
(2) Pre-operational stage-Reversibility and decentration
(3) Concrete operational stage-Object permanence and animistic thinking
(4) Formal operational stage-Abstract thinking

निम्न में से कौन से युग्म का मिलान सही है?

(1) संवेदी चालक अवस्था - मूर्त समस्याओं पर तर्क
(2) पूर्व संक्रियात्मक अवस्था प्रतिवर्ती सोच तथा विकेंद्रीकरण
(3) मूर्त संक्रियात्मक अवस्था - वस्तु स्थायित्व तथा जीववादी सोच
(4) औपचारिक संक्रियात्मक अवस्था -अमूर्त सोच

Ans : 4

अमूर्त चिंतन बच्चा औपचारिक संक्रियात्मक अवस्था में शुरू करता है।

38. According to Jean Piaget's theory of Cognitive development, at which stage, most children can 'operate on operations and develop hypothetico-deductive thinking?

(1) Sensori motor
(2) Pre operational
(3) Concrete operational
(4) Formal operational

जीन पियाजे के संज्ञानात्मक विकास के सिद्धान्त के अनुसार किस अवस्था में अधिकांश बच्चे 'सक्रियाओं पर क्रियाए' करने लगते है और उनमें परिकल्पनात्मक निगमनात्मक सोच विकसित हो जाती है?

(1) संवेदो गामक
(2) पूर्व संक्रियात्मक
(3) मूर्त सक्रियात्मक
(4) औपचारिक सक्रियात्मक

Ans : 4

औपचारिक संक्रियात्मक अवस्था मे बच्चे का चिंतन निगमनात्मक होता है, अमूर्त चिंतन बच्चा शुरू करता है।

39. Jean Piaget gave importance to_____in the process of learning

(1) Readiness to learn
(2) Negative reinforcement
(3) Competitive feelings
(4) Functional fixedness

जीन पियाजे ने अधिगम की प्रक्रिया में किसे महत्व दिया है?

(1) सीखने के लिए तत्परता
(2) नकारात्मक पुनर्बलन
(3) प्रतियोगी भावना
(4) कार्यात्मक स्थिरता

Ans : 1

पियाजे के अनुसार बच्चे सक्रिय ज्ञान निर्माता है। वे हमेशा सीखने के लिए तत्पर रहते है।

40. Choose the correctly matched pair of stages with the characteristics proposed by Jean Piaget.

(1) Sensorimotor stage - can engage in make believe play
(2) Pre-operational - object permanence begins
(3) Concrete Operational - capable of mentally reversing actions
(4) Formal Operational - capable of hypo-thetico deductive thinking

जीन पियाजे द्वारा प्रस्तावित विशेषताओं के साथ चरणों की सही सुमेलित जोड़ी चुनें।

(1) संवेदी चालक अवस्था - नाटकीय खेल में संलग्न
(2) पूर्व संक्रियात्मक अवस्था - वस्तु स्थायित्वता का प्रारंभ
(3) मूर्त संक्रियात्मक अवस्था - क्रियाओं को मानसिक तौर पर प्रतिवर्तन में सक्षम
(4) अमूर्त संक्रियात्मक अवस्था - परिकल्पित निगमनात्मक तर्क में सक्षम

Ans : 4

41. Assertion (A):Four-year-old Riya cannot take into consideration the height and width of the two beakers at the same time while pouring the same amount of water into tall and wide beakers.

Reason (R): Riya is at Preoperational stage of cognitive development as per Jean Piaget.
Choose the correct option.

(1) Both (A) and (R) are true and (R) is the correct explanation of (A).
(2) Both (A) and (R) are true but (R) is not the correct explanation of (A).
(3) (A) is true but (R) is false.
(4) Both (A) and (R) are false.

अभिकथन (A) : चार वर्षीय रिया लम्बे और चौड़े दो बर्तन में एक ही समय में समान मात्रा में पानी डालते समय बर्तनों की ऊँचाई और चौड़ाई को एक ही समय में ध्यान में नहीं रख पाती है।

कारण (R) : जीन पियाज़े के अनुसार रिया संज्ञानात्मक विकास के पूर्व-संक्रियात्मक चरण में है।

सही विकल्प चुनें।

(1) (A) और (R) दोनों सही हैं और (R), (A) की सही व्याख्या करता है।
(2) (A) और (R) दोनों सही हैं लेकिन (R), (A) की सही व्याख्या नहीं है।
(3) (A) सही है लेकिन (R) गलत है।
(4) (A) और (R) दोनों गलत हैं।

Ans : 1

42. In accordance to Jean Piaget's theory of cognitive development, which of the following concept should be taught to children in the age group 3-6 years?

(1) Conservation
(2) Seriation
(3) Symbolic representation
(4) Logical application

जीन पियाजे के संज्ञानात्मक विकास के सिद्धान्त के अनुसार, निम्नलिखित में से कौन-सी अवधारणा 3-6 वर्ष की आयु वाले बच्चों को सिखानी चाहिए?

(1) संरक्षण
(2) अनुक्रमता
(3) सांकेतिक प्रतिनिधिकरण
(4) तार्किक अनुप्रयोग

Ans : 4

पूर्व संक्रियात्मक अवस्था में बच्चे को प्रतीकात्मक ज्ञान (Symbolic knowledge) हो जाता है।

43. ________ was used by Jean Piaget to describe cognitive mental concepts.

(1) Scaffolding
(2) Object (Permanence)
(3) Schema

(4) Zone of Proximal Development

_______ का प्रयोग जीन पियाजे द्वारा संज्ञानात्मक मानसिक अवधारणाओं के वर्णन के लिए किया गया था।

(1) पाड़
(2) वस्तु स्थायित्व
(3) स्कीमा
(4) समीपवर्ती विकास का क्षेत्र

Ans : 3

स्कीमा का अर्थ है मानसिक संरचना के अनुसार व्यवहार करना।

44. As per Jean Piaget's theory of cognitive development, at which stage do most children clearly understand Past, Present and Future?

(1) Sensorimotor
(2) Preoperational
(3) Concerete operational
(4) Formal operational

जीन पियाज़े के संज्ञानात्मक विकास के सिद्धान्त के अनुसार, अधिकांश बच्चे किस अवस्था में बीते हुए समय, वर्तमान और भविष्य के बारे में स्पष्ट रूप से समझ बना लेते हैं?

(1) संवेदी - गत्यात्मक
(2) पूर्व-संक्रियात्मक
(3) मूर्त संक्रियात्मक
(4) औपचारिक संक्रियात्मक

Ans : 3

समय का ज्ञान बच्चें को मूर्त संक्रियात्मक अवस्था में हो जाता है।

45. In Jean Piaget's theory, the basic building blocks of thinking are referred to as

(1) Reflexes (2) Schemas
(3) Codes (4) Concepts

जीन पियाज़े के सिद्धान्त में, चिन्तन की बुनियादी निर्मितियों को किस रूप में जाना जाता है

(1) सहज क्रियाएँ (2) स्कीमा
(3) संकेत (4) अवधारणाएँ

Ans : 2

स्कीमा चिंतन की आधारभूत इकाई है जो चिंतन का निर्माण करती है।

46. Both Lawrence Kohlberg and__________ have given theories of moral development.

(1) Lev Vygotsky (2) Jerome Bruner
(3) Jean Piaget (4) B. F. Skinner

नैतिक विकास का सिद्धान्त लॉरेन्स कोहलबर्ग के साथ-साथ और किसके द्वारा प्रतिपादित किया गया है?

(1) लेव वायगोत्स्की (2) जिरोम ब्रूनर
(3) जीन पियाज़े (4) बी. एफ. स्किनर

Ans : 3

नैतिक विकास (Moral Development) का सिद्धान्त जीन पियाजे और लॉरेन्स कोहलबर्ग दोनो ने दिया था। पहले जीन पियाजे ने नैतिक विकास की दो अवस्थाएं बताई। बाद में जीन पियाजे से प्रभावित होकर लॉरेन्स कोहलबर्ग ने नैतिक विकास का सिद्धान्त दिया।

47. According to Jean Piaget's theory of cognitive development, at which stage are reflexes dominant and primary way of learning?

(1) Sensorimotor
(2) Preoperational
(3) Concrete Operational
(4) Formal Operational

जीन पियाज़े के संज्ञानात्मक विकास सिद्धांत के अनुसार, किस चरण पर अनैच्छिक क्रियाएँ अधिगम का प्रधान और प्राथमिक माध्यम होती हैं?

(1) संवेदी गामक
(2) पूर्व संक्रियात्मक
(3) मूर्त-संक्रियात्मक
(4) औपचारिक संक्रियात्मक

Ans : 1

जीन पियाजे के अनुसार अनैच्छिक क्रियाएँ बच्चा संवेदी गामक अवस्था (Sensory motor stage) में करता है। अनैच्छिक क्रियाएँ वे क्रियाएँ होती है जो बिना ज्यादा सोचे-समझे स्वचालित रूप से होती है जैसे-ताली की आवाज से बच्चे का चौंकना, पलके झपकाना आदि।

48. According to Jean Piaget, the combining, arranging, recombining, and rearranging of behaviours and thoughts into coherent systems is called

(1) disequilibration
(2) conceptualisation
(3) organisation
(4) misconception

जीन पियाजे के अनुसार, व्यवहारों और विचारों को संयोजन, व्यवस्थिकरण, पुनर्संयोजन और पुनर्व्यवस्थिकरण करके सुसंगत प्रणाली में लाना क्या कहलाता है?

(1) असंतुलनीकरण (2) संकल्पना
(3) संगठन (4) मिथ्या धारणा

Ans : 3

विचारों का व्यवस्थिकरण करना संगठन कहलाता है।

49. According to Jean Piaget's theory of cognitive development, at which stage do children begin to think through operations logically in one direction?

(1) Sensorimotor
(2) Preoperational
(3) Concrete operational
(4) Formal operational

जीन पियाज़े के संज्ञानात्मक विकास के सिद्धांत के अनुसार, बच्चे किस चरण में संक्रियाओं को एक दिशीय तार्किक क्रम से सोचना शुरू कर देते हैं?

(1) संवेदी- गामक
(2) मूर्त-संक्रियात्मक
(3) मूर्त संक्रियात्मक
(4) औपचारिक संक्रियात्मक

Ans : 3

जीन पियाजे के अनुसार बच्चा तार्किक चिंतन तीसरी अवस्था मूर्त संक्रियात्मक अवस्था में करता है।

50. As per Jean Piaget's theory, the process of adaptation to the environment incorporates :

(1) Assimilation only
(2) Accommodation only
(3) Both assimilation and accommodation
(4) Neither assimilation nor accommodation

जीन पियाज़े के सिद्धांत के अनुसार, अपने वातावरण से अनुकूलन की प्रक्रिया में क्या शामिल होता है?

(1) केवल समावेशन
(2) केवल समायोजन
(3) समावेशन और समायोजन दोनों
(4) न तो समावेशन और न ही समायोजन

Ans : 3

51. According to Jean Piaget's theory of cognitive development, at which stage most children become capable of applying logic in solving complex problems?

(1) Sensorimotor
(2) Preoperational
(3) Concrete operational
(4) Formal operational

जीन पियाज़े के संज्ञानात्मक सिद्धांत के अनुसार, किस चरण पर बच्चे जटिल समस्याओं के समाधान में तर्क का इस्तेमाल करने में सक्षम हो जाते हैं?

(1) संवेदी-गामक
(2) पूर्व-संक्रियात्मक
(3) मूर्त संक्रियात्मक
(4) औपचारिक संक्रियात्मक

Ans : 4

जटिल समस्याओं को हल करने के लिए तर्क प्रयोग करना औपचारिक संक्रियात्मक अवस्था की पहचान है।

52. As Jean Piaget's theory, significant changes in cognitive thinking takes place through the process of______.

(1) equilibration
(2) irreversible thinking
(3) rote memorisation
(4) delayed imitation

जीन पियाज़े के सिद्धांत के अनुसार, संज्ञानात्मक चिंतन में प्रमुख बदलाव किस प्रक्रिया द्वारा होते हैं?

(1) संतुलनीकरण द्वारा
(2) अप्रतिलौमिक चिंतन द्वारा
(3) रटकर स्मरण द्वारा
(4) विलंबित नकल द्वारा

Ans : 1

जब व्यक्ति के सामने नई परिस्थिति उत्पन्न होती है तो उनकी मानसिक स्थिति असंतुलित हो जाती है। उस सन्तुलन को दूर करने के लिए व्यक्ति या तो अनुकूलन (Assimilation) करता है या समायोजन (Accommodation)। ऐसा करने से उसकी मानसिक स्थिति सन्तुलित हो जाती है सन्तुलन की यह अवस्था सन्तुलनीकरण कहलाती है।

53. As per Jean Piaget's views, 'Private speech' among children represents their

(1) advanced thinking
(2) inability to regulate their thoughts
(3) problem solving strategies
(4) metacognitive skills

जीन पियाज़े के विचार में, बच्चों की 'निज़ी वाक' क्या दर्शाती है?

(1) उनकी अग्रवर्ती सोच
(2) उनकी अपनी सोच को विनियमित करने की अक्षमता
(3) उनकी समस्या समाधान युक्तियाँ
(4) उनका परासंज्ञानात्मक कौशल

Ans : 2

54. In Jean Piaget's theory, _____ refer to the organised systems of actions and thoughts that allow individuals to mentally represent or think about the objects and events in their world.

(1) advance organizers
(2) codes
(3) tools
(4) schemes

जीन पियाज़े के सिद्धांत में, क्रियाओं और विचारों की संगठित प्रणाली जो व्यक्तियों को उनके जीवन से संबंधित वस्तुओं और घटनाओं को मानसिक रूप से प्रस्तुत करने और सोचने की स्वीकृति देती है, क्या कहलाती है?

(1) उन्नत आयोजक (2) संहिता
(3) उपकरण (4) स्कीमें

Ans : 4

स्कीम्स (schemes) - व्यवहारों के संगठित पैटर्न को जिसे आसानी से दोहराया जा सकता है स्कीम्स कहलाती है।

55. According to Jean Piaget's theory of cognitive development, at which stage do most children particularly face difficulty in understanding the point of view of another person?

(1) Post-conventional
(2) Pre-operational
(3) Concrete operational
(4) Formal operational

जीन पियाज़े के संज्ञानात्मक विकास के सिद्धांत के अनुसार, किस चरण पर अधिकतर बच्चे दूसरों के दृष्टिकोण को समझने में विशेषतः कठिनाई महसूस करते हैं?

(1) उत्तर-पारंपरिक
(2) पूर्व-संक्रियात्मक
(3) मूर्त संक्रियात्मक
(4) औपचारिक संक्रियात्मक

Ans : 2

पियाजे के अनुसार पूर्व संक्रियात्यक स्तर पर बच्चा दूसरो के दृष्टिकोण को समझ नहीं पाता जिसे Egocentrism कहा जाता है।

56. Reena, a 5-year-old girl is shown two identical transparent glasses, both short and wide in shape. Both have exaclty same amount of milk in them. She agrees that the quantity is the same. However, when same milk from one glass was poured into a taller, narrower glass, she believes that taller glass has more milk than shorter glass. As per Jean Piaget's theory, this represents

(1) Difficulty in decentering
(2) Animism
(3) Semiotic function
(4) Hypothetical-deductive reasoning

पाँच वर्षीय रीना को दो पारदर्शी समरूप गिलास दिखाए गए, जो दोनों ही आकार में छोटे और चौड़े थे। दोनों में बराबर मात्रा में दूध डाला गया जिसे दिखाने पर रीना ने बराबर होने की सहमति जताई। फिर एक गिलास के दूध को किसी अन्य गिलास में डाला गया जो अपेक्षाकृत लम्बा और संकीर्ण था। अब रीना का मानना है कि लम्बे गिलास में छोटे गिलास की अपेक्षा दूध ज्यादा है। जीन पियाज़े के सिद्धांत के अनुसार यह क्या दर्शाता है?

(1) विकेंद्रीकरण में कठिनाई
(2) जीववादी सोच
(3) लाक्षणिक प्रकार्य
(4) काल्पनिक निगमनात्मक तर्क

Ans : 1

विकेन्द्रीकरण का अर्थ है उत्तर देते समय एक से अधिक विशेषताओं को देखना।

57. According to Jean Piaget's theory of cognitive development, at which stage most children develop concerns about social issues and justice?

(1) Sensorimotor
(2) Preoperational
(3) Concrete operational
(4) Formal operational

जीन पियाज़े के संज्ञानात्मक विकास के सिद्धांत के अनुसार, अधिकतर बच्चे किस स्तर पर सामाजिक मुद्दों और न्याय के प्रति समझ स्थापित कर लेते हैं?

(1) संवेदी - गामक
(2) पूर्व-संक्रियात्मक
(3) मूर्तक्रियात्मक
(4) औपचारिक संक्रियात्मक

Ans : 4

सामाजिक मुद्दे और न्याय ये शब्द अमूर्त है। अमूर्त चिंतन बच्चा औपचारिक संक्रियात्मक अवस्था (Formal operational stage) में करता है। अमूर्त विषय जैसे – न्याय, बुद्धि, बेरोजगारी आदि पर चिंतन।

58. A student observes that stick A is larger than stick B and stick B is larger than stick C. Based on this observation the student infers that stick A is larger than stick C but when asked same

problem verbally he fails to make correct inference. According to Piaget's theory, the student is at which stage of cognitive development?

(1) Concrete operational stage
(2) Formal operational stage
(3) Sensorimotor stage
(4) Preoperational stage

एक विद्यार्थी निरीक्षण करता है कि छड़ A, छड़ B से लम्बी है तथा छड़ B, छड़ C से लम्बी है। इस निरीक्षण के आधार पर विद्यार्थी यह निष्कर्ष निकालता है कि छड़ A, छड़ C से लम्बी है, परन्तु जब यही समस्या उससे मौखिक रूप से पूछी जाती है, तो वह सही निष्कर्ष नहीं निकाल पाता। पियाज़े के सिद्धांत के अनुसार, विद्यार्थी संज्ञानात्मक विकास की किस अवस्था में है?

(1) मूर्त संक्रियात्मक अवस्था
(2) औपचारिक संक्रियात्मक अवस्था
(3) संवेदी- गामक अवस्था
(4) पूर्व-संक्रियात्मक अवस्था

Ans : 1

मूर्त संक्रियात्मक अवस्था में बच्चा चिंतन शुरू कर देता है।

59. As per Jean Piaget's theory of cognitive development, the concept of class inclusion is attained by children during_______ stage.

(1) Concrete operational
(2) Sensorimotor
(3) Preoperational
(4) Formal operational

जीन पियाज़े के संज्ञानात्मक विकास सिद्धांत के अनुसार, वर्ग समावेशन की अवधारणा बच्चों द्वारा किस चरण के दौरान प्राप्त की जाती है?

(1) मूर्त संक्रियात्मक
(2) संवेदीगामक
(3) पूर्व-संक्रियात्मक
(4) औपचारिक संक्रियात्मक

Ans : 1

मूर्त संक्रियात्मक अवस्था में बच्चा वर्गीकरण, क्रमागत, पूर्ण और अंश (whole & part) का ज्ञान हो जाता है।

60. Jean Piaget used the term_______to refer to the actions that are carried out and reversed mentally.

(1) Functions (2) Equilibration
(3) Egocentrism (4) Operations

जीन पियाजे के अनुसार, वे क्रियाएं जिन्हें मानसिक स्तर पर निष्पादित और प्रतिलोमित किया जाता है,_________कहलाती है।

(1) प्रकार्य (2) संतुलनीकरण
(3) आत्म-केन्द्रीयता (4) संक्रियाएँ

Ans : 4

संक्रिया (operation) का अर्थ है सोच विचार एवं चिंतन करना। यह एक मानसिक प्रक्रिया है।

61. In accordance to Jean Piaget's theory of cognitive development, a teacher should give tasks requiring ________ to students in age group 7-11 years for working independently.

(1) Hypothetical-deductive reasoning
(2) Reversible thinking
(3) Passive imitation
(4) Object permanence

जीन पियाज़े के संज्ञानात्मक विकास के सिद्धान्त के अनुसार, एक अध्यापिका 7-11 वर्ष की अवस्था वाले विद्यार्थियों को स्वतंत्र रूप से कार्य करने के लिए ऐसा कार्य देती है जिसमें ____________ की आवश्यकता है।

(1) परिकल्पनात्मक-निगमनात्मक तार्किकता
(2) प्रतिवर्ती चिंतन (पलटवाँ)

(3) निष्क्रिय अनुसरण
(4) वस्तु स्थायित्व

Ans : 2

पलटवा/प्रतिवर्ती चिंतन (Reversibility) का अर्थ पूर्व कथन और कार्यों पर पलटना है। बच्चे प्रश्नों को पलट कर उत्तर देने लगते है। पलटन का ज्ञान मूर्त संक्रियात्यक अवस्था में होता है।

62. According to Jean Piaget's theory of cognitive development, at which stage do children begin to imitate others?

(1) Sensorimotor
(2) Preoperational
(3) Concrete operational
(4) Formal operational

जीन पियाजे के संज्ञानात्मक विकास के सिद्धांत के अनुसार, किस चरण पर बच्चे दूसरों का अनुसरण / नकल करना शुरू कर देते हैं?

(1) संवेदीगामक
(2) पूर्व-संक्रियात्मक
(3) मूर्त संक्रियात्मक
(4) औपचारिक संक्रियात्मक

Ans : 1

संवेदीगामक अवस्था में बच्चे में अनुकरण की प्रवृत्ति (Imitation Tendency) पाई जाती है।

63. According to Jean Piaget's theory of cognitive development, at which stage do children begin to remember events in correct sequence of past, present and future?

(1) Sensorimotor
(2) Preoperational
(3) Concrete operational
(4) Formal operational

जीन पियाजे के संज्ञानात्मक विकास सिद्धांत के अनुसार, किस चरण पर बच्चे घटनाओ को भूत, वर्तमान और भविष्यकाल के सही क्रम में याद रखना शुरू कर देते हैं?

(1) संवेदीगामक
(2) पूर्व क्रियात्मक
(3) मूर्त संक्रियात्मक
(4) औपचारिक सक्रियात्मक

Ans : 3

घटनाओं के क्रम का ज्ञान बच्चे को मूर्त संक्रियात्मक अवस्था में होता है।

64. According to Jean Piaget's theory of cognitive development, at which stage do children begin to move from reflexive actions to intentional activity?

(1) Sensorimotor
(2) Preoperational
(3) Concrete Operational
(4) Formal Operational

जीन पियाज़े के संज्ञानात्मक विकास के सिद्धान्त के अनुसार, किस अवस्था में बच्चे अनैच्छिक (सहज) क्रियाओं से ऐच्छिक क्रियाओं की ओर बढ़ना आरंभ करते हैं?

(1) संवेदी गत्यात्मक
(2) पूर्व-संक्रियात्मक
(3) मूर्त संक्रियात्मक
(4) औपचारिक संक्रियात्मक

Ans : 1

65. As per Jean Piaget's theory, if a scheme does not produce a satisfying result, then______ takes place.

(1) Imitation
(2) Disequilibration
(3) Conservation)
(4) Zone of proximal development

जीन पियाजे के सिद्धांत के अनुसार, अगर एक स्कीम संतुष्ट परिणाम नहीं दे रहा है, तो________उत्पन्न होता है।

(1) अनुकरण
(2) असंतुलन
(3) संरक्षण
(4) विकास का समीपस्थ क्षेत्र

Ans : 2

नई परिस्थिति में असन्तुलित होना असंतुलन (Disequilibration) कहलाता है।

66. According to Piaget, the unfolding of biological changes that are genetically programmed is called -

1. equilibration
2. Adaption
3. Maturation
4. social transmission

पियाजे के अनुसार आनुवंशिक रूप से क्रमादेशित जैविक परिवर्तनों का होना क्या कहलाता है?

1. संतुलन 2. अनुकूलन
3. परिपक्वता 4. सामाजिक प्रसारण

Ans : 3

जैविकीय परिवर्तन अपने आप होते है जिन्हें परिपक्वता कहा जाता है।

67. Choose the correctly matched pair of stage and its characteristics as proposed by Jean Piaget

1. Sensori-motor-Engagement in mental manipulations
2. Pre-operational-Development of object permanence
3. Concrete operational -Capable of operations but not abstraction
4. Formal operational- Unable to mentally reserve actions

जीन पियाजे द्वारा प्रस्तावित चरण और उसकी विशेषताओं के सही सुमेलित युग्म का चयन कीजिए।

1. संवादी चालाक अवस्था — मानसिक प्रहस्तन से जूझना
2. पूर्व संक्रियात्मक अवस्था — वस्तु स्थायित्व का विकास
3. मूर्त संक्रियात्मक अवस्था — संचालन क्रियाएँ कर पाते हैं लेकिन अमूर्त नहीं
4. अमूर्त संक्रियात्मक अवस्था — प्रतिवर्ती क्रियाओं को मानसिक रूप से करने में अक्षम

Ans : 3

मूर्त संक्रियात्मक अवस्था में बच्चा मूर्त तार्किक चिंतन शुरू करता है। चिंतन करने को संक्रिया कहा जाता है। अमूर्त चिंतन बच्चा अमूर्त संक्रियात्मक अवस्था (Abstract operational Stage) में करता है।

68. Jean Piaget's constructivism proposes that children progress through four stages of cognitive development primarily -

1. by acting upon the environment.
2. through social interactions with more knowledgeable others.
3. by imitation of others.
4. through anticipation of rewards.

जीन पियाजे रचनावाद क्या प्रस्तावित करता है कि बच्चे संज्ञानात्मक विकास के चार चरणों में मुख्यतः किस प्रकार प्रगति करते हैं?

1. वातावरण में अंतः क्रिया करके।
2. अपने से ज्यादा ज्ञान वाले व्यक्तियों के साथ सामाजिक अंतःक्रिया करके।
3. दूसरों का अनुसरण करके।
4. ईनामों की प्रत्याशा करके।

Ans : 1

संज्ञानात्मक विकास परिपक्वता और वातावरण के बीच अंतः क्रिया का परिणाम है। बढ़ती उम्र के साथ बच्चे को जो अनुभव मिलता है उससे बच्चे का चिंतन विकसित होता है।

69. What is the major difference in Jean Piaget Lev Vygotsky's theories?

1. Piaget emphasized the role of language in cognitive development.
2. Vygotsky gave primary importance to hereditary abilities in learning.
3. Vygotsky emphasized the role of culture in cognitive development.
4. Piaget emphasized what a child can do on her own and with the help of others.

जीन पियाजे लेव वायगोत्स्की के सिद्धांतों में प्रमुख अंतर क्या है?

1. पियाजे ने संज्ञानात्मक विकास में भाषा की भूमिका पर बल दिया।
2. वायगोत्स्की ने सीखने में वंशानुगत क्षमताओं को प्राथमिक महत्व दिया।
3. वायगोत्स्की ने संज्ञानात्मक विकास मे संस्कृति की भूमिका पर बल दिया।
4. पियाजे ने इस बात पर बल दिया कि बच्ची खुद से व दूसरों की मदद से क्या कर सकती है।

Ans : 3

वायगोत्सकी संज्ञानात्मक विकास पर सामाजिक एवं सांस्कृतिक कारकों का प्रभाव बताता है। जीन पियाजे इनके प्रभाव को नकारते है।

70. Choose the correctly matched pair of Piagetian cognitive stage and it's defining characteristic.

1. Pre-operational Stage - Animism
2. Sensori-motor - Symbolic Thought
3. Concrete operational stage - Deferred Imitation
4. Formal operational stage - Centration

निम्नलिखित में से कौन-सा मिलान पियाजे के संज्ञानात्मक चरण और उसको परिभाषित करने वाली विशेषता को सही ढंग से दर्शाता है?

1. पूर्व संक्रियात्मक अवस्था – जीववाद
2. संवेदी-चालक अवस्था — प्रतीकात्मक सोच
3. मूर्त संक्रियात्मक अवस्था – अस्थगित अनुकरण
4. अमूर्त संक्रियात्मक अवस्था – केन्द्रीकरण

Ans : 1

71. In Jean Piaget's theory of cognitive development, the two complementary process of accommodation and assimilation are a part of -

1. Adaptation
2. Zone of proximal Development
3. concept maps
4. Advance Organizer

जीन पियाजे के संज्ञानात्मक विकास के सिद्धान्त में संयोजन और समावेशन किसकी पूरक प्रक्रियाएँ हैं?

1. अनुकूलन
2. सीखने का निकटस्थ क्षेत्र
3. संरचनात्मक चित्रण
4. अग्रिम आयोजन

Ans : 1

अनुकूलन (Adaptation) - नई परिस्थिति में अपने आप को समायोजित करना। इसे दो तरीके से व्यक्ति समायोजित कर सकता है-

1. Assimilaton
2. Accommodation

72. Jean Piaget and Lev Vygotksy have shifted the understanding of learning as a .... process to a........ process.

1. active, passive
2. passive, active
3. mechanical, behavioristic
4. behavioristic, mechanical

जीन पियाजे और लेव वायगोत्सकी ने सीखने की समझ को ______ प्रक्रिया से ______ प्रक्रिया में स्थानांतरित किया है।

1. सक्रिय; निष्क्रिय
2. निष्क्रिय; सक्रिय
3. यांत्रिक; व्यवहारवादी
4. व्यवहारवादी; यांत्रिक

Ans : 2

जीन पियाजे और लेव वाइगोत्सकी ने सीखने की प्रक्रिया को निष्क्रिय से सक्रिय स्थानांतरित किया है।

73. A 5 year old child was given 10 pebbles by her teacher. She put the pebbles in different formations e.g. a short line, a long line and a circle. She counted these pebbles repeatedly. Which of the following cognitive schemas is she attempting to attain according to Jean Piaget?

1. Seriation
2. Transitive inference
3. Nominal scale
4. Conservation of numbers

एक पांच साल की बच्ची को उसकी शिक्षिका ने पांच छोटे पत्थर दिए। बच्ची ने उन पत्थरों को अलग अलग प्रकार से लगाया- एक छोटी लाइन, एक बड़ी लाइन एवं एक वरत। फिर उसने उन पत्थरों को बार-बार गिना। जीन पियाजे के अनुसार यह बच्ची निम्न में किस संज्ञानात्मक स्कीमा को ग्रहण करने कोशिश कर रही है?

1. क्रमबद्धीकरण
2. संक्रमण अनुमिति
3. सांकेतिक मापदंड
4. संख्या का संरक्षण

Ans : 4

74. A child is given 20 brown wooden beads and 2 white wooden beads and is asked,"Are there more white wooded beads or more brown beads?'The child says, "There are more brown beads." As per Piaget's cognitive development theory she / he is in _______ stage.

1. Sensorimotor
2. Preoperational
3. Concrete operational
4. Formal operational

एक बालक को 20 भूरे रंग के लकड़ी के मनके और दो सफेद रंग के लकड़ी के मनके दिए जाते हैं। बालक से पूछा जाता है— तुम्हारे पास लकड़ी के अधिक मनके हैं या भूरे रंग के अधिक मनके हैं? बालक कहता है: "भूरे रंग के मनके अधिक हैं।" पियाजे के संज्ञानात्मक विकास सिद्धांत के अनुसार बालक कौन-सी अवस्था में है?

1. संवेदी गामक
2. पूर्व संक्रियात्मक
3. मूर्त संक्रियात्मक
4. औपचारिक / अमूर्त संक्रियात्मक

Ans : 2

75. According to Jean Piaget, what are the most important characteristics of a teacher?

1. Inflexibility and Autocracy
2. Authoritativeness and Rigidity
3. Domination and instruction
4. Flexibility and mobility

जीन पियाजे के अनुसार शिक्षक के सबसे महत्त्वपूर्ण गुण क्या हैं?

1. अनम्यता और निरंकुशता
2. आधिकारिकता और कठोरता
3. प्रभुत्व और निर्देश
4. लचीलापन और गतिशीलता

Ans : 4

अध्यापक में लचीलेपन और गतिशीलता का गुण है।

76. At which stage of cognitive development can a child reason the following?

All toffees are sweet.
This candy is toffee.
Therefore: This candy is sweet.

1. sensori motor stage
2. pre-operational stage
3. concrete operational stage
4. formal operational stage

संज्ञानात्मक विकास के किस चरण में एक बच्ची यह तर्क कर पाती है?

सभी टॉफी मीठी होती हैं।
यह कैंडी एक टॉफी है।
इसलिए यह कैंडी मीठी है।

1. संवेदी चालक अवस्था
2. पूर्व संक्रियात्मक अवस्था
3. मूर्त संक्रियात्मक अवस्था
4. अमूर्त संक्रियात्मक अवस्था

Ans : 3

मूर्त संक्रियात्मक अवस्था में बच्चा चिंतन शुरू कर देता है।

77. According to Jean Piaget, which of the following questions will be answered only by the children in formal operational stage?

1. Ronak ate 11 chocolates. His sister ate twice as many. How many chocolates they both ate in total?
2. If A is greater than B and B is greater than C. What is the relation between A and C?
3. How many whole numbers are there between 67 and 81?
4. 7+9=?

जीन पियाजे के अनुसार निम्नलिखित में से किस प्रश्न को केवल औपचारिक संक्रियात्मक स्तर के ही बच्चे हल पाएगें?

1. रौनक ने कुछ चॉकलेट खायीं। उसकी बहन ने उससे दो गुना चॉकलेट खायीं। कुल मिलाकर दोनों ने नौ चॉकलेट खायीं। प्रत्येक ने कुल कितनी खायी
2. यदि 'A' तुलनात्मक रूप से 'B' से बड़ा है और 'B', 'C' से बड़ा है, तो 'A' और 'C' का संबंध क्या है?
3. प्रथम विश्वयुद्ध के क्या परिणाम हैं?
4. 9+7=?

Ans : 2

Transitive thought (सकर्मक चिंतन) बच्चा मूर्त संक्रियात्मक अवस्था में करता है।

78. In the context of cognitive and language development, who said "Thought comes first than language"?

1. Jean Piaget
2. Lev Vygostky
3. B.F. Skinner
4. Jerome Bruner

जहाँ तक भाषा विकास का सम्बन्ध है, किसने यह कहा कि "विचार पहले आते हैं फिर भाषा"?

1. जीन पियाजे
2. लेव वायगोत्सकी
3. बी. एफ. स्किनर
4. जेरोम ब्रूनर

Ans : 1

79. Which of the following are the four factors that influence development according to Jean Piaget?

1. Maturation, activity, social experience, equilibration
2. Organization, equilibration, adaptation, culture tools
3. Culture, language, social interaction, Per tutoring
4. Positive and negative reinforcement, presentation and removal punishment

पियाजे के अनुसार कौन से चार तत्व विकास को प्रभावित करते हैं?

1. परिपक्वता, क्रियात्मकता, सामाजिक अनुभव, सन्तुलीकरण
2. संगठन, सन्तुलीकरण, अनुकूलन, सांस्कृतिक उपकरण

3. संस्कृति, भाषा, सामाजिक अतःक्रिया, सहपाठी-पाठन
4. सकारात्मक और नकारात्मक पुनर्बलन, सजा का प्रस्तुतीकरण और निवारण

Ans : 1

बच्चे के संज्ञानात्मक विकास को निम्न कारक प्रभावित करते है-

1. परिपक्वता (maturation)
2. क्रियात्मकता (activity)
3. सामाजिक अनुभव (social experience)
4. संतुलीकरण (equiliberation)
5. संक्रिया (operation)

80. The concept of 'collective monologue' has been given by:

1. Jean Piaget 2. Lev Vygotsky
3. Jerome Brunner 4. Albert Bandura

'सामूहिक एकालाप' की अवधारणा किसके द्वारा दी गयी है?

1. जीन पियाजे 2. लेव वायगोत्स्की
3. जेरोम ब्रुनर 4. एल्बर्ट बंडूरा

Ans : 1

सामूहिक एकालाप (Collective monologue) - जीन पियाजे ने प्रतिपादित किया है सामूहिक वार्तालाप का अर्थ है - दूसरों के दृष्टिकोण को न समझ पाना।

81. Pedagogical strategies based on Jean Piaget's theory of cognitive development will _______

1. focus exclusively on rote memorisation of content.
2. consider children's age while developing curriculum.
3. present content from a sequence of abstract to concrete.
4. consider rewards and punishment very important for learning.

जीन पियाजे के संज्ञानात्मक सिद्धांत पर आधारित शैक्षणिक तकनीक निम्न में से क्या करेगी?

1. विषयवस्तु को रट कर याद करने पर अनन्य रूप से बल देगी।
2. पाठयक्रम को तैयार करते समय बच्चों की उम्र को ध्यान रखेगी।
3. विषयवस्तु को अमूर्त से मूर्त के क्रम में प्रस्तुत करेगी।
4. ईनाम और दण्ड को अधिगम के लिए अति महत्वपूर्ण मानेगी।

Ans : 2

जीन पियाजे बाल केन्द्रित शिक्षा का समर्थन करते है।

82. According to Jean Piaget, basic building blocks of thinking which are organised systems of action or thought that allow us to mentally represent the objects and events in our world are called_________

1. schemas
2. zone of proximal development
3. advance organisers
4. reflexes

जीन पियाजे के अनुसार, चिंतन के बुनियादी चरण जो क्रियाओं की संगठित व्यवस्था हैं या वे विचार जो वस्तुओं और घटनाओं को हमारी दुनिया में मानसिक रूप से प्रस्तुत करने की अनुमति देते हैं, क्या कहलाते हैं?

1. स्कीमा
2. समीपस्थ विकास का क्षेत्र
3. अग्रिम संगठक
4. अनैच्छिक क्रियाएं

Ans : 1

83. Match 'stages of development' with 'its characteristics' as given by Jean Piaget:

1. Formal operation stage---------(A) Able to think logically and can conserve

2. Pre-operation stage--------------(B) Starts to reasoning hypothetically and abstractly
3. Concrete operational stage ------------------ (C) Begins to understand permanence of objects
4. Sensorimotor stage------------------ (D) Starts thinking symbolically but cannot conserve

1. 1-A, 2-D, 3-B, 4-C
2. 1-B, 2-D, 3-A, 4-C
3. 1-D, 2-A, 3-B, 4-C
4. 1-B, 2-A, 3-C, 4-D

पियाजे द्वारा दी गई विशेषताओं के आधार पर विकास के स्तर का मिलान करें –

1. औपचारिक संक्रियातमक अवस्था	A. तर्कपूर्वक चिन्तन एवं संरक्षण योग्यता
2. पूर्व संक्रियात्मक अवस्था	B. परिकल्पनात्मक तर्क और अमूर्त सोच का आरंभ करना
3. मूर्त संक्रियात्मक अवस्था	C. वस्तुओं की स्थिरता की समझ आरंभ
4. संवेदी संक्रियात्मक अवस्था	D. प्रतीकों की सोच परन्तु संरक्षण नहीं

1. 1-A, 2-D, 3-B, 4-C
2. 1-B, 2-D, 3-A, 4-C
3. 1-D, 2-A, 3-B, 4-C
4. 1-B, 2-A, 3-C,4-D

Ans : 1

84. According to Jean Piaget, which of the following is necessary for learning?

1. Reinforcement and punishment
2. Active exploration by the learner
3. Observation and imitation
4. Language development which facilitates social interaction

जीन पियाजे के अनुसार सीखने के लिए निम्नलिखित में से क्या सबसे आवश्यक है?

1. पुनर्बलन व सज़ा
2. विद्यार्थियों द्वारा सक्रिय खोजबीन
3. अवलोकन एवं अनुकरण
4. भाषात्मक विकास जो सामाजिक अंतःक्रिया को सुसाध्य करता है।

Ans : 2

पियाजे बच्चे को सक्रिय ज्ञान निर्माता मानते है। बच्चे अपने ज्ञान का निर्माण स्वयं करते है।

85. Jean Piaget's theory is critiqued for having proposed four stages of cognitive development. Which debate of child development does this fall under?

1. inclusion
2. sensitive periods
3. continuity / discontinuity
4. nature / nurture

जीन पियाजे के संज्ञानात्मक विकास के सिद्धांत की चार चरण प्रतिपादित करने के लिए आलोचना की जाती है। यह आलोचना बालविकास की किस बहस के अंतर्गत आती है?

1. समावेशन
2. संवेदनशील काल
3. निरंतरता / असततता
4. प्रकृति परिवेश

Ans : 3

जीन पियाजे के संज्ञानात्मक विकास की चारों अवस्थाएँ स्थिर है। इनको छोडा नहीं जा सकता।

86. "Children activity construct their understanding of the world" is proposed by

1. E. L. Thorndike 2. B. F. Skinner
3. Jean Piaget 4. Ivan Pavlov

"बच्चे दुनिया को लेकर अपनी समझ को सक्रिय रूप से निर्मित करते हैं यह कथन किस ने प्रस्तावित किया था?

1. इ. एल. थॉर्नडाइक
2. बी. एफ. स्किनर
3. जीन पियाजे
4 इवान पावलोव

Ans : 3

87. Ruhi is shown three pencils and she observes that pencil A is longer than pencil B and pencil B is longer than pencil C. When Ruhi infers that A is longer pencil than C, which characteristic of Jean Piaget's cognitive development is she demonstrating?

1. Seriation
2. Conservation
3. Transitive thought
4. Hypothetico - deductive reasoning

रूचि को तीन पेंसिलें दिखाई जाती हैं, वह देखती है कि पेंसिल क', पेंसिल 'ख' से बड़ी है और पेंसिल 'ख', पेंसिल 'ग से बड़ी है। जब रूचि यह निष्कर्ष निकालती है कि क, ग' से बड़ी है, तो वह जीन पियाजे के किस संज्ञात्मक विकास की विशेषता को दर्शाती है?

1. क्रमबद्धता
2. संरक्षण
3. सकर्मक अनुमान
4. परिकल्पना आधारित निगमनात्मक तर्क

Ans : 3

सकर्मक अनुमान (Transitive thought) - मूर्त संक्रियात्मक अवस्था की पहचान है। उदाहरण – A, B से बडा है, B, C से बड़ा है, तो A और C में क्या सम्बन्ध है?

88. Which of the following factors are considered important by Piaget to facilitate learning?

(i) Mobility of the teacher
(ii) Provisioning of diverse materials
(iii) Providing moderately novel experiences
(iv) Ensuring positive and negative reinforcement

1. (ii) (iv) 2. (i) (ii) (iii)
3. (ii) (iii) (iv) 4. (i) (ii) (iii) (iv)

पियाजे द्वारा अधिगम को सुगम बनाने के लिए निम्नलिखित में से कौन-से कारक महत्त्वपूर्ण माने जाते हैं?

(i) शिक्षक की गतिशीलता
(ii) विविध सामग्रियों का प्रावधान
(iii) मध्य स्तरीय नवीन अनुभव प्रदान करना
(iv) सकारात्मक और नकारात्मक पुनर्बलन सुनिश्चित करना

1. (ii) (iv) 2. (i) (ii) (iii)
3. (ii) (iii) (iv) 4. (i) (ii) (iii) (iv)

Ans : 2

89. Which of the following is a correctly matched pair?

1. Infant - Applies logic and is able to infer
2. Pre - operational child - Deductive and logical thought emerges
3. Concrete operational child - Is able to conserve and classify
4. Formal operational child - Imitation begins, Imaginary play is initiated

निम्नलिखित में से कौन-सा युग्म सही मिलान है?

1. शैशावस्था में बच्चा – तर्क को लागू करता है और अनुमान लगाने में सक्षम होता है।
2. पूर्व संक्रियात्मक अवस्था में बच्चा – निगमनात्मक व तार्किक सोच प्रारंभ हो जाती है।
3. मूर्त संक्रियात्मक अवस्था में बच्चा – वर्गीकरण व संरक्षण कर पाता है।

4. अमूर्त संक्रियात्मक अवस्था में बच्चा – अनुकरण की शुरुआत, कल्पनात्मक खेल करना शुरू करता है।

Ans : 3

90. Afsa holds up a potato chip and says 'butterfly'. According to Jean Piaget, this kind of symbolic thought is a characteristic of -

1. sensori-motor stage
2. pre-operational stage
3. concrete operational stage
4. formal operational stage

अफसा आलू की एक चिप्स को दिखाते हुए कहती है — तितली'। जीन पियाजे के अनुसार इस प्रकार का प्रतीकात्मक विचार किस अवस्था की विशेषता है?

1. संवेदी-चालक अवस्था
2. पूर्व-संक्रियात्मक अवस्था
3. मूर्त संक्रियात्मक अवस्था
4. अमूर्त संक्रियात्मक अवस्था

Ans : 2

91. Seeing a horse, a three year old child exclaimed. "Wow! Such a big dog". As per Jean Piaget's theory of cognitive development, this response by child is an example of :

1. assimilation.
2. make-believe.
3. object - permanence.
4. deferred imitation.

एक घोड़े को देखकर, एक तीन वर्षीय बालिका चकित होकर बोली, "वाह! इतना बड़ा कुत्ता"। जीन पियाजे के संज्ञानात्मक विकास के सिद्धांत के अनुसार, बालिका की यह प्रतिक्रिया, निम्न में से किसका उदाहरण है?

1. आत्मसात्करण /समावेशन
2. प्रतीकात्मकता
3. पदार्थ स्थायित्व
4. आस्थगित अनुकरण

Ans : 1

आत्मसातकरण (Assimilation) जैसा ज्ञान वैसा व्यवहार। पूर्व ज्ञान के आधार पर व्यवहार करना। इसमे नया ज्ञान बदल जाता है। जैसे घोडे को कुत्ता बना दिया।

92. 9 year old Leela classifies a collection of buttons according to their size. She then combines all groups of buttons and re-distributes them on the basis of holes on them. According to Jean Piaget's theory of cognitive development, Leela is in ________ stage of development.

1. Pre - operational
2. Formal - operational
3. Concrete – Operational
4. Sensori – Motor

9 वर्षीय लीला ने बटनों के संग्रह को उनके माप के अनुसार वर्गीकृत किया। फिर उसने सभी समूहों के बटनों को एकत्रित किया। फिर उन्हें उनके छेदों के आधार पर दोबारा वितरित किया। जीन पियाजे के संज्ञानात्मक विकास के सिद्धांत के अनुसार लीला विकास के ________ चरण पर है.

1. पूर्व संक्रियात्मक
2. अमूर्त संक्रियात्मक
3. मूर्त संक्रियात्मक
4. संवेदी-चालक

Ans : 3

93. Which of the following correctly specifies the major difference between Jean Piaget and Lev Vygotsky's views on cognitive development of children?

1. While Piaget emphasized childs' independent efforts to make sense of their world; Vygotsky views cognitive development as a socially mediated process.

2. While Piaget viewed children as active independent beings; Vygotsky viewed children as being controlled primarily by their environment.
3. While Piaget emphasized the importance of language in the cognitive development of children; Vygotsky emphasized the biological side of cognitive development.
4. While according to Piaget, children speak to themselves for self-guidance, for Vygotsky, children's talk is indicative of egocentricism

निम्न में से कौन-सा कथन बच्चों के संज्ञानात्मक विकास के विषय में जीन पियाजे और लेव वायगोत्सकी के विचारों के बीच मुख्य अंतर दर्शाता है?

1. पियाजे बच्चों के स्वतंत्र प्रयासों द्वारा जगत को अनुभव करने पर जोर देते हैं, जबकि वायगोत्स्की संज्ञानात्मक विकास को सामाजिक मध्यस्थ प्रक्रिया के रूप में देखते हैं।
2. पियाजे बच्चों को सक्रिय स्वतंत्र जीव के रूप में देखते है, जबकि वायगोत्स्की उन्हें मुख्यत: वातावरण द्वारा नियंत्रित जीव के रूप में देखते हैं।
3. पियाजे भाषा को बच्चों के संज्ञानात्मक विकास के लिए महत्वपूर्ण मानते हैं, जबकि वायगोत्स्की संज्ञानात्मक विकास के जैविक पक्ष पर बल देते हैं।
4. पियाजे के अनुसार बच्चे अपने मार्गदर्शन के लिए स्वयं से बात कर सकते हैं, जबकि वायगोत्स्की के लिए बच्चों की बात आत्मकेन्द्रीयता का द्योतक है।

Ans : 1

94. A 5 year old child is shown 16 flowers, 4 of which are red and 12 are blue. When a 5 year old child is asked if there are more blue flowers or flowers, the child is likely to respond that there are more blue flowers. According to Jean Piaget's theory, the reason for this is that the child is yet to master-

1. seriation.
2. hierarchical classification.
3. transitive inference.
4. propositional thought.

एक पांच वर्षीय बच्चे को 16 फूलों के चित्र दिखाए जाते हैं, जिनमें से 4 लाल और 12 नीले रंग के होते हैं। जब बच्चे से पूछा जाता है कि क्या नीले फूल अधिक हैं या लाल फूल अधिक हैं, तो बच्चा उत्तर देता है कि नीले फूल अधिक हैं। जीन पियाजे के अनुसार इसका अभिप्राय है, कि बच्चा अभी_______ दक्षता हासिल नहीं कर पाया है।

1. क्रमबद्धता 2. श्रेणीबद्ध वर्णीकरण
3. सकर्मक अनुमान 4. प्रतिज्ञप्ति चिंतन

Ans : 2

वर्गीकरण का अर्थ है विशेषता के आधार पर वस्तुओं को बाँटना।

CHAPTER -5

LEV VYGOTSKY (लिव वाइगोत्सकी)

1. According to Lev Vygotsky, children regulate their own behaviour through the:

(1) Process of equilibration
(2) of self-reinforcement
(3) Processes of adaptation
(4) Use of inner speech

लेव वायगोत्स्की के अनुसार, बच्चे अपने स्वयं के व्यवहार को किस प्रकार नियमित करते हैं?

(1) संतुलीकरण की प्रक्रिया द्वारा
(2) खुद को पुनर्बलन के उपयोग द्वारा
(3) अनुकूलन की प्रक्रियाएँ द्वारा
(4) आत्म वाक् के प्रयोग द्वारा

Ans : 4

2. According to Lev Vygotsky's theory, which of the following is a recommended approach in order to optimize students' learning experience?

(1) providing no support to students and leaving them to struggle on their own.
(2) providing students with work that they can manage and complete individually.
(3) providing students with work that is completely unrelated to their current level of understanding.
(4) providing students with work that is just beyond their current level of understanding, with appropriate support and guidance.

लेव वायगोत्स्की के सिद्धांत के अनुसार, छात्रों के सीखने के अनुभव को बेहतर बनाने के लिए निम्नलिखित में से कौन-सा एक अनुशंसित दृष्टिकोण है?

(1) छात्रों को कोई सहायता नहीं देना और उन्हें अपने दम पुराँसंघर्ष करने के लिए छोड़ देना।
(2) छात्रों को ऐसा काम प्रदान करना जिसे वे व्यक्तिगत रूप से प्रबंधित और पूरा कर सकें।
(3) छात्रों को ऐसा काम प्रदान करना जो उनकी समझ के बर्तमान स्तर से पूरी तरह से असंबंधित हो।
(4) छात्रों के वर्तमान स्तर पर आधारित उनको उचित समर्थन और मार्गदर्शन के साथ काम प्रदान करना।

Ans : 4

3. According to Lev Vygotsky:

(1) Social factors influence language development, but not cognitive development.
(2) Cognitive development facilitates language development.
(3) Language development and cognitive development advance independent from each other.
(4) Language development facilitates cognitive development.

लेव वायगोत्स्की के अनुसार :

(1) सामाजिक कारक भाषा विकास को प्रभावित करते हैं, परंतु संज्ञानात्मक विकास को नहीं।
(2) संज्ञानात्मक विकास, भाषा विकास को सुगम बनाता है।
(3) भाषा विकास और संज्ञानात्मक विकास एक-दूसरे से स्वतंत्र रूप से विकसित होते हैं।

(4) भाषा विकास, संज्ञानात्मक विकास को सुगम बनाता है।

Ans : 4

लेव वायगोत्सकी के अनुसार बच्चा पहले भाषा सीखता है फिर उसी भाषा से चिंतन करता है अतःभाषा विकास संज्ञानात्मक विकास को सुगम बनाती है।

4. As per Lev Vygotsky, ______ plays a significant role in the development of conceptual abilities among children.

(1) Tangible rewards
(2) Peer collaboration
(3) Social isolation
(4) Standardized curriculum

लेव वायगोत्स्की के अनुसार, ______ बच्चों के संकल्पनात्मक योग्यताओं के विकास में महत्त्वपूर्ण भूमिका निभाता है।

(1) मूर्त पुरस्कार
(2) सहकर्मी सहयोग
(3) सामाजिक अलगाव
(4) मानकीकृत पाठ्यक्रम

Ans : 2

सहकर्मी सहयोग से बच्चे आपस में संवाद (discussion) करते है। अन्तःक्रिया द्वारा बच्चों में संकलनात्मक योग्यताओं का विकास होता है। जो बच्चा अपने समाज और संस्कृति से सीखता है।

5. According to Lev Vygotsky's theory, inner speech:

(1) is a way for children to communicate with an imaginary friend.
(2) is a sign of cognitive immaturity.
(3) is a sign of developmental delay.
(4) is a way for children to regulate their own thinking.

लेव वायगोत्स्की के सिद्धांत के अनुसार, आंतरिक वाक् :

(1) बच्चों के लिए एक काल्पनिक दोस्त के साथ संप्रेषण करने का एक तरीका है।
(2) संज्ञानात्मक अपरिपक्वता का प्रतीक है।
(3) विकासात्मक देरी का संकेत है।
(4) बच्चों के लिए अपनी सोच को नियंत्रित करने का एक तरीका है।

Ans : 4

6. As per ______ peers and adults theory children learn through interaction with more knowledgeable

(1) Lev Vygotsky's
(2) Jean Piaget's
(3) Howard Gardner's
(4) Lawhrence Kohlberg.

किसके सिद्धान्तों के अनुसार बच्चे अपने से ज्यादा ज्ञान वाले समकक्षी व वयस्कों से अंतः क्रिया करके सीखते हैं?

(1) लेव व्यागोत्सकी (2) जाँ पियाजे
(3) हावर्ड गार्डनर (4) लॉरेंस कोहलबर्ग

Ans : 1

लेव वायगोत्सकी के अनुसार बच्चा बेहतर की संगत में बेहतर सीखता है।

7. What plays an important role in cognitive development according to Lev Vygotsky?

(1) Conditioning (2) Reinforcement
(3) Cultural context (4) Heredity

लेव व्यागोत्सकी के अनुसार निम्न में से किसकी संज्ञानात्मक विकास में महत्वपूर्ण भूमिका है?

(1) अनुकूलन (2) पुर्नबलन
(3) सांस्कृतिक परिवेश (4) अनुवांशिकता

Ans : 3

वायगोत्सकी के अनुसार बच्चे के विकास में समाज, संस्कृति एवं भाषा महत्तवपूर्ण भूमिका निभाते है। जिस समाज और संस्कृति में बच्चा रहता है उसका संज्ञानात्मक विकास वैसा ही होता है। भाषा के बिना बच्चा चिंतन नहीं कर सकता।

8. Which of the following is a classroom implication arising from Lev Vygotsky's theory?\

(1) Teachers should help the children varying the level and amount of their support.
(2) Teachers should enable conditioning of stimulus and response.
(3) Teachers should promote both positive and negative reinforcement.
(4) Teachers should formulate ways to enhance the memory strategies.

निम्न में से कौन लेव वायगोत्स्की के सिद्धांत से उत्पन्न होने वाला एक कक्षा निहितार्थ है?
(1) शिक्षकों को चाहिए कि वे बच्चों के समर्थन के लिए दिए जाने वाली मदद की स्तर और मांत्रा में बदलाव करें।
(2) शिक्षकों को उद्दीपन और प्रतिक्रिया के अनुकूलन को सक्षम करना चाहिए।
(3) शिक्षकों को सकारात्मक और नकारात्मक दोनों तरह के सुदृढ़ीकरण को बढ़ावा देना चाहिए।
(4) शिक्षकों को स्मृति रणनीतियों को बढ़ाने के तरीके तैयार करने चाहिए।

Ans : 1

वायगोत्सकी के अनुसार सीखने में दिया गया सहयोग शिक्षित और अनुभवी द्वारा होना चाहिए। बच्चे और सहयोग कर्मी के ज्ञान में अन्तर होना चाहिए। समान स्तर का ज्ञान रखने वाला व्यक्ति Scaffolding नहीं दे सकता।

9. According to Vygotsky, which of the following would enable children to progress in the zone of proximal development?

(1) Scaffolding
(2) Conditioning
(3) Rehearsal
(4) Passive imitation

व्यागोत्सकी के अनुसार निम्न में से क्या बच्चों को समीपस्थ विकास के क्षेत्र की दूरी तय करने में मदद करेगा?
(1) पाड़
(2) अनुकूलन
(3) पूर्वाभ्यास
(4) निष्क्रिय अनुसरण

Ans : 1

Scaffolding - अधिगम के दौरान बच्चे को दिया गया अस्थायी बाहरी सहयोग (temporary support) है। पाड द्वारा बच्चे का ज्ञान का स्तर बढ़ता है।

10. Who among the following is also known as Social Constructivist theorist?

(1) B.F. Skinner
(2) Lawhrence Kohlberg
(3) J.P. Guilford
(4) Lev Vygotsky

निम्न में से किसे सामाजिक रचनावादी सैद्धान्तिक के रूप में भी जाना जाता है?
(1) बी.एफ. स्कीनर (2) लावरेंस कोहलबर्ग
(3) जे. पी. गिलफोर्ड (4) लेव वायगोत्स्की

Ans : 4

सामाजिक संरचनावादी लेव वायगोत्सकी को कहा जाता है। इनके अनुसार बच्चा एक सक्रिय ज्ञान निर्माता (active knowledge construct) है।

11. The students in a class are working in groups to understand a concept, when teacher observes that all members of a group are not able to move further in their understanding. Teacher helps them by giving prompts and cues and then leaves them again on their own. Which concept is used in the class?

(1) Conditioning
(2) Scaffolding
(3) Passive imitation
(4) Rote memorization

एक कक्षा में विद्यार्थी समूह में कार्य कर रहे तथा प्रत्यय को समझ रहे है। शिक्षक यह देखती है कि एक समूह के सभी सदस्य आगे नहीं बढ़ पा रहे है। वह उन्हें इशारे व संकेत देकर उनकी सहायता करती है तथा पुनः उन्हें उनके प्रयासों पर छोड़ देती है। कक्षा में कौन से प्रत्यय का प्रयोग हो रहा है?

(1) अनुबंधन (2) पाड़
(3) निष्क्रिय अनुकरण (4) रटकर स्मरण

Ans : 2

पाड़ अधिगम के दौरान बच्चे को दिया गया अस्थायी सहयोग होता है जो व्यस्क या अनुभवी व्यक्ति (more knowledgeable other) द्वारा दिया जाता है। पाड- इशारे, संकेत, प्रशंसा, किताब, सहायता के रूप में दिया जाता है। इससे बच्चे का ZPD क्षेत्र विकसित होता है।

12. To facilitate cognitive development in children, Jean Piaget gave importance to______while Lev Vygotsky emphasised______.

(1) activity; language
(2) language: activity
(3) rewards; punishment
(4) punishment; rewards:

बच्चों में संज्ञानात्मक विकास को सुसाधित करने के लिए जीन पियाजे______को महत्व देते हैं जबकि लेव व्यागोत्सकी ______को महत्वपूर्ण मानते हैं।

(1) क्रियाएँ करने; भाषा
(2) भाषा; क्रियाएँ करने
(3) ईनाम; सजा
(4) सजा, ईनाम

Ans : 1

जीन पियाजे के अनुसार बच्चे स्वयं के प्रयास से अनुभव द्वारा बच्चे का संज्ञानात्मक विकास होता है जबकि लेव वायगोत्सकी मानते है कि बच्चे का संज्ञानात्मक विकास में भाषा की सबसे महत्तवपूर्ण भूमिका है।

13. Lev Vygotsky believes in:

(1) Exploring what is currently beyond the children's capabilities but what they can do with support
(2) Limiting children to their current capabilities
(3) Focusing only on what the child can do alone and without any help
(4) Aiming to teach concepts that are way beyond the zone of proximal development of the child

लैव वायगोत्स्की निम्न में से किस कथन को मान्यता देते हैं?

(1) यह देखना कि वर्तमान में बच्चों को क्षमताओं से परे क्या है, लेकिन जो वे समर्थन के साथ क्या कर सकते हैं।
(2) बच्चों को उनकी वर्तमान क्षमताओं तक सीमित करना।
(3) बच्चा अकेले और बिना किसी मदद के क्या कर सकता है केवल इसी पर ध्यान केंद्रित करना।
(4) उन अवधारणाओं को सिखाने का लक्ष्य रखना जो बच्चे के समीपस्थ विकास के क्षेत्र से परे हैं।

Ans : 1

लेव वायगोत्सकी का मानना है कि बच्चा कुछ कार्य स्वयं के प्रयास से कर सकता है परन्तु जब उन्हें सहयोग (पाड़) मिल जाए तो वह अपनी क्षमताओं (abilities) को बढा पाता है।

14. Lev Vygotsky viewed cognition as inherently:

(1) genetic and maturational
(2) individualistic and activity-based

(3) universal and invariant
(4) social and language-based

लेव वायगोत्स्की संज्ञान को किस प्रकार समझते हैं?

(1) आनुवांशिक व परिपक्व
(2) व्यक्तिगत व क्रिया आधारित
(3) सार्वभौमिक व अचल
(4) सामाजिक व भाषा आधारित

Ans : 4

15. According to Lev Vygotsky, private speech:

(1) helps the students to regulate their thinking.
(2) does not impact students thinking.
(3) hinders the students thinking.
(4) increases student's egocentricism.

लेव वायगोत्स्की के अनुसार, निजी संवाद

(1) विद्यार्थियों की सोच को विनियमित करता है।
(2) विद्यार्थियों की सोच पर कोई प्रभाव नहीं पड़ता
(3) विद्यार्थियों की सोच में बाधा डालता है।
(4) विद्यार्थियों में आत्मकेन्द्रियता को बढ़ावा देता है।

Ans : 1

लेव वायगोत्सकी के अनुसार निजी संवाद - यह अपने आप को नियंत्रित करने के लिए खुद से बोलकर की गई बातचीत है। बच्चा अपने कार्यों को दिशा निर्देश देता है।

16. Assertion (A): A classroom built on Vygotskian principles would provide lot of opportunities for children to interact and collaborate with each other.

Reason (R) : Learning is a social activity.
Choose the correct option:

(1) Both (A) and (R) are true and (R) is the correct explanation of (A).
(2) Both (A) and (R) are true but (R) is not the correct explanation of (A).
(3) (A) is true but (R) is false.
(4) Both (A) and (R) are false

कथन (A) : वायगोत्स्की के सिद्धान्तों पर आधारित कक्षाकक्ष में बच्चों को आपसी अंतः क्रिया व सहयोग करने के बहुत से मौके मुहैया करवाए जाएँगे।

तर्क (R) : सीखना एक सामाजिक प्रक्रिया है।
सही विकल्प चुने

(1) (A) और (R) दोनों सही है और (R) सही व्याख्या करता है (A) की।
(2) (A) और (R) दोनों सही हैं लेकिन (R) सही व्याख्या नहीं है (A) की
(3) (A) सही है लेकिन (R) गलत है।
(4) (A) और (R) दोनों गलत हैं।

Ans : 1

17. The term used by Lev Vygotsky to describe the process whereby two participants who begin a task with different understandings arrive at a shared understanding is _____.

(1) Zone of proximal development
(2) Intersubjectivity
(3) Conditioning
(4) Discovery learning

लेव व्यागोत्सकी के अनुसार वह प्रक्रिया जिसमें दो भागीदार जो एक कार्य को अलग समझ से शुरू करके बाद में एक साझी समझ पर पहुँचते है, क्या कहलाती है?

(1) समीपस्थ विकास का क्षेत्र
(2) अंतर्विषयकता
(3) अनुकूलन
(4) खोज विधि

Ans : 2

18. Young children often talk to themselves while play. As per Lev Vygotsky this is an example of ______ and should be ______ by the teacher.

(1) Private speech; discouraged
(2) Private speech; encouraged
(3) Egocentric speech; discouraged
(4) Egocentic speech; encouraged

छोटे बच्चे खेलते समय अकसर खुद से बात करते है। लेव व्यागोत्सकी के अनुसार यह ______ का उदाहरण है तथा शिक्षकों को इसे ______ चाहिए।

(1) निजी वाक हतोत्साहित करना
(2) निजी वाक; बढ़ावा देना
(3) आत्मकेन्द्रित भाषा हतोत्साहित करना
(4) आत्मकेन्द्रित भाषा बढ़ावा देना

Ans : 2

निजी वाक खुद से की गई बातचीत है अपने कार्य को नियंत्रित करने के लिए अध्यापक को निजी वाक को बढावा देना चाहिए।

19. In Lev Vygotsky's theory, knowledge is co-constructed by the child and the adult zone of proximal development.

(1) Outside (2) Within
(3) Beneath (4) Ahead of

लेव व्यागोत्सकी के सिद्धान्तों के अनुसार बच्चों व वयस्कों के द्वारा ज्ञान का सह निर्माण समीपस्थ विकास के क्षेत्र के______ किया जाता है।

(1) बाहर (2) अंदर
(3) नीचे (4) आगे

Ans : 2

बच्चे का विकास समीपस्थ विकास के क्षेत्र के अंदर होता है। उससे बाहर नही।

20. Lev Vygotsky believed that:

(1) Children passively reproduce what is presented to them.
(2) Children construct their own understanding by support from adults
(3) Children learn by associating stimulus with response.
(4) Children learn when presented with appropriate materialistic rewards.

लेव व्यागोत्सकी का मानना था कि :

(1) बच्चों को जो प्रस्तुत किया जाता है वे उसका निष्क्रिय रूप से पुनरुत्पादन करते हैं।
(2) बच्चे बड़े की मदद से अपनी समझ खुद बनाते हैं।
(3) बच्चे उद्दीपन व प्रतिक्रिया का अनुकुलन करके सीखते हैं।
(4) बच्चे तब सीखते हैं जब उन्हें उपयुक्त भौतिक ईनाम प्रदान किए जाते हैं।

Ans : 2

लेव वायगोत्सकी के अनुसार बच्चा व्यस्क, अनुभवी या अपने से बेहतर ज्ञान रखने वाले से बेहतर सीखता है।

21. In his theory of cognitive development, Lev Vygotsky gave a lot of importance to psychological tools such as :

(1) language (2) calenders
(3) calculators (4) mobiles

लेव व्यागोत्सकी ने संज्ञानात्मक विकास के सिद्धान्त में________जैसे मनोवैज्ञानिक उपकरणों को बहुत महत्वता दी है।

(1) भाषा (2) कैलेंडर
(3) कैलकुलेटर (4) मोबाईल

Ans : 1

22. Which of the following strategies are in accordance with Lev Vygotsky's Principles?

(i) Scaffolding
(ii) Conditioning
(iii) Collaborative learning
(iv) Modelling

(1) (i), (ii) (2) (i), (iii)
(3) (i), (iii), (iv) (4) (i), (ii), (iii), (iv)

निम्न में से कौन सी पद्धतियाँ लेव व्यागोत्सकी के सिद्धांतों के अनुसार नहीं है?

(i) पाड़
(ii) अनुकुलन
(iii) सहयोगात्मक सीखना
(iv) माडलिंग (माडल का अनुसरण)

(1) (i) , (ii) (2) (i), (iii)
(3) (i), (iii), (iv) (4) (i), (ii), (iii), (iv)

Ans : 3

23. Seeing the challenges faced by Sona to solve a complex problems her teacher gives her some prompts and cues. In Lev Vygotsky's theory the teacher is providing scaffolding to help Sona reach:

(1) Biological Maturation
(2) Egocentricism
(3) Irreversible Thinking
(4) Zone of Proximal Development.

सोना को एक जटिल समस्या से हल करने में चुनौती का सामना करते देख उसकी शिक्षिका उसको संकेत व इशारे देती है। लेव योगोत्सकी के सिद्धान्त के अनुसार शिक्षिका सोना की पाड़ प्रदान कर किस पर पहुँचने के लिए मदद कर रही है?

(1) जैविक परिपक्वता
(2) आत्मकेन्द्रियता
(3) अपरिवर्तनीय सोच
(4) समीपस्थ विकास का क्षेत्र

Ans : 4

व्यस्क एवं अनुभवी लोगों द्वारा सहयोग (पाड) scaffolding से विकसित होने वाला क्षेत्र समीपस्थ विकास का क्षेत्र है।

24. In his________ theory Lev Vygotsky proposed that learning is a process of co-construction of knowledge.

(1) Behaviouristic
(2) Socio-cultural
(3) Information-processing
(4) Psycho-dynamic

लेव व्यागोत्सकी ने__सिद्धान्त में प्रस्तावित किया कि सीखना ज्ञान के सह निर्माण की प्रक्रिया है।

(1) व्यवहारवादी
(2) सामाजिक सांस्कृतिक
(3) सूचना के प्रसंस्करण
(4) मनोगतिकी

Ans : 2

25. An important classroom implication of Lev Vygotsky's theory is that:

(1) Children should be expected to discover things completely on their own.
(2) Children should be rewarded appropriately to increase desirable behaviour.
(3) Children should be punished to decrease undesirable behaviour.
(4) Children should be guided and assisted in their learning.

निम्न में से क्या लेव व्यागोत्सकी के सिद्धान्तों का उपयुक्त कक्षागत निहितार्थ है?

(1) बच्चों से अपेक्षा रखनी चाहिए कि वे पूर्ण रूप से खुद से चीज़ों को खोज पाएँगे।
(2) बच्चों में वांछनीय व्यवहार को बढ़ावा देने के लिए उन्हें इनाम देने चाहिए।
(3) बच्चों में अवांछनीय व्यवहार को कम करने के लिए सज़ा देनी चाहिए।
(4) बच्चों का सीखने में मार्गदर्शन व सहायता करनी चाहिए।

Ans : 4

26. A classroom built on Vygotskian principles would promote :

(1) recitation and recall.
(2) collaborative learning.
(3) use of rewards and punishment.
(4) conditioning of responses.

लेव व्यागोत्सकी के सिद्धान्तों पर आधारित कक्षा में किसको महत्वता दी जाएगी?

(1) सस्वर पाठ व रटने को
(2) सहयोगात्मक सीखने को
(3) ईनाम व सजा के उपयोग को
(4) प्रतिक्रियाओं के अनुबंधन को

Ans : 2

लेव वायगोत्स्की ने सहयोगात्मक सीखने को महत्तव दिया है। अन्तः क्रिया द्वारा बच्चा अच्छा सीखता है।

27. To enhance students' cognitive development, Lev Vygotsky advocated for______

(1) Social isolation
(2) Use of cultural tools
(3) Rote memorisation
(4) Passive imutation

विद्यार्थियों के संज्ञानात्मक विकास के संवर्द्धन के लिए लेव व्यगोत्सकी ने किसके कार्यान्वयन की अनुशंसा की है?

(1) सामाजिक पृथक्कीकरण
(2) सांस्कृतिक उपकरणों का प्रयोग
(3) कंठस्थीकरण
(4) निष्क्रिय अनुकरण

Ans : 2

वायगोत्सकी के अनुसार बच्चे के विकास में समाज, संस्कृति एवं भाषा की महत्तवपूर्ण भूमिका निभाते है।

28. According to Lev Vygotsky, which of these is an important activity to enable children to learn?

(1) Dialogue (2) Lecture
(3) Punishment (4) Rewards

लेव वायगोत्स्की के अनुसार, बच्चों को सीखने में सक्षम बनाने के लिए इनमें कौन से कारक की महत्वपूर्ण भूमिका है?

(1) संवाद (2) व्याख्यान
(3) सज़ा (4) पुरस्कार

Ans : 1 संवाद

सहकर्मी सहयोग से बच्चे अपस में संवाद करते है। अन्तःक्रिया द्वारा बच्चों में संकलनात्मक योग्यताओं का विकास होता है।

29. To enhance cognitive development among students, Lev Vygotsky advocated for__________.

(1) Expository teaching
(2) Stimulus - response conditioning
(3) Passive imitation
(4) Assisted learning

विद्यार्थियों में संज्ञानात्मक विकास को समुन्नत करने के लिए लेव व्यागोत्सकी ने किसकी अनुशंसा की है?

(1) व्याख्यात्मक शिक्षण
(2) उद्दीपन- प्रतिक्रिया अनुकूलन
(3) निष्क्रिय अनुकरण
(4) समर्थित अधिगम

Ans : 4

विद्यार्थियों के सीखने को समृद्ध बनाने के लिए या विद्यार्थियों के सीखने को उच्चतर स्तर (highest level) तक ले जाने के लिए समर्थित अधिगम (Assisted learning) की आवश्यकता होती है।

30. When students face difficulty in solving a given problem, a teacher should scaffold students by _______ .

(1) inculcating fear of failure among them

(2) presenting half-solved questions to them
(3) adding distractors to the given problem
(4) discouraging verbalisation of their thoughts

जब विद्यार्थी किसी प्रश्न का हल खोजने के दौरान समस्या का सामना करते हैं, तो अध्यापक विद्यार्थियों को किस तरह पाड़ प्रदान कर सकते हैं?

(1) उनमें असफलता का भय पैदा करके
(2) उन्हें प्रश्न का आधा समाधान प्रस्तुत करके
(3) प्रश्न में कुछ विकर्षण जोड़कर
(4) उन्हें अपने विचारों की शाब्दिक अभिव्यक्ति करने के लिए निरुत्साहित करके

Ans : 2

31. Lev Vygotsky conceptualised development as the transformation of ____ into ____

(1) schemas, concepts
(2) socially shared activities, internalised processes
(3) reflexes, schemas
(4) individual activities, external processes.

लेव वायगोत्स्की ने विकास को ________ से ________ में बदलाव के रूप में परिकल्पित किया है।

(1) स्कीमा संप्रत्यय
(2) सामाजिक स्तर पर सहभागी क्रियाओं, अनुग्रहीत प्रक्रियाओं
(3) अनैच्छिक क्रियाओं, स्कीमा
(4) व्यक्तिगत क्रियाओं से, बाह्य प्रक्रियाओं

Ans : 2

32. Theoriests differ in their conceptualisation of relation between language and thought. While Jean Piaget believes ____ influences ____ Lev Vygotsky suggests that ____ directs ____

(1) cognition, language; language, thought
(2) language, cogntion; thought, language
(3) environment, language; heredity, thought
(4) thought, heredity, language, environment

सिद्धान्तवादी भाषा और विचार के मध्य संबंध की अवधारणात्मक समझ के बारे में मतभेद रखते हैं।

जबकि जीन पियाजे का मानना है कि ________, ________ को प्रभावित करता है; लेव वायगोत्स्की का सुझाव है कि ________, ________ को निर्देशित करता/करती है।

(1) संज्ञान, भाषा, भाषा, विचार
(2) भाषा, संज्ञान, विचार, भाषा
(3) वातावरण, भाषा, आनुवंशिकता, विचार
(4) विचार, आनुवंशिकता, भाषा, वातावरण

Ans : 1

33. In accordance with Lev Vygotsky's ideas, a teacher should

(1) avoid giving cues or hints to students in any circumstance.
(2) discourage students to verbalise their thoughts while working on a problem.
(3) encourage discussions and debates among students.
(4) view learning independent to socio-cultural context of students.

लेव वायगोत्स्की के विचारों से सहमति रखने वाली अध्यापिका को निम्न में से क्या करना चाहिए?

(1) किसी भी परिस्थिति में विद्यार्थियों को संकेत या इशारे देने से बचना चाहिए।
(2) किसी समस्या पर काम करते हुए अपने विचारों के मौखिकीकरण करने पर विद्यार्थियों को हतोत्साहित करना चाहिए।
(3) विद्यार्थियों के बीच चर्चा और वैचारिक बहस को बढ़ावा देना चाहिए।
(4) अधिगम को विद्यार्थियों के सामाजिक-सांस्कृतिक परिवेश से अलग देखना चाहिए।

Ans : 3

34. As per Lev Vygotsky's ideas, which of the following statement characterizes the correct relation between language and thought?

(1) Language has no role in self-regulation of thoughts..
(2) Self-directed talk of children represents their ego-centrism
(3) Inner-speech of children represents an internal plane of verbal thinking.
(4) Verbalisation of thoughts hinders children's problem-solving skills.

लेव वायगोत्स्की के विचारों के अनुसार, निम्न में से कौन-सा कथन भाषा और संज्ञान के बीच के संबंध को सही रूप से दर्शाता है?

(1) भाषा की विचारों के स्व-नियमन में कोई भूमिका नहीं है।
(2) बच्चों की स्व-निर्देशित बातें उनकी आत्म- केन्द्रीयता को दर्शाती है।
(3) बच्चों की निजी वाक उनकी मौखिक सोच के आंतरिक स्तर को दर्शाती है।
(4) विचारों का मौखिकीकरण बच्चों के समस्या समाधान कौशलों में बाधक बनता है।

Ans : 3

लेव वायगोत्स्की के अनुसार बच्चे आत्म मार्गदर्शन और आत्म - निर्देशन के लिए निजी वाक् का उपयोग करते है। उम्र के साथ निजी वाक् मौन (silent) आंतरिक या मौखिक विचार में बदल जाता है।

35. Socio-constructivist theorist consider the child as -

1. a blank slate
2. passive recipients of knowledge
3. active beings involved in creation of knowledge.
4. miniature adults.

सामाजिक निर्माणवादी सिद्धांतवादी बच्चे को किस तरह देखते हैं?

1. एक कोरी पट्टी
2. ज्ञान के निष्क्रिय प्राप्तकर्ता
3. ज्ञान के निर्माण में शामिल सक्रिय प्राणी
4. लघु व्यस्क

Ans : 3

36. Which of the following are examples of cultural tools that aid and change our functioning as per Lev Vygotsky's theory?

(i) Maps (ii) Language
(iii) Calculator (iv) Schemas

1. (ii), (iv) 2. (i), (iii)
3. (i), (ii), (iii) 4. (i), (ii), (iii), (iv)

लेव वायगोत्सकी के अनुसार निम्नलिखित में से कौन-से सांस्कृतिक उपकरण के उदाहरण हैं जो हमारे कामकाज में सहायता और परिवर्तन करते हैं?

(i) मानचित्र (ii) भाषा
(ii) कैलकुलेटर (iv) स्कीमा

1. (ii), (iv) 2. (i), (iii)
3. (i), (ii), (iii) 4. (i), (ii), (iii), (iv)

Ans : 3

37. Which of the following pedagogical principle would **not** be advocated by Lev Vygotsky?

1. Employ rewards and punishment
2. Promote social interaction
3. Use co-operative learning
4. Encourage children to use cultural tools

लेव व्यगोत्सकी द्वारा निम्नलिखित में से किस शैक्षणिक सिद्धांत की वकालत नहीं की जाएगी?

1. इनाम और दंड का उपयोग
2. सामाजिक संपर्क को बढ़ावा देना
3. सहकारी शिक्षा का प्रयोग
4. बच्चों को सांस्कृतिक साधनों का उपयोग करने के लिए प्रोत्साहन

Ans : 1

इनाम और दंड का उपयोग व्यवहारवादीयों द्वारा किया गया है।

38. In Lev Vygotsky's view, private speech -

1. serves an important social function.
2. hinders cognitive development of children.
3. illustrative egocentric thinking of children.
4. does not have any cognitive function.

लेव वायगोत्सकी के विचार में, निजी वाक् –

1. एक महत्त्वपूर्ण सामाजिक कार्य करता है।
2. बच्चों के संज्ञानात्मक विकास में बाधा डालता है।
3. बच्चों की अहंकारी सोच को दर्शाता है।
4. कोई संज्ञानात्मक कार्य नहीं करता है।

Ans : 1

लेव वायगोत्स्की ने तीन प्रकार की भाषाए बताई है।

1. Social speech (सामाजिक भाषा)
2. Private Speech (निजी भाषा)
3. Inner speech (आंतरिक भाषा)

39. According to Lev Vygotsky which of the following is NOT an appropriate pedagogy to promote cognitive development?

1. Guided exchanges
2. Comprehensive discussions
3. Collaborative learning
4. repetition and recall

लेव व्यागोत्सकी के अनुसार निम्नलिखित में से कौन-सी शिक्षाशास्त्रीय प्रणाली संज्ञानात्मक विकास को बढ़ावा लेने के लिए सही नहीं

1. निर्देशित आदान-प्रदान
2. व्यापक चर्चाएँ
3. सहयोगात्मक अधिगम
4. दोहराव व स्मरण करना

Ans : 4

दोहराव से स्मृति (memory) मजबूत होती है।

40. The nature of relationship between development and learning is viewed by Lev Vygotsky as having which of the following characteristics?

1. It is linear in nature
2. The relationship is static in nature
3. Learning often precedes development
4. Development often precedes learning

निम्नलिखित में से कौन सा कौन सा कथन विकास एवं अधिगम के बारे में लेव वायगोत्सकी के दृष्टिकोण का सही वर्णन करता है?

1. दोनों का संबंध अनुकर्मिक है ।
2. दोनों का संबंध निश्चल है ।
3. सीखना अक्सर विकास के अग्रिम होता है ।

4. विकास अक्सर सीखने के अग्रिम होता है।

Ans : 3

लेव वायगोत्स्की के अनुसार बच्चा जिस समाज और संस्कृतिक में रहता है, उसका प्रभाव बच्चे पर पड़ता है और बच्चा सीखता है। जैसा बच्चा सीखता है वैसा ही बच्चे का विकास होता है। जबकि पियाजे का मत इनके opposite था

41. Which of the following is based on Lev Vygotsky's theory of cognitive development?

1. Reciprocal teaching
2. Operant conditioning
3. Expository Learning
4. Rote memorization

निम्नलिखित में से कौन-सा लेव वाइगोत्स्की के संज्ञानात्मक सिद्धान्तों पर आधारित है?

1. पारस्परिक अध्यापन
2. सक्रिय अनुकूलन
3. प्रतिपादक अधिगम
4. यंत्रवत् याद करना

Ans : 1

पारस्परिक शिक्षण वायगोत्स्की के (ZPD) पर आधारित है। सामाजिक अन्तः क्रिया द्वारा अध्यापक और शिक्षार्थी आपस में सीखते सिखाते है।

42. Which of the following is not advocated in a socio-constructivist classroom based on Lev Vygotskian constructs?

1. Learning-for-exam
2. Creativity and critical thinking
3. Conceptual understanding
4. Experimental learning

लेव वायगोत्सकी के विचारों पर आधारित सामाजिक संरचनात्मक कक्षा में निम्न में से किस का समर्थन नहीं किया जाता है

1. परीक्षा के लिए अधिगम
2. रचनात्मक और विवेचनात्मक चिंतन
3. संकल्पनात्मक समझ
4. अनुभवनात्मक अधिगम

Ans : 1

43. Zone of proximal development is a__________space.

1. dynamic 2. Rigid
3. Mechanical 4. stagnant

समीपस्थ विकास का क्षेत्र एक _______स्थान है।

1. गतिशील 2. अनम्य
3. यांत्रिक 4. स्थिर

Ans : 1

44. In the concept of Zone of proximal development proposed by Lev Vygotsky, the term 'Proximal indicates that the assistance provided_________ learners current competence.

1. goes just below
2. goes just beyond
3. is linear with
4. is far beyond

लेव वायगोत्स्की के 'निकटस्थ विकास का क्षेत्र' सिद्धांत में शब्दावली 'निकटस्थ' दर्शाती है कि दी गई सहायता शिक्षार्थी की वर्तमान दक्षता की तुलना में –

1. कुछ नीचे है। 2. कुछ ऊपर है।
3. उसी स्तर पर है। 4. बहुत ऊपर है।

Ans : 2

निकटस्थ का अर्थ है स्वयं के प्रयास से सीखे ज्ञान से कुछ ऊपर सीखना सहायता द्वारा।

CHAPTER -6

LAWRENCE KOHLBERG

(लॉरेंस कोहलबर्ग)

1. When presented with Heinz's dilemma, Arunima reasons: "The law wasn't set up for these circumstances. Taking the drug in this situation isn't really right, but it's justified." Which stage of moral development is Arunima according to the theory of Lawrence Kohlberg ?

(1) Orientation towards punishment and obedience accepted law
(2) Instrumental purpose and exchange
(3) Social concern and conscience
(4) Morality of contrast, of individual rights and of democratically

हॅंज की दुविधा को पेश किए जाने पर, अरुणिमा तर्क देती हैं: "कानून इन परिस्थितियों के लिए स्थापित नहीं किया गया था। इस स्थिति में दवा लेना वास्तव में सही नहीं है, लेकिन यह उचित है।"

लॉरेंस कोहलबर्ग के सिद्धांत के अनुसार अरुणिमा नैतिक विकास की कौन-सी अवस्था है?

(1) दंड की ओर उन्मुखीकरण और आज्ञाकारिता स्वीकृत कानून
(2) यांत्रिक उद्देश्य व विनिमय
(3) सामाजिक सरोकार और विवेक
(4) नैतिकता का विरोधाभास, व्यक्तिगत अधिकार व लोकतांत्रिकता

Ans : 4

2. The correct squence of levels of moral development according to Lawrence Kohlberg is :

(1) Pre-conventional, Conventional, Post-conventional
(2) Pre-conventional, Non-conventional, Post-conventional
(3) Post-conventional, Conventional, Pre-conventional
(4) Conventional, Pre-conventional, Post-conventional

लॉरेंस कोहलबर्ग के अनुसार नैतिक विकास के स्तरों का सही क्रम क्या है?

(1) पूर्व- पारंपरिक, पारंपरिक, उत्तर-पारंपरिक
(2) पूर्व- पारंपरिक, ग़ैर-पारंपरिक, उत्तर-पारंपरिक
(3) उत्तर-पारंपरिक, पारंपरिक, पूर्व-पारंपरिक
(4) पारंपरिक, पूर्व पारंपरिक, उत्तर-पारंपरिक

Ans : 1

कोहलबर्ग ने नैतिक विकास सिद्धांत दिया। जिसमे उन्होंने 3 level और 6 अवस्थाएं (stages) बताई।

3. At which level of Lawrence Kohlberg's moral reasoning, do children typically believe that people should live up to the expectations of the society and behave in "good" ways?

(1) Post-operational level
(2) Pre-conventional level
(3) Conventional level
(4) Pre-operational level

लॉरेंस कोहलबर्ग के नैतिक तर्क के किस स्तर पर, बच्चे आमतौर पर मानते हैं कि लोगों को समाज की अपेक्षाओं पर खरा उतरना

चाहिए और "अच्छे" तरीकों से व्यवहार करना चाहिए?

(1) उत्तर-संक्रियात्मक स्तर
(2) पूर्व-पारंपरिक स्तर
(3) पारंपरिक स्तर
(4) पूर्व-संक्रियात्मक स्तर

Ans : 3

अच्छा लड़का - अच्छी लड़की = stage 3 में बच्चा दुसरो की आशाओ के अनुरूप कार्य करता है यह level - 2 परम्परागत स्तर की अवस्था है।

4. Carol Gilligan has critiqued Kohlberg's theory of moral development:

(1) from a social cognitive perspective.
(2) from a feminist perspective.
(3) for not giving adequate importance to genetic factors.
(4) for using case study as the research method.

कैरल गिलिंगन ने कोहलबर्ग के नैतिक विकास के सिद्धांत की आलोचना की है :

(1) सामाजिक संज्ञानात्मक दृष्टिकोण से।
(2) नारीवादी दृष्टिकोण से।
(3) आनुवंशिक कारकों को पर्याप्त महत्त्व न देने पर।
(4) केस अध्ययन को अनुसंधान पद्धति के रूप में उपयोग करने के लिए।

Ans : 2

कैरल गिलिंगन ने कोहलबर्ग सिद्धांत की आलोचना नारीवादी दृष्टिकोण से की है। उन्होंने बताया कोहलबर्ग ने नैतिक विकास का सिद्धांत लड़को से प्राप्त उत्तरो के आधार पर अपना सिद्धांत बनाया जबकि लड़कियों की नैतिकता लड़को से अलग होती है। लड़किया care perspective से सोचती है।, लड़के justice perspective से सोचते है।

5. Neha resists eating sweets her mother has got for guests because she might get caught. According to Kohlberg's theory Neha is at which stage of moral development?

(1) Instrumental purpose orientation
(2) Punishment and obedience orientation
(3) Universal ethical principles
(4) Good boy-good girl orientation

नेहा खुद को अपनी माँ द्वारा लाई मिठाई जो महमानों के लिए है; खाने से रोकती है यह सोचकर कि खाने से वह पकड़ो जा सकती हैं। कोहलबर्ग के सिद्धांत के अनुसार नेहा नैतिक विकास की किस अवस्था में हैं?

(1) यांत्रिक सापेक्षता अभिविन्यास
(2) सजा और आज्ञाकारिता अभिविन्यास
(3) सार्वभौमिक नैतिक सिद्धांत अभिविन्यास
(4) अच्छा लड़का अच्छी लड़की अभिविन्यास

Ans : 2

दण्ड से बचने के लिए किया गया कार्य - stage संज्ञा एवं आज्ञाकारिता अभिमुखता की पहचान है

6. Ramesh finds his friend's pen very fascinating and thinks of stealing it but then he decided not to steal because if his parents will know they will not think positive about him.

According to Kohlberg at which stage of morality is Ramesh?

(1) Instrumental relativist orientation
(2) Punishment and obedience orientation
(3) Social contract orientation
(4) Good boy-Good girl orientation

रमेश को अपने मित्र का पेन बहुत आकर्षित लगता है, वह उसे चुराने का विचार करता है परन्तु वह उसे नही चुराता क्योंकि यदि

उसके अभिभावकों को पता चलेगा तो वे उसे बुरा बालक कहेगें। कोहलवर्ग के अनुसार रमेश नैतिक

विकास की किस चरण में है?

(1) यांत्रिक सापेक्षता अभिविन्यास
(2) सजा व आज्ञाकारिता अभिविन्यास
(3) सामाजिक अनुबंधन अभिविन्यास
(4) अच्छा लड़का अच्छी लड़की अभिविन्यास

Ans : 4

अच्छा-लड़का अच्छी-लड़की अभिविन्यास में बच्चा वह कार्य करेगा जिसके बदले में सब उसे अच्छा लड़का कहेंगे। और वह कार्य नहीं करेगा जिसके बदले में लोग उसे बुरा लड़का कहेंगे।

7. Which of the following theorists has proposed the theory of moral development of children?

(1) B.F. Skinner
(2) Lawrence Kohlberg
(3) Lev Vygotsky
(4) Albert Bandura

बच्चों में नैतिक विकास का सिद्धांत किसने प्रतिपादित किया है?

(1) बी.एफ. स्कीनर (2) लॉरेंस कोहलबर्ग
(3) लेव व्यागोत्सकी (4) अल्बर्ट बंडुरा

Ans : 2

इनके अनुसार बच्चे का नैतिक विकास 3 स्तर (level) एवं 6 अवस्थाओं (stages) में पूर्ण होता है।

8. According to Lawrence Kohlberg the 'Good boy-good girl' stage of moral development is characterised by the individuals:

(1) Seeing rules as fixed and absolute
(2) Wanting to be respected by others and trying to do what will please others:
(3) Feeling that it is their duty to uphold laws and rules for their own sake
(4) Believing in abstract universal principles which are valid for all humanity

लारेंस कोहलबर्ग के अनुसार नैतिक विकास के 'अच्छा लड़का अच्छी लड़की चरण में व्यक्तियों को क्या विशेषता होती है?

(1) नियमों को निश्चित और निरपेक्ष के रूप में देखना।
(2) दूसरों के द्वारा सम्मान प्राप्त करने की चाह और वह करने की कोशिश करना जो दूसरों को खुश करें।
(3) यह महसूस करना कि खुद के लिए कानूनों और नियमों को बनाए रखना उनका कर्तव्य है।
(4) अमूर्त सार्वभौमिक सिद्धांतों में विश्वास करना जो सभी मानवता के लिए मान्य है।

Ans : 2

9. Umed does not eat the chocolates his father has got for guests thinking of what would happen if he would get caught. According to Kohlberg's theory Umed is at which stage of moral development?

(1) Instrumental purpose orientation
(2) Punishment and obedience orientation
(3) Universal ethical principles
(4) Good boy-good girl orientation

उम्मेद वह चॉकलेट नहीं खाता हैं जो उसके पिता मेहमानों के लिए लाए हैं, यह सोचकर कि अगर वह पकड़ा जाएगा तो क्या होगा। कोहलबर्ग के सिद्धांत के अनुसार उम्मेद नैतिक विकास के किस चरण में है?

(1) यांत्रिक सापेक्षता अभिविन्यास
(2) सजा और आज्ञाकारिता अभिविन्यास

(3) सार्वभौमिक नैतिक सिद्धांत/ अभिविन्यास
(4) अच्छा लड़का अच्छी लड़की अभिविन्यास

Ans : 2

सजा और आज्ञाकारिता अभिविन्यास अवस्था में बच्चा वह कार्य नहीं करता जिसके करने से उसे दण्ड मिले।

10. A major critique of Kohlberg's theory of moral development is that :

(1) It does not specify stages.
(2) It disregards the effect of cultural factors and gender on moral thinking.
(3) It uses participant observations of childern in naturalistic settings.
(4) It does not give a fixed sequence of moral development.

कोलबर्ग के नैतिक विकास के सिद्धांत की कौन-सी एक प्रमुख आलोचना है?
(1) यह चरणों को निर्दिष्ट नहीं करता है
(2) यह नैतिक सोच पर सांस्कृतिक कारकों और लिंग के प्रभाव की अवहेलना करता है।
(3) यह प्राकृतिक स्थितियों में बच्चों के सहभागी अवलोकनों का उपयोग करता है
(4) यह नैतिक विकास का एक निश्चित क्रम नहीं देता है।

Ans : 2

कोहलबर्ग के नैतिक विकास के सिद्धांत की आलोचना इन आधार पर की गई है 1 लिंग (gender) 2 सांस्कृतिक कारक (cultural factor)

11. The fourth stage law and order orientation of conventional morality as given by Lawrence Kohlberg is marked by the belief that:

(1) The physical consequences of an action determine goodness or badness.
(2) Obeying rules should bring some sort of benefit in return.
(3) In order to maintain social order fixed rules must be established and obeyed.
(4) Meral decisions should be made in terms of self-chosen ethical principles.

लॉरेंस कोलबर्ग के पारंपरिक नैतिकता के चौथे चरण कानून और व्यवस्था अभिविन्यास में व्यक्ति:
(1) किसी क्रिया के भौतिक परिणाम से अच्छाई या बुराई निर्धारित करते हैं।
(2) नियमों का पालन करने के बदले में किसी प्रकार के लाभ की अपेक्षा करते हैं।
(3) सामाजिक व्यवस्था को बनाए रखने के लिए निश्चित नियमों को स्थापित करने और उनका पालन करने में विश्वास रखते हैं।
(4) नैतिक निर्णय स्व-चुने हुए नैतिक सिद्धांतों के संदर्भ में लेते हैं।

Ans : 3

Stage – 4 social low and order orientation सामाजिक कानून एवं व्यवस्था अभिविन्यास के सनुसार सामाजिक नियम सबसे ऊपर है, इसे हर हाल में मानना ही पड़ेगा चाहे परिणाम कुछ भी हो, rule is rule.

12. At which stage of Kohlberg's moral development do individuals believe that rules should involve mutual agreements and the rights of the individual should be protected?

(1) Instrumental purpose orientation
(2) Punishment and obedience orientation.
(3) Social contract orientation
(4) Good boy-good girl orientation

कोलबर्ग के नैतिक विकास के किस चरण में व्यक्तियों का मानना है कि नियमों में आपसी समझौते शामिल होने चाहिए और व्यक्ति के अधिकारों की रक्षा की जानी चाहिए?

(1) यांत्रिक सापेक्षता अभिविन्यास
(2) सजा और आज्ञाकारिता अभिविन्यास
(3) सामाजिक अनुबंध अभिविन्यास
(4) अच्छा लड़का अच्छी लड़की अभिविन्यास

Ans : 3

Stage 5 – social contract orientation सामाजिक अनुबंध अभिविन्यास के अनुसार नैतिक निर्णय बहुमत पर आधारित है यदि अधिक लोगो की राय है तो नियम को बदला भी जा सकता है व्यक्ति के अधिकार की रक्षा के लिए।

13. According to Kohlberg's theory of moral development, the level in which moral understanding is based on rewards, punishment and the power of authority figures is called :

(1) Post conventional Level
(2) Pre conventional Level
(3) Conventional Level
(4) Formal conventional Level

कोहलबर्ग के नैतिक विकास के अनुसार किस स्तर पर नैतिक समझ सजा, ईनाम व प्राधिकारियों की शक्ति पर आधारित होती है?

(1) उत्तर पारंपारिक स्तर
(2) पूर्व पारंपारिक स्तर
(3) पारंपारिक स्तर
(4) अमूर्त पारंपारिक स्तर

Ans : 2

stage 2 साधनात्मक सापेक्ष अभिमुखता में बच्चा लाभ, इनाम के लिए कार्य करता है।

14. Kohlberg's______. of moral development the individual strives to maintain the expectations of others rather than focus on the consequences of one's actions?

(1) Pre-operational level
(2) Pre-conventional level
(3) Conventional level
(4) Post-conventional level

कोहलबर्ग के किस स्तर के अनुसार नैतिक विकास में व्यक्ति अपने कार्यों के परिणामों पर ध्यान केंद्रित करने के बजाय दूसरों की अपेक्षाओं को बनाए रखने का प्रयास करता है?

(1) पूर्व संक्रियात्मक स्तर
(2) पूर्व पारंपरिक स्तर
(3) पारंपरिक स्तर
(4) उत्तर-पारंपरिक स्तर

Ans : 3

15. A child reasons that if the laws are not meeting the needs of the people they can be changed through mutual agreement and democratic procedures. Which stage of Kohlberg's moral development does this child come under?

(1) Post-conventional Morality
(2) Pre-conventional Morality
(3) Heteronomous Morality
(4) Autonomous Morality

एक बच्चा तर्क देता है कि यदि कानून लोगों की जरूरतों को पूरा नहीं कर रहे हैं तो उन्हें आपसी सहमति और लोकतांत्रिक प्रक्रियाओं के माध्यम से बदला जा सकता है। यह बच्चा कोलबर्ग के नैतिक विकास की कौनसी अवस्था में आता है?

(1) उत्तर- पारंपरिक नैतिकता
(2) पूर्व पारंपरिक नैतिकता
(3) विषम नैतिकता
(4) स्वायत्त नैतिकता

Ans : 1

level 3 (उत्तर परम्परागत स्तर) - में व्यक्ति

सोचता है सामाजिक नियम हम सभी सामाजिक लोगो द्वारा बनाएं गए है। ये गलत भी हो सकते। अतः हम इन्हे बदल भी सकते है।

16. Who among the following proposed a sequence of development stages to describe moral reasoning among children and adults?

(1) B. F. Skinner
(2) Howard Gardner
(3) Lawrence Kohlberg
(4) Lev Vygotsky

निम्न में से किसने बच्चों और वयस्कों में नैतिक तार्किकता का वर्णन करने के लिए विकास चरणों का एक क्रम सुझाया था?

(1) बी. एफ. स्किनर (2) हावर्ड गार्डनर
(3) लॉरेंस कोहलबर्ग (4) लेव वायगोत्स्की

Ans : 3

17. Lawrence Kohlberg used ________ to evaluate the moral reasoning among children and adults.

(1) hypothetical situations
(2) paper-pen test
(3) drawings
(4) report cards

लॉरेंस कोहलबर्ग ने बच्चों एवं वयस्कों में नैतिक तर्क का मूल्यांकन के लिए किसका उपयोग किया?

(1) परिकल्पित स्थितियाँ
(2) कागज़-कलम आधारित परीक्षा
(3) चित्रकला
(4) रिपोर्ट कार्ड्स

Ans : 1

कोहलबर्ग ने बच्चो और व्यस्को में नैतिक तर्क का मूल्यांकन नैतिक दुविधा से निकलने के लिए सहारा लेता है। स्थिति से निकलने के लिए तर्क का सहारा लेना परिकल्पित स्थितिया।

18. Nisha ensures to finish given homework to avoid the shame that she may be subjected to by her teacher for not doing homework. As per Lawrence Kohlberg's theory of moral development, this represents reasoning at______ stage.

(1) Pre-conventional
(2) Conventional
(3) Post-conventional
(4) Formal conventional stage.

निशा अपना गृहकार्य पूरा करना सुनिश्चित करती है ताकि गृहकार्य पूरा ना होने के कारण अध्यापिका द्वारा शर्मिंदा किए जाने से बच सके। लॉरेंस कोहलबर्ग के नैतिक विकास के सिद्धांत के अनुसार, इस तरह का तर्क________ चरण को दर्शाता है।

(1) पूर्व-परंपरागत
(2) परंपरागत
(3) उत्तर-परंपरागत
(4) औपचारिक परंपरागत

Ans : 2

19. When presented with the 'Heinz dilemma, 8-year old Gurpreet responded that Heinz should steal the money because he needs it. At which stage of moral reasoning is children's judgment of right and wrong determined by personal needs and wants?

(1) Punishment and Obedience Orientation
(2) Instrumental Relativist Orientation
(3) Good Boy - Good Girl Orientation
(4) Law and Order Orientation

'हेन्ज़ दुविधा' को सुनने के बाद -8वर्षीय गुरप्रीत कहता है कि हेन्ज़ को पैसा चुरा लेना चाहिए। क्योंकि उसे इसकी जरूरत है। नैतिक तर्क के किस स्तर पर बच्चे सही और गलत का फैसला व्यक्तिगत जरूरतों और चाहतों के आधार पर करते हैं?

(1) दंड और आज्ञापालन अभिमुखता
(2) यांत्रिक सापेक्षिक अभिमुखता
(3) अच्छा लड़का अच्छी लड़की अभिमुखता
(4) कानून और व्यवस्था अभिमुखता

Ans : 2

20. Lawrence Kohlberg's theory has been critiqued by Carol Gilligan for:

(1) ignoring gender differences in moral reasoning.
(2) not applying quantitative methods of analysis.
(3) presenting_a_stage-theory of moral development.
(4) collecting data by means of real-life situations.

लॉरेंस कोह्लबर्ग के सिद्धांत की आलोचना कैरल गिलिगन द्वारा :

(1) नैतिक तर्क में लैंगिक भिन्नताओं की उपेक्षा करने के लिए की गई है।
(2) विश्लेषण के मात्रात्मक तरीकों को लागू नहीं करने के लिए की गई है।
(3) नैतिक विकास का एक चरण-सिद्धांत प्रस्तुत करने के लिए की गई है।
(4) वास्तविक जीवन की स्थितियों के माध्यम से तथ्यों को एकत्र करने के लिए की गई है।

Ans : 1

कैरल गिलिंगन ने कोहलबर्ग सिद्धांत की आलोचना नारीवादी दृष्टिकोण से की है। उन्होंने बताया कोहलबर्ग ने नैतिक विकास का सिद्धांत लड़को से प्राप्त उत्तरो के आधार पर अपना सिद्धांत बनाया जबकि लड़कियों की नैतिकता लड़को से अलग होती है।

21. The idea of ideal reciprocity as exhibited in the Golden Rule is the key characteristics of which stage of moral development according to Kohlberg?

1. Social order orientation
2. Social contract orientation
3. Universal ethical principles
4. Good boy- good girl orientation

गोल्डन रूल' में प्रदर्शित आदर्श पारस्परिकता का विचार कोहलबर्ग के अनुसार नैतिक विकास के किस चरण की प्रमुख विशेषता है?

1. सामाजिक व्यवस्था अभिविन्यास
2. सामाजिक अनुबंध अभिविन्यास
3. सार्वभौमिक नैतिक अभिविन्यास
4. अच्छा लड़का-अच्छी लड़की अभिविन्यास

Ans : 4

आदर्श बनना गोल्डन रूल का प्रदर्शन बच्चा अच्छा लड़का अच्छी लड़की अभिविन्यास अवस्था 3 में करता है।

22. One of the chief criticisms of Lawrence Kohlberg's theory is that

1. his theory undermines the feminine perspective
2. he did not refer to Piaget's theory of moral development
3. he does not propose specific responses of children at each stage
4. he did not conduct any research on children

लॉरेंस कोहलबर्ग के सिद्धांत की एक मुख्य आलोचना है कि –

1. उसके सिद्धांत में नारी-परिपेक्ष गौण है।
2. उसने पियाजे के नैतिकता विकास सिद्धांत को संदर्भ में नहीं लिया।
3. उन्होंने बच्चों की प्रत्येक स्तर पर विशिष्ट प्रतिक्रियाएँ नहीं सुझाई
4. उन्होंने बच्चों पर कोई अनुसंधान कार्य नहीं किया।

Ans : 1

23. Carol Gilligan critiqued Lawrence Kohlberg's theory of moral development by arguing that men

have morality of _____ while women have morality of _______ .

1. justice; care
2. care; justice
3. goodness; sacrifice
4. sacrifice; goodness

कैरोल गिलिगन ने लॉरेंस कोहलबर्ग के नैतिक विकास के सिद्धांत की समालोचना करते हुए तर्क दिया कि पुरुषों की नैतिकता का आधार _______ है, जबकि स्त्रियों की नौतिकता का आधार _______ है।

1. न्याय; देखभाल 2. देखभाल; न्याय
3. भलाई; त्याग 4. त्याग; भलाई

Ans : 1

24. The stage 5 of post-conventional morality as given by Lawrence Kohlberg is marked by:

1. A free agreement to follow a social contract for the benefit of humanity
2. A free exploration of ethics even beyond social contract
3. Formulation of moral rules that bypass ethics
4. The need to appear to be 'a good person'

लॉरेंस कोहलबर्ग द्वारा सुझाई पश्च-परंपरागत नैतिकता के अंतर्गत स्तर 5 की नैतिकता क्या अंकित करती है?

1. मानवता की भलाई हेतु सामाजिक अनुबधों को स्वतंत्र रूप से निभाना
2. सामाजिक अनुबंधों के परे जाकर नैतिकता को स्वतंत्र रूप से अन्वेषित करना
3. ऐसे नैतिक नियमों को प्रतिपादित करना जो आचार संहिता के परे हो।
4. एक अच्छा व्यक्ति के रूप में प्रतीत होने की चाह।

Ans : 3

इस अवस्था में व्यक्ति अपने ही स्वयं के नैतिक दिशा नर्देश बना लेता है। जो कानून के हिसाब से सही भी हो सकता है। और गलत भी

25. An adolescent reasons," if Heinz does not do everything he can to save his wife, then he is putting some value higher than the value of life." Which stage of moral development does his response characterizes?

1. The social order maintaining orientation.
2. The social contract orientation.
3. Good girl-good boy orientation.
4. The universal ethical principle orientation.

एक किशोर विचार करता है - यदि हिन्ज अपनी पत्नी को बचाने के लिए सब कुछ नहीं करता है तो वह किसी मूल्य को जीवन से अधिक 'मूल्य' देता है।

यह प्रतिक्रिया नैतिक विकास के किस स्तर को दर्शाती है?

1. सामाजिक व्यवस्था अनुरक्षण अभिमुखता
2. सामाजिक अनुबंध अभिमुखता
3. अच्छी लड़की, अच्छा लड़का, अभिमुखता
4. सार्वभौम नैतिक सिद्धांत अभिमुखता

Ans : 4

इस अवस्था में व्यक्ति अपने ही स्वयं के नैतिक दिशा निर्देश (moral guidance) बना लेता है, जो कानून के हिसाब से सही भी हो सकते है और गलत भी

26. According to Lawrence Kohlberg the child's moral development in stage 3 - maintaining mutual relation, the 'Golden Rule' refers to the stage where:

1. the child wants to please and help others.

2. the child understands the social system is dependent on the performance of one's duties to maintain social order.
3. right actions are defined according to the norms, needs and rights which are unaminously accepted by society.
4. the child not only keep in mind the norms of the society but also the limits to which the universal principles are applicable.

लॉरेन्स कोहलबर्ग के अनुसार बच्चों के नैतिक विकास के तीसरे स्तर पर, आरंभिक संबंधों को बनाए हुए होता है। 'स्वर्णिम नियम' वाले स्तर को कहा गया है जहाँ-

1. बच्चा दूसरों को प्रसन्न रखना और उनकी सहायता करना चाहता है।
2. बच्चा समझता है कि सामाजिक व्यवस्था अपने कर्तव्य पालन पर आश्रित है, उसे बनाये रखता है।
3. सही कार्यों की कसौटी के नियम मान्यताएं, आवश्यताएं और अधिकार हैं जिन्हें सर्वसम्मति से समाज स्वीकार्यता है।
4. बच्चा ना सिर्फ सामाजिक नियम मान्यताओं का ध्यान रखता है बल्कि स्वयं उन सार्वभौम नियमों का पालन करता है।

Ans : 1

आदर्श बनना गोल्डन रूल का प्रदर्शन बच्चा अच्छा लड़का अच्छी लड़की अभिविन्यास अवस्था 3 में करता है।

27. Lawhrence Kohlberg –

1. did not refer to Piaget's theory of moral development.
2. proposed six stages of moral development organised into two general levels.
3. conducted research on children by presenting them with a hypothetical situation - 'Heinz dilemma.'
4. argues that morality in girls and boys progresses differently in the course of their cognitive development.

लॉरेंस कोहलबर्ग के विषय में कौन सा विकल्प सही है?

1. वे पियाजे के सिद्धान्त को उद्धृत नहीं करते।
2. वे नैतिक विकास के छहः स्तरों को दो चरणों में समेट देते है।
3. उन्होंने बच्चों को "हिन्ज की दुविधा" की काल्पनिक स्थिति देकर शोध किया है।
4. उनका मानना है कि संज्ञानात्मक विकास क्रम में लड़के और लड़कियों में नैतिकता का विकास भिन्न भिन्न होता है।

Ans : 3

लौरेंस कोहलबर्ग ने 10 से 16 वर्ष के लड़को के सामने कहानी के माध्यम से नैतिक दुविधा प्रस्तुत की हिंज की दुविधा लड़को ने नैतिक तर्क का सहारा लेकर उत्तर दिया उस आधार पर लौरेंस ने नैतिक विकास का सिद्धांत प्रतिपादित किया।

28. According to Lawrence Kohlberg's theory of moral development, at which stage of moral development do individuals define right action by self-chosen ethical principles of conscience that are valid for all humanity, regardless of law and social agreement?

1. The social contract orientation.
2. The Universal ethical principal Orientation.
3. The social order maintaining orientation.
4. The instrumental purpose orientation.

लॉरेंस कोहलबर्ग के नैतिक सिद्धांत के अनुसार, नैतिकता-विकास क्रम के किस स्तर पर व्यक्ति क़ानून और सामाजिक स्वीकृति की परवाह किये बिना किसी कार्य को आत्म-अनुभूति द्वारा स्वयं निर्धारित सिद्धांतों के आधार पर उचित ठहराता है?

1. सामाजिक अनुबंध अभिमुखता
2. सार्वभौमिक नैतिकता सिद्धांत अभिमुखता
3. सामाजिक-व्यवस्था संधारण अभिमुखता
4. यांत्रिक उद्देश्य अभिमुखता

Ans : 2

29. The Kohlberg's model of moral development has which of the following characteristics? Options:

1. Stages of moral development are universal in nature.
2. There is continuity in development of moral thinking.
3. Moral development is not an orderly process; it is entirely dependent on environmental factors.
4. Moral development is dependent primarily on cultural values

निम्न में से कौन-सा अभिलक्षण, कोहलबर्ग के नैतिक विकास मॉडल में सम्मिलित है?

1. नैतिक विकास के चरणों का स्वरूप सार्वभौमिक होता है।
2. नैतिक चिंतन के विकास में निरंतरता होती है।
3. नैतिक विकास एक क्रमिक प्रक्रिया नहीं है; यह सम्पूर्ण रूप से वातावरणीय कारकों पर निर्भर है।
4. नैतिक विकास मुख्यत: सांस्कृतिक मूल्यों पर निर्भर है।

Ans : 1

CHAPTER -7

CHILD CENTRED AND PROGRESSIVE EDUCATI

(बाल केन्द्रित एवं प्रगतिशील शिक्षा)

1. Assertion (A): Teachers should focus on asking questions in classroom and encouraging children also to ask questions rather than giving instructions.

Reason (R): Child-centred pedagogy means giving opportunities to children's voices and ensuring their participation.
Choose the correct option.
(1) (A) is true but (R) is false.
(2) Both (A) and (R) are false.
(3) Both (A) and (R) are true and (R) is the correct explanation of (A).
(4) Both (A) and (R) are true but (R) is not the correct explanation of (A).

अभिकथन (A): शिक्षकों को कक्षा में प्रश्न पूछने पर ध्यान देना चाहिए और निर्देश देने के बजाय उन्हें प्रश्न पूछने के लिए प्रोत्साहित करना चाहिए।

कारण (R) : बाल-केंद्रित शिक्षाशास्त्र का अर्थ है कक्षा में बच्चों की आवाज को महत्व देना और उनकी प्रतिभागीयता को सुनिश्चित करना।

सही विकल्प चुनें।
(1) (A) सही है लेकिन (R) गलत है।
(2) (A) और (R) दोनों गलत है।
(3) (A) और (R) दोनों सही हैं और (A) की (R) सही व्याख्या करता है।
(4) (A) और (R) दोनों सही हैं लेकिन (A) की (R) सही व्याख्या नहीं करता है।

Ans : 3

2. Which of the following statement best describes the role of the teacher in progressive education?

(1) The teacher implements the prescribed curriculum 'as it is.
(2) The teacher leaves the children on their own to work independently.
(3) The teacher is the primary source of knowledge.
(4) The teacher serves as a facilitator.

निम्नलिखित में से कौन-सा कथन प्रगतिशील शिक्षा में शिक्षक की भूमिका का सबसे अच्छा वर्णन करता है?
(1) शिक्षक निर्धारित पाठ्यक्रम को 'ज्यों का का त्यों लागू करते हैं।
(2) शिक्षक बच्चों को स्वतंत्र रूप से कार्य करने के लिए उनके हाल पर छोड़ देते हैं।
(3) शिक्षक ज्ञान का प्राथमिक स्रोत होते हैं।
(4) शिक्षक एक सुविधाप्रदाता के रूप में कार्य करते हैं।

Ans : 4

3. In progressive education children are perceived as:

(1) Innocent and dependent
(2) Compliant and capable of only consuming knowledge
(3) Knowledgeable and meaning-makers
(4) Vulnerable and in need of protection

प्रगतिशील शिक्षा में बच्चों को किस तरह देखा जाता है?

(1) मासूम और आश्रित
(2) आज्ञाकारी और केवल ज्ञान का उपभोग करने में सक्षम
(3) ज्ञानवर्धक और अर्थ की रचना करने वाले
(4)कमजोर और सुरक्षा की जरूरत में

Ans : 3

4. Assertion (A): Learner-centred approach is one where textbook is the centre of all learning.

Reason (R) : Students in middle school learn best when asked to reproduce the textbook as it is.
Choose the correct option.

(1) Both (A) and (R) are true and (R) is the correct explanation of (A).
(2) (A) is true but (R) is false.
(3) Both (A) and (R) are true but (R) is not the correct explanation of (A)
(4) Both (A) and (R) are false.

कथन (A) शिक्षार्थी केंद्रित दृष्टिकोण वह है जहाँ पाठ्यपुस्तक सभी सीखने का केंद्र है।

तर्क (R) माध्यमिक विद्यालय में छात्र सबसे अच्छा सीखते हैं जब पाठ्यपुस्तक को पुनः पेश करने के लिए कहा जाता है।

सही विकल्प चुनें।

(1) (A) और (R) दोनों सही हैं और (A) की (R) सही व्याख्या करता है।
(2) (A) और (R) दोनों सही हैं लेकिन (A) की (R) सही व्याख्या नहीं करता है।
(3) (A) सही है लेकिन (R) गलत है।
(4) (A) और (R) दोनों गलत हैं।

Ans : 4

शिक्षार्थी केंद्रित दृष्टिकोण में बालक की रुचियों और क्षमताओं को ध्यान में रखकर शिक्षा प्रदान करना। इस दृष्टिकोण में सिर्फ पाठ्यपुस्तक का ज्ञान प्रदान करना उद्देश्य नहीं होता। बच्चों के सीखने पर बल दिया जाता है।

5. Which of these is illustrative of a socio-constructivist classroom?

(1) A class where the teacher dictates the answers to the questions in the textbook.
(2) A class where what is taught is determined by what is to be assessed.
(3) A class where teacher controls the behaviour of the students by offering them appropriate rewards.
(4) A class where the children learn collaboratively.

इनमें से कौन सा सामाजिक रचनावादी कक्षा का उदाहरण है?

(1) एक कक्षा जहाँ शिक्षक पाठ्यपुस्तक में प्रश्नों के उत्तर निर्धारित करता है।
(2) एक कक्षा जहाँ जो पढ़ाया जाता है उसका निर्धारण इस बात से होता है कि क्या मूल्यांकन किया जाना है।
(3) एक कक्षा जहाँ शिक्षक विद्यार्थियों को उचित पुरस्कार देकर उनके व्यवहार को नियंत्रित करता है।
(4) एक ऐसी कक्षा जहाँ बच्चे सहयोगात्मक तरीके से सीखते हैं।

Ans : 4

सामाजिक रचनावादी कक्षा बच्चों के सीखने के लिए सहयोगात्मक तरीके पर बल देती है। सामाजिक रचनावादी लेव वायगोत्स्की को कहा जाता है।

6. A progressive classroom is characterized by:

(i) Mobile teacher
(i) Flexible grouping Autonomy to children

(iii) children's autonomy
(iv) Provisioning of a lot of materials
(1) (i) and (ii)
(2) (i), (ii) and (iii)
(3) (i), (ii) and (iv)
(4) (i), (ii), (iii) and (iv)

एक प्रगतिशील कक्षा की विशेषता है:
(i) शिक्षक की गतिशीलता
(ii) लचीला समूहीकरण
(iii) बच्चों की स्वायत्तता
(iv) बहुत सारी सामग्रियों का प्रावधान
(1) (i) और (ii)
(2) (i), (ii) और (iii)
(3) (i), (ii) and (iv)
(4) (i), (ii), (iii) and (iv)

Ans : 4

प्रगतिशील शिक्षा के जनक हैं जॉन डेवी, जो इस बात पर जोर देते हैं कि शिक्षण केवल करके सीखने पर बल देता है इसलिए छात्रों को अपने वातावरण के साथ अनुकूलन करने, शिक्षक को गतिशील , बच्चों को स्वतंत्रता देने की बात पर बल दिया।

7. In a child-centered classroom, the teacher:
(1) Classifies the learners on the basis of their abilities
(2) Uses fear as a mechanism to elicit desirable behavior from the learners
(3) Considers herself / himself as the ultimate source of knowledge
(4) Pays individual attention to each learner

बाल केन्द्रित कक्षा में शिक्षिका :
(1) शिक्षार्थियों को उनकी क्षमताओं के आधार पर वर्गीकृत करती है।
(2) शिक्षार्थियों से वांछनीय व्यवहार प्राप्त करने के लिए भय का उपयोग करती है।
(3) अपने आप को ज्ञान का परम स्रोत मानती है।
(4) प्रत्येक शिक्षार्थी पर व्यक्तिगत ध्यान देती है।

Ans : 4

बाल केन्द्रित कक्षा में शिक्षिका प्रत्येक बच्चे के सीखने पर व्यक्तिगत ध्यान देती है।

8. Which of the following does not ensure child-centered teaching-learning?
(1) Safe and secure child-friendly school environment
(2) Fear free environment where each child can express oneself freely
(3) Practise of positive discipline in the classroom
(4) Recognising students as passive recipients of knowledge.

निम्न में से कौन बाल केन्द्रित शिक्षण के अनुरूप नहीं है?
(1) स्कूली परिवेश को सुरक्षित व बच्चों के अनुकूल बनाना
(2) भय मुक्त वातावरण बनना जिसमें हर बच्चा खुल कर अभिव्यक्ति कर पाए
(3)कक्षा में सकारात्मक अनुशासन को लागू करना
(4) विद्यार्थियों को ज्ञान के निष्क्रिय ग्रहणकता के रूप में पहचानना

Ans : 4

बालकेंद्रित शिक्षा विद्यार्थियों को सक्रिय ज्ञान निर्माता मानती है। बालकेंद्रित शिक्षा में शिक्षक और बालक दोनों सक्रिय ज्ञान निर्माता होते हैं।

9. Which of the following is NOT included in a progressive and child-centered education?
(1) Use of digital technology and teaching-learning materials
(2) Emphasising learning from

activities, experiences, and playful exploratory manner
(3) Emphasis only on course completion with structured curriculum
(4) Active participation of students with democratic and free expression

एक प्रगतिशील और बाल केंद्रित शिक्षा के अंतर्गत निम्न में से किसका स्थान नहीं है?
(1) डिजिटल तकनीकी व शिक्षण अधिगम सामग्री का प्रयोग
(2) क्रियात्मक, खेल, खोज व अनुभवों से सीखने पर बल देना
(3) केवल संरचित पाठ्यक्रम समाप्ति पर बल देना
(4) लोकतांत्रिक व स्वतंत्र अभिव्यक्ति के साथ छात्रों की सक्रिय भागीदारी

Ans : 3

प्रगतिशील और बाल केंद्रित शिक्षा यह बताती है कि शिक्षा बालक के लिए है ना कि बालक शिक्षा के लिए। इसमें समय सारणी और बैठने की व्यवस्था में लचीलेपन की विशेषता है।

10. In a progressive classroom learning:
(1) Is constructed by the students themselves who play an active role
(2) Is dictated by the teacher and students are passive recipients of the same
(3) Happens by pairing of a stimulus and response
(4) Takes place when the students are offered positive reinforcement

प्रगतिशील कक्षा में अधिगम :
(1) का निर्माण सक्रिय रूप से छात्रों द्वारा स्वयं किया जाता है।
(2) शिक्षक द्वारा निर्देशित किया जाता है और छात्र उसी के निष्क्रिय प्राप्तकर्ता होते हैं।
(3) उद्दीपन और प्रतिक्रिया के युग्म व अनुबंधन से होता है।
(4) तब होता है जब छात्रों को सकारात्मक पुर्नबलन दिया जाता है।

Ans : 1

प्रगतिशील शिक्षा में अधिगम बच्चों द्वारा सक्रिय रूप से स्वयं किया जाता है। बच्चे को सक्रिय ज्ञान निर्माता कहा गया है।

11. In a progressive classroom :
(1) learning of childern is controlled by giving rewards and punishment.
(2) children are kept under strict watch and made to follow rigid curriculum.
(3) the approach of drill and repeated practice is followed to enable learning.
(4) 'direct experience' and 'discussions' are the basis for learning.

एक प्रगतिशील कक्षा में :
(1) बच्चों का सीखना ईनाम व सजा के प्रयोग से नियंत्रित होता है।
(2) बच्चों को सख्त निगरानी में रखना चाहिए व अनम्य पाठ्यचर्या अपनानी चाहिए।
(3) सीखने को सुसाधित करने के लिए वेधन व अभ्यास की विधि का पालन किया जाता है।
(4) सीखने का आधार 'प्रत्यक्ष अनुभव' व 'संवाद' होते हैं।

Ans : 4

प्रगतिशील शिक्षा में सामग्री को अनुभव से जोड़कर, सीखने को आसान तरीके से शिक्षार्थियों के कौशल को बढ़ाने पर जोर देती है।

12. In a progressive classroom:
(1) the idea of discipline is of self-directed activity which comes from within the child herself.

(2) the teacher transmits knowledge through the method of direct instruction.
(3) the textbook is the only source of learning.
(4) the child assumes a passive role who does not have any control over her learning,

एक प्रगतिशील कक्षा में
(1) अनुशासन को एक स्व निर्देशित आंतरिक क्रिया के रूप में देखा जाता है।
(2) शिक्षक सीधे निर्देश की पद्धति से ज्ञान का स्थानांतरण करता है।
(3) पाठ्यपुस्तक ही सीखने का एकमात्र स्त्रोत है।
(4) बच्ची एक निष्क्रिय भूमिका ग्रहण करती है जिसमें उसका सीखने में कोई नियंत्रण नहीं है।

Ans : 1

प्रगतिशील शिक्षा में बच्चों को स्वतंत्र रूप से कार्य करने का अवसर दिया जाता है और बच्चों द्वारा अनुशासन स्व निर्देशित होता है।

13. Assertion (A): In a progressive classroom the teacher should be diadactic and keep the children in control by maintaining 'pin-drop' silence.

Reason (R) : Children learn only when teachers exercise total control over them.
Choose the correct option.
(1) Both (A) and (R) are true and (R) is the correct explanation of (A).
(2) Both (A) and (R) are true but (R) is not the correct explanation of (A).
(3) (A) is true but (R) is false.
(4) Both (A) and (R) are false

कथन (A): एक प्रगतिशील कक्षा में शिक्षिका को होना चाहिए और बच्चों को नियंत्रण में रखना चाहिए।

तर्क (R): बच्चे तभी सीखते हैं जब शिक्षक उन पर पूर्ण रूप से नियंत्रण रखते हैं।

सही विकल्प चुनें।
(1) (A) और (R) दोनों सही हैं और (R) सही व्याख्या करता है (A) की
(2) (A) और (R) दोनों सही है लेकिन (R) सही व्याख्या नहीं है (A) को
(3) (A सहीं है लेकिन (R) गलत है।
(4) (A) और (R) दोनों गलत है।

Ans : 4

प्रगतिशील शिक्षा में शिक्षक बच्चों को नियंत्रित नहीं करता। बच्चे स्वयं अनुशासन में रहते हैं। बच्चे स्वतंत्र रूप से सीखते हैं।

14. In a progressive classroom -

(1) children engage in purposeful activities that realises their potential.
(2) teacher is at the centre of all the teaching - learning activities.
(3) textbook is the only source of learning.
(4) exams are at the centre of all teaching - learning.

एक प्रगतिशील कक्षा में :
(1) बच्चे अर्थपूर्ण गतिविधियों में संलग्न होते हैं जिससे वे अपनी क्षमता के अनुसार कार्य कर पाएँ।
(2) शिक्षक सभी सीखने - सीखाने का केन्द्र है।
(3) पाठ्यपुस्तक ही सीखने का एकमात्र स्त्रोत है।
(4) सभी सीखने - सीखाने का केन्द्र परिक्षाएँ हैं।

Ans : 1

प्रगतिशील शिक्षा में बच्चों को सीखने के लिए गतिविधियां कराई जाती हैं। बच्चों को कार्य क्षमता के अनुसार दिया जाता है।

15. In progressive classroom, the teacher :

(1) follows 'learning by doing' approach based on the child's interests.
(2) follows the pedagogy of repeated practice and rote memorization.
(3) ensures that all teaching is directed towards examinations.
(4) promotes competition rather than collaboration.

एक प्रगतिशील कक्षा में, शिक्षिका :

(1) बच्चों की रूचि के अनुरूप 'करके सीखने' की पद्धति का पालन करती है।
(2) बारम्बार अभ्यास व रटनत स्मरण की प्रक्रिया का पालन करती है।
(3) सुनिश्चित करती है कि सभी अधिगम परिक्षाओं की तरफ केन्द्रित हो।
(4) सहयोग के बजाए प्रतिस्पर्धा को बढ़ावा देती है।

Ans : 1

प्रगतिशील शिक्षा में बच्चों को सीखने के लिए गतिविधियां कराई जाती हैं। बच्चों को कार्य क्षमता के अनुसार दिया जाता है।

16. In a progressive classroom –

(1) children are provided appropriate learning activities and the freedom to enhance their innate capabilities.
(2) only summative assessment is followed.
(3) teachers are the only source of knowledge.
(4 teacher-centric pedagogy is followed.

एक प्रगतीशील कक्षा में -

(1) बच्चों को उपयुक्त शिक्षण क्रियाकलाप के द्वारा अपनी जन्मजात क्षमताओं को बढ़ाने की स्वतंत्रता दी जाती हैं।
(2) केवल योगात्मक मुल्यांकन का पालन किया जाता है।
(3) शिक्षिका ही ज्ञान का एकमात्र स्त्रोत होती है।
(4) शिक्षिका केन्द्रित शिक्षाशास्त्र का पालन किया जाता है।

Ans : 1

प्रगतिशील शिक्षा ज्ञान, प्रतिभा और कौशल का उपयोग करने और खुद को बनाए रखने और आर्थिक विकास को बढ़ावा देने के लिए आत्मनिर्भर और उत्पादक बनाने के लिए 'सीखने के द्वारा' बच्चों को प्रोत्साहित करती है। प्रगतिशील शिक्षा के जनक हैं जॉन डेवी।

17. In a progressive classroom, the curriculum:

(1) is rigid and highly structured without giving any autonomy to the child.
(2) is organized into fragmented subjects with no correlation amongst them.
(3) is organized according to the capabilities and interests of the children.
(4) is presented in disconnected chunks of information.

एक प्रगतिशील कक्षाकक्ष में पाठ्यचर्या किस प्रकार की होती है?

(1) बेहद कठोर व संरचित जिसमें बच्चे को कोई स्वायत्तता न हो।
(2) विषयों को खंडित रूप में संगठित करती है जिसमें विषयों का कोई पारस्परिक संबंध न हो।
(3) बच्चों की रुचियों व क्षमताओं के अनुरूप संगठित की जाती है।
(4) जानकारी को असंगित टुकड़ों में प्रस्तुत करती है।

Ans : 3

प्रगतिशील शिक्षा बच्चों के हितों और विचारों को सीखने के अनुभव के केंद्र में रखने का प्रयास करता है। पाठ्यक्रम बच्चों की रुचियों और क्षमताओं के अनुरूप संगठित किया जाता है।

18. A key characteristic feature of the progressive classroom is that:

(1) The learner passively receives the knowledge
(2) The learner construct knowledge actively
(3) The learner grasp knowledge through rote memory
(4) The learner learns mainly through imitation

प्रगतिशील कक्षा की विशेषता है, कि :
(1) शिक्षार्थी निष्क्रिय रूप से ज्ञान प्राप्त करता है।
(2) शिक्षार्थी ज्ञान का निर्माण करता है।
(3) शिक्षार्थी रटकर स्मृति के माध्यम से ज्ञान को ग्रहण करता है।
(4) शिक्षार्थी अधिकतर अनुकरण करके सीखता है।

Ans : 2

प्रगतिशील शिक्षा बच्चों को सक्रिय अधिगमकर्ता के रूप में देखती हैं। बच्चे सक्रिय ज्ञान निर्माता होते हैं।

19. Learner-centred approach involves:

(1) Methods where learners' own initiative and efforts are involved in learning
(2) Teacher drawing conclusions for the learners
(3) Traditional instructional methods
(4) Methods in which textbook is the centre of learning

शिक्षार्थी केंद्रित दृष्टिकोण में क्या शामिल है?
(1) वे विधियाँ जहाँ सीखने में शिक्षार्थियों की स्वयं की पहल और प्रयास शामिल होते हैं।
(2) शिक्षार्थियों के लिए शिक्षकों द्वारा निष्कर्ष निकालना
(3) पारंपरिक व्याख्याए विधियाँ
(4) वे तरीके जिनमें पाठ्यपुस्तक सीखने का केंद्र होती है।

Ans : 1

शिक्षार्थी केंद्रित पाठ्यक्रम शिक्षार्थियों/ बच्चों को केंद्र में रखता है और शिक्षार्थियों के अनुभवों और ज़रूरतो को प्रधानता देता है। बच्चे को अपनी गति से काम करने की स्वतंत्रता दी जाती है।

20. Progressive education places______at the centre of teaching-learning process

(1) Students (2) Parents
(3) Teachers (4) Exams

प्रगतिशील शिक्षा शिक्षण-अधिगम प्रक्रिया के केन्द्र में किसे स्थान देती है?
(1) विद्यार्थी (2) अभिभावक
(3) अध्यापक (4) परीक्षाएँ

Ans : 1

प्रगतिशील शिक्षा शिक्षार्थी केंद्रित होती है। केंद्र में बालक होता है।

21. In a progressive classroom, learning:

(1) Is individualistic and passive
(2) Is active and social in character
(3) Is exam-oriented
(4) Is textbook centred

एक प्रगतिशील कक्षा में सीखना :
(1) व्यक्तिवादी और निष्क्रिय है।
(2) सक्रिय और सामाजिक है।
(3) परीक्षा उन्मुख है।
(4) पाठ्यपुस्तक केंद्रित है।

Ans : 2

प्रगतिशील शिक्षा में अधिगमकर्ता सक्रिय रहता है। सामाजिक रूप से सक्रिय होकर समूह में स्वतंत्र रूप से ज्ञान का निर्माण करता है।

22. Progressive education considers:

(1) students as active participants in knowledge construction
(2) teachers as the foremost source of knowledge
(3) students as passive recepient of knowledge
(4) textbooks irrelevant in the process of knowledge construction

प्रगतिशील शिक्षा :

(1) विद्यार्थियों को ज्ञान के सृजन में सक्रिय प्रतिभागी मानती है।
(2) अध्यापकों को ज्ञान के सर्वाधिक प्रमुख स्रोत मानती है।
(3) विद्यार्थियों को ज्ञान के निष्क्रिय ग्रहणकर्ता मानती है।
(4) पाठ्यपुस्तकें को ज्ञान सृजन की प्रक्रिया में असंगत मानती है।

Ans : 1

प्रगतिशील शिक्षा बच्चों को सक्रिय अधिगमकर्ता के रूप में देखती हैं। बच्चे सक्रिय ज्ञान निर्माता होते हैं।

23. Labelling of children and placing them in categories

(1) enhances and facilitates meaningful learning.
(2) creates a sense of helplessness and inferiority amongst a group of children.
(3) is a positive strategy to manage the learning needs of all children.
(4) does not have any impact on the self-esteem and performance of children.

बच्चों का नामीकरण व उन्हें वर्गों में बाँटना

(1) अर्थपूर्ण सीखने को बढ़ावा देगा व सुसाधित करेगा
(2) बच्चों के समूह में हीनता और सीखने की लाचारी को जन्म देगा।
(3) सभी बच्चों के अधिगम की जरूरतों को पूरा करने के लिए एक सकारात्मक रणनीति है।
(4) बच्चों के आत्म-सम्मान और प्रदर्शन पर कोई प्रभाव नहीं डालेगा।

Ans : 2

बच्चों में नामीकरण व उन्हें वर्गों में बाँटना बच्चों के समूह में हीनता और सीखने की लाचारी को जन्म देता है।

24. The needs of leamers of different abilities in a class can be catered by:

(1) giving tasks of graded difficulty
(2) giving standardised instructions
(3) attending only to the needs of common learners
(4) ignoring learners having different needs

कक्षा में विभिन्न योग्यताओं वाले शिक्षार्थियों की आवश्यकताओं की पूर्ति कैसे की जा सकती है?

(1) श्रेणीबद्ध कठिनाई के कार्य देकर
(2) मानकीकृत निर्देश देकर
(3) केवल सामान्य शिक्षार्थियों की आवश्यकताओं को संबोधित करके
(4) विभिन्न आवश्यकताओं वाले शिक्षार्थियों की उपेक्षा करके

Ans : 1

कक्षा में विभिन्न योग्यता वाले विद्यार्थी होते हैं। बच्चे को कार्य उनकी क्षमता और योग्यता के अनुसार दिया जाना चाहिए। प्रगतिशील शिक्षा व्यक्तिगत विभिन्नताओं (Individual differences) को महत्व देती है।

25. A student considers the reason of his failure as lack of ability and considers ability as fixed and not-impacted by efforts. He is likely to experience ______.

(1) learned helplessness
(2) brain plasticity
(3) high self-esteem
(4) sense of belonging

एक विद्यार्थी अपनी असफलता का कारण अपनी योग्यता की कमी को मानता है। वह योग्यता को स्थायी मानता है और मानता है कि योग्यता प्रयासों द्वारा प्रभावित नहीं होती है | यह विचारशा किस स्थिति को जन्म दे सकती है?

(1) अधिगम असहायता
(2) मस्तिष्क सुघट्यता
(3) उच्च स्तरीय स्व-अस्मिता
(4) सम्बद्धता का भाव

Ans : 1

अधिगम असहायता का अर्थ है परिणाम से पहले ही अपनी हार मान लेना।

26. Pedagogies which are dominantly___ yield to_____of knowledgeby students.

(1) child-centric, construction
(2) teacher-centric, construction
(3) child-centric, mere reproduction
(4) teacher-centric, destruction

प्रबल रूप से______शिक्षाशास्त्र, विद्यार्थियों द्वारा ज्ञान के_____में सहायक है।

(1) बाल-केन्द्रित, सर्जन
(2) अध्यापक-केन्द्रित, सर्जन
(3) बाल-केन्द्रित, केवल पुनरुत्पादन
(4) अध्यापक केन्द्रित भंजन

Ans : 1

प्रगतिशील शिक्षा बाल केंद्रित होती है। बच्चे को सक्रिय ज्ञान निर्माता कहा गया है।

27. Advocates of constructivism give importance to

(1) Child-centred curriculum
(2) Culturally non-responsive pedagogy
(3) Overlooking the individual differences
(4) Convergent ways of thinking

रचनावाद का समर्थन करने वाले किसे महत्त्व देते हैं?

(1) बाल-कद्रित पाठ्यचर्या को
(2) सांस्कृतिक रूप से अनुत्तरदायी शिक्षणशास्त्रीय प्रविधियों को
(3) व्यक्तिगत भिन्नताओं को अनदेखा करने को
(4) चिन्तन के अभिसारी तरीकों को

Ans : 1

बाल केंद्रित शिक्षा रचनात्मक होती हैं। बालक के अनुभव को महत्व देती हैं।

28. In a progressive classroom, learners are viewed as______

(1) passive recepient of knowledge
(2) active participant in knowledge construction
(3) capable of learning only by lecture method
(4) incapable of processing information independently

एक प्रगतिशील कक्षा में, अधिगमकर्ताओं को किस तरह समझा जाता है?

(1) ज्ञान के निष्क्रिय ग्रहणकर्ता के रूप में
(2) ज्ञान निर्माण में सक्रिय भागीदार के रूप में
(3) केवल व्याख्यान विधि से सीखने में सक्षम
(4) स्वतंत्र रूप से सूचना प्रसंस्करण में असक्षम

Ans : 2

प्रगतिशील शिक्षा में सब कुछ बालक की योग्यता और क्षमता के अनुरुप होता है। बच्चा सक्रिय ज्ञान निर्माता है।

29. Learning by doing, discovery learning and collaborative learning are characterstics of a __________ classroom.

(1) Behaviourstic
(2) Progressive
(3) Teacher-centered
(4) Passive

करके सीखना, खोजी अधिगम और सहभागी अधिगम एक __________ कक्षा की विशेषताएँ हैं।

(1) व्यवहारवादी (2) प्रगतिशील
(3) अध्यापक-केंद्रित (4) निष्क्रिय

Ans : 2

प्रगतिशील शिक्षा ज्ञान, प्रतिभा और कौशल का उपयोग करने और खुद को बनाए रखने और आर्थिक विकास को बढ़ावा देने के लिए आत्मनिर्भर और उत्पादक बनाने के लिए 'सीखने के द्वारा' बच्चों को प्रोत्साहित करती है। प्रगतिशील शिक्षा के जनक हैं जॉन डेवी।

30. A progressive classroom gives primacy to

(1) teachers' preferred style of teaching.
(2) completion of syllabus.
(3) exam-centered pedagogies.
(4) students' opinions and experiences.

एक प्रगतिशील कक्षा निम्न में से किसे प्रधानता देती है?

(1) अध्यापिका द्वारा चयनित पढाने के तरीके को
(2) पाठ्यक्रम को पूरा करने को
(3) परीक्षा केन्द्रित शिक्षाशास्त्रों को
(4) विद्यार्थियों के मतों और अनुभवों को

Ans-4

प्रगतिशील शिक्षा विद्यार्थियों के मतो और अनुभवों को महत्व देता है।

31. Which of the following is advocated in progressive education?

(1) Teacher-centered pedagogy
(2) Self-assessment by learner
(3) Standardised curriculum
(4) Conditioning of behaviour

प्रगतिशील शिक्षा निम्न में से किसका समर्थन करती है?

(1) अध्यापक-केंद्रित शिक्षाशास्त्र
(2) अधिगमकर्ता द्वारा स्व-मूल्यांकन
(3) मानकीकृत पाठ्यचर्या
(4) व्यवहार का अनुकूलन

Ans : 2

प्रगतिशील शिक्षा अधिगमकर्ता को अपना मूल्यांकन स्वयं करने पर बल देती है।

32. Which of the following shifts are required to make education child-centric?

(1) From formative to summative assessment
(2) From rote memorisation to activity-based learning
(3) From discovery learning to lecture method
(4) From flexible curriculum to standardised curriculum

शिक्षा को बाल-केंद्रित बनाने के लिए निम्न में से क्या बदलाव जरूरी है?

(1) रचनात्मक मूल्यांकन से योगात्मक मूल्यांकन की ओर
(2) कंठस्थ स्मरण से क्रिया-आधारित अधिगम की ओर
(3) खोजी अधिगम से व्याख्यान विधि की ओर
(4) लचीले पाठ्यक्रम से मानकीकृत पाठ्यक्रम की ओर

Ans : 2

प्रगतिशील शिक्षा रटने से हटकर क्रिया द्वारा सक्रिय भागीदारी पर बल देती है।

33. Child-centered education advocates for

(1) standardised curriculum
(2) use of rewards and punishment
(3) consideration of individual differences
(4) inculcating entity belief of ability

बाल-केन्द्रित शिक्षा किसकी अनुशंसा करती है?

(1) मानकीकृत पाठ्यचर्या
(2) पुरस्कार और दण्ड का इस्तेमाल
(3) वैयक्तिक भिन्नताओं पर ध्यान देना
(4) योग्यता के सत्तावादी मत का विकास करना

Ans : 3

बाल केंद्रित शिक्षा को व्यक्तिगत भिन्नता की शिक्षा भी कहा जाता है। जहां प्रत्येक बच्चे की ज़रूरतो क्षमताओं एवं आवश्यकताओं को ध्यान में रखकर शिक्षण कराया जाता है।

In a progressive classroom, the students:

A. do not ask many questions.
B. ask questions to the teacher.
C. ask questions to each other.
D. ask themselves questions.

Choose the correct option:

(1) B and D (2) B and C
(3) B, C and D (4) A

34. एक प्रगतिशील कक्षा में, विद्यार्थी :

A. अधिक प्रश्न नहीं पूछते हैं।
B. शिक्षक से प्रश्न पूछते हैं।
C. एक-दूसरे से प्रश्न पूछते हैं।
D. स्वयं से प्रश्न पूछते हैं।

सही विकल्प का चयन कीजिए:

(1) B और D (2) B और C
(3) B, C और D (4) A

Ans : 3

35. Which of these situations is illustrative of a child-centred classroom?

1. A class in which the students are sitting in groups and the teacher takes turns to go to each group.
2. A class in which the behaviour of students is governed by the rewards and punishment the teacher would give them.
3. A class in which the teacher dictates and the students are asked to memorise the notes.
4. A class in which the students do whatever they want while the teacher watches them silently.

इनमें से कौन-सी स्थिति बाल-केंद्रित कक्षा का उदाहरण है?

1. एक कक्षा जिसमें छात्र समूहों में बैठे हैं और शिक्षक बारी-बारी से प्रत्येक में जाते हैं।
2. एक कक्षा जिसमें छात्रों का व्यवहार शिक्षक द्वारा दिए जाने वाले पुरस्कार और दण्ड द्वारा नियंत्रित होता है।
3. एक कक्षा जिसमें शिक्षक निर्देश देता है और छात्रों को नोट्स याद करने के लिए कहा जाता है।
4. एक कक्षा जिसमें छात्र जो चाहे करते हैं जबकि शिक्षक उन्हें चुपचाप देखता है।

Ans : 1

प्रगतिशील शिक्षा में अधिगमकर्ता सक्रिय रहता है। सामाजिक रूप से सक्रिय होकर समूह में स्वतंत्र रूप से ज्ञान का निर्माण करता है।

36. Socio-cultural context of students:

1. has minimal role in the learning process
2. has no role in the learning process
3. plays a significant role in the learning process
4. should be ignored in the learning process

छात्रों का सामाजिक-सांस्कृतिक संदर्भ :
1. सीखने की प्रक्रिया में न्यूनतम भूमिका निभाता है।
2. सीखने की प्रक्रिया में कोई भूमिका नहीं निभाता है।
3. सीखने की प्रक्रिया में एक महत्वपूर्ण भूमिका निभाता है।
4. को सीखने की प्रक्रिया में अनदेखा किया जाना चाहिए।

Ans : 3

सीखने में सामाजिक सांस्कृतिक संदर्भ महत्वपूर्ण भूमिका निभाते हैं।

37. Which of the following illustrates a constructivist learning approach in a progressive classroom?

1. Multiple
2. Rote memorization and verbatim recall
3. Rewards and punishment
4. Repeated drill and practice

इनमें से कौन-सा विकल्प एक प्रगतिशील कक्षा में संरचनात्मक शिक्षण का उदाहरण है?
1. विविध स्पष्टीकरण
2. रट कर याद करना और शब्दशः पुनरावृत्ति
3. पुरस्कार और दण्ड
4. बार-बार वेधन और अभ्यास

Ans :1

38. Children talking aloud to themselves -
1. is an indication of their egocentricism.
2. helps them to regulate their thinking.
3. hinders their psychological and language development.
4. is an identifier of severe behavioral problems.

बच्चे का अपने आप से बात करना –
1. उनके अहंकेंद्रवाद का द्योतक है।
2. उनकी सोच को विनियमित करने में उनकी मदद करता है।
3. उनके मनोवैज्ञानिक और भाषा विकास में बाधा डालता है।
4. गंभीर व्यवहार संबंधी समस्याओं का पहचानकर्ता है।

Ans : 2

निजी भाषा (Private speech) का सम्प्रत्यय लेव वायगोत्स्की ने दिया है जिसका अर्थ है बच्चा अपने आप से बातें करता है, अपनी सोच को नियंत्रित एवं दिशा देने के लिए।

39. Which of the following does **not** indicate a child-centered classroom?
1. Seating arrangement changes as per the activity.
2. Children's progress is reported in qualitative terms and on all aspects of development.
3. Teacher reads the textbook and writes answers on the blackboard for students to copy.
4. Children are engrossed in what they are doing.

निम्नलिखित में से कौन बाल केन्द्रित कक्षा को नहीं दर्शाता है?
1. गतिविधि के अनुसार बैठने की व्यवस्था में परिवर्तन।
2. बच्चों की प्रगति गुणात्मक रूप से और विकास के सभी पहलुओं को ध्यान में रखते हुए रिपोर्ट की जाती है।
3. शिक्षक पाठ्यपुस्तक पढ़ता है और छात्रों की नक़ल करने के लिए ब्लैकबोर्ड पर उत्तर लिखता है।
4. बच्चे जो कर रहे हैं उसमें तल्लीन हैं।

Ans : 3

बाल केंद्रित शिक्षा में शिक्षा बालक के अनुसार होती है। बालकों की सक्रिय भागीदारी होती है।

40. In child-centered education, assessment

1. is undertaken through few periodic examinations.
2. takes place through written objective type tests.
3. does not take place at all.
4. is considered an integral part in the process of learning.

एक बाल-केन्द्रित कक्षा में, मूल्याँकन —

1. कुछ सामयिक परीक्षाओं द्वारा किया जाता है।
2. लिखित वस्तुनिष्ठ परीक्षाओं द्वारा किया जाता है।
3. बिल्कुल नहीं किया जाता।
4. को सीखने की प्रक्रिया का अभिन्न अंग माना जाता है।

Ans : 4

बाल केंद्रित शिक्षा में मूल्यांकन सीखने की प्रक्रिया के साथ-साथ होता है। ताकि बच्चों का निदान व उपचार किया जा सके।

41. Which of the following characterize a progressive classroom?

(i) Availability of a variety of materials
(ii) Range of activities and tasks
(iii) Following method of direct instruction
(iv) Focus on memorization and recall

Choose the correct option.

1. (i) (ii) 2. (iii) (iv)
3. (i) (ii) (iii) (iv) 4. (i) (ii) (iv)

निम्नलिखित में से कौन एक प्रगतिशील कक्षा की विशेषता है?

(i) विभिन्न प्रकार की सामग्रियों की उपलब्धता।
(ii) गतिविधियों और कार्यों का प्रावधान
(iii) प्रत्यक्ष निर्देश का पालन
(iv) रटने और प्रत्यास्मरण पर जोर देना

1. (i) (ii) 2. (iii) (iv)
3. (i) (ii) (iii) (iv) 4. (i) (ii) (iv)

Ans : 1

प्रगतिशील कक्षा में निर्देश एवं रटने का विरोध किया जाता है। बच्चों को अनुभव द्वारा सक्रिय भागीदारी पर बल दिया जाता है।

42. In a child-centered education, learning takes place primarily -

1. Through direct instruction by the teachers
2. From the textbooks
3. By passive listening of the learners
4. By exploration from diverse sources

बाल केंद्रित शिक्षण में सीखना मुख्यतः किस प्रकार होता है?

1. शिक्षकों द्वारा प्रत्यक्ष निर्देश द्वारा
2. पाठ्यपुस्तकों से
3. अधिगमकत्ताओं के निष्क्रिय सुनने से
4. विविध स्त्रोतों का अन्वेषण करके

Ans : 4

बाल केंद्रित शिक्षा (Child centered education) में बच्चों को शिक्षा विभिन्न अनुभव प्रदान करके दी जाती है।

43. In a child-centered education, the teacher –

1. gives direction while the learners follow blindly
2. understands the child and the process of learning in a socio-constructivist manner
3. sets a rigid and standard curriculum
4. uses assessment to rank the students

बाल-केन्द्रित शिक्षा में शिक्षक -

1. निर्देश देता है तथा विद्यार्थी अंधवत् अनुसरण करते हैं।

2. बच्चों व सीखने की प्रक्रिया को सामाजिक-रचनावादी रूप में देखता है।
3. एक कठोर व मानकीकृत पाठ्यचर्या तय करता है।
4. आकलन का इस्तेमाल विद्यार्थियों को श्रेणियों में बांटने के लिए करता है

Ans : 2

44. A child centred classroom would -

(i) have provisioning for a lot of resources.
(ii) be based on flexible grouping
(iii) use textbook as the only source of knowledge
(iv) have children as active participants.
(V) follow a rigidly structured curriculum and employ summative assessment.

1. (i) (ii) (iv) 2. (i) (iii) (v)
3. (i) (iv) (v) 4. (i) (iii) (iv)

एक "बालक केन्द्रित कक्षा" मे क्या होना चाहिए?

1. बहुत से संसाधनों का प्रावधान
2. लचीला समूहीकरण
3. पाठ्य पुस्तक ज्ञान का एकमात्र आधार
4. छात्रों की सक्रिय सहभागिता
5. एक संरचित पाठ्यक्रम और योग्यात्मक आंकलन

1. (i), (ii) और (iv) 2. (i), (iii) और (v)
3. (i), (iv) और (v) 4. (i), (iii) और (iv)

Ans : 1

बाल केंद्रित शिक्षा पाठ्यपुस्तक ज्ञान तक सीमित नहीं है। यह बच्चों को विभिन्न अनुभव द्वारा शिक्षा प्रदान करने पर बल देती है।

45. In a progressive classroom, stress needs to be placed on creating an atmosphere where

1. emotional needs of students are taken care of and they feel valued.
2. stress is placed on "performance goals' and achievement in tests directs teacher's perception of students.
3. the teacher leads and children follow passively.
4. students are expected to 'learn for exams'.

एक प्रगतिशील कक्षा में ऐसा वातावरण बनाने पर बल दिया जाना चाहिए, जहां -

1. बच्चों के भावनात्मक आवश्यक्ताओं का ध्यान रखा जाए और वे अपने को महत्वपूर्ण समझें।
2. उपलब्धि-उद्देशों पर बल दिया जाए और परीक्षाओं में विद्यार्थियों की उपलब्धि अध्यापकों द्वारा उनका परिपेक्ष्य समझने का आधार बनें
3. अध्यापक के नेतृत्व में विद्यार्थी निष्क्रिय अनुसरण करते हैं।
4. विद्यार्थियों से परीक्षाओं के लिए पढ़ने की अपेक्षा की जाती है।

Ans : 1

प्रगतिशील कक्षा में वातावरण ऐसा होना चाहिए जो बच्चों के भाव को कक्षा से जोड़ सकें। इससे बच्चे सीखने के लिए तैयार होते हैं। शिक्षण - अधिगम प्रभावशाली बनता है।

46. Which of the following is not a characteristic of progressive education?

1. Focus on continuous and comprehensive evaluation
2. Encouraging rote memorisation
3. Emphasis on collaborative learning
4. Promoting lifelong learning

इनमें से कौनसी प्रगतिशील शिक्षा की विशेषता नहीं है?

1. सतत एवं व्यापक मूल्यांकन पर बल
2. रट कर याद करने पर बल
3. सहयोगी शिक्षण पर बल
4. जीवन पर्यन्त शिक्षा को प्रोत्साहन देना

Ans : 2

प्रगतिशील शिक्षा रटने पर बल नहीं देती।

47. In a progressive classroom -:

1. children's participation is minimal.
2. children memorize facts given in the textbooks.
3. children work both individually and in groups.
4. children are assessed through paper-pencil tests only.

एक प्रगतिशील कक्षा में-

1. बच्चों की भागीदारी न्यूनतम है।
2. बच्चे पाठ्यपुस्तक में दिए गए तथ्य को याद करते हैं।
3. बच्चे व्यक्तिगत और समूह दोनों में काम करते हैं।
4. बच्चों का मूल्यांकन पेपर-पेंसिल टेस्ट के ज़रिए ही किया जाता है।

Ans : 3

प्रगतिशील शिक्षा में बच्चे व्यक्तिगत और समूह दोनों में कार्य करते हैं।

48. Advocates of child-centered pedagogy believe that -

1. Individual experiences are central to the learning process.
2. classroom should be dominated by instructions from the teachers.
3. children's experiences outside the school are irrelevant for learning.
4. children cannot be expected to reason and think independently.

बाल केन्द्रित शिक्षा के समर्थकों का मानना है कि-

1. व्यक्तिगत अनुभव अधिगम प्रक्रिया में केन्द्रीय भूमिका निभाते हैं।
2. कक्षा में अध्यापक के निर्देशन का आधिपत्य होना चाहिए।
3. बालकों के कक्षा से बाहर के अनुभव अधिगम में असंगत है।
4. बालकों से स्वयं तर्क और चिंतन की अपेक्षा नहीं की जा सकती।

Ans : 1

बाल केंद्रित शिक्षा बालक के अनुभव को महत्वपूर्ण मानती है। व्यक्तिगत विभिन्नताओं पर आधारित शिक्षा होती है।

49. Which of the following statements about the children is correct from a socio-constructivist perspective?

1. Children's behaviour can be explained in terms of small, incremental change due to experience;
2. Children's behaviour is totally determined by early experiences in life.
3. Children are born 'noble savages' and are corrupted by the society.
4. Children are active beings who construct knowledge by acting upon and interacting with their socio-cultural context.

बच्चों के बारे में निम्नलिखित में से कौन-सा कथन सामाजिक संरचनावादी परिप्रेक्ष्य से सही है?

1. बच्चों के व्यवहार की अनुभवों के वजह से छोटे, वृद्धि से संबंधित परिवर्तनों के रूप में व्याख्या की जा सकती है।
2. बच्चों का व्यवहार पूरी तरह से जीवन के आरंभिक अनुभवों के द्वारा सुनिश्चित किया जाता है।
3. बच्चे 'उत्कृष्ट असभ्य' प्राणी के रूप में जन्म लेते हैं और समाज द्वारा दुराचारी

बना दिए जाते हैं।

4. बच्चे क्रियाशील प्राणी हैं जो अपने सामाजिक-सांस्कृतिक संदर्भों में काम व अंतःक्रिया करके ज्ञान का सृजन करते हैं।

Ans : 4

सामाजिक संरचनावादी परिप्रेक्ष्य (Socio-constructivist perspective) बच्चों को सक्रिय ज्ञान का निर्माता मानता हैं। बच्चे सामाजिक अंतःक्रिया द्वारा अपने ज्ञान का सृजन करते हैं। बच्चे अपने ज्ञान का निर्माण स्वयं के अनुभव से करते हैं।

50. Progressive education views children as-

1. born with a high sense of morality and ethics which are 'god-gifted'
2. Tabula rasa' or blank slates.
3. miniature adults whose thinking is lesser than adults.
4. curious beings who learn through exploration of their surroundings.

प्रगतिशील शिक्षा बालकों के प्रति कैसा दृष्टिकोण रखती है?

1. ईश्वर ने उन्हें जन्म से उच्च नौतिकता और नीति प्रदान की है।
2. कोरी पट्टी / रिक्त स्लेट जैसे
3. लघु वयस्क जिनकी सोचने व्यस्क से कम है।
4. जिज्ञासु प्राणी जो अपने आस-पास को खोज अनवेषण करके जानना चाहते हैं

Ans : 4

प्रगतिशील शिक्षा बाल केंद्रित शिक्षा है जिसमें बालक सक्रिय ज्ञान निर्माता होता है। प्रगतिशील शिक्षा में बालकों को जिज्ञासु प्राणी कहा जाता है जो अपने आस-पास को खोज अन्वेषण करके जानना चाहते हैं।

51. Which of the following characterizes a progressive classroom?

1. Focus on drill and practice
2. Ability-based fixed segregation
3. Collaborative Learning
4. Use of rewards and punishment

एक प्रगतिशील कक्षा की निम्न में से कौन-सी विशेषता है?

1. ड्रिल और अभ्यास पर जोर देना
2. योग्यता आधारित स्थायी अलगाव
3. सहयोगिता पूर्ण अधिगम
4. पुरस्कार और दण्ड का प्रयोग

Ans : 3

प्रगतिशील शिक्षा सहयोगात्मक अधिगम पर आधारित है। प्रगतिशील शिक्षा बालकों को सीखने और अनुभव के विभिन्न अवसर देती हैं जिसमें विद्यार्थी आपस में मिलजुलकर सीखते हैं।

52. Young children construct knowledge and make meanings through

(i) Active exploration
(ii) Play
(iii) Active on materials and experimenting
(iv) Interaction with peers and adults

1. (i), (iii) 2. (i), (iii), (iv)
3. (i), (ii), (iii) 4. (i), (ii), (iii), (iv)

छोटे बच्चे ज्ञान की संरचना और अर्थ किस प्रकार निकालते हैं?

(i) सक्रिय अन्वेषण द्वारा
(ii) खेल द्वारा
(iii) पदार्थों पर क्रिया और प्रयोग द्वारा
(iv) सहपाठियों और वयस्कों संग सहभागिता द्वारा

1. (i) और (iii)
2. (i), (iii) और (iv)
3. (i), (ii) और (iii)
4. (i), (ii), (iii) और (iv)

Ans : 4

रचनात्मक ज्ञान में बच्चा सक्रिय ज्ञान निर्माता होता है, अनुभव द्वारा ज्ञान प्राप्त करता है।

53. In a child-centered classroom children
   1. are looked at as passive imitators.
   2. are actively engaged in construction of knowledge.
   3. are eager to copy answer from blackboard as it is.
   4. have to be passive listeners only.

   एक बाल-केन्द्रित कक्षा में बच्चे –
   1. निष्क्रिय नकलची के रूप में देखे जाते हैं।
   2. ज्ञान के निर्माण में सक्रिय रूप से लगे हुए हैं।
   3. ब्लैकबोर्ड से उत्तरों की प्रतिलिपि बनाने को अग्रसर होते हैं।
   4. केवल निष्क्रिय श्रोता होने चाहिए।

   Ans : 2

   प्रगतिशील शिक्षा बाल केंद्रित शिक्षा है जिसमें बालक को सक्रिय ज्ञान निर्माता होता है। प्रगतिशील शिक्षा में बालकों को जिज्ञासु प्राणी कहा जाता है जो अपने आस-पास को खोज अन्वेषण करके जानना चाहते हैं।

54. In a child-centered classroom learning -
   1. happens by pairing of stimulus-response associations.
   2. is dependent on rewards and punishment.
   3. is co-constructed by the teacher and students.
   4. is dependent solely on the teacher and student's role is passive.

   एक बाल-केन्द्रित कक्षा में अधिगम –
   1. उद्दीपन-प्रतिक्रिया संघो के युग्म द्वारा होता है।
   2. पुरस्कार और दंड पर निर्भर है।
   3. शिक्षक और छात्रों द्वारा सह-निर्मित है।
   4. पूरी तरह से शिक्षक पर निर्भर है और छात्रों की भूमिका निष्क्रिय है।

   Ans : 3

   बाल केंद्रित कक्षा में अध्यापक और विद्यार्थी मिलकर अधिगम करते हैं। बालक और अध्यापक दोनों सक्रिय होते हैं।

55. Discussions in groups and positive teacher-student relationships characterize a-
   1. progressive classroom.
   2. textbook-centric classroom.
   3. behaviouristic classroom.
   4. teacher-centric classroom.

   समूहों में चर्चा करना और सकारात्मक शिक्षक-छात्र संबंध किस कक्षा कक्ष की विशेषता है?
   1. प्रगतिशील कक्षाकक्ष
   2. पाठ्यपुस्तक केन्द्रित कक्षाकक्ष
   3. व्यवहारवादी कक्षाकक्ष
   4. शिक्षक केन्द्रित कक्षाकक्ष

   Ans : 1

   प्रगतिशील कक्षाकक्ष में छात्र चर्चा व अंतःक्रिया करते हैं। छात्र अध्यापक सम्बंध भी सकारात्मक होते हैं क्योंकि अध्यापक विद्यार्थियों को सीखने में स्वतंत्रता देता है।

56. Assertion (A): A child-centered classroom is individualistic and follows a rigidly structured curriculum.

   Reason (R): Child learns best when the teacher is didactic and controlling.
   Choose the correct option.
   1. Both (A) and (R) are true and (R) is the correct explanation of (A).
   2. Both (A) and (R) are true but (R) is not the correct explanation of (A).
   3. (A) is true but (R) is false.
   4. Both (A) and (R) are false.

   अभिकथन (A) : एक बाल केंद्रित कक्षा व्यक्तिवादी होती है और एक कठोर संरचित पाठ्यक्रम का अनुसरण करती है।

कारण (R) : बच्चा सबसे अच्छा तब सीखता है जब शिक्षक तानाशाह और नियंत्रक होता है।

1. (A) और (R) दोनों सही हैं और (R) सही व्याख्या करता है (A) की।
2. (A) और (R) दोनों सही हैं लेकिन (R) सही व्याख्या नहीं है (A) की।
3. (A) सही है लेकिन (R) गलत है।
4. (A) और (R) दोनों गलत है।

Ans : 4

बाल केंद्रित कक्षा में पाठ्यक्रम लचीला होता है और व्यक्तिगत विभिन्नताओं के अनुसार होता है। कक्षा का वातावरण स्वतंत्र (democratic) होता है। अंतःक्रिया द्वारा सीखते हैं।

57. Which of the following characterizes as a progressive classroom?

1. Teacher completely controls the class.
2. Participation of children is minimal.
3. Children are assessed while doing activities / tasks.
4. Timetable and seating arrangement are fixed.

निम्नलिखित में से क्या एक प्रगतिशील कक्षा की विशेषता है?

1. शिक्षिका पूरी तरह से कक्षा को नियंत्रित करती है।
2. बच्चों की भागीदारी न्यूनतम है।
3. गतिविधियाँ / कार्य करते समय बच्चों का मूल्यांकन किया जाता है।
4. समय सारणी और बैठने की व्यवस्था तय है।

Ans : 3

प्रगतिशील शिक्षा में मूल्यांकन सीखने की प्रक्रिया के दौरान होता है।

58. In progressive education -

1. learning has a social character.
2. textbooks are the only source of knowledge.
3. seating arrangement is totally fixed.
4. curriculum is standardized.

प्रगतिशील शिक्षा में -

1. सीखने का स्वरूप सामाजिक होता है।
2. पाठ्यपुस्तकें सीखने का एकमात्र स्रोत हैं।
3. बैठने की व्यवस्था पूरी तरह से तय होती है।
4. पाठ्यचर्या मानकीकृत होती है।

Ans : 1

प्रगतिशील शिक्षा में सीखने का स्वरूप सामाजिक होता है। बच्चे सामूहिक चर्चाओं में सक्रिय रूप से भाग लेकर सीखने व सिखाते हैं। प्रगतिशील शिक्षा सहयोगात्मक शिक्षक पर आधारित है।

59. The classroom environment of progressive classroom will **NOT** have which of the following attitudes?

1. Involvement of children in decision making
2. Creation of a fear-free learning environment
3. Assessing individual differences of learners
4. Maintaining external discipline by the teacher

निम्नलिखित में से कौन-सी अभिवृति, एक प्रगतिशील कक्षीय माहौल के अनुसार है?

1. निर्णय निर्धारण में बच्चों की सहभागिता
2. भय-मुक्त अधिगम वातावरण की संरचना
3. विद्यार्थियों की व्यक्तिगत भिन्नताओं का ध्यान रखना
4. अध्यापक द्वारा बाह्य-अनुशासन कायम करना

Ans : 4

60. Which of the following assessment strategies would you **NOT** use in a progressive classroom?

1. Use of reflective journals by teachers
2. Self assessment and peer assessment
3. Reliance on norm -referenced assessment only
4. Creation of student portfolios

एक प्रगतिशील कक्षा में निम्न में से कौन-सी मूल्यांकन विधि का इस्तेमाल नहीं होता होगा?

1. अध्यापकों द्वारा मननशील जरनल का इस्तेमाल
2. स्व-मूल्यांकन एवं समकक्षी-मूल्यांकन
3. केवल मानक-निर्देशित मूल्यांकन पर आश्रय
4. विद्यार्थियों के पोर्टफोलियो तैयार करना

Ans : 3

मानक निर्देशित मूल्यांकन (Norm reference assessment) में परीक्षण विशेषज्ञों द्वारा बनाए जाते हैं। इसमें एक प्रश्न का एक ही उत्तर होता है। बाल केंद्रित शिक्षा में मानक निर्देशित मूल्यांकन का इस्तेमाल नहीं होता है।

61. In child-centred education –

1. The teacher does not play any role
2. The teacher play active role while the students are passive
3. The students are active while the teacher is passive
4. Teacher and students are both active

एक बाल-केन्द्रित शिक्षा में -

1. शिक्षिका की कोई भूमिका नहीं होती।
2. शिक्षिका की सक्रिय भूमिका होती है तथा विद्यार्थी निष्क्रिय होते हैं।
3. विद्यार्थियों की सक्रिय भूमिका होती है तथा शिक्षिका निष्क्रिय होती है।
4. शिक्षिका व विद्यार्थियों दोनों की सक्रिय भूमिका होती है।

Ans : 4

बाल केंद्रित शिक्षा में अध्यापक और विद्यार्थी दोनों की सक्रिय भूमिका होती है।

62. An example of pedagogical strategy that would promote meaningful learning is -

1. regular individual competitions.
2. use of verbal punishment.
3. uniform rigidly structured curriculum.
4. focusing on 'assessment for learning' rather than only 'assessment of learning'.

एक प्रगतिशील कक्षा में कौन सा विकल्प सार्थक शिक्षण को बढ़ावा देने के लिए व्यक्तिगत अधिगम विधि का उदाहरण है?

1. निरंतर व्यक्तिगत प्रतियोगिताओं का आयोजन
2. मौखिक दण्ड का प्रयोग
3. एकरूपी मानकीकृत पाठ्यचर्या
4. केवल 'अधिगम का मूल्यांकन' के स्थान पर 'अधिगम के लिए मूल्यांकन' पर बल देना

Ans : 4

प्रगतिशील कक्षा में मूल्यांकन शिक्षण अधिगम के दौरान होता है न की अधिगम के पश्चात। अतः प्रगतिशील कक्षा में 'अधिगम के लिए मूल्यांकन' (Assessment for learning) होता है।

63. A child-centered classroom can be created by –

1. providing timely feedback to the learners about their performance.
2. discouraging questions and keeping learners passive.

3. providing frequent tests and keeping learners in an intermittent state of fear.
4. promoting competition between learners.

'बाल केन्द्रित' कक्षा का सृजन कैसे किया जा सकता है?

1. शिक्षार्थियों को उनके निष्पादन के बारे में समय पर प्रतिपुष्टि देकर।
2. विद्यार्थियों को प्रश्न पूछने से हतोत्साहित करके और उन्हें निष्क्रिय रखकर।
3. बारम्बार परीक्षा लेकर और शिक्षार्थियों को बीच-बीच में भय की अवस्था में रखकर।
4. विद्यार्थियों में प्रतिस्पर्धा प्रोत्साहित करके।

Ans : 1

बाल केंद्रित कक्षा में विद्यार्थियों को निष्पादन के बारे में समय पर प्रतिपुष्टि(feedback) देकर अधिगम को बढ़ाया जाता है।

64. Which of the following should be kept in mind while creating an effective environment in a progressive classroom

i) Methods of arranging the material to encourage exploration
ii) Ways of supporting students in risk taking
iii) Putting students of some ability in one group
iv) Varied methods of assessment

1. iv), i)
2. ii), iv)
3. i), ii), iv)
4. i), ii), iii), iv)

प्रगतिशील कक्षा में एक प्रभावी वातावरण का निर्माण करते समय निम्नलिखित में से किन बातों को ध्यान में रखना चाहिए?

(i) अन्वेषण को प्रोत्साहित करने के लिए सामग्री को व्यवस्थित करने की विधि।
(ii) जोखिम लेने में विद्यार्थियों की सहायता करने के तरीके।
(iii) एक समान क्षमता वाले विद्यार्थियों को एक समूह में रखना।
(iv) आकलन की भिन्न-भिन्न विधियां

1. (iv), (i)
2. (ii), (iv)
3. (i), (ii), (iv)
4. (i), (ii), (iii), (iv)

Ans : i

प्रगतिशील कक्षा में बालकों को सक्रिय रूप से विभिन्न तरीकों से अन्वेषण करने को प्रोत्साहित किया जाता है और विद्यार्थियों के मूल्यांकन के लिए विभिन्न तरीकों का प्रयोग किया जाता है।

65. Which of the following is a primary characteristics of progressive education?

1. Frequent paper-pencil based tests to assess learning.
2. Emphasis on scoring highest in the examinations.
3. Flexible curriculum and assessment in the classroom.
4. Frequent use of extrinsic motivators.

निम्नलिखित में प्रगितिशील शिक्षा की प्राथमिक विशेषता कौन-सी है?

1. बार-बार पेपर-पेंसिल आधारित परीक्षा से अधिगम का आकलन
2. परीक्षा में उच्चतम अंक प्राप्ति पर बल
3. पाठ्यचर्या और आकलन में लचीलापन
4. बाह्य उत्प्रेरकों का बार-बार इस्तेमाल

Ans : 3

प्रगतिशील कक्षा में पाठ्यक्रम लचीला होता है और अधिगम के साथ-साथ होता है।

66. Curricular goals in progressive education emphasise -

1. rote-memorisation.
2. conformity to authority.
3. critical thinking.
4. recall and drill.

प्रगतिशील शिक्षा में पाठ्यचर्या के उद्देश्य_______ को महत्व देते हैं।

1. रटन-स्मृति
2. सत्ता के प्रति अनुकूलता
3. आलोचनात्मक चिंतन
4. प्रत्यास्मरण और सतत अभ्यास ड्रिल

Ans : 3

प्रगतिशील शिक्षा आलोचनात्मक चिंतन को महत्व देती है।

67. Which of the following is not a characteristic of a progressive classroom?

1. Children as active participates
2. Flexible grouping
3. Mobile teacher
4. Focus on rewards and punishment

निम्नलिखित में से क्या प्रगतिशील कक्षा की विशेषता नहीं है?

1. बच्चों की सक्रिय रूप से सहभागिता
2. लचीला समूह गठन
3. गतिशील अध्यापक
4. दण्ड और पुरस्कार का प्रयोग

Ans : 4

दंड और पुरस्कार का प्रयोग व्यवहारवादियो के सिद्धांत में किया गया है।

68. Rashi tried a new method to assess children's understanding of concepts. She asked them to frame as many questions as possible for the given answer. Her approach to teaching - learning is-

1. Child-centred
2. Textbook- centred
3. Didactic
4. Memorisation focussed

राशि ने बच्चों की अवधारणाओं के प्रति समझ का आकलन करने के लिए एक नई विधि का प्रयोग किया। उसने बच्चों से कहा कि वे एक उत्तर के लिए जितना संभव हो अधिक से अधिक प्रश्न बनाएँ। शिक्षण-अधिगम का यह उपागम –

1. बाल केन्द्रित है।
2. पाठ्यपुस्तक केन्द्रित है।
3. उपदेशात्मक है।
4. कंठस्थीकरण पर केन्द्रित है।

Ans : 1

अध्यापक ने बच्चों से उत्तर उनकी क्षमताओं के अनुसार लिखने के लिए कहा है इसलिए यह बाल केंद्रित उपागम है।

69. In the context of progressive education, which of the following statements is correct?

1. Students with low ability should be ignored in the class.
2. There should be no place for democracy in a classroom.
3. Student should be encouraged to become problem-solvers.
4. The classrooms should be primarily textbook - centric and all the rules should the dictated by the teacher.

प्रगतिशील शिक्षा के संदर्भ में निम्नलिखित में से कौन सा कथन सही है?

1. कम क्षमता वाले बच्चों की कक्षा में उपेक्षा करनी चाहिए।
2. कक्षा में प्रजातंत्र का कोई स्थान नहीं होना चाहिए।
3. विद्यार्थियों को समस्या समाधान हेतु प्रोत्साहित करना चाहिए।
4. कक्षा मुख्यतः पाठ्य पुस्तक केंद्रित होनी चाहिए और सभी नियम शिक्षक निर्धारित होने चाहिए।

Ans : 3

प्रगतिशील शिक्षा में समस्या समाधान हेतु विद्यार्थियों की भागीदारी पर बल दिया जाता है।

CHAPTER -8

INTELLIGENCE (बुद्धि)

1. Howard Gardner's concept of Intelligence implicates that:

(1) intelligence has only one dimension.
(2) intelligence is only about 'practical learning.
(3) everyone processes and understands the world in the same way.
(4) human beings differ in their abilities in different domains.

हॉवर्ड गार्डनर की दी गई बुद्धि की अवधारणा का निहितार्थ है कि :

(1) बुद्धि का केवल एक ही आयाम होता है।
(2) बुद्धि केवल प्रयोगात्मक अधिगम से संबंधित है।
(3) सभी लोग दुनिया को समान रूप से समझते और संसाधित करते हैं।
(4) अलग-अलग आयामों में लोगों की अलग-अलग योग्यताएँ होती हैं।

Ans : 4

2. Feedback to the students in a classroom is most effective when:

(1) It assigns comparative ranks to the students.
(2) It occurs during as well as after the learning activity.
(3) It focuses on what the child cannot do rather than what they can do.
(4) It centres around tests and exams at the end of the year.

छात्रों के लिए कक्षा में प्रतिक्रिया सबसे अधिक प्रभावी होती है जब-

(1) यह छात्रों को तुलनात्मक श्रेणी प्रदान करता है।
(2) यह सीखने की गतिविधि के दौरान और पश्चात भी होता है।
(3) यह इस बात पर ध्यान केंद्रित करता है कि बच्चा क्या नहीं कर सकता बजाय इसके कि वह क्या कर सकता है।
(4) यह वर्ष के अंत में परीक्षण और परीक्षा पर केंद्रित है।

Ans : 2

3. Howard Gardner critiques the conventional thinking of intelligence as a fixed trait. Which of the following is not one among his eight types of intelligence?

(1) Naturalistic intelligence
(2) Creative intelligence
(3) Linguistic intelligence
(4) Musical intelligence

हॉवर्ड गार्डनर बुद्धिमता के स्थिर लक्षण होने की पारंपारिक सोच की आलोचना करते हैं। निम्न में से कौन सी बुद्धि को उन्होंने 8 प्रकार की बुद्धिमता में शामिल नहीं किया है

(1) प्राकृतिक बुद्धिमता
(2) सृजनात्मक बुद्धिमता
(3) भाषायी बुद्धिमता
(4) संगीतमय बुद्धिमता

Ans : 2

हॉवर्ड गार्डनर ने बहु-बुद्धि सिद्धान्त में बुद्धि के 8 प्रकार बताएं हैं-

1. भाषायी बुद्धि (linguistic Intelligent)
2. तार्किक गणित बुद्धि (Logical mathematical Intelligences)

3. शरीर गतिक बुद्धि (Bodily Kinesthetic Intelligence)
4. संगीत बुद्धि (Musical Intelligence)
5. स्थानिक बुद्धि (spatial Intelligence)
6. वैयक्तिक आत्म बुद्धि (Intra-Personal Intelligence)
7. वैयक्तिक अन्य बुद्धि (inter-personal, Intelligence)
8. प्राकृतिक बुद्धि (Natural Intelligence)

4. In Howard Gardner's theory of intelligence, the ability to manipulate both the body and objects is referred to as:

(1) Logico-mathematical intelligence
(2) Bodily-kinaesthetic intelligence
(3) Interpersonal intelligence
(4) Linguistic intelligence

हावर्ड गार्डनर के बुद्धि के सिद्धांत में शरीर और वस्तुओं दोनों को कुशलतापूर्वक उपयोग करने की क्षमता को कौनसी बुद्धि कहा जाता है?

(1) तर्क- गणितीय बुद्धिमता
(2) शारीरिक गति संवेदनात्मक बुद्धि
(3) अंतर्वैयक्तिक बुद्धि
(4) भाषाई बुद्धि

Ans : 2

शारीरिक गति संवेदनात्मक बुद्धि का सम्बन्ध मस्तिष्क और शरीर के अंगों के साथ संतुलन से होता हैं। जैसे = खिलाडी, शैल्यचिकित्सक, Surgeon, Gymnastic, Actors etc. आदि में शरीर गतिक बुद्धि पाई जाती हैं।

5. According to Howard Gardner, a philosopher has _____ type of intelligence and a sculptor has more _____ type of intelligence.

(1) linguistic; interpersonal
(2) spatial; intrapersonal
(3) intrapersonal; spatial
(4) interpersonal; linguistic

हावर्ड गार्डनर के अनुसार, एक दर्शनशास्त्री के पास _____ प्रकार की बुद्धि और मूर्तिकार के पास _____ प्रकार की बुद्धि की मात्रा अधिक होती है।

(1) भाषिक; अंतर्वैयक्तिक
(2) दिक्स्थान; अंतःव्यक्ति
(3) अंतःव्यक्ति; दिक्स्थान
(4) अंतर्वैयक्तिक; भाषिक

Ans : 3

Howard Gardner के अनुसार दर्शनशास्त्री में अन्तःव्यक्तिक (Intrapersonal) और मूर्तिकार में दिक्स्थान (spatial) बुद्धि पाई जाती हैं।

6. Visual-spatial intelligence includes :

(1) The capacity to think in images and pictures, to visualise accurately and abstractly
(2) Sensitivity to rhythm, pitch, meter, tone, melody.
(3) Ability to comprehend and create stories and poems.
(4) Ability to classify natural forms such as animal and plant species and rocks and Mountain types.

दृश्य स्थानिक बुद्धि में क्या शामिल हैं?

(1) छवियों और चित्रों में सोचने की क्षमता, सटीक और अमूर्त रूप से कल्पना करने की क्षमता।
(2) लय, ताल, मीटर, स्वर, माधुर्य के प्रति संवेदनशीलता।
(3) कहानियों व कविताओं को समझने व गढ़ने की क्षमता।
(4) प्राकृतिक रूपों जैसे जानवरों और पौधों की प्रजातियों और चट्टानों और पर्वत प्रकारों को वर्गीकृत करने की क्षमता।

Ans : 1

दृश्य स्थानिक बुद्धि में अमूर्त (abstract) कल्पनात्मक चिंतन करने की क्षमता होती हैं।

7. The abilities in______ include manipulating images, graphic skills, and reasoning - anything that would include more than two dimensions.

(1) Logico-mathematical intelligence
(2) Bodily-kinaesthetic intelligence
(3) Interpersonal intelligence
(4) Spatial intelligence

कौन सी बुद्धि में शामिल हैं-बिम्बों का कुशलतापूर्वक संचलन करने की क्षमता आलेख के कौशल और तर्क-उनका जिनके दो से अधिक विमितियाँ है

(1) तर्क-गणितीय बुद्धिमत्ता
(2) शारीरिक गति संवेदनात्मक बुद्धि
(3) अन्तर्वैयक्तिक बुद्धि
(4) स्थानिक बुद्धि

Ans : 4

8. Howard Gardner believed that:

(1) Each individual possesses different types of intelligences in varying degrees,
(2) Intelligence is pre-determined and fixed at birth.
(3) Each individual possesses only one type of intelligence.
(4) Intelligence is a general ability to adapt to certain situations.

हावर्ड गार्डनर का क्या मानना था?

(1) प्रत्येक व्यक्ति के पास अलग-अलग मात्रा में विभिन्न प्रकार की बुद्धि होती है।
(2) बुद्धि जन्म के समय पूर्व निर्धारित और तय होती है।
(3) प्रत्येक व्यक्ति के पास केवल एक ही प्रकार की बुद्धि होती है।
(4) बुद्धि कुछ स्थितियों के अनुकूल होने की एक सामान्य क्षमता है।

Ans : 1

हावर्ड गार्डनर के अनुसार प्रत्येक व्यक्ति के पास अलग-अलग मात्रा में विभिन्न प्रकार की बुद्धि होती है।

9. According to the theory of Multiple Intelligence every individual has

(1) a set of general abilities.
(2) a fixed IQ determined at the time of birth.
(3) different cognitive abilities in different amounts.
(4) five types of cognitive abilities,

बहु बुद्धि के सिद्धान्त के अनुसार हर व्यक्ति में

(1) सामान्य क्षमताओं का एक समूह होता है।
(2) एक निश्चित IQ (बुद्धि लब्धि) होती है जो जन्म के समय तय हो जाती है।
(3) अलग-अलग मात्रा में विभिन्न संज्ञानात्मक क्षमाएँ होती हैं।
(4) पाँच प्रकार के संज्ञानात्मक कौशल होते हैं।

Ans : 3

10. Individuals having high........ are typically good at reading writing and telling stories,

(1) Logico-mathematical intelligence
(2) Linguistic intelligence:
(3) Interpersonal intelligence
(4) Musical intelligence

जिन व्यक्तियों में आमतौर पर पढ़ने लिखने और कहानियाँ सुनाने के अच्छे कौशल होते हैं उनमें____बुद्धि अधिक मात्रा में होती है।

(1) तर्क- गणितीय बुद्धिमत्ता
(2) भाषाई बुद्धिमत्ता
(3) अंतर्वैयक्तिक बुद्धिमत्ता
(4) संगीतमय बुद्धिमत्ता

Ans : 2

भाषाई बुद्धि उनमें होती है जिनकी भाषा पर अच्छी पकड होती है। सही समय पर सही शब्दों का प्रयोग करते है।

11. Measurement of intelligence by calculating Intelligence Quotient (IQ) through use of standardized tests is problematic because-

(1) are not Culturally fair
(2) give only qualitative analysis
(3) measure intelligence comprehensively
(4) account for individual differences

मानकीकृत परीक्षणों के उपयोग से बुद्धिलब्धि (IQ) की अवधारणा के द्वारा बुद्धिमता का पता लगाने के बारे में एक प्रमुख चिंता यह है कि:

(1) वे सांस्कृतिक रूप से निष्पक्ष नहीं हैं।
(2) वे केवल गुणात्मक विश्लेषण करते हैं।
(3) वे बुद्धि को व्यापक रूप से मापते हैं।
(4) वे व्यक्तिगत मतभेदों के लिए जिम्मेदार हैं।

Ans : 1

मानकीकृत परीक्षण संस्कृति मुक्त होती है।

12. Howard Gardner challenged the notion that :

1. intelligence is pre-determined and fixed.
2. intelligence is a broad concept that is not unitary
3. there are multiple forms of intelligence
4. individuals possess different types of intelligence in varying degrees

हावर्ड गार्डनर ने कौनसी धारणा को चुनौती दी?

(1) बुद्धि पूर्व निर्धारित और निश्चित होती है।
(2) बुद्धि एक व्यापक अवधारणा है जो एकात्मक नहीं है।
(3) बुद्धि कई प्रकार की होती है।
(4) व्यक्तियों के पास अलग-अलग मात्रा में विभिन्न प्रकार की बुद्धि होती है।

Ans : 1

13. Individuals with______ demonstrate excellent reasoning skills, abstract thought and the ability to infer based on patterns.

(1) Logico-mathematical intelligence
(2) bodily-kinaesthetic intelligence
(3) Interpersonal intelligence
(4) Linguistic intelligence

_______ वाले व्यक्ति उत्कृष्ट तर्क कौशल, अमूर्त विचार और पैटर्न के आधार पर अनुमान लगाने की क्षमता प्रदर्शित करते हैं।

(1) तर्क- गणितीय बुद्धिमता
(2) शारीरिक- गति संवेदनात्मकता
(3) अंतरवैयक्तिक बुद्धि
(4) भाषाई बुद्धि

Ans :1

तर्क गणितीय बुद्धिमता में तर्क, कौशल, अमूर्त विचार, और पैटर्न की क्षमता होती है।

14. Individuals who demonstrate ______ are acutely aware of their feelings and can show an appreciation for themselves

(1) Logico-mathematical intelligence
(2) Bodily-kinaesthetic intelligence
(3) Intrapersonal intelligence
(4) Linguistic intelligence

कौन-सी बुद्धि का प्रदर्शन करने वाले व्यक्ति अपनी भावनाओं के बारे में गहराई से जानते हैं और अपने गुणों को पहचानते हैं?

(1) तर्क - गणितीय बुद्धिमत्ता
(2)शारीरिक - गति संवेदानत्मक - बुद्धि
(3)अंतः वैयक्तिक - बुद्धि
(4)भाषाई बुद्धि

Ans : 3

अंतः वैयक्तिक बुद्धि का सम्बन्ध अपने विचारों को प्रकट करने से सम्बन्धित बुद्धि से है।

15. Individuals with______are able to distinguish between specific pitches, tones and rhythms that other may miss.

(1) Logico - mathematical intelligence
(2) Bodily - kinesthetic intelligence
(3) Interpersonal intelligence
(4) Musical intelligence

________ वाले व्यक्ति विशिष्ट स्वरों, लय और ताल के बीच अंतर करने में सक्षम होते है जिसे पहचानने में अन्य चूक सकते हैं?

(1) तर्क- गणितीय बुद्धि
(2) शारिरिक -गति संवेदनात्मक बुद्धि
(3) अंतरवैयक्तिक बुद्धि
(4) संगीतमय बुद्धि

Ans : 4

संगीतमय बुद्धि का सम्बन्ध- सुर लय और ताल के बीच अंतर करने में सक्षम होते है।

16. A poet, a writer and a story teller are likely to possess high-

(1) Spatial intelligence
(2) Linguistic intelligence
(3) Musical intelligence
(4) Intrapersonal intelligence

एक कवि, एक लेखक और एक कहानीकार के पास कौनसी बुद्धि अधिक मात्रा होने की संभावना है?

(1) स्थानिक बुद्धि
(2) भाषाई बुद्धि
(3) संगीतमय बुद्धि
(4) अंतरावैयक्तिक बौद्धिकता

Ans : 2

भाषाई बुद्धि - सही समय पर सही शब्दों का प्रयोग करने से समन्धित बुद्धि।

17. An architect designing a city and an artist working on an intricate drawing would require high:

(1) Spatial intelligence
(2) Linguistic intelligence
(3) Musical intelligence
(4) Intrapersonal intelligence

एक शहर को डिजाइन करने वाले एक वास्तुकार और एक जटिल चित्र पर काम करने वाले कलाकार में कौनसी बुद्धि अधिक होने की सम्भावना है?

(1) स्थानिक बुद्धि
(2) भाषाई बुद्धि
(3) संगीतमय बुद्धि
(4) अंतः वैयक्तिक बौद्धधिकता

Ans : 1

वास्तुकार और कलाकार में स्थानिक बुद्धि होती है।

18. Assertion (A): Teachers should use standardized IQ tests to measure children's intelligence.

Reason (R): Standardized IQ tests can predict intelligence accurately.
Choose the correct option.

(1) Both (A) and (R) are true and (R) is the correct explanation of (A).
(2) Both (A) and (R) are true but (R) is not the correct explanation of (A).
(3) (A) is true but (R) is false.
(4) Both (A) and (R) are false.

कथन (A) : शिक्षकों को बच्चों की बुद्धिलब्धि (IQ) मापने के लिए बुद्धिलब्धि की मानकीकृत परिक्षाओं का इस्तेमाल करना चाहिए।

तर्क(R) : बुद्धिलब्धि को मापने वाली मानकीकृत परिक्षाएँ बुद्धि की सटीकता से भविष्यवाणी कर सकती हैं।

सही विकल्प चुनें।

(1) (A) और (R) दोनों सही हैं और (R) सही व्याख्या करता है (A) की
(2) (A) और (R) दोनों सही हैं लेकिन (R) सही व्याख्या नहीं है (A) की
(3) (A) सही हैं लेकिन (R) गलत है।

(4) (A) और (R) दोनों गलत हैं।

Ans : 4

बुद्धि लब्धि का प्रयोग भविष्यवाणी के लिए नहीं किया जा सकता।

19. Ahmad wants to become a Psycho-therapist or Counselor. As per Howard Gardner's theory of multiple intelligences, his teachers should provide opportunities to enhance his _____intelligence.

(1) Spatial (2) Naturalistic
(3) Musical (4) Interpersonal

अहमद मनोउपचारक या परामर्शदाता (काउंसलर बनना चाहता है। हावर्ड गार्डनर के बहुविध बुद्धि सिद्धान्त के अनुसार उनकी अध्यापिका को उसकी किस बुद्धि के संवर्द्धन के अवसर देने चाहिए?

(1) स्थानिक (2) प्राकृतिक
(3) संगीतात्मक (4) अन्तरवैयक्तिक

Ans : 4

अन्तरवैयक्तिक बुद्धि का सम्बन्ध दुसरो को समझने से सम्बन्धि बुद्धि होती है। जैसे मनोउपचारण (Psycho-therapisßt) & counselor social worker, politicians.

20. Ashima is popular among her friends for her high ability to read the moods and motivations of others. As per Howard Gardner's theory of multiple intelligence, Ashima has higher levels of intelligence.

(1) Interpersonal
(2) Naturalist
(3) Musical
(4) Logical - Mathematical

आशिमा दूसरों की मनोदशा और अभिप्रेरणा के प्रति समझ बना लेने की उच्च स्तरीय योग्यता के कारण अपने मित्रों में बहुत ही लोकप्रिय है। हावर्ड गार्डनर के बहुबुद्धि सिद्धान्त के अनुसार आशिमा_______ बुद्धि की उच्च स्तरीय क्षमता रखती है।

(1) अंतरवैयक्तिक (2) प्राकृतवादी
(3) संगीत (4) तार्किक गणितीय

Ans : 1

21. Madhulika is good at dancing and performing yoga. According to Howard Gardner, she has high levels of _______ intelligence.

(1) Intrapersonal
(2) Interpersonal
(3) Bodily kinesthetic
(4) Musical

मधुलिका नृत्य और योग कला में निपुण है। हावर्ड गार्डनर के अनुसार, उसके पास किस प्रकार की बुद्धि उच्च-स्तरीय है?

(1) अंतः वैयक्तिक
(2) अंतर्वैयक्तिक
(3) शारीरिक गति संवेदी
(4) संगीतात्मक

Ans : 3

22. Intelligence Quotient (IQ) tests are often critiqued for

(1) their ability to measure a broad range of skills
(2) having an implicit western culture bias
(3) considering social influence on intelligence
(4) overestimating the influence of emotions of cognition

बुद्धि लब्धि (IQ) परीक्षणों की आलोचना प्रायः क्यों की जाती है?

(1) कौशलों की विस्तृत श्रृंखला को मापने की उनकी क्षमता
(2) प्रत्यक्ष रूप से पाश्चात्य संस्कृति के प्रभाव से ग्रसित

(3) बुद्धि पर सामाजिक प्रभाव का अवबोधन
(4) संज्ञान पर भावनाओं के प्रभाव का अतिशय प्राक्कलन

Ans : 2

I.Q. परीक्षण प्रायः संस्कृति से ग्रसित होते है।

23. What is the basis for criticizing IQ tests?

(1) Biased norms
(2) Use of qualitative assessment
(3) Taking into account cultural sensitivity
(4) Involving the child's social perspective

बुद्धि लब्धि (IQ) परीक्षणों की आलोचना करने का आधार क्या है?

(1) पक्षपाती मानदंड
(2) गुणात्मक आकलन का प्रयोग
(3) सांस्कृतिक संवेदनशीलता को ध्यान में रखना
(4) बच्चे के सामाजिक परिप्रेक्ष्य को शामिल करना

Ans : 1

24. Intelligence Quotient (IQ) tests are criticised for

(1) being inconsiderate of cultural diversity
(2) conceptualizing intelligence as a set of different abilities
(3) ignoring the influence of environmental factors on test performance
(4) not considering social factors in measuring memory, reasoning, and verbal skills

बुद्धि लब्धि (IQ) परीक्षणों की आलोचना इसलिए की जाती है क्योंकि वे

(1) सांस्कृतिक विविधता का ध्यान नहीं रखते हैं।
(2) बुद्धि को विभिन्न क्षमताओं के सेट के रूप में मानते हैं।
(3) परीक्षण प्रदर्शन पर पर्यावरणीय कारकों के प्रभाव को नजर अंदाज़ करते हैं।
(4) स्मृति, तर्क और मौखिक कौशलों को मापने में सामाजिक कारकों का ध्यान नहीं रखते हैं।

Ans : 3

बुद्धि लब्धि परीक्षण में पर्यावरण को नजर अंदाज किया गया है।

25. Which of the following is correct in context of Intelligence Quotient (IQ) tests?

(1) They measure intelligence in a very comprehensive manner.
(2) There is a certain error of measurement in IQ tests.
(3) IQ tests are free from any kind of cultural blas
(4) IQ tests are always highly reliable.

बुद्धि लब्धि (IQ) परीक्षणों के संदर्भ में निम्नलिखित में से कौन-सा कथन सही है?

(1) वे बहुत व्यापक तरीके से बुद्धि को मापते हैं।
(2) बुद्धि लब्धि परीक्षणों में मापने की एक निश्चित प्रकार की त्रुटि है।
(3) बुद्धि लब्धि परीक्षण किसी भी प्रकार के सांस्कृतिक पूर्वाग्रह से मुक्त हैं।
(4) बुद्धि लब्धि परीक्षण हमेशा अत्यधिक विश्वसनीय होते हैं।

Ans : 2

26. As per recent conceptualisation of intelligence, Intelligence Quotient (IQ) tests are not appropriate to assess an individual's intelligence because they are often.

(1) valid
(2) reliable

(3) culturally biased
(4) comprehensive

बुद्धि के समकालीन संप्रत्ययों के अनुसार, बुद्धि लब्धि परीक्षण किसी व्यक्ति की बुद्धिमत्ता को जाँचने के लिए उपयुक्त नहीं है क्योंकि वे अकसर______ होते हैं।

(1) वैध
(2) विश्वसनीय
(3) सांस्कृतिक रूप से पूर्वाग्रहित
(4) व्यापक

Ans : 3

बुद्धि लब्धि परीक्षण सांस्कृतिक पूर्वाग्रस्ति होते है।

27. As per Howard Gardner's theory of multiple intelligence, ability to understand others' emotions, feelings and moods is directly related to_______ intelligence.

(1) interpersonal
(2) intrapersonal
(3) musical
(4) linguistic

हावर्ड गार्डनर के बहुबुद्धि सिद्धांत के अनुसार, दूसरों के संवेगों, भावनाओं और मनोदशा को समझने की योग्यता प्रत्यक्ष रूप से _______बुद्धि से संबंधित है।

(1) अन्तरवैयक्तिक (2) अंत:- वैयक्तिक
(3) संगीतीय (4) भाषाई

Ans : 1

28. Contemporary theories conceptualise intelligence as :

(1) unidimensional general ability.
(2) multidimensional ability having several different aspects.
(3) an ability not influenced by heredity.
(4) an ability not influenced by environmental factors.

समकालीन सिद्धान्त, बुद्धि को किस प्रकार अवधारित करते हैं?

(1) एक - दिशायी सामान्य क्षमता
(2) बहुदिशायी क्षमता जिसके विभिन्न अलग-अलग आयाम हैं
(3) आनुवंशिकता से ना प्रभावित होने वाली क्षमता
(4) वातावरणीय कारकों से ना प्रभावित होने वाली क्षमता

Ans : 2

समकालीन सिद्धान्त बुद्धि बहुदिशायी क्षमता पर आधारित है जिसके विभिन्न अलग-अलग आयाम होते है।

29. The theory of multiple intelligence states that:

(1) Intelligence can be of different types.
(2) Intelligence cannot be accelerated.
(3) Intelligence can be measured accurately.
(4) Intelligence levels are same among all individuals.

बहु-बुद्धि सिद्धांत कहता है कि :

(1) बुद्धि विभिन्न प्रकार की हो सकती है।
(2) बुद्धि को तेज नहीं किया जा सकता है।
(3) बुद्धि को सटीक रूप से मापा जा सकता है।
(4) सभी व्यक्तियों में बुद्धि स्तर एक समान हैं।

Ans : 1

बहु बुद्धि सिद्धान्त के अनुसार बुद्धि एकवचन नहीं बहुवचन है प्रत्येक व्यक्ति में भिन्न-भिन्न प्रकार की 8 बुद्धि विभिन्न मात्रा में होती है।

30. A student is very good at interpreting the intentions, motivation level and moods of the | classmates. According

to Gardner's theory of multiple intelligences, this student has_____ Intelligence.

(1) Naturalist (2) Interpersonal
(3) Logical (4) Spiritual

एक विद्यार्थी अपने सहपाठियों के इरादों, प्रेरणा स्तर तथा मनोदशा को उचित प्रकार से समझने में सक्षम है। गार्डनर के बहु-बुद्धि सिद्धांत के अनुसार, विद्यार्थी में किस प्रकार की बुद्धि है?

(1) प्राकृतिक (2) अंतवैयक्तिक
(3) तार्किक (4) आध्यात्मिक

Ans : 2

31. Which of the following views about intelligence supports the respectful consideration of diversity among learners?

(1) Intelligence is not influenced by environmental factors.
(2) Intelligence is not influenced by genetic factors.
(3) IQ tests are the only measure of intelligence.
(4) Intelligence is multidimensional and can change over time.

बुद्धि के संदर्भ में निम्नलिखित में से कौन-सा दृष्टिकोण शिक्षार्थियों के बीच विविधता के सम्मानपूर्ण विचार का समर्थन करता है?

(1) बुद्धि वातावरणीय कारकों से प्रभावित नहीं होती है।
(2) बुद्धि आनुवंशिक कारकों से प्रभावित नहीं होती है।
(3) बुद्धि को मापने के लिए बुद्धि-लब्धि परीक्षण ही एकमात्र साधन हैं
(4) बुद्धि बहुआयामी है और समय के साथ बदल सकती हैं।

Ans : 4

बहुबुद्धि सिद्धान्त (Multiple Intelligence Theory) के अनुसार बुद्धि एक आयामी नहीं बहु आयामी है जो समय के साथ बदल सकती है।

32. Who among the following critiqued the concept of 'general' intelligence and proposed an alternative theory of intelligence?

(1) Jean Piaget
(2) Howard Gardner
(3) Lev Vygotsky
(4) Charles Spearman

निम्नलिखित में से किसने 'सामान्य' बुद्धि की अवधारणा की आलोचना की और बुद्धि का एक वैकल्पिक सिद्धांत प्रस्तावित किया?

(1) जीन पियाज़े (2) हॉवर्ड गार्डनर
(3) लेव वायगोत्स्की (4) चार्ल्स स्पीयरमैन

Ans : 2

हॉवर्ड गार्डनर ने सामान्य बुद्धि (General Intelligence) की आलोचना की और बुद्धि का एक नया सिद्धान्त दिया बहु-बुद्धि का सिद्धान्त (Multiple Intelligence Theory)। बुद्धि को विशिष्ट समताओं का समूह बताया।

33. Intelligence is _______ according to Howard Gardner.

1. a positive change in behaviour
2. a negative change in behaviour
3. the ability to produce original products
4. a set of several distinct abilities

हॉवर्ड गार्डनर के अनुसार बुद्धि क्या है?

1. व्यवहार में सकारात्मक परिवर्तन
2. व्यवहार में नकारात्मक परिवर्तन
3. मूल उत्पादों का उत्पादन करने की क्षमता
4. कई विशिष्ट क्षमताओं का एक समूह

Ans : 4

हावर्ड गार्डनर के अनुसार बुद्धि कई विशिष्ट क्षमताओं का एक समूह है। प्रत्येक व्यक्ति में भिन्न-भिन्न प्रकार की बुद्धि भिन्न मात्रा में होती है।

34. Which of the following is a correctly matched pair of the type of intelligence and the end state possibilities as per the theory of Howard Gardner?

1. Intelligence-Linguistic, End State Possibility- Accountant
2. Intelligence-Spatial, End State Possibility- Architect
3. Intelligence- Bodily kinesthetic, End State Possibility- Singer
4. Intelligence-Naturalistic, kinesthetic-Teacher

हावर्ड गार्डनर के बहुबुद्धि सिद्धांत के अनुसार निम्नलिखित में से कौन-सा जोड़ा बुद्धि का प्रकार और अंतःस्थिति अनुपालन संभावना के अनुसार सही है?

1. बुद्धि का प्रकार – भाषिक, अंतःस्थिति अनुपालन संभावना – लेखापाल
2. बुद्धि का प्रकार – स्थानिक, अंतःस्थिति अनुपालन संभावना – वास्तुकार
3. बुद्धि का प्रकार – शारीरिक गति-संवेदनात्मकता, अंतःस्थिति अनुपालन संभावना – गायक
4. बुद्धि का प्रकार - प्राकृतिक, अंतःस्थिति अनुपालन संभावना – शिक्षक

Ans : 2

वास्तुकार में स्थानिक बुद्धि होती है।

35. As per contemporary theories of intelligence, Intelligence is -

1. Mere ability to imitate other
2. A specific ability
3. A set of capabilities
4. A singular and generic concept

बुद्धिमत्ता के समकालीन सिद्धांतों के अनुसार, बुद्धि क्या है?

1. केवल दूसरों की नक़ल करने की क्षमता
2. एक विशिष्ट एकाकी क्षमता
3. अक्षमताओं का एक समूह
4. एक विलक्षण और सामान्य अवधारणा

Ans : 3

हावर्ड गार्डनर के अनुसार बुद्धि विशिष्ट क्षमताओं का एक समूह है।

36. Which of the following is a correctly matched pair of the type of intelligence and the end state possibilities as per theory of Howard Gardner?

1. Intelligence: Logico-mathematical; End State Possibility: Account
2. Intelligence: Spatial; End State Possibility: Athlete
3. Intelligence: Linguistic; End State Possibility: Navigator
4. Intelligence: Inter-personal; End State Possibility: Dancer

होवार्ड गार्डनर के बहु-बुद्धि सिद्धांत के अनुसार निम्नलिखित में से कौन-सा जोड़ा बुद्धि के प्रकार और अंत-स्थिति अनुपालन संभावना के अनुसार सही हैं?

1. बुद्धि का प्रकार- भाषिक, अंतःस्थिति अनुपालन संभावना- लेखापाल
2. बुद्धि का प्रकार- स्थानिक, अंतःस्थिति अनुपालन संभावना- वास्तुकार
3. बुद्धि का प्रकार- शारीरिक गति-संवेदनात्मकता, अंतःस्थिति अनुपालन संभावना- गायक
4. बुद्धि का प्रकार- प्राकृतिक, अंतःस्थिति अनुपालन संभावना- शिक्षक

Ans : 1

लेखापाल (Accountant) में तार्किक गणितीय बुद्धि होती है।

37. Which of the following are major concerns about using the concept of Intelligence Quotient to measure Children's intelligence?

(i) Instability of Score
(ii) Cultural bias in tests
(iii) Product -orientedness of tests
(iv) Labelling of children

1. ii, iii, iv 2. i, ii, iii, iv
3. i, ii, iv 4. i, iii, iv

बच्चों की बुद्धिमत्ता का आंकलन करने के लिए 1.Q. (इंटेलिजेंट कोशेंट) का इस्तेमाल करने के क्या मुख्य सरोकार हैं?

(i) प्राप्तांक की अस्थिरता
(ii) परिक्षा में सांस्कृतिक पूर्वाग्रह
(iii) परीक्षा का उत्पादक-केन्द्रित होना
(iv) बच्चों को नामांकित करना

1. ii, iii, iv 2. i, ii, iii, iv
3. i, ii, iv 4. i, iii, iv

Ans : 2

38. Which of the following options correctly specifies the types of intelligence given by Howard Gardner?

1. Therapist, Biologist, Industrialist
2. Athletic, Creative, Expressive
3. Practical, Analytical, Creative
4. Intrapersonal, Naturalist, Bodily-kinaesthetic

कौन - सा विकल्प वुद्धि-प्रकार के लिए हॉवर्ड गार्डनर के अनुसार सही है –

1. चिकित्सक, जीवविज्ञानी, वाद्य यंत्र विशेषज्ञ
2. कसरती, रचनात्मक, अभिव्यक्तशील
3. व्यावहारिक, विश्लेषक, रचनात्मक
4. अंतः वैयक्तिक, प्रकृतिवादी, शारिरिक रूप से क्रियाशील

Ans : 4

39. Use of IQ tests as a measure of intelligence -

1. is valid since they can predict intelligence accurately.
2. has been critiqued since many tests are culturally biased.
3. is very useful to rank and sort students in clear cut categories for their educability.
4. helps the teacher in predicting students' academic performance and success.

बुद्धिमता को मापने के लिए, बुद्धिलब्धि परीक्षाओं का के प्रयोग –

1. वैध है, क्योंकि यह बुद्धिमता को शुद्धता से संभावित करता है।
2. की आलोचना की गई है क्योंकि कई परीक्षाओं में सांस्कृतिक पक्षपात झलकता है।
3. विद्यार्थियों को उनकी शिक्षणीयता के लिए स्पष्ट वर्गों और श्रेणियों में भेद करने में सहायक है।
4. अध्यापकों को विद्यार्थियों की अकादमिक प्रदर्शन और सफलता को संभावित करने में मदद करता है।

Ans : 2

40. In the light of contemporary theories of intelligence such as that of Howard Gardner, which of the following statements is **NOT** correct?

1. Intelligence can be accurately predicted by administering standardized tests.
2. Intelligence comprises of several independent intelligences.
3. Intelligence is a complex interplay of heredity and environmental factors.
4. Intelligence can be nurtured by providing appropriate stimulating environment.

बुद्धिमत्ता के समकालीन सिद्धान्तों, जैसे कि हॉवर्ड गार्डनर द्वारा दिए सिद्धांत के अनुसार बुद्धि के बारे में निम्नलिखित कथनों में से कौन सा सही नहीं है?

1. बुद्धिमत्ता को मानकीकृत परीक्षाओं के द्वारा सटीक रूप से बतलाया जा सकता है।
2. बुद्धिमत्ता के अंतर्गत कई स्वतंत्र बुद्धियाँ आती हैं।
3. बुद्धि अनुवांशिक व पर्यावर्णीय कारकों के जटिल परस्पर क्रिया का परिणाम है।
4. प्रेरक परिवेश प्रदान करके बुद्धिमत्ता को बढावा दिया जा सकता है।

Ans : 1

मानकीकृत परीक्षाओं द्वारा बुद्धिं का सटीक अनुमान नहीं लगाया जा सकता। बुद्धि परीक्षण तुलनात्मक परीक्षण होते हैं। सटीक I.Q. नहीं निकलता।

41. In Howard Gardner's theory person high on _________ intelligence can recognize and are aware of the beauty of different species of flora and fauna.

1. spatial
2. Naturalistic
3. Musical
4. inter-personal

हॉवर्ड गार्डनर के सिद्धांत में ______ बुद्धि वाले व्यक्ति वनस्पतियों और जीवों की विभिन्न प्रजातियों की सुंदरता को पहचान सकते हैं और जान सकते हैं।

1. स्थानिक
2. प्रकृतिवादी
3. संगीतमय
4. अंतर्वैयक्तिक

Ans : 2

प्राकृतिक बुद्धि का सम्बन्ध वनस्पतियों और जीवों की विभिन्न प्रजातियों की सुन्दरता से सम्बन्धित बुद्धि है। उदाहरण- Hunter, farmer, tourist, botanist etc.

42. Which of the following description fits the 'Logico-mathematical intelligence' proposed by Howard Gardner?

1. Sensitivity and capacity to think about issues of human existence
2. Sensitivity to rhythm and sounds
3. Potential to recognize and manipulate the patterns of space
4. Capacity to analyse problems by reasoning and investigating issues scientifically

निम्नलिखित में से कौन-सी व्याख्या हॉवर्ड गार्डनर द्वारा प्रतिपादित 'तार्किक-गणितीय' बुद्धि का आलेख करती है?

1. मानवीय आस्तित्व के मामलों पर सोचने का सामर्थ्य व संवेदनशीलता
2. ध्वनि व ताल के प्रति संवेदनशीलता
3. स्थानों के पैटर्न को पहचानने व उनमें फेर-बदल करने की क्षमता
4. समस्याओं को तर्कपूर्ण तरीके से विश्लेषण करने व मसलों की वैज्ञानिक दृष्टि से विवेचन करने की क्षमता

Ans : 4

43. Which of the following is **NOT** correct as per Howard Gardner?

1. Intelligence is a fixed and stable trait
2. Intelligence can be nurtured and grown
3. Intelligence is of several kinds rather than dominated by a general factor
4. Intelligence cannot be tied to a single domain

होवार्ड गार्डनर के अनुसार निम्नलिखित में से कौन - सा कथन सही नहीं है?

1. बुद्धिमत्ता एक स्थिर तथा स्थायी विशिष्टता है।
2. बुद्धिमत्ता को परिपोषित व विकसित किया जा सकता है।

3. बुद्धिमत्ता किसी एक सामान्य खण्ड से हावी नहीं होती अपितु कई प्रकार की होती है।
4. बुद्धिमत्ता को एकाकी आयाम में सहबद्ध नहीं किया जा सकता।

Ans : 1

बुद्धि पर वातावरण का प्रभाव पड़ता है अतः बुद्धि समय एवं परिस्थिति के अनुसार परिवर्तनशील है।

44. According to Howard Gardner's theory of multiple intelligences, while of the following terms is applied to the ability to perceive the visual worlds accurately and to perform transformation on one's initial perceptions?

1. Bodily-kinesthesis intelligence
2. Spatial intelligence
3. Logical- mathematical intelligence
4. Intrapersonal intelligence

हावर्ड गार्डनर के बहुआयामी बुद्धि के सिद्धान्त के अनुसार निम्नलिखित में से किसका प्रयोग, दृष्टिगत जगत को सही तरह से अनुभव करने की योग्यता और अपने आरंभिक अनुभवों में परिवर्तन लाने की योग्यता के लिए किया गया है?

1. शारीरिक-गतिबोधक बुद्धि
2. स्थानिक बुद्धि
3. तार्किक-गणितीय / गणन बुद्धि
4. अंतः वैयक्तिक बुद्धि

Ans : 2

स्थानिक बुद्धि वस्तुओं के मानसिक चित्रण द्वारा परिवर्तन करने से सम्बन्धित बुद्धि है।

CHAPTER -9

LANGUAGE AND THOUGHT (भाषा और विचार

1. What is the primary purpose of asking critical thinking questions?

(1) To promote higher-level thinking and problem-solving skills.
(2) To encourage students to memorize information.
(3) To enable students to develop procedural knowledge.
(4) To assess students' knowledge and understanding skills.

आलोचनात्मक सोच वाले प्रश्न पूछने का प्राथमिक उद्देश्य क्या है?

(1) उच्च स्तरीय सोच और समस्या समाधान कौशल को बढ़ावा देना।
(2) छात्रों को जानकारी याद रखने के लिए प्रोत्साहित करना।
(3) छात्रों को प्रक्रियात्मक ज्ञान विकसित करने में सक्षम बनाना।
(4) छात्रों के ज्ञान और समझ कौशल का आकलन करने के लिए।

Ans : 1

2. Which of the following questions would promote critical thinking in children?

(1) What is sum of 4984 and 4 69 4?
(2) When did World War II take place?
(3) In which year was Mahatma Gandhi born?
(4). How can we challenge prejudices and stereotypes?

निम्न में से कौन सा प्रश्न बच्चों के विवेचनात्मक चिंतन को बढ़ावा देगा?

(1) 4984 और 694 4 का जोड़ क्या है?
(2) दूसरा विश्व युद्ध कब हुआ था?
(3) महात्मा गांधी का जन्म किस वर्ष हुआ था?
(4) हम पूर्वाग्रह व रूढ़िवादी सोच को कैसे चुनौती दे सकते हैं?

Ans : 4

Ans. 4 हम पूर्वाग्रह व रूढ़िवादी सोच को कैसे चुनौती दे सकते हैं?

विवेचनात्मक चिंतन के ऐसे वाले प्रश्न महत्वपूर्ण है। ऐसे प्रश्न बच्चों को सोचने के लिए प्रेरित करते हैं।

3. An essential and typical identifying characteristic of creativity is:

(1) Convergent thinking
(2) Originality of ideas
(3) Preference for repeating tasks
(4) Centration in thought

रचनात्मकता की एक आवश्यक और विशिष्ट पहचान विशेषता है-

(1) अभिसारी सोच
(2) विचारों की मौलिकता
(3) कार्यों को दोहराने के लिए वरीयता
(4) विचार में केंद्रियता

Ans : 2

रचनात्मक बालक या सृजनात्मक बालक मे निम्न गुण होते है जैसे - मौलिकता, नवीनता, विविधता(diversity), प्रवाह(flow), अपसारी चिंतन।

4. The process of thinking about one's own thinking are called:

(1) Rehearsal (2) Memorization
(3) Metacognition (4) Equilibration

अपनी सोच के बारे में सोच' क्या कहलाती है?

(1) पूर्वाभ्यास (2) रटना
(3) अधिसंज्ञान (4) साम्यीकरण

Ans : 3

अधिसंज्ञान एक ऐसी प्रक्रिया है जिसमें शिक्षार्थी अपने विचारों या चिन्तन शैलियों के माध्यम से अपने स्वयं के ज्ञान पर मनन करता है।

5. Development of language and thought:

(1) Occurs independent of each other.
(2) Occurs independent of the socio-cultural contexts.
(3) Is inter-related since they interact in myriad ways to influence each other.
(4) Is influenced by heredity only and not environmental factors.

भाषा व सोच का विकास :
(1) एक दूसरे से स्वतंत्र होता है।
(2) सामाजिक सांस्कृतिक संदर्भ से स्वतंत्र होता है।
(3) एक दूसरे से परस्पर जुड़ा है क्योंकि दोनों एक दूसरे को असंख्य रूप से प्रभावित करते हैं।
(4) केवल आनुवंशिकता से प्रभावित होता है न कि पर्यावरणीय कारकों से

Ans : 3

भाषा और विचार एक दूसरे को प्रभावित करते है। पियाजे के अनुसार चिन्तन भाषा का निर्धारण करता है। भाषा सिर्फ विचारों का ही अनुसरण नहीं करती बल्कि उसे आगे भी बढाती है।

6. Originality, fluency and flexibility in thinking are typical identifying characteristics of

(1) Autism
(2) Creativity
(3) Dyslexia
(4) Attention Deficit Hyperactivity Disorder

मौलिकता, सोच में प्रवाह व लचीलापान किसकी प्रमुख विशिष्ट पहचान हैं?
(1) स्वलीनता
(2) सृजनात्मकता
(3) भाषा वैकल्य
(4) ध्यान न्यूनता अतिक्रियाशीलता विकार

Ans : 2

सृजनात्मकता में प्रवाह, मौलिकता, नवीनता, विविधता, विस्तारण(extension) एवं पुर्नव्याख्या(reexplanation) पाई जाती है। सृजनात्मक व्यक्ति में अपसारी चिंतन पाया जाता है।

7. In a constructivist classroom, ... is central to learning.

(1) Conditioning
(2) Rote Memorization
(3) Meaning-making
(4) Drill and Practice

एक रचनात्मक कक्षा में, ... सीखने के लिए केंद्रीय है।
(1) कंडीशनिंग (2) रटना याद रखना
(3) अर्थ-निर्माण (4) ड्रिल और अभ्यास

Ans : 3

Constructive classroom (रचनात्मक कक्षा) में अधिगम का सम्बन्ध विद्यार्थियों के ज्ञान एवं अनुभवों के पुनर्निर्माण से सम्बन्धित होता है।

8. An identifying characteristic of creativity is:

(1) Divergent thinking - the ability to propose many different ideas or answers
(2) Convergent thinking - the ability to focus on one answer
(3) Ability of passive imitation
(4) Skill to rote memorise long passages.

रचनात्मकता की एक पहचान विशेषता है:

(1) अपसारी सोच कई अलग-अलग विचारों या उत्तरों को प्रस्तावित करने की क्षमता

(2) अभिसारी सोच एक उत्तर पर ध्यान केंद्रित करने की क्षमता

(3) निष्क्रिय नकल की क्षमता

(4) लंबे गद्यांशों को रटने का कौशल

Ans : 1

अपसारी चिंतन, जब किसी समस्या के एक से अधिक सही समाधान होते है तो वह अपसारी चिंतन का उपयोग करता है।

9. Which of the following questions promotes critical thinking rather than mere recall?

(1) In which year was telephone invented?
(2) How many states are there in India?
(3) Who was the first prime minister of India?
(4) What are the various ways in which gender stereotypes can be challenged?

निम्न में से कौन सा प्रश्न महत प्रत्यास्मरण को नहीं अपितु आलोचनात्मक सोच को बढ़ावा देता है?

(1) टेलीफोन का अविष्कार किस वर्ष में हुआ था?
(2) भारत में कितने राज्य हैं?
(3) भारत के प्रथम प्रधानमंत्री कौन थे?
(4) जेंडर रुढ़िवादिता को चुनौती देने के लिए क्या विभिन्न तरीके हो सकते हैं?

Ans : 4

विश्लेषण और तर्क के क्षेत्र में चिंतन के स्तर को बढ़ाने के लिए आलोचनात्मक चिंतन की आवश्यकता होती है।

10. Which of the following are important characteristics of creativity?

(i) Divergent thinking
(ii) Originality of ideas
(iii) Flexibility
(iv) Convergent thinking

(1) (i) (ii) (iii) (2) (i) (ii)
(3) (ii) (iii) (4) (i) (ii) (iii) (iv)

निम्नलिखित में से रचनात्मकता की महत्वपूर्ण विशेषताएँ कौन-सी है?

(i) अभिसारी सोच
(ii) विचारों की मौलिकता
(iii) लचीलापन
(iv) अपसारी सोच

(1) (i) (ii) (iii) (2) (i) (ii)
(3) (ii) (iii) (4) (i) (ii) (iii) (iv)

Ans : 1

जिन समस्याओं का केवल एक ही समाधान होता है उन्हे अभिसारी चिंतन का उपयोग करके हल किया जाता है। जैसे- भारत की राजधानी क्या है?

11. Which of these is an important activity to enable conceptual understanding in children?

(1) Dialogue
(2) Lecture
(3) Direct Instruction
(4) Rewards

बच्चों में अवधारणात्मक समझ को सक्षम करने के लिए इनमें से कौन सी महत्वपूर्ण गतिविधि है?

(1) संवाद (2) व्याख्यान
(3) प्रत्यक्ष निर्देश (4) पुरस्कार

Ans : 1

संवाद दो या दो से अधिक लोगों के बीच एक लिखित या बोले गए वार्तालाप विनिमय है। संवाद से बच्चें किसी सम्प्रत्य पर विचार व्यक्त करके अवधारणात्मक समझ को बनाते है।

12. Which of the following are typical indicators of creativity?

(i) Need for repeated practice
(ii) nability to concentrate
(iii) Risk taking
(iv) Flexibility
(v) Intolerance for boredom
(1) (i), (ii), (iii)
(2) (iii), (iv), (v)
(3) (i), (ii), (iii), (iv)
(4) (i), (ii), (iii), (iv), (v)

निम्नलिखित में से रचनात्मकता के विशिष्ट संकेतक कौन से हैं?

(i) बारमबार अभ्यास की आवश्यकता
(ii) ध्यान केंद्रित करने में असमर्थता
(iii) जोखिम उठाना
(iv) लचीलापन
(v) बोरियत के लिए असहिष्णुता
(1) (i), (ii), (iii)
(2) (iii), (iv), (v)
(3) (i), (ii), (iii), (iv)
(4) (i), (ii), (iii), (iv), (v)

Ans : 2

सृजनात्मक बालक कार्य को करने का जोखिम उठाते है। वे किसी भी कार्य को अलग तरीके से करते है। वे बोरियत से दूर रहते है।

13. Which of the following are key characteristics of a critical thinking learner?

(i) Open-mindedness.
(ii) Curiosity and inquiry
(iii) Asks questions and clarifies
(iv) Follows instructions blindly
(v) Formulates hypothesis and plans experiments
(1) (i) and (ii)
(2) (i), (ii), (iii), (iv)
(3) (i), (ii), (iii), (v)
(4) (i), (ii), (iii), (iv). (v)

निम्नलिखित में से कौन सी समालोचनात्मक चिंतन करने वाले शिक्षार्थी की मुख्य विशेषताएँ हैं?

(i) मानसिक विचारों में खुलापन
(ii) उत्सुकता एवं जिज्ञासा
(ii) प्रश्न पूछते हैं और स्पष्टीकरण करते हैं
(iv) बिना सोच विचार किए निर्देशों का पालन करते हैं।
(v) परिकल्पनाओं का निर्माण करते हैं और प्रयोगों की योजना बनाते हैं।
(1) (i) ,(ii)
(2) (i), (ii), (iii), (iv)
(3) (i), (ii), (iii), (v)
(4) (i), (ii), (iii), (iv). (v)

Ans : 3

समालोचनात्मक चिंतन कभी भी किसी विचार का बिना सोचे पालन नही

करते। वे तर्क-वितर्क करके विचार स्वीकारते हैं।

14. Assertion (A): Creativity is limited to only artists, scientists, and poets
Reason (R): Manual work like carpentry, cooking does not have any scope of being creative.
Choose the correct option:
(1) Both (A) and (R) are true and (R) is the correct explanation of (A).
(2) Both (A) and (R) are true but (R) is not the correct explanation of (A).
(3) (A) is true but (R) is false.
(4) Both (A) and (R) are false.

कथन (A) सृजनात्मकता केवल कलाकार, वैज्ञानिक, कवि जैसे व्यक्तियों तक सीमित है।

तर्क (R) : दस्ती कार्य जैसे बढ़ईगिरी व खाना पकाने में सृजनात्मकता की कोई गुंजाइश नहीं है। सही विकल्प चुनें।

(1) (A) और (R) दोनों सही हैं और (R) सही व्याख्या करता है (A) की।

(2) (A) और (R) दोनों सही हैं लेकिन (R) सही व्याख्या नहीं है (A) की
(3) (A) सही है लेकिन (R) गलत है।
(4) (A) और (R) दोनों गलत है।

Ans : 4

सृजनात्मकता में सर्वव्यापकता होती हैं अर्थात व्यक्ति किसी भी क्षेत्र में सृजनात्मक हो सकता हैं। जैसे- खाना पकाने, बढ़ईगिरी, कलाकार आदि।

15. "Naive theories that children formulate about various phenomenon

(1) depict how faulty and irrational children's thinking is.
(2) should be strongly discovered by punishing them.
(3) offer an insight into the processes of children's thinking.
(4) are insignificant and should be ignored in the teaching-learning process.

विभिन्न घटनाओं को समझने के लिए बच्चों द्वारा गढ़ी सहज संरचनाएँ/ संरचनाओं
(1) दर्शाती हैं कि बच्चों की सोच कितनी गलत और तर्क हीन है।
(2) को सजा देकर दृढ़ता से हतोत्साहित करना चाहिए।
(3) बच्चों के चिन्तन को प्रक्रियाओं में अन्तर्दृष्टि देती है।
(4) महत्वहीन है और शिक्षण अधिगम प्रक्रिया में इनको अनदेखी करनी चाहिए।

Ans : 3

अन्तःदृष्टि का अर्थ है सम्पूर्ण परिस्थितियों को देखकर समस्या का समाधान पाना।

16. Which of the following questions promotes critical thinking rather than mere recall of information?

(1) In which year was the last census held?
(2) Where was Mahatma Gandhi born
(3) Who was the finst President of India?
(4) How can democratic ideals be promotest in a society?

निम्नलिखित में से कौन-सा प्रश्न समालोचनात्मक चिंतन को बढ़ावा देता है बजाए कि सूचनाओं के मात्र प्रत्यास्मरण को?
(1) आखिरी जनगाणना किस वर्ष में हुई थी?
(2) महात्मा गाँधी का जन्म कहाँ हुआ था
(3) भारत के प्रथम राष्ट्रपति कौन थे?
(4) समाज में लोकतांत्रिक आदर्शों को बड़ावा कैसे दिया जा सकता है।

Ans : 4

समालोचनात्मक चिंतन बच्चों को अपने विचार व्यक्त करने का स्वतंत्र अवसर देता हैं। ताकि बच्चों की चिंतन प्रक्रिया को बढावा मिल सकें।

17. Flexibility, fluency and originality of ideas are typical identifying characteristics of:

(1) Creative learners
(2) Convergent thinkers
(3) Rigidity of thought
(4) Autism

धारणाओं में लचीलापन, धाराप्रवाहिता और मौलिकता निम्नलिखित में से किसकी प्रतिनिधिक अभिज्ञेय विशेषताएँ हैं?
(1) रचनात्मक शिक्षार्थी
(2) अभिसारी विचारक
(3) विचारण/ विवेचन में अनम्यता
(4) स्वलीनता

Ans : 1

सृजनात्मकता में प्रवाह, मौलिकता, नवीनता, विविधता, विस्तारण एवं पुर्नव्याख्या पाई जाती है। सृजनात्मक व्यक्ति में अपसारी चिंतन पाया जाता है।

18. In socio-constructivist perspective language:

(1) facilitates learning by provisioning for social interaction.
(2) is a barrier in learning process by interrupting thinking.
(3) is insignificant in the learning process.
(4) hinders the processes of learning.

सामाजिक रचनात्मक परिप्रेक्ष्य के अनुसार, भाषा

(1) सामाजिक पारस्पारिक क्रियाओं के मौके प्रदान करके अधिगम को सुसाध्य बनाती है।
(2) चिंतन पर रोक लगाकर अधिगम प्रक्रिया में एक बाधक बनती है।
(3) अधिगम की प्रक्रिया में निरर्थक है।
(4) अधिगम की प्रक्रियाओं का अवरोध करती है।

Ans : 1

सामाजिक रचनात्मक परिप्रेक्ष्य (Lev vygotsky) के अनुसार भाषा द्वारा अन्तः क्रिया करके अधिगम सुगम बनाया जा सकता हैं।

19. What is creativity?

(1) Ability to create or discover something that is novel
(2) Ability to repetitively perform an action without being bored
(3) Ability to rote memorize sequences of numbers
(4) Ability to do convergent thinking

रचनात्मकता क्या है?

(1) कुछ ऐसा बनाने या खोजने की क्षमता जो मौलिक हो
(2) बिना बोर हुए किसी कार्य को बार-बार करने की क्षमता
(3) अंकों के अनुक्रमों को याद रखने की क्षमता
(4) अभिसारी सोच करने की क्षमता

Ans : 1

रचनात्मक बालक कुछ नया करता है औरों से अलग करता है, उसे मौलिकता कहते हैं।

20. Which of the following question will promote critical thinking among students?

(1) What is the Capital of Sri Lanka?
(2) When is teacher day celebrated in India?
(3) Which is the largest city in Asia?
(4) How would you resolve water crisis in your city?

निम्नलिखित में से कौन-सा प्रश्न विद्यार्थियों में समालोचनात्मक चिंतन को समुन्नत करेगा?

(1) श्रीलंका का राजधानी कौन सी है?
(2) भारत में अध्यापक दिवस कब मनाया जाता है?
(3) एशिया में सबसे बड़ा शहर कौन-सा है?
(4) आप अपने शहर में पानी की कमी की समस्या किस प्रकार सुलझाएंगे?

Ans : 4

समालोचनात्मक चिंतन में बच्चा एक समस्या के अनेक समाधान बता सकता हैं। इसमे open-ended questions पूछे जाते हैं।

21. Development of critical thinking in students can be facilitated by emphasising on_____.

(1) application of learning in varied contests.
(2) competition to finish the task at earliest rather than understanding it.
(3) mere summarisation of notes given by the teacher.
(4) rote memorisation of content and passive imitation of teacher.

विद्यार्थियों में समालोचनात्मक चिन्तन का विकास किस प्रकार सहज सुगम किया जा सकता है?

(1) विविध संदर्भों में अधिगम के अनुप्रयोग द्वारा
(2) समझ के स्थान पर कार्य को शीघ्र अति शीघ्र पूरा करने के लिए प्रतियोगिता करवा कर
(3) अध्यापक द्वारा दिए गए व्याख्यान का केवल सारांशीकरण करके
(4) विषयवस्तु का कंठस्थीकरण और अध्यापक का निष्क्रिय अनुकरण करके

Ans : 1

समालोचनात्मक चिंतन में व्यक्ति अपने ज्ञान का प्रयोग विभिन्न सन्दर्भों में कर सकता है, जिसे अन्तः दृष्टि कहते हैं।

22. Which of the following question promotes critical thinking among students?

(1) Multiply 523 by 62
(2) When did Haryana become an independent state?
(3) Where is the Origin of river Ganga?
(4) How would you resolve the problem of water - logging in your city?

निम्नलिखित में से कौन-सा प्रश्न विद्यार्थियों में समालोचनात्मक चिंतन को समुन्नत करेगा?

(1) 523 को 62 से गुणा करो।
(2) हरियाणा कब एक स्वतंत्र राज्य बना?
(3) गंगा नदी का उद्गम कहाँ है?
(4) आप अपने शहर में जल भराव की समस्या का समाधान कैसे करेंगें?

Ans : 4

समालोचनात्मक चिंतन में विश्लेषणात्मक प्रश्न पूछे जाते हैं। जिसमे समस्या का समाधान तर्क-वितर्क पर आधारित होता हैं।

23. The belief that physical objects such as dolls, cars, etc have life-like qualities is called -

(1) animistic thinking
(2) hierarchical thinking
(3) centration
(4) categorization

यह मान्यता कि भौतिक वस्तुएँ जैसे गुड़िया, कार में सजीव गुण होते हैं क्या कहलाती है?

(1) जीववादी सोच (2) पदानुक्रमित सोच
(3) केन्द्रीकरण (4) वर्गीकरण

Ans : 1

जीववाद सोच ऐसी सोच होती है जिसमे निर्जीव वस्तुओं को सजीव समझा जाता हैं।

24. Which of the following technique is likely to encourage critical thinking among students?

(1) Asking for immediate response on questions
(2) Allowing reflection time to students
(3) Asking close-ended questions to students
(4) Discouraging interaction among students

निम्नलिखित में से कौन-सी प्रविधि विद्यार्थियों में समालोचनात्मक चिन्तन को प्रोत्साहित कर सकती है?

(1) प्रश्न का तुरन्त उत्तर देने के लिए कहना
(2) विद्यार्थियों को विमर्श हेतु समय देना
(3) विद्यार्थियों से बंद - अंत वाले प्रश्न पूछना
(4) विद्यार्थियों में परस्पर अन्तःक्रिया को निरुत्साहित करना

Ans : 2

विद्यार्थियों को सोच-विचार करने का समय देकर समालोचनात्मक चिंतन को बढाया जा सकता हैं।

25. Education should aim at motivating students for____.

(1) Competition
(2) Rote memorisation
(3) Independent thinking
(4) Passive knowledge reproduction

शिक्षा का उद्देश्य विद्यार्थियों को________के लिए प्रेरित करना होता है।

(1) प्रतिस्पर्धा
(2) कंठस्थ स्मरण
(3) स्वतंत्र चिंतन
(4) निष्क्रिय ज्ञान पुनरुत्पादन

Ans : 3

स्वतंत्र चिन्तन मौलिक चिन्तन को बढ़ाता है। स्वतंत्र चिन्तन सृजनात्मकता को बढाता है।

26. Which of the following approach is likely to promote critical thinking among students?

(1) Asking close-ended factual questions
(2) Helping students develop hypothesis
(3) Encouraging convergent thinking
(4) Teaching using textbooks only

निम्नलिखित में से कौन-से उपागम के द्वारा विद्यार्थियों में समालोचनात्मक चिंतन को बढ़ावा देने की संभावना है?

(1) बंद-अंत वाले तथ्य आधारित प्रश्न पूछना
(2) परिकल्पनाओं को विकसित करने में विद्यार्थी को सहयोग देना
(3) अभिसारी चिंतन को बढ़ावा देना
(4) केवल पाठ्यपुस्तकों द्वारा पढ़ाना

Ans : 3

परिकल्पना का अर्थ है - सम्भावित उत्तर समस्या का समाधान परिकल्पना के आधार पर होता हैं।

27. Which of the following is likely to hinder critical thinking among students?

(1) Promoting use of analogies
(2) Asking open-ended questions
(3) Giving reflection time
(4) Encouraging rote memorisation

निम्नलिखित में से किसके द्वारा विद्यार्थियों में समालोचनात्मक चिंतन में बाधा पड़ने की संभावना है?

(1) अनुरूपकों के प्रयोग को बढ़ावा देने से
(2) खुले अंत वाले प्रश्न पूछने से
(3) गहन चिंतन के लिए समय प्रदान करने से
(4) रटकर याद करने को प्रोत्साहित करना

Ans : 4

सृजनात्मक चिन्तन में रटना बाधा पहुँचाता है।

28. An identifying characteristic feature of creative children is that

(1) they conform to norms.
(2) they like to imitate others.
(3) they are independent in their thinking.
(4) they have a short attention span.

रचनात्मक बच्चों की एक पहचान विशेषता यह है कि

(1) वे मानदंडों के अनुरूप ही कार्य करते हैं।
(2) वे दूसरे की नकल करना पसंद करते हैं।
(3) वे स्वतंत्र रूप से सोचते हैं।
(4) उनकी ध्यान अवधि कम होती है।

Ans : 3

रचनात्मक बालक स्वतंत्र चिंतन करते है। अपने अनुसार विचार विमर्श करते है।

29. Karan always considers more than one solution to any problem and often comes up with innovative solutions.

This exemplifies
(1) Divergent thinking
(2) Convergent thinking
(3) Negative thinking
(4) Irrational thinking

करन हमेशा किसी भी समस्या का एक से अधिक समाधान सोचता है और अकसर नवचारी समाधानों को सुझाता है।

यह किस तरह की सोच का उदाहरण है?
(1) अपसारी सोच (2) अभिसरण सोच
(3) नकारात्मक सोच (4) तर्कहीन सोच

Ans : 1

अपसारी चिंतन, जब किसी समस्या के एक से अधिक सही समाधान होते है तो वह अपसारी चिंतन का उपयोग करता है।

30. Which of the following is not an identifying characteristic of student with 'creativity'?

(1) Strong sense of curiosity
(2) Convergent thinking
(3) Higher-order problem solving skills
(4) Novel innovative ideas

निम्नलिखित में से कौन-सी 'सृजनात्मक' विद्यार्थी की पहचान विशेषता नहीं है?
(1) जिज्ञासा की प्रबल भावना
(2) अभिसारी सोच
(3) उच्च-स्तरीय समस्या समाधान कौशल
(4) नवाचारी अनूठे विचार

Ans : 2

रचनात्मक बालक में अपसारी चिंतन पाया जाता है। वे समस्या को अनेक ढंग से देखते है।

31. Ryan recently learned that 'cooked' is the past form of cook. After that Ryan is using 'ed' for every change to past form such as broken instead of broked. This tendency to apply same rule to everything suggests that children tend to ________ their understanding.

(1) underestimate (2) over regularise
(3) restrict (4) bilingualise

रेयान ने कुछ दिन पहले ही जाना है कि अंग्रेज़ी के किसी शब्द के पीछे 'ed' लगाने से उस शब्द का रूप वर्तमान से भूतकाल में बदल जाता है। इस जानकारी को पाने के बाद रेयान हर शब्द का भूतकाल रूप दर्शाने के लिए यह तरीका अपना रहा है। बच्चों द्वारा किसी नियम को हर दशा में निरूपित करने का यह रुझान उनकी अपनी सोच को की प्रवृत्ति दर्शाती है।
(1) कमत्तर आँकने (2) अतिनियमित
(3) प्रतिबंधित (4) द्विभाषिक

Ans : 2

अतिनियमित का अर्थ है एक ही नियम का प्रयोग हर अवस्था में करना।

32. Brainstorming as a technique can be used to develop ________ in children.

(1) Convergent thinking
(2) Functional fixedness
(3) Divergent thinking
(4) Response set in children.

ब्रेनस्टॉर्मिंग (विचारावेश) को एक तकनीक के रूप में बच्चों में ________ विकसित करने के लिए इस्तेमाल किया जा सकता है।
(1) अभिसारी सोच
(2) प्रकार्यात्मक स्थिरता
(3) अपसारी सोच
(4) अनुक्रिया समुच्चय

Ans : 3

Brainstorming में अनेक विकल्पों पर विचार करते हुए समस्या का समाधान खोजना। Brainstorming तकनीक मे अपसारी सोच का प्रयोग होता है।

33. To develop critical thinking among learners, it is important to give ample

opportunities to

(i) rote memorise the content
(ii) passively imitate the teacher
(iii) corroborate different information
(iv) to think divergently on a problem
(1) (i) and (ii) (2) (i) and (iii)
(3) (ii) and (iii) (4) (iii) and (iv)

विद्यार्थियों में समालोचनात्मक चिंतन को बढ़ावा देने के लिए महत्त्वपूर्ण है कि निम्नलिखित हेतु प्रचुर अवसर प्रदान किए जाए:
(i) विषयवस्तु का कंठस्थीकरण
(ii) अध्यापिका के निष्क्रिय अनुसरण हेतु
(iii) विविध जानकारियों की पुष्टि करने हेतु
(iv) किसी समस्या पर अपसारी

चिंतन करना
(1) (i) और (ii) (2) (i) और (iii)
(3) (ii) और (iii) (4) (ii) और (iv)

Ans : 4

समालोचनात्मक चिंतन में विविध जानकारियों की पुष्टि करके, अपसारी सोच का प्रयोग करके समस्या का समाधान किया जाता है।

34. What is the role of evidence in critical thinking?

(1) Evidence should be evaluated in a logical and systematic way.
(2) Evidence should be accepted without analysis.
(3) Evidence is irrelevant to critical thinking.
(4) Evidence should be ignored in favour of personal opinion.

समालोचनात्मक चिंतन में प्रमाण की क्या भूमिका होती है?
(1) प्रमाण का तार्किक और सुनियोजित रूप से मूल्यांकन किया जाना चाहिए
(2) प्रमाण को बिना विश्लेषण के स्वीकार किया जाना चाहिए।
(3) समालोचनात्मक चिंतन के लिए प्रमाण अप्रासंगिक होता है।
(4) व्यक्तिगत राय के पक्ष में प्रमाण की उपेक्षा की जानी चाहिए।

Ans : 1

समालोचनात्मक चिंतन मे सोच विचार करके अनेक जानकारियों की पुष्टि करके समाधान किया जाता है।

35. Which of the following statements correctly describes the relationship between language and thought as per the socio-constructivist perspective?

1. Language determines thought.
2. Thought is governed and directed by language.
3. Relationship between language and thought is bi-directional.
4. Language and thought are independent cognitive capabilities.

निम्नलिखित में से कौन-सा कथन सामाजिक-रचनात्मक दृष्टिकोण के अनुसार भाषा और विचार के बीच संबंध का सही वर्णन करता है?

1. भाषा, विचार निर्धारित करती है।
2. विचार भाषा द्वारा शासित और निर्देशित होता है।
3. भाषा और विचार के बीच संबंध द्वि-दिशात्मक है।
4. भाषा और विचार स्वतंत्र संज्ञानात्मक क्षमताएँ हैं।

Ans : 3

भाषा और विचार एक दूसरे को प्रभावित करते है। भाषा से विचार निर्मित होता है।

36. Which of the following does **not** facilitate students' thinking?

1. Active involvement
2. Meaningful activities

3. Passive listening
4. Social participation

निम्नलिखित में से कौन-सा विकल्प विद्यार्थियों की सोच को सुसाध्य नहीं करता है?

1. सक्रिय भागीदारी
2. सार्थक गतिविधियाँ
3. निष्क्रिय सुनना
4. सामाजिक भागीदारी

Ans : 3

चिंतन प्रक्रिया में विद्यार्थियों की सक्रिय भागीधारी(active participation)होती है।

37. Choosing activities that provide scope for insightful and divergent answers promote ________ .

1. rote memorisation
2. Creativity
3. Frustration
4. competition

ऐसी गतिविधियों का चयन जिसमें अन्तः दृष्टि और विविध प्रकार के उत्तर देने की संभावनाएँ हैं, वे किसे समुन्नत करती हैं?

1. रटकर याद करना 2. सृजनात्मकता
3. कुण्ठा 4. प्रतिस्पर्धा

Ans : 2

सृजनात्मकता में अपसारी चिंतन पाया जाता है। जिसमें उत्तर तक पहुँचने के लिए विभिन्न दृष्टिकोणों से चिंतन किया जाता है।

38. Which of the following facilitates student's thinking?

1. Drill and practice
2. Copying without understanding
3. Discussion with peers
4. Passive listening

निम्नलिखित में से कौन-सा विकल्प विद्यार्थियों की सोच को सुसाध्य करता है?

1. वेधन और अभ्यास
2. बिना समझे कॉपी करना
3. साथियों के साथ चर्चा करना
4. निष्क्रिय रूप से सुनना

Ans : 3

सार्थियों के साथ चर्चा करने से बच्चे को अपने विचार व्यक्त करने का अवसर मिलता है। जिससे विद्यार्थियों में सोचने की क्षमता का विकास होता है।

39. Which of the following is **NOT** a characteristic of student with 'creativity'?

1. Their problem-solving skills are of higher order
2. They can solve problems through divergent ways
3. They have low sense of curiosity to learn new topics
4. They often come up with novel ideas and innovations

निम्नलिखित में से क्या सृजनात्मकता वाले विद्यार्थी की विशेषता नहीं है?

1. उनकी समस्या को सुलझाने का कौशल उच्च कोटि का होता है।
2. वे विभिन्न तरीकों से समस्याओं का समाधान कर सकते हैं।
3. उनमें नए विषयों को सीखने की जिज्ञासा कम होती है।
4. वे अकसर नए विचारों और नवाचारों के साथ आते हैं।

Ans : 3

सृजनात्मक बालक में उच्च स्तर की जिज्ञासा होती है, वो कार्य को करने और जानने के लिए तत्पर रहते हैं।

40. Which of the following is an example of a question to promote conceptual understanding and critical thinking?

1. Which is the largest state in India?

2. What is the total area of the state of Kerala?
3. What measures should be taken to make society inclusive?
4. What is photosynthesis?

निम्नलिखित में से कौन-सा प्रश्न वैचारिक समझ और आलोचनात्मक सोच को बढ़ावा देने का उदाहरण है?

1. भारत का सबसे बड़ा राज्य है?
2. केरल राज्य का कुल क्षेत्रफल कितना है?
3. समाज को समावेशी बनाने के लिए क्या उपाय किए जाने चाहिए?
4. प्रकाश संश्लेषण क्या है?

Ans : 3

समालोचनात्मक चिंतन में विविध जानकारियों की पुष्टि करके, अपसारी सोच का प्रयोग करके समस्या का समाधान पाया जाता है।

41. While solving a problem, a student is referring to the similar kind of problems and drawing indications to solve the current problems. This is an example of ________ .

1. analogical thinking
2. functional fixedness
3. response set
4. working-backward strategy

एक समस्या को हल करते समय, एक विद्यार्थियों समरूपी समस्याओं को उद्धृत कर रहा है और वर्तमान समस्या को हल करने के लिए संकेत ले रहा है। यह _______ का उदाहरण है।

1. अनुरूपक सोच
2. कार्यात्मक स्थिरता
3. अनुक्रिया समुच्चय
4. पस्चगामी कार्यकारी युक्ति

Ans : 1

अनुरूपक सोच में एक मूल समस्या को हल करने के लिए पहले की समस्या के समाधान का उपयोग किया जाता हैं।

42. Which of the following statements about language and cognitive development is correct?

1. Language plays an important role in cognitive development.
2. Language does not play an important role in cognitive development.
3. Language hinder the process of cognitive development.
4. Language and cognitive development are independent processes.

भाषा व संज्ञानात्मक विकास के बारे में निम्नलिखित में से कौन-सा कथन सही है?

1. भाषा की संज्ञानात्मक विकास में महत्त्वपूर्ण भूमिका है।
2. भाषा की संज्ञानात्मक विकास में कोई भूमिका नहीं है।
3. भाषा, संज्ञानात्मक विकास की प्रक्रियाओं में बाधा उत्पन्न करती है।
4. भाषा और संज्ञानात्मक विकास स्वंतत्र प्रक्रियाएँ हैं।

Ans : 1

भाषा संज्ञानात्मक विकास में महत्त्वपूर्ण भूमिका निभाती है। भाषा द्वारा चिंतन किया जाता है। बिना भाषा के चिंतन संभव नही है।

43. Creative thinking is **not** facilitated by which of the following:

1. Originality
2. Tolerance of ambiguity
3. Convergent thinking
4. Flexibility in thinking

सृजनात्मक सोच को निम्न में से किसके द्वारा बढ़ावा नहीं दिया जा सकता?

1. मूलभूत विचार
2. अस्पष्टता को स्वीकार कर
3. अभिसारी सोच
4. सोच में लचीला पन

Ans : 3

सृजनात्मक बालक में अपसारी सोच होती है।

44. Facilitating discussion on real-life problems and encouraging students for reflecting on different perspectives will be helpful in developing_____ among students.

1. Critical thinking
2. Docility
3. Egocentrism
4. Misconceptions

वास्तविक जीवन की समस्याओं पर चर्चा को सुसाध्य करने और विद्यार्थियों को विविध परिप्रेक्ष्यों पर चिंतनशील होने के लिए प्रोत्साहित करने से विद्यार्थी में________ का विकास करने में मदद मिलेगी।

1. समालोचनात्मक चिंतन
2. अधीनता
3. आत्मकेन्द्रीयता
4. भ्रान्तियाँ

Ans : 1

समालोचनात्मक चिंतन में विविध जानकारीयों की पुष्टि करके, अपसारी सोच का प्रयोग करके समस्या का समाधान पाया जाता है।

45. In next 10 years, will Science advance enough to explore life on other planets? Above question will promote____ thinking among students because it seeks_______.

1. divergent, many possible answers.
2. convergent, only one right answer.
3. divergent, only one right answer.
4. convergent, many possible answers.

आगामी 10 वर्षों में क्या विज्ञान इतनी उन्नति कर लेगा कि दसरे ग्रहों पर जीवन की खोज की जा सकेगी? यह प्रश्न विद्यार्थियों में_______ चितंन को बढ़ावा देगा, क्योंकि यह_____देने का मौका देता है।

1. अपसारी, अनेक संभावित उत्तर
2. अभिसारी, केवल एक सही उत्तर
3. अपसारी, केवल एक सही उत्तर
4. अभिसारी, अनेक संभावित उत्तर

Ans : 1

अपसारी चिंतन सृजनात्मकता को बढ़ाता है, जिसके अनेक उत्तर होते है।

46. Mathematical questions involving algebraic experience and concerned with hypothetical situations are a part of elementary curriculum. This is based on the idea that adolescents are capable of performing / doing –

1. abstract thinking.
2. manipulative operations with concretes materials.
3. seriation tasks.
4. classification tasks.

वे गाणितीय प्रश्न जो परिकल्पना परिस्थितियों से संबंधित हैं और बीजगणितीय कथन आलेखित करते है, प्रारंभिक पाठ्यचर्या का एक भाग हैं। इस विचार का आधार है कि किशोरावस्था के छात्र कौन सा कार्य करने में सक्षम है?

1. अमूर्त चिंतन
2. मूर्त पदार्थों के साथ निश्चित सक्रियाएं
3. श्रेणीबद्ध कार्य
4. वर्गीकृत कार्य

Ans : 1

गणितीय सम्प्रत्यय अमूर्त होते है। गणित सम्प्रत्य(concept)अमूर्त चिंतन को बढाता है।

47. Critical thinking among students can be assessed by:

1. testing their recall abilities
2. analysing their interpretation skills
3. measuring their speed of copying
4. calculating their accuracy of spellings

विद्यार्थियों में समालोचनात्मक चिंतन का आकलन किस प्रकार किया जा सकता है?

1. उनकी प्रत्यास्मरण की योग्यता के परीक्षण द्वारा
2. उनके विवेचनात्मक कौशलों के विश्लेषण द्वारा
3. उनकी नकल करने की गति माप कर
4. उनकी वर्तनी की परिशुद्धता की गणना द्वारा

Ans : 2

समालोचनात्मक चिंतन विवेचनात्मक कौशलों का विकास करता है। विवेचनात्मक कौशल में विश्लेषण करके समस्या को अनेक रूप से देखकर समस्या का समाधान किया जाता है।

48. A creative child is likely to have:

(i) Divergent thinking
(ii) Convergent thinking
(iii) Ability for abstract thinking
(iv) Ability for generating novel products.

1. (i) (ii) (iii) 2. (i) (ii) (iv)
3. (i) (iii) (iv) 4. (ii) (iii) (iv)

एक सृजनात्मक बालक में निम्न में से कौन-से गुण मौजूद होंगे?

(i) अपसारी चिंतन
(ii) अभिसारी चिंतन
(iii) अमूर्त चिंतन की योग्यता
(iv) नवीन आमुख उत्पादन की योग्यता

1. (i), (ii), (iii) 2. (i), (ii), (iv)
3. (i), (iii), (iv) 4. (ii), (iii), (iv)

Ans : 3

सृजनात्मक बालक नए विचारों के साथ नवीन उत्पादन करता है। इनमें अमूर्त चिंतन करने की योग्यता होती है। इनकी सोच अपसारी होती है।

49. Critical thinking in children can be promoted by asking questions such as -

1. In which year was the Forest Rights Act passed?
2. What is the sum of three angles of a triangle?
3. Name the various layers of earth's atmosphere.
4. Design an experiment prove that seeds need air for germination.

बच्चों में आलोचनात्मक सोच को इस तरह के प्रश्न पूछकर बढ़ावा दिया जा सकता है -

1. वन अधिकार अधिनियम किस वर्ष पारित किया गया था?
2. त्रिभुज के तीन कोणों का योग क्या है?
3. पृथ्वी के वायुमंडल की विभिन्न परतों के नाम लिखिए।
4. एक प्रयोग डिजाइन करें जो साबित करता है कि बीज को अंकुरण के लिए हवा की आवश्यकता होती है।

Ans : 4

आलोचनात्मक चिंतन में बच्चा तर्क-वितर्क करके जानकारियों की पुष्टि करके समस्यों का समाधान करने की क्षमता रखता है।

50. Which of the following questions promotes critical thinking?

1. Draw a diagram of solar system.
2. Multiply 328 by 984.
3. In which year was the Right to Education Act passed?
4. Analyse the various ways in which urbanisation and globalisation effect people of different socio-economic strota.

निम्नलिखित में से कौन-सा प्रश्न समालोचनात्मक सोच को बढ़ावा देगा?

1. सौर प्रणाली का आरेख बनाओ।
2. 328 को 984 से गुणा करो।
3. शिक्षा का अधिकार अधिनियम किस वर्ष में पारित किया गया था?
4. शहरीकरण और वैश्वीकरण के विभिन्न सामाजिक-आर्थिक स्तर के लोगों पर अलग-अलग प्रभाव का विश्लेषण करें।

Ans : 4

आलोचनात्मक चिंतन में बच्चा तर्क-वितर्क करके जानकारियों की पुष्टि करके समस्यों का समाधान करने की क्षमता रखता है।

51. Which of the following questions is an example of enhancing critical thinking in children?

1. Find out what people living around coastal areas usually eat and why?
2. Name 10 states of India.
3. Write tables from 2 to 10.
4. Memorize and recite the given poem.

निम्न में से कौन-सा प्रश्न बच्चों में विवेचनात्मक चिंतन को बढ़ावा देने का उदाहरण है?

1. पता करो कि तटीय इलाके में रहने वाले लोग क्या खाते हैं व क्यों?
2. भारत के 10 राज्यों के नाम बताओ।
3. 2 से 10 तक के पहाड़े लिखो।
4. दी गई कविता का सुस्मरण करके वाचन करो।

Ans : 1

विवेचनात्मक चिंतन - अपने विचारों को बनाने और समाज के सामने अपना दृष्टिकोण प्रस्तुत करने के लिए स्वयं की बौद्धिक विचार प्रक्रिया का उपयोग करने की एक प्रक्रिया है।

52. Creativity in a classroom can be encouraged by providing opportunities for students to :

1. join special achievement sections
2. encouraging original discovery and thinking
3. developing good test- taking skills
4. learning convergent thinking

कक्षा में सृजनात्मकता को बढ़ावा देने के लिए, विद्यार्थियों को कैसे अवसर प्रदान करने चाहिए?

1. विशिष्ट उपलब्धि वर्ग में सम्मेलन के
2. मौलिक खोज और सोच को बढ़ाने के
3. परीक्षा देने के बेहतर कौशल विकसित करने के
4. अभिसारिक सोच सीखने के

Ans : 2

सृजनात्मक बालक में मौलिकता का गुण होता है। मौलिकता का अर्थ है- नए तरीके से सोचने, कार्य करने या कुछ करने की क्षमता।

53. Cognitive engagement of children within a constructive classroom can be facilitated by -

(i) Children's talk
(ii) Emotions of a teacher
(iii) Positive interpersonal relationships among children
(iv) Externally imposed discipline

1. (iii) 2. (iv)
3. (i), (ii), (iii) 4. (i), (ii),(iv)

एक संरचनात्मक कक्षा में बच्चों की संज्ञानात्मक सहभागिता को किस प्रकार सुसाधित किया जा सकता है?

(i) बच्चों के वार्तालाप द्वारा
(ii) अध्यापक के संवेगों द्वारा
(iii) बच्चों के सकारात्मक परस्पर संबंधों द्वारा
(iv) बाह्रय रूप से अधिरोपित अनुशासन द्वारा

1. (iii) 2. (iv)
3. (i), (ii), (iii) 4. (i), (ii), (iv)

Ans : 3

बाह्य रूप से अधिरोपित अनुशासन द्वारा बच्चा सृजनात्मक नहीं बन पाता।

54. Reena always thinks of varied solutions for any problem given in the class. This is a characteristic of –

1. Mental impairment
2. Low comprehension
3. Convergent thinking
4. Divergent thinking

रीना कक्षा में दी गई किसी भी समस्या को सुलझाने के लिए अलग-अलग तरकीबों के बारे में सोचती है। यह निम्न में से किसका प्रतीक

1. मानसिक क्षति
2. कम परिज्ञानता /बोधगम्यता
3. अभिसारी सोच
4. अपसारी सोच

Ans : 4

55. Creativity among children can be facilitated :

1. by encouraging exploration.
2. through teacher - centric pedagogy.
3. by drill and repetition.
4. through imitation only.

बच्चों में सृजनात्मकता को किस प्रकार सुसाध्य किया जा सकता है?

1. अन्वेषण को प्रोत्साहित करके।
2. अध्यापक-केंद्रित शिक्षाशास्त्र द्वारा।
3. लगातार अभ्यास और दोहराकर।
4. केवल अनुकरण द्वारा।

Ans : 1

अन्वेषण द्वारा सृजनात्मकता को बढ़ावा मिलता है। अन्वेषण मे खोज प्रवृत्ति होती है।

56. Critical thinking involves

i) metacognition
ii) analysis
iii) reflection

1. i), ii), iii) 2. i), ii)
3. ii), iii) 4. i), iii)

निम्न में से समालोचनात्मक चिंतन में क्या शामिल है?

(i) परासंज्ञान
(ii) विश्लेषण
(iii) मनन

1. i, ii, iii 2. i, ii
3. ii, iii 4. i, iii

Ans : 1

सृजनात्मक बालक में परासंज्ञान, विश्लेषण, मनन कौशल होता है।

57. The ability to think about something in novel and unusual ways and coming up with unique solutions to a problem is called-

1. Impulsivity 2. Reversibility
3. Hyperactivity 4. Creativity

किसी चीज के विषय में नूतन तथा असाधारण रूप से सोचना और समस्या के निदान के लिए अनोखे समाधान ढूँढने की क्षमता क्या कहलाती है?

1. आवेगशीलता 2. प्रतिवर्तनता
3. अतिक्रियाशीलता 4 सृजनात्मकता

Ans : 4

नए तरीको से सोचना सृजनात्मकता कहलाती है।

58. Bindu is very enthusiastic to do projects on her own. She comes up with original and divergent solutions. These are characteristics of -

1. egocentrism
2. creativity
3. extrinsic motivation
4. cognitive delay

बिंदु अपने आप से परियोजनाओं पर कार्य करने के लिए बहुत उत्साहित रहती है। वह मौलिक एवं अभिसारी समाधानों को खोज कर लाती है। ये गुण किसकी ओर संकेत करते हैं?

1. स्वकेंद्रीयता
2. सृजनात्मकता
3. बाह्य अभिप्रेरणा
4. संज्ञानात्मक विलंबता

Ans : 2

जिज्ञासा, मौलिकता और अपसारी चिंतन सृजनात्मकता की पहचान है।

59. Which of the following does <u>NOT</u> contribute to critical thinking?

1. Thinkers identify and challenge assumptions underlying a statement.
2. Thinkers check for factual accuracy and logical consistency among statements.
3. Thinkers do not consider the context of a situation.
4. Thinkers imagine and explore alternatives.

इनमें से कौन-सा तार्किक चिन्तन में योगदान नहीं देता है?

1. विचारक किसी कथन के संदर्भ में पूर्वानुमानों की पहचान करते हैं और उन्हें चुनौती देते हैं।
2. विचारक कथनों में तथ्यों की सत्यता और तर्क की संगतता की जाँच करते हैं।
3. विचारक परिस्थिति के संदर्भ पर विचार नहीं करते हैं।
4. विचारक कल्पना करते हैं और विकल्प तलाशते हैं।

Ans : 3

विचारक परिस्थिति के संदर्भ पर विचार नहीं करने से तार्किक चिंतन को बाधा पहुँचती है।

60. The two -word utterances often used by young children between 1.5 to 2.5 years of age are called:

1. Overextension of speech
2. Telegraphic speech
3. Neologism
4. Babbling

1.5 से 2.5 साल की उम्र के बच्चो द्वारा अक्सर उच्चरित "द्वि - शब्दीय" उच्चारणों को क्या कहा जाता है?

1. वाचन का अधि-विस्तारण
2. तार प्रषित वाचन
3. नववाद
4. बकवाद

Ans : 2

Telegraphic speech 2 से 3 शब्दों(words) वाला वाक्य(sentence) होता है।

CHAPTER -10

GENDER (लिंग)

1. While talking about her poor marks in mathematics Avis Avi is attributing his performance to: Avi says "I just don't have the sense for numbers".

(1) Lack of effort
(2) Lack of ability
(3) Luck
(4) Task difficulty

गणित में अपने खराब अंकों के बारे में बात करते हुए अवि कहता है, 'मुझे अंकों की समझ नहीं है"। अवि अपने प्रदर्शन का कारण किसको ठहरा रहा है?

(1) कोशिश की कमी
(2) योग्यता का अभाव
(3) किस्मत
(4) कार्य कठिनाई

Ans : 2

2. Preconceived generalizations about behaviour of various gender are called:

(1) Gender identity
(2) Gender typing
(3) Gender stereotypes
(4) Gender discriminations

विभिन्न जेंडर के व्यवहार के बारे में पूर्वकल्पित सामान्यीकरण क्या कहलाते हैं?

(1) जेंडर पहचान
(2) जेंडर प्रारूप
(3) जेंडर रूढ़िवादिता
(4) जेंडर भेदभाव

Ans : 3

3. Read the following statements and choose the correct option :

Assertion (A) : At a very early age, girls in most cultures across the world choose dolls as toys while boys prefer to play with cars. Reason (R) : Children organize information about what is considered appropriate for a boy or a girl on the basis of what a particular culture expects and behave accordingly.

(1) Both (A) and (R) are false.
(2) Both (A) and (R) are true and (R) is the correct explanation of (A).
(3) Both (A) and (R) are true, but (R) is not the correct explanation of (A).
(4) (A) is true, but (R) is false.

निम्नलिखित कथनों को पढ़िए तथा सही विकल्प का चयन कीजिए:

अभिकथन (A) : बहुत कम उम्र में, दुनिया भर में अधिकांश संस्कृतियों में लड़कियाँ गुड़िया को खिलौने के रूप में चुनती हैं जबकि लड़के कारों के साथ खेलना पसंद करते हैं।

कारण (R) : बच्चे किसी विशेष संस्कृति की अपेक्षाओं के आधार पर एक लड़के या लड़की के लिए क्या उपयुक्त माना जाता है, इसके बारे में जानकारी व्यवस्थित करते हैं और उसके अनुसार व्यवहार करते हैं।

(1) (A) और (R) दोनों ग़लत हैं।
(2) (A) और (R) दोनों सही हैं तथा (R), (A) की सही व्याख्या है।
(3) (A) और (R) दोनों सही हैं, परन्तु (R), (A) की सही व्याख्या नहीं है।
(4) (A) सही है, परन्तु (R) ग़लत है।

Ans : 2

बच्चों को बाल्यावस्था(childhood) से ही यह दिखाया और सिखाया जाता है कि उनके लिए क्या उपयुक्त(suitable) है, लड़कियों के लिए

क्या सही है और लड़कों के लिए क्या सही है, तो बच्चे उसी के अनुरूप(accordingly) आगे चलकर भी व्यवहार(behave) करते हैं।

4. A teacher's remark to boys in a co-education class, "Be strong and don't behave meekly like girls" would encourage :

(1) gender equity
(2) gender stereotyping
(3) gender role flexibility
(4) gender equality

सह-शिक्षा कक्षा में लड़कों के लिए एक शिक्षक की टिप्पणी, "मज़बूत बनो और लड़कियों की तरह नम्र व्यवहार मत करो" किसको बढ़ाना देगा?

(1) जेंडर समता
(2) जेंडर रूढ़िवादिता
(3) जेंडर भूमिका में लचीलापन
(4) जेंडर समानता

Ans : 2

यह बात कि यह कार्य लड़कों की तरह मत करो या लड़कियों की तरह मत करो, सीधे-सीधे जेंडर रूढ़िवादिता(gender stereotyping) को बढ़ावा देता है।

5. Teachers should use gender neutral language and discuss that it is a social construct to-

(1) Promote gender stereotyping.
(2) Enchance gender discrimination.
(3) Enhance Gender conformity.
(4) Promote Gender equity.

शिक्षकों को जेंडर तटस्थ भाषा का प्रयोग करना चाहिए और चर्चा करनी चाहिए कि जेंडर एक सामाजिक संरचना है। जिससे_____ को बढ़ावा मिले।

(1) जेंडर रूढ़िवादिता (2) जेंडर भेदभाव
(3) जेंडर अनुरूपता (4) जेंडर समता

Ans : 4

शिक्षकों को ऐसी भाषा का प्रयोग करना चाहिए जिसमें किसी जेंडर के लिए कुछ विशेष कथन(special statement) ना हो। उनको समान(equal) लेकर चलना चाहिए।

6. A child who sees his father and mother performing non-conformist gender roles is likely to:

(1) follow gender stereotypes.
(2) question 'traditional' gender roles.
(3) have gender constancy.
(4) be gender biased.

यह संभावित है कि एक बच्ची जो अपने माता-पिता को गैर अनुरूपवादी जेंडर व्यवहार करते हुए देखती है :

(1) जेंडर रूढ़िवादिता का पालन करेगी।
(2) पारम्पारिक जेंडर भूमिकाओं पर सवाल उठाएगी।
(3) जेंडर निरंतरता का पालन करेगी।
(4) जेंडर पूर्वाग्रह से ग्रसित होती।

Ans : 2

गैर अनुरूपवादी जेंडर व्यवहार का अर्थ है कि वह बच्ची अपने पिता को किचन का कार्य और माता को बाहर आने जाने का कार्य करते हुए देखती हैं। यह व्यवहार पारंपरिक जेंडर भूमिकाओं(traditional gender roles) से अलग है इसीलिए वह बच्ची पारंपरिक जेंडर भूमिकाओं पर सवाल(question) उठायेगी, जिसके अंतर्गत लड़कियां किचन का कार्य करती हैं और लड़के घर से बाहर का कार्य करते हैं।

7. Assertion (A) : Teachers should believe that all children irrespective of their gender have the potential for logico-mathematical reasoning and possess linguistic skills.

Reason (R) : Gender is a social construct. Choose the correct option:

(1) Both (A) and (R) are true and (R) is the correct explanation of (A).
(2) Both (A) and (R) are true but (R) is not the correct explanation of (A).
(3) (A) is true but (R) is false.
(4) Both (A) and (R) are false.

कथन (A) : शिक्षिकाओं को यह मानना चाहिए कि उनके जेंडर से अनपेक्ष सभी बच्चों में तार्किक गणितीय व भाषाई कौशल होते हैं।

तर्क (R) : जेंडर एक सामाजिक संरचना है।

सही विकल्प चुने
(1) (A) और (R) दोनों सही हैं और (R) सही व्याख्या करता है (A) की
(2) (A) और (R) दोनों सही हैं लेकिन (R) सही व्याख्या नहीं है (A) की
(3) (A) सही है लेकिन (R) गलत है।
(4) (A) और (R) दोनों गलत हैं।

Ans : 1

8. The following is an effective strategy in reducing children's gender-stereotyping and gender-role conformity :

(1) Gender-segregated seating arrangement.
(2) Focusing upon gender specific roles.
(3) Gender-segregated play groups.
(4) Discussion about gender biases.

बच्चों में जेंडर - रूढ़िवादिता और जेंडर-भूमिका अनुरूपता को कम करने के लिए निम्न में से कौन सी प्रभावी युक्ति है
(1) जेंडर-पृथक) बैठने की व्यवस्था करना
(2) जेंडर विशिष्ट भूमिकाओं पर ध्यान देना
(3) जेंडर पृथक खेल समूह बनाना
(4) जेंडर संबंधित पूर्वाग्रहों पर चर्चा करना

Ans : 4

बच्चों को जेंडर संबंधी रूढ़िवादिता (stereotyping) और भूमिकाओं(roles) के बारे में जागरूक(aware) करने के लिए आवश्यकता है कि शिक्षक बच्चों से इस विषय पर खुलकर चर्चा(discussion) करें।

9. Association of colour 'pink with girls and blue' with boys is an example of :

(I) Gender equity
(2) Gender equality
(3) Gender stereotyping
(4) Gender empowerment

गुलाबी रंग को लड़कियों व नीले रंग को लड़कों से जोड़ कर देखना

_______ का उदाहरण है।
(1) जेंडर समता
(2) जेंडर समानता
(3) जेंडर रूढ़िवादिता
(4)जेंडर सशक्तिकरण

Ans : 3

रंगों को लेकर भी हमारे समाज में बहुत सी रूढ़िवादिताएं(stereotyping) हैं, जैसे गुलाबी रंग(pink colour) के जिक्र पर हमेशा लड़कियों की बात की जाती है और लड़कों को नीले रंग(blue colour) के साथ संबद्ध(connect) किया जाता है। यह सब समाज के लोगों द्वारा बनाई गई व्यक्तिगत धारणाएं(individual thoughts) हैं।

(4) जेंडर सशक्ता

10. Which of the following is an effective strategy to reduce gender bias in an elementary classroom?

(1) The teacher should ignore and dismiss gender related issues in the classroom.
(2) The teacher should assign equal responsibilities to all children in various activities which take place inside the classroom.
(3) The teacher should give physical

tasks such as arranging the desks to boys and soft tasks such as decorating bulletin boards to girls only.

(4) The teacher should not have much expectations from girls in science and mathematics,

निम्न में से कौन सी प्रणाली कक्षाकक्ष में जेंडर रूढ़िवादिता को चुनौती देने में प्रभावशाली है?

(1) शिक्षिका को कक्षा में जेंडर संबंधी मुद्दों को नकारना व नजरअंदाज करना चाहिए
(2) शिक्षिका को कक्षा में होने वाली गतिविधियों की जिम्मेदारी सभी बच्चों को बराबर देनी चाहिए।
(3) शिक्षिका को 'शारिरिक कार्य' जैसे मैज़ को लगना लड़कों को और हल्के कार्य' जैसे बुलेटिन बोर्ड सजाना लड़कियों को देने चाहिए।
(4) शिक्षिका को लड़कियों से गणित व विज्ञान में ज्यादा अपेक्षा नहीं रखनी चाहिए।

Ans : 2

11. Assertion (A): Boys and Girls learn to behave in 'Gender appropriate' ways by observing and limitating same-sex adults.: b.

Reason (R): Gender is a purely biological construct.
Choose the correct option.
(1) Both (A) and (R) are true and (R) is the correct explanation of (A).
(2) Both (A) and (R) are true but (R) is not the correct explanation of (A).
(3) (A) is true but (R) is false.
(4) Both (A) and (R) are false.

Ans : 3

12. Assertion (A): In middle school, teachers should encourage boys to study mathematics and sciences rather than languages.

Reason (R) : Boys do not have the inherent abilities to study languages.
Choose the correct option.
(1) Both (A) and (R) are true and (R) is the correct explanation of (A).
(2) Both (A) and (R) are true but (R) is not the correct explanation of (A).
(3) (A) is true but (R) is false.
(4) Both (A) and (R) are false .

कथन (A) : माध्यमिक स्कूल में शिक्षकों को लड़कों को भाषा पढ़ने के बजाए गणित व विज्ञान के विषयों को पढ़ने के लिए प्रोत्साहित करना चाहिए।

तर्क (R) : लड़कों में भाषा को पढ़ने की जन्मजात क्षमता नहीं होती।

सही विकल्प चुनें।
(1) (A) और (R) दोनों सही हैं और (R) सही व्याख्या करता है (A) की।
(2) और (R) दोनों सही हैं लेकिन (R) सही व्याख्या नहीं है (A) की।
(3) (A) सही है लेकिन (R) गलत है।
(4) (A) और (R) दोनों गलत है।

Ans : 4

जितनी आवश्यकता(need) लड़कों को गणित और विज्ञान विषय को पढ़ने की है, उतनी ही भाषा को पढ़ने की भी है। आवश्यकता होती है बच्चे की रुचि(interest) को जानने की ना कि उसको लिंग(gender) के आधार पर अंतर (difference) करने की।

13. Which of the following behaviours by teachers help to reduce gender stereotyping and discrimination in children?

(1) Asking only boys to pick up heavy furniture in class

(2) Giving toy dolls and houses to only girls
(3) Referring to care giving professions for women only
(4) Inculcating qualities autonomy and empathy in all genders

शिक्षिकों का कौन-सा व्यवहार बच्चों में जेंडर रूढ़िवादिता पक्षपात कम करने में मदद करेगा?

(1) कक्षा में केवल लड़कों को भारी कुर्सी मेज़ उठाने को कहना
(2) खेल के लिए गुड़िया व घर केवल लड़कियों को देना
(3) देखभाल करने वाले व्यवसायों का ज़िक्र केवल औरतों के संदर्भ में करना
(4) सभी जेंडर में स्वायत्तता व समानुभुति के गुण विकसित करना

Ans : 4

लड़के, लड़कियों दोनों को इस योग्य(qualified) बनाया जाए जिससे वे अपने फैसले(decision) स्वयं ले सकें और उनमें समानता(equality) की भावना को विकसित(develop) किया जाए।

14. The notion that Men are powerful, decision-makers, and head of the household while women are weak, submissive, tolerant, and can only do household chores, is an example of:

(1) Gender Stereotypes
(2) Gender Equity
(3) Gender Flexibility
(4) Gender Equality

"पुरुष ताकतवर, निर्णय लेने वाले और घर के मुखिया होते हैं जबकि महिलाएँ कमज़ोर, दब्बू, सहनशील होती है और केवल घरेलू काम ही कर सकती है" किसका उदाहरण है?

(1) जेंडर रूढ़िवादिता (2) जेंडर समता
(3) जेंडर लचीलापन (4) जेंडर समानता

Ans : 1

15. A teacher's remark in a co-education class to boys. "Be brave and don't behave weskly like girls"would encourage:

(1) gender equity
(2) gender stereotyping
(3) gender role flexibility
(4) gender equality

सह-शिक्षा कक्षा में लड़कों के लिए एक शिक्षक की टिप्पणी "बहादुर बनो और लड़कियों की तरह कमजोर व्यवहार मत करो " किसको बढ़ावा देगा?

(1) जेंडर समता
(2) जेंडर रूढ़िवादित
(3) जेंडर भूमिका में लचीलापन
(4) जेंडर समानता

Ans : 2

16. Statement that - "Boys are intelligent while girls are compliant.", is an example of :

(1) Gender equity
(2) Gender stereotype
(3) Gender equality
(4) Gender role flexibility

यह कथन कि-" लड़के बुद्धिमान होते हैं जबकि लड़कियां आज्ञाकारी होती है।", किसका उदाहरण है?

(1) जेंडर समता
(2) जेंडर रूढ़िवादिता
(3) जेंडर समानता
(4) जेंडर भूमिका में लचीलापन

Ans : 2

17. A teacher tells the boys in a co-education class - "Do not take up home science in co-curricular activities, you are not a girl". This would encourage:

(1) gender equity
(2) gender stereotyping

(3) gender role flexibility
(4) gender equality

सह-शिक्षा कक्षा में एक शिक्षक लड़कों से कहता है- "सह-पाठ्यक्रम गतिविधियों में गृह विज्ञान को मत लो तुम लड़की नहीं हो!" इससे किसको बढ़ावा मिलेगा?

(1) जेंडर समता
(2) जेंडर रूढ़िवादिता
(3) जेंडर भुमिका में लचीलापन
(4) जेंडर समानता

Ans : 2

अक्सर ये सोच(thought) समाज के लोगों में देखने को मिलती है कि लड़के गणित और विज्ञान जैसे विषय को पढ़ते हैं और लड़कियां गृह विज्ञान जैसे विषय को, इस सोच को जेंडर रूढ़िवादिता(gender stereotyping) कहा जाता है।

18. The culture of a society is highly influential in development of gender roles since:

(1) Gender is a biological construct.
(2) Gender is a social construct.
(3) Gender is genetically determined.
(4) Gender is neither biological nor social.

समाज की संस्कृति पुरूषों और महिलाओं की भूमिका निर्धारित करती है। इसका मतलब :

(1) जेंडर एक जैविक संरचना है।
(2) जेंडर एक सामाजिक रचना है।
(3) जेंडर आनुवांशिक कारकों से तय होता है।
(4) जेंडर न तो जैविक है और न ही सामाजिक।

Ans : 2

19. In a classroom discussion on cricket, a teacher is giving more chances to boys than girls. By doing so he is_____.

(1) Combating stereotype threat
(2) Practising gender bias
(3) Ensuring gender equality
(4) Brvaking gender stereotypes

कक्षा में क्रिकेट पर हो रही चर्चा में एक अध्यापक लड़कियों की अपेक्षा लड़को को अधिक अवसर दे रहा है। ऐसा करके वह क्या कर रहा है?

(1) रूढ़िवद्ध चुनौतियों को कम कर रहा है।
(2) जैण्डर पूर्वाग्रहों का पालन कर रहा है।
(3) जेण्डर समानता का अनुसरण कर रहा है।
(4) जेण्डर रूढ़िबद्ध धारणाओं को तोड़ रहा है।

Ans : 2

जेंडर पूर्वाग्रह का अर्थ है, जो धारणाएं(assumptions) लिंग को लेकर पहले से चली आ रही हैं।

20. Assertion (A): A major influence on adolescents' gender roles and stereotypes is exerted by films and advertisements.

Reason (R) : Media is a powerful primary agency of socialisation for adolescents.

Choose the correct option.

(1) Both (A) and (R) are true and (R) is the correct explanation of (A).
(2) Both (A) and (R) are true but (R) is not the correct explanation of (A).
(3) (A) is true but (R) is false.
(4) Both (A) and (R) are false.

अभिकथन (A) : किशोरों की जेंडर भूमिकाओं व रूढ़िवादियों के प्रति दृष्टिकोण और मूल्यों को निर्धारित करने में विज्ञापन और फिल्में एक बड़ा प्रभाव डालती हैं।

तर्क (R) : मीडिया समाजीकरण की एक शक्तिशाली प्राथमिक संस्था है।

सही विकल्प चुनें।

(1) (A) और (R) दोनों सही हैं और (A) की (R) सही व्याख्या करता है।
(2) (A) और (R) दोनों सही हैं लेकिन (A) की (R) सही व्याख्या नहीं करता है।

(3) (A) सही है लेकिन (R) गलत है।
(4) (A) और (R) दोनों गलत है।

Ans : 1

मीडिया के द्वारा किसी भी संदेश को बहुत आसानी(easily) से और प्रभावशाली(effectively) तरीके से लोगों तक पहुंचा जा सकता है इसलिए जेंडर भूमिकाओं को बताने के लिए और रूढ़िवादियों(stereotyping) को दूर करने के लिए मीडिया की भूमिका(role)बहुत महत्वपूर्ण है।

21. 'Boys are good at mathematics and girls are good at music and dance'.

This statement examplifies :
(1) Gender stereotype
(2) Gender equality
(3) Gender equity
(4) Gender parity

'लड़के गणित में अच्छे होते हैं और लड़कियाँ संगीत और नृत्य में अच्छी होती हैं।' यह कथन किसकी ओर इंगित करता है?
(1) जैण्डर रूढ़िबद्धता (2) जैण्डर समानता
(3) जैण्डर साम्यता (4) जैण्डर समतुल्यता

Ans : 1

22. Five-year-old Vaishali told her mother. "Mother, I want a football like Amit." Responding to Vaishali, her mother said, "Only boys play with football, I will bring a small cute doll for you.' The mother's response illustrates

(1) Gender Role Flexibility
(2) Gender Equity
(3) Gender Stereotyping
(4) Gender Relevance

पाँच साल की वैशाली ने अपनी माँ से कहा। "माँ, मुझे अमित की तरह फुटबाल चाहिए।" वैशाली को जवाब देते हुए उसकी माँ ने कहा, "फुटबाल से तो केवल लड़के खेलते हैं, मैं तुम्हारे लिए एक छोटी सी प्यारी गुड़िया लाऊँगी।" माँ का जवाब क्या दिखाता है?
(1) जेंडर भूमिका में लचीलापन
(2) लिंग समता
(3) लिंग रूढ़िबद्धता
(4) लिंग प्रासंगिकता

Ans : 3

23. During a question-answer session, a teacher is giving more opportunities to boys for asking their doubts and questions. This directly represents :

(1) Gender empowerment
(2) Gender equality
(3) Gender bias
(4) Gender parity

एक प्रश्न-उत्तर सत्र के दौरान, एक अध्यापक केवल लड़कों को ही अपने भ्रम व प्रश्न पूछने के अवसर दे रहा है। वह प्रत्यक्ष रूप से किसकी प्रस्तुति है?
(1) जेंडर सशक्तीकरण (2) जेंडर समानता
(3) जेंडर पक्षपात (4) जेंडर समतुल्यता

Ans : 3

24. Gender is a_______ construct while sex is a__________ construct.

(1) social, biological
(2) social, moral
(3) moral, social
(4) biological, social

जेंडर_______निर्मिति है जबकि लिंग_______ निर्मिति है।
(1) सामाजिक, जैविक (2) सामाजिक, नैतिक
(3) नैतिक, सामाजिक (4) जैविक, सामाजिक

Ans : 1

लिंग(sex) का निर्धारण जैविक प्रक्रिया(biological process) के माध्यम से होता है जबकि जेंडर एक सामाजिक संरचना (social construct) है।

25. Practice of limiting the optional choice of 'Home Science' for girls and Physical Education for boys is grounded in

(1) Gender stereotypes
(2) Inclusive approach
(3) Gender equality
(4) Discovery approach

वैकल्पिक विषयों के चुनाव में लड़कियों के लिए गृह विज्ञान' का विषय और लड़कों के लिए 'शारीरिक शिक्षा' के विषय को सीमित कर देने की प्रथा किस पर आधारित है?

(1) जेंडर रूढ़िवादिता (2) समावेशी उपागम
(3) जेंडर समानता (4) खोजी उपागम

Ans : 1

26. Over representation of males over females in textbooks is an example of:

(1) Gender bias
(2) Gender equity
(3) Gender equality
(4) Gender neutrality

पाठ्यपुस्तकों में महिलाओं की तुलना में पुरुषों का अधिक प्रतिनिधित्व होना किसका उदाहरण है?

(1) जेंडर पूर्वाग्रह (2) जेंडर समता
(3) जेंडर समानता (4) जेटर निष्पक्षता

Ans : 1

27. Around what age do children generally get an initial sense of gender roles?

(1) 4 years (2) 10 years
(3) 14 years (4) 18 years

लगभग किस उम्र के आस-पास, प्रायः बच्चों में जेंडर भूमिका की प्रारंभिक समझ आ जाती है?

(1) 4 वर्ष (10 (2 वर्ष
(3) 14 वर्ष (18 (4 वर्ष

Ans : 1

28. In order to challenge the prevalent stereotypes among students, it is important:

(1) to present examples which don't confirm to those stereotypes.
(2) to provide books and films fostering those stereotypes.
(3) to consider viewpoint of only those students who belong to dominant group.
(4) to avoid discussions around diversity and individual differences.

विद्यार्थियों में पनपी रूढ़िबद्ध धारणाओं को चुनौती देने के लिए क्या महत्त्वपूर्ण है?

(1) इस तरह के उदाहरण प्रस्तुत करना जो उस प्रकार की रूढ़िबद्ध धारणाओं को नकारते हैं
(2) इस प्रकार की रूढ़िबद्ध धारणाओं को पोषित करने वाली पुस्तकें तथा फिल्मों का प्रावधान करना।
(3) प्रभावशाली समूहों से आने वाले विद्यार्थियों के दृष्टिकोण को ही महत्त्व देना।
(4) विविधता और वैयक्तिक भिन्नताओं से संबंधित चर्चाओं से बचना।

Ans : 1

रूढ़िबद्ध धारणाओं को चुनौती(challenge) देने के लिए कुछ ऐसे उदाहरण(example) प्रस्तुत किए जाएं जैसे- हमारे विद्यालय की छात्रा अभी कुछ समय पहले ही एक वैज्ञानिक(scientist) बनी है और हमारे विद्यालय का एक छात्र अंकित बहुत बड़ा chef है।

29. In your class, whenever a boy cries, other students tease him by saying, 'Do not behave like girls, boys do not cry. Their statement reflects_______

(1) Gender Equity
(2) Gender Equality
(3) Gender Constancy
(4) Gender Stereotype

आपकी कक्षा में जब भी कोई लड़का रोता है, तो दूसरे विद्यार्थी उसे यह कह कर चिढ़ाते हैं कि 'लड़कियों की तरह व्यवहार मत करो, लड़के नहीं रोते हैं। उनका यह कथन क्या दर्शाता है?

(1) लैंगिक समता (2) लैंगिक समानता
(3) लैंगिक स्थिरता (4) लैंगिक रूढ़िवादिता

Ans : 4

30. In order to address gender stereotypes in the classroom, it is important to

(1) make cross-gender interactions restricted.
(2) avoid discussions around gender discrimination.
(3) present examples that challenge those sterotypes.
(4) practise gender bias through everyday practices.

कक्षा में जेंडर रूढ़िवादिता को रोकने के लिए, यह महत्त्वपूर्ण है कि

(1) अंतर-जेंडर पारस्पारिकता को प्रतिबंधित किया जाए।
(2) जेंडर भेद-भाव पर चर्चा करने से बचा जाए।
(3) ऐसे उदाहरण प्रस्तुत किए जाएँ जो उन रूढ़िवादिताओ को चुनौती दे।
(4) रोजमर्रा की गतिविधियों द्वारा जेंडर पक्षपात किया जाए।

Ans : 3

31. Gender is________

(1) an identity shaped by society.
(2) predetermined since conception period.
(3) an innate biological quality.
(4) not influenced by socialisation agencies.

जेन्डर___________

(1) एक ऐसी अस्मिता है जो सामाजिक संरचनाओं द्वारा आकृति पाती है।
(2) गर्भधारण के समय से ही पूर्व-निर्धारित होता है।
(3) एक जन्मजात जैविक गुण है।
(4) समाजीकरण की संस्थाओं से प्रभावित नहीं होता है।

Ans : 1

32. Which of the following statement represents a gender stereotype?

(1) Girls are equally competent in academics as boys.
(2) Girls are always well-behaved, gentle and emotional.
(3) Both boys and girls have competency to do well in sports.
(4) Girls can handle both education and family in the same way as boys do.

निम्नलिखित में से कौन-सा कथन लिंग रूढ़िवादिता को दर्शाता है?

(1) लड़कियाँ लड़कों की तरह ही शैक्षिक क्षेत्र में सक्षम हैं।
(2) लड़कियाँ हमेशा अच्छा व्यवहार करने वाली, कोमल और भावुक होती हैं।
(3) लड़के और लड़कियाँ दोनों खेलों में अच्छा करने की सक्षमता है।
(4) लड़कियाँ लड़कों की ही तरह शिक्षा और परिवार दोनों को संभाल सकती हैं।

Ans : 2

33. Boys are always good at mechanics and girls are good at embroidery represents

(1) Gender equity
(2) Gender equality
(3) Gender parity
(4) Gender stereotyping

'लड़के हमेशा यंत्र विज्ञान में अच्छे होते हैं और लड़कियाँ कढ़ाई करने में यह कथन क्या दर्शाता है?

(1) जेंडर समता (2) जेंडर समानता
(3) जेंडर अनुरूपता (4) जेंडर रूहिवादिता

Ans : 4

34. Expectations associated with being male or female are referred to as ________ and these are learned __________.

(1) gender roles; throughout childhood and into adulthood
(2) gender constancy; initially during adolescence
(3) gender stereotypes; only during middle childhood
(4) gender bias; mainly during early childhood

पुल्लिंग या स्त्रीलिंग होने से जुडी अपेक्षाओं को ________ कहा जाता है और इन्हें __________ सीखा जाता है।

(1) जेंडर भूमिकाएँ; बाल्यावस्था की सभी अवस्थाओं से लेकर वयस्कता में भी
(2) जेंडर स्थिरता; प्रारंभ में किशोरावस्था के दौरान
(3) जेंडर रूढ़िवादिता; केवल मध्य बाल्यावस्था के दौरान
(4) जेंडर पूर्वाग्रह; मुख्य रूप से प्रारंभिक बाल्यावस्था के दौरान

Ans : 1

35. Encouraging girls to take up languages and arts and discouraging them to take up mathematics and science is an example of -

1. gender equity
2. gender constancy
3. gender discrimination
4. gender empowerment

लड़कियों को भाषाओं और कलाओं को अपनाने के लिए प्रोत्साहित करना और गणित और विज्ञान को अपनाने के लिए उन्हें हतोत्साहित करना एक उदाहरण है -

1. जेंडर समानता 2. जेंडर स्थिरता
3. जेंडर भेदभाव 4. जेंडर सशक्तिकरण

Ans : 3

36. Children who often see their parents cross normative gender lines such as mothers repairing the appliances and fathers taking care of the baby, are: ________.

1. less likely to adhere to gender stereotypes.
2. more likely to practice gender segregation.
3. more likely to practice gender stereotypes.
4. less likely to break gender norms prevalent in society.

वे बच्चे जो कि अकसर अपने अभिभावकों को मानकीय जेंडर रेखाओं को पार करते हुए देखते हैं, जैसे कि माता को उपकरण ठीक करते हुए और पिता को बच्चों की देखभाल करते हुए; उन के संदर्भ में –

1. कम संभावना है कि वो जेंडर रूढ़ियों का अनुसरण करेंगे।
2. अधिक संभावना है कि वो जेंडर पृथक्करण का पालन करेंगे।
3. अधिक संभावना है कि वो जेंडर रूढ़ियों का पालन करेंगे।
4. कम संभावना है कि वो समाज में प्रचलित जेंडर मानदंडों के विरुद्ध होंगे।

Ans : 1

यदि बच्चों के माता-पिता उनके सामने सही उदाहरण प्रस्तुत करेंगे तो बच्चे भी उसी प्रकार अपनी सोच को विकसित(develop) कर पाएंगे। कोई किसी विशेष कार्य(special work) को करने के लिए पहले से बनकर नहीं आया है, यह बात बच्चों को समझाना बहुत आवश्यक है।

37. Use of gender neutral language and discussing gender as a social construct rather than being biologically determined would -

1. promote gender discrimination.
2. reinforce gender bias.
3. encourage gender conformity.
4. challenge gender stereotyping.

जेंडर तटस्थ भाषा का प्रयोग व जेंडर के एक सामाजिक संरचना (बजाए आनुवंशिकता द्वारा निर्धारित) होने पर चर्चा करने से –

1. जेंडर भेदभाव को बढ़ावा मिलेगा।
2. जेंडर पक्षपात सुदृढ़ होंगे।
3. जेंडर अनुपालन का प्रोत्साहन होगा।
4. जेंडर रूढ़िवादिता को चुनौती मिलेगी।

Ans : 4

38. Teachers should discuss depiction of men and women in non-conformist gender roles to -

1. challenge gender - role flexibility.
2. challenge gender stereotyping.
3. promote gender bias.
4. promote gender discrimination.

शिक्षकों को महिलाओं और पुरुषों की गैर-परस्परवादी जेंडर भूमिकाओं पर चर्चा करनी चाहिए ताकि –

1. जेंडर भूमिका में लचीलेपन को चुनौती मिले।
2. जेंडर रूढिबद्धता को चुनौती मिले।
3. जेंडर पक्षपात को बढ़ावा मिले।
4. जेंडर भेदभाव को बढ़ावा मिले।

Ans : 2

39. Assertion (A): children begin to get cues on how to behave in 'gender appropriate' ways from the stage of infancy only.

Reason (R): Isolation and deprivation of social experiences in childhood can cause irreparable damage to children.

Choose the correct option.

1. Both (A) and (R) are true and (R) is the correct explanation of (A).
2. Both (A) and (R) are true but (R) is not correct explanation of (A).
3. (A) is true but (R) is false.
4. Both (A) and (R) are false.

बच्चों को जेंडर उपयुक्त व्यवहार के संकेत शैशवावस्था के चरण से ही मिलने शुरू हो जाते हैं।

तर्क (R) : बचपन में अलगाव व वंचित होने के सामाजिक अनुभव बच्चों में अपूरणीय क्षति कर सकते हैं।

1. (A) और (R) दोनों सही है और (R) सही व्याख्या करता है (A) की।
2. (A) और (R) दोनों सही लेकिन (R) सही व्याख्या नहीं है (A) की।
3. (A) सही है और (R) गलत है।
4. (A) और (R) दोनों गलत हैं।

Ans : 2

40. The role of a teacher within the classroom is to encourage children to express which of the following attitudes related to gender?

1. Gender typing
2. Gender constancy
3. Adopt socially acceptable gender roles
4. Gender - stereotype flexibility

जेंडर के संदर्भ में एक शिक्षिका को कक्षा में बच्चों को किसके लिए प्रेरित करना चाहिए?

1. जेंडर बद्धता
2. जेंडर स्थिरता
3. सामाजिक तौर पर स्वीकृत जेंडर भूमिका को अपनाने के लिए
4. जेंडर रूढ़िवादिता में लचीलेपन के लिए

Ans : 4

41. In many cases, young girls rather than boys are expected to perform household chores and sibling care in the absence of their mothers.

This is an example of _______ .
1. gender stereotype
2. gender equity
3. gender equality
4. gender relevance

अधिकांशत: यह देखा गया है कि माताओं की अनुपस्थिति में लड़कों की अपेक्षा लड़कियों से घरेलू कार्यों को करने व छोटे भाई-बहनों की देखभाल की अपेक्षा की जाती है। यह ______ का उदाहरण है।

1. जेंडर रूढ़िवादिता 2. जेंडर निष्पक्षता
3. जेंडर समानता 4. जेंडर प्रासंगिकता

Ans : 1

42. Gender schema theory explains

1. how children learn gender roles
2. the psychosexual stages of development
3. heteronormativity in the larger society
4. children's attachment to the opposite gender parent

जेंडर स्कीमा सिद्धांत निम्न में से किसकी व्याख्या करता है?

1. बच्चे जेंडर भूमिकाएँ कैसे सीखते हैं -
2. विकास के मनोलैंगिक चरण
3. बड़े समाज में विषमता परतंत्रता
4. बच्चों का विपरीत जेंडर अभिभावक के प्रति आकर्षण

Ans : 1

जेंडर स्कीमा सिद्धांत यह बताता है कि बच्चे जेंडर भूमिकाओं(gender roles)को कैसे सीखते हैं। किस प्रकार बचपन(childhood) से ही उन्हें इन भूमिकाओं के बारे में बताया और सिखाया जाता है की लड़कियां यह करती हैं और लड़के यह करते हैं।

43. Assertion (A): Depiction of men and women in non-conformist gender roles encourages children to have gender-role flexibility.

Reason (R): Gender is biologically determined at the time of birth.
Choose the correct option.
1. Both (A) and (R) are true and (R) is the correct explanation of (A).
2. Both (A) and (R) are true but (R) is not the correct explanation of (A).
3. (A) is true but (R) is false.
4. Both (A) and (R) are false.

अभिकथन (A) : गैर-अनुरूपतावादी जेंडर भूमिकाओं में पुरुषों और महिलाओं का चित्रण बच्चों को भूमिका लचीलेपन के लिए प्रोत्साहित करता है।

कारण (R) : जन्म के समय जेंडर का जैविक रूप से निर्धारण हो जाता है।

1. (A) और (R) दोनों सही हैं और (R) सही व्याख्या करता है (A) की।
2. (A) और (R) दोनों सही हैं लेकिन (R) सही व्याख्या नहीं है (A) की।
3. (A) सही है लेकिन (R) गलत है।
4. (A) और (R) दोनों गलत है।

Ans : 3

जेंडर एक सामाजिक संरचना(social construct) है जबकि लिंग biological process की देन है।

44. Several television commercials depict men and women in stereotypical roles. How should a teacher discuss this issue in her classroom?

1. She should encourage students to accept statements made in television commercials at face value.
2. She should encourage students to analyze it critically and arrive at a reasoned decision.

3. She should encourage students to reach conclusion on the basis of given facts in the commercial.
4. She should encourage students to imitate the behaviour of men and women shown in the commercials.

बहुत से टेलीविज़न विज्ञापनों में पुरुष-महिलाओं के उनके रुढ़िवादी भूमिकाओं में दर्शाते हैं। एक अध्यापिका को अपनी कक्षा में इस विषय पर किस प्रकार चर्चा करनी चाहिए?

1. वह उन्हें उन विज्ञापनों में दिए गए वक्तव्यो को उनके ज्यों के त्यों स्वरुप (फेस वैल्यू) पर स्वीकार करने को प्रोत्साहित करें।
2. वह उन्हें इन् विशेषज्ञों को आलोचनात्मक दृष्टि से विश्लेषण कर किसी तार्किक निर्णय पर पहुँचने के लिए प्रोत्साहित करें।
3. उन्हें विज्ञापन में दिए गए तथ्यों के आधार पर निर्णय लेने के लिए प्रोत्साहित करें।
4. वह छात्रों को विज्ञापन में दिए गए पुरुष-महिला व्यवहार को अनुकरण के लिए प्रोत्साहित करें।

Ans : 2

45. Which of the following is an effective pedagogical strategy to reduce children's gender stereotyping and promoting gender equality?

1. Making gender - segregated seating arrangements
2. Assigning gender-based learning tasks
3. Emphasis on gender specific roles and behaviour
4. Facilitating classroom discussions about gender traits

इनमें से कौन-सी शैक्षणिक तकनीक बच्चों में जेंडर रूढ़िवादिता को कम करने और जेंडर समानता को बढ़ावा देने में प्रभावशाली है?

1. जेंडर-पृथक्कता आधारित आसन प्रबंधन करना
2. जेंडर-आधारित अधिगम कार्य देना
3. जेंडर-विशिष्ट भूमिकाओं और व्यवहारों पर बल देना।
4. कक्षा में जेंडर पूर्वाग्रहों पर चर्चा सुसाध्य करना

Ans : 4

46. In a co-educational classroom which behaviour of the teacher would reinforce gender stereotyping and hence should be avoided?

1. Same sex grouping and allotting differentiated learning tasks to boys and girls.
2. Showing males and females in non-conformist roles.
3. Discussing gender as a social construct.
4. use of gender neutral language

एक सह-शैक्षिक कक्षा में अध्यापक का निम्नलिखित में से कौन सा व्यवहार नहीं करना चाहिए क्योंकि वह अँडर रुढिबद्धता को पुर्नबलित करेगा?

1. एक समान लिंग के समूह बनाना तथा लड़के और लड़कियों को पृथक-पृथक अधिगम कार्य देना।
2. महिलाओं और पुरुषों को सामाजिक चलन के विपरीत भुमिकाओं में दर्शाना।
3. 'जैडर एक सामाजिक निमिति है' पर चर्चा करना।
4. जैडर समतुल्यता वाली भाषा का प्रयोग करना।

Ans : 1

47. Gender segregated seating arrangement and rigid gender based learning tasks in a middle classroom would -

1. encourage gender equality
2. facilitate gender equality
3. lead to gender bias
4. promote gender stereotype flexibility

एक माध्यमिक कक्षा में जेंडर अलगाव आधारित बैठने की व्यवस्था तथा सख्त जेंडर आधारित अधिगम क्रियाकलाप —

1. जेंडर की समानता को बढ़ावा देंगे।
2. जेंडर समता को सुसाधित करेंगे।
3. जेंडर रूढ़िवादिता बढ़ाएंगे।
4. जेंडर रूढ़िवादिता में लचीलेपन को प्रोत्साहित करेंगे।

Ans : 3

48. Textbook depiction of women with feminine traits such as 'nurturing', 'caring' and emotional are an example of –

1. portrayal of innate abilities of women
2. gender bias
3. gender equality
4. gender equity

पाठ्यपुस्तकों में स्त्रियों का केवल नारीवादी विशेषताओं जैसे 'पालन-पोषण' व देख-भाल' करने वाली, 'संवेदशील' के रूप में चित्रण किसका उदहारण है?

1. स्त्रियों की जन्मजात क्षमताओं के चित्रण का
2. जेंडर पक्षपात का
3. जेंडर समानता का
4. जेंडर समता का

Ans : 2

49. For breaking gender stereotypes in children, which among the following should be avoided?

1. Joint endeavours with children of other genders.
2. Exposure to adults engaged in no stereotypical activities.
3. making generic utterances such as 'Girls are good in art' and 'boys excel in maths'
4. Critical discussions around 'inborn abilities' and 'societal perception of abilities' of various genders.

बच्चों में जेंडर रूढ़िवाद के खंडन हेतु निम्नलिखित में से किसका प्रयोग टालना चाहिए?

1. अन्य जेंडर के बच्चों के साथ संयुक्त प्रयास करना।
2. गैर-रूढ़िवादी गतिविधियों से जुड़े वयस्कों से अनावरण।
3. 'लड़कियाँ कला में अच्छी होती हैं' और लड़के गणित में उत्कृष्ट होते हैं, जैसी वर्गीय उक्तियों का प्रयोग करना
4. विविध जेंडरों के बारे में जन्मजात क्षमताओं और क्षमताओं की सामाजिक अभिज्ञता पर समालोचनात्मक चर्चा करना।

Ans : 3

50. Gender roles are ____.

1. learned behaviour.
2. inmate behaviour.
3. biological constructions.
4. genetically determined.

जेंडर भूमिकाएँ ______ हैं।

1. अधिग्रहित व्यवहार
2. जन्मजात व्यवहार
3. जैविक संरचनाएँ
4. आनुवंशिक निर्धारित

Ans : 1

जेंडर भूमिका(gender roles)को हम अपने समाज से ग्रहण(acquire) करते हैं।

51. Rohan's response on receiving a toy doll was, 'I don't like this toy because

boys do not play with dolls'. This is an example of -

1. Gender relevance
2. Gender discrimination
3. Gender stereotype
4. Gender stability

खिलौने के रूप में गुड़िया मिलने पर रोहन की प्रतिक्रिया थी- "मुझे यह खिलौना पसन्द नहीं है क्योंकि लड़के गुड़िया से नहीं खेलते।" यह किसका उदाहरण है?

1. जेंडर प्रासंगिकता 2. जेंडर भेदभाव
3. जेंडर रूढ़िवादिता 4. जेंडर स्थिरता

Ans : 3

52. Boys are often gifted cars and mechanical blocks while girls are gifted dolls and drawing supplies to play with. This inappropriate practice illustrates-

1. gender constancy.
2. gender equity.
3. gender bias.
4. gender empowernment

लड़कों को उपहार में खेलने के लिए अकसर कार और यांत्रिक ब्लॉक लड़कियों को गुड़िया व चित्रकारी के संसाधन दिए जाते हैं। यह अनुपयुक्त प्रथा क्या दर्शाती है?

1. जेंडर स्थिरता 2. जेंडर समता
3. जेंडर पक्षपात 4. जेंडर सशक्तिकरण

Ans : 3

53. A 5-year-old girl utters - "This is not for me. Girls do not play with cars" on getting a car as a gift. This is an indication of -

1. Gender role flexibility.
2. Gender relevance.
3. Gender stereotyping.
4. Gender stability.

गिफ्ट के तौर पर कार मिलने पर एक पांच साल की बच्ची बोली – "यह मेरे लिए नहीं है। लड़कियाँ कारों से नहीं खेलतीं।" यह वाक्य क्या दर्शाता है?

1. जेंडर भूमिका में लचीलापन
2. जेंडर प्रासंगिकता
3. जेंडर रूढ़िवादिता
4. जेंडर स्थिरता

Ans : 3

54. Assertion (A): Maths teachers should very low expectations from girls in a classroom.

Reason (R): Girls do not have the genetic abilities to understand mathematics.

Choose the correct option.

1. Both (A) and (R) are true and (R) is the correct explanation of (A).
2. Both (A) and (R) are true but (R) is not the correct explanation of (A).
3. (A) is true but (R) is false.
4. Both (A) and (R) are false.

कथन : गणित के शिक्षकों को लड़कियों से कक्षा में बहुत कम अपेक्षा रखनी चाहिए।

तर्क : लड़कियों में गणित को समझाने की आनुवंशिक क्षमता नहीं होती।

सही विकल्प चुनें।

1. (A) और (R) दोनों सही हैं और (R) सही व्याख्या करता है (A) की।
2. (A) और (R) दोनों सही हैं लेकिन (R) सही व्याख्या नहीं है (A) की।
3. (A) सही है लेकिन (R) गलत है।
4. (A) और (R) दोनों गलत हैं।

Ans : 4

गणित को लेकर यह बहुत धारणाएं(assumption) हैं कि लड़कियां गणित में कमजोर(weak) होती हैं, जो कि सरासर गलत(totally wrong) है। किसी

विशेष विषय में लड़के या लड़कियां दोनों ही कमजोर(weak)और अच्छे(good) हो सकते हैं

55. A teacher always asks boys to do tasks such as moving the furniture and girls to keep the class tidy and decorated. This perception is not appropriate because this is an example of -

1. gender stereotype
2. gender identity
3. gender stability
4. gender equality

एक शिक्षक हमेशा लड़कों को फर्नीचर को हिलाने जैसे कार्य करने के लिए कहता है और लड़कियों को कक्षा को साफ सुथरा रखने के लिए। यह धारणा उपयुक्त नहीं है, क्योंकि यही _______ का उदाहरण है?

1. जेंडर रूढ़िवादिता 2. जेंडर पहचान
3. जेंडर स्थिरता 4. जेंडर समानता

Ans : 1

56. Assertion (A): In the classrooms boys have the potential to perform much better than the girls in Mathematics and Science.

Reason (R): Mathematical reasoning and scientific ability come naturally to boys than girls.
Choose the correct options.
1. Both (A) and (R) are true and (R) is the correct explanation of (A).
2. Both (A) and (R) are true but (R) is not the correct explanation of (A).
3. (A) is true but (R) is false.
4. Both (A) and (R) are false.

कथन(A) : कक्षाओं में लड़के गणित व विज्ञान में लड़कियों से कहीं बेहतर प्रदर्शन करने की क्षमता रखते हैं।

तर्क(R) : लड़कों में लड़कियों की अपेक्षा गणीतीय तर्क व वैज्ञानिक क्षमताएँ सहज रूप से मौजूद होती हैं।

1. (A) और (R) दोनों सही है और (R), (A) की सही व्याख्या करता है।
2. (A) और (R) दोनों सही लेकिन (R), (A) की सही व्याख्या नहीं है।
3. (A) सही है और (R) गलत है।
4. (A) और (R) दोनों गलत हैं।

Ans : 4

57. During a discussion on "Cricket", a teacher is posing questions mostly to boys and not to girls. This act of teacher is an example of:

1. Gender Empowerment
2. Gender bias
3. Gender relevance
4. Gender threat

'क्रिकेट' पर वार्तालाप के दौरान, एक अध्यापक अधिकांशतः लड़कों से सवाल पूछ रहा है और लड़कियों से नहीं। अध्यापक की यह क्रिया, किसका उदाहरण है?

1. जेंडर सशक्तता
2. जेंडर पक्षपात
3. जेंडर प्रासंगिकता /संबद्धता
4. जेंडर धमकी

Ans : 2

58. A School gives preference to boys while selecting students for Badminton competition and to girls for music competitions. This indicates –

1. Gender stability
2. Gender identity
3. Gender equality
4. Gender stereo typing

एक विद्यालय बैडमिंटन प्रतियोगिता के लिए विद्यार्थियों का चयन करते समय लड़कों को प्राथमिकता देता है और संगीत प्रतियोगिता

के लिए लड़कियों को प्राथमिकता देता है। यह क्या सूचित करता है?

1. जैण्डर स्थायित्व 2. जैण्डर पहचान
3. जैण्डर समानता 4. जैण्डर रुढिबद्धता

Ans : 4

59. While teaching the concept of occupation, Monica showed flash cards of both men and women in non-traditional roles. This strategy will help in-

1. promoting gender stereotypes
2. promoting gender stereotype flexibility
3. promoting gender hierarchy
4. modelling gender typing

'व्यवसाय' के संप्रत्यय को पढ़ाते समय, मोनिका ने विद्यार्थियों को पुरुष और महिलाओं को गैर-पारम्परिक कार्य करते हुए फ्लैश कार्ड दिखलाये इस युक्ति से उसके छात्रों में –

1. जैन्डर रूढ़िवादिता को प्रोत्साहन मिलेगा।
2. जैन्डर रूढ़िवादिता में लचीलेपन को प्रोत्साहन मिलेगा।
3. जैन्डर-तारतम्यता को प्रोत्साहन मिलेगा।
4. जैन्डर आधारित प्रतिमान का निर्माण होगा।

Ans : 2

जेंडर रूढ़िवादिता में लचीलेपन(flexibility) का अर्थ है कि सभी कार्य में लड़के और लड़कियों दोनों को समान अवसर(equal opportunity) देना और भेदभाव(discrimination) को दूर करना।

60. The term_____refers to biological difference whereas_______refers to traits and behaviours thata particular culture deems appropriate for men and women.

1. sex, gender
2. gender, sexuality
3. gender, sex
4. sexuality, gender

_______शब्द का प्रयोग जैविक अंतरों के लिए होता है, जबकि______शब्द का प्रयोग उन विशेषताओं और स्वभावों के लिए होता है जिसे कि एक विशिष्ट संस्कृति पुरुषों और महिलाओं के लिए उपयुक्त मानती है।

1. लिंग, जेंडर 2. जेंडर, लैंगिकता
3. जेंडर, लिंग 4. लैंगिकता, जेंडर

Ans : 1

61. A school encourages girls to participate only in music and dance competitions and boys to only take part in sports. This perspective of the school –

1. would challenge gender stereotyping.
2. is a pragmatic approach to foster inmate abilities of boys and girls.
3. reflects gender bias.
4. indicates progressive approach of the administration.

एक विद्यालय, लड़कियों को केवल संगीत और नृत्य प्रतियोगिताओं में भाग लेने के लिए प्रोत्साहित करता है। विद्यालय का यह दृष्टिकोण क्या दर्शाता है?

1. जेंडर आधारित रूढ़िवादी धारणा को चुनौती देता है।
2. लड़कियों और लड़कों की सहजात योग्यताओं में वृद्धि करने का व्यवहारिक उपागम है।
3. यह जेंडर संबंधी पूर्वाग्रहों को दर्शाता है।
4. यह प्रशासन के प्रगतिशील दृष्टिकोण को दर्शाता है।

Ans : 3

62. Teachers should not restrict themselves to examples which depict women as nurses and teachers and men as doctors and pilot as this leads to-

1. gender empowerment.
2. gender stereotyping.
3. gender stereotype-flexibility.
4. gender constancy.

अध्यापकों को उदाहरण देते हुए महिलाओं को नर्स व अध्यापिका दिखाने में तथा पुरूषों को डाक्टर या पायलेट दिखाने तक सीमित नहीं करना चाहिए। इससे क्या चिहिन्त होता है?

1. जैन्डर सशक्तिकरण
2. जैन्डर रूढिबद्धता
3. जैन्डर रूढिबद्ध-लचीलापन
4. जैण्डर-समरूपता

Ans : 2

63. Which of the following is reflected in the statement of a father to his son, "Don't cry like a girl, you are a boy"?

1. Gender identity
2. Gender stereotype
3. Gender constancy
4. Gender equality

"लड़की की तरह न रोओ, तुम लड़के हो" पिता के द्वारा पुत्र को कहा गया यह वाक्य क्या दर्शाता है?

1. जेंडर पहचान
2. जेंडर रूढ़िवादिता
3. जेंडर सातव्यता / स्थिरता
4. जेंडर समानता

Ans : 2

CHAPTER -11

INDIVIDUAL DIFFERENCES

(वैयक्तिक विभिन्नता)

1. Variability in learning styles of students :

(1) should be valued and seen as a reflection of human diversity.
(2) should be ignored and attempts should be made to bring uniformity in learning styles.
(3) should not be taken into consideration during teaching-learning process.
(4) should be seen as a barrier and hindrance to teaching-learning process.

विद्यार्थियों की सीखने की शैलियों में विविधता:

(1) को महत्त्व दिया जाना चाहिए और मानव विविधता के प्रतिबिंब के रूप में देखा जाना चाहिए।
(2) की उपेक्षा की जानी चाहिए और सीखने की शैलियों में एकरूपता लाने का प्रयास किया जाना चाहिए।
(3) को शिक्षण-अधिगम प्रक्रिया के दौरान ध्यान में नहीं रखा जाना चाहिए।
(4) को शिक्षण-अधिगम प्रक्रिया में बाधा और अवरोध के रूप में देखा जाना चाहिए।

Ans : 1

प्रत्येक बच्चा अलग होता है इसीलिए उनके सीखने की शैलियां(style)भी अलग-अलग होती है। वैयक्तिक भिन्नताओं(individual differences) को महत्व देना बहुत ही आवश्यक है।

2. The principle of individual Difference variation states that:

(1) All children have the same speed of physical development
(2) All children have the same speed of growth.
(3) There may be a difference in the speed of growth and development of children.
(4) Linguistic development happens at same rate among all children.

व्यक्तिगत भिन्नता का सिद्धांत बताता है कि

(1) सभी बच्चों के शारीरिक विकास की गति एकसमान होती है।
(2) सभी बच्चों की वृद्धि की गति एक जैसी होती है।
(3) विभिन्न बच्चों के विकास और वृद्धि की गति में अंतर हो सकता है।
(4) सभी बच्चों के भाषायी विकास की गति एकसमान होती है।

Ans : 3

सभी बच्चों की वृद्धि और विकास की उनकी अपनी गति(speed) होती है। जैसे किसी बच्चे की लंबाई जल्दी बढ़ जाती है, किसी की देर से बढ़ती है। इस प्रकार कुछ बच्चों के मस्तिष्क का विकास देर से होता है और कुछ का जल्दी हो जाता है।

3. The primary cause of individual differences in children is :

(1) Only genetic make up of the individual.
(2) Only the child rearing style of the parents.

(3) The complex interplay of heredity and environment.
(4) Only the physical environment of the child.

बच्चों में व्यक्तिगत विभिन्नताओं का प्रमुख कारण क्या है?

(1) केवल व्यक्ति के वंशानुगत गुण।
(2) केवल पालकों के पालन-पोषण का तरीका।
(3) अनुवांशिकाता व पर्यावरणीय कारकों के बीच परस्पर जटिल अंतः क्रिया।
(4) केवल बच्चों का भौतिक परिवेश।

Ans : 3

बच्चों में जो गुण जन्मजात(by birth) होते हैं अपने परिवार से उन्हें मिले होते हैं, जिस कारण वह अन्य बच्चों से भिन्न होते हैं। उसी प्रकार जिस तरह के माहौल(environment) में वे रहते हैं उसी के अनुसार वे व्यवहार करते हैं। जिस प्रकार सभी लोगों में या बच्चों में व्यक्तिगत भिन्नताएं(individual differences) पाई जाती हैं।

4. Which of the following is not an effective strategy to accommodate diversity in a classroom?

(1) Finding out the student's social and cultural context of the students
(2) Adapting pedagogy as per the students' different backgrounds
(3) Providing a variety of examples that are meaningful to all students
(4) Using a standard set of instructions and ignoring the background of learners

कक्षा में विविधता को समायोजित करने के लिए निम्नलिखित में से कौन एक प्रभावी रणनीति नहीं है?

(1) छात्रों के छात्रों के सामाजिक और सांस्कृतिक संदर्भ का पता लगाना
(2) छात्रों की विभिन्न पृष्ठभूमियों के अनुरूप शिक्षाशास्त्र
(3) ऐसे विविध उदाहरण प्रदान करना जो सभी विद्यार्थियों के लिए अर्थपूर्ण हों
(4) निर्देशों के मानक सेट का उपयोग करना और शिक्षार्थियों की पृष्ठभूमि को अनदेखा करना

Ans : 4

विविधता को समायोजित(accommodate) करने का अर्थ है कि विभिन्न गुणों, योग्यताओं व क्षमताओं वाले व अलग-अलग पृष्ठभूमि(background) से आए बच्चों को एक साथ अर्थपूर्ण अधिगम प्रदान करना जो उन सभी के लिए उपयोगी हो।

5. To cater to diversity in a classroom the teachers should focus on -

(1) Seggregation
(2) Labelling
(3) Negative discrimination
(4) Equity

कक्षा में विविधता को पोषित करने के लिए शिक्षकों को किस पर ध्यान देना चाहिए?

(1) पृथक्करण
(2) नामीकरण
(3) नकारात्मक भेदभाव
(4) समता

Ans : 4

कक्षा में विविधता(diversity) को देखते हुए एक शिक्षक को इस प्रकार शिक्षण करना चाहिए जिससे सभी बच्चे सीख पाए और अपनी क्षमताओं का उपयोग कर पाएं। सभी बच्चों को सीखने के समान अवसर(equal opportunities) दिए जाने चाहिए।

6. Inclusion as a philosophy and practice is situated in the context of diversity which includes:

(i) Linguistic diversity
(ii) Gender diversity
(iii) Socio-cultural diversity
(iv) 'Ability' and 'disability'

(1) (i), (iii)
(2) (i), (iv)
(3) (ii), (iii), (iv)
(4) (i), (ii), (iii), (iv)

एक दर्शन और व्यवहार के रूप में समावेश विविधता के संदर्भ में स्थित है जिसमें शामिल हैं:

(i) भाषाई विविधता
(ii) लिंग विविधता
(iii) सामाजिक-सांस्कृतिक विविधता
(iv) 'योग्यता' और 'विकलांगता

(1) (i), (iii)
(2) (i) (iv)
(3) (ii), (iii), (iv)
(4) (i), (ii), (iii), (iv)

Ans : 4

विविधता के कई आधार हो सकते हैं जैसे भाषा की विविधता(linguistic diversity), लिंग की विविधता(gender diversity), अलग-अलग योग्यताएं(different abilities), अलग-अलग क्षमताएं(different capacity), सामाजिक, सांस्कृतिक पृष्ठभूमि और विकलांगता(disability)। हर व्यक्ति की आदतें, विचार, भूमिका(role) अलग-अलग होती है इसीलिए सभी को समानता, स्वतंत्रता और सम्मान का समान अधिकार होना आवश्यक है।

7. In a class of diverse learners, a teacher should:

(1) Group students based on their performance in exams
(2) Set and maintain expectations of success from all
(3) Divide students based on their socio-economic context
(4) Practice standardised curriculum and method of assessment.

विविध पृष्ठभूमि से आए शिक्षार्थियों वाली कक्षा में अध्यापक को क्या करना चाहिए?

(1) परीक्षा में उनके निष्पादन के आधार पर विद्यार्थियों के समूह बनाने चाहिए।
(2) सभी से सफलता की अपेक्षा करनी एवं बनाए रखनी चाहिए।
(3) विद्यार्थियों के सामाजिक-आर्थिक प्रसंग के आधार पर उनका वर्गीकरण करना चाहिए।
(4) मानकीकृत पाठ्यचर्या और आकलन की विधियों को अपनाना चाहिए।

Ans : 2

अलग-अलग पृष्ठभूमियों(background) से आए बच्चों को, शिक्षक को सदैव प्रोत्साहित(motivate) करना चाहिए तथा उन्हें यह विश्वास दिलाना चाहिए कि वे अपने आप में सर्वश्रेष्ठ(best) योग्यता रखते हैं।

8. Individual differences in learning pace are a result of:

(1) Heredity only
(2) Environment only
(3) Both heredity and environment
(4) Neither heredity nor environment

अधिगम दर में व्यक्तिगत विभिन्नताएं किसका परिणाम है?

(1) केवल आनुवंशिकता का
(2) केवल पर्यावरण का
(3) आनुवंशिकता व पर्यावरण दोनों का
(4) न तो आनुवंशिकता और न ही पर्यावरण का

Ans : 3

अधिगम दर में व्यक्तिगत भिन्नता का अर्थ है की सभी के सीखने की गति(speed) अलग-अलग होती है। जिसका कारण अनुवांशिकता(heredity) भी हो सकता है और पर्यावरण(environment) भी।

9. A teacher should________ individual differences in learning preferences to facilitate learning for all.

(1) consider (2) ignore
(3) remove (4) downplay

एक अध्यापक को सभी के लिए अधिगम सहज - सुगम बनाने के लिए अधिगम प्राथमिकताओं में वैयक्तिक भिन्नताओं के प्रति क्या करना चाहिए?

(1) उन्हें महत्त्वपूर्ण मानना चाहिए
(2) उनको अनदेखा करना चाहिए
(3) उनको मिटा देना चाहिए
(4) दमन करना चाहिए

Ans : 1

जब एक अध्यापक बच्चों की व्यक्तिगत भिन्नताओं को समझ पाता है तब अधिगम बहुत सरल और अर्थपूर्ण(meaningful) हो जाता है।

10. Fourth graders in a school prepare to perform Bihu dance for State day at their culturally diverse school. Will this help in reducing regional prejudice? Why?

(i) Yes, through contact and collaboration with members of other ethnic/regional group.
(ii) Yes, through enhanced interpersonal understanding and perspective taking.
(iii) No, this will highlight state distinctions in students' minds.
(iv) No, this will encourage in-and-out group favouritism.

(1) Only (i) (2) Only (iv)
(3) (i) and (ii) (4) (iii) and (iv)

एक सांस्कृतिक विविधता वाले स्कूल में चौथी कक्षा के विद्यार्थी राज्य दिवस पर बिहू नृत्य प्रस्तुत करने की तैयारी कर रहे हैं। क्या यह क्षेत्रीय पक्षपात घटाने में मददगार होगा? क्यों?

(i) हाँ, दूसरे जातीय / क्षेत्रीय समूहों के लोगों से संबंध और सहयोग द्वारा।
(ii) हाँ, अंतर्वैयक्तिक समझ और दृष्टिकोण की समझ बढ़ने से।
(iii) नहीं, यह विद्यार्थियों के दिमाग में भेद इंगित करेगा।
(iv) नहीं, यह अपने और दूसरे समूह के प्रति प्रीतिपात्रता को बढ़ावा देगा।

(1) केवल (i) (2) केवल (iv)
(3) (i) और (ii) (4) (iii) और (iv)

Ans : 3

इस विद्यालय में विभिन्न सांस्कृतिक पृष्ठभूमियों(cultural backgrounds) वाले बच्चे पढ़ते हैं इसलिए जब एक विशेष नृत्य को प्रस्तुत किया जा रहा है तो अन्य छात्र भी उसमें सहयोग करेंगे जिससे बच्चों के आपसी संबंध(relation) और समझ बहुत मजबूत होंगे।

11. Individual differences in preferred learning styles of students should be considered as________

(1) hinderance to teaching-learning process
(2) natural and obvious process of development
(3) a kind of 'abnormal behaviour'
(4) a result of convergent thinking

विद्यार्थियों की अधिगम शैली चयन में व्यक्तिगत विभिन्नताओं को किस नजरिये से देखना चाहिए?

(1) अध्यापन-अधिगम प्रक्रिया में बाधा के रूप में
(2) विकास प्रक्रिया के एक प्राकृतिक और स्वाभाविक रूप में
(3) एक प्रकार के 'असामान्य व्यवहार' के रूप में
(4) अभिसारी चिंतन के नतीजे के रूप में

Ans : 2

व्यक्तिगत विभिन्नताओं को ध्यान में रखते हुए शिक्षक को ऐसी अधिगम शैली (learning style) का चयन करना होता है जो सभी के लिए सीखने में सरल हो और स्वाभाविक(natural) हो।

12. A teacher in a diverse classroom ________.

(1) ignores some students to increase the achievement of other children.
(2) uses different teaching-learning and assessment methods as per the needs of the students.
(3) does not give any importance to the learning levels of the students.
(4) creates a fearful environment in the classroom.

एक विविधता वाली कक्षा में एक शिक्षक को क्या करना चाहिए?

(1) अन्य बच्चों की उपलब्धि बढ़ाने के लिए कुछ छात्रों की उपेक्षा करनी चाहिए।
(2) विद्यार्थियों की आवश्यकता के अनुसार विभिन्न शिक्षण-अधिगम और मूल्यांकन विधियों का उपयोग करना चाहिए।
(3) विद्यार्थियों के सीखने के स्तर को कोई महत्त्व नहीं देना चाहिए।
(4) कक्षा में एक भयभीत वातावरण बनाना चाहिए।

Ans : 2

कक्षा में शिक्षण अधिगम की विधियों(learning methods) का चयन बच्चों की योग्यता(ability) और क्षमता (capacity) के अनुसार होना चाहिए और उसी के अनुसार मूल्यांकन विधियों(evaluation methods) का भी चयन किया जाना चाहिए।

13. Sarita, an English teacher observed that her students show differences in their learning levels about what she teaches. So Sarita should:

(1) follow a uniform way of teaching so that individual differences in learning are reduced.
(2) make very strict rules for the students to follow.
(3) incorporate a variety of experiences in her teaching to improve learning.
(4) not be concerned about these difficulties.

अंग्रेजी विषय की एक शिक्षिका, सरिता ने यह देखा कि कक्षा में जो वह पढाती है उसे सीखने के स्तर पर विद्यार्थी विभिन्नताएँ दिखाते हैं। इसलिए सरिता को चाहिए कि वह:

(1) शिक्षण के एक समान तरीके का पालन करे ताकि सीखने में व्यक्तिगत अंतर कम हो।
(2) छात्रों के पालन के लिए बहुत सख्त नियम बनाए।
(3) सीखने में सुधार के लिए अपने शिक्षण में विभिन्न प्रकार के अनुभवों को शामिल करे
(4) इन मतभेदों के बारे में ध्यान ना दे।

Ans : 3

सीखने के स्तर(level) में विभिन्नता का अर्थ है कुछ छात्र उस विषय वस्तु को जल्दी समझ पाते हैं और कुछ देर से और कुछ उस विधि से नहीं भी समझ पाते हैं। इसलिए आवश्यक है कि शिक्षक ऐसी विधियों का उपयोग करें जो सभी के लिए समान रूप से उपयोगी(useful) हो।

14. Which of the following is correct about individual differences in learning preferences?

(1) All learners prefer same style of acquiring skills
(2) Learning preferences are not impacted by socio-cultural factors.
(3) Standardised curriculum comprehensively accounts for individual differences in learning preferences.

(4) Teacher-centric pedagogies do not cater to individual differences of students' learning preferences.

अधिगम वरीयताओं में व्यक्तिगत विभिन्नताओं के बारे में निम्न में से क्या नही है?

(1) सभी अधिगमकर्ता एक ही तरह से कौशल ग्रहण करना पसंद करते हैं।
(2) अधिगम वरीयताएँ सामाजिक-सांस्कृतिक कारकों से प्रभावित नहीं होती हैं।
(3) मानकीकृत पाठ्यचर्या अधिगम वरीयताओं में व्यक्तिगत विभिन्नताओं को व्यापक रूप से शामिल करता है।
(4) अध्यापक-केंद्रित शिक्षाशास्त्र विद्यार्थियों की अधिगम वरीयताओं की व्यक्तिगत विभिन्नताओं की पूर्ति नहीं करता है।

Ans : 4

व्यक्तिगत भिन्नता में अधिगम वरीयता(learning priority) का मतलब होता है कि हर व्यक्ति अपने अनूठे पक्षों(unique perspective), दृष्टिकोणों (approach) और अनुभवों(experiences) के माध्यम से ज्ञान को स्वीकार करता है।

15. Diversity in terms of socio-cultural context of students in a classroom should be ___________.

(1) eliminated by dividing students based on their context
(2) Ignored and standardised curriculum should be practiced
(3) considered as an asset and be utilised in teaching a concept
(4) the criteria of labelling the students and strengthening stereotypes

एक कक्षा में विद्यार्थियों के सामाजिक-सांस्कृतिक संदर्भों के परिप्रेक्ष्य में विविधता ______________।

(1) को विद्यार्थियों को उनके संदर्भों के आधार पर समूहों में बाँटकर बहिर्वेशन करने के लिए इस्तेमाल करना चाहिए।
(2) को अनदेखा करना चाहिए और मानकीकृत पाठ्यचर्या का क्रियान्वयन करना चाहिए।
(3) को एक गुण के रूप में लेना चाहिए और अवधारणाओं के शिक्षण में इस्तेमाल किया जाना चाहिए।
(4) को विद्यार्थियों का नामीकरण और रूढ़िबद्ध धारणाओं को पुख्ता करने के लिए इस्तेमाल करना चाहिए।

Ans : 3

अलग-अलग समाज(society) और संस्कृति(culture) से आए बच्चों की कक्षा में शिक्षक को इस विभिन्नता को सकारात्मक(positive) रूप से उपयोग करना चाहिए। एक दूसरे के मूल्यों(values) और गुणों के आदान-प्रदान(interchange) के द्वारा अधिगम को बढ़ावा देना चाहिए।

16. Individual differences in learning levels are a result of

(1) personal factors related to leamers only
(2) cultural factors related to environment only;
(3) complex interaction of personal factors and environmental factors
(4) neither personal factors nor environmental factors

अधिगम स्तरों में व्यक्तिगत विभिन्नताएँ किस वजह से होती हैं?

(1) केवल अधिगमकर्ताओं से संबंधित व्यक्तिगत कारकों की वजह से
(2) केवल वातावरण से संबंधित सांस्कृतिक कारकों की वजह से
(3) व्यक्तिगत और वातावरणीय कारकों की जटिल अंतः क्रिया की वजह से
(4) ना ही व्यक्तिगत और ना ही वातावरणीय कारकों की वजह से

Ans : 3

कुछ बच्चे जन्मजात रूप से ही अच्छी बौद्धिक क्षमता(intellectual capacity) लेकर पैदा होते हैं और बाद में समाज में रहकर भी सीखते हैं जबकि कुछ बच्चे जन्मजात(by birth) रूप से उतनी अच्छी बौद्धिक क्षमता नहीं रखते परंतु समाज या वातावरण की अंतः क्रिया(interaction) से वे धीरे-धीरे सब सीखते हैं। यही व्यक्तिगत और वातावरण के कारक होते हैं जिनके द्वारा अधिगम स्तरों में भिन्नता(differences) होती है।

17. Individual differences in preferred learning styles of children should not be addressed by.

(1) presenting information to them in multiple ways
(2) giving them chances to act on information in multiple ways
(3) providing them opportunities to engage in work using multiple ways
(4) labelling and segregating them in multiple ways

बच्चों की स्वीकृत अधिगम शैलियों में वैयक्तिक भिन्नताओं को किस प्रकार से संबोधित नहीं किया जाना चाहिए?

(1) उन्हें बहुविध तरीकों से जानकारियों प्रस्तुत करके
(2) उन्हें बहुविध तरीकों से जानकारियों पर काम करने के अवसर देकर
(3) उन्हें बहुविध तरीकों से काम में शामिल होने के अवसर देकर
(4) उनका बहुविध तरीकों से नामीकरण (लेबलिंग) व पृथक्कीकरण करके

Ans : 4

बच्चे जिन अधिगम शैलियों द्वारा सरलता से सीख पाते हैं शिक्षक को उन्ही शैलियों(style) का उपयोग करना चाहिए। विविधता के नाम पर बच्चों को वर्गों(groups) में नहीं बांटना चाहिए।

18. In order to create a system which respects individual differences among leaners, it is important to:

1. use standardised curriculum for all learners
2. allow variation in learning pace and perspectives
3. keep low expectations of learning from all students
4. pay attention only towards high achievers in exams

एक ऐसा तंत्र तैयार करने के लिए जो विद्यार्थियों की व्यक्तिगत विभिन्नताओं को सम्मान दे, एक अध्यापक को क्या करना चाहिए?

1. सभी विद्यार्थियों के लिए मानकीकृत पाठ्यचर्या का प्रयोग
2. अधिगम गति और परिप्रेक्ष्यों में विविधता को स्वीकृति
3. सभी विद्यार्थियों से अधिगम की निम्न अपेक्षाएँ
4. सिर्फ परीक्षा में उच्च अंक पाने वाले विद्यार्थियों पर ध्यान

Ans : 2

कक्षा में कुछ बच्चे जल्दी सीख जाते हैं और कुछ देर से समझते हैं, शिक्षक को चाहिए कि बच्चों की विभिन्नता(diversity) को सम्मान(respect) दें और उन्हें सीखने के लिए समय दे, जिससे वे अपने अधिगम के लक्ष्य(target) को प्राप्त कर सकें।

CHAPTER -12

ASSESSMENT AND EVALUATION

(आकलन एवं मूल्यांकन)

1. Which of the following would support continuous and comprehensive evaluation?

   (1) Standardized achievement test
   (2) Standardized intelligence test
   (3) Best works portfolio
   (4) Growth and learning progress portfolio

   निम्नलिखित में से कौन-सा निरंतर और व्यापक मूल्यांकन का समर्थन करेगा ?
   (1) मानकीकृत उपलब्धि परीक्षण
   (2) मनिकीकृत बुद्धि परीक्षण
   (3) सर्वश्रेष्ठ कार्य पोर्टफोलियो
   (4) बुद्धि और अधिगम प्रगति पोर्टफोलियो

   Ans : 4

2. Which of the following is a correctly matched pair?

   (1) Criterion-referenced assessment: includes mastery of specific topics
   (2) Norm references assessment: compares performance to that of peers
   (3) Formative assessment: determining what the students can do before and after the class
   (4) Summative assessment: involves paper - pencil tests as well as detailed accounts of non- written behaviours

   निम्नलिखित में से कौन-सा सही सुमेलित युग्म है?
   (1) मानदंड संदर्भित मूल्यांकन विशिष्ट विषयों की महारत शामिल है
   (2) मानक संदर्भित मूल्यांकन साथियों के प्रदर्शन की तुलना करता है
   (3) रचनात्मक मूल्यांकन यह निर्धारित करना कि छात्र कक्षा से पहले और बाद में क्या कर सकते हैं
   (4) योगात्मक मूल्यांकन इनमें पेपर-पेंसिल परीक्षण के साथ-साथ गैर-लिखित व्यवहारों के विस्तृत विवरण शामिल हैं

   Ans : 2

3. The focus of assessment needs to be:

   (1) Enhancement of learning.
   (2) Categorisation and labelling of children.
   (3) Increasing competition among the children.
   (4) Generation of fear and stress among children.

   आकलन का उद्धेश्य क्या होना चाहिए?
   (1) सीखने में वृद्धि।
   (2) बच्चों का वर्गीकरण और नामीकरण।
   (3) बच्चों में प्रतिस्पर्धा को बढ़ाना।
   (4) बच्चों में भय और तनाव पैदा करना।

   Ans : 1

   आकलन का उद्देश्य बच्चे के हर पक्ष का मूल्यांकन करके बच्चे की सीखने में वृद्धि करे, ताकि बच्चे का स्तर (level) बढ़ हो सके।

4. Aim of Assessment should be to:

(1) Induce fear and stress in the students.
(2) Create feeling of insecurity and inferiority.
(3) Enable comparison among students.
(4) Aid in the process of teaching learning.

मुल्यांकन का उद्देश्य क्या होना चाहिए?
(1) छात्रों में भय और तनाव पैदा करना।
(2) असुरक्षा और हीनता की भावना पैदा करना।
(3) छात्रों के बीच तुलना करना।
(4) सीखने-सिखाने की प्रक्रिया में सहायता करना।

Ans : 2

5. Which of the following is an important aspect related to assessment for learning?

(1) Single strategy of assessment can provide complete information about a child's progress and learning
(2) It serves to observe changes in learning progress over time
(3) It does not identify individual and specific needs of all children
(4) It helps teachers to identify children who are mentally retarded

सीखने के लिए मुल्यांकन का एक महत्वपूर्ण पहलू क्या है?
(1) मूल्यांकन की किसी एक ही रणनीति से बच्चे की प्रगति व अधिगम की सम्पूर्ण जानकारी का पता सकता है।
(2) यह सौखने में होने वाले बदलाव का अवलोकन करता है।
(3) यह बच्चों की व्यक्तिगत व विशिष्ट जरूरतों को नहीं पहचानता।
(4) यह शिक्षकों को मानसिक मंदबुद्धि वाले बच्चों को पहचानने में मदद करता है।

Ans : 2

यह teaching learning process के दौरान चलने वाला assessment है।

6. Assertion (A): Teachers should follow standardized curriculum and procedures for assessment of children.

Reason (R): The aim of inclusive education is to work towards making everyone the same by dismissing differences.
Choose the correct option:
(1) Both (A) and (R) are true and (R) is the correct explanation of (A)
(2) Both (A) and (R) are true but (R) is not the correct explanation of (A)
(3) (A) is true but (R) is false
(4) Both (A) and (R) are false

अभिकथन (A): शिक्षकों को बच्चों के मूल्यांकन के लिए मानकीकृत पाठ्यक्रम और प्रक्रियाओं का पालन करना चाहिए।

तर्क (R): समावेशी शिक्षा का उद्देश्य मतभेदों को खारिज कर सभी को समान बनाने की दिशा में काम करना है।
सही विकल्प चुनें
(1) (A) और (R) दोनों सही हैं और (A) की (R) सही व्याख्या करता है
(2) (A) और (R) दोनों सही हैं लेकिन (A) की (R) सही व्याख्या नहीं करता है।
(3) (A) सही है लेकिन (R) गलत है।
(4) (A) और (R) दोनों गलत हैं।

Ans : 4

7. Assertion (A): A variety of methods and tools should be used to assess children's learning as well as progress.

Reason (R): No single method of assessment is capable of providing comprehensive information about a child in different areas of development.

Choose the correct option:

(1) Both (A) and (R) are true and (R) is the correct explanation of (A).
(2) Both (A) and (R) are true but (R) is not the correct explanation of (A).
(3) (A) is true but (R) is false.
(4) Both (A) and (R) are false.

कथन (A) बच्चों के सीखने और तरक्की के मुल्यांकन के लिए विविध तरीकों व प्रणालियों का प्रयोग करना चाहिए।

तर्क (R) विभिन्न क्षेत्रों में बच्चों के विकास की समग्र जानकारी देने के लिए मुल्यांकन का एक तरीका काफी नहीं है।

सही विकल्प चुनें।

(1) (A) और (R) दोनों सही हैं और (R) सही व्याख्या करता है (A) की।
(2) (A) और (R) दोनों सही हैं लेकिन (R) सही व्याख्या नहीं है (A) की।
(3) (A) सही है लेकिन (R) गलत है।
(4) (A) और (R) दोनों गलत हैं।

Ans : 1

8. Which of the following statement characterizes assessment in a socio-constructivist classroom?

(1) Assessment should generate fear and stress among students and encourage competition.
(2) Assessment includes a variety of tools including portfolios, classroom interactions,
(3) Assessment is carried out to enhance the children's ability to reproduce information.
(4) Assessment should focus only on what the child does not know rather than what the child knows.

निम्न में से कौन सा कथन सामाजिक रचनात्मक कक्षाकक्ष में मूल्यांकन को चिन्हित करता है?

(1) मूल्यांकन को विद्यार्थियों में डर व तनाव पैदा करना चाहिए व प्रतिस्पर्धा को बढ़ावा देना चाहिए।
(2) मूल्यांकन में विविध प्रकार के तरीके जैसे पोर्टफोलियो, कक्षागत अंतः क्रियाएँ शामिल होने चाहिए।
(3) मूल्यांकन बच्चों के जानकारी के प्रयास्मरण की क्षमता को बढ़ाने के लिए किया जाता है।
(4) मूल्यांकन को केवल बच्ची क्या नहीं जानती पर केन्द्रित होना चाहिए बजाए इसके की बच्ची क्या जानती है।

Ans : 2

सामाजिक रचनात्मक कक्षाकक्ष में मूल्यांकन अन्तःक्रिया को महत्तव दिया जाता है। बच्चे सक्रिय रूप से सीखते है मूल्यांकन में पोर्टफोलियो आदि द्वारा बच्चे की प्रगति (progress) का अवलोकन किया जाता है।

9. An effective method to implement continous and comprehensive evaluation is:

(1) to access children periodically using a variety of strategies.
(2) to conduct assessment at the beginning and at the end of the year.
(3) through objective type written tests given to all children.
(4) through use of standardized tests for assessment.

निम्न में से सतत् व समग्र मुल्यांकन को लागू करने का प्रभावी तरीका कौन सा है?

(1) विभिन्न तरीकों का प्रयोग करते हुए बच्चों का समय-समय पर मुल्यांकन करना।

(2) साल के शुरू व अंत में मुल्यांकन करना।
(3) सभी विद्यार्थियों का मूल्यांकन वस्तुनिष्ठ लिखित परीक्षा देकर करना।
(4) मुल्यांकन के लिए मानकीकृत परिक्षाओं का इस्तेमाल करना।

Ans : 1

सतत् एवं समग्र मूल्यांकन (Continuous comprehensive Evaluation) में सतत् का अर्थ है पूरे साल मूल्यांकन (प्रतिदिन मूल्याकन)। व्यापक का अर्थ है हर पक्ष शैक्षिक (scholastic) एवं सह शैक्षिक (co-scholastic) दोनों पक्षों का मूल्यांकन।

Assessment should be :
(1) Holistic and continous,
(2) Standardised and exam centric.
(3) Summative and norm-referenced.
(4) Teacher-centered and discontinous

मुल्यांकन कैसा होना चाहिए?
(1) सर्वांगीण व समग्र
(2) मानकीकृत व परीक्षा केन्द्रित
(3) योगात्मक व मानक संदर्भित
(4) शिक्षक केन्द्रित व विच्छिन्न

Ans : 1

मूल्यांकन हर पक्ष का होना चाहिए ताकि बच्चे का सर्वांगीण विकास किया जा सके।

10. Assessment should NOT be undertaken:

(1) To find out the readiness levels of children
(2) To reflect upon and modify teaching - learning
(3) To induce fear and stress of learning among children
(4) To support and improve children's learning

मूल्यांकन किस उद्देश्य से नहीं किया जाना चाहिए?
(1) बच्चों की तैयारी के स्तर का पता लगाने
(2) शिक्षण-अधिगम पर मनन करने और उसमें संशोधन करने
(3) बच्चों में डर और सीखने का तनाव पैदा करने
(4) बच्चों की शिक्षा का समर्थन और सुधार करने के लिए

Ans : 3

मूल्यांकन, बच्चे में डर और तनाव दूर करने वाला होना चाहिए। डर और तनाव से बच्चे का निष्पादन (performance) घटता है। अध्यापक को सकारात्मक वातावरण (positive environment) द्वारा डर को दूर करना चाहिए।

11. Which of the following statements about assessment of children is NOT correct?

(1) Assessment should be only quantitative in the form of marks.
(2) Assessment should be done during the classroom activities.
(3) Observation of children is an important tool of assessment.
(4) Assessment should focus on understanding children's learning on a continuum..

बच्चों के आकलन के बारे में निम्नलिखित में से कौन सा कथन सही नहीं है?
(1) मूल्यांकन केवल अंक के रूप में मात्रात्मक होना चाहिए।
(2) कक्षा की गतिविधियों के दौरान मूल्यांकन किया जाना चाहिए।
(3) बच्चों का अवलोकन आकलन का एक महत्वपूर्ण उपकरण है।
(4) आकलन को बच्चों के सीखने को निरंतरता को समझने पर ध्यान देना चाहिए।

Ans : 1

मूल्यांकन मात्रात्मक के साथ-साथ गुणात्मक भी होना चाहिए (Quantitative as well as Qualitative)। मूल्यांकन हर पक्ष का होना चाहिए, ताकि बच्चे का बहुमुखी विकास (all-round development) किया जा सके।

12. Which of the following are key characteristics of Continuous and Comprehensive Evaluation?

(i) It's primary objective is to segregate and label childrens
(ii) It provides opportunities for teachers to reflect on their pedagogy.
(iii) It incorporates assessment as a part of learning.
(iv) It helps to promote learning by inducing fear and anxiety.

(1) (i) and (ii)
(2) (ii), (iii) and (iv)
(3) (ii) and (iii)
(4) (i), (ii), (iii) and (iv)

निम्न में से कौन सतत एवं समग्र मुल्यांकन के प्रमुख अभिलक्षण हैं?

(i) इसका प्राथमिक उद्देश्य विद्यार्थियों का पृथक्करण व नामीकरण है।
(ii) यह शिक्षकों को अपने शिक्षाशास्त्र पर मदद करने के अवसर देता है।
(iii) यह मुल्यांकन को सीखने का हिस्सा मानता है।
(iv) यह डर और चिंता पैदा करके सीखने को बढ़ाता है।

(1) (i) और (ii) (2) (ii) (iii) और (iv)
(3) (ii) और (iii) (4) (i), (ii), (iii) और (iv)

Ans : 3

13. Assessment for learning includes:

(i) Categorisation and labelling of students in same ability groups.
(ii) Understanding the processes of students' thinking.
(iii) Finding out readiness levels of students.

(1) (i), (ii) (2) (ii), (iii)
(3) (i), (iii) (4) (i), (ii), (iii)

अधिगम के आंकलन करने में निम्नलिखित में से क्या शामिल है?

(i) विद्यार्थियों को समान क्षमता वाले समूहों में वर्गीकृत करना और नामीकरण करना।
(ii) विद्यार्थियों के चिंतन प्रक्रियाओं को समझना।
(iii) बच्चों के सीखने की तैयारी के स्तर का पता लगाना।

(1) (i), (ii) (2) (ii), (iii)
(3) (i), (iii) (4) (i), (ii), (iii)

Ans : 2

14. Teachers should focus on use of________curriculum and______ assessment.

(1) Fragmented; standardised
(2) Decontextualised; summative
(3) Flexible; formative
(4) Uniform; normative

सिक्षकों को_____पाठ्यचर्या और_______ मूल्यांकन का उपयोग करना चाहिए।

(1) खंडित; मानकीकृत
(2) गैर-संदर्भित; योगात्मक
(3) लचीला; रचनात्मक
(4) एकसमान; मानक

Ans : 3

15. Which of the following statements about assessment of children is correct?

(1) Primary purpose of assessment is comparison.
(2) Primary purpose of assessment is to generate anxiety and fear.
(3) Assessment should be carried out using a variety of means,

(4) Assessment should not include self-assessment by children.

बच्चों के आकलन के बारे में निम्नलिखित में से कौन सा कथन सही है?

(1) मूल्यांकन का प्राथमिक उद्देश्य तुलना है।
(2) आकलन का प्राथमिक उद्देश्य चिंता और भय उत्पन्न करना है।
(3) मूल्यांकन विभिन्न साधनों का उपयोग करके किया जाना चाहिए।
(4) मूल्यांकन में बच्चों द्वारा स्व-मूल्यांकन शामिल नहीं होना चाहिए।

Ans : 3

16. In order to ensure continuous and comprehensive evaluation teachers should:

(1) Use summative assessment.
(2) Use formative assessment.
(3) Focus on scholastic aspects only.
(4) Focus on use of paper-pencil objective type testing only.

सतत और व्यापक मूल्यांकन सुनिश्चित करने के लिए शिक्षकों को चाहिए कि वे :

(1) योगात्मक मूल्यांकन का प्रयोग करें।
(2) रचनात्मक मूल्यांकन का प्रयोग करें।
(3) केवल शैक्षिक पहलुओं पर ध्यान दें।
(4) केवल पेपर पेंसिल वस्तुनिष्ठ प्रकार के परीक्षण के उपयोग पर ध्यान दें।

Ans : 2

17. Which of the following kind of assessment becomes 'Assessment as learning' for students?

(1) Assessment done by the teacher at the end of session
(2) Assessment done by special educator before the session
(3) Self-assessment by students
(4) Assessment done through standardised tests

निम्न में से किस प्रकार का मूल्यांकन, विद्यार्थियों के लिए 'अधिगम का रूप बन जाता है?

(1) सत्र के अंत में अध्यापक द्वारा किया गया मूल्यांकन
(2) सत्र से पहले विशिष्ट शिक्षक द्वारा किया गया मूल्यांकन
(3) विद्यार्थियों द्वारा किया गया स्व-मूल्यांकन
(4) मानकीकृत परीक्षणों द्वारा किया गया मूल्यांकन

Ans : 3

अधिगम के रूप में आकलन (Assessment as learning) में अध्यापक योग्यता के आधार पर बच्चों के 2 समूह बना देता है।

1. (Homogeneous group)
2. (Heterogeneous group)

बच्चा समूह में स्व आकलन (self assessment) और सहपाठी आकलन (Peer Assessment) से अपने अधिगम को बढाता है इसमें, निदान व उपचार बच्चे आपस में स्वयं का और एक दूसरे का आकलन करते है। यह एक रचनात्मक उपागम (Constructive Approach) है क्योंकि इसमें निदान व उपचार स्वयं बच्चे करते है।

18. Formative assessment is done

(1) at the end of session.
(2) through standardised tests only.
(3) thoughout the teaching-learning process.
(4) by a special educator only.

रचनात्मक आकलन

(1) सत्र के अंत में किया जाता है।
(2) केवल मानकीकृत परीक्षणों के माध्यम द्वारा किया जाता है।
(3) समूची शिक्षण-अधिगम प्रक्रिया के दौरान किया जाता है।
(4) केवल एक विशिष्ट शिक्षक द्वारा किया जाता है।

Ans : 3

19. In order to utilise assessment for the purpose of learning a teacher should

(1) Conduct exams at the end of session.
(2) Use standardised tests only.
(3) Do assessment on the basis of child's involvement with on-going activity.
(4) Make half-yearly exams compulsory for all.

सीखने के उद्देश्य हेतु आकलन का उपयोग करने के लिए, एक शिक्षक को चाहिए कि वह

(1) सत्र के अंत में परीक्षा का आयोजन करे।
(2) केवल मानकीकृत परीक्षणों का उपयोग करे।
(3) चल रही गतिविधि में बच्चे की भागीदारी के आधार पर आकलन करे
(4) सभी के लिए अर्ध - वार्षिक परीक्षा अनिवार्य करे।

Ans : 3

20. Assessment for learning should be:

(1) Contextual
(2) Standardised
(3) Norm-referenced
(4) Teacher-oriented

'अधिगम के लिए' मूल्यांकन किस प्रकार का होना चाहिए?

(1) संदर्भित
(2) मानकीकृत
(3) मानदंड - संदर्भित
(4) अध्यापक- अभिमुखी

Ans : 1

अधिगम के लिए मूल्यांकन (Assessment for learning) शिक्षण प्रक्रिया के दौरान होना चाहिए। ताकि विद्यार्थियों को समझा जा सकें।

21. The main objective of assessment should be:

(1) labelling the students based on their performance.
(2) complaining to the parents about what their ward cannot do.
(3) drawing comparisons and creating hierarchies among students.
(4) understanding the strengths and challenges faced by students in the process of learning.

मूल्यांकन का मुख्य उद्देश्य क्या होना चाहिए?

(1) प्रदर्शन के आधार पर विद्यार्थियों का नामीकरण करना।
(2) माता-पिता को उनके बच्चे की शिकायत करना कि वह क्या करने में असक्षम है।
(3) विद्यार्थियों में तुलना करना और पदानुक्रमता स्थापित करना।
(4) विद्यार्थियों द्वारा अधिगम प्रक्रिया में महसूस की जाने वाली चुनौतियों और उनके सामर्थ्य को समझना।

Ans : 4

22. To ensure focus on 'assessment for learning' rather then 'assessment of learning' it is important to include:

(i) Self -assessment
(ii) Peer-assessment
(iii) Quantitative feedback
(iv) Comparisons between students on quantitative parameters

1. (iii), (iv) 2. (i), (ii), (iii)
3. (ii), (iii), (iv) 4. (i), (ii), (iii), (iv)

'सीखने के आकलन' के बजाय सीखने के लिए आकलन' पर ध्यान केन्द्रित करना सुनिश्चित करने के लिए इसमें क्या शामिल करना महत्त्वपूर्ण है?

(i) स्व-मूल्यांकन
(ii) सहकर्मी -मूल्यांकन

(iii) गुणात्मक प्रतिक्रिया
(iv) मात्रात्मक मापदंडों के आधार पर छात्रों को बीच तुलना।

1. (iii) (iv) 2. (i) (ii) (iii)
3. (ii) (iii) (iv) 4. (i) (ii) (iii) (iv)

Ans : 2

23. Dynamic assessment helps to understand

1. the intelligence Quotient of a child
2. relative rank of the student in comparison to her peers
3. the specific learning needs of a child
4. if child is fit to study in a regular school or not

गत्यात्मक मूल्यांकन क्या समझने में मदद करता है?

1. बच्चे का बौद्धिक स्तर
2. समकक्षियों की तुलना में छात्रा का संबंधित पद
3. बच्चे की विशिष्ट अधिगम आवश्यकताएँ
4. कि बच्चा सामान्य (नियमित) विद्यालय में पढ़ने के लायक है या नहीं

Ans : 3

24. Which of the following statements about Assessment of children is **not** correct?

1. Assessment should be undertaken to facilitate learning and should involve diverse tools.
2. Assessment should always be conducted as an activity separate from teaching-learning.
3. Assessment should give the teacher an opportunity to reflect upon her pedagogical strategies.
4. Assessment should focus upon cognitive, physical as well as psychological domains.

बच्चों के मूल्यांकन के बारे में निम्नलिखित में से कौन-सा कथन सही नहीं है?

1. मूल्यांकन का प्रयोग सीखने को सुसाध्य करने के लिए किया जाना चाहिए तथा इसमें विविध तरीकों को शामिल करना चाहिए।
2. मूल्यांकन हमेशा शिक्षण अधिगम से अलग गतिविधि के रूप में किया जाना चाहिए।
3. मूल्यांकन को शिक्षक को अपनी शिक्षाशास्त्रीय गतिविधियों पर मनन करने के लिए मौके देने चाहिए।
4. मूल्यांकन को संज्ञानात्मक, शारीरिक व मनोवैज्ञानिक क्षेत्रों पर ध्यान केन्द्रित करना चाहिए।

Ans : 2

25. Which of the following questions tests higher-order thinking skills such as analysis and evaluation?

1. What differences do you find between private and public health services in your area and why?
2. What does the Civil Rights Act of 1964 state?
3. How many states are there in India?
4. How are the members of Legislative Assembly elected?

निम्नलिखित में से कौन-सा प्रश्न विश्लेषण व मूल्याँकन जैसी उच्चतर संज्ञानात्मक कौशल का आकलन करता है?

1. अपने क्षेत्र में आप निजी और सार्वजनिक स्वास्थ्य सेवाओं के बीच क्या अंतर पाते हैं और क्यों?
2. नागरिक अधिकार अधिनियम 1964 क्या प्रस्तावित करता है?
3. भारत में कितने राज्य हैं?
4. विधान सभा के सदस्य कैसे चुने जाते है?

Ans : 1

26. Which of the following statements about assessment is **NOT** correct?

   1. Assessment for learning takes place before, during and after the teaching - learning process.
   2. Assessment for learning should focus upon formative assessment.
   3. The process of assessment should be dynamic.
   4. Assessment should focus on use of standardized assessment tools.

   मूल्यांकन के बारे में निम्नलिखित में से कौन-सा कथन सही नहीं है?

   1. सीखने के लिए मूल्यांकन सीखने-सिखाने की प्रक्रिया के पहले, दौरान व बाद में होता है।
   2. सीखने के लिए मूल्याँकन रचनात्मक मूल्यांकन पर केन्द्रित होना चाहिए।
   3. मूल्यांकन की प्रक्रिया गतिक होनी चाहिए।
   4. मूल्यांकन में मानकीकृत उपकरणों के उपयोग पर ध्यान केन्द्रित करना चाहिए।

   Ans : 4

27. Teachers should detail the assessment of the child to the parents so that -

   1. The parents can correctly identify the label given to the child-slow, intelligent etc.
   2. The parents can gain an understanding into what and how the child has been learning.
   3. The parents can know what all their child cannot do.
   4. The parents can compare their child to other children in the class

   शिक्षकों को बच्चों के मूल्यांकन का विवरण उनके अभिभावकों को देना चाहिए जिससे –

   1. अभिभावकों को अपने बच्चे की पहचान कर उसे सही ढंग से नामांकित कर पाएँ – मंदबुद्धि, बुद्धिमान इत्यादि।
   2. अभिभावकों की अपने बच्चे के सीखने (क्या और कैसे) के बारे में समझ बन सके।
   3. अभिभावक जान पाएँ की उनका बच्चा क्या नहीं कर सकता।
   4. अभिभावक अपने बच्चे की तुलना कक्षा के बाकि बच्चों से कर पाएं।

   Ans : 2

   अध्यापक को बच्चों का मूल्यांकन विवरण अभिभावको को बताना चाहिए ताकि अभिभावक अपने बच्चों की प्रगति से अवगत हो सके।

28. Which of the following tools should be used by the teachers to assess children?

   (i) Work in groups
   (ii) Classroom participation
   (iii) Portfolios
   (iv) Presentations

   1. (iii), (iv) 2. (ii), (iii), (iv)
   3. (i), (iii), (iv) 4. (i), (ii), (iii), (iv)

   बच्चों का मूल्यांकन करने के लिए शिक्षकों को निम्नलिखित में से किन तरीकों का प्रयोग करना चाहिए?

   (i) समूह में कार्य
   (ii) कक्षा में भागीदारी
   (iii) पोर्टफोलियो
   (iv) प्रस्तुतीकरण

   1. (iii), (iv) 2. (ii), (iii), (iv)
   3. (i), (iii), (iv) 4. (i), (ii), (iii), (iv)

   Ans : 4

   अध्यापक विभिन्न तरीको से आकलन करके बच्चे के हर पक्ष की जानकारी एकत्रित करता है।

29. Errors in children's work:

1. confirms their intellectual inferiority over others.
2. definitely confirms the lack of preparedness on part of teacher.
3. should be ignored by the teacher to avoid disappointment among children.
4. should be thoroughly analyzed by the teacher and discussed with children.

बच्चों के कार्य में त्रुटियां /त्रुटियों को

1. दूसरों के समक्ष उनकी बौद्धिक निम्नता/ तुच्छता दर्शाती है।
2. आवश्यक रूप से शिक्षक की तैयारी में कमी को दर्शाती है।
3. अध्यापक को बच्चों में निराशा को दूर करने के लिए अनदेखा करना चाहिये।
4. शिक्षक द्वारा पूर्णतया विश्लेषण कर बच्चों से विचार-विमर्श करना चाहिए।

Ans : 4

बच्चों द्वारा की गई त्रुटियां सीखने का सकारात्मक चिह्न (positive sign) है। इसका अर्थ है बच्चे सीखने का प्रयास कर रहे है। अध्यापक को बच्चों की त्रुटियों का विश्लेषण करके बच्चों से विचार विमर्श करना चाहिए ताकि उपचार किया जा सके।

30. Assessment for learning includes -

(i) Assessment before, during and after the teaching-learning
(ii) Self-assessment
(iii) Formal as well as informal procedures
(iv) Feedback for students and the process of teaching-learning

1. (i) (iv)   2. (i) (ii) (iv)
3. (i) (iii) (iv)   4. (i) (ii) (iii) (iv)

सीखने के लिए आकलन में क्या शामिल है?

(i) सीखने-सिखाने से पहले, के दौरान व बाद में मूल्यांकन
(ii) स्व-मूल्यांकन
(iii) औपचारिक व अनौपचारिक पद्धतियों का प्रयोग
(iv) विद्यार्थियों व शैक्षणिक प्रक्रिया पर प्रतिक्रिया

1. (i) (iv)   2. (i) (ii) (iv)
3. (i) (iii) (iv)   4. (i) (ii) (iii) (iv)

Ans : 4

31. Which of the following is an effective way to assess critical thinking among student?

1. encourage the student to ask questions and analyze their responses.
2. test accuracy of repetition and recall by the students.
3. observe how closely children listen to direct instructions of the teacher.
4. analyze students' errors in copying of passages from the textbook.

विद्यार्थियों में समालोचनात्मक सोच का मूल्यांकन करने का प्रभावी तरीका क्या है?

1. बच्चों को प्रश्न पूछने के लिए प्रोत्साहित करना और उनके जवाबों का विश्लेषण करना
2. विद्यार्थियों द्वारा पुनरावृत्ति की परिशुद्धता और प्रत्यास्मरण का आकलन करना।
3. यह देखना कि शिक्षक द्वारा दिए प्रत्यक्ष निर्देशों को बच्चे कितने ध्यान से सुनते हैं।
4. विद्यार्थियों द्वारा पाठ्यपुस्तक में से नकल किए गए परिच्छेद की त्रुटियों का विश्लेषण करना।

Ans : 1

32. Which of the following questions would **NOT** assess critical thinking?

1. Find the value of x if the equation 2x = 12.
2. Think of the reasons for rise in level of pollution and explore possible solutions.
3. What measures can be suggested to promote religious harmony?
4. Can there be a proof of Pythagoras theorem using vedic mathematics?

निम्न में से कौन से प्रश्न आलोचनात्मक सोच का मूल्यांकन नहीं करेंगे?

1. समीकरण 2x = 12 में x का मान ज्ञात कीजिए।
2. प्रदूषण के बढ़ते स्तर का कारण सोचिये और उनके संभावित समाधान ढूंढ़िये।
3. धार्मिक सद्भावना को बढ़ाने के लिए क्या कदम सुझाए जा सकते हैं?
4. वैदिक गणित का उपयोग करके क्या पायथागोरस प्रमेय का प्रमाण दिया जा सकता है?

Ans : 1

जिस प्रश्न का एक उत्तर होता है वह आलोचनात्मक सोच का मूल्याकन नहीं करता।

33. Before deciding an assessment method for her class, what all should the teacher keep in mind?

(i) Who is going to use the results beside me?
(ii) What is the best way to find out learning curves of individual students?
(iii) Which method would help me to reflect on my pedagogy?
(iv) Which method would help to label and segregate students?

1. (i) (ii) (iii) 2. (i) (iv)
3. (i) (iii) (iv) 4. (i) (ii)

अपनी कक्षा के लिए मूल्यांकन पद्धति तय करने से पहले एक शिक्षक को किन बातों पर विचार करना चाहिए?

(i) मेरे अलावा इन परिणामों का उपयोग कौन करेगा?
(ii) विशिष्ट छात्रों के अधिगम वक्र का पता लगाने का सर्वोत्तम तरीका क्या है?
(iii) कौन-सा तरीका अध्यापिका को स्वंय के शिक्षाशास्त्र पर चिंतन में मदद करेगा?
(iv) कौन-सी विधि छात्रों को उच्चतम अंक पाने में मदद करेगी?

1. (i), (ii), (iii) 2. (i), (iv)
3. (i), (iii), (iv) 4. (i) (ii)

Ans : 1

34. Continuous and comprehensive evaluation entails which of these -

i) planning on parameters and tools of evaluation
ii) meticulous record keeping by the teacher
iii) periodic testing and ranking of children
iv) integration with the teaching -learning process

1. i, ii, iv 2. ii, iv
3. i, ii, iii 4. ii, iii

सतत् और व्यापक मूल्यांकन में इनमें से क्या शामिल है?

i. मूल्यांकन के मापदंडों और उपकरणों की योजना बनाना।
ii. शिक्षक द्वारा सावधानीपूर्वक रिकॉर्ड, अभिलेख को तैयार करना।
iii. बच्चों का समय-समय पर परीक्षण करना एवं उनको श्रेणीबद्ध करना।
iv. शिक्षण को अधिगम प्रक्रिया के साथ एकीकृत करना।

1. (i), (ii), (iv) 2. (ii), (iv)
3. (i), (ii), (iii) 4. (ii), (iii)

Ans : 1

(Continuous and Comprehensive Evaluation) सतत् एवं व्यापक मूल्यांकन में श्रेणीबद्ध नहीं किया जाता। श्रेणीबद्ध (Ranking) Summative Evaluation में होती है।

35. A collection of students' work on a variety of task throughout the meant for keeping a record of their performance is known as a -

1. Rubric 2. File
3. Data sheet 4. Portfolio

बच्चों द्वारा पूरे वर्ष के दौरान किए गए विभिन्न कार्यों का संग्रहण, जिसका लक्ष्य उनके प्रदर्शन का रिकॉर्ड रखना है, कहलाता है?

1. रूबरिक 2. फ़ाइल
3. आंकड़ों का प्रपत्र 4. पोर्टफोलियो

Ans : 4

पोर्टफोलियो एक ऐसा अभिलेख (file/ document) है जिसमे बच्चे के हर पक्ष का मूल्यांकन प्रत्यक्ष (Evidance) के साथ रखा जाता है। यह एक निश्चित समय अवधि (time period) के लिए होता है।

36. Which of the following is the example of Criterion-referenced assessment?

1. a test based on criterion of minimum level of learning.
2. a test with the percentile as evaluation criterion.
3. a test with 'z' scores as evaluation criterion.
4. a test which gives students rank in a class.

निम्न में से कौन-सा मानदंड-निर्देशित आकलन है?

1. अधिगम के निम्नतम स्तर को मानक निर्धारित करने वाला परीक्षण
2. शततमकता को आकलन आधार मानने वाला परीक्षण
3. 'Z' स्कोर को आकलन आधार मानने वाला परीक्षण
4. वह परीक्षण जो विद्यार्थियों को क्रम प्रदान करे

Ans : 1

मानदंड संदर्भित परीक्षण (Criteria Reference Test) में बच्चे की तुलना निर्धारित मानक या उद्देश्य से की जाती है जैसे CTET में बच्चे का निर्धारित मानक 90 marks है। बच्चे देखते है 90 से ऊपर है या नीचे।

37. Which of the following is **NOT** a feature of portfolio?

1. Portfolios collect work samples over time, reflecting development changes.
2. Portfolios involve students in design, collection and evaluation.
3. Portfolios promote self regulation by involving students in the assessment of their own learning progress.
4. Portfolios comprise of disconnected tests and quizzes and help in ascertaining the product of learning.

निम्नलिखित में से कौन सी पोर्टफोलियो की विशेषता नहीं है?

1. पोर्टफोलियो समय विशेष के दौरान किए गए कार्यों को संकलित करता है और विकासात्मक परिवर्तनों पर प्रकाश डालते हैं।
2. पोर्टफोलियो विद्यार्थी को अभिकल्प करने, संग्रह करने और मूल्यांकन में संलग्न करते हैं।
3. पोर्टफोलियो विद्यार्थी को स्वयं की अधिगम प्रगति के आकलन में संलग्न करके स्वनियमितता को समुन्नत करते हैं।

4. पोर्टफोलियो में असम्बद्ध परीक्षण और क्विज़ होते हैं और अधिगम के उत्पाद को सुनिश्चित करते हैं।

Ans : 4

Portfolio में स्व मूल्यांकन नहीं होता है। आकलन अध्यापक करता है।

UNIT - 2

GET IT ON Google Play

YOUTUBE

CHAPTER -13
NATIONAL EDUCATION POLICY 2020

1. According to National Education policy 2020, experiential learning will be adopted in all stages.

   What is NOT correct with respect to experiential learning?

   (i) It makes the teacher more active in the teaching-learning process than the students.
   (ii) It helps in connecting past experiences to gaining new knowledge and transfer of positive learning.
   (iii) It is completely based on the promotion of traditional bookish knowledge.
   (iv) It emphasizes on developing real and scientific understanding in students through experiences and experiments.

   (1) (ii), (iv) (2) (i), (iii)
   (3) (i), (iv) (4) (ii), (iii)

   राष्ट्रीय शिक्षा नीति 2020 के अनुसार अनुभवात्मक अधिगम को सभी चरणों में अपनाया जाएगा। अनुभवात्मक अधिगम के संदर्भ में क्या सत्य नहीं है?

   (i) छात्रों की अपेक्षा शिक्षक को शिक्षण-अधिगम प्रक्रिया में अधिक सक्रिय बनाता है।
   (ii) पिछले अनुभवों को नए ज्ञान प्राप्त करने और सकारात्मक सीखने के हस्तांतरण से जोड़ने में मदद करता है।
   (iii) पूरी तरह से पारंपरिक किताबी ज्ञान को बढ़ावा देने पर आधारित है।
   (iv) अनुभवों और प्रयोगों के माध्यम से छात्रों में वास्तविक व् वैज्ञानिक समझ विकसित करने पर जोर देता है।

   (1) (ii), (iv) (2) (i), (iii)
   (3) (i), (iv) (4) (ii), (iii)

   Ans : 2

   NEP 2020 विधार्थियो कि सक्रिय भागीदारी पर बल देती है। यह किताबी ज्ञान को बढ़ावा नहीं देती प्रयोगात्मक ज्ञान पर बल देती है।

2. What skills do contemporary policies of education such as National Education Policy 2020 propose should be developed in children?

   (1) Critical thinking
   (2) Competitive spirit
   (3) Passive reception
   (4) Recall

   राष्ट्रीय शिक्षा नीति 2020 जैसी शिक्षा की समकालीन नीतियों बच्चों में कौन से कौशल विकसित किए जाने का प्रस्ताव रखती हैं?

   (1) आलोचनात्मक सोच
   (2) प्रतिस्पधी की भावना
   (3) निष्क्रिय ग्रहण
   (4) रटने

   Ans : 1

   NEP 2020 शिक्षा द्वारा बच्चो में आलोचनात्मक सोच को बढ़ावा देती है। आलोचनात्मक चिंतन से तातपर्य है अपने स्वय के मतो पर चिंतन करना एवं प्रश्न पूछना।

3. Contemporary policies of education such as New Education Policy 2020 propose that learning should be :

   (1) Teacher oriented
   (2) Experiential
   (3) Behaviourist
   (4) Textbook centric

नई शिक्षा नीति 2020 जैसी समकालीन नीतियाँ सीखने के किस शिक्षाशास्त्र को प्रस्तावित करती हैं?

(1) शिक्षक केन्द्रित
(2) अनुभवात्मक
(3) व्यवहारवादी
(4) पाठ्यपुस्तक केंद्रित

Ans : 2

NEP 2020 अनुभवात्मक शिक्षा पर बल देती है बच्चो को अनुभव द्वारा ज्ञान।

4. According to NEP 2020, which language should a teacher use for interacting with primary / school children during the teaching-learning process?

(1) Only the regional language
(2) Only Hindi language
(3) Only English language
(4) Mother tongue of the children

राष्ट्रीय शिक्षा नीति 2020 के अनुसार, एक शिक्षक को शिक्षण-अधिगम प्रक्रिया के दौरान प्राइमरी स्कूल के बच्चों से संप्रेषण के लिए किस भाषा का प्रयोग करना चाहिए ?

(1) केवल क्षेत्रीय भाषा का
(2) केवल हिंदी भाषा का
(3) केवल अंग्रेजी भाषा का
(4) बच्चों की मातृ भाषा का

Ans : 4

NEP 2020 कि मातृभाषा के प्रयोग पर बल देती है मातृभाषा द्वारा बच्चे समायोजित होना सीखते है ।

5. Which of the following pedagogical strategies have been promoted by National Education Policy 2020 ?

(i) Drill and Practice
(ii) Rote memorisation
(iii) Inquiry-based learning
(iv) Discussion-based approach

(1) (i), (ii) only
(2) (i), (iii) only
(3) (iii), (iv) only
(4) (i), (iv) only

राष्ट्रीय शिक्षा नीति 2020 निम्न में से कौन-सी शिक्षाशास्त्रीय रणनीतियों को बढ़ावा देती है?

(i) वेधन पुनरावृत्ति और बार-बार अभ्यास
(ii) रट कर याद करना
(iii) अन्वेषण-आधारित अधिगम
(iv) चर्चा - आधारित उपागम

(1) केवल (i), (ii)
(2) केवल (i), (iii)
(3) केवल (iii), (iv)
(4) केवल (i), (iv)

Ans : 3

NEP 2020 पुनरावृत्ति और रटकर याद करने का समर्थन नहीं करती। अन्वेषण आधारित अधिनियम और सक्रिय भागीदारी द्वारा अधिनियम पर बल देती है।

6. National Education Policy (2020) recommends pedagogies which are

(1) exam-centric
(2) teacher-centric
(3) learner-centric
(4) exclusion-centric

राष्ट्रीय शिक्षा नीति (2020) किस प्रकार के शिक्षाशास्त्रों का प्रस्ताव रखती है?

(1) परीक्षा - केन्द्रित
(2) अध्यापक-केन्द्रित
(3) अधिगमकर्ता - केन्द्रित
(4) बहिष्कार – केन्द्रित

Ans : 3

NEP 2020 शिक्षाशास्त्रो को अधिगमकर्ता केंद्रित मानती है।

7. National Education Policy 2020 emphasises on:

(1) Multidisciplinary education
(2) Rigid curriculum
(3) Summative assessment
(4) Exam-centric pedagogy

राष्ट्रीय शिक्षा नीति 2020 ने किस पर जोर दिया है ?

(1) बहुविषयकता शिक्षा
(2)कठोर पाठ्यक्रम
(3)योगात्मक आकलन
(4)परीक्षा केन्द्रित शिक्षाशास्त्र

Ans : 1

बहु-विषयक शिक्षा छात्रों को गहन कौशल विकसित करने और व्यापक दृष्टिकोण के साथ समस्याओ को निपटने के लिये तैयार करती है और यह राष्ट्रीय शिक्षा निति 2020 एक मुख्य कदमो में से एक है।

8. Assertion (A) : According to the National Education Policy 2020, all children up to the fifth standard should be given education in their mother tongue.

Reason (R) : Young children learn and understand meaningful concepts more quickly in their mother tongue. Choose the correct option:

(1) Both (A) and (R) are true and (R) is the correct explanation of (A).
(2) Both (A) and (R) are true but (R) is not the correct explanation of (A).
(3) (A) is true but (R) is false.
(4) Both (A) and (R) are false.

अभिकथन (A) : राष्ट्रीय शिक्षा नीति 2020 के अनुसार पाँचवीं तक के सभी बच्चों को उनकी मातृभाषा में शिक्षा दी जानी चाहिए ।

कारण (R) : छोटे बच्चे अपनी मातृभाषा में सार्थक अवधारणाओं को अधिक तेजी से सीखते व समझते हैं ।

सही विकल्प चुनें:

(1) (A) और (R) दोनों सही हैं और (R), (A) की सही व्याख्या करता है।
(2)(A) और (R) दोनों सही हैं लेकिन (R), (A) की सही व्याख्या नहीं है।
(3)(A) सही है लेकिन (R) गलत है।
(4)(A) और (R) दोनों गलत हैं।

Ans : 1

NEP 2020 बहुभाषिकता को बढ़ावा देती है। जिसमे प्राथमिक कक्षाओं में मातृभाषा का प्रयोग करके बच्चो को समायोजित होने एवं अवधारणाओं को आसानी से समझने में सहायता मिलती है।

9. Which methods of learning are emphasized upon by National Education Policy 2020 ?

(i) Experiential learning
(ii) Digital Learning
(ii) Scientific learning
(iv) Learning by doing
(1) (i), (ii)
(2) (iii), (iv)
(3) (i), (ii), (iv)
(4) (i), (ii), (iii), (iv)

राष्ट्रीय शिक्षा नीति 2020 अधिगम के कौन-से तरीकों पर बल देती है ?

(i) अनुभवात्मक अधिगम
(ii) डिजिटल अधिगम
(ii) वैज्ञानिक अधिगम
(iv) करके सीखना
(1) (i). (ii)
(2) (iii), (iv)
(3) (i). (ii), (iv)
(4) (i), (ii), (iii), (iv)

Ans : 4

राष्ट्रीय शिक्षा निति 2020 अनुभव द्वारा सीखने, करके सीखना, डिजिटल अधिगम वैज्ञानिक अधिगम आदि तरीको पर बल देती है।

10. The purposes of assessment according to National Education Policy (2020) are
    (i) to generate stress and induce fear amongst students to ensure learning levels.
    (ii) to revise-teaching learning processes.
    (iii) to optimize learning and development.
    (iv) to support students inside and outside the classroom.
    1. (i) (ii) (iv) 2. (i) (iii)
    3. (i) (ii) (iii) 4. (ii) (iii) (iv)

    राष्ट्रीय शिक्षा नीति 2020 के अनुसार आकलन के क्या उद्देश्य हैं -
    (i) सीखने के स्तर को सुनिश्चित करने के लिये विद्यार्थियों में तनाव उत्पन्न करना और डर पैदा करना।
    (ii) अध्यापन-अधिगम क्रियाओं को दोहराना।
    (iii) अधिगम और विकास को अनुकूलित बनाना।
    (iv) कक्षा के अंदर और बाहर विद्यार्थियों को समर्थन देना।
    1. (i), (ii) और (iv)
    2. (i) और (iii)
    3. (i), (ii) और (iii)
    4. (ii), (iii) और (iv)

    Ans : 4

    विधार्थियो में तनाव उतपन्न करना और दर पैदा करना NEP 2020 का उद्देश्य नहीं है।

11. The shift proposed in National Education Policy 2020 is from -
    1. standardization to flexibility
    2. formative to summative assessment
    3. conceptual understanding to learning-for-exams
    4. multidisciplinary to rigidity

    राष्ट्रीय शिक्षा नीति 2020 में प्रस्तावित बदलाव है -
    1. मानकीकरण से लचीलापन
    2. रचनात्मक मूल्यांकन से योगात्मक मूल्यांकन
    3. संरचनाओं की समझ से परीक्षा के लिए सीखना
    4. बहुविषयकता से कठोरता

    Ans : 1

    NEP 2020 में रचनात्मक मूल्यांकन (formative assessment) पर बल दिया है NEP 2020 मानकीकरण से लचीलापन पर बल दिया है। जरूरत के हिसाब बदलाव करना

12. National Education Policy 2020 considers multilingualism
    1. as a hindrance in children's learning.
    2. as an asset in the classrooms.
    3. as a unnecessary complication in teaching-learning process.
    4. as a barrier to inclusive education.

    राष्ट्रीय शिक्षा नीति, 2020 बहुभाष्यता –
    1. को बच्चों के सीखने में एक रुकावट की तरह देखती है।
    2. को कक्षा में पूँजी के रूप में देखती है।
    3. शिक्षण-अधिगम की प्रक्रिया को एक अनावश्यक जटिलता के रूप में देखती है।
    4. समावेशी शिक्षा में अवरोध के रूप में देखती है।

    Ans : 2

    NEP 2020 बहुभाषयता को प्राथमिकता देता है ताकि अधिगम को सरल बनाने में सहायता करता न कि उसे जटिल बनाता है।

13. What does National Education Policy 2020 propose for retention of students from socioeconomically disadvantaged groups?

1. Rote learning
2. Standardisation of curriculum and assessment
3. Performance-oriented testing
4. Relatable and meaningful curriculum

राष्ट्रीय शिक्षा नीति, 2020 सामाजिक-आर्थिक रूप से वंचित समुदायों से आने वाले विद्यार्थियों के अवधारण के लिए क्या प्रस्तावित करती है?

1. रट कर सीखना
2. पाठ्यचर्या व मूल्यांकन का मानकीकरण
3. प्रदर्शन उन्मुख परीक्षण
4. संदर्भित व अर्थपूर्ण पाठ्यचर्या

Ans : 4

सामाजिक आर्थिक रूप से वंचित विधार्थियो के लीये पाठ्यचर्या अर्थपूर्ण एवं उनकी क्षमता आवश्यकता के अनुसार होनी चाहिए।

14. Which of the following are not proposed in National Education Policy 2020?

(i) Learning how to learn
(ii) Increasing course content
(iii) 360-degree holistic progress report card
(iv) Standardized curriculum, pedagogy and assessment

Choose the correct option.

1. (ii) (iv)　　2. (i) (iii)
3. (ii) (iii) (iv)　　4. (i) (ii) (iv)

राष्ट्रीय शिक्षा नीति, 2020 निम्नलिखित में से किसको प्रस्तावित नहीं करती?

i. यह सीखना कि कैसे सीखना है।
ii. विषय-वस्तु में बढ़ोतरी
iii. -360 डिग्री समग्र प्रगति रिपोर्ट कार्ड
iv. मानकीकृत पाठ्यचर्या, शिक्षाशास्त्र व मूल्यांकन

1. (ii) और (iv)　　2. (i) और(iii)
3. (ii), (iii) और (iv)　　4. (i), (ii) और (iv)

Ans : 1

NEP 2020 विषय वस्तु में बढ़ोतरी एवं मानकीकृत पाठ्यचर्या शिक्षाशास्त्र एवं मूल्यांकन को प्रस्तावित नहीं करता

15. According to national education policy 2020, the emphasis of education should be on -

1. Conceptual understanding
2. Decontextualized content
3. Rote learning
4. Learning - for exams

राष्ट्रीय शिक्षा नीति 2020, के अनुसार शिक्षा को किस पर बल देना चाहिए?

1. संकल्पनात्मक समझ
2. गैर-संदर्भित विषय-वस्तु
3. रट कर सीखना
4. परीक्षाओं के लिए सीखना

Ans : 1

NEP 2020 बच्चे कि संकल्पनात्मक समझ द्वारा शिक्षा को बल देता है।

16. According to National Education Policy 2020, the progress card of the students communicated to the parents would be

1. based on norm-referenced testing
2. based on criteria reference testing
3. a reflection of relative performance of students in comparison to classmates
4. a reflection of the progress as well as the uniqueness of the student

राष्ट्रीय शिक्षा नीति 2020 के अनुसार विद्यार्थियों का रिपोर्ट कार्ड जो अभिभावकों को दिया जाएगा, वह

1. मानक संदर्भित परीक्षण पर आधारित हो।
2. मापदंड संदर्भित परीक्षण पर आधारित हो।
3. विद्यार्थी के प्रदर्शन को उनके सहपाठियों

से तुलना के रूप में प्रस्तुत करें।
4. विद्यार्थी की प्रगति व विशिष्टता को प्रतिबिम्ब करें।

Ans : 4

NEP 2020 के अनुसार विधार्थी का 360 डिग्री समग्र प्रगति रिपोर्ट कार्ड बनाया जायेगा। विधार्थियो का रिपोर्ट कार्ड विधार्थी कि प्रगति व विशिष्टता को प्रतिबिम्ब करे।

17. To ensure retention of students from socio-economically disadvantaged groups, National Education Policy 2020 proposes the curriculum and pedagogy should be

1. centered around exams
2. centered around textbooks
3. engaging and contextual
4. standard and uniform

सामाजिक-आर्थिक रूप से वंचित समूहों के छात्रों का अवधारण सुनिश्चित करने के लिए राष्ट्रीय शिक्षा नीति 2020 प्रस्तावित करता है की पाठ्यचर्या और शिक्षाशास्त्र -

1. परीक्षाओं पर केन्द्रित हो।
2. पाठ्यपुस्तकों पर केन्द्रित हो।
3. संलगन और संदर्भित हो।
4. मानकीकृत व एकरूपी हो।

Ans : 3

NEP 2020 के अनुसार पाठ्यचर्या बच्चो को सलग्न करने वाली है। पाठ्यचर्या को वास्तविक अनुभव द्वारा समृद्धि एवं रचनात्मक बनाया जा सकता है।

18. The holistic 360 degree multi-dimensional report suggested by National Educational Policy 2020 proposes -

1. summative assessment.
2. assessment of rote memorization skills.
3. grading of children on the basis of paper-pencil tests.
4. inclusion of self-asessment and peer-assessment.

राष्ट्रीय शिक्षा नीति 2020 द्वारा सुझाई गयी समग्र, -360 डीग्री बहुआयामी रिपोर्ट क्या प्रस्तावित करती है?

1. योग्यात्मक आंकलन
2. यंत्रवत याद करने के कौशल का आंकलन
3. विद्यार्थियों को पेपर पेन्सिल परीक्षा आधारित श्रेणियों में बाँटना
4. स्वःआंकलन और समसमूह आंकलन का समावेश

Ans : 4

360 डिग्री बहुआयामी रिपोर्ट में अध्यापक समसमुह अभिभावक और स्वयं भी अपनी performance को अंक देता है।

19. National Education Policy 2020 proposes inclusion of _____ and _____ for assessment of children.

1. group work; self-assessment
2. projects; standard tests
3. standard tests; portfolios
4. norm-referenced; criterion-referenced tests

राष्ट्रीय शिक्षा नीति (2020) बच्चों के मूल्यांकन के लिए _____ और _______ के समावेश को प्रस्तावित करती है।

1. समूह कार्य: स्वः आकलन
2. परियोजना: मानकीकृत परीक्षा
3. मानकीकृत परीक्षा: पोर्टफोलियो बनाना
4. मानक निर्देशित: मानदंड निर्देशित परीक्षा

Ans : 1

NEP 2020 में मूल्यांकन समूह कार्य द्वारा किया जाता है समूह कार्य से बच्चो में स्वः आकलन करने कि क्षमता बढ़ती है ।

20. Which of the following has been advocated in the National Education Policy 2020?

(i) Holistic development of learners
(ii) Experiential learning
(iii) Reduction in curriculum content
(iv) Multilingualism

1. (i) (ii) 2. (ii) (iv)
3. (i) (ii) (iii) (iv) 4. (i) (ii) (iv)

राष्ट्रीय शिक्षा नीति, 2020 में निम्नलिखित में से किसकी वकालत की गई है?

i. शिक्षार्थियों का समग्र विकास
ii. अनुभवात्मक शिक्षा
iii. पाठ्यक्रम सामग्री में कटौती
iv. बहुभाषावाद

1. (i) (ii) 2. (ii) (iv)
3. (i) (ii) (iii) (iv) 4 (i) (ii) (iv)

Ans : 3

राष्ट्रीय शिक्षा निति विधार्थियो के समग्र विकास अनुभव द्वारा शिक्षा पाठ्यक्रम में कटौती बहुभाषिकता कि वकालत करती है।

21. Which of the following statement regarding proposals made by National Education Policy 2020 (NEP) is not correct?

1. NEP 2020 proposes that a variety of methods and strategies such as group work and role plays be used for assessment.
2. NEP 2020 proposes shift from formative to summative assessment.
3. NEP 2020 proposes that apart from assessment by the teacher other ways such as self - assesment and peer assessment should be encouraged.
4. NEP 2020 proposes that report card of the student should include progress in the cognitive, affective and psychomotor domains.

राष्ट्रीय शिक्षा निति 2020 (NEP) में प्रस्तावित कथनों में से निम्न में से कौन सा कथन सही नहीं है?

1. NEP 2020 मूल्यांकन के लिए विभिन्न प्रकार की विधियों और योजनाओं जैसे विधियां और योजनाएं जैसे कि समूह कार्य और भूमिका निर्वहन का प्रस्ताव रखती है?
2. NEP 2020 रचनात्मक मूल्यांकन से योगात्मक मूल्यांकन की ओर परिवर्तन का प्रस्ताव रखती है।
3. NEP 2020 प्रस्तावित करती है कि शिक्षक द्वारा किये गए आकलन से अलग आकलन के अन्य मार्गों जैसे कि स्वः आकलन तथा, समसमूह आकलन को भी प्रोत्साहित करना चाहिए।
4. NEP 2020 प्रस्ताव रखती है कि छात्रों के उन्नति पत्र में उनके संज्ञानात्मक, भावात्मक आयामों की प्रगति सम्मिलित होनी चाहिए।

Ans : 2

NEP 2020 रचनात्मक मूल्यांकन पर बल देती है।

22. Which of the following statement is NOT correct in the context of holistic, 360-degree, multidimensional report proposed for assessment of students in National Education Policy 2020?

1. The report will include self and peer assessment.
2. The report will include progress of students in the cognitive, affective and psychomotor domains.
3. The report will form an important link between home and school.
4. The report will focus on individual work only and not include group work.

राष्ट्रीय शिक्षा नीति 2020 में विद्यार्थियों के आकलन हेतु प्रस्तावित समग्र -360डिग्री, बहुआयामी रिपोर्ट के संदर्भ में कौन-सा कथन सही नहीं है?

1. रिपोर्ट में स्वयं का और सहपाठियों का आकलन सम्मिलित होगा।
2. रिपोर्ट में विद्यार्थियों कि संज्ञानात्मक, भावात्मक और मनोगत्यात्मक आयामों की प्रगति शामिल होगी।
3. रिपोर्ट घर और विद्यालय के मध्य एक महत्वपूर्ण संबंध बनाएगी।
4. रिपोर्ट केवल व्यक्तिगत कार्यों पर केन्द्रित होगी और सामूहिक कार्यों को शामिल नहीं करेगी।

Ans : 4

NEP 2020 में 360 डिग्री बहुआयामी रिपोर्ट केवल व्यक्तिगत कार्यो पलर ही केंद्रित नहीं होती। इसके व्यक्तिगत कार्य सामूहिक कार्य दोनों को शामिल किया गया है।

23. Which of the following does National Education Policy 2020 propose in the content of assessment?

1. Summative assessment
2. Learning for exams.
3. 360- degree multidimensional progress report cards
4. Paper and pencil based objective questions type tests

आकलन के संदर्भ में राष्ट्रीय शिक्षा नीति 2020 निम्न में क्या प्रस्तावित करती है?

1. योगात्मक आकलन
2. परीक्षा के लिए अधिगम
3. 360 डिग्री बहुआयामी प्रगति-उन्नति पत्र
4. पेपर और पेंसिल आधारित वस्तुनिष्ठ प्रश्न परीक्षण

Ans : 3

NEP 360 2020 डिग्री बहुआयामी प्रगति उन्नति पत्र शामिल करती है।

24. Which of the following tools / methods does National Education Policy 2020 propose for assessment of children?

(i) Role plays
(ii) Group work
(iii) Portfolios
(iv) Projects

1. (ii), (iii)
2. (i), (iii), (iv)
3. (ii), (iii), (iv)
4. (i), (ii), (iii), (iv)

विद्यार्थियों के आकलन के लिए राष्ट्रीय शिक्षा नीति 2020 द्वारा निम्न में से कौन से उपकरण विधियां प्रस्तावित की गई हैं?

(i) भूमिका अदा करना
(ii) समूह में कार्य करना
(iii) पोर्टफोलियो बनाना
(iv) परियोजना

1. (ii), (iii)
2. (i), (iii), (iv)
3. (ii), (iii), (iv)
4. (1), (ii), (iii), (iv)

Ans : 4

NEP 2020 उपरलिखित सभी विधियों को प्रस्तावित करती है ।

25. What should the holistic 360 degree multidimensional progress card proposed in the National education Policy 2020 reflect?

1. Comparison of the student performance with the marks across the state.
2. Progress of the learners in the cognitive, affective and psychomotor domains.
3. correct identification and labelling of the student in an eight point grade scale as per her cognitive capabilities.
4. Problem areas in the students' comprehension that the parents need to work upon.

राष्ट्रीय शिक्षा निति 2020 में प्रस्तावित समग्र 360 डिग्री बहुआयामी उन्नति पत्र को क्या दर्शाना चाहिए?

1. विद्यार्थियों के प्रदर्शन की दूसरे प्रदेशों में विद्यार्थियों के अंको से तुलना।
2. विद्यार्थियों की संज्ञानात्मक, भावात्मक व मनोगत्यात्मक आयामों में प्रगति।
3. विद्यार्थियों की संज्ञानात्मक क्षमताओं के अनुसार सही पहचान कर आठ बिंदु श्रेणी पैमाने पर नामांकन।
4. विद्यार्थी के अवधारणों में कमियाँ जिनपर अभिभावकों को मेहनत करनी है।

Ans : 2

360 डिग्री उन्नति पत्र में सभी पक्षों को प्रस्तावित किया जाता है। सीखने के तीनो पक्ष

1 संज्ञानात्मक 2 भावात्मक 3 क्रियात्मक

26. Which of the following statements is proposed in National Education Policy 2020?

1. Being educated in one's mother tongue is detrimental to educational and technological advancements
2. Schools should encourage children to learn and speak English as their first language.
3. Multilingualism has great cognitive benefits for young students.
4. Bilingual approach confuses students and hampers learning.

राष्ट्रीय शिक्षा नीति 2020 में निम्न में से कौन-सा कथन प्रस्तावित है?

1. अपनी मातृभाषा में शिक्षित होना शैक्षिक और प्रौद्योगिक उन्नति में बाधक है।
2. विद्यालयों को बच्चों को अंग्रेज़ी भाषा की प्रथम भाषा के रूप में सीखने और बोलने के लिए प्रोत्साहित करना चाहिए।
3. बाल विद्यार्थियों के लिए बहुभाषी होने के उच्च संज्ञानात्मक लाभ हैं।
4. द्विभाषीय उपागम विद्यार्थियों में उलझन पैदा करता है और सीखने में बाधा डालता है।

Ans : 3

NEP 2020 बहुभाषिकता का समर्थन करती है बहुभाषिकता से संज्ञानात्मक लाभ होता है।

27. As per National education policy 2020, education must -

(i) Be focused only on predetermined content
(ii) Focus on problem solving.
(iii) Develop critical thinking among learners.
(iv) Be inquiry driven and discovery-oriented.

1. (ii) (iii) (iv) 2. (i) (ii) (iii)
3. (i) (ii) (iv) 4. (i) (ii) (iii) (iv)

राष्ट्रीय शिक्षा नीति (2020) के अनुसार, शिक्षा को -

i. केवल पूर्व निर्धारित विषय वस्तु पर केंद्रित होना चाहिए।
ii. समस्या समाधान पर केंद्रित होना चाहिए।
iii. अधिगमकर्ताओं में समालोचनात्मक चिंतन का विकास करना चाहिए।
iv. अन्वेषण निर्धारित और खोज-आधारित होना चाहिए।

1. (ii) (iii) (iv) 2. (i) (ii) (iii)
3. (i) (ii) (iv) 4. (i) (ii) (iii) (iv)

Ans : 1

Sol. NEP 2020 समालोचनात्मक चिंतन विकास पर बल देती है। समालोचनात्मक चिंतन से बच्चे समस्या का समाधान सीखते है। अन्वेसन पर आधारित है।

28. National Education Policy 2020 recommends -

1. Multilingualism.
2. Monolingualism.
3. Standardization of curriculum.
4. Standardization of assessment.

राष्ट्रीय शिक्षा नीति 2020 क्या सिफारिश करती है?

1. बहुभाषावाद
2. एकभाषावाद
3. पाठ्यक्रम का मानकीकरण
4. मूल्यांकन का मानकीकरण

Ans : 1

NEP 2020 बहुभाषिकता की सिफारिश करती है ।

29. Which of the following has NOT been promoted by National Education Policy, 2020 in context of education of students with disabilities?

1. Appropriate infrastructure
2. One-on-one teachers and tutors
3. Compulsory Special Education
4. Suitable technological interventions

दिव्यांग छात्रों की शिक्षा के संदर्भ में निम्नलिखित में से किस प्रावधान को राष्ट्रीय शिक्षा नीति, 2020 द्वारा बढ़ावा नहीं दिया गया है?

1. उपयुक्त इमारती ढाँचा
2. प्रत्येक विद्यार्थी के लिए एक शिक्षा और निजी शिक्षक
3. अनिवार्य विशेष शिक्षा
4. उपयुक्त तकनीकी सुविधाएँ

Ans : 3

NEP 2020 के अनुसार दिव्यांग छात्र सामान्य विघालय (regular school)में शिक्षा ग्रहण करेंगे।

30. The central focus on National Education Policy 2020 is on-

1. Rigid curriculum, pedagogy and assessment.
2. Multidisciplinary and holistic education.
3. Learning towards and for exams.
4. Adoption of summative methods of assessment

राष्ट्रीय शिक्षा नीति, 2020 का केन्द्र बिंदु क्या है?

1. कठोर पाठ्यक्रम, शिक्षाशास्त्र और मूल्यांकन।
2. बहुविषयकता और समग्र शिक्षा।
3. परीक्षा की ओर और उसके लिए सीखना ।
4. आकलन के योगात्मक तरीको को अपनाना ।

Ans : 2

NEP 2020 बच्चो को ज्यादा से ज्यादा विषय का ज्ञान कराकर ताकि बच्चे 9th class में अपनी रूचि के अनुसार विषय चुन सके। NEP 2020 समग्र शिक्षा पर बल देती है ।

31. National Education Policy 2020 suggests that assessment -

1. must be undertaken through formal exams taken once in an academic year.
2. is important to find out a child's progress over a certain period of time.
3. must be at the centre of all educational activities.
4. is important to assign ranks to the children in order to merit.

राष्ट्रीय शिक्षा नीति, 2020 प्रस्तावित करती है कि मूल्यांकन —

1. शैक्षणिक वर्ष में एक बार ली जाने वाली

औपचारिक परीक्षाओं के माध्यम से किया जाना चाहिए।
2. एक निश्चित अवधि में बच्चे की प्रगति का पता लगाने के लिए महत्त्वपूर्ण है।
3. सभी शैक्षिक गतिविधियों का केंद्र होना चाहिए।
4. योग्ता के क्रम में बच्चों को रैंक देने के लिए महत्त्वपूर्ण है।

Ans : 2

NEP 2020 में मूल्यांकन से तातपर्य है एक निश्चित अवधि में बच्चे ने कितनी प्रगति की है को महत्वपूर्ण मानते है ।

32. Which of the following has not been advocated in the National Education Policy 2020?

(i) Emphasis on conceptual understanding
(ii) Summative assessment
(iii) Increasing curriculum content
(iv) Decreased use of Technology

1. (i) (ii) 2. (ii) (iv)
3. (i) (ii) (iii) 4. (ii) (iii) (iv)

राष्ट्रीय शिक्षा नीति, 2020 में निम्नलिखित में से किसकी वकालत नहीं की गई है?

i. संरचनात्मक समझ पर ज़ोर
ii. योगात्मक मूल्यांकन
iii. पाठ्यक्रम में वृद्धि
iv. प्रौद्योगिकी के उपयोग में कमी

1. (i) (ii) 2. (ii) (iv)
3. (i) (ii) (iii) 4. (ii) (iii) (iv)

Ans : 4

NEP 2020 formative assessment

पर बल देती है पाठ्यचया में विषय वास्तु की कटौती का समर्थन करती है। प्रौधोगिक के उपयोग को बढ़ावा देती है बच्चो कको सम्प्रयय समझने पर बल देती है।

33. National Education Policy 2020 emphasises on -

1. flexible multi-level activity based learning.
2. only the aspects related to cognitive development of children.
3. standardization of a national curriculum.
4. measurement of memorization abilities of children.

राष्ट्रीय शिक्षा नीति 2020 किस पर बल देती है?

1. लचीला बहु-स्तरीय गति आधारित अधिगम
2. बच्चों के केवल संज्ञानात्मक विकास से संबंधित पहलू
3. राष्ट्रीय पाठ्यचर्या के मानकीकरण पर
4. बच्चों के स्मरण कौशलों के मापन पर

Ans : 1

NEP 2020 गतिविधि लचीली होनी चाहिए। बच्चो के स्तर के अनुसार होनी चाहिए ।

34. The purpose of assessment as per the National Education Policy 2020 is to provide information on -

1. how to support the students in and out of the classroom.
2. comparison of the students performance with her classmates.
3. the gaps and deficiencies in student learning to accurately identify her failure.
4. memorization capacities of the student.

राष्ट्रीय शिक्षा नीति 2020 के अनुसार मूल्यांकन का उद्देश्य किसकी जानकारी देता है?

1. विद्यार्थी को कक्षा में व कक्षा के बाहर कैसे सहायता दी जा सकती है।
2. विद्यार्थी का उसके सहपाठियों की तुलना में प्रदर्शन।
3. विद्यार्थी के सीखने में कमियाँ व अभाव

ताकि उसकी असफलता की पुष्ठ पहचान की जा सके।
4. विद्यार्थी की रटने की क्षमता की जानकारी।

Ans : 1

NEP 2020 बच्चे के समग्र विकास(holistic development) के लिए कक्षा में और कक्षा के बाहर भी सहायता देने पर बल देती है ।

35. In the context of assessment, National Education Policy 2020 proposes -

1. Testing of higher order skills such as analysis and critical thinking.
2. Recall based objective types tests.
3. Summative methods of assessment.
4. Learning-for-exams.

आकलन के संदर्भ में राष्ट्रीय शिक्षा नीति 2020 क्या प्रस्तावित करती है?

1. विश्लेषण और आलोचनात्मक सोच जैसे उच्च क्रम के कौशल का परीक्षण।
2. प्रत्यास्मरण आधारित वस्तुनिष्ठ प्रकार के परीक्षण।
3. आकलन के योगात्मक तरीके
4. परीक्षा के लिए सीखना।

Ans : 1

NEP 2020 विश्लेषण और आलोचनात्मक सोच जैसे कौशल के विकास पर बल देती है ।

36. National Education Policy 2020 proposes a shift towards -

1. learning to learn
2. rote learning
3. increase in course content
4. standardization

राष्ट्रीय शिक्षा निति ,2020 किसकी ओर बदलाव का प्रस्ताव रकती है ?

1. यह सीखना कि कैसे सीखना है ।
2. रटकर सीखने की प्रक्रिया ।
3. पाठ्यक्रम सामग्री में वृद्धि
4. मानकीकरण

Ans : 1

NEP 2020 बच्चे कैसे सीखते है पर बल देती है।

37. National Education Policy 2020 emphasizes –

1. Flexibility of the curriculum
2. Standardization of the curriculum
3. De-contextualization of textbooks
4. Rote memorization of the textbooks

राष्ट्रीय शिक्षा नीति, 2020 किस पर जोर देती है?

1. पाठ्यचर्या का लचीलापन
2. पाठ्यचर्या का मानकीकरण
3. पाठ्यपुस्तकों का गैर-संदर्भीकरण
4. पाठ्यपुस्तकों को रट कर याद करना

Ans : 1

पाठ्यचर्या लचीलेपन से तातपर्य है छात्रों की आवश्यकताओं और क्षमताओं के अनुरूप पाठ्यचर्या। पिछड़े और अक्षम बच्चो को लाभ पहुंचने के लिए लचीलेपन की अवधारणा को प्रस्तुत किया गया।

38. As per National curriculum framework (2005), children –

1. are passive recipients of content delivered by teacher.
2. don't have the capacity to regulate their learning.
3. learn best through rote memorization.
4. play active role in construction of knowledge.

राष्ट्रीय पाठ्यक्रम रूपरेखा (2005) के अनुसार —

1. बच्चे शिक्षक द्वारा दी गयी सामग्री के निष्क्रिय प्रापक्ता हैं।

2. बच्चों में अधिगम को विनियमित करने की क्षमता नहीं होती है।
3. बच्चे रटने के माध्यम से सर्वश्रेष्ठ सीखते हैं।
4. बच्चे ज्ञान के निर्माण में सक्रिय भूमिका निभाते हैं।

Ans : 4

NEP 2020 संरचनावादी उपागम पर आधारित है जो बच्चो को सक्रिय ज्ञान निर्माता मानती है बच्चो की सक्रिय भागीदारी द्वारा अधिगम पर बल देती है।

39. National Education Policy 2020 proposes -

(i) reduction in content of school curriculum.
(ii) increased flexibility of school curriculum.
(iii) emphasis on rote learning.
(iv) emphasis on critical thinking.

1. (ii), (iv) 2. (i), (ii), (iii)
3. (i), (ii), (iv) 4.(ii), (iii), (iv)

राष्ट्रीय शिक्षा निति 2020 क्या प्रस्तावित करती हैं ?

(i) विद्यालय की पाठ्यचर्या की विषयवस्तु में कटौती ।
(ii) विद्यालय की पाठ्यचर्या के लचीलेपन में वृद्धि ।
(iii) रटन्त अधिगम को महत्व देना ।
(iv) विवेचनात्मक चिंतन को महत्व देना ।

1. (ii), (iv) 2. (i), (ii), (iii)
3. (i), (ii), (iv) 4.(ii), (iii), (iv)

Ans : 3

NEP 2020 रटंत मुक्त अधिगम पर बल देती है।

40. National Education Policy 2020 proposes that -

1. children in primary grades should be taught in home / local languages.
2. there should be one uniform language of instruction in primary classes.
3. teachers should be discouraged to use a bilingual approach.
4. multilingualism should be heavily discouraged.

राष्ट्रीय शिक्षा नीति (2020) यह प्रस्ताव रखती है कि-

1 प्राथमिक कक्षाओं के बच्चों को उनके घर की या स्थानीय भाषाओं में पढ़ाया जाना चाहिए।
2. प्राथमिक कक्षाओं में शिक्षा का माध्यम एक तरह की भाषा में ही उपयोग होना चाहिए।
3. शिक्षकों को द्विभाषिक उपागम को प्रयोग करने के लिए हतोत्साहित किया जाना चाहिए।
4. बहुभाषावाद को बिल्कुल भी बढ़ावा नहीं देना चाहिए।

Ans : 1

NEP 2020 प्राथमिक कक्षाओं में मातृभाषा के माध्यम से निर्देश देती है।

41. What should be the underlying principal for assessment according to National Education Policy 2020?

1. Primarily testing rote memorisation skills
2. Encouraging learning of content only
3. Optimizing learning and development for all students
4. Assessing students only into the cognitive domains through end of the year examination

राष्ट्रीय शिक्षा नीति (2020) के अनुसार आकलन के लिए अंतर्निहित सिद्धांत क्या होना चाहिए?

1. मुख्य रूप से रटने के कौशलों का परीक्षण करना।
2. केवल विषय-वस्तु के अधिगम के लिए प्रोत्साहित करना।
3. सभी विद्यार्थियों के लिए उनका सीखने और विकास का अनुकूलन करना।
4. विद्यार्थियों का वर्ष के अंत की परीक्षाओं के माध्यम से केवल संज्ञानात्मक आयाम का आकलन करना।

Ans : 3

NEP 2020 सभी विधार्थियो के लिए सीखने पर बल देती है। सभी विधार्थियो के विकास पर बल देते है।

42. National Education Policy 2020 proposes that education should be -

1. focused on drill and practice.
2. inquiry driven; discovery oriented.
3. textbook and teacher centric.
4. oriented towards learning for exams.

राष्ट्रीय शिक्षा नीति 2020 प्रस्तावित करती है कि शिक्षा_____होनी चाहिए।

1. वेधन और अभ्यास पर आधारित
2. अन्वेषण प्रेरित; खोज उन्मुखी
3. पाठ्यपुस्तक और शिक्षक केंद्रित
4. परीक्षा के लिए सीखने की ओर उन्मुख

Ans : 2

NEP 2020 खोज उन्मुखी होने चाहिए। अर्थात बच्चो को सक्रिय ज्ञान निर्माता माना गया है ।

43. Hetal speaks Gujarati at home and is fluent in reading and writing the language.The medium of instruction in her school is Hindi, a language she does not know. As per National Education Policy 2020, what measures must be taken by the school in this situation?

1. Hetal should be asked to speak only in Hindi at school.
2. All children should be encouraged to respect each other's native language to create a culture of multilingualism.
3. Teacher should ask Hetal to forget whatever she learns at home.
4. Hetal should be shifted to the section where English is the medium for instruction.

हेतल घर में गुजराती बोलती है और इस भाषा को पढ़ने और लिखने में उसका प्रवाह है। उसके विद्यालय में निर्देश का माध्यम हिन्दी है, वह यह भाषा नहीं जानती है।

राष्ट्रीय शिक्षा नीति 2020 के अनुसार इस स्थिति में विद्यालय को क्या करना चाहिए?

1. हेतल को विद्यालय में सिर्फ हिन्दी बोलने के लिए कहना चाहिए।
2. बहुभाषावाद की संस्कृति सृजित करने के लिए सभी बच्चों को एक-दूसरे की मातृभाषा का सम्मान करने के लिए कहना चाहिए।
3. अध्यापकों को हेतल से कहना चाहिए कि उसने जो कुछ भी घर में सीखा है, उसे भूल जाए।
4. हेतल को उस अनुभाग में भेज देना चाहिए जिसमें निर्देश का माध्यम अंग्रेजी है।

Ans : 2

बहुभाषिकता में सभी भाषाओ को सम्मान दिया जाता है। मातृभाषा के प्रयोग का समर्थन करते है। प्राथमिक कक्षाओं में।

44. National Education Policy 2020 proposes that______should be encouraged to promote______.

1. rote memorization; recall.
2. rote memorization; critical thinking.
3. experiential learning; critical

thinking.
4. experiential learning; recall.

राष्ट्रीय शिक्षा नीति 2020 के अनुसार______ का प्रयोग_______को प्रोत्साहित करने के लिए करना चाहिए?

1. कंठस्थीकरण; प्रत्यास्मरण
2. कंठस्थीकरण; समालोचनात्मक चिंतन
3. अनुभव जनित अधिगम; समालोचनात्मक चिन्तन
4. अनुभव जनित अधिगम; प्रत्यास्मरण

Ans : 3

NEP 2020 अनुभव द्वारा अधिगम बल देती है। और समालोचनात्मक चिंतन का अर्थ है अपने स्वयं के मतो पर चिंतन करना एवं प्रश्न पूछना।

45. Which of the following features is NOT prescribed in the National Education Policy 2020?

1. It is important to identify and foster the unique capabilities of each student.
2. Emphasis should be placed on conceptual understanding rather than rote learning and learning - for- exams.
3. There should be due focus on creativity and critical thinking to encourage logical decision - making and innovation.
4. Teachers should focus on use of rewards and punishment to promote compliance in children.

राष्ट्रीय शिक्षा नीति, 2020 में निम्नलिखित में से कौन-सा प्रावधान नहीं सुझाया है?

1. प्रत्येक विद्यार्थी की विशिष्ट क्षमताओं को पहचानना और बढ़ावा देना महत्वपूर्ण है।
2. रट्‌टा मार कर सीखने और परीक्षाओं के लिए सीखने की बजाए, संप्रत्ययात्मक समझ पर बल देना चाहिए।
3. सृजनात्मकता पर पर्याप्त ध्यान देना चाहिए और तार्किक निर्णय करने और नवाचारिता के प्रोत्साहित करने के लिए विवेचनात्मक चिंतन को बढ़ावा देना।
4. बच्चों में अनुपालन को बढ़ावा देने के लिए अध्यापक को इनाम और दंड को इस्तेमाल करना चाहिए।

Ans : 4

NEP 2020 इनाम और दंड के इस्तेमाल का समर्थन नहीं करती। बच्चो को दंड कभी नहीं देना।

NEP 2020

- NEP के निर्माण के लिए JUNE 2017 में ISRO के पूर्व Chief Dr K Kasthuri Rangan की अध्यक्षता में एक समिति का गठन किया गया था। इस समिति ने मई 2019 में NEP का मसौदा तैयार किया था

- Cabinet द्वारा Mhrd का नाम बदल कर Education Ministry करने को भी मंजूरी दी गयी है

- वर्ष 2030 तक अध्यापन के लिए न्यूनतम डिग्री योग्यता चार वर्षीय एकीकृत B.Ed डिग्री का होना अनिवार्य किया जायेगा

  - मुलभुत सिद्धांत जो बड़े स्तर पर शिक्षा प्रणाली और साथ ही व्यक्तिगत संस्थानों(Individual Institute) दोनों का मार्गदर्शन करेंगे, ये है:

- हर बच्चे की विशिष्ट क्षमताओं(Distinctive Competence) की स्वीकृति पहचान और उनके विकास हेतु प्रयास करना - शिक्षकों और अभिभावकों को इन क्षमताओं के प्रति संवेदनशील बनाना जिससे वे बच्चे की अकादमिक और अन्य क्षमताओं में उसके सर्वागीण विकास पर भी पूरा ध्यान दे।

- बुनियादी साक्षरता और संख्याज्ञान को सर्वाधिक प्राथमिकता देना जिससे सभी बच्चे कक्षा 3 तक साक्षरता और संख्याज्ञान जैसे सीखने के मूलभूत कौशलों को हासिल कर सके।

- लचीलापन (Flexibility), ताकि शिक्षार्थियों में उनके सीखने के तौर तरीके और कार्यक्रमों को चुनने की क्षमता हो|

- सभी ज्ञान की एकता और अखंडता को सुनिश्चित करने के लिए एक बहु विधयक दुनिया के लिए विज्ञान, सामाजिक विज्ञान, कला, मानविकी और खेल के बीच एक बहु विषयक (multi - disciplinary) और समग्र शिक्षा का विकास ।

- अवधारणात्मक समझ पर जोर, न की रटंत पद्धति और केवल परीक्षा के लिए पढाई ।

- रचनात्मकता और तार्किक सोच तार्किक निर्णय लेने और नवाचार को प्रोत्साहित करने के लिए ।

- नैतिकता मानवीय और संवैधानिक मूल्य जैसे , सहानुभूति, दुसरो के लिए सम्मान, स्वच्छता, शिष्टाचार, लोकतांत्रिक भावना, सेवा की भावना, सार्वजानिक संपत्ति के लिए वैज्ञानिक चिंतन, स्वतंत्रता, जिम्मेदारी, बहुलतावाद, समानता और न्याय ।

- बहु - भाषिकता और अध्ययन - अध्यापन के कार्य में भाषा में भाषा की शक्ति को प्रोत्साहन ।

- जीवन कौशल जैसे, आपसी संवाद सहयोग सामूहिक कार्य, और लचीलापन ।

- सीखने के लिए सतत मूल्यांकन पर जोर, इसके बजाय कि साल के अंत में होने वाली परीक्षा को केंद्र में रखकर शिक्षण हो जिससे कि आज कि कोचिंग संस्कृति को ही बढ़ावा मिलता है।

- तकनीकी के यथासंभव उपयोग पर जोर - अध्ययन अध्यापन कार्य में भाषा संबंधी बाधाओं को दूर करने में, दिव्यांग बच्चो के लिए शिक्षा को सुलभ बनाने में और शैक्षणिक नियोजन और प्रबंधन में ।

- सभी पाठ्यक्रम शिक्षण शास्त्र और निति में स्थानीय संदर्भ कि विविधता और स्थानीय परिवेश के लिए एक समान, हमेशा ध्यान में रखते हुए कि शिक्षा एक समवर्ती विषय है।

- सभी शैक्षिक निर्णयों कि आधारशिला के रूप में पूर्ण समता और समावेशन, साथ ही शिक्षा को लोगो की पहुँच और सामर्थ्य के दायरे में रखना - यह सुनिश्चित करने के लिए की सभी छात्र शिक्षा प्रणाली में सफलता हासिल कर सके ।

- स्कूल शिक्षा से उच्चतर शिक्षा तक सभी स्तरों के शिक्षा पाठ्यक्रम में तालमेल प्रारंभिक बाल्यवस्था देख भाल तथा शिक्षा से ।

National Education Policy (NEP) 2020

Vision of NEP 2020 (राष्ट्रीय शिक्षा नीति 2020 का दृष्टिकोण)

- एक शिक्षा प्रणाली जो सभी को उच्च गुणवत्ता वाली शिक्षा प्रदान करके|
- मौलिक अधिकारों (fundamental rights), कर्तव्यों (Duties) और संवैधानिक मूल्यों (constitutional values) के प्रति सम्मान की गहरी भावना विकसित करता है, अपने देश के साथ संबंध और एक बदलती दुनिया में अपनी भूमिका और जिम्मेदारी के प्रति जागरूक जागरूकता ।

Key Principles of NEP 2020

- सभी पाठ्यक्रम अध्यापन (curriculum teaching) और नीति में विविधता और स्थानीय संदर्भ के लिए सम्मान ।
- सामाजिक सहभाग (social involvement)
- परीक्षा के लिए रटने और सीखने के बजाय वैचारिक समझ (conceptual understanding) पर जोर दें ।

- **प्रारंभिक बाल्यावस्था देखभाल और शिक्षा (ECCE) तक सार्वभौमिक पहुंच**

- 3-8 आयु वर्ग के लिए मूलभूत शिक्षण पाठ्यक्रम को दो भागों में विभाजित किया गया है:
- a. ecce में 3-6 आयु वर्ग के लिए ।
- b. प्राथमिक विद्यालय में कक्षा 1 और 2 में 6 से 8 वर्ष की आयु|
- 3 से 6 वर्ष के बच्चों के लिए सार्वभौमिक पहुंच आंगनवाड़ी या पूर्वस्कूली में मुफ्त, सुरक्षित और उच्च गुणवत्ता वाले ईसीसीई तक पहुंच हो|
- पाँच वर्ष की आयु से पहले प्रत्येक बच्चा प्रारंभिक कक्षा या बाल वाटिका (Kindergarten) में चला जाएगा (अर्थात कक्षा 1 से पहले)
- बहुमुखी (versatile), लचीला (flexible), बहुस्तरीय, खेल आधारित, गतिविधि आधारित (activity based) और पूछताछ आधारित शिक्षा
- स्कूली शिक्षा की नई शैक्षणिक और पाठ्यचर्या संरचना (4+3+3+5) आंगनवाड़ी / प्री-स्कूल में 3 साल और स्कूल में 12 साल
- माध्यमिक चरण (4): बहु-विषयक अध्ययन, अधिक महत्वपूर्ण सोच, लचीलापन और विषयों की छात्र पसंद ।
- मध्य चरण (3): विज्ञान, गणित, कला, सामाजिक विज्ञान और मानविकी में अनुभवात्मक शिक्षा ।
- प्रारंभिक चरण (3): खेल, खोज, और गतिविधि-आधारित और इंटरैक्टिव कक्षा सीखना ।
- मूलभूत चरण (5): बहुस्तरीय, खेल/ गतिविधि-आधारित शिक्षा ।

School Education

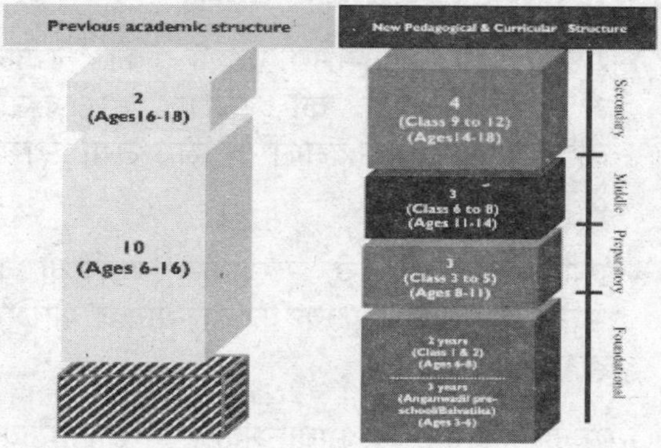

☆ Foundational Literacy and Numeracy

बुनियादी साक्षरता और संख्यात्मकता

Need of FLN (FLN क्यों आवश्यक हैं ?)

- Low learning levels सीखने का निम्न स्तर ।
- Increased drop-out rate विद्यालय छोड़ने के मामलो में बढ़ोतरी ।
- Inappropriate language and mathematical skill अनुपयुक्त भाषा व गणितीय कौशल ।
- कक्षा 3 में आने तक सभी बच्चे पढने व लिखने में सक्षम हो |
- FLN निपुण भारत योजना की शुरुआत वर्ष 2020 में लायी गयी शिक्षा नीति के बेहतर क्रियान्वयन के लिए 05 जुलाई 2021 को भारत सरकार द्वारा की गयी|

- **बचपन की शिक्षा: प्रारंभिक वर्षों में सीखना**

- जिज्ञासा का विकास करना
- तार्किक सोच (logical thinking) और समस्या समाधान (problem solving)
- कला शिल्प (arts and crafts) और संगीत (music)
- रंग, आकार, अक्षर और संख्याएँ
- Team work और सहयोग
- खेल आधारित और खोज आधारित शिक्षा

- **Reduction in Curriculum: by:-**

- सभी विषयों में पाठ्यक्रम को उनके मूल अनिवार्यताओं तक कम किया जाए ।
- समग्र शिक्षा के लिए महत्वपूर्ण सोच, पूछताछ, खोज, चर्चा और विश्लेषण आधारित शिक्षण और सीखने के तरीकों पर ध्यान केंद्रित करें ।
- कौशल आधारित शिक्षा को बढ़ावा देने और रटंत आधारित शिक्षा को कम करने के लिए पाठ्यक्रम और शिक्षाशास्त्र को 2022 तक बदलना होगा ।
- स्कूली शिक्षा के लिए एनसीएफ और शिक्षक शिक्षा के लिए एनसीएफ 2005 का 2021 तक संशोधन ।

☆ Innovative Pedagogy: Transforming teaching learning processes

- अनुभवात्मक, पूछताछ और खोज आधारित शिक्षण अधिगम विधियों पर ध्यान केंद्रित करना ।
- कला, खेल और कहानी कहने और आईसीटी एकीकृत शिक्षाशास्त्र ।
- विभिन्न प्रकार के विषय संयोजन चुनने की स्वतंत्रता प्रदान की जानी है।

- शैक्षणिक कलैण्डर में बिना बैग के दिन निर्धारित किए जाएंगे।

☆ Examination in grades 1 to 8

- उपलब्धियों को ट्रैक करने के लिए कक्षा ,3 5 और 8 में महत्वपूर्ण स्तर पर जनगणना मूल्यांकन ।
- आवश्यक सीखने के परिणामों की उपलब्धि पर ध्यान केंद्रित करने के लिए परीक्षण ।
- मुख्य अवधारणा और ज्ञान का आकलन, उच्च-क्रम कौशल और वास्तविक जीवन स्थितियों में इसका अनुप्रयोग।

☆ Reforming examinations in grade 9 to 12 including board exams

- खोजे जाने वाले व्यवहार्य मॉडल वार्षिक / सेमेस्टर / मॉड्यूलर परीक्षाएं, दो भागों में वस्तुनिष्ठ प्रकार और वर्णनात्मक प्रकार की परीक्षा होती है।
- SCERT , मूल्यांकन बोर्ड (BoAs) और PARAKH के परामर्श से NCERT द्वारा दिशानिर्देश तैयार किए जाएंगे।
- PARAKH नेशनल सेंटर के माध्यम से स्कूल बोर्डों के लिए मानक, मानदंड और दिशानिर्देश ।
- PARAKH - Performance Assessment, Review, and Analysis of Knowledge for Holistic Development
- PARAKH के उद्देश्य
- मूल्यांकन और मूल्यांकन के लिए मानदंड, मानक और दिशानिर्देश निर्धारित करना ।
- राज्य उपलब्धि सर्वेक्षण (SAS) का मार्गदर्शन करना ।
- राष्ट्रीय उपलब्धि सर्वेक्षण (NAS) का आयोजन ।
- देश में सीखने के परिणामों की उपलब्धि की निगरानी करना ।

☆ Holistic Progress Card

- राज्यों/संघ शासित प्रदेशों को स्कूलों में प्रगति कार्डों को समग्र, -360डिग्री, बहुआयामी रिपोर्ट बनाने के लिए नया स्वरूप देना होगा ।
- प्रगति कार्ड में स्व मूल्यांकन, साथियों का मूल्यांकन और शिक्षक का मूल्यांकन शामिल होगा ।
- संज्ञानात्मक, भावात्मक, सामाजिक-भावनात्मक और साइकोमोटर डोमेन में शिक्षार्थी की प्रगति और विशिष्टता को दर्शाने वाले कार्ड ।

☆ विशेष आवश्यकता वाले बच्चों की सहायता करना (CWSN)

• नियमित स्कूली शिक्षा

- विशेष आवश्यकता वाले बच्चों को प्रारंभिक से उच्च शिक्षा स्तर तक नियमित स्कूली शिक्षा प्रक्रिया में एकीकृत किया जाएगा ।

• मॉड्यूल

- एनआईओएस भारतीय सांकेतिक भाषा सिखाने के लिए उच्च गुणवत्ता वाले मॉड्यूल विकसित करेगा ।

• सर्टिफिकेट कोर्स

- विशेष शिक्षक बनने के लिए सेवा पूर्व और सेवाकालीन शिक्षकों के लिए सर्टिफिकेट कोर्स ।

• वैकल्पिक स्कूल

- वैकल्पिक शैक्षणिक शैलियों को संरक्षित करने के लिए स्कूलों के वैकल्पिक रूपों को प्रोत्साहित किया जाएगा ।

☆ सभी स्तरों पर व्यावसायिक शिक्षा को एकीकृत करना

• अभ्यास आधारित पाठ्यक्रम

- ग्रेड 6-8 के लिए एक अभ्यास-आधारित पाठ्यक्रम उचित रूप से डिज़ाइन किया जाना चाहिए ।

- **कौशल गैप विश्लेषण**

- कौशल अंतर विश्लेषण और स्थानीय अवसरों की मैपिंग पर आधारित फोकस क्षेत्र ।

- **ओपन डिस्टेंस लर्निंग मोड**

- ओपन एंड डिस्टेंस लर्निंग (ODL) मोड के माध्यम से पेश किए जाने वाले पाठ्यक्रम।

- **व्यावसायिक शिक्षा के लिए एक्सपोजर**

- 2025 तक, कम से कम 50% शिक्षार्थियों के पास व्यावसायिक शिक्षा का अनुभव होगा ।

- **व्यावसायिक शिल्प**

- ग्रेड 6-8 के सभी छात्र व्यावसायिक शिल्प विकसित करने के लिए बढ़ई, माली, कुम्हार, कलाकार आदि जैसे स्थानीय व्यावसायिक विशेषज्ञों के साथ इंटर्नशिप करेंगे।

☆ बहुभाषावाद और भाषा सीखने की शक्ति

- कक्षा 5 तक शिक्षा का माध्यम, और यदि संभव हो तो कक्षा 8 और उससे आगे तक, घरेलू भाषा/मातृभाषा/स्थानीय भाषा होगी।

- 'द लैंग्वेजेस ऑफ इंडिया' एक मजेदार प्रोजेक्ट/गतिविधि है जिसे हर छात्र को लेना है ।

- संवैधानिक प्रावधानों, लोगो, क्षेत्रों और संघ की आकांक्षाओं और बहुभाषावाद और राष्ट्रीय एकता को बढ़ावा देने की जरूरत का ध्यान रखते हुए त्रि - भाषा फार्मूला को लागू किया जाना जारी रहेगा। हालाँकि, तीन भाषा के इस फार्मूला में काफी लचीलापन रखा जाएगा और किसी भी राज्य पर कोई भाषा थोपी नहीं जाएगी। बच्चो द्वारा सीखी जाने वाली तीन भाषाओ के विकल्प राज्यों, क्षेत्रों और निश्चित रूप से छात्रों के स्वयं के होंगे, जिसमे से कम से कम तीन में दो भाषाएँ भारतीय भाषाएँ हो। विशेष रूप से जो छात्र तीन में से एक या अधिक भाषाओ को बदलना चाहते है, वे ऐसा ग्रेड 6 या 7 में कर सकते है लेकिन ऐसा करने के लिए उन्हें तीनो भाषाओं में जिसमे एक भारतीय भाषा को उसके साहित्य के स्तर पर अध्ययन करना शामिल है, माध्यमिक कक्षाओं के अंत तक बुनियादी दक्षता हासिल करके दिखाना होगा।

- भारतीय भाषाओ और अंग्रेजी में उच्चतर गुणवत्ता वाले कोर्स के अलावा विदेशी भाषाएं, जैसे कोरियाई, जापानी, थाई, फ्रैंच, जर्मन, स्पेनिश, पुर्तगाली, और रुसी भी माध्यमिक स्तर पर व्यापक रुप से अध्ययन हेतु उपलब्ध करवाई जाएँगी, ताकि विधार्थी विश्व - संस्कृतियों के बारे में जाने|

- **स्थानीय विषय वस्तु और आस्वाद के साथ राष्ट्रीय पाठ्यपुस्तक**

- स्कूली पाठ्यक्रम के बोझ में कमी और बढ़े हुए लचीलेपन और रटकर सीखने के बजाए रचनावादी तरीके से सीखने पर नए सिरे से जोर के साथ साथ स्कूल की पाठ्यपुस्तकों में भी बदलाव होने चाहिए।

- **विधार्थियो के विकास के लिए आकलन में परिवर्तन**

- हमारी स्कूल शिक्षा प्रणाली की संस्कृति में आकलन के उद्देश्य को योगात्मक - जो मुख्य रूप से रटकर याद करने के कौशल को ही जांचता है। से हटाकर नियमित रचनात्मक आकलन की और ले जाना होगा - जो अधिक दक्षता आधारित है । हमारे विद्यार्थियों से सीखने और उनके विकास को बढ़ावा देता है । आकलन का प्राथमिक उद्देश्य वास्तव में सीखने के लिए होगा|

- **सतत व्यावसायिक विकास (CPD)**

शिक्षक को खुद में सुधार करने के लिए

और पेशे से संबंधित आधुनिक विचार और नवाचार को सीखने के लिए सतत अवसर दिये जाएंगे। इन्हें स्थानीय, क्षेत्रीय, राज्य, राष्ट्रीय और अंतरराष्ट्रीय कार्यशालाओं के साथ-साथ ऑनलाइन शिक्षक विकास मॉड्यूल के रूप में कई तरीकों में पेश किया जाएगा। प्लेटफ़ॉर्म (विशेष रूप से ऑनलाइन प्लेटफ़ॉर्म) विकसित किए जाएंगे ताकि शिक्षक विचारों और सर्वोत्तम प्रथाओं को साझा कर सकें। प्रत्येक शिक्षक से अपेक्षित होगा कि वे स्वयं के व्यावसायिक विकास के लिए स्वेच्छा से प्रत्येक वर्ष लगभग 50 घंटों के सीपीडी कार्यक्रम में हिस्सा लें।

- **कॅरियर मैनेजमेंट और प्रगति (CMP)**

उत्कृष्ट प्रदर्शन कर रहे शिक्षकों की पहचान की जानी चाहिए और उन्हें पदोन्नति और वेतन वृद्धि दी जानी चाहिए जिससे कि सभी शिक्षकों को अपना बेहतरीन कार्य करने के लिए प्रोत्साहन मिले।

- **प्रायोगिक ज्ञान (EXPERIENTIAL KNOWLEDGE)**

सभी चरणों में, अनुभवात्मक शिक्षा को अपनाया जाएगा, जिसमें व्यावहारिक शिक्षा, कला-एकीकृत और खेल-एकीकृत शिक्षा, कहानी-आधारित शिक्षाशास्त्र, दूसरों के बीच, प्रत्येक विषय के भीतर मानक शिक्षाशास्त्र के रूप में और विभिन्न विषयों के बीच संबंधों की खोज शामिल है।

CHAPTER -14

RPWD ACT

1. Repetitive and ritualistic behaviour is an identifying characteristic of:

   (1) Attention Deficit Hyperactivity Disorder
   (2) Cerebral palsy
   (3) Autism Spectrum Disorder
   (4) Learning Disabilities

   दोहराव व बारम्बार किए जाने वाला व्यवहार किसकी विशिष्ट पहचान हैं?

   (1) ध्यान न्यूनता अतिक्रियाशीलता विकार की
   (2) मस्तिष्क पक्षाघात की
   (3) स्वलीन क्रम विकार की
   (4) अधिगमात्मक विकलांगता की

   Ans : 3

2. In an inclusive classroom:

   (1) 'Special children are looked upon as needy and dependent.
   (2) All children follow same curriculum and uniform pedagogy is adopted for all learners.
   (3) 'Special children' always work on their own curriculum.
   (4) All children have access to and are included in classroom activities.

   एक समावेशी कक्षा में:

   (1) 'विशेष' बच्चों को जरूरतमंद और आश्रित के रूप्रे में देखा जाता है।
   (2) सभी बच्चे समान पाठ्यचर्या का पालन करते हैं और सभी शिक्षार्थियों के लिए समान शिक्षाशास्त्र अपनाया जाता है।
   (3) 'विशेष बच्चे' हमेशा अपने पाठ्यचर्या पर काम करते हैं।
   (4) सभी बच्चों की कक्षा की गतिविधियों तक पहुँच है और वे कक्षा की क्रिया में शामिल हैं।

   Ans : 4

3. Children with 'learning difficulties' typically:

   (1) Have confusion with letter and alphabets that look alike.
   (2) Have very low IQ as diagnosed through standard intelligence tests.
   (3) Have difficulties in reading due to their poor sight.
   (4) Have problems in regulating their emotions.

   आमतौर पर 'सीखने की अक्षमता/कठिनाइयों' वाले बच्चों में

   (1) एक जैसे दिखने वाले अक्षर और वर्ण को लेकर भ्रम होता है।
   (2) मानक बुद्धि परीक्षणों के माध्यम से निदानित बहुत कम बुद्धि लब्धि होती है।
   (3) नजर कमजोर होने के कारण पढ़ने में परेशानी होती है।
   (4) अपनी भावनाओं को नियंत्रित करने में समस्या होती है।

   Ans : 1

4. Which is the following is the latest legislation passed by the Indian Parliament for people with disability?

   1. National Education Policy
   2. Person with Disabilities (Equal Opportunities, Protection of Rights and Full Participation) Act
   3. Rights of Persons with Disabilities Act

4. Right to Education Act

भारतीय संसद ने दिव्यांग व्यक्तियों के लिए निम्नलिखित में से कौन सा कानून हाल ही में पारित किया गया है?

1. राष्ट्रीय शिक्षा नीति
2. नि:शक्त व्यक्ति (समान अवसर, अधिकार संरक्षण और पूर्ण भागीदारी) अधिनियम
3. दिव्यांगता के साथ व्यक्तियों का अधिकार अधिनियम
4. शिक्षा का अधिकार अधिनियम

Ans : 2

दिव्यांगता के साथ व्यक्तियों का अधिकार अधिनियम 2016 में आया था जबकि नि:शक्त व्यक्ति अधिनियम 1995

5. _____is an example of assistive technology to aid mobility for students with locomotor disability.

(1) Wheelchair
(2) Large print books
(3) Word prediction software
(4) Tactile materials

निम्न में से कौन सा शारीरिक गतिक विकलांगता से जुझते विद्यार्थियों के लिए गतिशीलता सहायक तकनीक का उदाहरण है?

(1) व्हीलचेयर / पहिया कुर्सी
(2) बड़ी मुद्रणवाली किताबें
(3) शब्द भविष्यवाणी वाला सॉफ्टवेयर
(4) स्पर्श सामग्री

Ans : 1

पहिया कुर्सी शारीरिक गतिक विकलांगता से झुझते विधार्थियो के लिए सहायक तकनीक होगी क्योकि शारीरिक गतिक विकलांगता के अंदर चलने में दिक्क्त आती है।

6. Which of the following has been promoted by Right of persons with disabilities Act (2016)?

1. Compulsory special education for persons with disabilities.
2. Discrimination in assessing entitlements based on disabilities.
3. Denial of Right to Education for persons with disabilities.
4. Equality and non-discrimination in all spheres of life.

निम्न में से किसे दिव्यांगजन अधिकार अधिनियम (2016) में बढ़ावा दिया है?

1. दिव्यांगजनो के लिए विशिष्ट शिक्षा की अनिवार्यता।
2. दिव्यांगता के आधार पर अधिकारों के उपागमन में भेदभाव।
3. दिव्यांगजनो की शिक्षा के अधिकार से बेदखली।
4. जीवन से सभी क्षेत्रों में समानता और गैर-भेदभाव।

Ans : 4

क्योकि दिव्यांगजन अधिकार अधिनियम 2016 समानता की बात करता है जीवन से सभी क्षेत्रों में समानता के अधिकार की बा करता है।

7. Which of the following principles is advocated by Right of Persons with Disabilities Act, 2016?

1. Segregation 2. Labeling
3. Inclusion 4. Integration

दिव्यांगजन अधिकार अधिनियम (2016) निम्न में से किस सिद्धांत को पक्षपोषित करता है ?

1. पृथकीकरण 2. नामीकरण
3. समावेशन 4. एकीकरण

Ans : 3

दिव्यांगजन अधिकार अधिनियम 2016 सभी दिव्यांगों के लिए हर क्षेत्रों में समानता के अवसर की बात करता है। जो की शिक्षा के क्षेत्र में समाविशन से प्राप्त होता है।

8. According to 'The Rights of Persons with Disabilities Act, 2016', the correct way to refer to a person who has limitations in intellectual functioning is-

1. mentally retarded
2. person with intellectual handicap
3. mentally handicap
4. person with intellectual disability

Ans : 3

"दिव्यांगजन अधिकार अधिनियम, 2016' के अनुसार बौद्धिक क्रियाशीलता में सीमाबद्धता वाले व्यक्ति को संबोधित करने का उचित तरीका क्या है?

1. मानसिक मंदित
2. बौद्धिक रूप से विकलांग व्यक्ति
3. मानसिक विकलांग
4. व्यक्ति जिसे बौद्धिक अक्षमता है

Ans : 4

व्यक्ति जिसे बौद्धिक अक्षमता (intellectual disability)है यह कथन दिव्यांजन अधिकार अधिनियम 2016 के अनुसार बौद्धिक क्रियाशीलता में सिमाबद्रता वाले व्यक्ति को संबंधित करता है।

9. In order to promote and facilitate education, which of the following set of measures have been proposed under Right of persons with disabilities Act (2016)?

(i) conduct survey of school going children in every five years
(ii) ensure uniform and standardised curriculum system for all
(iii) provide books, other learning materials and appropriate assistive devices
(iv) use of appropriate augmentative and alternative modes of communication

1. (i), (ii), (iii) 2. (i), (ii), (iv)
3. (i), (iii), (iv) 4. (ii), (iii), (iv)

समावेशी शिक्षा के बढ़ावे और सुसाध्यन हेतु, दिव्यांगजन अधिकार आधिनियम (2016) के अंतगर्त निम्न में से युक्तियों के किस समूह को प्रतिपादित किया है?

i. विद्यालय जाने वाले बालकों का हर पाँच वर्ष में सर्वेक्षण करना।
ii. सभी के लिए एकरूपी और मानकीकृत पाठ्यक्रम और परीक्षा प्रणाली सुनिश्चित करना।
iii. पुस्तकें, अन्य अधिगम सामग्री और समुचित सहायक युक्तियाँ उपलब्ध करवाना।
iv. संसूचना हेतु समुचित संवर्धित और अनुकल्पी पद्धतियों का उपयोग

1. (i), (ii), (iii) 2. (i), (ii), (iv)
3. (i), (iii), (iv) 4 (ii), (iii), (iv)

Ans : 3

10. Which of the following factors hinders successful inclusion of students with locomotor disabilities?

1. Flexible curriculum
2. Inaccessible infrastructure
3. Empathetic attitude
4. Comprehensive evaluation

निम्न में से कौन-सा कारक चलन (क्रियात्मक) दिव्यांगता वाले विद्यार्थियों के समावेशन में बाधक है?

1. लचीला पाठ्यक्रम
2. अगम्य आधारभूत संरचना
3. समानुभूति पूर्ण अभिवृत्ति
4. व्यापक मूल्यांकन

Ans – 2

चलन दिव्यंग्यता (शारीरिक दिव्यांगता) वाले विद्यार्थियों के समावेशन के लिए आधारभूत संरचना जरूरी है ताकि उन्हें विद्यालय में कोई दिक्कत न आए ।

11. In a language class, which of the following strategy should be avoided for successful conclusion of students with dyslexia?

1. Setting strict time lines for submission of hand-written work.
2. Allow voice - recorders instead of note - taking in class.
3. Allow typed and printed assignment instead of handwritten.
4. Provide opportunities for reading and writing at individual pace.

एक भाषा कक्षा में वह विद्यार्थी जिन्हें वाचनवैकल्य है, उनके सफल समावेशन हेतु निम्न में से किस तकनीक का इस्तेमाल करने से बचना चाहिए?

1. हस्तलिखित कार्यों को जमा करने की सख्त समय सीमा निर्धारित करना।
2. कक्षा में नोटिस बनाने की जगह आवाज़ रिकार्डर के इस्तेमाल की अनुमति देना।
3. हस्तलिखित के बजाय टाइप और मुद्रित करके कार्यपत्रों को जमा करने की अनुमति देना।
4. वैयक्तिक गति के अनुसार पठन और लेखन के अवसर प्रदान करना

Ans : 1

12. Which of the following is a correctly matched pair of appropriate accommodation strategy for inclusion of students which specified disability?

1. Dyscalculia: Provision of calculator
2. Dyslexia: Assigning lengthy written assignments
3. Hearing Impairment: Giving audio tapes
4. Visual Impairment: Providing picture books

निम्नलिखित में से कौन-सा विकल्प दी गई दिव्यांगता और संबंधित छात्रों के समावेशन हेतु यथोचित संयोजन रणनीति का सही युग्म है?

1. गुणजवैकल्य : कैलकुलेटर का प्रावधान
2. पठनवैकल्य : लंबे-लंबे लिखित कार्य सौंपना
3. श्रवण दोष : ऑडियो टेप देना
4. दृश्य हानि : चित्रों वाली पुस्तकें उपलब्ध कराना

Ans : 1

वह दिव्यांगता जो शिक्षार्थी की गणितीय गणनाओं को करने की दक्षता को प्रभावित करती है।

13. Which of the following is a correctly matched pair of appropriate

accommodation strategy for inclusion of students with the specified disability?

1. Attention Deficit Hyperactivity Disorder-Show long-duration movies
2. Autism-Stick to same schedule as much as possible
3. Dyscalculia-Give questions based on complex computation
4. Speech impairment-Accept only oral form of assessment

निम्नलिखित में से कौन-सा विकल्प दी गयी दिव्यांगता और सम्बंधित विद्यार्थियों के समावेशन हेतु यथोचित संयोजन रणनीति का सही युग्म है?

1. ध्यान न्यूनता अतिक्रियाशीलता विकार : लंबी अवधि की फिल्में दिखाएँ।
2. स्वलीनता : जितना हो सके एक ही समयसारणी / दिनचर्या।
3. पठनवैकल्य : जटिल गणना पर आधारित प्रश्न दें।
4. वाकबाधिता : मूल्यांकन के केवल मौखिक रूप को स्वीकार करें।

Ans : 2

14. Optimizing access to tools and assistive technologies wil help in inclusion of:

(i) students with loss of vision
(ii) students with Attention Deficit Hyperactive Disorder
(iii) students with Celebral Palsy
(iv) students with extraordinary talent

Choose the correct option.

1. (i) 2. (ii), (iii)
3. (i), (ii), (iii) 4. (i), (ii), (iii), (iv)

उपकरणों और सहायक तकनीकों की पहुँच को अनुकूलित करने से निम्नलिखित में से किसके समावेशन में मदद मिलेगी?

i. वो विद्यार्थी जो दृष्टि बाधित है।
ii. वो विद्यार्थी जिन्हें ध्यान न्यूनता अतिक्रियाशीलता विकर है।
iii. वो विद्यार्थी जिन्हें प्रमस्तिष्कीय घात है।
iv. असाधारण प्रतिभा वाले छात्र।

सही विकल्प का चयन कीजए -

1. (i) 2. (ii), (iii)
3. (i), (ii), (iii) 4. (i), (ii), (iii), (iv)

Ans - 4

उपकरणों और सहायक तकनीकी के प्रयोग से सभी विद्यार्थियों को सहायता मिलती है।

15. Which of the following is a correctly matched pair of appropriate accomodation strategy for inclusion of students with the specified disability?

1. Gifted: Give easy and simplified content
2. Autism: Keep changing the classroom arrangement very frequently
3. Dysgraphia: Assignment based on fine drawings
4. Speech impairment: Show patience and give ample time to respond

निम्नलिखित में से कौन-सा विकल्प दी गयी दिव्यांगता और संबंधित विद्यार्थियों के समावेशन हेतु यथोचित संयोजन रणनीति का सही युग्म है?

1. प्रतिभाशाली : आसान और बहुत ही सरल सामग्री देना।
2. स्वलीनता : कक्षा की व्यवस्था को बार-बार बदलते रहना।
3. पठनवैकल्य : उत्तम चित्रों के आधार पर दत्तकार्य देना।
4. वाक् हानि : धैर्य दिखाना और प्रतिक्रिया देने के लिए पर्याप्त समय देना।

Ans-4

वाक् हानि (Speech impairment) - एक वाक् विकार है जिसमें किसी व्यक्ति को दूसरों के साथ संवाद करने के लिए आवश्यक वाक् ध्वनियों का गठन करने में समस्या और प्रतिक्रिया देने के लिए पर्याप्त समय लगता है।

16. To ensure successful inclusion of students with locomotor disability, it is important to avoid :

1. Allocating classrooms, library and labs on the top floor
2. Levelling of all areas of school with ramps and lifts
3. Making adaptions as per students' requirements
4. Reasonable accommodation in seating arrangement

गतिक दिव्यांगता वाले विद्यार्थियों का सफल समावेशन सुनिश्चित करने के लिए निम्न में से किस से बचना महत्वपूर्ण है?

1. ऊपरी मंजिल पर कक्षाओं, पुस्तकालय और प्रयोगशालाओं का आवंटन करना।
2. विद्यालय के सभी क्षेत्रों को रैंप और लिफ्टों से समतल करना।
3. विद्यार्थियों की आवश्यकताओं के अनुसार अनुकूलन करना।
4. बैठने की व्यवस्था में उचित समायोजन करना

Ans – 1

गतिक दिव्यांगता वाले विद्यार्थियों का सफल समावेशन के लिए सुलभ इमारतों की आवश्यकता है। जैसे भूतल (Ground floor) पर कक्षाएं होनी चाहिए।

17. Which of the following is a correctly matched pair of children and identifying characteristics?

(1) Creative student - rigidity in approach to problem solving
(2) Autism-repetative motor movements
(3) Students with learning disability very poor memory
(4) Students with visual impairment - hard of hearing.

निम्न में से कौन सा युग्म विद्यार्थी व उनकी पहचान के गुणधर्म का सही मिलान है? समस्या समाधान में अन्मयता

(1) सृजनात्मक विद्यार्थी : समस्या समाधान में अन्मयता
(2) स्वलीन विद्यार्थीगतिक क्रियाओं का दोहराव
(3) अधिगम कठिनाई वाले विद्यार्थी बेहद कमजोर स्मृति
(4) दृष्टिबाधित विद्यार्थी सुनने में कठिनाई

Ans – 2

Autism एक ऐसी स्थिति है जिसमें दोहराया जाने वाले व्यवहार repetitive behavior से व्यक्ति की संचार communicative और सामाजिक क्षमताओं पर असर पड़ता है

18. निम्नलिखित का मिलान करें-

Disability	Description
(A) Dysphasia	(i) Difficulty in carrying out routine tasks involving balance, fine motor control and Kinaesthetic coordination
(B) Dyspraxia	(ii) A disability that affects the ability to write coherently
(C) Dyscalculia	(iii) A disability that effects learner's ability to perform mathematical calculations
(D) Dysgraphia	(iv) A language disorder that affects communication skills and comprehension abilitie

दिव्यांगता	वर्णन
A. डिस्फेज़िया	(i) संतुलन, सूक्ष्म गत्यात्मक नियन्त्रण और गति बोधक समन्वयन वाले रोज़मर्रा के कामों को करने में कठिनाई।
B. डिस्प्रोक्सिया	(ii) वह दिव्यांगता जो सम्बद्धता के साथ लिखने की योग्यता को प्रभावित करती है।
C. डिस्कैलकु-लिया	(iii) वह दिव्यांगता जो शिक्षार्थी की गणितीय गणनाओं को करने की दक्षता को प्रभावित करती है।
D. डिस्ग्राफ़िया	(iv) भाषायी विकार जो संप्रेषण कौशल और बोध की योग्यताओं को प्रभावित करता है।

1. A-(iii), B-(i), C-(ii), D-(iv)
2. A-(iv), B-(iii), C-(ii), D-(i)
3. A-(i), B-(iv), C-(ii), D-(iii)
4. A-(iv), B-(i), C-(iii), D-(ii)

Ans : 4

Dysphasia - Language disorder (भाषा विकार) Dyspraxia - muscles disorder (तंत्रिका संबंधी विकार) Dyscalculia- calculation disorder (गणना विकार) Dysgraphia- Writing Disorder (लेखन विकार)

19. A teacher can create a conducive classroom environment for learners with disability by:

1. creating strong expectations that they follow rigid curriculum.
2. taking all decisions for them independently without consulting the child.
3. ensuring that they are assessed through standardized assessment parameters.

4. making reasonable and appropriate curricular accommodations.

एक शिक्षिका अपनी कक्षा में दिव्यांग विद्यार्थियों के अधिगम के लिए प्रेरक परिवेश कैसे बन सकती है?

1. यह दृढ़ अपेक्षा रखकर कि वे सख्त पाठ्यचर्या का अनुसरण करे।
2. बच्चे से परामर्श करे बिना उनके लिए सारे निर्णय खुद लेकर।
3. यह सुनिश्चित करके कि उनका आकलन मानकीकृत आकलन तरीकों द्वारा हो।
4. पाठ्यचर्या में उपयुक्त व यथोचित समायोजन करके।

Ans : 4

SOL.-पाठ्यक्रम को लचीला एवं आवश्यकताओं के अनुरूप होना चाहिए इससे बच्चे को सीखने का प्रेरक परिवेश मिलता है।

20. Students having Attention Deficit Hyperactivity Disorder (ADHD) are likely to

(1) have persistent pattern of impulsivity.
(2) stay in assigned seat for long period.
(3) have high patience level to listen to everyone.
(4) be very organised with their actions.

अवधान न्यूनता अतिक्रियाशीलता विकार (ADHD) से जूझते विद्यार्थियों के बारे में निम्न में से क्या सही है ?

(1) वे आवेगशीलता के निरंतर स्वरूप दर्शाते हैं।
(2) वे काफी देर तक निर्धारित सीट पर बैठ सकते हैं।
(3) उनमें सभी को सुनने की अति सहनशीलता होती है।
(4) वे अपनी क्रियाओं को व्यवस्थित रूप से करते हैं।

Ans : 1

अटेंशन-डेफ़िसिट/हाइपरएक्टिविटी डिसऑर्डर (ADHD) बच्चे की उम्र के हिसाब से खराब एकाग्रता अवधि या कम ध्यान अवधि और/या अति सक्रियता और अनुचित आवेगपूर्ण बर्ताव है जो कामकाज या विकास में बाधा उत्पन्न करता है।

21. Dyslexia is a ______ disability.

(1) specific learning
(2) sensory
(3) behavioural
(4) motor

पठनवैकल्य किस प्रकार की विकलांगता है ?

(1) अधिगम विशिष्ट
(2) संवेदी
(3) व्यवहारात्मक
(4) गत्यात्मक

Ans : 1

SOL.-अधिगम विशिष्ट विकलांगता (Specific learning disabilities)- 3 प्रकार की होती है -1 Dyslexia- पठन विकार (Reading Disorder)-2 Dysgraphia- लेखन विकार (Writing disorder) -3 Dyscalculia- गणना विकार (Calculation Disorder)

22. Which of the following disability is prominently related to difficulty in "Social Interactions and communication"?

(1) Attention Deficit Hyperactivity Disorder
(2) Autism
(3) Dyslexia
(4) Dyscalculia

निम्नलिखित में से कौन-सी विकलांगता मुख्य रूप से 'सामाजिक अन्तः क्रियाओं और सम्प्रेषण' में कठिनाई से संबधित है ?

(1) अवधान न्यूनता अतिक्रियाशीलता विकार (ADHD)
(2) स्वलीनता

(3) पठनवैकल्य
(4) गुणजवैकल्य

Ans : 2

Autism एक ऐसी स्थिति है जिसमें दोहराय जाने वाले व्यवहार से व्यक्ति की संचार और सामाजिक क्षमताओं पर असर पड़ता है

23. Omitting, substituting and reversing the letters and words while reading the text is directly associated with ___

(1) Cerebral Paisy
(2) Dyslexia
(3) Autism
(4) Locomotor disability

विषय-वस्तु को पढ़ते समय अक्षरों और शब्दों को हटा देना, जोड़ देना और उनमें फेर बदल कर देना निम्न में से किससे सापेक्ष रूप से संबंधित है ?

(1) प्रमस्तिष्क पक्षाघात
(2) पठनवैकल्य
(3) स्वलीनता
(4) गतिमान अक्षमता

Ans : 2

SOL.- Dyslexia एक पठन विकार है (Reading disorder) यानी पढ़ते समय अर्थ ग्रहण न कर पाना।

24. Which of the following learning disability impacts an individual's ability of balance, manual dexterity and hand-eye coordination ?

(1) Dyslexia
(2) Dyscalculia
(3) Dysphasia
(4) Dyspraxia

निम्नलिखित में से कौन-सी अधिगम अशक्तता किसी व्यक्ति के संतुलन, शारीरिक निपुणता और हाथ-आँख सामंजस्य की क्षमता को प्रभावित करती है ?

(1) पठनवैकल्य
(2) गुणजवैकल्य
(3) भाषावैकल्य
(4) गतिसमन्वय वैकल्य

Ans : 4

SOL.-Dyspraxia- व्यक्ति के संतुलन, शारीरिक निपुणता और हाथ-आँख सामंजस्य की क्षमता को प्रभावित करती है(lack of hand eye and mind coordination).

25. Which of the following are typical characteristics of a student with learning disability?

(i) Omits words or lines in readings
(ii) Makes mistakes in spellings
(iii) Does not read well
(iv) Performs the same motor action repeatedly

(1) (i), (ii), (iii)
(2) (i), (ii)
(3) (i), (iii)
(4) (i), (ii), (iii), (iv)

निम्नलिखित में से कौन सी 'अधिगम अशक्तता' वाले छात्र की विशिष्ट विशेषताएँ हैं ?

(i) पढ़ने में शब्दों या पंक्तियों को छोड़ देता है।
(ii) वर्तनी में गलती करता है।
(iii) ठीक से नहीं पढ़ता
(iv) एक ही गतिक क्रिया को बार-बार करता है।

(1) (i), (ii), (iii)
(2) (i), (ii)
(3) (i), (iii)
(4) (i), (ii), (iii), (iv)

Ans : 1

SOL.- सीखने की विकलांगता - जो सीखने में न्यूरोलॉजिकल रूप से आधारित विकारों की एक श्रृंखला और ऐसे विकारों की गंभीरता की विभिन्न डिग्री को कवर करता है।

26. Which of the following statement is correct in context of learning disabilities such as Dyslexia, Dyscalculia, etc?

(1) Students with learning disabilities are all alike.
(2) Standardised tests are best to evaluate learning progress of students with learning disabilities.
(3) Teacher-centric pedagogies are most effective to facilitate cognitive development of students with learning disabilities.
(4) Learning disabilities get influenced by both neurological as well environmental factors.

निम्न में से कौन-सा कथन अधिगम अशक्तताओं जैसे कि पठनवैकल्य, गुणजवैकल्य, इत्यादि के संदर्भ में सही है ?

(1) अधिगम अशक्तता से जूझते सभी विद्यार्थी एक जैसे होते हैं ।
(2) अधिगम अशक्तता से जूझते विद्यार्थियों के अधिगम आकलन के लिए मानकीकृत परीक्षण सबसे बेहतर होते हैं ।
(3) अध्यापक- केन्द्रित शिक्षाशास्त्र, अधिगम अशक्तता से जूझते विद्यार्थियों के संज्ञानात्मक विकास को सुसाधित करने के लिए सर्वोत्तम होते हैं ।
(4) अधिगम अशक्तता, तंत्रिका संबंधी और वातावरणीय दोनों तरह के कारकों से प्रभावित होती हैं।

Ans : 4

SOL. (Learning disability) वातावरण और वंशानुक्रम दोनों से प्रभावित होती है

27. Which of the following is a correctly matched pair of appropriate accommodation strategy for inclusion of students with specified disability?"

(1) Learning disability - extra time to complete tasks.
(2) Attention Deficit Hyperactivity Disorder - giving complex higher order tasks.
(3) Visual impairment-provisioning for printed materials.
(4) Speech impairment - use of lecture method.

विशिष्ट प्रकार की विकलांगता वाले विद्यार्थियों के समावेशन के लिए उपयुक्त समंजन युक्ति का सही युग्म मिलान कौन सा है ?

(1) अधिगम कठिनाई कार्य पूरे कर पाने के लिए अतिरिक्त समय
(2) ध्यान न्यूनता अतिक्रियाशीलता विकार बेहद जटिल
(3) दृष्टि बाधिता मुद्रित सामग्री का प्रावधान
(4) बाक बाधिता व्याख्यान विधि का प्रयोग

Ans : 1

SOL. विशिष्ट सीखने की अक्षमता वाले छात्रों को पढ़ने, लिखने या गणित में कठिनाई हो सकती है।

28. To cater to the specific needs of child with visual disability, the teacher should

(1) focus on a variety of visual presentations
(2) use a variety of tactile manipulative and materials
(3) show a lot of silent films
(4) give a lot of structured worksheets with pictures

एक विद्यार्थी जिसे दृष्टिबाधिता है, की विशिष्ट जरूरतों के लिए एक शिक्षक को

(1) विविध तरह के दृश्यिक प्रस्तुतीकरण पर ध्यान देना चाहिए
(2) कई प्रकार की स्पर्शनीय और हस्तकौशल सामग्री का उपयोग करना चाहिए

(3) बहुत सी मूक फिल्में दिखानी चाहिए
(4) बहुत सी संरचित वर्कशीट जिसमें चित्र हों देनी चाहिए

Ans : 2

SOL. व्याख्यान नोट्स को टेप करने की अनुमति दें और जहां उपयुक्त हो, व्याख्यान नोट्स की बड़ी प्रतियां प्रदान करें । कक्षा सामग्री की बड़ी प्रिंट प्रतियां फोटोकॉपियर पर बड़ा करके उपलब्ध कराएं। हस्तकौशल सामग्री का उपयोग करना चाहिए

29. Which of the following are effective accommodations in the classroom environment as per the needs of students with locomotor disabilities?

(i) Provision of barrier - free environment
(ii) Ensure free movement by placing furniture in less restrictive manner
(iii) Follow multiple methods of assessment

निम्न में से कौन से शिक्षाशास्त्रीय प्रावधान एक विद्यार्थी जिसे गतिमान दिव्यांगता है की जरूरतों के अनुकुल उपयुक्त समायोजन हैं?
(i) बाधामुक्त वातावरण को सुनिश्चित करना
(ii) मेज़ कुर्सी को कम प्रतिबंधात्मक तरीके से रखकर आने-जाने को सुगम बनाना
(iii) मुल्यांकन की विविध पद्धतियों का प्रयोग

(1) (i), (ii) (2) (i), (iii)
(3) (ii), (iii) (4) (i), (ii), (iii)

Ans : 4

SOL. 'गतिमान दिव्यांगता' से तात्पर्य किसी व्यक्ति की मांसपेशियों और / या तंत्रिका तंत्र की पीड़ा के परिणामस्वरूप स्वयं की गति और वस्तुओं के कौशल से जुड़ी विशिष्ट गतिविधियों को निष्पादित करने में असमर्थता से है

30. With respect to inclusion of students with disabilities in regular schools, which of the following provision is against the Rights of persons with disabilities Act (2016)?

1. Extra time for completion of examination paper
2. Facility of scribe to meet the students' needs
3. Compulsory second and third language courses
4. Reasonable accommodation as per individual's needs

सामान्य विद्यालयों में दिव्यांग विद्यार्थियों के समावेशन हेतुनिम्न में से कौन-सा प्रावधान दिव्यांगजन अधिकार अधिनियम (2016) के प्रतिकूल है?

1. परीक्षा पत्र को पूरा करने के लिए अतिरिक्त समय।
2. विद्यार्थियों की जरूरत पूरी करने हेतु लिपिक की सुविधा।
3. दूसरी और तीसरी भाषा संबंधी कोर्मो की बाध्यता।
4. व्यक्तिगत ज़रूरतों के अनुसार यथोचित संयोजन।

Ans : 3

SOL. RPWD के अनुसार पाठ्यक्रम लचीला एव व्यक्तिगत विभिन्ताओ के अनुसार होना चाहिए ।

31. Whichofthefollowinglearningdisability directly affects communication skills and comprehension abilities?

1. Dyscalculia
2. Dysgraphia
3. Dysphoria
4. Dysphasia

निम्नलिखित में से कौन-सी अधिगम अक्षमता सीधे संचार कौशल और समाविष्ट

करने की क्षमता को प्रभावित करती है?

1. गुणज वैकल्य
2. लेखन वैकल्य
3. उत्साह वैकल्य
4. गति-समन्वय वैकल्य

Ans : 4

SOL. डिस्फेसिया एक वाक और भाषा विकार है, जो वाणी द्वारा व्यक्त करने, लिखने या संवाद करने के लिए संकेतों का उपयोग करने की क्षमता में हानि है, बोली जाने वाली या लिखित भाषा की समझ की क्षमता भी क्षीण होती है

32. Which of the following is a reasonable accommodation for students with learning disability?

(1) Standardized tests for assessment
(2) Written tests of long duration
(3) Testing of ability to work under stress
(4) Providing preferential seating

सीखने की अक्षमता वाले छात्रों के लिए निम्नलिखित में से कौन सा उचित समावेशन है ?

(1) मूल्यांकन के लिए मानकीकृत परीक्षण
(2) लंबी अवधि की लिखित परीक्षा
(3) तनाव में काम करने की क्षमता का परीक्षण
(4) अधिमान्य बैठने की व्यवस्था करना

Ans : 4

SOL. विशेष आवश्यकताओं वाले छात्र को मुख्य प्रवाह शिक्षा धारा में पढ़ाया जाता है और प्रत्येक छात्र की पूर्ण भागीदारी के लिए सभी अवरोधों को हटाने की वचनबद्धता होती है।

RPWD Act 2016

अधिकार और हकदारियां

- सरकार यह सुनिश्चित करेगी की दिव्यांगजन व्यक्तियों को सभी के समान समता व सम्मान (equality and respect) मिले।
- सरकार दिव्यांगों की क्षमता को उपयोग करने के लिए समुचित वातावरण (suitable environment) प्रदान करें।
- दिव्यांग व्यक्तियों को निशुल्क विधिक (legal aid) सहायता का भी अधिकार होगा।
- किसी दिव्यांग बालक को दिव्यांगता के आधार पर उसके अभिभावकों (guardians) से अलग नहीं किया जाएगा।
- सभी दिव्यांगजनों को केंद्र व राज्य में निर्वाचन अथवा वोटिंग (election or voting) का अधिकार होगा

★ उपयुक्त सरकार और स्थानीय प्राधिकारी यह प्रयास करेंगे कि उनके द्वारा वित्तपोषित या मान्यता प्राप्त सभी शैक्षणिक संस्थान विकलांग बच्चों को समावेशी शिक्षा inclusive education प्रदान करें और इस उद्देश्य के लिए-

(i) उन्हें बिना किसी भेदभाव के स्वीकार करें और दूसरों के साथ समान रूप से खेल और मनोरंजन गतिविधियों के लिए शिक्षा और अवसर प्रदान करें;

(ii) भवन, परिसर और विभिन्न सुविधाओं को सुलभ बनाना;

(iii) व्यक्ति की आवश्यकताओं के अनुसार उचित आवास प्रदान करना;

(iv) यह सुनिश्चित करना कि अंधे या बहरे या दोनों (blind and deaf) प्रकार के व्यक्तियों को शिक्षा सबसे उपयुक्त भाषाओं और संचार के तरीकों और साधनों में प्रदान की जाती है;

(v) बच्चों में सीखने की विशिष्ट अक्षमताओं(specific learning disabilities) का जल्द से जल्द पता लगाना और उन्हें दूर करने के लिए उपयुक्त शैक्षणिक और अन्य उपाय करना;

(vi) प्रत्येक विकलांग छात्र के संबंध में भागीदारी, उपलब्धि स्तर और शिक्षा पूरी करने के संदर्भ में प्रगति की निगरानी करना;

(vii) विकलांग बच्चों और उच्च सहायता आवश्यकताओं वाले विकलांग बच्चों के परिचारकों को परिवहन सुविधाएं(transportation facilities) प्रदान करना।

- दिव्यांग बालकों की पहचान करने के लिए उनकी विशेष आवश्यकताओं (special needs) को अभिनिश्चित करने और उसे परिमाण के संबंध में जहां तक उन्हें वह पूरा कर लिया गया है स्कूल जाने वाले बालक के लिए हर 5 वर्ष में सर्वेक्षण(survey) करना होगा लेकिन पहले सर्वेक्षण इस अधिनियम के प्रारंभ की तारीख से 2 वर्ष की अवधि के भीतर किया जाएगा।
- स्कूली शिक्षा के सभी स्तरों पर समावेशी शिक्षा(inclusive education) का समर्थन करने के लिए पेशेवरों और कर्मचारियों (professional and staff) को प्रशिक्षित करना।
- स्कूल के सभी स्तरों पर शैक्षणिक संस्थान का समर्थन करने के लिए संसाधन केंद्रों की प्रमाण पत्र संख्या(certificate number) स्थापित की गई।
- विकलांग व्यक्तियों की दैनिक संचार आवश्यकताओं को पूरा करने के लिए ब्रेल और सांकेतिक भाषा (braille and sign language)सहित उपयुक्त मॉडलों के उपयोग को बढ़ावा देना।

- 18 वर्ष तक की आयु के बेंचमार्क विकलांगता(disability) वाले छात्रों को पुस्तकें, शिक्षण सामग्री निःशुल्क प्रदान करना।
- विकलांग छात्रों की अतिरिक्त समय, लेखक की सुविधा आदि (extra time, facility of scribe etc)जैसी जरूरतों को पूरा करने के लिए पाठ्यक्रम और परीक्षा प्रणाली में उचित संशोधन करें।
- वयस्क शिक्षा में विकलांग व्यक्तियों की भागीदारी को बढ़ावा देना, सुरक्षा देना और सुनिश्चित करना तथा अन्य लोगों के साथ समान रूप से शिक्षा कार्यक्रम जारी रखना।
- सरकार को विकलांग व्यक्तियों को व्यावसायिक प्रशिक्षण और स्वरोजगार(vocational training and self employment facility) की सुविधा प्रदान करनी चाहिए।
- किसी भी विकलांगता वाले व्यक्ति के साथ रोजगार में कोई भेदभाव नहीं किया जाना चाहिए।
- सरकार और स्थानीय प्राधिकरण को विकलांग व्यक्तियों के लिए विशेष रूप से ग्रामीण क्षेत्रों में आसपास के क्षेत्र में मुफ्त स्वास्थ्य देखभाल प्रदान करनी चाहिए।
- सरकार को अपने दिव्यांग कर्मचारियों के लिए बीमा योजना(insurance schemes) बनानी चाहिए।

Special Provision For Person With Benchmark Disabilities

1. 6 वर्ष से 18 वर्ष की आयु तक बेंचमार्क विकलांगता वाले बच्चों के लिए निःशुल्क शिक्षा(free education)।
2. बेंचमार्क विकलांगता वाले व्यक्ति को उच्च शिक्षा संस्थान में प्रवेश के लिए ऊपरी आयु में 5 वर्ष की छूट दी जाएगी।
3. कृषि भूमि आवंटन एवं रियायती दर पर भूमि आवंटन एवं संपत्ति वितरण में 5% आरक्षण।

- यदि कोई कपटपूर्ण तरीके से दिव्यांगों के लिए आशायित किसी फायदे को लेता है या लेने का प्रयत्न करता है तो वह कारावास, जिसकी अवधि दो वर्ष तक हो सकेगी या जुर्माना जो एक लाख रुपए तक का हो सकेगा दोनों से दंडनीय होगा।

4. विकलांग व्यक्तियों के लिए आरक्षण बढ़ाकर 4% कर दिया गया है, जिसमें से एक प्रतिशत विकलांग व्यक्तियों के लिए आरक्षित है जैसे:

autism, intellectual disability, specific learning disability and mental illness; ऑटिज़्म, बौद्धिक विकलांगता, विशिष्ट सीखने की विकलांगता और मानसिक बीमारी;

multiple disabilities बहु विकलांगता

CHAPTER -15

NATIONAL CURRICULUM FRAMEWORK (NCF) 2005
राष्ट्रीय पाठ्यचर्या की रूपरेखा 2005

★ Key point of National Curriculum Framework-2005

- NEP 1986 ने NCF को तैयार करने और बढ़ावा देने के लिए NCERT को एक विशेष भूमिका सौंपी
- NCF 2005 के अध्यक्ष (Chairman) हैं –प्रो. यशपाल
- छात्रों के समग्र विकास पर आधारित यह पाठ्यचर्या की रूपरेखा।
- स्कूली शिक्षा में SCERT और DIET को शामिल करना।
- बिना बोझ के सीखने पर आधारित। learning without burden
- स्कूली शिक्षा में शिक्षकों की भूमिका केवल सुविधाप्रदाता Facilitator के रूप में होती है।
- यह दृष्टिकोण रचनात्मक दृष्टिकोण Constructive पर आधारित है।
- NCF 2005 का मूलमंत्र यानि भावना Rabindranath Tagore ने एक निबंद प्रकाशित किया सभ्यता एवं संस्कृति (Civilization and Progress) से लिया गया हैं।
- NCF 22 2005 भाषाओ में पब्लिश किया गया ।

National Curriculum Framework - 2005 is divided into in FIVE Chapters.

i. Perspective (परिप्रेक्ष्य)

ii. Learning and Knowledge (सीखना और ज्ञान)

iii. Curricular area, School stages, Assessment (पाठ्यचर्या के क्षेत्र, स्कूल की अवस्थाएँ और आकलन)

iv. School and Environment (विद्यालय एवं कक्षा का वातावरण)

v. Systemic Reforms (व्यवस्थागत सुधार)

राष्ट्रीय पाठ्यचर्या की रूपरेखा 2005 के मार्गदर्शी सिद्धांत

- ज्ञान को स्कूल के बाहर के जीवन से जोड़ना (Connecting Knowledge To Life Outside The School)
- पढ़ाई रटंत प्रणाली से मुक्त हो, यह सुनिश्चित करना (Ensuring That Learning Is Shifted Away From Rote Methods)
- पाठ्यचर्या का इस तरह संवर्धन की वह बच्चो को चँहुमुखी विकास के अवसर मुहैया करवाए बजाए इसके की वह पाठ्यपुस्तक - केंद्रित बन कर रह जाए (Enriching The Curriculum To Provide For Overall Development Of Children Rather Than Remain Textbook Centric)
- परीक्षा को अपेक्षाकृत अधिक लचीला बनाना और कक्षा की गतिविधियों से जोड़ना (making examinations more flexible and integrated into classroom life)
- एक ऐसी अधिभावी पहचान का विकास जिसमे प्रजातांत्रिक राज्य -व्यवस्था के अंतर्गत राष्ट्रिय चिंताए समाहित हो। (nurturing an over-riding identity informed by caring concerns within the democratic polity of the country)

✯ Learning and Knowledge

- सक्रिय शिक्षार्थी Active Learners के रूप में बच्चों पर ध्यान दें।
- इस बात पर जोर दिया कि जाति, लिंग पंथ, वर्ग, धर्म, अल्पसंख्यक की स्थिति को स्कूल में प्रदान किए गए अनुभवों में भागीदारी को बाधित नहीं करना चाहिए।
- समावेशी शिक्षा Inclusive Education को प्राथमिकता दी जानी चाहिए और पाठ्यक्रम का पालन करने के लिए लचीलापन FLEXIBLE दिया जाना चाहिए।

✯ Curricular area, School stages, Assessment

Curricular areas

1. Language :- भारत में शिक्षण का माध्यम त्रिभाषा सूत्र Three Language Formula होना चाहिए।
2. Homework :- कक्षा 2 तक कोई होमवर्क नहीं और प्राथमिक कक्षाओं में कक्षा 3 से सप्ताह में दो घंटे का Homework मिडिल स्कूल(Middle School) में प्रतिदिन एक घंटा (सप्ताह में लगभग 5 से 6 घंटे का Homework)I माध्यमिक और उच्च माध्यमिक कक्षाओं में प्रतिदिन दो घंटे (सप्ताह में लगभग 10 से 12 घंटे) का Homework दिया जाएगा ।

• स्कूली गणित शिक्षा की कुछ समस्याएँ

1. बहुत से बच्चे गणित से डरते हैं और इस विषय में असफलता से भयभीत FEAR रहते हैं। वे जल्दी ही गणित की गंभीर पढ़ाई से विमुख हो जाते हैं।
2. यह पाठ्यचर्या केवल इससे विमुख (unpresentable) होने वालों के लिए ही निराशाजनक नहीं है बल्कि यह प्रतिभाशाली (brilliant) बच्चों के लिए भी कोई चुनौती नहीं पेश करती ।
3. गणित की शिक्षा का मुख्य उद्देश्य बच्चे की गणितीकरण (Mathematization) की क्षमताओं का विकास करना है।

✯ Narrow Aims Of Mathematics Education

स्कूली गणित का सीमित लक्ष्य है (लाभप्रद) क्षमताओं का विकास, विशेषकर अंक ज्ञान संख्या से जुड़ी क्षमताएँ, सांख्यिक संक्रियाएँ, माप, दशमलव व प्रतिशत।

✯ Higher Aims Of Mathematics Education

इससे उच्च लक्ष्य है बच्चे के साधनों को विकसित करना ताकि वह गणितीय ढंग से सोच सके व तर्क कर सके, मान्यताओं के तार्किक परिणाम (logical consequence) निकाल सके और अमूर्त को समझ सके ।

इसके अंतर्गत चीजों को करने और समस्याओं को सूत्रबद्ध (Formulate) करने व उनका हल ढूंढने की क्षमता का विकास करना आता है ।

✯ What Should Be The Curriculum Of Mathematics To Achieve These Aims Of Mathematics

पाठ्यचर्या चाहिए जो :-

महत्वाकांक्षी हो, महत्वाकांक्षी इस अर्थ में होना चाहिए कि वह उपरोक्त उच्च लक्ष्य की प्राप्ति का प्रयास करे न कि केवल सीमित लक्ष्य की प्राप्ति का ।

सुसंगत हो , सुसंगत होना चाहिए ताकि टुकड़े-टुकड़े में उपलब्ध विभिन्न प्रणालियों व शिक्षा (अंकगणित, बीजगणित, रेखागणित में) एक ऐसी क्षमता में दल सकें जो माध्यमिक कक्षाओं में आने वाले विज्ञान व सामाजिक अध्ययन (social study) के क्षेत्र की समस्याओं को भी संबोधित कर सके।

✯ The Twin Concern Of Mathematics Curriculum

गणित की पाठ्यचर्या के दो मुख्य सरोकार हैं :-

1. गणित शिक्षा प्रत्येक विद्यार्थी के दिमाग को आकर्षित (attract) करने के लिए क्या कर सकती है, और

2. यह विद्यार्थी के संसाधनों को कैसे सुदृढ़ कर सकती है?

☆ Vision For School Mathematics

- बच्चे गणित से भयभीत (fear) होने की बजाए उसका आनंद उठाएँ ।
- बच्चे गणित को ऐसा विषय मानें जिस पर वे बात कर सकते हैं, जिससे संप्रेषण (Communicate) हो सकता है, आपस में जिस पर चर्चा कर सकते हैं और जिस पर साथ-साथ काम कर सकते हैं। बच्चे सार्थक समस्याएँ (meaningful problems) उठाएँ और उन्हें हल करें।
- बच्चे अमूर्त का प्रयोग संबंधों को समझने, संरचनाओं को देख पाने और चीजों का विवेचन करने, कथनों की सत्यता या असत्यता को लेकर तर्क कर पाएँ ।
- अध्यापक कक्षा में प्रत्येक बच्चे के साथ इस विश्वास के आधार पर काम करे कि प्रत्येक बच्चा गणित सीख सकता है।

☆ Methods of Mathematics Teaching Problem Solving Method

समस्या के समाधान की अनेक सामान्य युक्तियाँ स्कूल की विभिन्न अवस्थाओं में सिखाई जा सकती है, ये समस्या समाधान के अनेक संदर्भों में उपयोगी हैं :

- अमूर्तता (Abstraction),
- परिमाणन (Quantification),
- सादृश्यता (Analogy),
- स्थिति विश्लेषण (Case Analysis),
- समस्या को सरल रूप में बदलना (reduction to simpler situations),
- अनुमान लगाना व उसकी पुष्टि करना (even guess-and-verify exercises)

☆ Heuristic Method

बच्चों को गणित के अन्वेषणात्मक(Heuristic) नियमों से परिचय की भी आवश्यकता होती है न कि केवल इस विश्वास की कि गणित एक (सटीक विज्ञान) है परिमाण और हलों का अनुमान भी एक आवश्यक कौशल है।

जब एक किसान किसी फसल का अनुमान लगाता है तो अनुमान लगाने के कौशल(estimation), जैसे सन्निकटता (approximation) और इष्टीकरण (optimization) के कौशलों का उपयोग होता है।

☆ Skills in Mathematics Teaching Leaning

प्रत्यक्षीकरण (visualisation) और निरूपण(representation) ऐसे कौशल हैं जिनको विकसित करने में गणित सहायक हो सकता है।

परिमाण (quantities), आकार(shapes) व रूपों(forms) का प्रयोग करके स्थितियों का प्रतिरूपण (modelling) करने में गणित का सर्वश्रेष्ठ प्रयोग होता है।

गणित व अन्य विषयों के अध्ययन के बीच संबंध (interdisciplinary) बनाने की भी आवश्यकता है।

जब बच्चे ग्राफ बनाना सीखते हैं तो उन्हें भू-विज्ञान सहित विभिन्न विज्ञानों के कार्यात्मक संबंधों के बारे में सोचने के लिए भी प्रोत्साहित करना चाहिए।

• प्राथमिक स्तर

प्राथमिक स्तर पर बच्चों में गणित के लिए सकारात्मक रुझान (positive attitude) और रुचि विकसित करना भी उतना ही ज़रूरी है जितना कि ज्ञानात्मक कौशल (cognitive skills) और अवधारणाएँ सीखना

गणितीय खेल, पहेलियां puzzels और कहानियाँ सकारात्मक रुझान पैदा करने

और गणित को रोज़मर्रा की जिंदगी (daily lifestyle) से संबंध जोड़ने में मददगार हो सकती हैं।

यह खयाल रखना ज़रूरी है कि गणित सिर्फ अंकगणित नहीं है। संख्याओं और उनके उपयोग के अलावा आकारों (shapes), शैक्षिक समझ (academic understanding), प्रतिरूपों (Pattern), मापों (measurement) और आंकड़ों (statistics) की समझ को भी महत्व देना चाहिए।

पाठ्यचर्या में स्पष्टतः सीखने वाले की प्रगति की क्रमिकता को शामिल किया जाना चाहिए जो अवधारणाओं को समझ कर मूर्त से अमूर्त (concrete to abstract) की ओर ले जाती है।

☆ Science

- छात्र संज्ञानात्मक विकास के तथ्य और सिद्धांत सीखेंगे, वैज्ञानिक ज्ञान का सत्यापन करेंगे, छात्रों में वैज्ञानिक स्वभाव विकसित करेंगे

☆ Social Sciences :-

- सामाजिक विज्ञान सामग्री सामाजिक न्याय, समानता, विविधता के प्रति सम्मान आदि पर चर्चा करने पर केंद्रित होनी चाहिए।
- सामाजिक विज्ञान सामग्री भारत की सामाजिक-आर्थिक समस्याओं को समझने पर केंद्रित होनी चाहिए।
- सामाजिक विज्ञान विषयवस्तु उपरोक्त मुद्दों पर बहस और चर्चा को प्रोत्साहित करने वाली होनी चाहिए।
- सामाजिक विज्ञान सामग्री को अवधारणाओं और बच्चे के दैनिक जीवन के बीच संबंध प्रदान करना चाहिए।
- सामाजिक विज्ञान सामग्री बच्चों को अपनी राय बनाने के लिए प्रोत्साहित करनी चाहिए।

☆ Art Education

- छात्रों के व्यक्तित्व और मानसिक स्वास्थ्य का पूर्ण विकास, सांस्कृतिक विरासत की सराहना करना और एक दूसरे के काम के प्रति सम्मान विकसित करना और पर्यावरण से जुड़ना।

☆ Health & Physical Education

- बच्चों के सर्वांगीण विकास के लिए स्वास्थ्य और शारीरिक शिक्षा जरूरी है।

☆ Education for Peace

- शांति शिक्षा, शांति समृद्ध पाठ्यक्रम और उपयुक्त शैक्षणिक तकनीक के माध्यम से सामाजिक समस्या के साथ-साथ व्यक्तिगत समस्याओं को कम करने में मददगार है, बच्चों के बीच सकारात्मक दृष्टिकोण विकसित करने में मदद करती है।

☆ Habitat & Learning :-

- इसका उद्देश्य विभिन्न प्रकार की उत्पादन या सेवा उन्मुख गतिविधियों में बच्चों को शामिल करना, काम के माध्यम से कौशल, सकारात्मक दृष्टिकोण और मूल्यों को विकसित करना है।

☆ School and Environment

- बच्चों के लिए उपयुक्त भौतिक वातावरण, उनके लिए पर्याप्त रोशनी और वेंटिलेशन।
- कक्षा में उचित छात्र शिक्षक अनुपात।
- स्कूल में बच्चों के लिए स्वच्छता और सुरक्षित वातावरण।
- स्कूलों को भी छात्रों के साथ समानता, न्याय, सम्मान, गरिमा और छात्रों के अधिकार के साथ व्यवहार करना चाहिए।
- सभी छात्रों को स्कूल की सभी गतिविधियों में भाग लेने के समान अवसर दें।
- समावेशी शिक्षा स्कूल का हिस्सा होना चाहिए जहां अलग-अलग विकलांग और हाशिए के वर्ग के बच्चों को समान अवसर मिलते हैं।

- स्कूलों को पुस्तकालयों, प्रयोगशालाओं और शैक्षिक प्रौद्योगिकी प्रयोगशालाओं से भी सुसज्जित होना चाहिए।

★ Systemic Reforms

- गुणवत्ता की निगरानी के लिए अकादमिक योजना की आवश्यकता को कवर करता है।
- तर्क और रचनात्मक क्षमताएं rote learning की जगह ले सकें।
- ऐसी गतिविधियों को बढ़ावा दें जिससे शिक्षार्थी सक्रिय active शिक्षार्थी बने।
- शिक्षा प्रणाली में सतत मूल्यांकन एवं समग्र(continuous and comprehensive evaluation) ।

★ EVS TEACHING

NCF 2000 ने सिफारिश की थी कि पर्यावरण अध्ययन को कक्षा III-V में विज्ञान और सामाजिक अध्ययन के लिए समर्पित दो अलग-अलग भागों के बजाय संपूर्ण प्राथमिक स्तर के लिए एक एकीकृत पाठ्यक्रम के रूप में पढ़ाया जाना चाहिए।

वर्तमान एनसीएफ 2005 ने प्राथमिक वर्षों के दौरान पर्यावरण अध्ययन के लिए इस एकीकृत दृष्टिकोण integrated approach को जारी रखने और इसे और मजबूत करने का आह्वान किया है।

EVS stands for Environmental Studies or Environmental Science.

EVS= SCIENCE+SOCIAL SCIENCE+ENVIRONMENTAL EDUCATION.

★ NCF 2005 and Objectives of Environmental studies

अवलोकन observation और चित्रण के आधार पर एक समझ विकसित करना, जीवित अनुभवों और जीवन के भौतिक, जैविक, सामाजिक और सांस्कृतिक पहलुओं से लिया गया है, न कि अमूर्तता से;

सामाजिक घटना के बारे में बच्चे को उत्सुक बनाने के लिए संज्ञानात्मक क्षमता और संसाधनशीलता पैदा करना, परिवार से शुरू करना और व्यापक स्थानों पर जाना;

कक्षाओं को बच्चों को उत्तरोत्तर उच्च क्रम (Higher Order Thinking)के प्रश्न पूछने में सक्षम होने के अवसर प्रदान करने की आवश्यकता होगी

★ Themes for a child centred & Integrated Approach

(1) Family and friends

(1.1) Relationships

(1.2) Work and play

(1.3) Animals

(1.4) Plants.

(2) Food

(3)Water

(4) Shelter

(5) Travel

(6) Things we make and do.

UNIT -3

GET IT ON Google Play

YOUTUBE

CHAPTER -16

MOTIVATION AND LEARNING (अभिप्रेरणा & अधिगम)

1. Which of the following is not an effective memory technique for meaningful learning?

(1) Concept Mapping
(2) Elaborative Rehearsal
(3) Rote Rehearsal
(4) Mnemonics

निम्नलिखित में से कौन सी सार्थक सीखने के लिए एक प्रभावी स्मृति तकनीक नहीं है?

(1) संकल्पना चित्रण
(2) विस्तृत दोहराव
(3) रटने व दोहराव
(4) स्मृति सहायक विधियाँ

Ans : 3

2. Learners feel engaged and actively involved in process of learning when:

(1) socio-emotional needs of learners are ignored.
(2) their prior knowledge is discarded and negated.
(3) activities are related to their context.
(4) focus of learning is repetition and memorization.

शिक्षार्थी अधिगम प्रक्रिया में व्यस्त और सक्रिय रूप से शामिल महसूस करते हैं जब :

(1) शिक्षार्थियों की सामाजिक भावनात्मक आवश्यकताओं की उपेक्षा की जाती है।
(2) उनके पूर्व ज्ञान को पृथक किया जाता है और नकारा जाता है।
(3) गतिविधियाँ उनके संदर्भ से संबंधित होती हैं।
(4) अधिगम का बल दोहराव और रटने पर होता है।

Ans : 3

3. Which of these statements about motivation and learning is correct?

(1) Learning is effective when the students are motivated to avoid punishment
(2) Learning is effective when the students have intrinsic motivation
(3) Learning is effective when the students are extrinsically motivation
(4) Motivation does not have any role to play in learning

प्रेरणा और सीखने के बारे में इनमें से कौन-सा कथन सही है ?

(1) सीखना तब प्रभावी होता है जब छात्र सज़ा से बचने के कारण अभिप्रेरित होते हैं।
(2) सीखना तब प्रभावी होता है जब छात्रों में आंतरिक अभिप्रेरणा हो ।
(3) सीखना तब प्रभावी होता है जब छात्र बाहरी रूप से प्रेरित होते हैं।
(4) सीखने में प्रेरणा की कोई भूमिका नहीं होती है।

Ans : 2

जब बच्चे आंतरिक रूप से प्रेरित (internally motivated) होते हैं तो वे सबसे बेहतर सीखते हैं।

4. Experiential learning stresses on:

(1) control of teacher on the learning of children.
(2) the role of reinforcement in learning.
(3) importance of critical reflection.

(4) learning as a product rather than a process.

अनुभवात्मक अधिगम किस पर बल देता है ?

(1) बच्चों के अधिगम पर शिक्षक के नियंत्रण पर
(2) सीखने में पुनर्बलन की भूमिका पर
(3) आलोचनात्मक प्रतिबिंबन के महत्त्व पर
(4) एक प्रक्रिया के बजाय अधिगम को एक उत्पाद के रूप में देखने पर

Ans : 3

अनुभवात्मक अधिगम में बच्चा नए ज्ञान को अपनाने और समझने के लिए अपने अनुभवों(experiences)पर निर्भर करता है। आलोचनात्मक प्रतिबिंब(critical reflection) एक ऐसी सोचने की प्रक्रिया(process) है, जिसमें बच्चा अपने विचारों, अनुभवों या विश्लेषण(analysis) के माध्यम से अपने कार्य के किसी भी पहलू को समझता है और उसका मूल्यांकन(evaluation) करता है। यह प्रक्रिया किसी परिस्थिति(situation) के बारे में गहराई(indepth) से सोचने और समझने की क्षमता(capacity) के बारे में बताती है।

5. Which of the following process does not contribute to the course of learning?

(1) Organization
(2) Categorization
(3) Conceptualization
(4) Decontextualization

निम्नलिखित में से कौन-सी प्रक्रिया अधिगम के दौरान योगदान नहीं देती है?

(1) संगठन
(2) वर्गीकरण
(3) वैचारिकता
(4) ग़ैर-प्रासंगीकरण

Ans : 4

Context से हटकर जब बात की जाती है तो उसे Decontextualization कहा जाता है। किसी भी विषय वस्तु(subject matter), स्थिति या स्थान के बारे में चर्चा हो रही है और यदि उससे हटकर कोई बात की जाए तो उसे कहा जाता है decontextualization. जब कोई बात मूल विषय(main subject) से अलग हटकर की जाए।

6. The primary goal of learning should be:

(1) memorization of facts.
(2) becoming excellent at rote rehearsal.
(3) competing with peers.
(4) development of critical thinking.

निम्नलिखित में से अधिगम का प्राथमिक लक्ष्य कौन-सा होना चाहिए ?

(1) तथ्यों को रटना
(2) यंत्रवत याद करने के पूर्वाभ्यास में उत्कृष्ट बनना
(3) समकक्षियों के साथ प्रतिस्पर्धा
(4) समालोचनात्मक चिंतन का विकास

Ans : 4

समालोचनात्मक चिंतन में व्यक्ति नए-नए विचारों को समझता है और उनका विश्लेषण(analysis) करता है। इस प्रक्रिया में व्यक्ति को विभिन्न दृष्टिकोण(approach) और तत्वों(elements) को समझने में मदद मिलती है और इसके द्वारा नई खोज(inventions) और विचारों का जन्म होता है।

7. Children learn more effectively if a concept proceeds from :

(1) Generic to Specific.
(2) Abstract to Concrete.
(3) Complex to Single
(4) Rational to Empirical.

बच्चे सबसे प्रभावी ढंग से तब सीखते हैं यदि कोई अवधारणा :

(1) सामान्य से विशिष्ट की ओर बढ़ाती है।
(2) अमूर्त से मूर्त की ओर बढ़ती है।
(3) जटिल से सरल की ओर बढ़ती है।
(4) तर्कसंगत से अनुभवजन्य की ओर बढ़ती है।

Ans : 1

8. Meaningful learning involves :

(1) Provisions of rewards and punishment
(2) Opportunities to interact with each other
(3) Reflections on learning how to learn
(4) Opportunites for competition with peers

अर्थपूर्ण अधिगम में क्या सम्मिलित है ?

(1) पुरस्कार और दंड का प्रावधान अवसर
(2) एक दूसरे के साथ बातचीत करने के
(3) सीखने के तरीके पर विचार
(4) साथियों के साथ प्रतिस्पर्धा के अवसर

Ans :2, 3

अर्थपूर्ण अधिगम वह है जिसमें बच्चे किसी विशेष विषय के महत्व (importance) को समझते हैं, उस पर चर्चा (discussion) करते हैं और उसका मूल्यांकन (evaluation) करते हैं। इस अधिगम में बच्चे अपनी पूर्ण समझ के साथ involve होकर अधिगम करते हैं।

9. In a socio-constructivist classroom, learning:

(1) Is a permanent measurable change in the child's behaviour
(2) Is a process of co-construction of knowledge
(3) Happens by pairing of a stimulus and response
(4) Takes place when the students are offered positive reinforcement

एक सामाजिक रचनात्मक कक्षा में, अधिगम :

(1) बच्चे के व्यवहार में स्थायी रूप से मापने योग्य परिवर्तन है।
(2) ज्ञान के सह-निर्माण की एक प्रक्रिया है।
(3) एक उद्दीपन और प्रतिक्रिया के युग्म से होता है।
(4) तब होता है जब छात्रों को सकारात्मक पुनर्बलन पेशकश की जाती है।

Ans : 2

एक सामाजिक रचनात्मक कक्षा में छात्र एक दूसरे से और शिक्षकों से किसी विषय पर विचार करते हैं, समझते हैं और समाधान(solution) निकालते हैं। इस प्रकार वे एक दूसरे से अपने ज्ञान को बांटते हैं।

10. ____should be the basis for a conducive classroom environment for learning.

(1) Principles of conditioning and reinforcement
(2) Competition and individualism
(3) Cooperation and collaboration
(4) Segregation and labelling

____अधिगम के लिए उचित कक्षा वातावरण का आधार होने चाहिए।

(1) अनुकूलन और पुनर्बलन के सिद्धांत
(2) प्रतिस्पर्धा और व्यक्तिवाद
(3) सहयोग और सहकारात्मकता
(4) पृथक्कीकरण व नामीकरण

Ans : 3

सहयोग और सहकारात्मकता अधिगम में छात्र एक साथ मिलकर काम करते हैं, एक दूसरे का सहयोग करते हैं और योजना(planning) बनाते हैं, जैसे समस्या समाधान(problem solving) आदि। सहयोग(co-operation) से कार्य करने के कारण बच्चों में सामाजिक सहयोग और सहभागिता की भावना भी विकसित होती है।

11. Which of the following processes promotes meaningful learning?

(1) Discussion and Discovery
(2) Conditioning
(3) Standardized assessment
(4) Repeated drill and practice

निम्नलिखित में से कौन सी प्रक्रिया सार्थक सीखने को बढ़ावा देती है?

(1) अन्वेषण और चर्चा
(2) अनुकूलन
(3) मानकीकृत मूल्यांकन
(4) बार-बार वेधन और अभ्यास

Ans : 1

जब किसी भी विषय पर कक्षा में चर्चा होती है और उससे संबंधित तथ्यों(fact) की खोज की जाती है तो इस प्रकार बच्चा सार्थक(meaningful) रूप से सीखता है अर्थात उस सीखे गए तथ्य को वह आत्मसात(assimilate) कर लेता है।

12. Students learn effectively when they participate in:

(1) Decontextualised activities.
(2) Mechanical activities.
(3) Purposeful activities.
(4) Activities totally controlled and directed by the teachers.

किस तरह की गतिविधियों में हिस्सा लेने पर विद्यार्थी बहुत प्रभावी ढंग से सीखते हैं?

(1) गैर संदर्भित गतिविधियाँ
(2) यांत्रिक रूप से की जाने वाली गतिविधियाँ
(3) अर्थपूर्ण गतिविधियाँ
(4) ऐसी गतिविधियाँ जो शिक्षकों द्वारा पूर्ण रूप से नियंत्रित और निर्देशित हों।

Ans : 3

अर्थपूर्ण गतिविधि वह होती है जिससे आप कुछ सीखते हैं, कुछ प्रेरणा लेते हैं और अपनी जीवन शैली(lifestyle) में उसे अपनाते हैं।

13. The process of learning for children:

(1) Takes place in socio-cultural contexts.
(2) Can be accurately predicted after an assessment of their genetic composition.
(3) Can be facilitated by giving strict punishment.
(4) Is hindered by their development.

बच्चों की सीखने की प्रक्रियाएँ-

(1) सामाजिक- सांस्कृतिक संदर्भों में होती है।
(2) की उनकी आनुवंशिक संरचना के आकलन के बाद सटीक भविष्यवाणी की जा सकती है।
(3) को कड़ी सजा देकर सुसाधित किया जा सकता है।
(4) में उनके विकास से बाधा उत्पन्न होती है।

Ans : 1

शिक्षा के द्वारा हम जो भी ज्ञान और अनुभव प्राप्त करते हैं उसका हमारे व्यक्तिगत(personal), सामाजिक(social) और सांस्कृतिक(cultural) जीवन पर प्रभाव पड़ता है। इसलिए सीखने की जो प्रक्रियाएं(process) हैं, वे सामाजिक और सांस्कृतिक संदर्भ को ध्यान में रखकर की जानी चाहिए।

14. Which view of learning focuses on intrinsic motivation and emphasises social interaction for meaningful learning?

(1) Behaviouristic view
(2) Cognitive view
(3) Socio-cultural view
(4) Psycho- sexual view

सिखने का कौन सा दृष्टिकोण आंतरिक प्रेरणा पर केंद्रित है और सार्थक सिखने के लिए सामाजिक संपर्क पर जोर देता है?

(1) व्यवहारवादी दृष्टिकोण
(2) संज्ञानात्मक दृष्टिकोण
(3) सामाजिक-सांस्कृतिक दृष्टिकोण
(4) मनो यौनिक दृष्टिकोण

Ans : 3

15. Which of the following is an example of intrinsic motivation?

(1) Learning a new skill out of interest.
(2) Participating in a quiz to win an award.
(3) Completing homework to avoid punishment.
(4) Studying to get praise of parents.

निम्न में से कौन सा आंतरिक अभिप्रेरणा का उदाहरण है?

(1) रुचि के कारण नया कौशल सीखना
(2) ईनाम जीतने के लिए प्रश्नोत्तरी में भाग लेना
(3) सजा से बचने के लिए गृहकार्य पूरा करना
(4) माता-पिता की प्रशंसा पाने के लिए पढाई करना

Ans : 1

जब बच्चे को किसी कार्य या विषय में रुचि(interest) होती है तो वह स्वतः ही उस काम को करने के लिए प्रेरित(motivate) होता है।

16. For effective learning, teachers should focus on promoting which skills in their students?

(i) Critical thinking
(ii) Creativity
(iii) Problem Solving
(iv) Learning how to learn
(1) (i) and (iii)
(2) (i), (ii) and (iii)
(3) (ii) and (iii)
(4) (i), (ii), (iii) and (iv)

प्रभावशाली अधिगम के लिए शिक्षिकाओं को अपने विद्यार्थियों में किन कौशलों का विकास करना चाहिए?

(i) समालोचनात्मक सोच
(ii) सृजनात्मकता
(iii) समस्या समाधान
(iv) कैसे सीखते हैं यह सीखना
(1) (i) और (iii)
(2) (i), (ii) और (iii)
(3) (ii) और (iii)
(4) (i), (ii), (iii) और (iv)

Ans : 4

प्रभावशाली अधिगम के लिए आवश्यक है की दिए गए कार्य को बच्चे नए ढंग से, अपने तरीके से करने का प्रयास करें। समस्या समाधान(problem) के कौशल(skill) को विकसित करने का प्रयास करें। कार्य को करके सीखें।

17. Assertion (A): Teachers should promote dialogue amongst students to facilitate collaborative learning.

Reason (R): Learning is a process of co-construction with support from others.
Choose the correct option:
(1) Both (A) and (R) are true and (R) is the correct explanation of (A).
(2) Both (A) and (R) are true but (R) is not the correct explanation of (A).
(3) (A) is true but (R) is false.
(4) Both (A) and (R) are false.

कथन (A) सहयोगात्मक अधिगम को सुसाधित करने के लिए शिक्षकों को विद्यार्थी में आपसी संवाद को प्रोत्साहित करना चाहिए।

तर्क (R) सीखना दूसरों की मदद लेकर सह निर्माण की प्रक्रिया है।

सही विकल्प चुनें।

(1) (A) और (R) दोनों सही हैं और (R)

सही व्याख्या करता है (A) की ।

(2) (A) और (R) दोनों सही हैं लेकिन (R) सही व्याख्या नहीं है (A) की ।

(3) (A) सही है लेकिन (R) गलत है।

(4) (A) और (R) दोनों गलत है।

Ans : 1

18. Which of the following statements about children's learning is NOT correct?

(1) Children learn in a spiral way.

(2) Children learn in a linear manner.

(3) Children learn from their mistakes and errors.

(4) Children leam when they are able to make active connections.

बच्चों के सीखने के बारे में निम्नलिखित में से कौन सा कथन सही नहीं है?

(1) बच्चे चक्रीय तरीके से सीखते हैं।

(2) बच्चे रैखिक तरीके से सीखते हैं।

(3) बच्चे अपनी गलतियों और त्रुटियों से सीखते है

(4) बच्चे तब सीखते हैं जब वे सक्रिय संबंध बनाने में सक्षम होते हैं।

Ans : 2

रैखिक अधिगम में बच्चे समान गति से सीखते चले जाते हैं, ऐसा सीखने में नहीं होता है।बच्चा कभी तेज़ गति (fast speed) व मंद गति (slow Speed) से सीखता है।

19. To make children become capable of regulating their own learning the teachers should:

(1) Encourage the children to follow instructions passively,

(2) Rigidly maintain control over the processes of learning.

(3) Discourage the children themselves to set goals and work out strategies to achieve them.

(4) Focus on development of metacognitive capabilities in children.

विद्यार्थियों को सक्षम करने के लिए कि वे अपने सिखने को विनियमित कर पाएँ एक शिक्षिका को

(1) बच्चों को निष्क्रिय रूप से निर्देशों का पालन करने के लिए प्रोत्साहित करना चाहिए।

(2) सीखने की प्रक्रिया पर सख्त नियंत्रण रखना चाहिए।

(3) बच्चों को स्वयं लक्ष्य तय करने व उसे पाने को रणनितियों पर काम करने से हतोत्साहित करना चाहिए।

(4) बच्चों में अधिसंज्ञानात्मक क्षमताओं के विकास पर ध्यान केन्द्रित करना चाहिए।

Ans : 4

बच्चों में अधिसंज्ञानात्मक क्षमताओं के विकास का अर्थ है, बच्चे किस प्रकार सोचते हैं, किस प्रकार समस्या समाधान(problem solving) करते हैं। यह बच्चों में उस ज्ञान का विकास है जिससे वे अपने आसपास(nearby) की चींजों और क्रियाओं(actions) को भली-भांति समझ पाते हैं।

20. An effective learning strategy is:

(1) Total control of the teacher on the learning processes.

(2) Creating concept maps and associating new information with previous one.

(3) Detontextualizing information and remembering it in disconnected chunks.

(4) Meaningless drill and practice.

एक प्रभावी शैक्षिक रणनीति हैं

(1) सीखने की प्रक्रियाओं पर शिक्षक का पूर्ण नियंत्रण।

(2) संकल्पनात्मक मानचित्र बनाना व नई

जानकारी को पूर्व जानकारी से जोड़ना
(3) जानकारी को गैर-प्रासंगिक बनाना और उसे वियोजित टुकड़ों में याद करना
(4) अनर्थक वेधन व अभ्यास ।

Ans : 2

21. Assertion (A): Children often make up theories of their own to explain various phenomenon.

Reason (R) : Children are active beings always engaged in processes of meaning-making.
Choose the correct option:
(1) Both (A) and (R) are true and (R) is the correct explanation of (A).
(2) Both (A) and (R) are true but (R) is not the correct explanation of (A).
(3) (A) is true but (R) is false.
(4) Both (A) and (R) are false.

कथन (A) : बच्चे अक्सर विभिन्न घटनाओं को समझने के लिए सहज सिद्धान्त गढ़ते हैं।

तर्क (R) : बच्चे सक्रिय प्राणी हैं जो हमेशा अर्थ बनाने की प्रक्रिया में लगे रहते हैं।

सही विकल्प चुनें।
(1) (A) और (R) दोनों सही हैं और (R) सही व्याख्या करता है (A) की।
(2) (A) और (R) दोनों सही हैं लेकिन (R) सही व्याख्या नहीं है (A) की ।
(3) (A) सही है लेकिन (R) गलत है।
(4) (A) और (R) दोनों गलत है।

Ans : 1

बच्चे किसी भी घटना(incident) को समझने के लिए उसे किसी न किसी बात से connect करने की कोशिश करते हैं, जिससे वह ज्यादा समय तक उस बात को याद रख पाते हैं।

22. When students feel they have control over their learning activities they maintain__________ level of motivation and become __________.

(1) high; self-regulating learners.
(2) high; passive learners.
(3) low; self-regulating learners.
(4) low; passive learners.

जब विद्यार्थी महसूस करते है कि सीखने की गतिविधियों पर उनका नियंत्रण है तब उनकी अभिप्रेरणा का स्तर __________ 4- जाता है और वे __________ विद्यार्थी बन जाते हैं।
(1) बढ ; स्व नियमित
(2) बढ ; निष्क्रिय
(3) कम ; स्व नियमित
(4) कम ; निष्क्रिय

Ans : 1

जब विद्यार्थी बहुत अच्छे तरीके से किसी topic/ concept को समझ जाता है तो उस बच्चे का confidence बहुत high हो जाता है और वह खुद से अपने अधिगम को regulate कर पाता है।

23. Which processes contribute in knowledge construction ?

(i) Organising and reorganising previous knowledge
(ii) Exploration and discovery
(iii)Social interactions
(1) (ii), (iii)
(2) (i), (ii), (iii)
(3) (i), (iii)
(4) (i), (ii)

ज्ञान के निमार्ण में कौन सी प्रक्रियाएँ शामिल हैं?

(i) पूर्व ज्ञान का संगठन व पुर्नसंगठन
(ii) अन्वेषण व खोज
(iii) सामाजिक अत: क्रियाएँ
(1) (ii), (iii) (2) (i), (ii), (iii)
(3) (i), (iii) (4) (i), (ii)

Ans : 2

ज्ञान के निर्माण के लिए पूर्व ज्ञान को नए ज्ञान से जोड़ना, खोज करना(discover) करना और एक विषय वस्तु को दूसरी विषय वस्तु से connect करके पढ़ना शामिल हैं।

24. Learning:

(1) is a passive process.
(2) is influenced by personal factors.
(3) occurs independent of socio-cultural context.
(4) is a process of only recall and reproduction of information.

सीखना
(1) एक निष्क्रिय प्रक्रिया है।
(2) व्यक्तिगत कारकों से प्रभावित होता है।
(3) सामाजिक- सांस्कृतिक संदर्भ से स्वतंत्र होता है।
(4) केवल जानकारी के प्रत्याहार और पुनरूपण की प्रक्रिया है।

Ans : 2

सीखना आनुवांशिक (genetic) , पर्यावरणीय (environmental) व व्यक्तिगत (personal) कारकों से प्रभावित होता है।

25. Students with which of the following belief will be encouraged to learn and have a better performance in class?

(1) One cannot change one's inborn abilities at all.
(2) Effort can influence one's learning and performance.
(3) Getting good marks is a matter of luck.
(4) One who has not succeeded previously, will not succeed in future as well.

निम्न में से किस प्रकार की मान्यता रखने वाले विद्यार्थी कक्षा में सीखने की ओर उन्मुख होंगे व बेहतर प्रदर्शन करेंगे?

(1) अपनी जन्मजात योग्यताओं को बिल्कुल भी बदला नहीं जा सकता।
(2) मेहनत से खुद के सीखने व प्रदर्शन में बदलाव लाया जा सकता है।
(3) अच्छे अंक प्राप्त करना किस्मत का खेल है।
(4) जो एक बार सफल नहीं हुआ वो कभी सफल नहीं होगा।

Ans : 2

यदि बच्चा खुद से मेहनत करने पर विश्वास करता है तो वह बच्चा सीखने की ओर उन्मुख(oriented) होगा और बेहतर प्रदर्शन(performance) करेगा। बच्चा यदि आंतरिक रूप से प्रेरित होता है तो वह अपने बेहतर प्रदर्शन के लिए बहुत मेहनत(effort) करता है।

26. Which of the following strategies will help students to learn meaningfully?

(1) Relating the knowledge with their everyday life.
(2) Focussing only on teaching for students to get good marks.
(3) Stressing on repetitive drill and practice.
(4) Remembering lots of information at the same time.

निम्न में से कौन सी प्रणाली विद्यार्थियों के अर्थपूर्ण तरीके से सीखने में मदद करेगी ?

(1) ज्ञान को विद्यार्थियों के निजी जीवन से जोड़ना ।
(2) केवल विद्यार्थियों को अच्छे अंक प्राप्त करने के लिए शिक्षण करना।
(3) बारम्बार वैधन व अभ्यास पर बल देना।
(4) बहुत सी जानकारी को एक ही समय पर याद रखने का प्रयास करना।

Ans : 1

यदि पढ़ाई जा रही विषय वस्तु(subject matter) को बच्चों के निजी जीवन (personal life) से जोड़कर उन्हें उदाहरण(example) दिया जाए तो बच्चे उसे विषय वस्तु को बहुत अच्छी तरीके से ग्रहण कर पाते हैं।

27. In a socio-constructivist classroom, learning promotes :

(i) metacognitive abilities
(i) self-regulation
(iii) critical thinking
(iv) problem-solving
(v) meaningless drill and rehearsal
(1) (iii), (iv)
(2) (ii), (iii), (iv)
(3) (i), (ii), (iii), (iv)
(4) (i), (ii), (iii), (iv), (v)

एक सामाजिक रचनावादी कक्षा में सीखना किसको प्रोत्साहित करके किया जाता है ?
(i) अधिसंज्ञानात्मक कौशल
(ii) स्व-नियमता
(iii) विवेचनात्मक सौच
(iv) समस्या समाधान
(v) अर्थहीन वैधन व दोहराव
(1) (iii), (iv)
(2) (ii), (iii), (iv)
(3) (i), (ii), (iii), (iv)
(4) (i), (ii), (iii), (iv), (v)

Ans : 3

28. Children learn by:

(i) experimentation and exploration
(ii) listening and talking
(iii) discussing and reflecting
(iv) making and doing things
(1) (i), (ii), (iii), (iv)
(2) (i), (ii), (iii)
(3) (i), (iii), (iv)
(4) (ii), (iii), (iv)

बच्चे कैसे सीखते है?
(i) प्रयोग व अन्वेषण द्वारा
(ii) सुनकर व बोलकर
(iii) चर्चा व मनन करके
(iv) चीजें बनाकर व करके
(1) (i), (ii), (iii), (iv)
(2) (i), (ii), (iii)
(3) (i), (iii), (iv)
(4) (ii), (iii), (iv)

Ans : 1

बच्चे कई प्रकार से सीखते हैं अपनी रुचि(interest) के अनुसार, प्रेरित होकर, सुनकर, बोलकर, चर्चा करके(discussion), गतिविधियों (activities) द्वारा, प्रयोग (experiment) द्वारा etc.

29. For learning to be meaningful it should be associated with:

(1) discipline and distress.
(2) fear and punishment.
(3) enjoyment and satisfaction.
(4) achievement and competition

अधिगम को अर्थपूर्ण बनाने के लिए उसे ________ से जोड़ा जाना चाहिए।
(1) अनुशासन व तनाव
(2) डर व सजा
(3) आनंद व संतुष्टि
(4) उपलब्धि व प्रतिस्पर्धा

Ans : 3

किसी भी विषय वस्तु के शिक्षण के बाद उससे संबंधित results से बच्चों को संतुष्ट होना बहुत आवश्यक है। यदि बच्चे सीखी गई विषय वस्तु से संतुष्ट(satisfy) हैं और उस विषय को लेकर रुचिकर(interested) हैं तो अधिगम रुचि पूर्ण होगा ही होगा।

30. An effective way to keep children intrinsically motivated is by:

(1) Offering rewards

(2) Giving punishments
(3) Creating a learning environment that fosters a sense of belonging and autonomy.
(4) Encouraging total compliance and passive reception of information

बच्चों को आंतरिक रूप से प्रेरित करने का एक प्रभावी तरीका है :

(1) पुरस्कार प्रदान करना।
(2) दण्ड देना
(3) सीखने का ऐसा माहौल बनाए जो अपनेपन और स्वायत्तता की भावना को बढ़ावा देता है।
(4) सूचना के पूर्ण अनुपालन और निष्क्रिय ग्रहण को प्रोत्साहित करना।

Ans : 3

यदि कक्षा में बच्चा comfortable feel करता है तो तो पढ़ने के लिए बच्चा आंतरिक रूप से प्रेरित(motivate) होता है।

31. Children learn best through the processes of:

(1) Passive imitation
(2) Drill and recall
(3) Rote memorization
(4) Guided discovery

बच्चे किस प्रक्रिया से सबसे बेहतर सीखते हैं?

(1) निष्क्रिय अनुकरण
(2) वेधन व प्रत्यास्मरण
(3) रटकर स्मरण
(4) निर्देशित खोज

Ans : 4

किसी topic को समझने के लिए यदि शिक्षक बच्चों को प्रेरित करें और खोज करने के लिए निर्देशित (guide) करता है तो बच्चे बेहतर तरीके से सीख पाते हैं।

32. Assertion (A): Restricting learning to a permanent and measurable change in behavior is problematic.

Reason (R) : Learning is a complex activity that includes processes that take place internally.

Choose the correct option:

(1) Both (A) and (R) are true and (R) is the correct explanation of (A).
(2) Both (A) and (R) are true but (R) is not the correct explanation of (A).
(3) (A) is true but (R) is false.
(4) Both (A) and (R) are false.

कथन (A) : अधिगम को केवल सीखने में स्थायी व मापा जा सकनेवाला बदलाव देखना समस्यात्मक है।

तर्क (R) : सीखना एक जटिल क्रिया है जिसमें आतंरिक रूप से होने वाली प्रक्रियाएँ भी शामिल हैं।

सही विकल्प चुनें :

(1) (A) और (R) दोनों सही हैं और (R) सही व्याख्या करता है (A) की ।
(2) (A) और (R) दोनों सही हैं लेकिन (R) सही व्याख्या नहीं है (A) की ।
(3) (A) सही है लेकिन (R) गलत है।
(4) (A) और (R) दोनों गलत है ।

Ans : 1

सीखना एक जटिल प्रक्रिया होती है। अधिगम में आंतरिक (internally) रूप से होने वाली प्रक्रियाएं जैसे चिंतन (speculation), समस्या समाधान (problem solving), समझना (understanding) आदि शामिल होते हैं।

33. Experimental learning stresses:

(1) The role of reinforcement in learning
(2) Importance of hands-on learning
(3) That learning is a product rather than a process

(4) Drill and mechanical practice

अनुभवात्मक अधिगम किस पर जोर डालता है?

(1) सीखने में पुर्नबलन की भूमिका
(2) करके सीखने की महत्वता
(3) सीखना एक प्रक्रिया नहीं अपितु एक उत्पाद है
(4) वेधन और यांत्रिक अभ्यास

Ans : 2

जब हम किसी कार्य को करके सीखते हैं तो उस कार्य से हमें जो सीख मिलती है, उसको हम आने वाले समय में किसी अन्य कार्य को करने के लिए उपयोग कर सकते हैं जो कि हमें अनुभव(experience) से प्राप्त हुआ है।

34. Which of the following should characterise assessment for meaningful learning?

(1) Standardised
(2) Comprehensive
(3) Formative
(4) Qualitative

निम्नलिखित में से अर्थपूर्ण अधिगम के लिए आकलन की विशेषता क्या होनी चाहिए ?

(1) मानकीकृत
(2) व्यापक
(3) रचनात्मक
(4) गुणात्मक

Both

Ans : 2,3

35. Mastery oriented learners:

(I) Set learning goals.
(ii) Believe that ability is stable and permanent.
(iii) Set very easy or no goals.
(iv) Seek help and support to facilitate their learning.

(1) (i) and (ii)
(2) (iii) and (ii)
(3) (i) and (iv)
(4) (iii) and (iv)

महारत उन्मुखी विद्यार्थी

(i) सीखने के लिए लक्ष्य तय करते हैं
(ii) मानते हैं कि क्षमता स्थिर व स्थायी है
(iii) बहुत ही आसान लक्ष्य करते है या कोई लक्ष्य तय नहीं करते हैं
(iv) अपने सीखने को सुसाध्य करने के लिए दूसरों की सहायता व मदद लेते हैं

(1) (i) और (i)
(2) (iii) और (ii)
(3) (i) और (iv)
(4) (iii) और (iv)

Ans : 3

जो बच्चे सीखने के लिए सदैव प्रेरित(motivated) रहते हैं अपने लक्ष्य को तय कर लेते हैं और सीखने के लिए दूसरों की सहायता लेते हैं उन्हें महारत उन्मुख छात्र(mastery oriented student) कहा जाता है।

36. Using diverse physical learning materials helps the children to make progression in learning concepts in the sequence of:

(1) concrete to abstract
(2) unfamiliar to familiar
(3) higher-order to lower-order
(4) complex to simple

विविध भौतिक शिक्षण सामग्री का उपयोग करने से बच्चों को सीखने की अवधारणाओं में किस क्रम में मदद मिलती है?

(1) ठोस से अमूर्त
(2) अपरिचित से परिचित
(3) उच्च-क्रम से निचले क्रम
(4) जटिल से सरल

Ans : 1

जिस टॉपिक का अध्ययन बच्चों को करना है यदि उससे संबंधित सामग्री (material) को उनके सामने प्रस्तुत कर दिया जाए तो उस विषय में सोचने के लिए बच्चों को सहायता मिल जाती है और वह उससे अपने विचारों को connect कर पाते हैं।

37. Assertion (A): Teachers who believe that ability is not fixed and can be changed by putting in efforts are likely to motivate students to improve their performance at schools.

Reason (R) : Motivation is linked to beliefs teachers have about the abilities of students.

Choose the correct option.

(1) Both (A) and (R) are true and (R) is the correct explanation of (A).
(2) Both (A) and (R) are true but (R) is not the correct explanation of (A).
(3) (A) is true but (R) is false.
(4) Both (A) and (R) are false .

अभिकथन (A) : जो शिक्षक यह मानते हैं कि क्षमता निश्चित नहीं है और प्रयास करके उसे बदला जा सकता है, छात्रों को स्कूलों में अपने प्रदर्शन में सुधार करने के लिए प्रेरित करने की संभावना प्रस्तुत करने हैं ।

तर्क (R) : अभिप्रेरणा उन विश्वासों से जुड़ी है जो शिक्षक अपने छात्रों की क्षमताओं के बारे में रखते हैं।

सही विकल्प चुनें।

(1) (A) और (R) दोनों सही हैं और (R) सही व्याख्या करता है (A) की ।
(2) (A) और (R) दोनों सही हैं लेकिन (R) सही व्याख्या नहीं है (A) की ।
(3) (A) सही है लेकिन (R) गलत है।
(4) (A) और (R) दोनों गलत हैं।

Ans : 1

38. Assertion (A): To ensure meaningful learning students should be expected to reproduce knowledge in the exact same way as it is received.

Reason (R) : Learning is the process of passive reception and reproduction of knowledge by children.

Choose the correct option.

(1) Both (A) and (R) are true and (R) is the correct explanation of (A).
(2) Both (A) and (R) are true but (R) is not the correct explanation of (A).
(3) (A) is true but (R) is false.
(4) Both (A) and (R) are false.

अभिकथन (A) : अर्थपूर्ण अधिगम सुनिश्चित करने के लिए विद्यार्थियों से यह अपेक्षा की जानी चाहिए कि वे ज्ञान को ठीक उसी तरह से पुनरुपित करें जैसे उन्होंने उसे गृहीत किया है।

तर्क (R) : अधिगम बच्चों द्वारा ज्ञान को निष्क्रिय रूप से प्राप्त करने और उसका पुनरुत्पादन करने की प्रक्रिया है ।

सही विकल्प चुनें।

(1) (A) और (R) दोनों सही हैं और (R) सही व्याख्या करता है (A) की ।
(2) (A) और (R) दोनों सही हैं लेकिन (R) सही व्याख्या नहीं है (A) की ।
(3) (A) सही है लेकिन (R) गलत है।
(4) (A) और (R) दोनों गलत हैं।

Ans : 4

अधिगम बच्चों द्वारा ज्ञान को सक्रिय(actively) रूप से प्राप्त करने की प्रक्रिया है जिसका वे उपयोग कर सकें।

39. Charu studies only to get passing marks in all the subjects and has no interest in any of the subjects. She is -

(1) Intrinsically motivated.

(2) Failure accepting learner.
(3) Mastery oriented learner.
(4) Failure avoiding learner.

चारू की किसी विषय में कोई अभिरुचि नहीं है तथा वह केवल परीक्षा में उत्तीर्ण होने के लिए पढती है । चारू :

(1) आंतरिक रूप से अभिप्रेरित है।
(2) असफलता स्वीकार्य विद्यार्थी है।
(3) महारत उन्मुख विद्यार्थी है।
(4) असफलता परिहार विद्यार्थी है।

Ans :4

ऐसे बच्चों को केवल पास होने से मतलब होता है। वे केवल उतना पढते हैं जिससे वह पास हो सके।

40. Which of the following is not an effective strategy for learning ?

(1) Meaningless recitation
(2) Explaining to a peer
(3) Self-questioning
(4) Making concept maps

निम्नलिखित में से कौन-सी कार्यनीति अधिगम के लिए एक प्रभावी कार्यनीति नहीं है ?

(1) अर्थहीन अनुवाचन
(2) अपने किसी साथी को समझाना
(3) स्वयं से प्रश्न करना
(4) अवधारणा - मानचित्र बनाना

Ans : 1

जिस topic का अनुवाचन(recitation) करना अर्थहीन(meaningless) हो अर्थात वह बच्चों के अधिगम में कोई भूमिका(role)न निभाता हूं उसकी शिक्षण में कोई आवश्यकता नहीं होती है।

41. What should be the sequence of introduction of new concepts to children ?

(1) Global to local
(2) Abstract to concrete
(3) Application based to conceptual understanding
(4) Familiar to unfamiliar

बच्चों को नई अवधारणाओं के परिचय का क्रम क्या होना चाहिए ?

(1) वैश्विक से स्थानीय
(2) अमूर्त से ठोस
(3) अनुप्रयोग से संप्रत्यात्मक समझ
(4) परिचित से अपरिचित

Ans : 4

बच्चों को कोई भी नया topic पढाते समय उन्हें परिचित से अपरिचित(known to unknown) की ओर ले जाना चाहिए अर्थात जिस वस्तु का उन्हें पहले से ज्ञान है उसे जोड़कर नई अवधारणा(concept) सिखानी चाहिए।

42. Meaningful learning of students at school is negatively influenced by________ and positively influenced by ________.

(1) Exclusionary practices; learner - centred pedagogy
(2) Exclusionary practices; exam - oriented pedagogy
(3) Inclusive practices; exam - oriented pedagogy
(4) Inclusive practices; learner-centred pedagogy

विद्यालय में विद्यार्थियों का अर्थपूर्ण अधिगम ________ से नकारात्मक रूप से प्रभावित होता है और ________ से सकारात्मक रूप से प्रभावित होता है।

(1) बहिष्करण प्रथाओं; शिक्षार्थी केंद्रित शिक्षाशास्त्र
(2) बहिष्करण प्रथाओं; परीक्षा- उन्मुख शिक्षाशास्त्र
(3) समावेशी प्रथाओं; परीक्षा- उन्मुख शिक्षाशास्त्र

(4) समावेशी प्रथाओं; शिक्षार्थी-केंद्रित शिक्षाशास्त्र

Ans : 1

43. Presentation of content in__________ facilitates_______.

(1) Multiple ways; learning of all children
(2) Multiple ways; learning of special children only
(3) Uniform manner; learning of all children
(4) Uniform manner; learning of special children only

_________से सामग्री की प्रस्तुति__________ को सुगम बनाती है।

(1) कई तरीके सभी बच्चों के अधिगम
(2) कई तरीके केवल विशेष बच्चों के अधिगम
(3) एकसमान तरीके; सभी बच्चों के अधिगम
(4) एकसमान तरीके; केवल विशेष बच्चों के अधिगम

Ans : 1

44. Which of the following statements is NOT correct about children's learning in a socio-constructivist classroom?

(1) Children's interactions with their peers facilitates cognitive development.
(2) Formative and diverse forms of assessment should be carried out in classrooms.
(3) Children construct knowledge rather than receive it passively.
(4) Norm-referenced testing is the only way to standardise assessment.

सामाजिक रचनात्मक कक्षा में बच्चों के सीखने के बारे में निम्नलिखित में से कौन-सा कथन सही नहीं हैं?

(1) बच्चों को अपने साथियों के साथ बातचीत के द्वारा अपने संज्ञानात्मक विकास में मदद मिलती हैं।
(2) कक्षाओं में केवल रचनात्मक और विविध तरह के आकलन को ही किया जाना चाहिए।
(3) बच्चे इसे निष्क्रिय रूप से प्राप्त करने के बजाय ज्ञान का निर्माण करते हैं।
(4) मानक- संदर्भित परीक्षण आकलन को मानकीकृत करने का एकमात्र तरीका हैं।

Ans : 4

45. Thinking of ability as______ and failure as_____ motivates the students to work harder by putting in more efforts.

(1) Foxed humiliating
(2) Fixed; an opportunity to learn
(3) Incremental; humiliating
(4) Incremental; opportunity to learn

योग्यता को _____ और असफलता को_____ के रूप में सोचना छात्रों को अधिक प्रयास करके अधिक मेहनत करने के लिए प्रेरित करता है।

(1) स्थिर अपमानजनक
(2) स्थिर सीखने का अवसर
(3) वृद्धिशील अपमानजनक
(4) वृद्धिशील सीखने का अवसर

Ans : 4

किसी भी व्यक्ति की योग्यता में प्रयास (attempt) के द्वारा बदलाव किया जा सकता है या उसको बढ़ाया जा सकता है।असफलता (failure) को यदि हम सीखने का अवसर मानकर फिर से प्रयास करें तो उसे सफलता (success) में बदला जा सकता है।

46. Which of the following factors influences learning?

(i) Socio-cultural context of the student
(ii) Age of the student
(iii) Pedagogical strategies to teach a concept
(iv) Teacher's beliefs about the student's ability
(1) (i), (iii)
(2) (ii), (iii)
(3) (i), (ii), (iii)
(4) (i), (ii), (iii), (iv)

निम्नलिखित में से कौन सा कारक सीखने को प्रभावित करता है?
(i) छात्र का सामाजिक सांस्कृतिक संदर्भ
(ii) छात्र की आयु
(iii) एक अवधारणा को पढ़ाने के लिए शैक्षणिक रणनीतियाँ
(iv) छात्र की क्षमता के बारे में शिक्षक का विश्वास
(1) (i), (iii)
(2) (ii), (iii)
(3) (i) (ii), (iii)
(4) (i), (ii), (iii), (iv)

Ans : 4

47. One's beliefs have an important influence on one's learning. Which belief would have a positive influence on learning?
(1) Tam not born with any abilities
(2) Teachers always male difficult question papers
(3) Getting good or bad marks depends on your efforts
(4) I have never got good marks in geography and I never will even if I try,

एक व्यक्ति की धारणाएँ उसके सीखने पर एक महत्वपूर्ण प्रभाव डालती हैं। निम्नलिखित में से कौन-सी धारणा सीखने पर एक सकारात्मक प्रभाव डालेगी?
(1) मुझमें जन्मजात कोई क्षमताएं मौजूद नहीं हैं।
(2) शिक्षक हमेशा कठिन प्रश्नपत्र बनाते हैं।
(3) अच्छे या बुरे अंक लाना अपने प्रयास पर निर्भर करता है।
(4) भूगोल शास्त्र में मेरे कभी भी अच्छे अंक नहीं आए और मेरे प्रयास करने पर भी इसमें अच्छे अंक नहीं |आ पाएँगे

Ans : 3

सीखने के दौरान बच्चों को कभी सफलता मिलती है और कभी असफलता। यह हमारे प्रयास पर निर्भर करता है, तो लगातार प्रयास करते रहना ही अधिगम का मूल मंत्र होता है।

48. Constructivism as a theory:
(1) Emphasises the role of the learner in constructing his own view of the world
(2) Emphasises on memorising information and testing through recall
(3) Emphasists on the dominant role of the teacher
(4) Focuses on the role of passive imitation in learning

संरचनावाद का सिद्धांत
(1) सीखने में अधिगम कर्ता की भूमिका को महत्वपूर्ण मानता है जिससे वह संसार के बारे में खुद की समझ बनाते है।
(2) जानकारी के स्मरण व उसके प्रत्यारमण की परीक्षा पर जोर देता हैं।
(3) शिक्षिका की प्रमुख भूमिका पर जोर देता है।
(4) निष्क्रिय अनुकरण की अधिगम में भूमिका पर जोर देता है।

Ans : 1

49. What should be the sequence of introduction of new concepts to children?

(1) Unknown to known
(2) Higher order to lower order
(3) Abstract to concrete
(4) Simple to complex

बच्चों को नई अवधारणाओं से परिचित करवाने का क्या क्रम होना चाहिए?
(1) अज्ञात से ज्ञात
(2) उच्च क्रम से निम्न क्रम
(3) अमूर्त से मूर्त
(4) सरल से जटिल

Ans : 4

नई अवधारणाओं(concept) को सीखने के लिए सरल तथ्य(simple facts) से शुरू करके धीरे-धीरे जटिल(complex) की ओर बढ़ना चाहिए।

50. Students feel more involved and engaged in the process of learning if classroom environment promotes:

(i) Enquiry about the concept
(ii) Reflection on their thoughts
(iii) Passive imitation of the teacher
(iv) Mere.reproduction of knowledge
(1) (i), (ii)
(2) (i) (iii)
(3) (ii) (iii)
(4) (iii) (iv)

विद्यार्थी कक्षा में अधिगम की प्रक्रिया में अधिक सक्रिय और सहभागी बना महसूस करते हैं।यदि कक्षा का परिवेश समुन्नत करता है:
(i) अवधारणाओं के बारे में जिज्ञासा
(ii) अपने विचारों पर विमर्श-चिंतन
(iii) अध्यापक का निष्क्रिय अनुकरण
(iv) ज्ञान का मात्र पुनरउत्पादन।
(1) (i). (ii)
(2) (i), (iii)
(3) (ii), (iii)
(4) (iii), (iv)

Ans : 1

यदि शिक्षक कक्षा में बच्चों को विचार विमर्श(discussion) करने का अवसर देते हैं और विषय वस्तु (subject matter) को इस प्रकार प्रदर्शित करते हैं जिससे बच्चों में जिज्ञासा (curiosity) उत्पन्न होती है तो उसे कक्षा में बच्चे सक्रिय (actively) रूप से सीखते हैं।

51. Pace of learning is:

(1) dependent solely on personal factors.
(2) dependent solely on environmental factors.
(3) independent of both personsal and environmental factors.
(4) dependent on interaction of personal and environmental factors

अधिगम की गति
(1) पूरी तरह व्यक्तिगत कारकों पर निर्भर है।
(2) पूरी तरह वातावरणीय कारकों पर निर्भर है।
(3) व्यक्तिगत और वातावरणीय कारकों, दोनों से स्वतंत्र है।
(4) व्यक्तिगत और वातावरणीय कारकों की पारस्परिक क्रिया पर निर्भर है।

Ans : 4

52. Students with 'giftedness' typically :

(1) take long time in learning new concept.
(2) find it difficult to retain learning.
(3) cannot search for relationships between sub concepts.
(4) have higher-order problem-solving skills.

मेधावी विद्यार्थी विशेषकर :

(1) नई अवधारणाओं को सीखने में अधिक समय लगाते हैं।
(2) अधिगम के स्थायित्व में कठिनाई का अनुभव करते हैं।
(3) उप अवधारणाओं के मध्य संबंधों को नहीं खोज पाते हैं।
(4) उच्च स्तरीय समस्या समाधान कौशल रखते है ।

Ans : 4

मेधावी बच्चों कठिन समस्या का हल(solution) निकालने की योग्यता रखते हैं।

53. Learning is positively influenced by:

(i) Sense of belonging among students
(ii) Exam-Centred pedagogies
(iii) Experience of Humiliation
(iv) Resource rich classroom environment

(1) (i), (ii)
(2) (i), (iii)
(3) (ii), (iii)
(4) (i), (iv)

निम्नलिखित में से कौन अधिगम को सकारात्मक रूप से प्रभावित करते है ?

(i) विद्यार्थियों में पारस्परिकता का बोध
(ii) परीक्षा आधारित शिक्षणशास्त्रीय प्रविधियाँ
(iii) अवमानित करने के अनुभव
(iv) संसाधन समृद्ध कक्षायी परिवेश

(1) (i), (ii)
(2) (i), (iii)
(3) (ii), (iii)
(4) (i), (iv)

Ans : 4

54. Learning is more meaningful when content is presented in _______ manner.

(1) decontextualised
(2) irrelevant
(3) very abstract
(4) organised

अधिगम तब अधिक अर्थपूर्ण होता है जब विषयवस्तु को _______ रूप में प्रस्तुत किया जाता है।

(1) संदर्भ से हटकर
(2) अप्रासंगिक
(3) बहुत ही अमूर्त
(4) संयोजित

Ans : 4

अधिगम के दौरान किसी भी विषय को एक क्रम(sequence) में प्रस्तुत करना बहुत आवश्यक है, जिससे एक चरण(step) को दूसरे चरण से जोड़कर बच्चे सीख पाए।

55. Declarative knowledge:

(1) explains the procedure of occurrence of a phenomenon.
(2) explains understanding about use of strategies.
(3) is mainly about knowing 'what' and 'which aspects of knowledge.
(4) has no role in problem-solving process.

घोषणात्मक ज्ञान

(1) किसी घटना के घटित होने की प्रक्रिया की व्याख्या करता है।
(2) युक्तियों के प्रयोग के बारे में समझ की व्याख्या करता है ।
(3) मुख्यत: ज्ञान के 'क्या' और 'कौन' पहलुओं के बारे में जानना है।
(4) की समस्या समाधान प्रक्रिया में कोई भूमिका नहीं है।

Ans : 3

घोषणात्मक ज्ञान यह बताता है कि आपको विषय के किस पहलू(aspect) के बारे में क्या जानना है।

56. Diversity in a classroom is a_____for teaching-learning process.

(1) Problem
(2) Resource
(3) Hinderance
(4) Barrier

कक्षा में विविधता अध्यापन अधिगम प्रक्रिया में__________ है

(1) समस्या
(2) संसाधन
(3) रुकावट
(4) बाधा

Ans : 2

कक्षा में विविधता(diversity) जैसे विभिन्न संस्कृति, रुचि, क्षमता वाले बच्चों से अध्ययन में बाधा(obstacle) उत्पन्न नहीं होती है बल्कि ऐसी स्थिति में बच्चे एक दूसरे से ज्ञान का आदान प्रदान(knowledge exchange) करते हैं जो कि अधिगम के लिए आवश्यक है।

57. To gain non-innate learnings such as playing a flute, playing chess

(1) some form of explicit instructions and intrinsic motivation are required.
(2) any kind of explicit instructions or motivation are not required.
(3) explicit instruction is required but any kind of motivation is not needed.
(4) explicit instruction from any source is not required at all.

गैर-जन्मजात अधिगम जैसे कि बाँसुरी बजाना, शतरंज खेलना सीखने के लिए

(1) किसी तरह के बाह्य निर्देशन और आंतरिक अभिप्रेरणा की जरूरत है।
(2) किसी भी तरह के बाह्य निर्देशन या अभिप्रेरणा की जरूरत नहीं होती है ।
(3) बाह्य निर्देशन की जरूरत होती है लेकिन किसी तरह की अभिप्रेरणा की जरूरत नहीं होती है।
(4) किसी भी स्रोत से बाह्य निर्देशन की कोई जरूरत नहीं होती है।

Ans : 1

कोई भी गतिविधि (activity) जैसे शतरंज खेलना, नृत्य करना जो बच्चा सीखता है इसकी सहायता से बच्चे को आंतरिक प्रेरणा(internal motivation) मिलती है और वह सक्रिय रूप से सीखना है।

58. Learning gets influenced by:

(i) classroom environment
(ii) availability of resources
(ii) pedagogy of teacher
(iv) readiness level of students

(1) (i) only
(2) (i), (ii) only
(3) (i), (ii), (iii) only
(4) (i), (ii), (iii) and (iv)

निम्नलिखित में से कौन से कारक सीखने की प्रक्रिया को प्रभावित करते हैं ?

(I) कक्षा का परिवेश
(ii) संसाधनों की उपलब्धता
(iii) शिक्षक की शिक्षणशास्त्रीय विधियाँ
(iv) विद्यार्थियों के तत्परता का स्तर

(1) केवल (i)
(2) केवल (i), (ii)
(3) केवल (i), (ii), (iii)
(4) (i), (ii), (iii) और (iv)

Ans : 4

59. Which of the following factor hinders learning among students?

(1) Playful interaction with environment
(2) Self-motivated practice
(3) Urge to know and discover
(4) Rigid and inflexible curriculum

निम्न में से कौन-सा कारक विद्यार्थियों के अधिगम में बाधक बन जाता है ?

(1) वातावरण से स्वाभाविक/सहज पारस्परिक क्रिया
(2) स्व-अभिप्रेरित अभ्यास
(3) जानने और खोज करने की चाह
(4) कठोर और अनम्य पाठ्यक्रम

Ans : 4

पाठ्यक्रम सदैव लचीला(flexible) होना चाहिए जो बच्चों की आवश्यकता, योग्यता और क्षमता के अनुसार हो।

60. Select the appropriate techniques favourable for motivating students for learning in the classroom.

(i) Encouraging maximum participation of students in the classroom
(ii) Encourage competition for marks
(iii) Help students set goals based on their interest
(iv) Giving freedom to students for expressing their ideas

Choose the correct option.

(1) (i) and (iv)
(2) (i), (iii) and (iv)
(3) (ii), (iii) and (iv)
(4) (i), (ii) and (iii)

कक्षा में विद्यार्थियों को अधिगम के प्रति अभिप्रेरित करने की कौन-सी युक्तियाँ सही हैं ?

(i) कक्षा में विद्यार्थियों की अधिकतम सहभागिता को बढ़ावा देना ।
(ii) अंकों के लिए प्रतिस्पर्धा को बढ़ावा देना ।
(iii) विद्यार्थियों को उनकी रुचि के आधार पर लक्ष्य निर्धारित करने में मदद करना ।
(iv) विद्यार्थियों को अपने विचार व्यक्त करने की आजादी देना ।

सही विकल्प चुनिए ।

(1) (i) और (iv)
(2) (i), (iii) और (iv)
(3) (ii), (iii) और (iv)
(4) (i), (ii) और (iii)

Ans : 2

61. Which of the following statement is not considered a sign of motivated teaching ?

(1) Students ask a lot of questions.
(2) Pin drop silence in the class even when asked to share experiences.
(3) Learners have the sense of belongingness.
(4) Students can differentiate new learning from old learning.

निम्नलिखित में से कौन-सा कथन अभिप्रेरित शिक्षण की पहचान नहीं है ?

(1) विद्यार्थी बहुत से प्रश्न पूछते हैं ।
(2) कक्षा में एकदम सन्नाटा, यहाँ तक कि जब अनुभव साझा करने के लिए कहा जाए, भी।
(3) शिक्षार्थियों को अपनेपन का बोध हो ।
(4) विद्यार्थी पूर्व अधिगम और नवीन अधिगम से अंतर कर पाते हैं ।

Ans : 2

62. Which of the following is likely to impede learning?

(1) Belief in incremental view of ability
(2) Promoting stereotypes about particular identities
(3) Optimizing individual choice and autonomy
(4) Minimising threats and distractions in class

निम्नलिखित में से किसके द्वारा अधिगम में बाधा पहुँचाने की संभावना है ?

(1) योग्यता के संवृद्धियात्मक दृष्टिकोण पर विश्वास ।
(2) विशिष्ट पहचानों (अस्मिताओं) के बारे में प्रचलित रूढ़िबद्ध धारणाओं को बढ़ावा देना ।
(3) व्यक्तिगत रुचि और स्वतंत्रता को बढ़ावा देना ।
(4) कक्षा में भय और अवरोधों को कम करना ।

Ans : 2

रूढ़िबद्ध धारणाओं(stereotype) जैसे यह बच्चा किसी विशेष जाति, धर्म या संस्कृति से है आदि की बात करना अधिगम में बाधा(obstacle) पहुंच जाता है और यह अधिगम के लिए बिल्कुल भी सही नहीं है।

63. "Having a diverse curriculum with children from varied social, economic and cultural backgrounds enriches the learning experience of all students."

This statement is:
(1) correct, because children learn many skills from their peers.
(2) correct, because it makes the classroom more hierarchial.
(3) incorrect, because it leads to unnecessary competition.
(4) incorrect, because it can confuse the children and they may feel lost.

"विभिन्न सामाजिक, आर्थिक और सांस्कृतिक पृष्ठभूमि के बच्चों से युक्त कक्षा में विविध पाठ्यक्रम होने से सभी छात्रों के सीखने के अनुभव समृद्ध होते हैं ।" यह कथन :
(1) सही है, क्योंकि बच्चे अपने साथियों से कई कौशल सीखते हैं ।
(2) सही है, क्योंकि यह कक्षा को अधिक श्रेणीबद्ध बनाता है ।
(3) गलत है, क्योंकि इससे अनावश्यक प्रतिस्पर्धा होती है ।
(4) गलत है, क्योंकि यह बच्चों को भ्रमित कर सकता है और वे खोया हुआ महसूस कर सकते हैं ।

Ans : 1

64. Which of the following should be used to promote effective and meaningful learning?

(i) examples
(ii) non-examples
(iii) analogies
(iv) negative reinforcement
(1) Only (i)
(2) (i) and (ii) only
(3) (i), (ii) and (iii) only
(4) (i), (ii), (iii) and (iv)

प्रभावशाली और अर्थपूर्ण अधिगम को बढ़ावा देने के लिए निम्न में से किनका प्रयोग करना चाहिए ?
(i) उदाहरण
(ii) ग़ैर- उदाहरण
(iii) अनुरूपक
(iv) नकारात्मक पुनर्बलन
(1) केवल (i)
(2) केवल (i) और (ii)
(3) केवल (i), (ii) और (iii)
(4) (i), (ii), (iii) और (iv)

Ans : 3

65. ________ impacts learning negatively.

(1) Malnutrition
(2) Curiosity
(3) Metacognition
(4) Mastery oriented goal

________ अधिगम को नकारात्मक रूप से प्रभावित करता है ।
(1) कुपोषण
(2) उत्सुकता
(3) अभिसंज्ञान
(4) महारत उन्मुखी लक्ष्य

Ans : 1

संपूर्ण अधिगम के लिए बच्चों का शारीरिक और मानसिक(physical and mental) रूप से

स्वस्थ होना बहुत आवश्यक है। यदि बच्चे को कुपोषण होगा तो वह अधिगम पर पूर्ण रूप से ध्यान केंद्रित(focus) नहीं कर पाएगा।

66. 'Learning to prove superiority over peers' represents_______goal orientation.

(1) Mastery-approach
(2) Mastery-avoidance
(3) Performance-approach
(4) Performance-avoidance

'अपने सहपाठियों से प्रधानता सिद्ध करने के लिए अधिगम' किस तरह का लक्ष्य अभिविन्यास है?

(1) महारत - अभिगमन
(2) महारत - परिहार
(3) प्रदर्शन - अभिगमन
(4) प्रदर्शन – परिहार

Ans : 3

प्रदर्शन – अभिगमन में अपने आप को दूसरों से बेहतर दिखने का प्रयास किया जाता है।

67. Which of the following statement is not correct about learning?

(1) Learning is an active process of knowledge construction.
(2) For learning to take place, some level of readiness among students is required.
(3) Social interactions do not play any role in learning process.
(4) Learning is effective when acquired through active involvement of learner.

अधिगम के बारे में निम्न में से कौन-सा कथन सही नहीं है?

(1) अधिगम ज्ञान सर्जन की एक सक्रिय प्रक्रिया है।
(2) अधिगम हेतु, विद्यार्थियों में कुछ स्तर की तत्परता होनी आवश्यक है।
(3) सामाजिक पारस्परिकता का अधिगम प्रक्रिया में कोई महत्त्व नहीं है।
(4) अधिगम प्रभावशाली होता है अगर वह अधिगमकर्ता की सक्रिय भागीदारी द्वारा ग्रहण किया जाता है।

Ans : 3

68. Which of the following is an example of Procedural knowledge?

(1) How do we prepare soil for plantation?
(2) What is the formula of (?
(3) When did India get independence?
(4) Which is the next leap year?

निम्न में से कौन-सा प्रक्रियात्मक ज्ञान का उदाहरण है ?

(1) पौधारोपण के लिए मिट्टी कैसे तैयार की जाती है ?
(2) का सूत्र क्या है ?
(3) भारत को आजादी कब मिली थी ?
(4) अगला लीप वर्ष कब होगा ?

Ans : 1

यदि आपको, बच्चों को किसी प्रक्रिया(process) के बारे में समझाना है तो यह उदाहरण सबसे उपयुक्त(best) है।

69. Which of the following is an example of extrinsic motivation?

(1) Learning to satisfy curiosity
(2) Learning to improve understanding
(3) Learning to win a cash prize
(4) Learning to master a skill

निम्नलिखित में से कौन-सा बाह्य अभिप्रेरणा का उदाहरण है ?

(1) जिज्ञासा को संतुष्ट करने के लिए अधिगम
(2) समझ को समुन्नत करने के लिए अधिगम

(3) नकद पुरस्कार पाने के लिए अधिगम
(4) किसी कौशल में निपुणता प्राप्त करने के लिए अधिगम

Ans : 3

70. ______ opportunity of hands-on activities is likely to _____ learning among students.

1. Avoiding, improve
2. Facilitating, improve
3. Presenting, stagnate
4. Preventing, enhance

छात्रों के लिए व्यावहारिक (करके सीखने वाली) गतिविधियों को ______ से छात्रों के अधिगम को _______ की संभावना है।

1. टालने, सुधरने
2. सुविधा देने, बढ़ने
3. प्रस्तुति से, ठहरने
4. रोकथाम, बढ़ने

Ans : 2

71. Which of following is a correctly matched pair of a source of motivation and the type of motivation?

1. Curiosity - Intrinsic motivation
2. Appreciation from peers - Intrinsic motivation
3. Praise of teacher - Intrinsic motivation
4. Trophy in match - Intrinsic motivation

निम्नलिखित में से कौन-सा प्रेरणा के स्रोत और प्रेरणा के प्रकार का सही मिलाप युग्म है?

1. जिज्ञासा - आंतरिक प्रेरणा
2. समकक्षियों की सराहना – आंतरिक प्रेरणा
3. शिक्षक की प्रशंसा – आंतरिक प्रेरणा
4. मैच में ट्राफी - आंतरिक प्रेरणा

Ans : 1

72. Assertion (A): To ensure meaningful learning, it is essential to connect new materials with something the child already knows.

Reason (R): Learning occurs in a linear manner.

Choose the correct option.

1. Both (A) and (R) are true and R is the correct explanation of (A).
2. Both (A) and (R) are true but R is not the correct explanation of (A).
3. (A) is true but (R) is false.
4. Both (A) and (R) are false.

कथन (A) : अर्थपूर्ण अधिगम के लिए, नई सामग्री को बच्चे के मौजूदा ज्ञान से जोड़ना ज़रूरी है।

तर्क (R) : अधिगम एकरेखीय तरीके से होता है।

सही विकल्प चुनें।

1. (A) और (R) दोनों सही हैं और (R) सही व्याख्या करता है (A) की।
2. (A) और (R) दोनों सही हैं लेकिन (R) सही व्याख्या नहीं है (A) की।
3. (A) सही है लेकिन (R) गलत है।
4. (A) और (R) दोनों गलत हैं।

Ans : 3

73. Assertion (A): The act of learning involves a process of establishing connections among facts observed and experienced by children.

Reason (R): Children learn in a linear way and not in spiral manner.
Choose the correct option.

1. Both (A) and (R) are true and (R) is the correct explanation of (A).
2. Both (A) and (R) are true but (R) is not the correct explanation of (A).
3. (A) is true but (R) is false.
4. Both (A) and (R) are false.

अभिकथन (A) : अधिगम में बच्चों द्वारा देखे और अनुभव किये गए तथ्यों के बीच संबंध स्थापित करने की प्रक्रिया शामिल है।

कारण (R) : बच्चे रेखीय तरीके से सीखते हैं न कि चक्रीय तरीके से।

सही विकल्प चुनें।

1. (A) और (R) दोनों सही हैं और (R) सही व्याख्या करता है (A) की।
2. (A) और (R) दोनों सही हैं लेकिन (R) सही व्याख्या नहीं है (A) की।
3. (A) सही है लेकिन (R) गलत है।
4. (A) और (R) दोनों गलत है।

Ans : 3

74. Assertion(A): Using a set of visuals followed by discussions based on learner's prior experience, helps learners to build conceptual understanding.

Reason(R): Learner's actively construct their own knowledge by connecting new ideas to existing ideas on the basis of materials / activities presented to them.

Choose the correct option

1. Both (A) and (R) are true and (R) is the correct explanation of (A).
2. Both (A) and (R) are true but (R) is not the correct explanation of (A).
3. (A) is true but (R) is false.
4. Both (A) and (R) are false.

कथन (A): दृश्यों के एक संग्रह का इस्तेमाल करने और उसके बाद अधिगमकर्ताओं के पूर्व अनुभवों के आधार पर चर्चा करना, अधिगमकर्ताओं में संकल्पनात्मक समक्ष को बढ़ावा देगा।

तर्क (R): अधिगमकर्ताओं उन्हें दी गयी सामग्री क्रियाकलापों के आधार पर उनके मौजुदा विचारों को नए विचारों से जोड़ कर सक्रिय रूप से अपने ज्ञान की संरचना करते है।

सही विकल्प चुनें।

1. (A) और (R) दोनों सही हैं और (R) सही व्यख्या करता है (A) की।
2. (A) और (R) दोनों सही हैं लेकिन (R) सही व्याख्या नहीं है (A) की।
3. (A) सही है लेकिन (R) गलत है।
4. (A) और (R) दोनों गलत है।

Ans : 1

75. Children learn in a ______ way and not in a ______ way.

1. spiral; linear
2. linear; spiral
3. mechanistic; constructivist
4. unstructured; constructivist

बच्चे ______ तरीके से सीखते हैं और ______ तरीके से नहीं सीखते हैं?

1. वर्तुलाकार, एकरेखीय
2. एकरेखीय, वर्तुलाकार
3. यंत्रिकतावादी, संरचनावादी
4. निर्देशात्मक, संरचनावादी

Ans : 1

वर्तुलाकार अधिगम का अर्थ है किसी एक topic को विभिन्न दृष्टिकोण(perspective) से देखना, समझना और आत्मसात(assimilate) करना

76. Anita watches a youtube video to understand the process of baking a cake and then bakes a cake following exact steps. Which kind of learning is taking place in this case?

1. Classical conditioning
2. Observational learning
3. Insightful learning
4. Operant conditioning

अनीता केक बनाने की प्रक्रिया को समझने के लिए एक यूट्यूब विडियो को देखती है और फिर बिल्कुल उसी तरह चरण अपना

कर एक केक बनाती है। इस तरह के सीखने की प्रक्रिया को क्या कहेंगे?

1. शास्त्रीय अनुकूलन
2. अवलोकन अधिगम
3. अंतर्दृष्टिपूर्ण अधिगम
4. क्रिया-प्रसूत अनुकूलन

Ans : 2

77. Assertion (A): For meaningful learning to take place, it is important that children feel loved and valued

Reason (R): Emotions play a significant role in condition

Choose the correct option.

1. Both (A) and (R) are true and (R) is the correct explaination of (A)
2. Both (A) and (R) are true but (R) is not the correct explaination of (A)
3. (A) is true but (R) is false
4. Both (A) and (R) are false

अभिकथन (A) : अर्थपूर्ण अधिगम के लिए ज़रूरी है कि बच्चे समझें कि उन्हें प्यार व सम्मान दिया जा रहा है।

तर्क (R) : अधिगम में संवेग एक बहुत महत्त्वपूर्ण भूमिका निभाते हैं।

सही विकल्प चुनें।

1. (A) और (R) दोनों सही हैं और (R) सही व्याख्या करता है (A) की।
2. (A) और (R) दोनों सही हैं, लेकिन (R) सही व्याख्या नहीं है (A) की।
3. (A) सही है, लेकिन (R) गलत है।
4. (A) और (R) दोनों गलत हैं।

Ans : 1

78. Which of the following strategies would not be helpful in motivating children for learning meaningfully?

1. Encouraging mastery-oriented goals
2. Creating collaborative learning ethos
3. Cultivating positive teacher-student relationships
4. Promoting entity view of ability in students

निम्नलिखित में से कौन-सी रणनीति बच्चों को सार्थक रूप से सीखने के लिए प्रेरित करने में सहायक नहीं होगी?

1. निपुणता उन्मुख लक्ष्यों को प्रोत्साहित करना
2. सहयोगी शिक्षण लोकाचार बनाना
3. सकारात्मक विद्यार्थी शिक्षक संबंधों को बढ़ावा देना
4. विद्यार्थियों में क्षमता को स्थायिक देखने के लिए प्रोत्साहित करना

Ans : 4

79. Anxiety of exams and fear of failure -

1. do not have any effect on learning.
2. facilitate effective learning.
3. have a negative effect on learning.
4. intrinsically motivate students for learning.

परीक्षा की चिंता और असफलता का डर –

1. सीखने पर कोई प्रभाव नहीं डालते।
2. प्रभावी सिखने को सुसाधित करते है ।
3. सीखने पर नकारात्मक प्रभाव डालते हैं।
4. विद्यार्थियों को सीखने के लिए आन्तरिक रूप से अभिप्रेरित करते हैं।

Ans : 3

80. Which of the following factors affect learning?

(i) Attitude of the learners
(ii) Age of the learners
(iii) Pedagogical strategies of teaching
(iv) Socio-cultural content of the learners

1. (i), (iii) 2. (ii), (iii), (iv)
3. (i), (ii), (iii) 4. (i), (ii), (iii), (iv)

निम्न में से कौन से कारक अधिगम को प्रभावित करते है?

1. अधिगमकर्ताओं की अभिवृत्ति
2. अधिगमकर्ताओं की आयु
3. अध्यापन की शिक्षाशास्त्रीय तकनीकें
4. अधिगमकर्ताओं का सामाजिक-सांस्कृतिक संदर्भ

1. (i), (iii) 2 (ii), (iii), (iv)
3. (i), (ii), (iii) 4. (i), (ii), (iii), (iv)

Ans : 4

81. To learn meaningfully

(i) children need to feel valued.
(ii) children's experiences should be taken into account.
(iii) children should not be allowed questioning.

1. (i), (ii) 2. (i), (iii)
3. (ii), (iii) 4. (i), (ii), (iii)

अर्थपूर्ण अधिगम के लिए

1. बच्चों को समादृत महसुस होना चाहिए।
2. बच्चों के अनुभवों को समाहित करना चाहिए।
3. बच्चों को सवाल पुछने की अनुमति नहीं होनी चाहिए।

1. (i), (ii) 2. (i), (iii)
3. (ii), (iii) 4. (i), (ii), (iii)

Ans : 1

सभी बच्चों को यह महसूस कराना बहुत आवश्यक है कि सभी बच्चे समाज के लिए आवश्यक है और समान रूप से समाज में उनकी भागीदारी(participation) है।

82. What does 'active engagement' of learners involve?

(i) Enquiry and questioning.
(ii) Reproduction and recall.
(iii) Application and reflection.
(iv) Debate and discussion.

Choose the correct option.

1. (i),(ii), (iv) 2. (i), (iii), (ii)
3. (i), (iii), (iv) 4. (ii), (iii), (iv)

अधिगमकर्ताओं की सक्रिय संलग्नता के लिए क्या आवश्यक है?

(i) अन्वेषण और पूछताछ
(ii) पुनरुत्पादन और प्रत्यास्मरण
(iii) संप्रयोग और चिंतनशीलता
(iv) बहस और चर्चा

1. (i), (ii), (iv) 2. (i), (iii), (ii)
3. (i), (ii), (iv) 4. (ii), (iii), (iv)

Ans : 3

83. ______ view of learning explains that tangible incentives and rewards motivate students for leaning.

1. Humanistic 2. Behavioural
3. Cognitive 4. Socio-Cultural

निम्न में से अधिगम का कौन-सा परिप्रेक्ष्य यह कहता है कि ठोस प्रलोभनों और पुरस्कारों द्वारा विद्यार्थियों को सीखने के लिए अभिप्रेरित किया जा सकता है?

1. मानवतावादी
2. व्यवहारात्मक
3. संज्ञानात्मक
4. सामाजिक-सांस्कृतिक

Ans : 2

अधिगम का व्यवहारात्मक पक्ष यह कहता है कि बच्चों को प्रेरित(motivate) करने के लिए यदि पुरस्कार आदि का उपयोग करना पड़े तो उसमें कोई परेशानी नहीं है।

84. Choose the option that correctly represents the context(s) in which learning takes place in children.

(i) Games and play
(ii) Home
(iii) Classrooms

1. (i) (iii)   2. (ii) (iii)
3. (i), (ii), (iii)   4. (iii)

वह विकल्प चुनिए जो उन संदर्भों का सही चुनाव करता है जिनमें बच्चों के लिए अधिगम हो पाता है।

(i) खेल - कूद
(ii) घर
(iii) कक्षा - कक्ष

1. (i) (iii)   2. (ii) (iii)
3. (i), (ii), (iii)   4. (iii)

Ans : 3

85. Assertion (A): It is important to allow students to take some control over their own learning.

Reason (R): Taking control over one's learning helps students to make decisions about what to learn and how.
Choose the correct option.

1. Both (A) and (R) are true and (R) is the correct explanation of (A).
2. Both (A) and (R) are true but (R) is not the correct explanation of (A).
3. (A) is true but (R) is false.
4. Both (A) and (R) are false.

अभिकथन (A) : यह महत्वपूर्ण है कि विद्यार्थियों को अपने स्वयं के अधिगम पर कुछ नियंत्रण करने की अनुमति दी जाए।

तर्क (R) : अपने अधिगम पर नियंत्रण रखने से विद्यार्थियों को यह निर्णय लेने में मदद मिलती है की क्या सीखना है और कैसे।

सही विकल्प चुनें।

1. (A) और (R) दोनों सही हैं और (R) सही व्याख्या करता है (A) की।
2. (A) और (R) दोनों सही हैं, लेकिन (R) सही व्याख्या नहीं है (A) की।
3. (A) सही है, लेकिन (R) गलत है।
4. (A) और (R) दोनों गलत है।

Ans : 1

86. Which of the following practice will be helpful in inclusion of students with diverse learning preferences?

1. Downplay relevance, value and authenticity of task.
2. Minimize threats and distractions in the surroundings.
3. Reduce access to tools and assistive technologies.
4. Restrict individual choice and autonomy of students.

निम्नलिखित में से कौन-सा अभ्यास, विविध अधिगम प्राथमिकता वाले विद्यार्थियों को शामिल करने में सहायक होगा?

1. कार्य की प्रासंगिकता, मूल्य और प्रामाणिकता को कम करना।
2. आसपास के खतरों और विकर्षणों को कम करना।
3. उपकरणों और सहायक तकनीकों तक पहुँच कम करना।
4. विद्यार्थियों की व्यक्तिगत पसंद और स्वायत्तता को प्रतिबंधित करना।

Ans : 2

87. In order to facilitate meaningful learning, which of the following element of processing information is helpful?

1. Decontextualization
2. Elaboration
3. Stimulus-response conditioning
4. Rote-memorization

अर्थपूर्ण अधिगम को सुसाध्य करने हेतु सूचना प्रसंस्करण का निम्नलिखित में से कौन सा तत्व सहायक है?

1. गैर-संदर्भीकरण
2. विस्तारण
3. उद्दीपन-प्रतिक्रिया अनुबंध
4. रट कर याद करना

Ans : 2

अधिगम के दौरान बच्चों को दी गई सूचना को विस्तार(elaborate) से दिया जाना बहुत आवश्यक है जिससे वो भली भांति उसको समझ पाए।

88. Application, analysis and synthesis are examples of -

1. higher-order thinking skills.
2. lower-order thinking skills.
3. declarative knowledge.
4. procedural knowledge.

अनुप्रयोग, विश्लेषण और संश्लेषण किसके उदाहरण हैं?

1. उच्च - क्रम चिंतन कौशल ।
2. निचले क्रम की कौशल ।
3. घोषणात्मक ज्ञान ।
4. प्रक्रियात्मक ज्ञान ।

Ans : 1

89. Which of the following factors influence learning ?

(i) Motivation
(ii) Social content
(iii) Emotions
(iv) Pedagogical approaches

1. (i),(ii), (iv) 2. (i),(iii), (iv)
3. (ii),(iii) 4. (i),(ii), (iii), (iv)

निम्न में से कौन-से कारक अधिगम को प्रभावित करते हैं?

(i) अभिप्रेरणा
(ii) सामाजिक संदर्भ
(iii) संवेग
(iv) शिक्षाशात्रीय उपागम

1. (i),(ii), (iv) 2. (i),(iii), (iv)
3. (ii),(iii) 4. (i),(ii), (iii), (iv)

Ans : 4

90. Which of the following is a cooperative learning strategy?

1. Shaping
2. Seriation
3. Social isolation
4. Reciprocal questioning

निम्नलिखित में से कौन सी एक सहगामी अधिगम युक्ति है?

1. ढालना
2. क्रमबद्धता
3. सामाजिक पृथ्थकीकरण
4. पारस्परिक रूप से प्रश्न करना

Ans : 4

91. Which of the following strategy will not enhance the quality of teaching-learning process?

1. using multiple means to represent the information.
2. giving multiple options to express the opinions.
3. applying multiple ways to assess the learning.
4. using multiple ways to label the children.

निम्न में से कौन-सी तकनीक अध्यापन-अधिगम प्रक्रिया की गुणवत्ता को नहीं बढ़ाएगी?

1. जानकारी को प्रस्तुत करने के विविध तरीके अपनाकर।
2. मतों को अभिव्यक्त करने के विविध विकल्प देकर।
3. अधिगम के आकलन हेतु विविध तरीके लगाकर।
4. बच्चों को विविध तरीके से नामीकरण करके।

Ans : 4

92. Which of the following is NOT an effective strategy to support children's learning in the classroom?

1. Helping students develop concept maps
2. Teaching students the use of mnemonics and chunking
3. Asking students to passively copy the solution of question
4. Encouraging children to sit and learn with peers.

कक्षा में बच्चों के अधिगम को सहयोग देने के लिए निम्न में से कौन-सी योजना प्रभावशाली नहीं है?

1. संप्रत्यय नक्शों के निर्माण में बच्चों की सहायता
2. बच्चों को स्मृति सहायक विधियों और खण्डीकरण के उपयोग की सीख
3. बच्चों को प्रश्नों के उत्तर की निष्क्रिय नकल उतारने के लिए कहना
4. बच्चों को अपने सहयोगियों के साथ बैठकर सीखने के लिए प्रेरित करना

Ans : 3

93. Which of the following are an effective strategy for promote meaningful learning?

(i) Use of examples and non-examples
(ii) Encouraging students to ask questions
(iii) Having students teach the concept to someone else
(iv) Promoting children to constantly compare their performance with other children.

1. (ii), (iv) 2. (ii), (iii), (iv)
3. (i), (ii), (iii) 4. (i), (ii), (iv)

निम्नलिखित में से कौन-सी युक्तियाँ सार्थक अधिगम को समुन्नत करने के लिए प्रभावशाली हैं?

i. उदाहरणों और गैर-उदाहरणों का प्रयोग।
ii. विद्यार्थियों को प्रश्न पूछने के लिए प्रोत्साहित करना।
iii. विद्यार्थियों को किसी दूसरे की अवधारणा समझाने के लिए कहना।
iv. बच्चों को अपने निष्पादन की दूसरे बच्चों से सतत् रूप से तुलना करने के लिए उकसाना।

1. (ii), (iv) 2. (ii), (iii), (iv)
3. (i), (ii), (iii) 4. (i), (ii), (iv)

Ans : 3

94. Mnemonic device is -

1. a technique that helps in remembering.
2. a technique for regulation of emotions.
3. an in effective behaviouristic strategy.
4. an example of procedural knowledge.

स्मृति विषयक युक्ति कौन-सी है?

1. वह तकनीक जो याद करने में मदद करती है।
2. संवेगों के नियमन के लिए तकनीक।
3. एक प्रभावशाली व्यवहारवादी युक्ति।
4. प्रक्रियात्मक ज्ञान का उदाहरण है।

Ans : 1

95. What is the difference between mastery goals and performance goals?

(1) Mastery goals are focused on avoiding failure, while performance goals are focused on gaining approval and recognition from others.
(2) Mastery goals are focused on improving one's own skills and understanding of a task, while performance goals are focused on achieving a high grade or receiving external rewards.

(3) Mastery goals are focused on gaining approval from others, while performance goals are focused on avoiding failure.

(4) Mastery goals are focused on achieving a certain level of performance for competing with others, while performance goals are focused on improving one's Own skills and understanding of a task.

महारत (निपुणता) लक्ष्य और प्रदर्शन लक्ष्य में क्या अंतर है ?

(1) महारत लक्ष्य विफलता से बचने पर केंद्रित होते हैं, जबकि प्रदर्शन लक्ष्य दूसरों से अनुमोदन और मान्यता प्राप्त करने पर केंद्रित होते हैं ।

(2) महारत लक्ष्य अपने कौशल और कार्य की समझ में सुधार करने पर केंद्रित होते हैं, जबकि प्रदर्शन लक्ष्य उच्च ग्रेड प्राप्त करने या बाहरी पुरस्कार प्राप्त करने पर केंद्रित होते हैं ।

(3) महारत लक्ष्य दूसरों से अनुमोदन प्राप्त करने पर केंद्रित होते हैं, जबकि प्रदर्शन लक्ष्य विफलता से बचने पर केंद्रित होते हैं ।

(4) महारत लक्ष्य में दूसरों के साथ प्रतिस्पर्धा करने के लिए एक निश्चित स्तर के प्रदर्शन को प्राप्त करने पर ध्यान केंद्रित किया जाता है, जबकि प्रदर्शन लक्ष्य में खुद के कौशल और कार्य की समझ में सुधार करने पर ध्यान केंद्रित किया जाता है ।

Ans : 2

CHAPTER -17

COGNITION AND EMOTION (संज्ञान एवं संवेग)

1. Assertion (A): Teachers should provide emotional support t to children in the classrooms to ensure effective learning.

Reason (R): Emotions and cognition are related to each other in complex ways.

Choose the correct option.

(1) (A) is true but (R) is false.
(2) Both (A) and (R) are false.
(3) Both (A) and (R) are true and (R) is the correct explanation of (A).
(4) Both (A) and (R) are true but (R) is not the correct explanation of (A).

अभिकथन (A): शिक्षकों को कक्षा में प्रभावी संज्ञान सुनिश्चित करने के लिए बच्चों को संवेगात्मक सहारा देना चाहिए।

कारण (R) : संवेग व संज्ञान एक दूसरे से जटिल रूप से संबंधित हैं।

सही विकल्प चुनें।

(1) (A) सही है लेकिन (R) गलत है।
(2) (A) और (R) दोनों गलत हैं।
(3) (A) और (R) दोनों सही हैं और (A) की (R) सही व्याख्या करता है।
(4) (A) और (R) दोनों सही हैं लेकिन (A) की (R) सही व्याख्या नहीं करता है।

Ans : 3

2. Assertion (A): In Asian cultures which stress social harmony, expressions of 'anger' are discouraged and 'shame' is encouraged.

Reason (R): Emotions are subjective and do not play any role in learning.

Choose the correct option.

(1) Both (A) and (R) are true and (R) is the correct explanation of (A).
(2) Both (A) and (R) are true but (R) is not the correct explanation of (A).
(3) (A) is true but (R) is false.
(4) Both (A) and (R) are false.

अभिकथन (A): एशियाई संस्कृतियों में जो सामाजिक सद्भावना पर जोर देते हैं, 'क्रोध' की अभिव्यक्ति को हतोत्साहित किया जाता है और 'शर्म' को प्रोत्साहित किया जाता है।

कारण (R): भावनाएँ व्यक्तिपरक हैं और सीखने में कोई भूमिका नहीं निभाती हैं।

सही विकल्प चुनें।

(1) (A) और (R) दोनों सही हैं और (A) की (R) सही व्याख्या करता है।
(2) (A) और (R) दोनों सही हैं लेकिन (A) की (R) सही व्याख्या नहीं करता है।
(3) (A) सही है लेकिन (R) गलत है।
(4) (A) और (R) दोनों गलत हैं।

Ans : 3

3. Assertion (A): Teachers should provide emotional support t to children in the classrooms to ensure effective learning.

Reason (R): Emotions and cognition are related to each other in complex ways.

Choose the correct option.

(1) (A) is true but (R) is false.
(2) Both (A) and (R) are false.
(3) Both (A) and (R) are true and (R) is the correct explanation of (A).

(4) Both (A) and (R) are true but (R) is not the correct explanation of (A).

अभिकथन (A): शिक्षकों को कक्षा में प्रभावी संज्ञान सुनिश्चित करने के लिए बच्चों को संवेगात्मक सहारा देना चाहिए।

कारण (R) : संवेग व संज्ञान एक दूसरे से जटिल रूप से संबंधित हैं।

सही विकल्प चुनें।

(1) (A) सही है लेकिन (R) गलत है।
(2) (A) और (R) दोनों गलत हैं।
(3) (A) और (R) दोनों सही हैं और (A) की (R) सही व्याख्या करता है।
(4) (A) और (R) दोनों सही हैं लेकिन (A) की (R) सही व्याख्या नहीं करता है।

4. Which of the following statements about cognition and emotions is correct?

(1) Cognition and emotions are processes independent of each other
(2) Cognition and emotions are intertwined and affect each other
(3) Cognition affects emotions but emotions do not affect cognition
(4) Emotions affects cognition but cognition does not affect emotions

संज्ञान व संवेगों के बारे में कौन सा कथन सही हैं ?

(1) संज्ञान व संवेग की प्रक्रियाएँ एक दूसरे से स्वतंत्र हैं।
(2) संज्ञान व संवेग एल दूसरे से गुधे हुए हैं व एकदूसरे को प्रभावित करते हैं।
(3) संज्ञान, संवेग पर प्रभाव डालता है परन्तु संवेगों का संज्ञान पर कोई प्रभाव नहीं पड़ता।
(4) संवेग, संज्ञान पर प्रभाव डालते हैं परन्तु संवेगों का संज्ञान पर कोई प्रभाव नहीं पड़ता।

Ans : 2

संवेग मनुष्य की निर्णय लेने की क्षमता अर्थात संज्ञान को प्रभाव करते है ।

5. Which perspective considers language to be an important tool that facilitates cognition?

(1) Behaviouristic
(2) Information-processing
(3) Socio-cultural
(4) Psycho-dynamic

कौन - सा परिप्रेक्ष्य भाषा को संज्ञान को सुसाधित करने वाले महत्वपूर्ण उपकरण के रूप में देखता है ?

(1) व्यवहारवादी
(2) सूचना-संक्रमण
(3) सामाजिक-सांस्कृतिक
(4) मनोगतिशील

Ans : 3

इसका तातपर्य है की जब भाषा सीखी जाती है तब सामाजिक सांस्कृतिक परिवेश को भी ध्यान में रखना चाहिए। भाषा सामाजिक रूप से सीखी जाती है हर संस्कृति में भाषा का प्रभाव अलग होता है।

6. Knowledge or awareness of self as knower is referred to as:

(1) Adaptation (2) Metacognition:
(3) Regulation (4) Imitation

स्वयं को एक ज्ञाता के रूप में समझने की क्षमता क्या कहलाती है?

(1) अनुकूलन (2) अधिसंज्ञान
(3) नियमन (4) अनुकरण

Ans : 2

अधिसंज्ञान एक ऐसी प्रक्रिया है जिसमे विधार्थी अपने विचारो या चिंतन शैलियों के माध्यम से स्वयं के ज्ञान पर मनन करता है।

7. Which of the following is not an emotion?

(1) Memory (2) Anger
(3) Love (4) Fear

निम्नलिखित में से कौन-सा भाव नहीं है ?
(1) स्मृति (2) क्रोध
(3) प्यार (4) भय

Ans : 1

स्मृति एक संज्ञानात्मक क्रिया है स्मृति का अर्थ है याद करना, सम्प्रत्यय (concept) को मस्तिष्क (mind) में बैठाना।

8. Emotions

(1) significantly influence learning but don't have any influence on memory
(2) have no influence on learning but significantly influence memory
(3) significantly influence learning as well as memory
(4) have no influence either on learning or on memory

भावनाएँ

(1) अधिगम को महत्त्वपूर्ण रूप से प्रभावित करती हैं परन्तु स्मृति पर इनका कोई प्रभाव नहीं पड़ता है ।
(2) अधिगम पर किसी प्रकार का प्रभाव नहीं डालती लेकिन स्मृति को महत्त्वपूर्ण रूप से प्रभावित करती हैं ।
(3) अधिगम को महत्त्वपूर्ण रूप से प्रभावित करती हैं साथ ही साथ समृति को भी ।
(4) न तो अधिगम को प्रभावित करती हैं और न ही स्मृति को प्रभावित करती हैं ।

Ans : 3

भावनाएँ न हमारे संज्ञान एवं क्रियात्मक क्षेत्र दोनों से गहन रूप से जुडी है सकारात्मक भाव सिखने को मजबूत बनाती है।

9. Assertion (A): Schools should ignore the emotional side of learning.

Reason (R) : Emotions and cognition are not related.

Choose the correct option:

(1) Both (A) and (R) are true and (R) is the correct explanation of (A)
(2) Both (A) and (R) are true but (R) is not the correct explanation of (A)
(3) (A) is true but (R) is false
(4) Both (A) and (R) are false

अभिकथन (A) :

विद्यालयों को अधिगम के संवेगात्मक पहलू को अनदेखा कर देना चाहिए।

तर्क (R) :

संवेग और संज्ञान एक-दूसरे से संबंधित नहीं है।

सही विकल्प चुनें:

(1) (A) और (R) दोनों सही हैं और (R), (A) की सही व्याख्या करता है
(2) (A) और (R) दोनों सही हैं लेकिन (R), (A) की सही व्याख्या नहीं है
(3) (A) सही है लेकिन (R) गलत है
(4) (A) और (R) दोनों गलत हैं।

Ans : 4

10. According to contemporary theories of cognition, memory is________

(1) capable of construction but incapable of interpretation
(2) capable of construction as well as interpretation
(3) capable of interpretation but not capable of construction
(4) capable of neither construction nor of interpretation

संज्ञान के समकालीन सिद्धांतों के अनुसार, स्मृति

(1) निर्माण करने में सक्षम लेकिन विवेचना करने में असक्षम है ।
(2) निर्माण एवं विवेचना करने दोनों में सक्षम है ।

(3) विवेचना करने में सक्षम पर निर्माण करने में असक्षम है ।
(4) न तो निर्माण में और न ही विवेचना करने में सक्षम है |

Ans : 2

स्मृति अर्थात याद करने की क्षमता। स्मृति निर्माण अर्थात ज्ञान को दुसरो के सामने अपना जोड़कर बताना है।

11. Which of the following statement about emotions is not correct ?

(1) Emotions influence information processing skills.
(2) Emotional development gets influenced by environmental factors.
(3) Emotions and cognition are completely independent of each other.
(4) Emotions influence motivation to learn.

भावनाओं के बारे में निम्नलिखित में से कौन-सा कथन सही नहीं है ?

(1) भावनाएँ कौशलों को प्रक्रमित करने बाली सूचना को प्रभावित करती हैं |
(2) भावात्मक विकास परिवेशीय कारकों से प्रभावित होता है |
(3) भावनाएँ और संज्ञान दोनों अपने-आप में एक-दूसरे से स्वतंत्र हैं ।
(4) भावनाएँ अधिगम के लिए अभिप्रेरणा को प्रभावित करती हैं ।

Ans : 3

भावनाएँ और संज्ञान दोनों एक दूसरे को प्रभावित करते है। सिखने में भावो की महत्वपूर्ण भूमिका है।

12. Which of the following statement is correct regarding emotion and cognition?

(1) High stress inhibits learning.
(2) Interest inhibits learning..
(3) High stress promotes learning.
(4) Disinterest promotes learning.

संवेगों और संज्ञान के सम्बन्ध में निम्न में से कौन-सा कथन सही है ?

(1) उच्च स्तरीय तनाव अधिगम में बाधक है ।
(2) रुचि अधिगम में बाधक है ।
(3) उच्च स्तरीय तनाव अधिगम में सहायक है ।
(4) अरुचि अधिगम में सहायक है ।

Ans : 1

उच्च स्तरीय चिंतन अधिक अधिक में सहायकता करता है।

13. Which of the following emotion is likely to motivate students to learn?

(1) Boredom
(2) High fear
(3) Hope
(4) Anger

निम्नलिखित में से कौन सी भावना छात्रों को सीखने के लिए प्रेरित कर सकती है?

(1) बोरियत
(2) अत्यधिक भय
(3) आशा
(4) क्रोध

Ans : 3

आशाएं (hope) संवेगो द्वारा विधार्थी को पढ़ने के तैयार किया जा सकता है।

14. Cognitive skills such as attention, memory and problem solving etc. are________.

(1) not influenced by emotional state of the individual
(2) negatively impacted by positive emotions

(3) positively impacted by negative emotions.
(4) significantly influenced by emotional state of the individual

संज्ञानात्मक कौशल जैसे कि ध्यान, स्मृति और समस्या समाधान इत्यादि________ ।

(1) पर व्यक्ति की भावनात्मक स्थिति का कोई असर नहीं होता है
(2) सकारात्मक भावों द्वारा नकारात्मक रूप से प्रभावित होते हैं
(3) नकारात्मक भावों द्वारा सकारात्मक रूप से प्रभावित होते हैं
(4) पर व्यक्ति की भावनात्मक स्थिति का गहरा असर पड़ता है।

Ans : 4

भावनाएँ और संज्ञान दोनों एक दूसरे को प्रभावित करते है। सिखने में भावो की महत्वपूर्ण भूमिका है।

15. Verbalisation of his own thoughts often helps James to find the solution of given problems. This statement suggests that:

(1) Language and cognition are not related.
(2) Biological maturation causes language development.
(3) Language facilitates cognition.
(4) Cognition gets delayed by interference of linguistic expression.

अपने विचारों का मौखिकीकरण जेम्स को दिए सवालों का जवाब ढूँढने में अकसर मदद करता है। यह कथन क्या सुझाता है ?

(1) भाषा और संज्ञान संबंधित नहीं हैं ।
(2) जैविक परिपक्वता भाषा विकास के लिए जिम्मेवार है ।
(3) भाषा संज्ञान को सुसाधित करती है ।
(4) भाषाई अभिव्यक्ति के हस्तक्षेप से संज्ञान में देरी आ जाती है ।

Ans : 3

भाषा सोच विचारो सम्प्रत्यय निर्माण में सहायता करती है। भाषा के बिना चिंतन सम्भव नहीं है।

16. Which of the following statements is correct about emotions and cognition?

(1) High anxiety improves problem-solving skills.
(2) Moderate excitement improves involvement and learning.
(3) Hopelessness motivates the learners to try harder.
(4) Shame motivates the learners to take initiatives in group works.

संवेगों और संज्ञान के संदर्भ में निम्न में से कौन-सा कथन सही है?

(1) उच्च स्तरीय दुश्चिंता समस्या समाधान कौशलों को बेहतर करती है ।
(2) संतुलित उत्साह भागीदारी और अधिगम को बढाता है ।
(3) निराशा अधिगमकर्ताओं को और अधिक प्रयास करने को अभिप्रेरित करती है ।
(4) शर्मिंदगी अधिगमकर्ताओं को सामूहिक कार्यों में पहल करने के लिए अभिप्रेरित करती है.

Ans : 2

संतुलित उत्साह अर्थात औसत उत्तेजना अभिप्रेरणा का कार्य करती है।

17. Which of the following emotions are students likely to experience when outcome is uncertain and focus is on failure ?

(1) Enjoyment (2) Anxiety
(3) Hope (4) Boredom

ऐसी स्थिति में जब परिणाम अनिश्चित है लेकिन ध्यान असफलता पर है, विद्यार्थी निम्न में से किस संवेग का अनुभव करेंगे ?

(1) आनंद (2) चिंता
(3) उम्मीद (4) बोरियत

Ans : 2

18. Cognition and emotions are

(1) independent to each other
(2) rarely related to each other
(3) interrelated to each other
(4) not influenced by environmental factors

संज्ञान और भावनाएँ ________ हैं ।

(1) एक-दूसरे से स्वतंत्र हैं ।
(2) एक-दूसरे से कभी-कभार ही संबंधित
(3) एक-दूसरे से परस्पर संबंधित
(4) वातावरणीय कारकों द्वारा प्रभावित नहीं होते

Ans : 3

19. A student who considers his lack of ability as the reason for repeated failures is likely to develop a sense of

(1) high self-esteem
(2) learned helplessness
(3) positive self-concept
(4) increased self-efficacy

एक विद्यार्थी जो बार-बार मिलने वाली असफलताओं का कारण उसकी योग्यता की कमी को मानता है, उसमें कौन-सा भाव पैदा हो सकता है ?

(1) उच्च आत्म-सम्मान
(2) अधिगम निस्सहायता
(3) सकारात्मक आत्म-अवधारणा
(4) आत्म-प्रभावकारिता में वृद्धि

Ans : 2

जो व्यक्ति जीवन में बार बार असफल होता है। वो किसी भी नए काम के पहले ही अपनी असफलता मान लेता है। उससे अधिगम निस्सहायता कहते है।

20. Which of the following is correct in context of emotion and cognition?

(1) High stress enhances problem-solving skills.
(2) Sense of joy enhances engagement in discussion.
(3) High anxiety improves processing of information.
(4) Sense of boredom improves critical thinking.

भावनाओं और संज्ञान के संदर्भ में निम्नलिखित में से कौन-सा सही है ?

(1) अत्यधिक दबाव समस्याओं को सुलझाने के कौशलों को बढ़ावा देता है।
(2) हर्ष और उल्लास की भावना चर्चा में भाग लेने के लिए बढ़ावा देती है।
(3) अत्यधिक चिंता, जानकारी के प्रसंस्करण में सुधार लाती है।
(4) नीरसता की भावना समालोचनात्मक चिंतन में सुधार लाती है।

Ans : 2

हर्ष और उल्लास भाव सकारात्मक भाव है जो सिखने में विधार्थी की भागीदारी बढाते है।

21. According to contemporary theories, what kind of classroom environment facilitates cognition?

(1) Print-rich and resourceful
(2) Fearful and threatening
(3) inaccessible and exclusionary
(4) didactic and textbook-centric

समकालीन सिद्धांतों के अनुसार, किस प्रकार का कक्षा माहौल संज्ञान को सुसाधित करता है ?

(1) मुद्रक सम्पन्न और संसाधन परिपूर्ण
(2) भययुक्त और धमकी भरा

(3) अगम्य और बहिष्कारी
(4) उपदेशात्मक और पाठ्यपुस्तक – केन्द्रित

Ans : 1

मुद्रक सम्पन्न वातावरण से आशय ऐसे वातावरण से है जहाँ बच्चो को अपनी इर्द गिर्द चित्र विज्ञापन बाल साहित्य, आदि देखने पढ़ने के अवसर मिलते है क्योकि बच्चे भाषा तब बेहतर तरिके से सीखते है जब भाषा का समृद्ध परिवेश हो ।

22. Which of the following is not a part of metacognitive skills?

(1) Planning
(2) Monitoring
(3) Evaluating
(4) Passively Imitating

निम्नलिखित में से कौन-सा अधिसंज्ञानात्मक कौशलों का भाग नहीं है ?

(1) योजना
(2) पर्यवेक्षण (मॉनीटरिंग)
(3) मूल्यांकन
(4) निष्क्रिय अनुकरण

Ans : 4

अधिसंज्ञानात्मक कौशल में निष्क्रिय अनुकरण नहीं होता। अधिसंज्ञान सक्रिय प्रक्रिया (active process) है ।

23. Which of the following statement about emotions and cognition is correct?

(1) Interest and curiosity to learn are not related.
(2) Learning is about cold cognition of reasoning.
(3) Information processing skills are influenced by mood.
(4) High level of hopelessness promotes cognitive competence.

भावनाओं और संज्ञान के बारे में निम्न में से कौन-सा कथन सही है ?

(1) अधिगम के लिए रुचि और जिज्ञासा परस्पर संबंधित नहीं है।
(2) अधिगम तार्किकता के अमूर्त संज्ञान के बारे में है।
(3) जानकारी ग्रहण करने के कौशल मनोदशा द्वारा प्रभावित होते हैं ।
(4) निराशा का उच्च स्तर संज्ञानात्मक दक्षता को समुन्नत करता है।

Ans : 3

24. Which of the following emotion hinders student's learning?

1. Eagerness	2. Gratitude
3. Curiosity	4. Hopelessness

निम्न में से कौन-सा भाव, विद्यार्थियों के अधिगम में बाधक रहेगा?

1. उत्सुकता	2. कृतज्ञता
3. जिज्ञासा	4. निराशा

Ans : 4

25. Contemporary perspectives of cognitive development view misconceptions as:

1. completely insignifcant and an obstacle for teaching-learning process.
2. Higher-order metacognitive skills found typically in 'gifted' students.
3. Naive ideas and understanding having their roots in ones' past experiences.
4. Neurological deficits and identifying characteristics of Dyslexia.

संज्ञानात्मक विकास के समकालीन दृष्टिकोण भ्रांतियों को किस प्रकार देखते हैं?

1. पूरी तरह से महत्वहीन और सीखने-सिखाने की प्रक्रिया में एक बाधा।

2. आमतौर पर प्रतिभाशाली विद्यार्थियों में पाए जाने वाले उच्च-क्रम के अधिसंज्ञानात्मक कौशल।
3. सहज विचार और समझ जो व्यक्ति विशेष के पिछले अनुभवों में निहित हैं।
4. तंत्रिका संबंधी कमी और पठन वैकल्य का पहचान लक्षण।

Ans : 3

संज्ञानात्मक विकास में भ्रांतिया को सकारात्मक रूप में देखा जाता है भ्रांतिया अनुभव पर आधारित है।

26. Which emotion would facilitate the process of meaningful learning?

1. Shame	2. Fear
3. Hopelessness	4. Curosity

कौन सा संवेग अर्थपूर्ण सीखने को प्रोत्साहित करेगा?

1. शर्म	2. डर
3. निराशा	4. जिज्ञासा

Ans : 4

27. Which of the following emotion is likely to be experienced by a student, when an activity is valued by him but he is given very low control to execute that?

1. Anxiety	2. Boredom
3. Frustration	4. Shame

अगर एक विद्यार्थी किसी क्रिया को मूल्यवान मानता है, लेकिन उस क्रिया को करने के लिए उसके पास बहुत कम नियंत्रण हो, तो इस अवस्था में विद्यार्थी किस तरह के भाव का अहसास करेगा?

1. दुश्चिन्ता	2. ऊब
3. कुण्ठा	4. शर्म

Ans : 3

Frustration - अनिर्णय की स्थिति। असफलता के कारण होने वाली घोर निराशा है।

28. A student is likely to experience_______ when attribution for success is considered internal and_______when attribution for failure is considered external.

1. Anxiety, Relief
2. Shame, Gratitude
3. Pride, Anger
4. Gratitude , Joy

जब एक विद्यार्थी को ______का अहसास होगा, यदि वह सफलता का आरोपण आंतरिक मानता है और _______का अहसास होगा यदि वह असफलता का आरोपण बाह्य मानता है।

1. दुश्चिन्ता, राहत	2. शर्म, आभार
3. गर्व, क्रोध	4. आभार, प्रसन्नता

Ans : 3

आंतरिक (internal) रूप से अभिप्रेरित व्यक्ति सफलता के लिए खुद को या आंतरिक कारको को जिम्मेदार ठहराएगा। बाह्य (external) रूप से अभिप्रेरित (motivated) व्यक्ति असफलता (failure) के लिए दुसरो को जिम्मेदार ठहराएगा।

29. Assertion (A): Apart from academic learning it is important to focus on the socio-emotional needs of the students in an educational set up.

Reasons (R): Emotions play a significant role in cognition.
Choose the correct option.
1. Both (A) and (R) are true and (R) is the correct explanation of (A).
2. Both (A) and (R) are true but (R) is not the correct explanation of (A).
3. (A) is true and (R) is false.

4. Both (A) and (R) are false.

कथन (A) - शिक्षा ढांचे में, शैक्षणिक अवबोध के अतिरिक्त छात्रों के सामाजिक-संवेगात्मक आवश्यकताओं पर ध्यान दिया जाना चाहिए।

कारण (R) – संज्ञान में संवेग महत्वपूर्ण भूमिका रखते हैं।

सही विकल्प चुनें।

1. (A) और (R) दोनों सही हैं और (R) सही व्याख्या करता है (A) की।
2. (A) और (R) दोनों सही हैं लेकिन (R) सही व्याख्या नहीं है (A) की।
3. (A) सही है लेकिन (R) गलत है।
4. (A) और (R) दोनों गलत है।

Ans : 1

शिक्षा बच्चे के शैक्षणिक, सामाजिक, संवेगात्मक आदि सभी आवश्यकताओं पर ध्यान देती है। संज्ञान सिखने में महत्वपूर्ण भूमिका निभाते है।

30. Tanvi practices deep breathing just before the onset of examination. She is using________ strategy to cope with anxiety.

1. Problem solving
2. Emotion management
3. Avoidance
4. Denial

परीक्षा के शुरू होने से पहले, तन्वी गहरे-लंबे श्वास भरती है। दुश्चिन्ता से निपटने के लिए वह________ तकनीक का इस्तेमाल कर रही है।

1. समस्या समाधान
2. भाव नियमन
3. परिहार्यता
4. खंडन

Ans : 2

बच्ची अपने दुश्चिंता के भाव को नियंत्रित करने का प्रयास कर रही है।

SACHIN ACADEMY

GET IT ON Google Play

SACHIN ACADEMY

YOUTUBE

CHAPTER -18

PEDAGOGY (शिक्षाशास्त्र)

1. Assertion (A): Classroom pedagogy should be culturally responsive to meet the needs of students from diverse cultural backgrounds.

Reason (R): Equity in classroom can be ensured only through standardized curriculum and assessment.
Choose the correct option.
(1) (A) is true but (R) is false.
(2) Both (A) and (R) are false.
(3) Both (A) and (R) are true and (R) is the correct explanation of (A).
(4) Both (A) and (R) are true but (R) is not the correct explanation of (A).

अधिकथन (A): विविध सांस्कृतिक पृष्ठभूमि से छात्रों की जरूरतों को पूरा करने के लिए कक्षा शिक्षण को सांस्कृतिक रूप से उत्तरदायी होना चाहिए।

कारण (R) : कक्षा में समता केवल मानकीकृत पाठ्यचर्या व आकलन के द्वारा सुनिश्चित की जा सकती है।

सही विकल्प चुनें।
(1) (A) सही है लेकिन (R) गलत है।
(2) (A) और (R) दोनों गलत हैं।
(3) (A) और (R) दोनों सही हैं और (A) की (R) सही व्याख्या करता है।
(4) (A) और (R) दोनों सही हैं लेकिन (A) की (R) सही व्याख्या नहीं करता है।

Ans 1

2. Which of the following is correct about the process of learning, according to socio-constructivist theories?

(1) Learning is a passive process that occurs solely through observation.
(2) Learning is a social process of meaning making.
(3) Learning is an individualistic process that occurs in isolation.
(4) Learning occurs only in a classroom or formal educational setting.

सामाजिक रचनाविदियों के अनुसार अधिगम की प्रक्रिया के बारें में निम्नलिखित में से कौन-सा कथन सही है?
(1) अधिगम एक निष्क्रिय प्रक्रिया है जो केवल अवलोकन के माध्यम से होता है।
(2) अधिगम अर्थ निर्माण की एक सामाजिक प्रक्रिया है।
(3) अधिगम एक व्यक्तिवादी प्रक्रिया है जो अलगाव में होता है।
(4) अधिगम केवल कक्षा या औपचारिक शैक्षिक विन्यास में होता है।

Ans 2

3. Which of the following is correct in context of gifted children?

(1) Gifted students are always happy, popular and well adjusted.
(2) Gifted students learn at comparatively advanced pace than other students.
(3) Gifted children are free from risk of learning disability.
(4) Gifted children certainly excel in all areas academic, social and emotional.

प्रतिभाशाली बच्चों के संदर्भ में निम्नलिखित में से कौन-सा सही है ?
(1) प्रतिभाशाली छात्र हमेशा खुश, लोकप्रिय और अच्छी तरह से समायोजित होते हैं।
(2) प्रतिभाशाली छात्र अन्य छात्रों की तुलना में अपेक्षाकृत उम्मत गति से सीखते हैं।

(3) प्रतिभाशाली बच्चे सीखने की अक्षमता के जोखिम से मुक्त होते हैं।
(4) प्रतिभाशाली बच्चे निश्चित रूप से शैक्षणिक, सामाजिक और भावनात्मक सभी क्षेत्रों में उत्कृष्टता प्राप्त करते हैं।

Ans 2

4. Which of the following is not a characteristic of a well-formulated critical thinking question?

(1) It requires analysis and evaluation of information.
(2) It promotes higher-level thinking and problem-solving skills.
(3) It is open-ended and allows for multiple answers
(4) It is based primarily on factual information.

निम्नलिखित में से कौन-सा एक अच्छी तरह से तैयार किए गए आलोचनात्मक सोच वाले प्रश्न की विशेषता नहीं है?

(1) इसमें सूचना के विश्लेषण और मूल्यांकन की आवश्यकता होती है।
(2) यह उच्च स्तरीय सोच और समस्या समाधान कौशल को बढ़ावा देता है।
(3) यह खुला प्रश्न है और कई उत्तरों को प्रस्तुत करने की अनुमति देता है।
(4) यह मुख्य रूप से तथ्यात्मक जानकारी पर आधारित है।

Ans 4

5. Assertion (A): Teachers should constantly examine their own attitudes and biases while working with children.

Reason (R): The process of problem-solving is hindered by functional fixedness.

Choose the correct option.

(1) (A) is true but (R) is false.
(2) Both (A) and (R) are false.
(3) Both (A) and (R) are true and (R) is the correct explanation of (A).
(4) Both (A) and (R) are true but (R) is not the correct explanation of (A).

अभिकथन (A): शिक्षकों को बच्चों के साथ काम करते समये लगातार अपने स्वयं के दृष्टिकोण और पूर्वाग्रहों की जांच करनी चाहिए।

कारण (R): समस्या समाधान की प्रक्रिया कार्यात्मक स्थिरता से बाधित है।

सही विकल्प चुनें।

(1) (A) सही है लेकिन (R) गलत है।
(2) (A) और (R) दोनों गलत हैं।
(3) (A) और (R) दोनों सही हैं और (A) की (R) सही व्याख्या करता है।
(4) (A) और (R) दोनों सही हैं लेकिन (A) की (R) सही व्याख्या नाहीं करता है।

Ans 4

6. Which pedagogical approach would be adopted by teachers who firmly believe in constructivism to teach concepts of floating and sinking to class V children?

(1) Showing power point presentation
(2) Guided discovery
(3) Lecture method
(4) Showing videos

कक्षा पाँचवों के बच्चों को तैरने और डूबने की अवधारणाओं को पढ़ाने के लिए संरचनावाद में दृढ़ विश्वास रखने वाले शिक्षकों द्वारा कौन-सा शैक्षणिक दृष्टिकोण अपनाया जाएगा?

(1) पावर प्वाइंट प्रस्तुतीकरण दिखाना
(2) निर्देशित खोज
(3) व्याख्यान विधि
(4) वीडियो दिखाना

Ans 2

7. Which of the following sequence of representation of concept is in accordance with children's gradual development of cognitive abilities?

(1) symbol-based, action-based, image-based
(2) symbol-based, image-based, action-based
(3) action-based, image-based, symbol-based
(4) image-based, symbol-based, action-based

निम्नलिखित में से अवधारणा के निरूपण का कौन-सा क्रम बच्चों की संज्ञानात्मक क्षमताओं के उत्तरोत्तर विकास के अनुसार है?

(1) संकेत-आधारित, क्रिया-आधारित, छवि-आधारित
(2) संकेत-आधारित, छवि-आधारित, क्रिया-आधारित
(3) क्रिया-आधारित, छवि-आधारित, संकेत-आधारित
(4) छवि-आधारित, संकेत-आधारित, क्रिया-आधारित

Ans 3

8. Feral children, those who experienced severe (human) social deprivation since very young age usually have delayed or hindered development and despite rehabilitation the improvement in certain domains of development is likely to be subordinate. This period wherein development is significantly influenced by environmental support is called ______.

(1) native period
(2) sensitive period
(3) deductive period
(4) intuitive period

ऐसे बच्चे जिन्होंने बहुत कम उम्र से गंभीर (मानव) सामाजिक अभाव का अनुभव किया है, आमतौर पर उनके विकास में देरी या बाधा उत्पन्न होती है और पुनर्वास के बावजूद विकास के कुछ क्षेत्रों में सुधार अधीनस्थ होने की संभावना है। यह अवधि जिसमें विकास पर्यावरणीय समर्थन से महत्वपूर्ण रूप से प्रभावित होता है, ________ कहलाती है।

(1) मूल काल
(2) संवेदनशील अवधि
(3) निगमनात्मक अवधि
(4) सहज काल

Ans 2

9. Rama is a teacher who is implementing Vygotsky's theory in her classroom and she assigns her students to work in groups to complete a challenging task, During the task, one student struggles to understand a key concept. What would be the most effective way for Rama to help this student?

(1) Provide the student with the answer to the problem so the group can move on.
(2) Encourage the student to try to solve the problem on her own.
(3) Assign a different task to the student that is better suited to her abilities.
(4) Work through the problem with the student and providing guidance and feedback as needed while involving other group members.

रमा एक शिक्षिका है जो वायगोत्स्की के सिद्धांत को अपनी कक्षा में लागू कर रही है और वह एक चुनौतीपूर्ण कार्य को पूरा करने के लिए अपने छात्रों को समूहों में काम करने के लिए नियुक्त करती है। कार्य के दौरान, एक छात्र एक महत्वपूर्ण संकल्पना को समझने के लिए संघर्ष करता है। रमा के लिए इस छात्र की मदद करने का सबसे प्रभावी तरीका क्या होगा ?

(1) छात्र को समस्या का उत्तर प्रदान करें ताकि समूह आगे बढ़ सके।
(2) छात्र को समस्या को स्वयं हल करने का प्रयास करने के लिए प्रोत्साहित करें।
(3) छात्र को एक अलग कार्य सौंपें जो उसकी योग्यताओं के अनुकूल हो।
(4) छात्र के साथ समस्या पर काम करें और समूह के अन्य सदस्यों को शामिल करते हुए आवश्यकतानुसार मार्गदर्शन और प्रतिपुष्टि प्रदान करें।

Ans 4

10. Assertion (A): Teachers should give lot of opportunities to children for experimentation and

Reason (R): discuss examples and non-examples. A constructive way of dealing with misconceptions in children is to provide counter examples.

Choose the correct option.
(1) Both (A) and (R) are true and (R) is the correct explanation of (A).
(2) Both (A) and (R) are true but (R) is not the correct explanation of (A).
(3) (A) is true but (R) is false.
(4) Both (A) and (R) are false.

अभिकथन (A): शिक्षकों को बच्चों को प्रयोग के लिए बहुत सारे अवसर देने चाहिए और उदाहरणों और गैर-उदाहरणों पर चर्चा करनी चाहिए।

कारण (R): बच्चों में गलत धारणाओं से निपटने का एक रचनात्मक तरीका विपरीत उदाहरण प्रदान करना है।

सही विकल्प चुनें।
(1) (A) और (R) दोनों सही हैं और (A) की (R) सही व्याख्या करता है।
(2) (A) और (R) दोनों सही हैं लेकिन (A) की (R) सही व्याख्या नहीं करता है।
(3) (A) सही है लेकिन (R) गलत है।
(4) (A) और (R) दोनों गलत हैं।

Ans 3

11. Read the following statements and choose the correct option :

Assertion (A) : Teachers should create a meaningful environment which seeks active participation and engagement of all children.
Reason (R) : All children are intrinsically motivated to learn and are capable of learning.
(1) Both (A) and (R) are false.
(2) Both (A) and (R) are true and (R) is the correct explanation of (A).
(3) Both (A) and (R) are true, but (R) is not the correct explanation of (A).
(4) (A) is true, but (R) is false.

निम्नलिखित कथनों को पढ़िए तथा सही विकल्प का चयन कीजिए:

अभिकथन (A) : शिक्षकों को सार्थक वातावरण बनाना चाहिए जिसमें सभी बच्चों की सक्रिय भागीदारी और संलग्नता हो।

कारण (R) : सभी बच्चे आंतरिक रूप से सीखने के लिए प्रेरित होते हैं और सीखने में सक्षम होते हैं।
(1) (A) और (R) दोनों ग़लत हैं।
(2) (A) और (R) दोनों सही हैं तथा (R), (A) की सही व्याख्या है।
(3) (A) और (R) दोनों सही हैं, परन्तु (R), (A) की सही व्याख्या नहीं है।
(4) (A) सही है, परन्तु (R) ग़लत है।

Ans 2

जब बच्चे आंतरिक रूप से प्रेरित(internal motivated) होते हैं तो वह ज्यादा अच्छी तरीके से सीख पाते हैं। शिक्षकों को एक ऐसा वातावरण बनाना चाहिए जिसमें बच्चे सक्रिय(active) रूप से सीखें।

12. Which of the following is an example of a question that requires students to reflect on their own thinking?

(1) What is the relationship between nouns and verbs in a sentence?
(2) What is the definition of a verb ?
(3) How do you change a verb to the present tense?
(4) How has your thinking about the use of verbs changed since the beginning of the class?

निम्नलिखित में से कौन-सा एक ऐसे प्रश्न का उदाहरण है जिसमें विद्यार्थियों को अपनी सोच पर विचार करने की आवश्यकता होती है ?

(1) वाक्य में संज्ञा और क्रिया के बीच क्या संबंध है ?
(2) क्रिया की परिभाषा क्या है ?
(3) आप क्रिया को वर्तमान काल में कैसे बदल सकते हैं ?
(4) कक्षा की शुरुआत से क्रियाओं के उपयोग के बारे में आपकी समझ कैसे बदली है ?

Ans 4

13. Read the following statements and choose the correct option :

Assertion (A) : To facilitate critical thinking among learners, teachers should expose them to diverse situations and differing perspectives.
Reason (R) : Students learn and enrich their abilities to think critically and creatively as they engage in conversations across differences.
(1) Both (A) and (R) are false.
(2) Both (A) and (R) are true and (R) is the correct explanation of (A).
(3) Both (A) and (R) are true, but (R) is not the correct explanation of (A).
(4) (A) is true, but (R) is false.

निम्नलिखित कथनों को पढ़िए तथा सही विकल्प का चयन कीजिए:

अभिकथन (A) : शिक्षार्थियों के बीच समालोचनात्मक चिंतन को सुगम बनाने के लिए, शिक्षकों को उन्हें विविध परिस्थितियों और विभिन्न दृष्टिकोणों से अवगत कराना चाहिए।

कारण (R) : जब विद्यार्थी विविध मदभेदों के बीच बातचीत में संलग्न होते हैं तो वे समालोचनात्मक और रचनात्मक रूप से सोचने की अपनी क्षमताओं को सीखते और समृद्ध करते हैं ।

(1) (A) और (R) दोनों ग़लत हैं।
(2) (A) और (R) दोनों सही हैं तथा (R), (A) की सही व्याख्या है।
(3) (A) और (R) दोनों सही हैं, परन्तु (R), (A) की सही व्याख्या नहीं है।
(4) (A) सही है, परन्तु (R) ग़लत है।

Ans 2

14. What should be the pedagogical strategies in a classroom with diverse learners ?

(1) Reasonable accommodation
(2) Standardized assessment
(3) Decontextualized curriculum
(4) Inflexibility in approach

विविध शिक्षार्थियों वाली कक्षा में शैक्षणिक रणनीतियाँ क्या होनी चाहिए?

(1) उचित समावेशन
(2) मानकीकृत मूल्यांकन
(3) गैर-प्रासंगिक पाठ्यक्रम
(4) दृष्टिकोण में अनम्यता

Ans 1

विविध शिक्षार्थियों वाली कक्षा में समावेशित शैक्षिक रणनीति(inclusive teaching strategy) का होना आवश्यक है जिससे सभी बच्चे उसका लाभ उठा पाएं और अपने अधिगम को सुगम(comfortable) बना पाएं।

15. Questions in the classrooms:

(1) Should be asked by the students and answered by the teacher only.

(2) Should be asked by the teacher and answered by the students only.
(3) Should not be asked or responded by anyone.
(4) Should be asked and answered both by the students and teachers.

कक्षा में प्रश्न :
(1) केवल छात्रों द्वारा पूछे जाने चाहिए और सिर्फ शिक्षक द्वारा ही उत्तर दिया जाने चाहिए।
(2) केवल शिक्षक द्वारा पूछे जाने चाहिए और सिर्फ छात्रों द्वारा ही उत्तर दिया जाने चाहिए।
(3) किसी के भी द्वारा नहीं पूछे और नहीं जवाब दिए जाने चाहिए।
(4) छात्रों और शिक्षकों दोनों द्वारा पूछे और उत्तर दिये जाने चाहिए।
Ans 4

16. Teachers should encourage children to think of ability as____and failure as_____.

(1) Fixed shameful and humiliating.
(2) Incremental an oppportunity for improvement.
(3) Fixed an opportunity for improvement.
(4) Incremental shameful and humiliating.

शिक्षकों को चाहिए कि वे बच्चों की योग्यता को_______और असफलता को______रूप में सोचने के लिए प्रोत्साहित करें।
(1) स्थायी शर्मनाक और अपमानजनक
(2) वृद्धिशील सुधार के अवसर के
(3) स्थायी सुधार के अवसर के
(4) वृद्धिशील शर्मनाक और अपमानजनक
Ans 2

17. To cater to diversity in his classroom a teacher needs to:

(1) Be sensitive to the socio-cultural background of the students.
(2) Give uniform instructions and disregard individual differences.
(3) Disregard the social context of the students completely.
(4) Label the children on the basis of their parents occupation.

अपनी कक्षा में विविधता के समायोजन के लिए एक शिक्षक को
(1) छात्रों की सामाजिक-सांस्कृतिक पृष्ठभूमि के प्रति संवेदनशील रहना चाहिए।
(2) समान निर्देश देने चाहिए और व्यक्तिगत मतभेदों की अवहेलना करनी चाहिए।
(3) छात्रों के सामाजिक संदर्भ की पूरी तरह से अवहेलना करनी चाहिए।
(4) बच्चों को उनके माता-पिता के व्यवसाय के आधार पर नामीकरण करना चाहिए।
Ans 1

विभिन्न सामाजिक, सांस्कृतिक पृष्ठभूमि(background) से आए बच्चों की कक्षा में शिक्षक को बहुत समझदारी से शैक्षिक प्रक्रियाओं(teaching process) को कार्यरत करना चाहिए, जिससे बच्चे समान रूप से शिक्षा ग्रहण(acquire) कर पाएं।

18. Aarav insists on sitting too close to the blackboard, and holds the book very close to his eyes while reading. What should a teacher do for Aarav in such a case?

(1) Punish Aarav for his behaviour.
(2) Seek professional support to check for low vision.
(3) Send report card with poor scores to parents.
(4) Send Aarav to special school for visually impaired.

आरव ब्लैकबोर्ड के बहुत नज़दीक बैठने पर जोर देता है और पढ़ते समय किताब को

अपनी आँखों के बहुत पास रखता है। ऐसी स्थिति में एक शिक्षक को क्या करना चाहिए?

(1) आरव को इस व्यवहार पर कड़ी सजा देनी चाहिए।
(2) आरव की आँखों की जाँच के लिए पेशेवर विशेषज्ञ की सलाह लेनी चाहिए।
(3) बेकार अंक वाले रिपोर्ट कार्ड को उसके माता-पिता के पास भेज देना चाहिए।
(4) आरव को दृष्टिबाधित विद्यार्थियों के लिए विशिष्ट स्कूल में भेज देना चाहिए।

Ans 2

19. What kind of diversities should a teacher include in her classrooms?

(i) Economic
(ii) Regional
(iii) Linguistic
(iv) Socio-cultural

(1) (i) , (ii) (2) (i), (iii), (iv)
(3) (ii), (iii), (iv) (4) (i), (ii) ,(iii) ,(iv)

एक शिक्षिका को अपनी कक्षाओं में किस प्रकार की विविधताओं को शामिल करना चाहिए?

(i) आर्थिक
(ii) क्षेत्रीय
(iii) भाषाई
(iv) सामाजिक-सांस्कृतिक

(1) (i) , (ii) (2) (i), (iii), (iv)
(3) (ii), (iii), (iv) (4) (i), (ii) ,(iii) ,(iv)

Ans 4

20. What is the role of examples while teaching children from diverse backgrounds in elementary classes?

(1) Teachers should take only those examples that are given in the textbook.
(2) Teachers should give examples and prompt children to bring examples from their lives.
(3) Teachers should encourage only children from dominant groups to give examples.
(4) Teachers should focus on giving examples from her own experience only.

विविध पृष्ठभूमियों से आने वाले बच्चों की प्राथमिक माध्यमिक कक्षा में 'उदाहरणों' का क्या योगदान है ?

(1) शिक्षक को केवल पाठ्यपुस्तकों में दिए गए उदाहरणों का हवाला देना चाहिए।
(2) शिक्षक को खुद उदाहरण देने चाहिए और बच्चों को उनकी निजी जिंदगी से उदाहरण देने के लिए प्रोत्साहित करना चाहिए।
(3) शिक्षक की केवल प्रभावी समूह से आने वाले विद्यार्थियों को उदाहरण देने के लिए प्रोत्साहित करना चाहिए।
(4) शिक्षकों को केवल अपने अनुभवों से उदाहरण देने पर ध्यान केन्द्रित करना चाहिए।

Ans 2

21. Assertion (A): Teachers should provide middle school students with a vocabulary of emotions and encourage students to write their own feeling in journals. Helping students recognize and express their feelings encourages emotional

Reason (R) :helping students recognize and express their feelings encourages emotional self-regulation.

Choose the correct option:

(1) Both (A) and (R) are true and (R) is the correct explanation of (A).
(2) Both (A) and (R) are true but (R) is not the correct explanation of (A).
(3) (A) is true but (R) is false.
(4) Both (A) and (R) are false.

कथन (A) : शिक्षकों को माध्यमिक कक्षाओं के विद्यार्थियों को अपने संवेगों को व्यक्त करने के लिए शब्दावली देनी चाहिए व

उन्हें प्रोत्साहित करना चाहिए कि वे अपनी अनुभूतियों के बारे में अपनी डायरी में लिखें।

तर्क (R) :विद्यार्थियों को संवेग पहचानने और उसे अभिव्यक्त करने में मदद करने से संवेगों को स्व-नियमित करने को बढ़ावा मिलता है।

सही विकल्प चुनें

(1) (A) और (R) दोनों सही हैं और (R) सही व्याख्या करता है (A) की ।
(2) (A) और (R) दोनों सही हैं लेकिन (R) सही व्याख्या नहीं है (A) की ।
(3) (A) सही है लेकिन (R) गलत है।
(4) (A) और (R) दोनों गलत है।

Ans 1

कक्षा में शिक्षक को, बच्चों को अपने संवेगों(emotions) को व्यक्त करने का अवसर(opportunity) दिया जाना चाहिए जिससे वह उनको समझ पाएं और सही प्रकार से उनका उपयोग(use) कर पाएं।

22. A teacher should address the errors and mistakes made by students in the process of learning by:

(1) ignoring them
(2) minimizing them through punishment
(3) minimizing them through negative reinforcement
(4) working out appropriate strategies to induce cognitive conflict

एक शिक्षिका को सीखने के प्रक्रिया के दौरान बच्चों द्वारा की गई गलतियों व त्रुटियों के बारे में क्या करना चाहिए ?

(1) उन्हें नजरअंदाज करना चाहिए।
(2) सजा द्वारा उन्हें कम करना चाहिए।
(3) नकारात्मक पुनर्बलन द्वारा उन्हें कम करना चाहिए।
(4) बच्चों में संज्ञानात्मक द्वंद पैदा करने के लिए उपयुक्त रणनितियाँ सोचनी चाहिए।

Ans 4

यदि बच्चे सीखने की प्रक्रिया के दौरान गलतियां करते हैं तो शिक्षक को उन बच्चों की गलतियों की पहचान कर, उन्हें उन पर सोचने, विचारने और आगे की रणनीति(strategy) तय करने के लिए प्रेरित करना चाहिए।

23. Finding that a lot of students in his class have difficulty in 'Standard English' and do not speak in his class, a middle school English teacher encourages the students to express themselves in whatever language they are comfortable. He then builds on students thinking and helps them to learn other phrases to enhance their skills. Which perspective is the teacher's pedagogy rooted in?

(1) Socio-constructivist perspective.
(2) Behaviouristic perspectives
(3) Psycho-dynamic perspective
(4) Psycho-sexual perspective

यह देखते हुए कि उनकी कक्षा में बहुत से छात्रों को मानक अंग्रेजी में कठिनाई होती है और वह कक्षा में बात नहीं करते एक माध्यमिक विद्यालय के अंग्रेजी शिक्षक छात्रों को जिस भी भाषा में वे सहज महसूस करते हैं, खुद को अभिव्यक्त करने के लिए प्रोत्साहित करते हैं। इसके बाद वह छात्रों की सोच को बढ़ावा देते हुए, उनके कौशल को बढ़ाने के लिए अन्य वाक्यांशों को सीखने में उनकी मदद करता है। शिक्षक का शिक्षाशास्त्र किस दृष्टिकोण पर आधारित है?

(1) सामाजिक रचनात्मक दृष्टिकोण
(2) व्यवहारवादी दृष्टिकोण
(3) मनो गतिशील दृष्टिकोण
(4) मनो यौनिक दृष्टिकोण

Ans 1

24. In an elementary classroom, how should teacher view diversity?

(1) As a barrier to learning
(2) Ignore diversity
(3) Minimize diversity and promote standardised curriculum
(4) As an asset since it promotes heterogeneity

प्राथमिक माध्यमिक कक्षाओं में शिक्षिकाओं को विविधता को किस तरह देखना चाहिए?

(1) सीखने में अवरोधक के रूप में
(2) विविधता को नजरअंदाज करना चाहिए।
(3) विविधता को कम करने के लिए मानकीकृत पाठ्यचर्या को प्रोत्साहित करना चाहिए
(4) एक गुण के रूप में देखना चाहिए जिससे बहुरूपता को बढ़ावा मिले

Ans 4

प्राथमिक माध्यमिक कक्षाओं में शिक्षिका को विविधता(diversity) का ध्यान रखते हुए बच्चों को शिक्षित करना चाहिए। विविधता को एक गुण(asset) के रूप में यदि उपयोग किया जाए तो यह बच्चों के सर्वांगीण विकास(overall development) में महत्वपूर्ण योगदान देती है।

25. If a teacher wants to assess creativity of students, she should avoid :

(1) focusing on process rather than product.
(2) comparing the students with each other.
(3) comparing the students with their previous performance.
(4) giving opportunity for self assessment.

यदि शिक्षिका विद्यार्थियों की रचनात्मकता का आकलन करना चाहती हैं, तो उसे कौन सा कार्य नहीं करना चाहिए?

(1) परिणाम से अधिक प्रक्रिया पर ध्यान केन्द्रित करना चाहिए
(2) विद्यार्थियों की आपस में तुलना करना चाहिए
(3) विद्यार्थियों की उनकी पूर्व निष्पादन से तुलना करनी चाहिए
(4) स्व आकलन के अवसर प्रदान करने चाहिए

Ans 2

किसी भी शिक्षण प्रक्रिया में बच्चों के आपस में तुलना(comparison) नहीं करनी चाहिए इससे बच्चे हतोत्साहित(discourage) होते हैं।

26. Teachers can encourage students to become mastery-oriented learners by:

(1) overemphasising scoring high marks.
(2) encouraging children to win all competitions.
(3) inculcating love and joy in the process of learning.
(4) inculcating fear and stress to avoid failure.

शिक्षकों को अपनी कक्षा में महारत उन्मुख विद्यार्थियों को तैयार करने के लिए क्या करना चाहिए ?

(1) उच्च अंक प्राप्त करने पर अधिक जोर देना।
(2) विद्यार्थियों को सभी प्रतियोगिताएँ जीतने के लिए प्रोत्साहित करना।
(3) सीखने की प्रक्रिया में आनंद व खुशी की अनुभूति महसूस करवाना।
(4) असफलता से बचने के लिए उनमें डर व तनाव पैदा करना।

Ans 3

27. The most motivating and meaningful learning tasks for diverse students in a middle classroom are those that are:

(1) not challenging at all.
(2) moderately challenging.
(3) extremely challenging.
(4) repetitive and boring.

एक माध्यमिक कक्षाकक्ष में विद्यार्थियों को

सबसे ज्यादा अभिप्रेरित करने वाले अर्थपूर्ण शैक्षिक कार्य वह होते हैं जो
(1) बिल्कुल चुनौतीपूर्ण नहीं होते।
(2) मध्यम चुनौतियाँ प्रस्तुत करते हैं।
(3) बेहद चुनौतीपूर्ण होते हैं।
(4) पुनरावर्ती व ऊबाऊ होते हैं।
Ans 2

यदि बच्चों को शिक्षण प्रक्रिया के दौरान छोटी-छोटी चुनौतियां(challenges) दी जाए तो वे बच्चे कार्य करने के लिए प्रेरित(motivated) रहते हैं और उसे आनंदपूर्वक करते हैं।

28. Assertion (A): A teacher gives a lot of project work and encourages children to work collaboratively.

Reason (R): Children leam a lot through discussion with peers.
Choose the correct option:
(1) Both (A) and (R) are true and (R) is the correct explanation of (A).
(2) Both (A) and (R) are true but (R) is not the correct explanation of (A).
(3) (A) is true but (R) is false.
(4) Both (A) and (R) are false.

कथन (A) एक शिक्षिका बहुत से परियोजना कार्य देती है व बच्चों को सहयोगात्मक रूप से कार्य करने के लिए प्रोत्साहित करती हैं।

तर्क (R) बच्चे अपने सहकक्षियों से चर्चा करके बहुत कुछ सीखते हैं।
सही विकल्प चुनें।
(1) (A) और (R) दोनों सही हैं और (R), (A) की सही व्याख्या करता है।
(2) (A) और (R) दोनों सही हैं लेकिन (R), (A) की सही व्याख्या नहीं है।
(3) (A) सही है लेकिन (R) गलत है।
(4) (A) और (R) दोनों गलत हैं।
Ans 1

29. In which type of classroom the teacher adopts pedagogy and assessment method to cater to needs of individual learners ?

(1) Behaviouristic (2) Teacher Centric
(3) Progressive (4) Exam-centric

किस प्रकार की कक्षा में शिक्षक अपनी शिक्षा पद्धती और आकलन तरीकों को अलग-अलग शिक्षार्थियों की जरुरतों के अनुकूल अपनाता है?

(1) व्यवहारवादी (2) शिक्षक केंद्रित
(3) प्रगतिशील (4) परिक्षा केंद्रित
Ans 1

कक्षा में शिक्षक अपनी शिक्षण विधियां और आकलन(assessment) की विधियां बच्चों की योग्यता(ability), क्षमता(capacity) और रुचि के अनुसार ही चुनते हैं।

30. Assertion (A):

Teachers should create a classroom ethos in which they convey their belief in every individual child's ability to learn.
Reason (R) :
Teachers' beliefs about children's abilities and their expectations from children influence learning.
Choose the correct option:
(1) Both (A) and (R) are true and (R) is the correct explanation of (A).
(2) Both (A) and (R) are true but (R) is not the correct explanation of (A).
(3) (A) is true but (R) is false.
(4) Both (A) and (R) are false.
कथन (A) :

शिक्षकों को अपनी कक्षा में ऐसा सांस्कृतिक वातावरण बनाना चाहिए जिसमें वह अपनी मान्यता कि सभी बच्चों में सीखने की क्षमता है - दर्शा पाएँ

तर्क (R) :

शिक्षकों की बच्चों के क्षमताओं के बारे में मान्यताएँ व बच्चों से उनकी अपेक्षाएँ सीखने

को बेहद प्रभावित करती हैं।

सही विकल्प चुनें।

(1) (A) और (R) दोनों सही हैं और (R) सही व्याख्या करता है (A) की।
(2) (A) और (R) दोनों सही हैं लेकिन (R) सही व्याख्या नहीं है (A) की |
(3) (A) सही है लेकिन (R) गलत है।
(4) (A) और (R) दोनों गलत हैं।

Ans 1

31. Teachers can ensure that students belonging to disadvantaged groups are successfully 'included' by:

(1) creating a seperate 'section' for them.
(2) making it compulsory for them to take tuitions at home
(3) completely disregarding their social and cultural contexts..
(4) inculcating a sense of belonging and boosting their confidence.

एक शिक्षिका वंचित समूह से आने वाले बच्चों का सफलतापूर्वक समायोजन किस तरह कर सकती है ?

(1) उनके लिए अलग संकाय बनाकर।
(2) उनके लिए घर पर ट्यूशन लेना अनिवार्य करके।
(3) उनके सामाजिक व सांस्कृतिक परिवेश की उपेक्षा करके ।
(4) उनमें अपनेपन की भावना पैदा करके व उनका आत्मविश्वास बढ़ाकर ।

Ans 4

32. Which of the following are effective accomodations in the classroom environment as per the needs of students with low vision?

(i) provide magnifying glass with light.
(ii) supplement blackboard work with oral explanation
(iii) use a lot of visual presentations.
(iv) give extra time to complete work.

(1) (ii), (iii) (2) (i). (iv)
(3) (i), (ii), (iii) (4) (i), (ii), (iv)

निम्न में से कौन से कक्षाकक्षीय प्रावधान एक विद्यार्थी जिसकी दृष्टि कम है के अनुसार उपयुक्त समायोजन हैं?

(i) प्रकाश के साथ आवर्धक लेंस का प्रावधान करना
(i) ब्लैकबोर्ड के कार्य को मौखिक व्याख्यान द्वारा परिशिष्ट करना
(iii) बहुत से दृश्यिक प्रस्तुतीकरण देना
(iv) काम पूरा करने के लिए अतिरिक्त समय देना।

(1) (ii), (iii) (2) (i), (iv)
(3) (i), (ii), (iii) (4) (i), (ii), (iv)

Ans 4

33. Teachers can encourage children to think creatively by:

(1) Asking them to think of different ways to solve a problem
(2) Asking them to memorize answers
(3) Asking recall based questions
(4) Giving multiple choice questions

शिक्षक बच्चों को रचनात्मक रूप से सोचने के लिए कैसे प्रोत्साहित कर सकते हैं?

(1) उन्हें किसी समस्या को हल करने के विभिन्न तरीकों के बारे में सोचने के लिए कहना
(2) उन्हें उत्तर रटने के लिए कहकर
(3) प्रत्यास्मरण पर आधारित प्रश्न पूछकर
(4) बहुविकल्पीय प्रश्न देकर

Ans 1

34. Effective learning takes place when :

(1) Individual differences are ignored and dismissed in the class.
(2) Concepts are taught in an abstract and decontextualized way.
(3) Classroom environment is centered around fear and stress.

(4) The role of emotions in learning is acknowledged and addressed.

प्रभावशाली शिक्षण कब होता है?
(1) जब व्यक्तिगत विभिन्नताओं को अनदेखा व खारिज किया जाए।
(2) जब संप्रत्ययों को अमूर्त बनाकर व असंदर्भित तरीके से पढ़ाया जाए।
(3) जब कक्षा का वातावरण भय और तनाव पर आधारित हो।
(4) जब सीखने में संवेगों के इस्तेमाल को स्वीकारा व संबोधित किया जाए।

Ans 4

सीखने में संवेगों का बहुत ही महत्व है इसलिए शिक्षक को बच्चों के संवेगों(emotions)का ध्यान रखना बहुत आवश्यक है।

35. When teachers promote KWL approach - encouraging students to think about what they already

know, what they want to know and identify what they have learnt at the end of the topic, what abilities are they encouraging?
(1) Metacognition
(2) Memorization and recall
(3) Imitation
(4) Conditioning

जब शिक्षक के डब्ल्यू एल' नीति, जिसमें विद्यार्थियों को विभिन्न सोच के लिए प्रेरित किया जाता है - वह क्या जानते हैं, क्या जानना चाहते हैं तथा उन्होंने विषय के अंत में क्या सीखा, अपनाते हैं तब वह किन कौशलों को बढ़ावा दे रहे हैं?
(1) अधिसंज्ञान
(2) याद रखना व प्रत्यास्मरण
(3) अनुकरण
(4) अनुबंधन

Ans 1

36. Which of the following is a teacher-centred method ?
(1) Collaborative learning
(2) Lecturing
(3) Concept mapping
(4) Conducting experiments

निम्नलिखित में से कौन-सी पद्धति शिक्षक केंद्रित है?
(1) सहयोगात्मक शिक्षा
(2) व्याख्यान
(3) अवधारणात्मक मानचित्रण
(4) प्रयोगों का संचालन

Ans 2

व्याख्यान पद्धति शिक्षक केंद्रित(teacher centred)होती है। यह बच्चों के अधिगम के लिए बहुत ज्यादा प्रभावशाली(effective) नहीं होती है।

37. To enable students to make conceptual changes in their thinking a teacher should:
(1) Offer an explanation in a lecture mode.
(2) Have discussions with the students and offer examples and non-examples.
(3) Offer rewards for children to change their thinking.
(4) Discourage children to think on their own and ask them to just listen to her and follow that

छात्रों को अपनी सोच में वैचारिक परिवर्तन करने में सक्षम बनाने के लिए एक शिक्षक को
(1) व्याख्यान प्रणाली से स्पष्टीकरण करना चाहिए।
(2) छात्रों के साथ चर्चा करना और उदाहरण और गैर- उदाहरण पेश करने चाहिए।
(3) बच्चों को उनकी सोच बदलने के लिए पुरस्कार प्रदान करने चाहिए।
(4) बच्चों को खुद से सोचने के लिए हतोत्साहित करना चाहिए और उन्हें सिर्फ शिक्षक की बात सुनने और उसका पालन करने के लिए कहना चाहिए।

Ans 2

38. A teacher organises various types of cultural programmes showing different traditions and festivals

of India in the school. The purpose behind organising these programs should be:

(i) Promoting collaborative learning
(ii) Developing respect for diversity
(ii) Promoting Creativity
(iv) Promoting Stereotypes

(1) (i), (ii), (iii) (2) (ii), (iii), (iv)
(3) (i), (ii), (iv) (4) (iii), (iv), (i).

एक शिक्षक विद्यालय में विभिन्न सांस्कृतिक कार्यक्रमों का आयोजन करता है जिसमें भारत के विभिन्न त्यौहार तथा परंपराओं को प्रदर्शित किया जाता है। कार्यक्रम आयोजन के क्या उदेश्य होने चाहिए?

(i) सहयोगात्मक अधिगम को बढ़ावा देना
(ii) विविधता का सम्मान
(iii) सृजनात्मकता को बढ़ावा देना
(iv) रूढ़िवादिता को बढ़ावा देना

(1) (i), (ii), (iii) (2) (ii), (iii), (iv)
(3) (i), (ii), (iv) (4) (iii), (iv), (i)

Ans 1

39. A teacher should have the qualities of:

(i) Empathy (ii) Care
(iii) Genuineness (iv) Intolerance

(1) (i), (ii) (2) (i), (iii)
(3) (i), (ii), (iii) (4) (i), (ii), (iii), (iv)

एक शिक्षक में निम्नलिखित गुण होने चाहिए:

(i) समानुभूति (ii) देखभाल
(iii) प्रामाणिकता (iv) असहिष्णुता

(1) (i), (ii) (2) (i), (iii)
(3) (i), (ii), (iii) (4) (i), (ii), (iii), (iv)

Ans 3

40. In a classroom with diverse learners the teachers should:

(1) Follow a curriculum in which they include the culture and language of children in the class
(2) Promote stereotypes and biases
(3) Create rigid structures for norm based testing of children:
(4) Make separate sections based on ability

विविध शिक्षार्थियों वाली कक्षा में शिक्षकों को चाहिए कि वे :

(1) ऐसे पाठ्यक्रम का पालन करें जिसमें वे कक्षा में बच्चों को संस्कृति और भाषा को शामिल करें।
(2) रूढ़ियाँ और पूर्वाग्रहों को बढ़ावा दें।
(3) बच्चों के मानक-आधारित परीक्षण के लिए कठोर संरचनाएं बनाएँ।
(4) योग्यता के आधार पर अलग संकाय बनाएँ।

Ans 1

41. Conducting a group discussion, a teacher ask the children to discuss the impact of the corona pandemic on children from various aspects. What type of thinking does the teacher aim to promote

(1) Procedural learning:
(2) Critical thinking
(3) Convergent thinking
(4) Rote memorization

शिक्षक समूह चर्चा के दौरान एक शिक्षिका बच्चों से अलग-अलग पहलुओं को ध्यान में रखते हुए कोरोना महामारी के प्रभाव पर चर्चा करने को कहती है। इस चर्चा के माध्यम से शिक्षक का उद्देश्य ________ को बढ़ावा देना है।

(1) कार्यविधि चिंतन
(2) आलोचनात्मक चिंतन
(3) अभिसारी चिंतन
(4) रटकर स्मरण

Ans 2

42. In a heterogeneous classroom which has students of mixed ability, the teacher should:

(1) Use the same teaching-learning method for all.
(2) Make use of diverse teaching-learning methods
(3) Use teacher-centered teaching
(4) Practice exam directed teaching

एक विविध कक्षाकक्ष में जिसमें विभिन्न योग्यता वाले विद्यार्थी हैं, एक शिक्षिका को

(1) सबके लिए एक जैसा शैक्षिक शिक्षाशास्त्र अपनाना चाहिए।
(2) सीखने सीखाने के लिए विविध सामग्री का इस्तेमाल करना चाहिए।
(3) शिक्षक केन्द्रित शिक्षण करना चाहिए।
(4) परिक्षाओं को और केन्द्रित शिक्षण करना चाहिए।

Ans 2

43. In which of the following ways can a teacher promote creativity in students?

(i) By asking questions that are divergent in nature
(ii) By being sensitive and flexible to students' unusual responses
(iii) Encouraging single night answer.
(iv) Providing rigid directions to follow:

(1) (i), (ii) (2) (ii), (iii)
(3) (iii), (iv) (4) (i). (iv)

एक शिक्षिका विद्यार्थियों में सृजनात्मकता को कैसे बढ़ावा दे सकती है ?

(i) अपसारी प्रवृत्ति वाले प्रश्न पूछकर
(ii) विद्यार्थियों के असामान्य उत्तरों के प्रति संवेदनशील व लचीले हो कर
(iii) एक मात्र सही उत्तर को प्रोत्साहित करके
(iv) अनम्य निर्देश का पालन करने के लिए कहकर

(1) (i), (ii) (2) (ii), (iii)
(3)(iii), (iv) (4) (i), (iv)

Ans 1

अपसारी प्रवृत्ति वाले प्रश्न वह प्रश्न होते हैं जिसमें बच्चों को सोचने, विचारने और प्रश्न को नए ढंग से करने के तरीकों(methods) पर विचार करना होता है।

44. The teacher conducts some activities aiming to evoke previous knowledge of students at the starting of teaching-learning process. Which of the following is NOT correct in the context of these activities?

(i) They helps in building connections of knowledge.
(ii) They are waste of time and resources.
(iii) They are not helpful in making the learning process effective.
(iv) They are positive and psychological initiative to prepare the students for learning.

(1) (i), (iv) (2) (i), (ii)
(3) (iii), (iv) (4) (ii), (iii)

शिक्षक छात्रों को शिक्षण अधिगम प्रक्रिया शुरू करते समय उनके पूर्व ज्ञान का आव्हान करने के लिए कुछ गतिविधियाँ कराती है। इन क्रियाकलापों के सन्दर्भ में क्या सही नहीं है?

(i) यह छात्रों में जानकारी का जुड़ाव एवं संबंध बनाने में सहायक है।
(ii) यह समय और संसाधन की बर्बादी हैं।
(iii) यह शिक्षण अधिगम प्रक्रिया को प्रभावी बनाने में सहायक नहीं है।
(iv) यह अधिगम के लिए तैयार करने की एक सकारात्मक और मनोवैज्ञानिक पहल है।

(1) (i), (iv) (2) (i), (ii)
(3) (iii), (iv) (4) (ii), (iii)

Ans 4

जब बच्चों को पूर्व ज्ञान से संबंध(relation) establish करके नया ज्ञान दिया जाता है तो बच्चे नए ज्ञान को आसानी से ग्रहण(acquire) कर पाते हैं।

45. A teacher can help the students cope with anxiety

(1) By giving them severe punishment:
(2) By offering rewards
(3) By telling them to do repeated practice through recall
(4) By talking to them about their feelings and helping them

एक शिक्षक छात्रों की चिंता से निपटने में कैसे मदद कर सकता है?
(1) उन्हें कड़ी सजा देकर
(2) पुरस्कार देकर।
(3) प्रत्यास्मरण व बार-बार अभ्यास करने के लिए कह कर
(4) उनसे उनकी भावनाओं के बारे में बात करके और उनको उससे जूझने में मदद करके।

Ans 4

46. Assertion (A): A teacher shares with her students how to approach a problem by going through all the steps of problem solving.

Reason (R) : Think-aloud demonstration to students is an effective teaching strategy.
Choose the correct option:
(1) Both (A) and (R) are true and (R) is the correct explanation of (A).
(2) Both (A) and (R) are true but (R) is not the correct explanations of (A).
(3) (A) is true but (R) is false.
(4) Both (A) and (R) are false.

कथन (A)

एक शिक्षिका अपने विद्यार्थियों के साथ साझा करती है किस तरह समस्या समाधान के सभी चरणों का पालन करके किसी समस्या का समाधान कैसे किया जा सकता है।

तर्क (R)

अपनी सोच को बोलकर विद्यार्थियों के साथ साझा करना एक प्रभावी शिक्षण कार्यनीति है।

सही विकल्प चुने
(1) (A) और (R) दोनों सही हैं और (R) सही व्याख्या करता है (A) की।
(2) (A) और (R) दोनों सही है लेकिन (R) सही व्याख्या नहीं है (A) की
(3) (A) सही है लेकिन (R) गलत है।
(4) (A) और (R) दोनों गलत हैं।

Ans 1

47. In a group of diverse learners teachers should practise multicultural education:

(1) Aimed at ensuring uniform and standardised curriculum.
(2) By using uniform and standardized assessment.
(3) By creating separate sections based on the cultural backgrounds of children.
(4) By creating a classroom where every child feels a sense of belonging.

विविध शिक्षार्थियों के समूह में शिक्षकों को बहुसांस्कृतिक शिक्षा का अभ्यास किस तरह करना चाहिए?
(1) एक समान और मानकीकृत पाठ्यक्रम सुनिश्चित करके
(2) एकसमान और मानकीकृत आकलन सुनिश्चित करके।
(3) बच्चों की सांस्कृतिक पृष्ठभूमि के आधार पर अलग-अलग संकाय बनाकर।
(4) कक्षा का ऐसा बनाकर जहां हर बच्चा अपनेपन की भावना महसूस करे।

Ans 4

विविध बच्चों की कक्षा में शिक्षक को बहुसांस्कृतिक शिक्षा का अभ्यास करवाने के लिए हर बच्चे को अपने आप में बेहतर(best) होने की भावना विकसित(develop) करना आवश्यक है।

48. Teachers can encourage effective problem solving by:

(1) Discouraging multiple perspectives and guesses in her class
(2) Encouraging children to make intuitive guesses
(3) Writing step-by-step solution to the problem.
(4) Focusing on the reproduction of textbook knowledge

शिक्षक प्रभावी समस्या समाधान को प्रोत्साहित कर सकते हैं?

(1) अपनी कक्षा में कई दृष्टिकोणों और अनुमानों को हतोत्साहित करके
(2) बच्चों को सहज अनुमान लगाने के लिए प्रोत्साहित करके
(3) समस्या का चरण-दर-चरण समाधान लिखकर
(4) पाठ्यपुस्तक ज्ञान के पुनरुत्पादन पर ध्यान केंद्रित करके

Ans 2

49. As the class teacher of an underachieving child, which of the following facilitative strategies do you think would be most useful?

(1) Give the student a long lecture on his underachievement
(2) Try to identify the reasons for his underachievement and set short term, achievable goals
(3) Ask the school management to take necessary steps such as making a separate section for under achieving students
(4) Call the parents of the child and tell them that their child does not have any ability so they should put the child in a seperate school

एक कम उपलब्धि वाले बच्चे के कक्षा शिक्षक के रूप में, आपको निम्नलिखित में से कौन-सी रणनीति सबसे अधिक उपयोगी लगती है ?

(1) विद्यार्थी को उसकी कम उपलब्धि पर एक लंबा व्याख्यान देना।
(2) उसकी कम उपलब्धि के कारणों की पहचान करने का प्रयास करना और अल्पकालिक, कर सकने योग्य लक्ष्य निर्धारित करना।
(3) स्कूल प्रबंधन को आवश्यक कदम उठाने के लिए कहना जैसे कम उपलब्धि वाले छात्रों के लिए एक अलग संकाय बनाना।
(4) बच्चे के माता-पिता को बताना और उन्हें बताना कि उनके बच्चे में कोई क्षमता नहीं है इसलिए वे बच्चे को एक अलग स्कूल में डाल दें।

Ans 2

50. During a class test a teacher finds that most of the students have responded incorrectly to a concept based question. The teacher should:

(1) Scold the children and ask them to work hard
(2) Call the parents and complain that the children are not studying
(3) Make the students write the answers to the question multiple times
(4) Find out conceptual challenges in the students thinking and teach accordingly

एक कक्षा परीक्षण के दौरान एक शिक्षक ने पाया कि अधिकांश छात्रों ने अवधारणा आधारित प्रश्न का उत्तर गलत दिया है। शिक्षक को चाहिए कि वे

(1) बच्चों को डांटे और अधिक मेहनत करने को कहें।
(2) माता-पिता को बुलाकर शिकायत करें कि बच्चे पढ़ाई नहीं कर रहे हैं।
(3) विद्यार्थियों को प्रश्न के उत्तर कई बार लिखने को कहें।
(4) छात्रों की सोच में वैचारिक चुनौतियों का पता लगाएँ और उसके अनुसार शिक्षण करें।

Ans 4

किसी विशिष्ट विषय को लेकर यदि बच्चों की धारणाएं(concept) clear नहीं है तो आवश्यकता है कि शिक्षक उनके सभी doubt दूर करें और उन्हें उस विषय पर सोचने, समझने के लिए प्रेरित करें।

51. In a classroom of diverse children, with children from disadvantaged communities, teacher should :

(1) totally ignore individual differences.
(2) work towards eliminating all cultural differences.
(3) recognize that differences are not 'deficits'.
(4) identify children who can learn and focus on them only.

एक शिक्षिका को विविध बच्चों की कक्षा में जिसमें हाशिए पर समुदाय से आने वाले बच्चे भी शामिल हैं, क्या करना चाहिए?

(1) सभी व्यक्तिगत भिन्नताओं को नज़रंदाज़ करना चाहिए ।
(2) सभी सांस्कृति भिन्नताएँ मिटाने के लिए कार्य करने चाहिएँ ।
(3) मानना चाहिए कि विभिन्नताएँ, कमियाँ नहीं हैं।
(4) उन बच्चे जो सीख सकते हैं को पहचानकर केवल उन्हीं पर ध्यान देना चाहिए।

Ans 3

52. In a socio-constructivist classroom the teacher is_______ and the tables and desks are_______to facilitate group work.

(1) Mobile moveable
(2) Mobile fixed
(3) Dictator fixed
(4) Dictator moveable

एक सामाजिक- रचनात्मक कक्षा में शिक्षक को_______ और सामूहिक कार्य को सुगम बनाने के लिए, मेज़ व कुर्सी ऐसी होना चाहिए_______

(1) गतिशील जिन्हें खिसकाया जा सके।
(2) गतिशील जो नियत हों ।
(3) तानाशाह जो नियत हों ।
(4) तानाशाह जिन्हें खिसकाया जा सके।

Ans 1

53. When students are not able to 'perform' as per the expectations of the school, the schools should first focus on reflecting upon :

(1) The 'deficiencies' in these children
(2) The economic background of the parents
(3) The social background of the parents
(4) The school and the classroom environment and ethos

जब छात्र स्कूल की अपेक्षाओं के अनुसार प्रदर्शन करने में सक्षम नहीं होते हैं, तो स्कूलों को सबसे पहले निम्नलिखित पर ध्यान केंद्रित करना चाहिए ?

(1) इन बच्चों में कमी पर
(2) माता-पिता की आर्थिक पृष्ठभूमि पर
(3) माता-पिता की सामाजिक पृष्ठभूमि पर
(4) स्कूल और कक्षा का वातावरण और लोकाचार

Ans 4

यदि छात्र स्कूल की अपेक्षाओं के अनुसार प्रदर्शन नहीं कर पा रहे हैं तो आवश्यकता है उसे कक्षा और विद्यालय की वातावरण को समझने की, जिससे शिक्षण अधिगम(teaching learning) की प्रक्रिया में हो रही कमियों(fault) का पता लगाया जा सके।

54. Which of the following strategies is NOT helpful for a teacher to encourage emotional self regulation in her students?

(1) Helping students recognize and express their feelings
(2) Discussing strategies for coping with emotions
(3) Helping students recognize cultural differences in emotional expression
(4) Encouraging students to compete with each other and constantly make comparisons creating a climate of mistrust

निम्न में से कौन सी कार्यनीति एक शिक्षिका को विद्यार्थियों में संवेगात्मक आत्म-नियमनता को प्रोत्साहित नहीं करेंगी ?

(1) विद्यार्थियों को अपनी भावनाएँ पहचानने व उनकी अभिव्यक्ति करने में मदद करना ।
(2) संवेगों से जूझने की नीतियों पर चर्चा करना ।
(3) विद्यार्थियों को संवेगात्मक अभिव्यक्तियों में सांस्कृतिक विभिन्नताओं को पहचानने में मदद करना ।
(4) विद्यार्थियों को एक-दूसरे से प्रतिस्पर्धा के लिए प्रोत्साहित करना व लगातार तुलना करते हुए अविश्वास का माहौल बनाना ।

Ans 4

55. Which of the following statements does not support a belief in socio-constructivist perspective of learning?

(1) Children should receive qualitative feedback on their responses.
(2) Teachers should make children aware of the inconsistencies in their thinking though questioning.
(3) Teachers should ask questions to bring out children's misconceptions and prompt them to think on their own thinking.
(4) Children should take on a passive role during the teaching process.

निम्नलिखित में से कौन सा कथन सीखने के सामाजिक- रचनात्मक परिप्रेक्ष्य में विश्वास का समर्थन नहीं करता है?

(1) बच्चों को उनकी प्रतिक्रियाओं पर गुणात्मक प्रतिक्रिया दी जानी चाहिए।
(2) शिक्षकों को चाहिए कि प्रश्न पूछने के दौरान बच्चों की उनकी सोच में विसंगतियों से अवगत कराएं।
(3) शिक्षकों को बच्चों में भ्रांतियों को दूर करने के लिए प्रश्न पूछने चाहिए और उन्हें अपनी सोच पर सोचने के लिए प्रेरित करना चाहिए।
(4) शिक्षण प्रक्रिया के दौरान बच्चों को निष्क्रिय भूमिका निभानी चाहिए।

Ans 4

56. Which of the following strategies would hinder students from becoming effective problem- solvers and critical thinkers?

(1) Asking students if they are sure they understand the problem accurately
(2) Encouraging the students to think of analogies
(3) Asking the students to think rather than doing the thinking for them
(4) Encouraging the students to see only one way of seeing the problem and focus on a prescribed given solution

निम्नलिखित में से कौन सी रणनीति छात्रों को प्रभावी समस्या समाधानकर्ता और महत्वपूर्ण विचारक बनने से रोकेगी ?

(1) छात्रों से पूछना कि क्या वे सुनिश्चित हैं कि वे समस्या को ठीक से समझते हैं ।
(2) छात्रों को उपमाओं के बारे में सोचने के लिए प्रोत्साहित करना ।
(3) छात्रों को खुद से सोचने के लिए प्रेरित करना बजाय उनके लिए सोचने के।
(4) छात्रों को समस्या को देखने का केवल एक ही तरीका देखने के लिए प्रोत्साहित करना और निर्धारित समाधान पर ध्यान केंद्रित करना ।

Ans 4

किसी fixed approach से ही समस्या का समाधान करना सीखना और किसी निश्चित समाधान पर ही ध्यान केंद्रित करना, यह बच्चों के अपसारी चिंतन(divergent thinking) के लिए सही नहीं होता है।

57. While interacting with a diverse group of students, a teacher should NOT:

(1) Encourage debates and discussions
(2) Reflect on her own biases and stereotypes
(3) Follow a uniform curriculum and standardised evaluation
(4) Adopt the lecture method as the only pedagogical strategy

छात्रों के विविध समूह के साथ बातचीत करते समय, एक शिक्षक को क्या नहीं करना चाहिए ?

(1) बहस और चर्चा को प्रोत्साहित
(2) अपने स्वयं के पूर्वाग्रहों और रूढ़ियों पर चिंतन
(3) एक समान पाठ्यक्रम और मानकीकृत मूल्यांकन का पालन
(4) व्याख्यान पद्धति को एकमात्र शैक्षणिक रणनीति के रूप में अपनाना

Ans 3

58. How should teachers view failure of students in an elementary school classroom?

(1) As a reflection of low abilities of the students
(2) As a reflection of low abilities of the teachers
(3) As a reflection of low abilities of the parents
(4) As a reflection of functioning of the school as a system

शिक्षकों को प्राथमिक माध्यमिक स्कूली कक्षाओं में बच्चों की असफलता को किस प्रकार देखना चाहिए ?

(1) बच्चों की कम योग्यताओं का प्रतिबिंबन
(2) शिक्षकों की कम योग्यताओं का प्रतिबिंबन
(3) माता-पिता की कम योग्यताओं का प्रतिबिंबन
(4) स्कूली तंत्र की कार्यशीलता का प्रतिबिंबन

Ans 4

59. Teachers should believe that ability is ____ and encourage students to set ____

(1) fixed mastery-oriented goals
(2) fixed performance-oriented goals
(3) improvable mastery-oriented goals
(4) improvable performance-oriented goals

शिक्षिकों में मान्यता रखनी चाहिए कि योग्यता ____ है और विद्यार्थियों को ____ तय करने के लिए प्रोत्साहित करना चाहिए

(1) स्थिर महारत उन्मुखी लक्ष्य
(2) स्थिर प्रदर्शन उन्मुखी लक्ष्य
(3) वार्धिक महारत उन्मुखी लक्ष्य
(4) वार्धिक प्रदर्शन उन्मुखी लक्ष्य

Ans 3

बच्चों को सदैव सिखाना और बताना चाहिए की योग्यता मेहनत(hard work) के द्वारा बढ़ सकती है। लक्ष्य(aim) को सदैव उच्च योग्यता(high ability) पाने के लिए तय करना चाहिए।

60. Which of the following statements about school and communities is correct ?

(1) Schools and communities should work harmoniously for the well-being of the childrens
(2) Schools do not have any role in ensuring quality education for children belonging to disadvantaged communities.
(3) Communities do not have any role in ensuring quality education of children belonging to disadvantaged communities.
(4) It is best that there is not interaction between the schools and the community for the well- being of the children.

स्कूल और समुदायों के बारे में निम्नलिखित में से कौन सा कथन सही है ?

(1) स्कूलों और समुदायों को बच्चों की भलाई के लिए मिलकर काम करना चाहिए।
(2) वंचित समुदायों के बच्चों के लिए गुणवत्तापूर्ण शिक्षा सुनिश्चित करने में स्कूलों की कोई भूमिका नहीं होती है।
(3) वंचित समुदायों के बच्चों की गुणवत्तापूर्ण शिक्षा सुनिश्चित करने में समुदायों की कोई भूमिका नहीं होती है।
(4) बच्चों की भलाई के लिए स्कूलों और समुदाय के बीच कोई बातचीत न होना ही बेहतर है।

Ans 1

61. In a middle school classroom teachers should focus on encouraging students to set:

(1) mastery-oriented goals
(2) failure-accepting goals
(3) failure-avoiding goals
(4) performance-oriented goals

एक माध्यमिक स्कूलो कक्षाकक्ष में शिक्षिकों को विद्यार्थियों को______लक्ष्य करने के लिए प्रोत्साहित करना चाहिए।

(1) महारत उन्मुखी
(2) असफलता स्वीकार्य
(3) असफलता परिहार
(4) प्रदर्शन उन्मुखी

Ans 1

62. When students are learning new skills and concepts the teachers should:

(1) give complex and highly challenging tasks.
(2) offer students choice to individually decide the difficulty level they wish to begin with.
(3) present abstract concepts in a lecture mode.
(4) discourage questioning and discussion amongst learners.

जब विद्यार्थी नए कौशल व संप्रत्यय सीखते है तब एक शिक्षिका को :

(1) जटिल व बेहद चुनौतीपूर्ण कार्य देने चाहिएँ।
(2) विद्यार्थियों को विकल्प देने चाहिए कि वे अपने अनुसार कार्य को कठिनाई स्तर का चयन करें।
(3) अमूर्त संप्रत्ययों की व्याख्यान विधि से प्रस्तुत करना चाहिए।
(4) विद्यार्थियों को प्रश्न पूछने वे आपस में संवाद करने से हतोत्साहित करना चाहिए।

Ans 2

63. For successful inclusion of students belonging to disadvantaged groups the teachers should:

(1) include aspects of their culture through various activities.
(2) discourage them to take part in cultural activities and ask them to focus on studies.
(3) encourage them to take part in cultural activities but not on studies.
(4) gently ask the parents to enroll children in home tuitions

वांचित समूहों के विद्यार्थियों के समावेशन को सफल बनाने के लिए शिक्षकों को:-

(1) अलग-अलग प्रकार की गतिविधियों के माध्यम से उनकी संस्कृति के विभिन्न पहलुओं को शामिल करना चाहिए।
(2) उन्हें सांस्कृतिक गतिविधियों में भाग लेने के लिए हतोत्साहित करना चाहिए और पढ़ाई पर ध्यान देने के लिए कहना चाहिए।
(3) उन्हें सांस्कृतिक गतिविधियों में भाग लेने के लिए प्रोत्साहित करना चाहिए परन्तु पढ़ाई पर नहीं।
(4) प्यार से उनके माता-पिता को उन्हें घर पर ट्यूशन पढ़ने को कहना चाहिए।

Ans 1

64. Questioning by children:-

(1) Should be ignored.
(2) Should be punished.
(3) Should not be allowed.
(4) Should be encouraged.

बच्चों के द्वारा प्रश्न पूछने:-

(1) को नजरअंदाज करना चाहिए।
(2) पर उन्हें सजा होनी चाहिए।
(3) की अनुमति नहीं दी जानी चाहिए।
(4) को प्रोत्साहित किया जाना चाहिए।

Ans 4

65. During the teaching-learning process, children are constantly encouraged by the teacher to create new knowledge through exploration, games, and various practical activities. This is an example of:

(i) A progressive classroom in which children have the opportunity to learn by doing and their active participation.
(ii) A traditional classroom in which there is active participation of teacher rather than students in the teaching-learning process.
(iii) A classroom in which the teacher focuses on child-centered methods of learning rather than textbook knowledge.
(iv) A progressive classroom where the students are expected to be passive recipients of knowledge.

(1) (i), (iii) (2) (i), (ii)
(3) (iii), (iv) (4) (ii), (iv)

शिक्षण अधिगम प्रक्रिया के दौरान शिक्षक द्वारा बच्चों को लगातार नए अन्वेषण, खेल और विभिन्न व्यावहारिक गतिविधियों के माध्यम से नया ज्ञान के सर्जन के लिए प्रोत्साहित किया जाता है। यह उदाहरण है:-

(i) एक प्रगतिशील कथा का जिसमें बच्चों को करके सीखने का अवसर एवं उनकी सक्रिय भागीदारी है।
(ii) परंपरागत कक्षा का जिसमें शिक्षण अधिगम प्रक्रिया में शिक्षक की सक्रिय भागीदारी है।
(iii) एक ऐसी कक्षा जिसमें शिक्षक किताबी ज्ञान से अलग हटकर बाल केंद्रित विधिया से अधिगम कराने को महत्व देता है।
(iv) एक ऐसी कक्षा जिसमें शिक्षक को अगम कराने के अन्य तरीकों की जानकारी नहीं है।

(1) (i), (iii) (2) (i), (ii)
(3) (iii), (iv) (4) (ii), (iv)

Ans 1

66. Assertion (A): While teaching diverse group of learners a teacher should not have any discussion regarding the social and cultural context of students.

Reason (R): Social and cultural contexts do not play any role in learning
Choose the correct option.
(1) Both (A) and (R) are true and (R) is the correct explanation of (A).
(2) Both (A) and (R) are true but (R) is not the correct explanation of (A).
(3) (A) is true but (R) false.
(4) Both (A) and (R) are false.

अभिकथन (A):- शिक्षार्थियों के विविध प्रकार के समूह को समय शिक्षक को उनके सामाजिक और सांस्कृतिक संदर्भ के बारे में किसी भी तरह की चर्चा नहीं करना चाहिए।
तर्क (R):- सामाजिक और सांस्कृतिक संदर्भ अधिगम में किसी भी प्रकार की भूमिका नहीं निभाते हैं।
सही विकल्प चुनें।
(1) (A) और (R) दोनों ही है और (R) सही व्याख्या करता है (A) की
(2) (A) और (R) दोनों नहीं है लेकिन (घर) सही व्याख्या नहीं है (A) की
(3) (A) सही है लेकिन (R) गलत है।
(4) (A) और (R) दोनों गलत है।
Ans 4

सामाजिक और सांस्कृतिक संदर्भ अधिगम में महत्वपूर्ण भूमिका(important role) निभाते हैं क्योंकि बच्चे समाज का ही भाग होते हैं।

67. To facilitate deeper long lasting understanding amongst the students a teacher should:

(1) Focus on memorisation of concepts.
(2) Use the methods of direct imstruction.
(3) Make provisions for materials to facilitate learning by doing.
(4) Make verbal presentations and discourage questioning by children.

छात्रों के बीच गहरी संप्रयात्मक समझ को विकसित करने के लिए एक शिक्षक को
(1) अवधारणाओं को याद करने पर ध्यान देना चाहिए।
(2) प्रत्यक्ष निर्देश के तरीकों का उपयोग करना चाहिए।
(3) संसाधन के लिए प्रावधान करना चाहिए जिससे करके सीखने को सुसाधित किया जा सके।
(4) मौखिक प्रस्तुतिकरण करना चाहिए और बंच्चों को प्रश्न पूछने से हतोत्साहित करना चाहिए।
Ans 3

68. A teacher should enable students to become effective problem-solvers by :

(1) Generating fear
(2) Inducing stress and tension
(3) Encouraging use of passive memorisation strategies
(4) Encouraging use of analogical thinking

एक शिक्षक को छात्रों को प्रभावी समस्या समाधानकर्ता बनने में सक्षम किस प्रकार बनाना चाहिए ?
(1) भय उत्पन्न करके
(2) तनाव और तनाव को प्रेरित करके
(3) निष्क्रिय संस्मरण रणनीतियों के उपयोग को प्रोत्साहित करके
(4) अनुरूप सोच के उपयोग को प्रोत्साहित करके
Ans 4

अनुरूप सोच एक समस्या समाधान(problem solving) की विधि है।

69. Which of the following strategies will not facilitate students conceptual understanding?

(1) Asking students to copy answers from the backboard as it is
(2) Asking students to explain the concepts to a peer
(3) Asking students to think of examples and non-examples
(4) Asking students to make linkages with previous concepts

निम्नलिखित में से कौन सी रणनीति छात्रों की अवधारणात्मक समझ को बढ़ावा नहीं देगी ?
(1) छात्रों को बैकबोर्ड से ज्यो के त्यो उत्तर कॉपी करने के लिए कहना ।
(2) विद्यार्थियों से किसी सहकर्मी को अवधारणाएँ समझाने के लिए कहना|
(3) विद्यार्थियों से उदाहरणों और गैर-उदाहरणों के बारे में सोचने के लिए कहना ।
(4) छात्रों को पिछली अवधारणाओं के साथ संबंध बनाने के लिए कहना ।

Ans 1

70. How should middle school teachers deal with alternative misconceptions of students during the process of teaching-learning?

(1) Ignore them (2) Punish them
(3) Reward them (4) Address them

मध्य विद्यालय के शिक्षकों को शिक्षण-अधिगम प्रक्रिया के दौरान छात्रों की वैकल्पिक भ्रांतियों से कैसे निपटना चाहिए?
(1) उन्हें अनदेखा करके
(2) उन्हें सजा देकर
(3) उन्हें इनाम देकर
(4) उन्हें संबोधित करके

Ans 4

यदि अधिगम के दौरान बच्चों में भ्रांतियां(miss conception) आती है तो उनको दूर करना बहुत आवश्यक है।

71. During brainstorming and discussions children's intuitive guesses should be:

(1) Discouraged (2) Ignored
(3) Punished (4) Facilitated

संवाद व चर्चा के दौरान बच्चों के सहज ज्ञान युक्त अनुमान लगाने :
(1) को हतोत्साहित करना चाहिए।
(2) की अवहेलना करनी चाहिए।
(3) को दंडित करना चाहिए।
(4) को सुसाधित करना चाहिए ।

Ans 4

72. Use of open-ended questions in the class and encouraging children to think of multiple perspectives promotes -

(1) Problem solving skills and divergent thinking
(2) Reproduction of knowledge and convergent thinking
(3) Competition among students
(4) Stress and anixiety among students

कक्षा में खुले प्रश्नों का उपयोग और बच्चों को कई दृष्टिकोणों के बारे में सोचने के लिए प्रोत्साहित करना किस को बढ़ावा देता हैं?
(1) समस्या समाधान कौशल और अपसारी सोच
(2) ज्ञान का पुनरुत्पादन और अभिसारी सोच
(3) छात्रों के बीच प्रतियोगिता
(4) छात्रों में तनाव और चिंता

Ans 1

73. How should a middle school teacher deal with naïve theories held by students about various phenomenon?

(1) Giving strict punishment to the students to change their conceptions
(2) Offering physical rewards to change these theories
(3) Totally ignore them and carry on with one's lectures
(4) Analyse them and address them in the teaching-learning process

माध्यमिक विद्यालय के शिक्षक को विभिन्न घटनाओं के छात्रों द्वारा रखे गए वैकल्पिक सिद्धांतों के संदर्भ में क्या करना चाहिए ?

(1) छात्रों को अपनी धारणा बदलने के लिए कड़ी सजा देनी चाहिए
(2) इन सिद्धांतों को बदलने के लिए भौतिक पुरस्कार प्रदान करने चाहिए
(3) उन्हें पूरी तरह से अनदेखा करके अपने व्याख्यान जारी रखना चाहिए
(4) इनका विश्लेषण करके शिक्षण-अधिगम में इन्हे संबोधित करना चाहिए

Ans 4

74. To encourage critical thinking a teacher should:

(1) Accept multiple perspectives
(2) Discourage discussions
(3) Be intolerant to dissent
(4) Emphasise convergent thinking

समालोचनात्मक चिंतन को प्रोत्साहित करने के लिए एक शिक्षक को चाहिए कि वे

(1) कई दृष्टिकोणों को स्वीकार करें।
(2) चर्चा को हतोत्साहित करें।
(3) असहमति के प्रति असहिष्णु रहें।
(4) अभिसरण सोच पर जोर दें।

Ans 1

75. The broad perspective of schools and especially teachers to understand failure of students should be that it

(1) reflects poorly on the students' academic capabilities,
(2) reflects poorly on the teacher's abilities.
(3) is a systemic issue and there is a need to reflect on the school systems.
(4) is an issue of communities since children belonging to poor economic class cannot be educated in the same set-up as other children.

स्कूलों और विशेष रूप से शिक्षकों को छात्रों की विफलता को किस तरह समझना चाहिए?

(1) छात्रों की कमजोर शैक्षणिक क्षमताओं का प्रतिबिंबन
(2) शिक्षक की कमजोर क्षमताओं का प्रतिबिंबन
(3) एक व्यवस्थागत मुद्दा जिस में स्कूल को शिक्षण प्रणालियों पर प्रतिबिंबन करने की आवश्यकता है
(4) समुदायों का मुद्दा क्योंकि गरीब आर्थिक वर्ग के बच्चों को अन्य बच्चों की तरह एक ही स्कूली तंत्र में शिक्षित नहीं किया जा सकता है।

Ans 3

76. Assertion (A): Schools should not involve parents in any manner in education of their children.
Reason (R): Establishing links of the school with the community hinders meaningful learning for students

Choose the correct option.

(1) Both (A) and (R) are true and (R) is the correct explanation of (A).
(2) Both (A) and (R) are true but (R) is not the cornect explanation of (A).
(3) (A) is true but (R) is false.
(4) Both (A) and (R) are false.

कथन (A) : स्कूलों को माता-पिता को किसी भी तरह से उनके बच्चों की शिक्षा में शामिल नहीं करना चाहिए।

तर्क (R) समुदाय के साथ संपर्क स्थापित करने से विद्यार्थियों के अर्थपूर्ण अधिगम में बाधा उत्पन्न होती हैं।

सही विकल्प चुनें।

(1) (A) और (R) दोनों सही है और (A) की (R) सही व्याख्या करता है।
(2) (A) और (R) दोनों सही हैं लेकिन (A) की (R) सही व्याख्या नहीं करता है।
(3) (A) सही है लेकिन (R) गलत है।

(4) (A) और (R) दोनों गलत है।
Ans 4

बच्चों के अधिगम में माता-पिता, समाज(society), विद्यालय सभी शामिल होते हैं।

77. Assertion (A): Teachers should provide lot of opportunities to the children for discussion and dialogue.

Reason (R): Meaningful learning involves the processes of interaction with others. Choose the correct option.
(1) Both (A) and (R) are true and (R) is the correct explanation of (A).
(2) Both (A) and (R) are true but (R) is not the correct explanation of (A).
(3) (A) is true but (R) is false.
(4) Both (A) and (R) are false.

कथन (A) : शिक्षकों को बच्चों को चर्चा व संवाद करने के बहुत से मौके देने चाहिए।

तर्क (R) : अर्थपूर्ण अधिगम की प्रक्रिया में दूसरों से अंतः क्रिया करना शामिल है।

सही विकल्प चुनें।
(1) (A) और (R) दोनों सही हैं और (R) सही व्याख्या करता है (A) की
(2) (A) और (R) दोनों सही हैं लेकिन (R) सही व्याख्या नहीं है (A) की
(3) (A) सही हैं लेकिन (R) गलत है।
(4) (A) और (R) दोनों गलत हैं।
Ans 1

78. Encouraging original discovery and thinking in the classroom:

(1) encourages children to become effective problem solvers.
(2) is a hindrance to creating socio-constructivist classrooms.
(3) has a negative impact on meaningful learning.
(4) takes away the focus from encouraging critical thinking.

कक्षा में मौलिक रूप से खोज एवं चिंतन को बढ़ावा देना
(1) बच्चों को प्रभावी समस्या समाधान कर्त्ताओं बनने के लिए प्रेरित करता है।
(2) सामाजिक रचनात्मक कक्षाओं के निर्माण में अवरोध पैदा करता है।
(3) अर्थपूर्ण अधिगम पर नकारात्मक प्रभाव डालता है।
(4) समालोचनात्मक चिंतन को बढ़ावा देने से ध्यान हटाता है।
Ans 1

79. While practising cooperative learning, a teacher should_____.

(1) make same ability based groups
(2) instruct students to follow only prescribed procedure
(3) restrict use of discussions and debates
(4) make groups of diverse learners

सहयोगात्मक अधिगम का कार्यान्वयन करते समय अध्यापक को क्या करना चाहिए?
(1) एक समान योग्यता आधरित समूहों का निर्माण
(2) विद्यार्थियों को केवल निर्धारित प्रक्रिया का अनुसरण करने का निर्देश देना।
(3) चर्चाओं और वाद-विवाद के प्रयोगको प्रतिबंधित करना।
(4) विविध शिक्षार्थियों के समूह बनाना।
Ans 4

80. Richa, a school teacher wants to promote conceptual understanding among her students To do so, she should:

(1) ask students to solve questions in prescribed manner only.
(2) focus on procedural knowledge and metacognitive skills.

(3) emphasise on rote memorisation of content.
(4) discourage students to establish connections between sub-concepts.

स्कूल अध्यापिका रिचा अपने विद्यार्थियों में अवधारणात्मक समझ को समुन्नत करना चाहती है। इसके लिए उसे क्या करना चाहिए?
(1) विद्यार्थियों को प्रश्नों का समाधान निर्धारित रूप से करने के लिए कहना चाहिए।
(2) प्रक्रियात्मक ज्ञान और अधिसंज्ञानात्मक कौशलों पर ध्यान देना चाहिए।
(3) विषयवस्तु के कटस्थ स्मरण पर बल देना चाहिए
(4) विद्यार्थियों को उप अवधारणाओं में सम्बद्धता स्थापित करने के लिए निरुत्साहित करना चाहिए।

Ans 2

बच्चों में ज्ञान के कौशलों(skills)को बढ़ावा देने के लिए बहुत आवश्यक है कि बच्चों को खुद से सोचने, विचारने और समस्या समाधान करने पर बल देना चाहिए।

81. While teaching a concept, it is important to avoid:
(1) making connections among different aspects of the concept.
(2) highlighting cause-effect relations.
(3) giving non-exemplars related to concept.
(4) presenting the content of concept disconnected chunks of information.

किसी भी अवधारणा का शिक्षण करते समय किस बात से बचना महत्वपूर्ण है?
(1) अवधारणाओं के विभिन्न पहलुओं के मध्य सम्बद्धता स्थापित करना।
(2) कारक प्रभाव संबंधों को रेखांकित करना।
(3) अवधारणाओं को गैर उदाहरणों के साथ प्रस्तुत करना।
(4) समप्रत्ययों को विषयवस्तु को जानकारियों के असम्बन्धित खण्डो के रूप में प्रस्तुत करना ।

Ans 4

विषय वस्तु को सदैव एक दूसरे से जोड़कर(by connecting) बच्चों के सामने प्रस्तुत(present) करना चाहिए।

82. To facilitate learning of children from varied backgrounds teachers should:
(1) Follow decontextualised curriculum
(2) Implement Differentiated instruction
(3) Adhere to Standardised assessment
(4) Practice exclusionary practices

विभिन्न पृष्ठभूमियों के बच्चों के सीखने की सुविधा के लिए शिक्षकों को चाहिए कि वे
(1) गैर-प्रासंगिक पाठ्यक्रम का पालन करें।
(2) विभेदित निर्देश लागू करें।
(3) मानकीकृत मूल्यांकन का पालन करें।
(4) बहिष्करण प्रथाओं का अभ्यास करें ।

Ans 2

विभेदित निर्देश वह होते हैं जो बच्चों की व्यक्तिगत आवश्यकताओं(individual needs) पर ध्यान देते हैं और यह समझते हैं कि बच्चे किस प्रकार सीख पाते हैं।

83. In order to cater the diverse learning needs of students, a teacher should not :
(1) present the content in various ways.
(2) build learning and self-regulation skills among students.
(3) motivate students to frame mastery oriented goals.
(4) label and classify students based on their social context.

विद्यार्थियों की विविध प्रकार की अधिगम आवश्यकताओं को संबोधित करने के लिए, अध्यापक को क्या नहीं करना चाहिए ?

(1) विषय-वस्तु को विभिन्न तरीकों से प्रस्तुत करना चाहिए ।
(2) विद्यार्थियों में अधिगम और स्व नियमन कौशल विकसित करने चाहिए ।
(3) विद्यार्थियों को निपुणता उन्मुखी लक्ष्य बनाने के लिए प्रोत्साहित करना चाहिए ।
(4) विद्यार्थियों को उनके सामाजिक संदर्भों के आधार पर नामीकरण (लेबल) और वर्गीकरण करना चाहिए ।

Ans 4

बच्चों को उनकी सामाजिक पृष्ठभूमि(social background) और उनकी योग्यता के आधार पर label नहीं करना चाहिए, इससे बच्चे हतोत्साहित(discourage) होते हैं।

84. Rajan, a school teacher, wants to facilitate development of meta cognitive skills among his students. To do so, he should :

(1) Ask students to share the steps followed by them in solving a given problem
(2) give content to memorise and repeat as it is
(3) assess students for their declarative knowledge only
(4) discourage students to reflect on procedural knowledge

राजन, एक स्कूल अध्यापक, अपने विद्यार्थियों में अधिसंज्ञानात्मक कौशलों के विकास को सुसाधित करना चाहता है। ऐसा करने के लिए उसे क्या करना चाहिए ?

(1) विद्यार्थियों को उन चरणों को साझा करने के लिए कहना चाहिए जो उन्होने दिए गए प्रश्न को हल करने के लिए प्रयुक्त किए है।
(2) कंठस्थ करने के लिए विषय सामग्री देनी चाहिए और फिर ज्यों का त्यों दोहराने के लिए कहना चाहिए।
(3) विद्यार्थियों का केवल उनके घोषणात्मक ज्ञान के लिए आकलन करना चाहिए।
(4) विद्यार्थियों को प्रक्रियात्मक ज्ञान पर विमर्श - चिन्तन हेतु निरूत्साहित करना चाहिए ।

Ans 1

85. In order to facilitate reflective skills among students, a teacher should:

(1) encourage self-assessment and self- questioning by students
(2) ask students to copy content from board without understanding
(3) focus on shaping students using stimulus - response conditioning
(4) emphasise on recall based and memorisation based learning

विद्यार्थियों में विमर्श - चिंतन कौशल सुसाधित करने के लिए अध्यापक को क्या करना चाहिए ?

(1) विद्यार्थी द्वारा स्व आकलन और स्वयं से प्रश्न करने को प्रोत्साहित करना चाहिए ।
(2) विद्यार्थियों को बिना समझ के श्यामपट्ट से विषयवस्तु नकल करके लिखने के लिए कहना चाहिए।
(3) उद्दीपन- प्रतिक्रिया अनुकूलन का प्रयोग करते हुए विद्यार्थियों को उस तरह से ढालने पर ध्यान केन्द्रित करना चाहिए।
(4) प्रत्यास्मरण आधारित और कंठस्थीकरण आधारित अधिगम पर बल देना चाहिए।

Ans 1

विद्यार्थी द्वारा किए गए कार्यों को उन्हें स्वयं से assess करने के लिए प्रेरित करना चाहिए।

86. In what way, a teacher should respond to the repeated errors made by a student?

(1) Tell the correct answer without any comment
(2) Thoroughly analyse the errors and provide support accordingly

(3) Deducting the marks straight-forwardly
(4) Try to eliminate errors by negative reinforcement

अध्यापक को विद्यार्थियों द्वारा बार- बार की गई त्रुटियों के प्रति किस तरह का व्यवहार करना चाहिए ?

(1) बिना किसी टिप्पणी के सही उत्तर बताना चाहिए।
(2) त्रुटियों का नितांत रूप से विश्लेषण करना चाहिए और तदनुसार मदद देनी चाहिए।
(3) सीधे - सपाट तरीके से अंक काट लेने चाहिए।
(4) नकारात्मक पुनर्बलन द्वारा त्रुटियों को हटाने का प्रयास करना चाहिए।

Ans 2

87. What should a teacher keep in mind while teaching a diverse group of learners?

(i) Acknowledge and respect every student
(ii) Ignore cultural differences
(iii) Maintain consistent communication
(iv) Give indirect instructions
(v) Give students autonomy and flexibility

(1) (i) (ii) (iii) (2) (ii) (iii) (iv)
(3) (i) (iii) (v) (4) (iii) (iv) (v)

विविध समूह के विद्यार्थियों के शिक्षण के दौरान एक शिक्षिका को क्या ध्यान में रखना चाहिए ?

(i) हर विद्यार्थी को स्वीकारना व सम्मान देना
(ii) सांस्कृतिक विभिन्नताओं को अनदेखा करना
(iii) सुसंगत संप्रेषण बनाए रखना
(iv) अप्रत्यक्ष निर्देश देना
(v) विद्यार्थियों को स्वायत्तता व लचीलापन देना

(1) (i) (ii) (iii) (2) (ii) (iii) (iv)
(3) (i) (iii) (v) (4) (iii) (iv) (v)

Ans 3

88. The teacher gives clays of different colours to the children and asks them to make whatever comes to their mind from that clay. Through this, she wants to promote_______ in children.

(1) Creativity
(2) Rote memorisation
(3) Non-cooperation
(4) Indiscipline

शिक्षक बच्चों को विभिन्न रंगों वाली चिकनी मिट्टी देकर कहती है कि उनके मन में जो आता है, वह बनाएँ। इसके माध्यम से, वह बच्चों में_____ को बढ़ावा देना चाहती है ।

(1) सृजनात्मकता (2) रटना
(3) असहयोग (4) अनुशासनहीनता

Ans 1

इस क्रिया के माध्यम से बच्चे अपने-अपने अनुसार, अपने-अपने विचारों को प्रकट(present) करके अपनी सृजनात्मकता(creativity) का विकास करेंगे।

89. Assertion (A):A teacher tries to include examples from the immediate environment of children to make the classes interactive.

Reason (R): Socio-cultural context plays an important role in learning.

Choose the correct option.

(1) Both (A) and (R) are true and (R) is the correct explanation of (A).
(2) Both (A) and (R) are true but (R) is not the correct explanation of (A).
(3) (A) is true but (R) is false.
(4) Both (A) and (R) are false.

अभिकथन (A) :एक शिक्षिका कक्षा को संवादात्मक बनाने के लिए बच्चों के आसपास के पर्यावरण से उदाहरण शामिल करती है ।

तर्क (R) :सामाजिक-सांस्कृतिक संदर्भ की सीखने में महत्त्वपूर्ण भूमिका है ।

सही विकल्प चुनें।

(1) (A) और (R) दोनों सही हैं और (R), (A) की सही व्याख्या करता है ।
(2) (A) और (R) दोनों सही हैं लेकिन (R), (A) की सही व्याख्या नहीं है ।
(3) (A) सही है लेकिन (R) गलत है।
(4) (A) और (R) दोनों गलत हैं ।

Ans 1

90. Ruhi believes that she did not study which is why she did not get good marks in her properly science test though she can do science quite well. She is attributing her performance to

(1) environmental factors
(2) lack of ability
(3) lack of effort
(4) tough luck

रूही का मानना है कि उसने ठीक से पढ़ाई नहीं की थी जिसके कारण उसके विज्ञान की परीक्षा में अच्छे नम्बर नहीं आए जबकि वह विज्ञान में बहुत अच्छा प्रदर्शन कर सकती है । रूही अपने प्रदर्शन का आरोपण किस कारक को कर रही है ?

(1) पर्यावरणीय कारक
(2) योग्यता की कमी
(3) कोशिश की कमी
(4) कठिन भाग्य

Ans 3

91. While teaching the concept of space, a teacher realised that students have several misconceptions about this concept. How should she respond to this situation?

(1) Reject those misconceptions straightaway.
(2) Explore students' reasoning behind those misconceptions.
(3) Instruct students to rote memorise correct information.
(4) Eliminate those misconceptions using negative reinforcement.

अंतरिक्ष की अवधारणा समझाते समय एक अध्यापक ने महसूस किया कि विद्यार्थियों में इस विषय को लेकर अनेक भ्रान्तियां हैं। अध्यापक की इस स्थिति के प्रति क्या प्रतिक्रिया होनी चाहिए ?

(1) सीधे-सीधे उन भ्रान्तियों को अस्वीकृत करना चाहिए।
(2) इन भ्रान्तियों के प्रति विद्यार्थियों के तर्क जानने चाहिए।
(3) विद्यार्थियों को सही जानकारी कंठस्थ करने के लिए निर्देश देना चाहिए।
(4) नकारात्मक पुनर्बलन का प्रयोग करते हुए इन भ्रान्तियों को मिटा देना चाहिए।

Ans 2

92. Which of the following should be considered while teaching a concept to students ?

(i) Readiness to learn among students
(ii) Socio-cultural context of students
(iii) Preferred learning styles of students

(1) (i) and (ii) only (2) (ii) and (ili) only
(3) (i) and (iii) only (4) (i), (ii) and (ii)

विद्यार्थियों को किसी भी अवधारणा के बारे में समझाते हुए निम्न में से किस बात का ध्यान रखना चाहिए ?

(i) विद्यार्थियों में सीखने के लिए तत्परता
(ii) विद्यार्थियों के सामाजिक-सांस्कृतिक संदर्भ
(iii) विद्यार्थियों द्वारा चयनित अधिगम शैलियाँ

(1) केवल (i) और (ii)
(2) केवल (ii) और (iii)
(3) केवल (i) और (iii)
(4) (i), (ii) और (iii)

Ans 4

93. Ramesh provides opportunities to children to build new knowledge and understanding through explorations, experiments and various practical activities while teaching science subjects. He wants to promote _______.

(i) Scientific reasoning
(ii) Logical thinking
(ii) Rote memorisation
(iv) Passive imitation
(1) (i) and (i) only
(2) (i) and (iii) only
(3) (i) and (iv) only
(4) (iii) and (iv) only

रमेश विज्ञान विषयों को पढ़ाते समय अन्वेषण, प्रयोग, विभिन्न व्यावहारिक गतिविधियों के माध्यम से बच्चों को नया ज्ञान व समझ बनाने के अवसर प्रदान करता है। वह _______ को बढ़ावा देना चाहता है।

(i) वैज्ञानिक तर्क (ii) तार्किक चिंतन
(ii) कंठस्वीकरण (iv) अनुकरण
(1) केवल (i) और (ii)
(2) केवल (i) और (iii)
(3) केवल (i) और (iv)
(4) केवल (iii) और (iv)

Ans 1

94. Concepts should be presented in a way which

(1) makes students anxious about success.
(2) activates their previous knowledge and schemas.
(3) distracts them with irrelevant information.
(4) helps only students with higher learning abilities.

अवधारणाओं को इस तरह से प्रस्तुत करना चाहिए जो

(1) विद्यार्थियों में सफलता के प्रति चिन्ता पैदा करे।
(2) उनके पूर्व ज्ञान और स्कीमा को क्रियाशील करे।
(3) उन्हें अप्रासंगिक सूचनाओं के माध्यम से विकर्षित करे।
(4) केवल उच्चतर अधिगम योग्यता वाले विद्यार्थियों की मदद करे।

Ans 2

95. A teacher should be____________ about his pedagogies.

(1) rigid (2) inflexible
(3) flexible (4) ignorant

एक अध्यापक को अपनी शिक्षणशास्त्रीय प्रविधियों के बारे में किस प्रकृति का होना चाहिए ?

(1) दृढ (जड़) (2) गैर-लचीला
(3) लचीला (सुनम्य) (4) अनजान

Ans 3

लचीली शिक्षण विधियां बच्चों की रुचि(interest), योग्यता(ability) और क्षमता (capacity) के अनुसार होती है।

96. Assertion (A): When a student is struggling to find solution for a given problem, the teacher should encourage the student to verbalise her thoughts.

Reason (R): Learning is more effective when teachers keep minimal expectation of success from students.

Choose the correct option:

(1) Both (A) and (R) are true and (R) is the correct explanation of (A)
(2) Both (A) and (R) are true but (R) is not the correct explanation of (A)
(3) (A) is true but (R) is false
(4) Both (A) and (R) are false

अभिकथन (A) : जब कोई विद्यार्थी किसी दिए गए प्रश्न का हल ढूँढने की प्रक्रिया से जूझ रहा है, तो अध्यापक को उसे अपने

विचार मौखिक तौर पर अभिव्यक्त करने के लिए प्रोत्साहित करना चाहिए ।

तर्क (R): अधिगम तब अधिक प्रभावशाली होता है जब अध्यापक विद्यार्थियों से सफलता की कम-से-कम अपेक्षा रखते हैं ।

सही विकल्प चुनिए :

(1) (A) और (R) दोनों सही हैं और (R), (A) की सही व्याख्या करता है
(2) (A) और (R) दोनों सही हैं लेकिन (R), (A) की सही व्याख्या नहीं है
(3) (A) सही है लेकिन (R) गलत है
(4) (A) और (R) दोनों गलत हैं

Ans 3

97. Assertion (A): Schools should emphasize on curriculum aimed at constructing new knowledge.

Reason (R): Children are capable of constructing and interpreting new knowledge with support of teacher. Choose the correct option:

(1) Both (A) and (R) are true and (R) is the correct explanation of (A)
(2) Both (A) and (R) are true but (R) is not the correct explanation of (A)
(3) (A) is true but (R) is false
(4) Both (A) and (R) are false

अभिकथन (A) : विद्यालयों को नवीन ज्ञान के सृजन की ओर लक्षित पाठ्यचर्या पर बल देना चाहिए

तर्क (R) : बच्चों में अध्यापक के सहयोग से नवीन ज्ञान के सृजन और उसकी व्याख्या करने की क्षमता होती है ।

सही विकल्प चुनिए :

(1) (A) और (R) दोनों सही हैं और (R), (A) की सही व्याख्या करता है
(2) (A) और (R) दोनों सही हैं लेकिन (R), (A) की सही व्याख्या नहीं है
(3) (A) सही है लेकिन (R) गलत है
(4) (A) और (R) दोनों गलत हैं

Ans 1

98. Schools should emphasise on

(1) reproduction of materials learnt
(2) textbook learning
(3) decontextualised learning
(4) constructive learning

विद्यालयों को किस पर बल देना चाहिए?

(1) सीखी गई सामग्रियों को ज्यों का त्यों कह देना
(2) पाठ्यपुस्तक से सीखना
(3) संदर्भरहित अधिगम
(4) रचनात्मक अधिगम

Ans 4

रचनात्मक अधिगम के अंतर्गत बच्चा सक्रिय(active)रूप से सीखना है, अपने ज्ञान(knowledge) और कौशल(skill) का उपयोग करता है।

99. Assertion (A): A teacher should encourage students to develop entity view of ability.

Reason (R): Entity view of ability motivates students to learn more effectively. Choose the correct option:

(1) Both (A) and (R) are true and (R) is the correct explanation of (A)
(2) Both (A) and (R) are true but (R) is not the correct explanation of (A)
(3) (A) is true but (R) is false
(4) Both (A) and (R) are false

अभिकथन (A) : अध्यापक को चाहिए कि वह विद्यार्थियों को योग्यता का अस्तित्व संबंधी परिप्रेक्ष्य विकसित करने के लिए प्रोत्साहित करें ।

तर्क (R) : योग्यता का अस्तित्व संबंधी परिप्रेक्ष्य विद्यार्थियों को अधिक प्रभावशाली तरीके से सीखने के लिए अभिप्रेरित करता है ।

सही विकल्प चुनिए :

(1) (A) और (R) दोनों सही हैं और (R), (A) की सही व्याख्या करता है
(2) (A) और (R) दोनों सही हैं लेकिन (R), (A) की सही व्याख्या नहीं है
(3) (A) सही है लेकिन (R) गलत है
(4) (A) और (R) दोनों गलत हैं

Ans 4

100. To facilitate students' learning, a teacher should

(1) ignore previous knowledge of students
(2) not clarify syntax and structure
(3) minimise generalisation and transfer of learning
(4) avoid use of subject-jargons

विद्यार्थियों के अधिगम को सहज - सुगम बनाने के लिए अध्यापक को क्या करना चाहिए?

(1) विद्यार्थियों के पूर्व ज्ञान की अनदेखी करनी चाहिए
(2) वाक्य - विन्यास और संरचना स्पष्ट नहीं करनी चाहिए
(3) अधिगम के अति सामान्यीकरण और निस्तारण को कम करना चाहिए
(4) विषय से संबंधित शब्द - जाल के प्रयोग से बचना चाहिए

Ans 4

शब्द जाल का अर्थ है किसी सीधी बात को, अधिक और कठिन(hard) शब्दों में करना।

101. Assertion (A): A teacher should provide a range of teaching-learning materials and educational resources in

Reason (R): the classroom and should encourage students to explore them. Students are capable of constructing knowledge in a conducive classroom environment.

Choose the correct option:

(1) Both (A) and (R) are true and (R) is the correct explanation of (A)
(2) Both (A) and (R) are true and (R) is not the correct explanation of (A)
(3) (A) is true but (R) is false
(4) Both (A) and (R) false

अभिकथन (A) : एक अध्यापक को कक्षा में कई प्रकार की अध्यापन अधिगम सामग्री और शैक्षिक संसाधन प्रदान करने चाहिए और विद्यार्थियों को उन्हें जाँचने के लिए प्रोत्साहित करना चाहिए ।

तर्क (R) : एक सहायक माहौल में विद्यार्थी ज्ञान निर्माण करने में सक्षम होते हैं। सही विकल्प चुनिए :

(1) (A) और (R) दोनों सही हैं और (R), (A) की सही व्याख्या करता है
(2) (A) और (R) दोनों सही हैं लेकिन (R), (A) की सही व्याख्या नहीं है
(3) (A) सही है लेकिन (R) गलत है
(4) (A) और (R) दोनों गलत हैं

Ans 1

102. A teacher should encourage students to revise questions and clarify doubts while learning about a new concept.

Reason (R):

Raising questions creates a block in development of critical thinking. Choose the correct option:

(1) Both (A) and (R) are true and (R) is the correct explanation of (A)
(2) Both (A) and (R) are true but (R) is not the correct explanation of (A)
(3) (A) is true but (R) is false
(4) Both (A) and (R) are false

अभिकथन (A) :

किसी नए संप्रत्यय को सीखने के समय अध्यापिका द्वारा विद्यार्थियों को सवाल पूछने और अपने सन्देहों को स्पष्ट करने के लिए प्रोत्साहित किया जाना चाहिए ।

तर्क (R) :

सवाल पूछना समालोचनात्मक चिंतन के विकास में बाधा पैदा करता है।

सही विकल्प चुनिए :

(1) (A) और (R) दोनों सही हैं और (R), (A) की सही व्याख्या करता है
(2) (A) और (R) दोनों सही हैं लेकिन (R), (A) की सही व्याख्या नहीं है
(3) (A) सही है लेकिन (R) गलत है
(4) (A) और (R) दोनों गलत हैं।

Ans 3

सवाल पूछना बच्चों के अपसारी चिंतन(divergent thinking) और समालोचनात्मक चिंतन(critical thinking) को बढ़ावा देता है।

103. Even before entering formal education, children develop fairly rich understanding of their surroundings including the objects and events they encounter in their everyday life. A teacher should

(1) Ignore their understandings completely.
(2) Attempt to replace it with standardised school curriculum.
(3) Give importance to this understanding for advancing their knowledge.
(4) Must be considered flawed and unimportant for learning

औपचारिक शिक्षा में प्रवेश करने से पूर्व ही बच्चे अपने आस-पड़ोस के बारे में, जैसे कि उन वस्तुओं और घटनाओं के बारे में जिनसे वे समागम करते हैं, एक संपन्न समझ विकसित कर लेते हैं। एक अध्यापिका को उनकी इस तरह की समझ को

(1) पूरी तरह नकार देना चाहिए।
(2) मानकीकृत पाठ्यक्रम से बदल देने का प्रयास करना चाहिए।
(3) उनके ज्ञान को अग्रसर करने के लिए महत्त्वपूर्ण समझना चाहिए।
(4) अधिगम के लिए दोषपूर्ण और महत्त्वहीन मानना चाहिए।

Ans 3

104. Assertion (A):A teacher should present the contents to be taught in the form of connected and organized manner.

Reason (R) :Learning is a passive process.

Choose the correct option :

(1) Both (A) and (R) are true and (R) is the correct explanation of (A)
(2) Both (A) and (R) are true but (R) is not the correct explanation of (A)
(3) (A) is true but (R) is false
(4) Both (A) and (R) are false

अधिकथन (A) :एक शिक्षक को विषय-वस्तु को पढ़ाने के लिए उसे सम्बद्ध एवं संगठित तरीके से प्रस्तुत करना चाहिए ।

तर्क (R) : सीखना एक निष्क्रिय प्रक्रिया है।

सही विकल्प चुनिए :

(1) (A) ओर (R) दोनों सही हैं और (R), (A) की सही व्याख्या करता है
(2) (A) ओर (R) दोनों सही हैं लेकिन (R). (A) की सही व्याख्या नहीं है
(3) (A) सही है लेकिन (R) गलत है
(4) (A) ओर (R) दोनों गलत हैं

Ans 3

सीखना एक सक्रिय (active) प्रक्रिया है।

105. Which of the following is not a part of universal design for learning guidelines ?

(1) Multiple means of engagement
(2) Multiple means of discrimination
(3) Multiple means of representation
(4) Multiple means of expression

निम्नलिखित में से अधिगम दिशा-निर्देशों के लिए कौन-सा सार्वभौमिक अभिकल्प का हिस्सा नहीं है?

(1) सहभागिता के बहुविध साधन
(2) भेदभाव के बहुविध तरीके
(3) प्रतिनिधित्व के बहुविध साधन
(4) अभिव्यक्ति के बहुविध तरीके

Ans 2

106. Assertion (A) :Young children come to school with already developed 'naive' theories about their surroundings.

Reason (R) :Such understandings are purely irrational and should be ignored.

Choose the correct option :

(1) Both (A) and (R) are true and (R) is the correct explanation of (A)
(2) Both (A) and (R) are true but (R) is not the correct explanation of (A)
(3) (A) is true but (R) is false
(4) Both (A) and (R) are false

अधिकथन (A) :विद्यालय आने से पूर्व छोटे बच्चों में अपने परिवेश की समझ बनाने के 'सहज' सिद्धान्त मौजूद होते है |

तर्क (R) -इस प्रकार की समझ पूरी तरह से अतार्किक है और इसकी अनदेखी करनी चाहिए |

सही विकल्प चुनिए :

(1) (A) और (R) दोनों सही हैं और (R), (A) की सही व्याख्या करता है
(2) (A) और (R) दोनों सही हैं लेकिन (R). (A) की सही व्याख्या नहीं है
(3) (A) सही है लेकिन (R) गलत है
(4) (A) और (R) दोनों गलत हैं

Ans 3

विद्यालय आने से पूर्व जो समझ (understanding) और ज्ञान(knowledge) बच्चे अपने साथ लेकर आते हैं वह उनके अधिगम में बहुत सहायता(help)करता है।

107. A teacher should___________.

(1) consider students' pace of learning while teaching
(2) ignore students' pace of learning while teaching
(3) consider pace of best performing students only
(4) ignore individual differences in students' pace of learning

एक शिक्षक/शिक्षिका को

(1) पढ़ाने के दौरान विद्यार्थियों के सीखने की गति पर ध्यान देना चाहिए।
(2) पढ़ाने के दौरान विद्यार्थियों के सीखने की गति को अनदेखा कर देना चाहिए।
(3) केवल अच्छा निष्पादन करने वाले विद्यार्थी की गति पर ध्यान देना चाहिए।
(4) विद्यार्थियों के सीखने की गति में व्यक्तिगत भिन्नताओं की अनदेखी करनी चाहिए।

Ans 1

108. Assertion (A):A teacher should dominantly use lecture method to teach students in primary grades.

Reason (R):Learning is most effective when done through passive listening.

Choose the correct option:

(1) Both (A) and (R) are true and (R) is the correct explanation of (A)
(2) Both (A) and (R) are true but (R) is not the correct explanation of (A)
(3) (A) is true but (R) is false
(4) Both (A) and (R) are false

अभिकथन (A) :प्राथमिक कक्षाओं में विद्यार्थियों को पढ़ाने के लिए शिक्षक को

प्रमुख रूप से व्याख्यान पद्धति का उपयोग करना चाहिए।

तर्क (R) :सीखने की प्रक्रिया सबसे ज्यादा तब प्रभावी होती है जब वह निष्क्रिय श्रवण के माध्यम द्वारा की जाती है।

सही विकल्प चुनें
(1) (A) और (R) दोनों सही हैं और (R), (A) की सही व्याख्या करता है
(2) (A) और (R) दोनों सही हैं लेकिन (R), (A) की सही व्याख्या नहीं है
(3) (A) सही है लेकिन (R) गलत है
(4) (A) और (R) दोनों गलत हैं।
Ans 4

109. Brain is ____ of learning from real world contexts, hence schools should emphasise upon ____ learning.

(1) capable, constructive
(2) incapable, discovery
(3) capable, textbook based
(4) incapable, decontextulised

वास्तविक दुनिया के संदर्भों से सीखने के लिए मस्तिष्क ________ है. इसलिए विद्यालयों को ________ अधिगम पर जोर देना चाहिए।
(1) सक्षम, रचनात्मक
(2) असक्षम, अन्वेषण
(3) सक्षम, पाठ्यपुस्तक-आधारित
(4) असक्षम, गैर-संदर्भित
Ans 1

रचनात्मक अधिगम में बच्चों को अपने विचार(thoughts), अपने ज्ञान(knowledge) और अपने कौशलों(skills) को विकसित करने का अवसर दिया जाता है।

110. Providing multiple means of ____ is important to include all learners in class.

(1) engagement
(2) competition
(3) discrimination
(4) non-comprehension

कक्षा में सभी शिक्षार्थियों को शामिल करने के लिए __________ विविध साधन प्रदान करना महत्त्वपूर्ण है।
(1) संलग्नता (शामिल करने) के
(2) प्रतिस्पर्धा के
(3) भेद-भव करने के
(4) अबोधगम्यता के
Ans 1

111. Assertion (A) : Schools should promote pedagogies which don't emphasize on mere reproduction of materials learnt.

Reason (R) : Emotions and cognition are independent of each other. Choose the correct option:
(1) Both (A) and (R) are true and (R) is the correct explanation of (A)
(2) Both (A) and (R) are true but (R) is not the correct explanation of (A)
(3) (A) is true but (R) is false
(4) Both (A) and (R) are false

अभिकथन (A) : विद्यालयों को ऐसी शिक्षणशास्त्रीय प्रविधियों को बढ़ावा देना चाहिए जो केवल सीखी गई सामग्री के पुनरुत्पादन पर जोर न दे।

तर्क (R) : संवेग और संज्ञान एक दूसरे से पृथक हैं।

सही विकल्प चुनें :
(1) (A) और (R) दोनों सही हैं और (R), (A) की सही व्याख्या करता है
(2) (A) और (R) दोनों सही हैं लेकिन (R), (A) की सही व्याख्या नहीं है
(3) (A) सही है लेकिन (R) गलत है।
(4) (A) और (R) दोनों गलत हैं
Ans 3

संवेग और संज्ञान एक दूसरे से जुड़े (connected) हैं।

112. Which of the following aspect should be promoted by a teacher among her students?

(1) Passive imitation
(2) Rote memorisation
(3) Knowledge construction
(4) High competition

एक अध्यापिका को अपने विद्यार्थियों में निम्न में से किस पहलू को बढ़ावा देना चाहिए?

(1) निष्क्रिय नकल
(2) कंठस्थ स्मरण
(3) ज्ञान निर्माण
(4) उच्च प्रतिस्पर्धा

Ans 3

113. Assertion (A): School should emphasize on mere reproduction of materials learned.

Reason (R): Memory is neither constructive nor interpretative.

Choose the correct option:

(1) Both (A) and (R) are true and (R) is the correct explanation of (A).
(2) Both (A) and (R) are true but (R) is not the correct explanation of (A).
(3) (A) is true but (R) is false.
(4) Both (A) and (R) are false.

कथन (A): विद्यालयों को केवल सीखी गई सामग्रियों के पुनरुत्पादन पर जोर देना चाहिए।

तर्क (R) : स्मृति ना तो रचनात्मक होती है और ना ही निर्वचनात्मक होती है।

सही विकल्प चुनें:

(1) (A) और (R) दोनों सही हैं और (R), (A) की सही व्याख्या करता है ।
(2) (A) और (R) दोनों सही हैं लेकिन (R), (A) की सही व्याख्या नहीं है।
(3) (A) सही है लेकिन (R) गलत है।
(4) (A) और (R) दोनों गलत हैं।

Ans 4

114. A teacher should design and transact learning activities which are

(1) very abstract in nature:
(2) in sync with students' interest:
(3) alien and foreign to students' context
(4) aimed at mere reproduction of previous knowledge

एक अध्यापिका को कैसे अधिगम क्रियाकलाप बनाने और सम्पादित करने चाहिए?

(1) जिनकी प्रवृत्ति अति अमूर्त हो
(2) जो विद्यार्थियों की रुचि के अनुरूप हो
(3) जो विद्यार्थियों के परिवेश से गैर और अन्यदेशीय हो
(4) जिनका उद्देश्य सिर्फ पूर्व ज्ञान का पुनरुत्पादन मात्र हो

Ans 2

115. Assertion (A) :A teacher should create a print-rich environment in classroom by providing a range of reading materials.

Reason (R): Language development is not influenced by the environmental factors.

Choose the correct option.

(1) Both (A) and (R) are true and (R) is the correct explanation of (A)
(2) Both (A) and (R) are true but (R) is not the correct explanation of (A)
(3) (A) is true but (R) is false
(4) Both (A) and (R) are false

अभिकथन (A) :एक अध्यापिका को कक्षा में विभिन्न प्रकार की पठन सामग्री प्रदान करके एक मुद्रक / प्रिंट- समृद्ध वातावरण सृजित करना चाहिए ।

तर्क (R) : भाषा विकास वातावरणीय कारकों से प्रभावित नहीं होता है ।

सही विकल्प का चयन कीजिए ।

(1) (A) और (R) दोनों सही हैं और (R), (A) की सही व्याख्या करता है
(2) (A) और (R) दोनों सही हैं लेकिन (R), (A) की सही व्याख्या नहीं है
(3) (A) सही है लेकिन (R) गलत है
(4) (A) और (R) दोनों गलत हैं

Ans 3

भाषा का विकास वातावरणीय कारकों (environmental factors) से प्रभावित होता है।

116. Which of the following contribute to effective and meaningful learning?

(1) Standardised curriculum
(2) Exam-centric approach
(3) Inflexible time table
(4) Learner-centric pedagogy

निम्न में से कौन प्रभावशाली और अर्थपूर्ण अधिगम में मदद करता है ?

(1) मानकीकृत पाठ्यक्रम
(2) परीक्षा केंद्रित उपागम
(3) अनम्य समय सारणी
(4) अधिगमकर्ता-केंद्रित शिक्षाशास्त्र

अधिगमकर्ता केंद्रित शिक्षा शास्त्र का अर्थ है बच्चों की रुचि, योग्यता, क्षमता, आवश्यकता के अनुरूप(according) शिक्षण करना।

Ans 4

117. Assertion (A) : Teachers should gain deep understanding of child development.

Reason (R) : By knowing how children develop and learn, teachers can make education meaningful and fun. Choose the correct option.

(1) Both (A) and (R) are true and (R) is the correct explanation of (A).
(2) Both (A) and (R) are true but (R) is not the correct explanation of (A).
(3) (A) is true but (R) is false.
(4) Both (A) and (R) are false.

अभिकथन (A) : शिक्षकों को बाल विकास की गहन समझ होनी चाहिए ।

तर्क (R): बच्चों के विकास और अधिगम प्रक्रिया के बारे में जानकर, शिक्षक शिक्षा को अर्थपूर्ण और रोचक बना सकते हैं ।

सही विकल्प चुनें ।

(1) (A) और (R) दोनों सही हैं और (R), (A) की सही व्याख्या करता है ।
(2) (A) और (R) दोनों सही हैं लेकिन (R), (A) की सही व्याख्या नहीं है ।
(3) (A) सही है लेकिन (R) गलत है ।
(4) (A) और (R) दोनों गलत हैं ।

Ans.1

118. To promote critical thinking among learners, a teacher should encourage students to:

(1) memorise the facts as it is.
(2) copy the answers written on the board as it is.
(3) reflect on the multiple perspectives shared by their peers.
(4) avoid sharing their ideas with others and work in isolation.

शिक्षार्थियों में समालोचनात्मक चिन्तन को समुन्नत करने के लिए अध्यापक को विद्यार्थियों को किस बात के लिए प्रोत्साहित करना चाहिए ?

(1) तथ्यों को कंठस्थ करने के लिए ।
(2) श्यामपट्ट पर लिखे गए उत्तरों को ज्यों का त्यों नकल करके लिखने के लिए।
(3) अपने सहपाठियों द्वारा साझा किए गए बहुविध दृष्टिकोणों पर विमर्श करने के लिए।

(4) अपने विचारों को दूसरों से साझा न करने और अलग होकर काम करने के लिए ।

Ans 3

119. Assertion (A) :Teachers should provide examples from diverse contexts while discussing about a concept.

Reason (R) : Students develop a sense of belonging with education if examples and experiences from their socio-cultural context are included in the discussion.

Choose the correct option.

(1) Both (A) and (R) are true and (R) is the correct explanation of (A).
(2) Both (A) and (R) are true but (R) is not the correct explanation of (A).
(3) (A) is true but (R) is false.
(4) Both (A) and (R) are false.

अभिकथन (A) :किसी संप्रत्यय पर चर्चा करते समय अध्यापिका को विभिन्न परिवेशों से सम्बन्धित उदाहरण देने चाहिए ।

तर्क (R) : अधिगमकर्ता शिक्षा के साथ एक जुड़ाव की भावना विकसित कर पाते हैं अगर उनके सामाजिक-सांस्कृतिक परिवेश से सम्बन्धित उदाहरणों और अनुभवों को चर्चा में शामिल किया जाता है ।

सही विकल्प चुनें।

(1) (A) और (R) दोनों सही हैं और (R), (A) की सही व्याख्या करता है ।
(2) (A) और (R) दोनों सही हैं लेकिन (R), (A) की सही व्याख्या नहीं है ।
(3) (A) सही है लेकिन (R) गलत है ।
(4) (A) और (R) दोनों गलत हैं ।

Ans 1

120. While facilitating learning through observation, a teacher should suggest students to start with :

(1) Assessment of their imitated actions.
(2) Paying attention to the actions of model.
(3) Memorising the actions of model.
(4) Imitating and practising actions of the model.

अवलोकन द्वारा अधिगम को सुसाध्य करने हेतु, एक अध्यापक को अधिगमकर्ताओं को सबसे पहले क्या करने का सुझाव देना चाहिए ?

(1) उनके द्वारा अनुकरण की गई क्रियाओं का आकलन ।
(2) प्रतिमान की क्रियाओं पर ध्यान देना ।
(3) प्रतिमान की क्रियाओं को याद करना ।
(4) प्रतिमान की क्रियाओं का अनुसरण और अभ्यास करना ।

किसी वस्तु के अवलोकन(observation) से सीखने के लिए सबसे पहले उसे वस्तु की क्रियाओं(activitie)s पर ध्यान देना आवश्यक है।

Ans2

121. Assertion (A): A teacher should ignore young children's experiences related to their milieu.

Reason (R): Learning at school should be independent from sociocultural context of sťudents. Choose the correct option.

(1) Both (A) and (R) are true and (R) is the correct explanation of (A).
(2) Both (A) and (R) are true but (R) is not the correct explanation of (A).
(3) (A) is true but (R) is false.
(4) Both (A) and (R) are false.

अभिकथन (A) :एक अध्यापक द्वारा छोटे बच्चों के उनके परिवेश संबंधित अनुभवों की अनदेखी करनी चाहिए

तर्क (R) :विद्यालयों में अधिगम विद्यार्थियों के सामाजिक-सांस्कृतिक संदर्भ से अलग करके होना चाहिए ।

सही विकल्प चुनें ।

(1) (A) और (R) दोनों सही हैं और (R), (A) की सही व्याख्या करता है ।
(2) (A) और (R) दोनों सही हैं लेकिन (R), (A) की सही व्याख्या नहीं है ।
(3) (A) सही है लेकिन (R) गलत है ।
(4) (A) और (R) दोनों गलत हैं ।

Ans 4

122. Assertion (A) : A teacher should encourage her students to verbalise their thoughts while working on a given problem.

Reason (R) : Language and thought develop independent to each other.

Choose the correct option:

(1) Both (A) and (R) are true and (R) is the correct explanation of (A)
(2) Both (A) and (R) are true but (R) is not the correct explanation of (A)
(3) (A) is true, but (R) is false
(4) Both (A) and (R) are false

अभिकथन (A) : एक अध्यापिका को अपने विद्यार्थियों को दी गई समस्या पर काम करते हुए अपने विचारों का मौखिकीकरण करने के लिए प्रोत्साहित करना चाहिए।

कारण (R) : भाषा और सोच का विकास एक-दूसरे से स्वतंत्र रूप में होता है ।

सही विकल्प चुनें:

(1) (A) और (R) दोनों सही हैं और (R), (A) की सही व्याख्या करता है।
(2) (A) और (R) दोनों सही हैं लेकिन (R), (A) की सही व्याख्या नहीं है।
(3) (A) सही है लेकिन (R) गलत है।
(4) (A) और (R) दोनों गलत हैं।

Ans 3

भाषा और सोच दोनों का विकास (development) एक दूसरे से संबंधित (related) है।

123. Alternative conceptions held by students should be ______ by the teacher because they are ____.

(1) ignored, extremely erroneous
(2) attended properly, significant in the process of learning
(3) dealt strictly, result of highly irrational thinking
(4) promoted, significant in labelling of students

विद्यार्थियों द्वारा ग्रहित वैकल्पिक अवधारणाओं से अध्यापक को किस प्रकार निपटना चाहिए ?

(1) उन्हें अनदेखा कर देना चाहिए क्योंकि वे अवधारणाएँ अत्यन्त गलत / त्रुटिपूर्ण होती हैं ।
(2) उन्हें ठीक तरह से समझा जाना चाहिए क्योंकि वे अधिगम प्रक्रिया में महत्त्वपूर्ण होती हैं
(3) उनसे कठोरता से निपटना चाहिए क्योंकि वे अत्यधिक तर्कहीन चिंतन का परिणाम हैं।
(4) उन्हें बढ़ावा देना चाहिए क्योंकि वे विद्यार्थियों के नामीकरण के लिए महत्त्वपूर्ण हैं ।

Ans 2

124. In order to cater to the individual differences among students related to social and cultural domains, it is important to

(1) adopt child-centric pedagogy.
(2) follow a rigid and standardised curriculum.
(3) implement summative ways of evaluation.
(4) divide students in different groups

based on their social and cultural identities.

विद्यार्थियों की सामाजिक और सांस्कृतिक आयामों से संबंधित व्यक्तिगत भिन्नताओं को संबोधित करने के लिए, निम्न में से क्या महत्त्वपूर्ण है ?

(1) बाल-केन्द्रित शिक्षाशास्त्र को अपनाना ।
(2) एक कठोर एवम् मानकीकृत पाठ्यचर्या का पालन करना ।
(3) मूल्यांकन के योगात्मक तरीकों को लागू करना ।
(4) विद्यार्थियों को उनकी सामाजिक और सांस्कृतिक पहचान के आधार पर अलग-अलग समूहों में बाँटना ।

Ans 1

125. Which of the following approach emphasizes on the learning through self-initiated activity by students and balanced facilitation by the teacher?

(1) Behaviourism
(2) Observational learning
(3) Expository teaching
(4) Social-constructivism

निम्न में से कौन-सा उपागम विद्यार्थियों के स्वयं पहल करने और अध्यापिका के संतुलित सुसाध्य पर बल देता है ?

(1) व्यवहारवाद
(2) अनुकरण अधिगम
(3) प्रतिपादक शिक्षण
(4) सामाजिक-संरचनावाद

Ans 4

126. Which of the following is a characteristic of constructivist teacher?

(1) Building lessons around very abstract ideas.
(2) Posing a lot of problems to be solved independently.
(3) Assessing learning based on mid-term exams.
(4) Conducting activities that challenge students' assumptions.

निम्न में से कौन-सी एक संरचनावादी अध्यापक की विशेषता है ?

(1) बहुत अमूर्त विचारों पर आधारित पाठ तैयार करना।
(2) अकेले हल करने के लिए बहुत सारी समस्याएँ देना ।
(3) अधिगम का मूल्यांकन अर्धकालीन परीक्षाओं के आधार पर करना ।
(4) ऐसी गतिविधियाँ आयोजित करना जिससे विद्यार्थियों की अवधारणाओं को चुनौती मिले ।

Ans 4

127. Assertion (A): When a student is not able to solve a problem initially, he/she should be encouraged to think aloud.

Reason (R): Verbalisation and thinking aloud help in organisation of thoughts and hence finding the solution of given problem.

Choose the correct option:

(1) Both (A) and (R) are true and (R) is the correct explanation of (A)
(2) Both (A) and (R) are true but (R) is not the correct explanation of (A)
(3) (A) is true but (R) is false
(4) Both (A) and (R) are false

अभिकथन (A) : जब शुरुआत में कोई विद्यार्थी किसी समस्या को हल नहीं कर पा रहा हो, तो अध्यापिका को उसे बोल बोल कर सोचने के लिए प्रोत्साहित करना चाहिए।

तर्क (R) : मौखिकीकरण और बोल बोल कर सोचना विचारों को क्रमित करता है और दी गई समस्या का हल ढूंढने में मदद करता है।

सही विकल्प चुनिए :

(1) (A) और (R) दोनों सही हैं और (R), (A) की सही व्याख्या करता है

(2) (A) और (R) दोनों सही हैं लेकिन (R), (A) की सही व्याख्या नहीं है
(3) (A) सही है लेकिन (R) गलत है
(4) (A) और (R) दोनों गलत हैं
Ans 1

128. As a teacher which of the following step would you consider to meet individual differences in your classroom?

I. Mix-ability grouping
II. Enrichment of curriculum
III. Adopting child-centered methods of teaching
IV. Labelling of students
(1) (i) (ii) only
(2) (i) (ii) and (III) only
(3) (ii) (III) and (IV) only
(4) (ii) and (IV) only

एक अध्यापक के तौर पर आप अपनी कक्षा में मौजूद व्यक्तिगत विभिन्नताओं को अपनाने के लिए निम्न में से क्या करोगे ?
I. मिश्रित योग्यता समूह बनाना
II पाठ्यक्रम को समृद्ध करना
III. अध्यापन के बाल-केंद्रित तरीके अपनाना
IV. विद्यार्थियों का नामकरण करना
(1) केवल (i) (II)
(2) केवल (i) (ii) और (III)
(3) केवल (ii) (III) और (IV)
(4) केवल (ii) और (IV)
Ans 2

129. Assertion (A) : A teacher should avoid paying any attention to the errors made by students.

Reason (R) : Errors have no significance in the process of learning.

Choose the correct option:
(1) Both (A) and (R) are true and (R) is the correct explanation of (A)
(2) Both (A) and (R) are true but (R) is not the correct explanation of (A)
(3) (A) is true but (R) is false
(4) Both (A) and (R) are false

अभिकथन (A) : एक अध्यापिका को विद्यार्थियों द्वारा की गई त्रुटियों पर कोई ध्यान नहीं देना चाहिए।

तर्क (R) : त्रुटियों का अधिगम प्रक्रिया में कोई महत्त्व नहीं होता है।

सही विकल्प चुनिए :
(1) (A) और (R) दोनों सही हैं और (R), (A) की सही व्याख्या करता है
(2) (A) और (R) दोनों सही हैं लेकिन (R), (A) की सही व्याख्या नहीं है
(3) (A) सही है लेकिन (R) गलत है
(4) (A) और (R) दोनों गलत हैं
Ans 4

बच्चों द्वारा की जा रही त्रुटियों(errors) को पहचान कर शिक्षक को उन्हें सही समाधान (solution) की ओर ले जाना चाहिए।

130. School should:

(1) ignore emotional state of students and focus on reproduction of already learnt knowledge.
2) ignore social context of students and focus on reproduction of already learnt knowledge.
(3) consider social context of students and ignore the construction of new knowledge.
(4) consider emotional state of students and focus on construction of new knowledge.

विद्यालयों को :
(1) विद्यार्थियों की भावनात्मक स्थिति को अनदेखा करना चाहिए और पहले से सीखे ज्ञान को पुनरुत्पादित करने पर ध्यान देना चाहिए।
(2) विद्यार्थियों के सामाजिक संदर्भ को अनदेखा करना चाहिए और पहले से

सीखे ज्ञान को पुनरुत्पादित करना चाहिए।
(3) विद्यार्थियों के सामाजिक संदर्भ के प्रति विचारशील होना चाहिए और नए ज्ञान के निर्माण को अनदेखा करना चाहिए।
(4) विद्यार्थियों की भावनात्मक स्थिति के प्रति विचारशील होना चाहिए और नए ज्ञान के निर्माण पर ध्यान देना चाहिए।

Ans 4

131. Which of the following strategy of a teacher will promote creative thinking among students ?

(1) Giving long passages to rote memorise
(2) Encouraging convergent ways of representing a problem
(3) Rewarding functional fixedness
(4) Presenting problems that require search for innovative solutions.

एक अध्यापिका द्वारा अपनाई गई कौन-सी युक्ति विद्यार्थियों में सृजनात्मक सोच को बढ़ावा देगी ?

(1) बड़े-बड़े गद्य कंठस्थ याद करने के लिए देना
(2) किसी समस्या को दर्शाने के अभिसारी तरीके को प्रोत्साहित करना
(3) प्रकार्यात्मक स्थिरता को पुरस्कृत करना
(4) ऐसी समस्याएँ प्रस्तुत करना जिनके लिए नवचारी समाधान खोजने की जरूरत हो

Ans 4

132. Assertion (A) :A teacher should promote collaboration, dialogues and debates among students in a classroom.

Reason (R) :Children are capable to construct meaning of their environment through social interactions.

Choose the correct option.

(1) Both (A) and (R) are true and (R) is the correct explanation of (A).
(2) Both (A) and (R) are true but (R) is not the correct explanation of (A).
(3) (A) is true but (R) is false.
(4) Both (A) and (R) are false.

अभिकथन (A) :एक अध्यापिका को कक्षा में विद्यार्थियों के बीच सहभागिता, बातचीत और वैचारिक बहस को बढ़ावा देना चाहिए।

कारण (R) :बच्चे सामाजिक अन्तः क्रिया द्वारा अपने वातावरण के बारे में अर्थ सृजन में सक्षम होते हैं

सही विकल्प चुनिए

(1) (A) और (R) दोनों सही हैं (R), (A) की सही व्याख्या करता है ।
(2) (A) और (R) दोनों सही हैं लेकिन (R), (A) की सही व्याख्या नहीं है
(3) (A) सही है लेकिन (R) गलत है।
(4) (A) और (R) दोनों गलत हैं

Ans 1

133. Which of the following is the correct way to respond to the errors committed by students?

(1) Punishing the students for making errors.
(2) Directly telling the correct answer to students and asking them to write it multiple times.
(3) Asking the students to copy the answer from their friend.
(4) Analysing the learning gaps which caused error and providing support to students accordingly.

विद्यार्थियों द्वारा की गई त्रुटियों से निपटने का सही तरीका क्या है ?

(1) विद्यार्थियों को त्रुटियाँ करने के लिए दण्डित करना ।
(2) विद्यार्थियों को सीधे सही जवाब बता देना और उन्हें उसे बार-बार कॉपी में

लिखने को देना
(3) विद्यार्थियों को अपने सहपाठी का सही जवाब नकल करने को कहना ।
(4) अधिगम कमियों का विश्लेषण करना जिनकी वजह से त्रुटि हुई है और विद्यार्थियों को तदानुसार सहायता प्रदान करना ।

Ans 4

134. Which of the following sequence of content representation is most appropriate to teach a concept in primary grades?

(1) Symbols, concrete materials, images
(2) Images, concrete materials, symbols
(3) Concrete materials, images, symbols
(4) Symbols, images, concrete materials

प्राथमिक कक्षाओं में किसी संप्रत्यय को पढ़ाने के लिए, निम्न में से विषयवस्तु प्रस्तुति का कौन-सा क्रम सर्वाधिक उपयुक्त है ?
(1) संकेत, मूर्त सामग्री, चित्र
(2) चित्र, मूर्त सामग्री, संकेत
(3) मूर्त सामग्री, चित्र, संकेत
(4) संकेत, चित्र, मूर्त सामग्री

Ans 3

135. If Twinkle writes with her left hand, then her teacher should:

(1) Discourage her to use the left hand.
(2) Allow her to exercise her choice.
(3) Report it to the school counsellor.
(4) Force her to use the right hand.

यदि ट्वींकल अपने बाएँ हाथ से लिखती है, तो उसकी शिक्षिका को क्या करना चाहिए ?
(1) उसे बाएँ हाथ का उपयोग करने के लिए हतोत्साहित करें ।
(2) उसे अपनी पसंद का प्रयोग करने दें ।
(3) इसकी रिपोर्ट स्कूल काउंसलर को दें ।
(4) उसे दाहिने हाथ का उपयोग करने के लिए मजबूर करें ।

Ans 2

136. Which of the following should be avoided by a teacher if he wants to promote problem solving abilities in his students?

(1) Motivate students to understand the problem properly.
(2) Encourage them to see different perspectives of the problem.
(3) Help them to develop the habit of doing systematic work.
(4) Encourage them to complete the task anyhow.

यदि एक शिक्षक विद्यार्थियों में समस्या समाधान क्षमताएँ विकसित करना चाहता है तो उसे निम्न में से किससे बचना चाहिए?
(1) समस्या को ठीक से समझने के लिये विद्यार्थियों को प्रेरित करना ।
(2) विद्यार्थियों को समस्या के विभिन्न पहलू देखने के लिये प्रोत्साहित करना ।
(3) विद्यार्थियों में व्यवस्थित कार्य करने की आदत विकसित करना ।
(4) विद्यार्थियों को प्रेरित करना कि वे कार्य को जैसे भी हो जल्दी करे ।

Ans 4

137. Iram a primary school teacher. She monitors students' progress throughout the school year by using projects, group assignments, written assignments and open book exams. Iram practices_________assessment.

(1) Summative (2) Formative
(3) Rigld (4) Discontinuous

इरम एक प्राथमिक स्कूल में अध्यापिका है। वह विद्यार्थियों की प्रगति को जानने के लिए पूरे सत्र के दौरान प्रोजेक्ट, समूह

कार्यपत्रक, लिखित कार्यपत्रक और खुली किताब परीक्षाओं का प्रयोग करती है। इस तरह से इरम__________ मूल्यांकन का अभ्यास करती है।

(1) संकलनात्मक / योगात्मक
(2) संरचनात्मक
(3) अनम्य
(4) अनिरन्तर

Ans 2

138. To promote critical thinking among students, a teacher should promote a learning environment where:

(1) students can formulate plausible hypothesis.
(2) convergent thinking is promoted.
(3) tendency of asking questions is negatively reinforced,
(4) rate memorisation is preferred over experimentation.

विद्यार्थियों में समालोचनात्मक चिंतन को बढ़ावा देने के लिए, एक अध्यापिका को ऐसा अधिगम माहौल बनाना चाहिए जहाँ

(1) विद्यार्थी संभाव्य परिकल्पनाएं निरूपित कर सके।
(2) अभिसारी चिंतन को बढ़ावा मिले।
(3) प्रश्न पूछने की प्रवृत्ति को नकारात्मक रूप से पुनर्वलित किया जाए।
(4) कंठस्थ स्मरण को प्रयोगकार्य से ज्यादा अधिमानित किया जाए।

Ans 2

बच्चों को, चिंतन के लिए अनुमान लगाने(speculation) और सोचने का अवसर अवश्य दें।

139. Assertion (A): A teacher should consider the emotional state of students in the process of teaching-learning at school.

Reason (R): Emotions are inextricably intertwined with motivation and cognition.

Choose the correct opotion.

(1) Both (A) and (R) are true and (R) is the correct explanation of (A).
(2) Both (A) and (R) are true but (R) is not the correct explanation of (A).
(3) (A) is true but (R) is false.
(4) Both (A) and (R) are false.

अभिकथन (A) : अध्यापन अधिगम प्रक्रिया में एक अध्यापिका को विद्यार्थियों की भावनात्मक स्थिति को ध्यान में रखना चाहिए ।

कारण (R) : भाव, अभिप्रेरणा और संज्ञान से जटिल रूप से जुड़े होते हैं।

सही विकल्प चुनें।

(1) (A) और (R) दोनों सही हैं और (R), (A) की सही व्याख्या करता है।
(2) (A) और (R) दोनों सही हैं लेकिन (R), (A) की सही व्याख्या नहीं है।
(3) (A) सही है लेकिन (R) गलत है।
(4) (A) और (R) दोनों गलत हैं।

Ans 1

140. A teacher gives assignments which requires students to get into discussion with significant others in the family. As per Lev Vygotsky's theory, she believes that ___ plays a significant role in cognitive development of children.

(1) imitation
(2) biological maturation
(3) hierarchy
(4) social interactions

एक अध्यापिका विद्यार्थियों को ऐसा प्रदत्त कार्य देती है, जिसमें परिवार के सदस्यों के साथ चर्चा करना महत्त्वपूर्ण रूप से शामिल है। लेब वायगोत्स्की के सिद्धान्त के अनुसार उस अध्यापिका का मत है कि बच्चों के संज्ञानात्मक विकास में की महत्त्वपूर्ण भूमिका है।

(1) अनुकरण
(2) जैवकीय परिपक्वता
(3) पदानुक्रम
(4) सामाजिक अन्तः क्रियाएँ

Ans 4

सामाजिक अंतः क्रिया का अर्थ है परिवार व समाज रहने वाले लोगों के साथ चर्चा करना(discussion) और अपने ज्ञान को साझा (knowledge sharing) करना।

141. In order to promote critical thinking among students, a teacher should present ________ requiring ________.

(1) open-ended questions divergent thinking
(2) close-ended questions convergent thinking
(3) problems from real life context convergent thinking
(4) decontextualised scenarios application of declarative knowledge

विद्यार्थियों में समालोचनात्मक चिन्तन को समुन्नत करने के लिए, अध्यापक को ________ जिनमें ________ शामिल है, प्रस्तुत करने चाहिए।

(1) खुले अन्त वाले (मुक्तोत्तर) प्रश्नः अपसारी चिंतन
(2) बंद अन्त वाले प्रश्नः अभिसारी चिंतन
(3) वास्तविक जीवन संदर्भ की चुनौतियाँ अभिसारी चिंतन
(4) संदर्भ-रहित परिदृश्य घोषणात्मक ज्ञान का अनुप्रयोग

Ans 1

142. The correct sequence of presenting ideas to children is from _____ to _____.

(1) complex, simple
(2) general, specific
(3) abstract, concrete
(4) symbolic, iconic

बच्चों के सम्मुख विचार बिन्दु प्रस्तुत करते समय सही क्रम ________ से ______ की ओर होना चाहिए।

(1) जटिल से सरल
(2) सामान्य से विशिष्ट
(3) अमूर्त से मूर्त
(4) सांकेतिक से अनुप्रतीकात्मक

Ans 2

143. A teacher wants to deepen the understanding and memory of knowledge constructed by the students. Which of the following strategy will not be effective for this purpose?

(1) Creating a metaphor
(2) Applying the information to new problems
(3) Acting out the relations between sub-concepts
(4) Mixing irrelevant information with relevant information

एक अध्यापिका विद्यार्थियों द्वारा सृजित ज्ञान की समझ और स्मृति को बल देना चाहती है। इस उद्देश्य के लिए कौन-सी युक्ति प्रभावशाली नहीं होगी ?

(1) रूपांतरण का सृजन
(2) पहले की जानकारी को नए प्रश्न के लिए प्रयुक्त करना
(3) उप- अवधारणाओं के मध्य सम्बद्धता को कार्यान्वित करना
(4) अप्रासंगिक जानकारी को प्रासंगिक जानकारी के साथ सुमेलित करना

Ans 4

144. Assertion (A) :

A teacher should encourage students to think about their own thinking processes and ways of learning.

Reason (R):

Metacognition helps in development of higher order cognitive skills. Choose the correct option:

(1) Both (A) and (R) are true and (R) is the correct explanation of (A)
(2) Both (A) and (R) are true but (R) is not the correct explanation of (A)
(3) (A) is true but (R) is false
(4) Both (A) and (R) are false

अभिकथन (A) : एक शिक्षक को विद्यार्थियों को अपनी चिंतन प्रक्रियाओं के बारे में और अपने सीखने के तरीकों के बारे में सोचने के लिए प्रोत्साहित करना चाहिए।

कारण (R) : अधिसंज्ञान उच्च क्रम के संज्ञानात्मक कौशलों के विकास में मदद करता है।

सही विकल्प चुनें

(1) (A) और (R) दोनों सही हैं और (R), (A) की सही व्याख्या करता है।
(2) (A) और (R) दोनों सही हैं लेकिन (R), (A) की सही व्याख्या नहीं है।
(3) (A) सही है लेकिन (R) गलत है
(4) (A) और (R) दोनों गलत हैं।

Ans 1

145. Classroom climate, pedagogies and assessment methods should be chosen in ways that ensure promotion of __________ among the students.

(1) curiosity
(2) [disinterest
(3) competition
(4) rote memorisation

कक्षा के परिवेश, शिक्षण-शास्त्रीय प्रविधियों और आकलन की विधियों का चयन इस प्रकार से करना चाहिए कि वे विद्यार्थियों में__________ के उन्नयन को सुनिश्चित कर सकें।

(1) जिज्ञासा (2) अरुचि
(3) प्रतियोगिता (4) कंठस्थीकरण

Ans 1

146. A teacher should promote ___ and among students.

(1) entity view of ability, performance-oriented goals
(2) incremental view of ability, mastery-oriented goals
(3) entity view of ability, failure-avoidance goals
(4) incremental view of ability, failure-accepting goals

एक अध्यापिका को अपने विद्यार्थियों में__________और___________को प्रोत्साहित करना चाहिए

(1) योग्यता का सत्व मत्त, प्रदर्शन- अभिमुखी लक्ष्य
(2) योग्यता का वार्धिक मत्त महारत अभिमुखी लक्ष्य
(3) योग्यता का सत्व मत्त, असफलता परिहारी लक्ष्य
(4) योग्यता का वार्धिक मत्त, असफलता स्वीकार्य लक्ष्य

Ans 2

147. Few students in your class are finding it difficult to solve a given problem. Which of the following way will you choose to support them?

(1) Add irrelevant information to the given problem.
(2) Instruct them to fixate on conventional use of materials.
(3) Ask them to copy the answer from their friend.
(4) Suggest to them to reflect on the similar problems which they solved earlier.

आपकी कक्षा में कुछ विद्यार्थी दिए गए सवाल को हल करने में दिक्कत महसूस कर रहे हैं । उन्हें मदद करने के लिए आप निम्न में से कौन-सा तरीका अपनाएँगे ?

(1) दी गई समस्या में और अधिक ग़ैर-जरूरी जानकारी जोड़ देंगे ।
(2) उन्हें सामग्री के परंपरागत इस्तेमाल के लिए बाध्य रहने के निर्देश देंगे ।
(3) उन्हें अपने दोस्त की कॉपी से उत्तर नकल करने को कहेंगे ।
(4) उन्हें समान तरह की समस्याएँ जो उन्होंने पहले हल की थी, पर चिंतन करने को कहेंगे ।

Ans 4

148. Assertion (A): A teacher should encourage students to verbalise their thought process and the ideas while working on a task.

Reason (R): Private speech hinders development of higher-order cognitive skills among students.

Choose the correct option
(1) Both (A) and (R) are true and (R) is the correct explanation of (A).
(2) Both (A) and (R) are true but (R) is not the correct explanation of (A).
(3) (A) is true but (R) is false.
(4) Both (A) and (R) are false.

अभिकथन (A) : एक अध्यापिका को अपने विद्यार्थियों को किसी कार्य पर काम करते समय अपने विचारों और चिंतन प्रक्रिया के मौखिकीकरण हेतु प्रोत्साहित करना चाहिए।

कारण (R) : निजी वाक् विद्यार्थियों में उच्चतर श्रेणी के संज्ञानात्मक कौशलों के विकास में बाधक होता है ।

सही विकल्प चुनें :
(1) (A) और (R) दोनों सही है और (R), (A) की सही व्याख्या करता है।
(2) (A) और (R) दोनों सही है लेकिन (R), (A) की सही व्याख्या नहीं है।
(3) (A) सही है लेकिन (R) गलत है।
(4) (A) और (R) दोनों गलत है।

Ans 3

बच्चों का खुद से बातचीत करना उनके संज्ञानात्मक कौशलों के विकास (development in cognitive skills) में बाधक नहीं होता है।

149. In order to develop a sense of belonging among all students, a teacher should
(1) give examples that are likely to activate stereotypes.
(2) celebrate festivals of dominant cultures only.
(3) ignore experiences of students belonging to subordinate groups.
(4) inculcate respect of diversity and individual differences.

सभी विद्यार्थियों में अपनेपन / संबद्धता की भावना विकसित करने के लिए, एक अध्यापिका को क्या करना चाहिए ?
(1) ऐसे उदाहरण देने चाहिए जो रूढ़िवादों को सक्रिय करें।
(2) केवल प्रभुत्व संस्कृतियों के त्योहार ही मनाएँ।
(3) गौण समझे जाने वाले समूहों से आने वाले विद्यार्थियों के अनुभवों को अनदेखा करें।
(4) विविधता और व्यक्तिगत विभिन्नताओं के प्रति सम्मान पैदा करें।

Ans 4

150. Assertion (A): While teaching a concept, teacher should discuss examplars as well as non-examplars

Reason (R): Non-examplars confuse students and are irrelevant in teaching any concept

Choose the correct option

(1) Both (A) and (R) are true and (R) is the correct explanation of (A).
(2) Both (A) and (R) are true but (R) is not the correct explanation of (A).
(3) (A) is true but (R) is false.
(4) Both (A) and (R) are false

अभिकथन (A) : किसी संप्रत्यय को पढ़ाते समय एक अध्यापक को उदाहरण और गैर-उदाहरण दोनों पर ही चर्चा करनी चाहिए।

कारण (R) : गैर-उदाहरण विद्यार्थियों को भ्रमित कर देते हैं और किसी संप्रत्यय को पढ़ाने के लिए अप्रासंगिक होते हैं।

सही विकल्प चुनें:
(1) (A) और (R) दोनों सही हैं और (R), (A) की सही व्याख्या करता है।
(2) (A) और (R) दोनों सही हैं लेकिन (R), (A) की सही व्याख्या नहीं है।
(3) (A) सही है लेकिन (R) गलत है।
(4) (A) और (R) दोनों गलत हैं।
Ans 3

151. Radhika motivates her students to represent, understand, evaluate and reflect a situation in multiple ways. By doing so she is facilitating the development ______ of thinking among her students.

(1) divergent
(2) convergent
(3) cvertly conditiorsed
(4) illogical

राधिका अपने विद्यार्थियों को किसी परिस्थिति को विविध रूप से प्रस्तुत करने, समझने, मूल्यांकन करने और प्रतिबिंबित करने के लिए प्रोत्साहित करती है। ऐसा करके वह अपने विद्यार्थियों में ______ चिंतन के विकास को सुसाधित कर रही है।
(1) अपसारी
(2) अभिसारी
(3) बाह्य रूप से अनुकूलित
(4) अतार्किक
Ans 1

152. In order to develop advanced problem-solving skills among her learners, a teacher should motivate students to use______ .

(1) response set
(2) hit and trial method
(3) analogical thinking
(4) rote memorisation

अपने विद्यार्थियों में अग्रिम श्रेणी के समस्या समाधान कौशलों के विकास हेतु एक अध्यापक को उन्हें ______ के इस्तेमाल हेतु प्रोत्साहित करना चाहिए।
(1) अनुक्रिया समुच्चय
(2) प्रयत्न त्रुटि विधि
(3) अनुरूपक चिंतन
(4) कण्ठस्थीकरण
Ans 2,3

153. A student is struggling to solve a given question. As per Lev Vygotsky, in this situation, a teacher should ______

(1) ignore the student and let him struggle alone.
(2) give hints and cues to student regarding next move.
(3) tell the correct answer immediately.
(4) punish the student for not being able to solve the question

एक विद्यार्थी दिए गए प्रश्न को हल करने में चुनौती महसूस कर रहा है । लेव वायगोत्स्की के अनुसार, इस स्थिति में एक अध्यापिका को क्या करना चाहिए ?
(1) विद्यार्थी को अनदेखा कर देना चाहिए और उसे अकेले संघर्ष करते रहने देना चाहिए ।
(2) विद्यार्थी को अगले कदम हेतु संकेत और इशारे देने चाहिए।

(3) सीधे तौर पर सही जवाब बता देना चाहिए।
(4) सवाल को हल ना कर पाने के लिए विद्यार्थी को दण्डित करना चाहिए।

Ans 2

154. roles among students.

(1) Gender-specific roles should be promoted among students.
(2) Present real-life examples which counter stereotypes.
(3) Practice same gender-based grouping of students.
(4) Avoid discussions around gender issues in the classroom.

एक अध्यापक को विद्यार्थियों में प्रचलित जेंडर रूढ़िवादों से किस प्रकार निपटना चाहिए ?

(1) विद्यार्थियों में जेंडर - विशिष्ट भूमिकाओं को बढ़ावा देना चाहिए ।
(2) वास्तविक जीवन से संबंधित ऐसे उदाहरण प्रस्तुत करने चाहिए जो रूढ़िवादों को चुनौती दें।
(3) विद्यार्थियों के एक समान जेंडर आधारित समूह बनाने चाहिए।
(4) कक्षा में जेंडर आधारित मुद्दों पर बात नहीं करनी चाहिए।

Ans 2

155. In a multicultural classroom, a teacher should

(1) promote cultural practices of dominant group only.
(2) promote cultural practices of disadvantaged groups only.
(3) negatively present cultural practices of dominant group.
(4) respect individual differences of students in terms of their socio-cultural experiences.

एक बहुसांस्कृतिक कक्षा में, अध्यापक को क्या करना चाहिए ?

(1) केवल प्रबल समूह की सांस्कृतिक प्रथाओं को प्रधानता देनी चाहिए ।
(2) केवल सुविधा वंचित समूहों की सांस्कृतिक प्रथाओं को प्रधानता देनी चाहिए ।
(3) प्रबल समूह की सांस्कृतिक प्रथाओं की नकारात्मक प्रस्तुति करनी चाहिए।
(4) विद्यार्थियों के सामाजिक-सांस्कृतिक अनुभवों के संदर्भ में उनकी वैयक्तिक भिन्नताओं का सम्मान करना चाहिए ।

Ans 4

156. A progressive classroom views teachers as ________ and learners as ________.

(1) Knowledge deliverers, passive reciepient of knowledge
(2) Dominant source of information, subordinate participants
(3) Facilitators, active participants in knowledge construction
(4) Dictator, docile bodies

एक प्रगतिशील कक्षा अध्यापकों को ________ रूप में तथा शिक्षार्थियों को ________ रूप में अपेक्षित करती है।

(1) ज्ञान का प्रदाता, ज्ञान का निष्क्रिय ग्रहणकर्ता
(2) जानकारी का प्रभुत्वधारी स्रोत, अधीनस्थ प्रतिभागी
(3) सुसाधक, ज्ञान के सृजन में सक्रिय प्रतिभागी
(4) तानाशाह, आज्ञाधीन जीव

Ans 3

157. In a constructivist classroom, a teacher should

(1) Give standard instructions to all children
(2) Make sure that every child achieves his/her potential to their best

(3) Expect all children to progress at the same rate
(4) Remain indifferent to the diverse needs of the children

रचनावादी कक्षा में एक शिक्षक की सबसे महत्त्वपूर्ण भूमिका क्या है ?
(1) सभी बच्चों को मानक निर्देश देना
(2) सुनिश्चित करना कि प्रत्येक बच्चा अपनी क्षमता को सर्वोत्तम रूप से प्रकट करे
(3) सभी बच्चों से समान गति से आगे बढ़ने की अपेक्षा करना
(4) बच्चों की विविध आवश्यकताओं के प्रति उदासीन रहना

Ans 2

158. In a classroom having students from diverse socio-economic backgrounds, a teacher should
(1) set and maintain low expectations from students belonging to subordinate groups.
(2) use inclusive language such as 'our school', 'our class'
(3) encourage sense of alienation among students of dominant groups.
(4) strengthen stereotypes and inculcate stereotype threat among students of subordinate

एक ऐसी कक्षा में जिसमें विविध सामाजिक-आर्थिक परिवेशों से विद्यार्थी आते हैं. एक अध्यापिका को क्या करना चाहिए ?
(1) अधीनस्थ समूहों से संबंधित विद्यार्थियों के लिए कमत्तर अपेक्षाएँ बनाना और कायम रखना ।
(2) समावेशी भाषा जैसे कि 'हमारा विद्यालय', 'हमारी कक्षा' का इस्तेमाल करना ।
(3) प्रबल समूहों से संबंधित विद्यार्थियों में अलगाव की भावना को बढ़ावा देना ।
(4) अधीनस्थ समूहों से संबंधित विद्यार्थियों के बारे में रूढ़िवादों को बढ़ावा देना और रूढ़िवाद भय पैदा करना।

Ans 2

समावेशी कक्षा में सभी समूह से आए बच्चों को समान महत्व(importance) दिया जाना चाहिए।

159. To become effective problem-solvers a teacher should discourage use of _______ among learners.

(1) response sets (2) algorithms
(3) heuristics (4) analogies

प्रभावशाली समस्या समाधान कारक होने के लिए अध्यापक को शिक्षार्थियों में किसके इस्तेमाल को हतोत्साहित करना चाहिए ?
(1) अनुक्रिया समुच्चय
(2) कलन विधि
(3) अन्वेषण (खोज बीन)
(4) साम्यानुमान

Ans 1

अनुक्रिया समुच्चय विधि में बच्चा, किसी विशेष विधि पर ही ध्यान केंद्रित करता है।

160. Which of the following factor hinders children's success in school?
(1) Flexible time-table
(2) Constructive pedagogy
(3) Rigid curriculum
(4) Assessment for learning

विद्यालय में बच्चों की सफलता में निम्न में से कौन-सा कारक बाधा उत्पन्न करता है ?
(1) लचीली समय सारणी
(2) संरचनात्मक शिक्षाशास्त्र
(3) कठोर पाठ्यचर्या
(4) अधिगम हेतु मूल्यांकन

Ans 3

161. Assertion (A) : While teaching a concept, it is important to connect the content with every day life of students.

Reason (R): Learning is most effective when done through rote memorisation.

Choose the correct option:

(1) Both (A) and (R) are true and (R) is the correct explanation of (A)
(2) Both (A) and (R) are true but (R) is not the correct explanation of (A)
(3) (A) is true but (R) is false
(4) Both (A) and (R) are false

अभिकथन (A): किसी अवधारणा को समझाते समय यह महत्त्वपूर्ण है कि विषयवस्तु का विद्यार्थियों के दिन-प्रतिदिन के जीवन से संबंध बनाया जाए।

कारण (R) : अधिगम कंठस्थीकरण के माध्यम से बहुत प्रभावशाली होता है।

सही विकल्प चुनें:

(1) (A) और (R) दोनों सही हैं और (R), (A) की सही व्याख्या करता है।
(2) (A) और (R) दोनों सही हैं लेकिन (R), (A) की सही व्याख्या नहीं है
(3) (A) सही है लेकिन (R) गलत है।
(4) (A) और (R) दोनों गलत हैं

Ans 3

अधिगम सदैव समझकर(understanding) किया जाना चाहिए।

162. You want to promote critical thinking among your students. To do so, which of the following skills should you enhance ?

(1) Convergent thinking:
(2) Self-reflection
(3) Rote memorisation
(4) Passive imitation

आप अपने विद्यार्थियों में समालोचनात्मक चिन्तन को समुन्नत करना चाहते हैं। ऐसा करने के लिए आप निम्न में से किन कौशलों का संवर्धन करना चाहेंगे ?.

(1) अभिसारी चिंतन
(2) स्व-चिंतन / प्रतिबिम्बन
(3) कंठस्थीकरण
(4) निष्क्रिय अनुकरण

Ans 2

163. Which of the following method of teaching-learning does not value active role of students in knowledge construction ?

(1) Behaviour conditioning
(2) Peer collaboration
(3) Discovery learning
(4) Reciprocal teaching

शिक्षण-अधिगम की निम्न में से कौन-सी विधि ज्ञान के सृजन में विद्यार्थियों की सक्रिय भूमिका को महत्व नहीं देती है ?

(1) व्यवहार अनुकूलन
(2) सहपाठी सहभागिता
(3) अन्वेषण अधिगम
(4) पारस्परिक शिक्षण

Ans 1

164. You want your students to remember certain information. For this purpose, which of the following strategy should be avoided?

(1) Aaking them to passively recite the same many times.
(2) Making connections with their previous knowledge
(3) Giving opportunities to apply knowledge to real-life problems.
(4) Providing examplars and non-examplars for that concept.

आप अपने विद्यार्थियों को कुछ जानकारी याद करवाना चाहते हैं। इस उद्देश्य के लिए, आप किस युक्ति से बचना चाहेंगे?

(1) आप उन्हें निष्क्रिय रूप से कई बार दोहराने के लिए कहेंगे।
(2) उनके पूर्व ज्ञान से सम्बद्धता जोड़ेंगे।
(3) ज्ञान को वास्तविक जीवन की समस्याओं में लागू करने के अवसर देंगे।

(4) उस अवधारणा हेतु उदाहरण और गैर-उदाहरण प्रस्तुत करेंगे।

Ans 1

165. The underlying principle of 'understanding-based teaching is the belief that:

(1) learners' abilities and needs are diverse which cannot be catered to without focusing on standard instructions.
(2) learners are passive recipients and the teacher has the 'right' knowledge.
(3) learners can construct knowledge when provided with a facilitative environment to do so.
(4) learners know little and teaching involves transmission of facts to students.

'बोध-आधारित शिक्षण' का अंतर्निहित सिद्धांत यह विश्वास है कि :

(1) शिक्षार्थियों की क्षमताएँ और आवश्यकताएँ विविध हैं जिन्हें मानक निर्देशों पर ध्यान केंद्रित किए बिना पूरा नहीं किया जा सकता है ।
(2) शिक्षार्थी निष्क्रिय प्राप्तकर्ता हैं और शिक्षक के पास 'सही' ज्ञान है ।
(3) ऐसा करने के लिए एक सुविधाजनक वातावरण प्रदान किए जाने पर शिक्षार्थी ज्ञान का निर्माण कर सकते हैं।
(4) शिक्षार्थी कम जानते हैं और शिक्षण में विद्यार्थियों के लिए तथ्यों का प्रसारण शामिल है ।

Ans 3

166. Read the following statements and choose the correct option :

Assertion (A) : Every year Lata, a Class VII teacher invites a female maths professor and a male nurse to her class to discuss careers in these fields.

Reason (R) : Gender differences are innate and not acquired through society.

(1) (A) is true, but (R) is false.
(2) Both (A) and (R) are true, but (R) is not the correct explanation of (A).
(3) Both (A) and (R) are false.
(4) Both (A) and (R) are true and (R) is the correct explanation of (A).

निम्नलिखित कथनों को पढ़िए तथा सही विकल्प का चयन कीजिए:

अभिकथन (A) : प्रत्येक वर्ष लता, जो कि कक्षा VII की शिक्षिका है, उनके क्षेत्रों में कैरियर पर चर्चा करने के लिए एक महिला गणित प्रोफ़ेसर और एक पुरुष नर्स को अपनी कक्षा में आमंत्रित करती है ।

कारण (R) : लैंगिक (जेंडर) अंतर जन्मजात हैं और समाज के माध्यम से अधिग्रहित नहीं हैं ।

(1) (A) सही है, परन्तु (R) ग़लत है।
(2) (A) और (R) दोनों सही हैं, परन्तु (R), (A) की सही व्याख्या नहीं है।
(3) (A) और (R) दोनों ग़लत हैं।
(4) (A) और (R) दोनों सही हैं तथा (R), (A) की सही व्याख्या है।

Ans 1

लैंगिक अंतर समाज के माध्यम से अधिग्रहित(acquired)है।

167. A teacher wants to help her students develop metacognitive skills. Which of the following strategies would be most effective?

(1) Providing frequent grades and feedback to motivate students
(2) Encouraging students to reflect on their own learning and evaluate their progress

(3) Assigning texts to students to memorize and encouraging them to repeat information from the textbook
(4) Providing students with detailed and prescriptive instructions for all learning tasks

एक शिक्षिका अपने विद्यार्थियों को अधिसंज्ञानात्मक कौशल विकसित करने में मदद करना चाहती है । निम्नलिखित में से कौन-सी रणनीति सबसे प्रभावी होगी ?

(1) विद्यार्थियों को अभिप्रेरित करने के लिए लगातार ग्रेड और प्रतिपुष्टि प्रदान करना
(2) विद्यार्थियों को प्रोत्साहित करना कि वे स्वयं अपने अधिगम पर चिंतन करें और अपनी प्रगति का मूल्यांकन करें
(3) विद्यार्थियों को याद करने के लिए पाठ सौंपना और उन्हें पाठ्यपुस्तक से जानकारी दोहराने के लिए प्रोत्साहित करना
(4) विद्यार्थियों को सभी सीखने के कार्यों के लिए विस्तृत और निर्देशात्मक निर्देश प्रदान करना

Ans 2

168. Assertion (A): Teachers should follow standardized curriculum, pedagogy and methods of assessment.

Reason (R) : Educational systems should ignore and dismiss individual differences among the children.

1. Both (A) and (R) are true and (R) is the correct explanation of (A).
2. Both (A) and (R) are true but (R) is not the correct explanation of (A).
3. (A) is true but (R) is false.
4. Both (A) and (R) are false.

अभिकथन (A) : शिक्षकों को मानकीकृत पाठ्यक्रम, शिक्षाशास्त्र और मूल्यांकन के तरीकों का पालन करना चाहिए।

कारण (R) : शैक्षिक प्रणालियों को बच्चों के बीच व्यक्तिगत मतभेदों को नज़रअंदाज़ करना चाहिए और उन्हें खारिज करना चाहिए।

सही विकल्प चुनें।

1. (A) और (R) दोनों सही हैं और (R) सही व्याख्या करता है (A) की।
2. (A) और (R) दोनों सही हैं लेकिन (R) सही व्याख्या नहीं है (A) की।
3. (A) सही है लेकिन (R) गलत है।
4. (A) और (R) दोनों गलत हैं।

Ans 4

169. In a class having learners from various linguistics identities, a teacher should practice:

1. Multilingualism 2. Segregation
3. Labelling 4. Stereotyping

विभिन्न भाषाई पहचान वाले शिक्षार्थियों वाली कक्षा में, एक शिक्षक को किसका अभ्यास करना चाहिए?

1. बहुभाषावाद 2. अलगाववाद
3. नामीकरण 4. रूढिबद्धता

Ans 1

170. While introducing a new topic, a teacher should ask questions which:

1. are from the domains completely unfamiliar from students.
2. are much beyond their cognitive abilities.
3. has not relation with the topic to be taught.
4. relates the topic to be studied with what students already know.

एक नए विषय का परिचय देते समय शिक्षक को ऐसे प्रश्न पूछने चाहिए जो :

1. छात्रों से पूरी तरह अपरिचित क्षेत्र से हो।
2. उनकी संज्ञानात्मक क्षमताओं से काफी परे हो।

3. पढ़ाए जाने वाले विषय से संबंधित नहीं हो।
4. अध्ययन किए जाने वाले विषय को छात्रों के पूर्व-ज्ञान से जोड़ते।

Ans 4

171. A teacher should:

1. discourage students to identify their errors themselves
2. ignore misconceptions carried by students
3. strengthen students' misconceptions.
4. scaffold students to correct their errors themselves.

एक शिक्षक को निम्न में से क्या करना चाहिए?

1. छात्रों को स्वयं अपनी त्रुटीयों की पहचान करने के लिए हतोत्साहित करना चाहिए।
2. छात्रों द्वारा की गई भ्रांतियों को नज़रअंदाज़ करना चाहिए।
3. छात्रों की भ्रांतियों को मज़बूत करना चाहिए।
4. छात्रों को अपनी त्रुटियों को स्वयं ठीक करने के लिए पाड़ प्रदान करनी चाहिए।

Ans 4

172. Which of the following notions of success in school needs to be challenged?

1. Students achieve success in school by proving themselves to be better than others.
2. Success need not to be about competition.
3. Schools should give importance to cognitive as well as emotional domains while conceptualising success.
4. In creating an evaluation sytem in which someone comes 'first', we also create a system in which someone is destined to 'last'.

विद्यालयों को निम्न में से सफलता की किस धारणा को चुनौती देनी चाहिए?

1. विद्यार्थी विद्यालयों में खुद को दूसरों से बेहतर प्रमाणित करके सफलता प्राप्त करे।
2. सफलता प्रतिस्पर्धा संबंधित नहीं होनी चाहिए।
3. सफलता को संकल्पित करते समय विद्यालयों को संज्ञानात्मक के साथ-साथ भावात्मक क्षेत्रों को भी महत्व देना चाहिए।
4. एक ऐसी आकलन प्रणाली जिसमें कोई पहला आता है, उसे निर्मित करते समय हम यह प्रणाली भी बना देते हैं कि कोई अंतिम स्थान पर आएगा।

Ans 1

173. While teaching a concept which of the following, a teacher should avoid?

1. Use of analogies across and within domains
2. Highlight correlations among different phenomenons
3. Ask students to look for cause-effect relations
4. Exclude non-examplers and exceptions

किसी संप्रत्यय को पढ़ाते समय, एक अध्यापिका को निम्न में से क्या नहीं करना चाहिए?

1. रूपकों का विभिन्न क्षेत्रों व एक ही क्षेत्र उपयोग
2. विभिन्न परिघटनाओं में सह-सम्बन्धों को रेखांकित
3. विद्यार्थियों को कार्य-कारण सम्बन्धों को तलाशने के लिए कहना
4. गैर-उदाहरणों और अपवादों के सम्मिलन का वर्जन

Ans 4

अध्यापिका को गैर उदाहरण(non exemplar) और अपवादों(exception) को भी बच्चों को बताना चाहिए।

174. During the classroom discussion on concept of water, a child responded, "water is not colourless". On enquiring by the teacher, child gave reference of dirty water which he had seen in a drain near his home. A teacher respond to this misconception of the child by:

1. completely discarding this answer
2. asserting that his logic is baseless
3. accept the response and explain the logic of calling the water colourless
4. emphasing on only one correct answer i.e. water is colourless

एक कक्षा में जल संप्रत्यय पर चर्चा के दौरान एक बच्चा कहता है कि जब रंगहीन नहीं है। अध्यापिका के पूछे जाने पर वह उसके घर के पास वाले नाले के गंदे पानी का संदर्भ देता है। बच्चे के इस भ्रांति पर अध्यापिका की क्या प्रतिक्रिया होनी चाहिए?

1. इस जवाब को सिरे से नकार देना चाहिए।
2. इस बात पर बल देना चाहिए कि उसका तर्क निराधार है।
3. इस जवाब को अपना लेना चाहिए और जल के रंगहीन होने का तर्क बताना चाहिए।
4. केवल एक ही सही जवाब जो है कि 'जल रंगहीन है' पर जोर देना चाहिए।

Ans 3

175. ________ should be followed by the teacher to facilitate learning of children from diverse backgrounds.

1. Standardized curriculum
2. Textbook centric pedagogy
3. Differentiated instructional styles
4. Summative assessment

विविध पृष्ठभूमि के बच्चों को सीखने की सुविधा के लिए शिक्षक द्वारा ______ का पालन किया जाना चाहिए।

1. मानकीकृत पाठ्यक्रम
2. पाठ्यपुस्तक केन्द्रित शिक्षाशास्त्र
3. विभेदित निर्देशात्मक शैलियाँ
4. योगात्मक मूल्यांकन

Ans 3

176. Which of the following will hinder inclusion of learners from disadvantaged and deprived groups?

1. Flexible Curriculum
2. Decontextualized content
3. Learner-centered pedagogy
4. Comprehensive evaluation

निम्न में से कौन-सा सुविधाहीन और वंचित समूहों के शिक्षार्थियों को शामिल करने में बाधा उत्पन्न करेगा?

1. लचीला पाठ्यक्रम
2. गैर-प्रासंगिक सामग्री
3. शिक्षार्थी केन्द्रित शिक्षाशास्त्र
4. व्यापक मूल्यांकन

Ans 2

जो विषय वस्तु, विषय(subject) से संबंधित नहीं है वह गैर प्रासंगिक है।

177. While designing instructions, a teacher should ensure that her instructions does not __________.

1. confuse and discourage students
2. facilitate scaffolding
3. mediate learning
4. result in transfer of learning

निर्देश तैयार करते समय, एक शिक्षक को यह सुनिश्चित करना चाहिए कि उसके निर्देश :

1. छात्रों को भ्रमित और हतोत्साहित न करें।
2. पाड़ की सुविधा न दें।
3. अधिगम को मद्यास्थ न करें।
4. सीखने के हस्तांतरण में मददगार न हो।

Ans 1

178. A teacher should deal with the misconceptions among children by:

1. Identify but not attending those misconception.
2. Providing opportunities to counter their misconceptions.
3. Punishing children for expressing misconceptions.
4. Referring them straight to a remedial teacher.

एक शिक्षक को बच्चों के बीच भ्रांतियों से किस तरह निपटना चाहिए?

1. उनकी भ्रांतियों की पहचान करें लेकिन उन पर ध्यान नहीं देना चाहिए।
2. उनकी भ्रांतियों के प्रत्युत्तर हेतु अवसर प्रदान करने चाहिए।
3. भ्रांतियों को व्यक्त करने के लिए बच्चों को दण्डित करना चाहिए।
4. उन्हें सीधे एक उपचारात्मक शिक्षक के पास भेजना चाहिए।

Ans 2

179. In several middle school classrooms it is observed that boys often raise their hands to answer more than girls and tend to dominate classroom discussions. In such context, the teacher should

1. accept that boys are more intelligent than girls.
2. accept that girls do not have the potential to study in middle class.
3. analyze how gender differences are inborn and cannot be modified.
4. analyze the context of the children and her own pedagogy.

माध्यमिक स्तर की कई कक्षाओं में देखा गया है कि लड़के कक्षा में उत्तर देने के लिए लड़कियों की तुलना में ज्यादा हाथ खड़ा करते हैं और कक्षा की चर्चाओं में हावी होते हैं। ऐसी परिस्थिति में एक शिक्षिका को –

1. स्वीकारना चाहिए कि लड़के लड़कियों की तुलना में ज़्यादा बुद्धिमान होते हैं।
2. स्वीकारना चाहिए कि लड़कियों में माध्यमिक स्तर पर पढने की क्षमता नहीं है।
3. विश्लेषण करना चाहिए कि कैसे जैंडर भिन्नताएँ जन्मजात होती हैं व उन्हें संशोधित नहीं किया जा सकता।
4. बच्चों के संदर्भ का व खुद के शिक्षाशास्त्र का विश्लेषण करना चाहिए।

Ans 4

180. Teachers in a middle grade classroom should:

1. be open to make adaptations as per learners' needs
2. focus their attention majorly on high achievers
3. ignore learner diversity in the classroom
4. use one standardized mode of assessment only

माध्यमिक स्तर की एक कक्षा में शिक्षकों को क्या करना चाहिए?

1. अधिगमकर्ताओं की आवश्यकताओं के अनुसार अनुकूलन करने के लिए तैयार रहें।
2. अपना ध्यान मुख्य रूप से उच्च उपलब्धि प्राप्त करने वालों पर केन्द्रित करें।
3. कक्षा में अधिगमकर्ताओं की विविधता को अनदेखा करें।
4. मूल्यांकन के केवल एक मानकीकृत तरीके का उपयोग करें।

Ans 1

181. A teacher intends to assess declarative knowledge among her students. Which of the following question is appropriate for this purpose?

1. How to bake a cake?
2. How to balance a bicycle on a rough terrain?
3. What is the formula for calculating 'volume'?

4. What is the procedure of soil preparation for wheat plantation?

एक शिक्षिका अपने विद्यार्थियों के घोषणात्मक ज्ञान का आकलन करना चाहती है। निम्नलिखित में से कौन का प्रश्न इस उद्देश्य के लिए उपयुक्त है ?

1. एक केक कैसे तैयार किया जाता है?
2. उबड़-खाबड़ इलाके में साइकिल को कैसे संतुलित करें?
3. 'आयतन' की गणना का सूत्र क्या है?
4. गेहूँ के रोपण के लिए मिट्टी तैयार करने की प्रक्रिया क्या है?

Ans 3

182. Sometimes stereotypes related to one's social identity cause beliefs about inequities among students. Teachers can overcome the impact of these negative stereotypes by:

1. Telling the student that learning is an uncontrollable process.
2. Giving examples that indicates that stereotypes are true.
3. Emphasizing that learning significantly depends on efforts.
4. Using frequent rewards and punishments among students.

कभी-कभार व्यक्ति का सामाजिक अस्मिता पर आधारित रूढ़िवाद विद्यार्थियों में असमानताओं की मान्यताएँ पैदा कर देती हैं। इस तरह के नकारात्मक रूढ़िवादों का प्रभाव कम करने के लिए शिक्षिका को क्या करना चाहिए?

1. विद्यार्थी को यह कहना चाहिए कि अधिगम एक अनियंत्रित प्रक्रिया है।
2. ऐसे उदाहरण देना जो यह दर्शाए कि ये रूढ़िवाद सच है।
3. इस बात पर बल देना कि अधिगम प्रयास पर प्रभावी रूप से निर्भर है।
4. विद्यार्थियों को बारम्बार इनाम और सज़ा देना।

Ans 3

183. Assertion (A): School and life at community should not be linked in any way for effective teaching learning process.

Reason (R): Linking school and community delimits students' opportunities for social participation.

Choose the correct option.

1. Both (A) and (R) are true and (R) is the correct explanation of (A).
2. Both (A) and (R) are true but (R) is not the correct explanation of (A).
3. (A) is true but (R) is false.
4. Both (A) and (R) are false.

अभिकथन (A) : प्रभावी शिक्षण-अधिगम प्रक्रिया के लिए विद्यालय और सामुदायिक जीवन को किसी भी तरह से नहीं जोड़ा जाना चाहिए।

कारण (R) : विद्यालय और समुदाय को जोड़ने से विद्यार्थियों की सामाजिक भागीदारी के अवसर सीमित हो जाते हैं।

सही विकल्प चुनें

1. (A) और (R) दोनों सही हैं और (R) सही व्याख्या करता हैं (A) की ।
2. (A) और (R) दोनों सही हैं लेकिन (R) सही व्याख्या नहीं हैं (A) की ।
3. (A) सही हैं लेकिन (R) गलत हैं ।
4. (A) और (R) दोनों गलत हैं ।

Ans 4

विद्यालय और समुदाय को जोड़ने से बच्चों की सामाजिक भागीदारी(social engagement) और ज्यादा बढ़ती है और उनकी मानसिकता विकसित होती है।

184. For children who are in formal operational stage teachers should –

(i) Use diagrams to depict hierarchical relationships

(ii) Present problems that require hypothetical thinking
(iii) Avoid presenting abstract problems
(iv) Give opportunities to solve problems and reason scientifically

1. (i) (iii) (iv)　　2. (ii) (iii) (iv)
3. (i) (ii) (iii)　　4. (i) (ii) (iv)

अमूर्त संक्रियात्मक चरण के विद्यार्थियों के लिए शिक्षिका को –

i. पदानुक्रम संबंधों को दर्शाने के लिए आरेखों का प्रयोग करना चाहिए।
ii. परिकल्पनात्मक सोच को विकसित करने के लिए समस्याएँ प्रस्तुत करनी चाहिए।
iii. अमूर्त समस्याएँ नहीं प्रस्तुत करनी चाहिए।
iv. समस्याओं को सुलझाने और वैज्ञानिक तर्क देने के मौके मुहैया करवाने चाहिए।

1. (i) (iii) (iv) (ii)　　2. (iii) (iv)
3. (i) (ii) (iii)　　4. (i) (ii) (iv)

Ans 4

185. To ensure retention of students form socio-economically disadvantaged groups, a teacher should

1. ensure that they take tuitions at home
2. ensure that they are given a lot of recall based worksheets
3. ensure that they do not lose interest in attending school
4. ensure that standard decontextualized curriculum is followed

सामाजिक-आर्थिक रूप से वंचित समूहों के छात्रों का अवधारण सुनिश्चित करने के लिए शिक्षकों को – सुनिश्चित करना चाहिए कि :

1. वे घर पर ट्यूशन लें।
2. उन्हें स्मरण आधारित बहुत सारे कार्य पत्रक दिए जाएँ।
3. स्कूल आने में उनकी रुचि कम न हो
4. गैर-संदर्भित पाठ्यचर्या का पालन हो।

Ans 4

186. In order to cater to the needs of students with high creativity, a teacher should avoid activities which promotes:

1. Convergent thinking
2. Curiosity to learn
3. Originality of ideas
4. Problem solving skills

उच्च सृजनात्मक वाले विद्यार्थियों की अवश्यकताओं को पूरा करने के लिए, एक शिक्षिका को ऐसी गतिविधियों से बचना चाहिए जो निम्नलिखित में से किसे बढ़ावा देती है?

1. अभिसरण सोच
2. सीखने की जिज्ञासा
3. विचारों की मौलिकता
4. समस्या समाधान कौशल

Ans 1

अभिसरण सोच का अर्थ है किसी विषय की एक निश्चित जानकारी(fixed information) तक सीमित(limited) होना।

187. In order to support deep, long-lasting knowledge among learners, a teacher should:

1. prevent elaborating and discussing the recently learnt concepts
2. give the opportunities to apply the learning to different situations
3. focus on memorisation of content over its understanding
4. present information and instructions only in verbal form

शिक्षार्थियों के ज्ञान को गहरा और दीर्घ-कालीन बनाने के लिए एक शिक्षक को क्या करना चाहिए?

1. अभी सीखे गए संप्रत्ययो के विस्तरण और चर्चा करने से मना करें।
2. विभिन्न परिस्थितियों में अधिगम को लागू करने के अवसर दें।

3. विषयवस्तु को समझाने की बजाय उसे रटवाने पर ध्यान दें।
4. केवल मौखिक रूप में ही जानकारी और निर्देश प्रस्तुत करें।

Ans 2

188. During discussion on a scientific concept, a teacher found that a few students have certain misconceptions related to that concept.

What should the teacher do in such a scenario?

1. Let students talk about the misconceptions and provide opportunities for discovering scientific logic.
2. Outrightly reject those misconceptions and tell them the standard information on that concept.
3. Refer these children to a special educator and recommend assessment for a learning disability.
4. Teacher should not respond on those misconceptions and move ahead towards next concept.

एक वैज्ञानिक सम्प्रत्य पर चर्चा के दौरान,एक शिक्षिका ने पाया की कुछ विद्यार्थियों को उस संप्रत्यय से सम्बन्धित कुछ भ्रांतियां हैं। ऐसी स्थिति में शिक्षिका को क्या करना चाहिए?

1. विद्यार्थियों को भ्रांतियां के बारे में बात करने दें और वैज्ञानिक तर्क की खोज के अवसर प्रदान करें।
2. उन भ्रांतियों को सिरे से ख़ारिज करें और उन्हें उस संप्रत्यय पर मानक जानकारी बताएं।
3. इन बच्चों को एक विशेष शिक्षक के पास भेज दे और अधिगम अक्षमता के लिए आंकलन की सिफारिश करें।
4. शिक्षक को उन भ्रांतियों पर प्रतिक्रिया नहीं देनी चाहिए और अगले सम्प्रत्यय की और आगे बढ़ जाना चाहिए।

Ans 1

189. In order to cater to the needs of students with giftedness, a teacher should avoid:

1. allowing students to pursue independent projects.
2. considering flexibility for curriculum acceleration.
3. implementing a uni-dimensional curriculum.
4. providing stimulating enrichment activities

प्रतिभाशाली विद्यार्थियों की आवश्यकताओं को पूरा करने के लिए शिक्षिका को निम्नलिखित में से किससे बचना चाहिए?

1. विद्यार्थियों को स्वतंत्र परियोंनाओं को आगे बढाने की अनुमति देना।
2. पाठ्यचर्या-त्वरण के लिए लचीलेपन को अपनाना।
3. एक आयामी पाठ्यक्रम लागू करना।
4. उत्तेजक संवर्धन गतिविधियाँ प्रदान करना।

Ans 3

190. Any pedagogy which considers subject matter as an end in itself is likely to yield _________ among students.

1. appreciation for mastery
2. desire for innovation
3. motivation to learn
4. resistance to explore

कोई भी अध्यापन जो विषय-वस्तु को अपने आप में एक अंत मानता है, वो विद्यार्थियों के बीच _______ पैदा कर सकता है।

1. महारथ के लिए सराहना
2. नवाचार की इच्छा
3. सीखने की अभिप्रेरणा
4. अन्वेषण के लिए प्रतिरोध

Ans 4

191. A teacher intends to facilitate procedural knowledge among her students. Which of the following question is appropriate for this purpose?

1. How to solve an oxidation-reduction equation?
2. What are the components and structure of DNA?
3. Which planet is closest to the sun?
4. Who wrote Indian National Anthem?

एक शिक्षिका अपने विद्यार्थियों के बीच प्रक्रियात्मक ज्ञान को सुसाध्य करना चाहती है। निम्नलिखित में से कौन-सा प्रश्न इस उद्देश्य के लिए उपयुक्त है?

1. ऑक्सीकरण-अपचयन समीकरण को कैसे हल करें?
2. डीएनए के घटक और संरचना क्या हैं?
3. कौन सा ग्रह सूर्य के सबसे निकट है?
4. भारतीय राष्ट्रगान किसने लिखा था?

Ans 1

192. A teacher asked a student to speak his thoughts to himself when he was somewhat stuck in solving a given problem. Soon enough after doing so, students exclaims 'I know the answer now!!' Which problem-solving strategy has helped the student in this case?

1. Functional fixedness
2. Mnemonics
3. Response set
4. Verbalization

जब एक विद्यार्थी किसी समस्या को हल करने में फंस गया था, तो उसके शिक्षक ने उसे अपने विचार खुद से बात करने का सुझाव दिया। ऐसा करने के तुरंत बाद, विद्यार्थी ने कहा, 'मुझे अब जवाब पता है!!' इस मामले में समस्या समाधान की किस रणनीति ने विद्यार्थी की मदद की है?

1. कार्यात्मक स्थिरता
2. स्मृति-सहायक विधि
3. अनुक्रिया समुच्चय
4. मौखिकीकरण

Ans 4

193. In a classroom where students have diverse learning profiles, a teacher needs to :

1. Identify normative level of teaching
2. Find creative ways of engaging with diverse learning pace of students
3. Create special achievement and remedial sections
4. Do ability groupings within classroom

सीखने में विविधता रखने वाले विद्यार्थियों की कक्षा में एक शिक्षक को –

1. पढ़ाने के मानकीय स्तर को पहचानना चाहिए।
2. सीखने में विविध गति रखने वाले विद्यार्थियों की भागीदारी लिए के सृजनात्मक तरीके खोजने चाहिए।
3. 'विशिष्ट उपलब्धि' एवं 'प्रतिविधिक' कक्षाएं बनानी चाहिए।
4. कक्षा में योग्यता के आधार पर समूहीकरण करना चाहिए।

Ans 2

194. Multi-cultural Education is aimed at:

1. Educational equality for children form different cultures within a classroom.
2. Educational equality for children form different cultures within a classroom
3. Showcasing dances / music of different cultures on specific occasions like annual day of school
4. Creating special sections in schools for children belonging to different cultures.

बहु-सांस्कृतिक शिक्षा का उद्देश्य क्या है?

1. एक कक्षा में अलग-अलग संस्कृति के बच्चों की समानांतर शिक्षा।
2. एक कक्षा में अलग-अलग संस्कृति के बच्चों की साम्यक शिक्षा।
3. स्कूल में ख़ास अवसरों पर अलग-अलग संस्कृति का नाच गाना प्रस्तुत करना।
4. अलग-अलग संस्कृति के बच्चों के लिए स्कूल में अलग-अलग खंड बनाना।

Ans 1,2

195. "Success" in schools should be broadened beyond specific academic achievement within school to include:

1. Training given by coaching institutions
2. Development of socio - emotional capacities as an important part of education.
3. Extra tests which can be done at home
4. Constant focus only on areas where a child is 'weak'

स्कूल में 'सफलता' के पैमाने को विशिष्ट अकादमिक उपलब्धि तक सीमित न रखकार, व्यापक होना चाहिए। ऐसा किस प्रकार किया जा सकता है?

1. अनुशिक्षण संस्थानों द्वारा प्रशिक्षण प्राप्त करके।
2. सामाजिक-संवेगिक क्षमताओं का विकास करके जो शिक्षा का एक अहम् अंग है।
3. घर पर की जाने वाली अतिरिक्त कक्षाओं के द्वारा।
4. सिर्फ उन क्षेत्रों पर ध्यान केन्द्रित करके जिस में बच्ची 'कमजोर' है।

Ans 2

196. A child in the classroom hits his/her classmates in the same way that he/ she has seen being punished at home.

This is an example of -

1. Constructivism
2. Observational learning
3. Social construction
4. Humanistic learning

कक्षा में एक बच्चा अपने सहपाठियों से इस तरह व्यवहार करता है और जैसे उससे उसके घर में बर्ताव किया जाता है। यह किसका उदाहरण है?

1. संरचनावाद
2. सामाजिक संरचनावाद
3. अवलोकन अधिगम
4. मानववादी अधिगम

Ans 2

197. How can a teacher promote gender stereotype flexibility in her classroom?

1. By encouraging girls towards 'feminine' traits and roles and boys towards 'masculine'.
2. By giving gender specific learning tasks to boys and girls that they are genetically programmed for.
3. By having gender appropriate expectations- girls to excel in languages and boys in maths.
4. By presenting role models of people in 'non-stereotypical sex roles'.

एक शिक्षिका अपने कक्षा में जेंडर रुढिवादिता में लचीलेपन को कैसे बढ़ावा देगी?

1. लड़कियों की 'स्त्रीवादी' व लड़कों को 'पुरुषवादी' विशेषताओं को और प्रोत्साहित करके।
2. लडको व लडकियों को अलग अधिगम कार्य देकर जिसके लिए वह आनुवांशिक रूप से तैयार हैं।
3. जेंडर उपयुक्त अपेक्षाएं रखकर – लडकियों भाषा में अच्छा करेंगी व लड़के भाषा में।
4. व्यक्तियों को गैर रूढ़िवादी भूमिकाओं में प्रस्तुत करके।

Ans 4

कक्षा में बच्चों को जेंडर रूढ़िवादिता समझाने के लिए ऐसे उदाहरण(example) दिए जाएं जो इसे गलत साबित करते हैं।

198. To ensure learning of first-generation school goers, teachers should -

1. instill the fear of failure in them so that they work under stress and anxiety.
2. familiarize the learners with the language and culture of the school while respecting their culture.
3. make separate sections for them since these children would negatively influence the other children.
4. have no exceptions from them since many of them are 'uneducable'.

अपनी पीढ़ी से पहली बार स्कूल जाने वाले विद्यार्थियों की शिक्षा के लिए एक शिक्षिका को क्या करना चाहिए?

1. इनमे असफलता का दर पैदा करना चाहिए ताकि यह दबाव व तनाव में काम करें।
2. इनकी संस्कृति का सम्मान करते हुए इन्हें स्कूल की भाषा व संस्कृति से परिचित करवाना चाहिए।
3. इनके लिए अलग कक्षा बनानी चाहिए ताकि यह दूसरे विद्यार्थियों पर नकारात्मक प्रभाव न डाल पायें।
4. इनसें कोई अपेक्षा नहीं रखनी चाहिए क्योंकि इनमें से बहुत से विद्यार्थी शिक्षण के लायक नहीं हैं।

Ans 2

199. What pedagogical provisions should a teacher make for a student with visual impairment?

1. Use a lot of fine print material
2. Give a lot of verbal cues to create opportunitiesto imagine.
3. Give a lot of visual demonstrations.
4. Do a lot of blackboard work.

एक शिक्षिका को उस विद्यार्थी के लिए जो दृष्टि-बाधित हैं के लिए क्या शिक्षा-स्तरीय प्रावधान करने चाहिए?

1. बहुत से सूक्ष्म मुद्रण संसाधनों का इस्तेमाल करना चाहिए।
2. मौखिक संकेतों का इस्तेमाल करना चाहिये ताकि उनको कल्पना करने के अवसर मिलें।
3. बहुत से दृश्य प्रदर्शन देने चाहिए।
4. ब्लैकबोर्ड पर बहुत कार्य करना चाहिए।

Ans 2

200. Which of the following practice by a teacher is detrimental for a constructive teaching-learning process?

1. Considering students pace of learning while assigning them work.
2. Giving 'black stars' to motivate non-performing students
3. Assessing learning using multiple modes
4. Being sensitive and considerate to the social context of learners.

निम्न में से अध्यापक द्वारा अपनाई कौन-सी तकनीक संरचनात्मक शिक्षण अधिगम प्रक्रिया में हानिकारक है?

1. विद्यार्थियों को कार्य सौंपते हुए उनकी अधिगम-गति का ध्यान रखना।
2. अच्छा प्रदर्शन ना करने वाले बच्चों को प्रेरित करने के लिए 'काले स्टार' देना।
3. अधिगम के आंकलन हेतु विविध तरीके अपनाना।
4. विद्यार्थियों के सामाजिक सन्दर्भ के प्रति संवेदनशील और विचारशील होना।

Ans 2

201. Should intuitive thinking be encouraged in the classroom?

1. Yes, children's intuitions and guesses help them develop their cognitive reasoning.
2. No, intuitions are mere conjectives and need to be discarded.
3. Yes, but teachers should immediately tell correct answers to the students.
4. No, intuitive thinking is subjective and non-scientific.

क्या कक्षा में सहज ज्ञान चिंतन को प्रोत्साहित किया जाना चाहिए?

1. हाँ, बच्चों का सहज ज्ञान और अनुमान, उनके ज्ञानात्मक चिंतन को विकसित करने में सहायता करते हैं।
2. नहीं, सहज ज्ञान केवल कल्पना है और उसे अलग ही रखना चाहिए।
3. हाँ, परन्तु शिक्षक को तुरन्त ही बच्चों को सही उत्तर बता देने चाहिए।
4. नहीं, सहज ज्ञान चिंतन व्यक्तिपरक और अ-वैज्ञानिक है।

Ans 1

202. To encourage meaningful learning students should be motivated to set ______ goals rather than ______ goals.

1. learning performance
2. performance learning
3. failure avoiding failure accepting
4. failure accepting failure avoiding

विद्यार्थियों के सार्थक शिक्षण के लिए उत्साहित करने के लिए उन्हें उद्देश्य रूप में ______ के स्थान पर ______ लिए प्रेरित करना चाहिए।

1. अवबोध, उपलब्धि
2. उपलब्धि, उद्देश्य
3. असफलता ना होने देने, असफलता स्वीकारना
4. असफलता स्वीकारना, असफलता न होने देना

Ans 1

203. Pedagogical strategy of 'Reciprocal teaching' is based on

1. Behaviouristic principles
2. Socio-cultural approach
3. Information processing theories of learning
4. Howard Gardner's construct of multiple intelligences.

'पारस्परिक अध्यापन' की शिक्षाशास्त्रीय प्रणाली किस पर आधारित है?

1. व्यवहारवादी सिद्धांत
2. सामाजिक-संस्कृतिक उपागम
3. आधिगम के सूचना संप्रेषण सिद्धांत
4. हावर्ड गार्डनर के बहुआयामी बुद्धि संप्रत्यय

Ans 2

पारस्परिक अध्ययन प्रणाली में शिक्षक बच्चों को एक समूह(groups) में रखकर उन्हें अलग-अलग भूमिकाएं(roles) देते हैं।

204. Hardik has low vision. The teacher has not been informed of his condition. Which of the following actions in class can indicate the teacher that he has low vision?

1. Squinting of eyes while reading
2. Standing far away from the blackboard to read it clearly
3. completing worksheets with fine print quickly
4. reading physical maps which have minute details

हार्दिक को कम दिखाई देता है। अध्यापक को उसकी इस स्थिति के बारे में नहीं बताया गया है। कक्षा में अध्यापक को उसके किस व्यवहार क्रिया से पता चला सकता है कि उसे कम दिखाई देता है?

1. पढ़ने के दौरान आखें मिचकाना
2. श्यामपट्ट पर लिखे हुए को दूर से ही स्पष्ट रूप से पढ़ना।

3. बारीक मुद्रक वाले कार्यपत्र को तुरंत पूरा करना
4. भौतिक नक्शों को पढ़ना जिनमें सूक्ष्म जानकारी दी गई है।

Ans 1

205. A teacher encourages his/her students to make concept maps after teaching a topic. This would be helpful in

(i) conducting formative assessment.
(ii) testing the capability of students to summarize the main points.
(iii) developing rubrics to evaluate the level of the students.
(iv) testing the artistic ability of students.

1. (i), (ii) and (iii) 2. (i) and (iv)
3. (ii), (iii) and (iv) 4. (ii) and (iv)

एक अध्यापिका किसी एक विषय को पढ़ाने के बाद विद्यार्थियों को संकल्पनात्मक मानचित्र बनाने के लिए कहती है। यह किस में सहायक होगा?

(i) संरचनात्मक मूल्यांकन संचालित करने के लिए।
(ii) विद्यार्थियों के मुख्य बिन्दुओं का सार लिखने की क्षमता का परीक्षण करना।
(iii) विद्यार्थियों की उपलब्धि का मूल्यांकन हेतु रूबरिकों का विकास करना।
(iv) विद्यार्थियों की कलात्मक योग्यता का परीक्षण करने के लिए।

1. (i), (ii) and (iii) 2. (i) and (iv)
3. (ii), (iii) and (iv) 4. (ii) and (iv)

Ans 1

206. Primary school children learn most effectively in an atmosphere where

1. the teacher is authoritarian and always dictates what should be done.
2. the teacher leads all the learning and students are expected to be passive.
3. where the main stress is on mastery of reading skills and achievement of 'marks'.
4. Where the socio-emotional needs for the children are taken care of.

प्राथमिक कक्षाओं के विद्यार्थी किस प्रकार के वातावरण में सबसे प्रभावी रूप से सीखते हैं?

1. जहां शिक्षिका एकाधिकारवादी है और हमेशा आदेश देती है कि क्या किया जाना चाहिए।
2. जहां शिक्षिका अधिगम को निर्देशित करती है तथा विद्यार्थियों से निष्क्रिय रहने की अपेक्षा करती है।
3. जहां मूल रूप से पठन कौशलों और अंक प्राप्त करने पर जोर दिया जाता है।
4. जहां विद्यार्थियों की सामाजिक-संवेगात्मक आवश्यकताओं की पूर्ति होती है, को ध्यान में रखा जाता है।

Ans 4

207. Which of the following scenario exemplifies constructivist pedagogy?

1. Students listen to the teachers and take notes on the content covered.
2. Students repeat aloud long passages to memorize them.
3. Students learn the material in their text books and take tests covering the content at the end of the year.
4. A teacher presents his students with a contemporary issue, on which they discuss and debate.

कौन-सी स्थिति संरचनावादी शिक्षा शास्त्र विधि को दर्शाती है।

1. विद्यार्थी अध्यापक के व्याख्यान को सुन रहे हैं और पढ़ाई गई विषय वस्तु पर नोट्स बना रहे हैं।
2. विद्यार्थी उच्च स्वर में दिए गए अंश को याद कर रहे हैं।

3. विद्यार्थी पाठ्य पुस्तक से सामग्री को याद कर वर्ष के अंत में परीक्षा देते हैं।
4. अध्यापक अपने विद्यार्थियों को समकालीन मुद्दों पर चर्चा और वाद-विवाद करने के लिए कहता /कहती हैं।

Ans 4

208. A metaphor of 'Jug and the mug' is often used to depict how traditional education views teacher as a big jug pouring knowledge into the mind of a student depicted by a smaller mug. This kind of understanding is problematic because:

1. Students carry valuable experiences with them and learning is constructed with their active participation with teacher & peers.
2. Students are naïve and they can't learn anything without the teacher.
3. There is no need of any content or teacher in the process of learning.
4. Learning happens best if children listen to the teacher passively.

बहुधा 'कुंभकार और कुंभ' का एक रूपक उपयुक्त किया जाता है। जिसके द्वारा यह दर्शाया जाता है कि कैसे परंपरागत शिक्षा शिक्षक को कुंभकार के रूप में देखती है जो कुंभ रूपी विद्यार्थी को आकार देकर उसमें ज्ञान उड़ेलता है। इस प्रकार की समझ समस्यावादी क्यों है?

1. विद्यार्थियों के महत्वपूर्ण अनुभव होते हैं और अधिगम का निर्णय उनकी शिक्षक एवं समकालीन साथियों के साथ सक्रिय भागादारी से होता है।
2. बच्चे भोले भाले हैं और वे कुछ भी शिक्षक की मदद के बिना सीखते हैं।
3. अधिगम की प्रक्रिया में किसी सामग्री या शिक्षक की कोई आवश्यकता नही हैं।
4. यदि बच्चे शिक्षक की बात निष्क्रिय रूप से सनुते रहेंगे तब अधिगम भली प्रकार से संपादित होगा।

Ans 1

209. Which of the following pedagogical strategy promotes critical thinking?

1. Copying answers written by the teacher on the blackboard.
2. Brainstorming
3. Writing passages from the textbook multiple times.
4. Direct Instruction.

निम्न में से कौन-सी शिक्षाशास्त्रीय योजना समालोचनात्मक चिंतन में वृद्धि करती है?

1. ब्लैकबोर्ड से शिक्षक द्वारा लिखे गए उत्तरों की नकल करना।
2. मानस मंथन करना।
3. पाठ्य-पुस्तक से अनुच्छेदों को कई बार लिखना।
4. परोक्ष प्रत्यक्ष निर्देश देना।

रचनात्मकता को बढ़ावा देने और सोच विचार(thinking)करने को मानस मंथन कहा जाता है।

Ans 2

210. Assertion (A): A constructivist teacher would encourage children to explore multiple sources of knowledge and not rely on textbooks alone.

Reason (R) : Learning is sought actively by learners and thereby constructed collaboratively by the student and the teacher.

Choose the correct option.

1. Both (A) and (R) are true and (R) is the correct explaination of (A)
2. Both (A) and (R) are true but (R) is not the correct explaination of (A)
3. (A) is true but (R) is false
4. Both (A) and (R) are false

अभिकथन (A) : एक संरचनात्मक अध्यापिका बच्चों को ज्ञान के लिए विविध स्रोतों को

खोजने और सिर्फ पाठ्य-पुस्तक पर निर्भर न रहने के लिए प्रोत्साहित करेगी।

कारण (R) : अधिगमकर्ता सक्रिय रूप से अधिगम के लिए इच्छुक होते हैं और फलस्वरूप अध्यापिका और विद्यार्थी परस्पर सहयोग से अधिगम की संरचना करते हैं।

सही विकल्प चुनें

1. (A) और (R) दोनों सही हैं और (R) सही व्याख्या करता है (A) की।
2. (A) और (R) दोनों सही हैं लेकिन (R) सही व्याख्या नहीं है (A) की।
3. (A) सही है लेकिन (R) गलत है।
4. (A) और (R) दोनों गलत हैं।

Ans 1

211. For the successful inclusion of students with hearing impairment, a teacher should:

1. discourage use of sign language.
2. extensively use verbal explanations.
3. provide audio tapes of lectures.
4. use ample non-verbal expressions.

उन विद्यार्थियों के सफल समावेशन के लिए जिन्हें श्रवण बाधिता है, एक शिक्षिका को क्या करना चाहिए?

1. सांकेतिक भाषा के प्रयोग को हतोत्साहित
2. व्यापक रूप से मौखिक स्पष्टीकरण का प्रयोग
3. व्याख्यान के ऑडियो टेप का प्रावधान
4. पर्याप्त गैर-मौखिक अभिव्यक्तियों का प्रयोग

Ans 4

212. A teacher should see cultural differences of the children in his classroom as:

1. Barriers in process of learning
2. Defects among children
3. Irrelevant to the process of learning
4. Strengths to build upon

एक शिक्षिका को अपनी कक्षा में विद्यार्थियों की सांस्कृतिक विविधता को किस प्रकार देखना चाहिए?

1. सीखने की प्रक्रिया में बाधा
2. विद्यार्थियों में कमी
3. अधिगम प्रक्रिया के लिए अप्रासंगिक
3. गुण जिन्हें बढ़ावा देना है

Ans 4

213. Students learn meaningfully and effectively when teacher uses ________ approach for teaching learning.

1. Behavioristic
2. Constructive
3. Decontextualized
4. Mechanical

Ans 2

214. Should terms take 'slow learner' 'brilliant' and 'average' be used to describe students in a classroom?

1. Yes, it helps students understand the level of their performance.
2. No, these terms label children based on ability and are non-inclusive.
3. Yes, it can help a teacher categorize children in his clasroom.
4. No, these categories are not sufficient, we need to add many more to understand student profiles.

क्या किसी कक्षा में 'धीमी गति से सीखने वाले शिक्षार्थी', 'मेधावी' और 'औसत' जैसी शब्दावली, विद्यार्थियों का उल्लेख करने के लिए प्रयोग में लानी चाहिए?

1. जी हाँ, यह विद्यार्थियों को अपने अपने निष्पादन के स्तर को समझने में मदद करता है।
2. जी नहीं, ये शब्दावलियाँ विद्यार्थियों की योग्यता के आधार पर उनका नामीकरण करती है और समावेशी नहीं है।

3. जी हाँ, ये शब्दावली अध्यापक को विद्यार्थियों का वर्गीकरण करने में मदद करती है।
4. जी नहीं, ये वर्गीकरण पर्याप्त नहीं है, हमे विद्यार्थियों के बारे में समझ बनाने के लिए इससे भी अधिक शब्दावली की ज़रूरत है।

Ans 2

215. A teacher can identify creative children in her class by-

1. their ability to think convergently
2. their popularity among peers
3. their innovative style of thinking
4. their selection of simple and recall based tasks.

एक शिक्षिका अपनी कक्षा में सृजनात्मक विद्यार्थीयों की पहचान कैसे कर सकती हैं?

1. उनकी अभिसारी सोच की क्षमता के आधार पर
2. समकक्षियों के बीच उनकी प्रसिद्धि को आंककर
3. उनकी मौलिक सोच के आधार पर
4. उनके सरल व प्रत्यास्मरण आधारित क्रियाकलापों के चुनाव के आधार पर

Ans 3

यदि बच्चों के सोचने, समझने का तरीका नया और मौलिक(innovative) है तो वो बच्चे सृजनात्मक(creative) हैं।

216. A teacher should employ classroom management strategies which focus on:

1. controlling the class through rigid rules
2. expecting same behaviour from all children
3. making students abide to all rules without questioning
4. giving ample oppurtunities for self reflection

अध्यापक को कक्षा-प्रबंधन कौशल किस प्रकार बल देना चाहिये-

1. कठोर नियमानुसार कक्षा नियंत्रण
2. सभी छात्रों से समान व्यवहार की अपेक्षा
3. बिना प्रश्न पूछे, सबकी आज्ञा का पालन करने का संस्कार
4. अपनी प्रतिक्रियाओं के लिए प्रचुर अवसर देना

Ans 4

217. Effective teaching includes-

(i) Taking care of emotional needs of students.
(ii) Adapting curriculum and assessments to the student's needs.
(iii) Flexible grouping for peer interaction.
(iv) Employing rigid classroom management strategies.

1. (i) (ii) (iii) (iv) 2. (i) (ii) (iii)
3. (ii) (iii) (iv) 4. (i) (iii) (iv)

प्रभावशाली शिक्षण में समाहित हैं-

i. छात्रों की भावनात्मक आवश्यकताओं का ध्यान रखना।
ii. पाठचर्या और आकलन को छात्रों की आवश्यकता अनुकूल बनाना।
iii. छात्र-संवाद हेतु लचीला समूह निर्माण।
iv. कठोर कक्षा नियंत्रण प्रबंधन करना

1. (i) (ii) (iii) (iv) 2. (i) (ii) (iii)
3. (ii) (iii) (iv) 4. (i) (iii) (iv)

Ans 2

218. Rekha provided a map of India with landforms and rivers to her students and encouraged them to make initiative guesses about the location of major cities in it. Her approach to teaching-learning is-

1. Rote memorisation
2. Discovery learning

3. Direct instruction
4. Expository teaching

रेखा ने अपनी छात्राओं को भारत का मानचित्र दिया और अंतर्ज्ञान अनुमान के आधार पर मुख्य नगरों के स्थान बताने को उत्साहित किया। उसका यह शिक्षण अवबोध का उपागम क्या कहलाएगा?

1. रटना 2. खोज शिक्षण
3. अभिनव अनुदेशन 4. अनावृत शिक्षण

Ans 2

219. What tasks should be focussed upon in a socio-constructivist classroom?

1. Task that are challenging and allow critical thinking.
2. tasks that are repetitive and mechanical
3. tasks based on recalling the text
4. tasks that do not permit questioning by the child.

सामाजिक-संरचनात्मक कक्षा में, किस तरह के क्रिया कलापों पर बल देना चाहिए?

1. जो चुनौतीपूर्ण हो और समालोचनात्मक चिंतन की अनुमति दे।
2. जो पुनरावृत्तीय और यांत्रिक हो।
3. जो पाठ्य-सामग्री के प्रत्यास्मरण पर आधारित हो।
4. जो बच्चे द्वारा पूछताछ की अनुमति न दे।

Ans 2

220. The basic assumption of child centered pedagogy is that:

1. the best way to encourage students to learn is through use of rewards and punishment
2. the experiences and perspective of students should be taken into consideration while teaching
3. learning is directed and controlled by the environment.
4. learning needs to be solely centered around textbooks

बाल-केन्द्रित शिक्षण शास्त्र की बुनियादी मान्यता क्या हैं?

1. विद्यार्थियों को अधिगम के प्रति प्रोत्साहित करने का सर्वोत्तम तरीका ईनाम और दण्ड का इस्तेमाल करना हैं।
2. अध्यापन के दौरान विद्यार्थियों के अनुभवों और परिप्रेक्ष्यों को कक्षागत प्रक्रिया में शामिल किया जाना चाहिए।
3. अधिगम वातावरण द्वारा संचालित और नियंत्रित हैं।
4. अधिगम पूरी तरह से पाठ्य-पुस्तको के इर्द-गिर्द केन्द्रित होना चाहिए।

Ans 2

221. Which of the following is not a characteristic of a middle school classroom rooted in socio - constructivist frame?

1. Encouraging learners to learn from a variety of sources
2. Appreciate asking of questions by the learners
3. Promoting all learners to give identical answers and follow the same method
4. Giving opportunities for group discussion

निम्न में से कौन-सा एक माध्यमिक विद्यालय स्तर की कक्षा में सामाजिक-संरचनात्मक ढांचे का लक्षण नहीं हैं?

1. अधिगमकर्ताओं को विविध स्त्रोतों से सीखने के लिए प्रेरित करना।
2. अधिगमकर्ताओं के सवाल पूछे जाने की तारीफ करना।
3. सभी अधिगमकर्ताओं को एक जैसा जवाब देने और एक जैसे तरीके का अनुसरण करने को उकसाना।
4. सामुहिक चर्चा के मौके प्रदान करना।

Ans 3

222. Assertion(A): A teacher should not give space to discuss children's explanations of various phenomenon.

Reason(R): Children are not capable of developing causal explanation on there are

Choose the correct option.

1. Both (A) and (R) are true and (R) is the correct explanation of (A)
2. Both (A) and (R) are true but (R) is not the correct explanation of (A)
3. (A) is true but (R) is false.
4. Both (A) and (R) are false

कथन (A) : एक अध्यापक को बच्चों की विभिन्न घटनाओं के बारे में व्याख्या की चर्चा की कोई स्थान नहीं देना चाहिए।

तर्क (R) : बच्चे अपने आप कारक-व्याख्याओं को विकसित करने के लिए सक्षम नहीं होते हैं।

सही विकल्प चुनें।

1. (A) और (R) दोनों सही हैं और (R) सही व्याख्या करता हैं (A) की।
2. (A) और (R) दोनों सही हैं लेकिन (R) सही व्याख्या नहीं हैं (A) की।
3. (A) सही हैं लेकिन (R) गलत हैं।
4. (A) और (R) दोनों गलत हैं।

Ans 4

बच्चों को सभी विषयों(subject) पर चर्चा करने का अवसर देना चाहिए।

223. In order to cater to the needs of students with Dysgraphia, a teacher should:

1. Increase the amount of writing required to complete an assignment
2. Criticize the students for irregularities in writing
3. Ask students to complete writing work in restricted time.
4. Use oral modes of assessment

वो विद्यार्थी जिन्हें लेखन वैकल्य है, उनकी ज़रूरतों की पूर्ति हेतु, एक अध्यापिका को क्या करना चाहिए?

1. किसी दत्तकार्य को पूरा करने के आवश्यक लेखन की मात्रा बढ़ा देनी चाहिए।
2. लेखन की अनियमितताओं के लिए विद्यार्थियों की आलोचना करनी चाहिए।
3. विद्यार्थियों को सीमित समय में लेखन कार्य पूरा करने के लिए कहना चाहिए।
4. आकलन के मौखिक तरीके अपनाने चाहिए।

Ans 4

224. Assertion (A): A teacher encourages students to make a presentation about their local heritage for the school project.

Reason (R): sharing experiences from one's community and heritage helps students feel included in the classroom.

Choose the correct option.

1. Both (A) and (R) are true and (R) is the correct explanation of (A).
2. Both (A) and (R) are true but (R) is not the correct explanation of (A).
3. (A) is true but (R) is false.
4. Both (A) and (R) are false.

कथन (A) : एक अध्यापक विद्यार्थियों को विद्यालयी परियोजना हेतु अपनी स्थानीय विरासत पर प्रस्तुति तैयार करने को प्रोत्साहित करता है।

तर्क (R) : अपने समुदाय और विरासत संबंधित अनुभवों को साझा करना विद्यार्थियों को समावेशित महसूस करने में मदद करता है। सही विकल्प चुनें-

1. (A) और (R) दोनों सही हैं और (R), (A) की सही व्याख्या करता है।
2. (A) और (R) दोनों सही हैं लेकिन (R), (A) की सही व्याख्या नहीं करता है।
3. (A) सही है लेकिन (R) गलत है।
4. (A) और (R) दोनों गलत हैं।

Ans 1

225. To deal with misconceptions among students, a teacher should:

1. facilitate discovery learning
2. use direct instruction
3. shame and punish those students
4. ignore those misconceptions

विद्यार्थियों में भ्रांतियों को सुलझाने के लिए एक अध्यापिका को क्या करना चाहिए?

1. खोजी अधिगम को सुसाध्य करना
2. प्रत्यक्ष निर्देशन का इस्तेमाल करना
3. उन विद्यार्थियों को शर्मिंदा और दण्डित करना
4. भ्रातियों को अनदेखा करना

Ans 1

226. Which of the following is effective in enhancing trust in student-teacher relationship?

1. An attitude of unconditional acceptance of the student by the teacher.
2. Giving compliments to the student only on his /her appearance.
3. Offering frequent rewards and punishments to the students.
4. Showing affection to students only when they show desirable behaviour.

विद्यार्थी-अध्यापक के रिश्ते में विश्वास बढ़ाने के लिए निम्न में से कौन-सा विकल्प प्रभावशाली है?

1. अध्यापक का विद्यार्थी को बिना किसी शर्त के अपनाने का रवैया
2. विद्यार्थी की सिर्फ उसकी शारीरिक बनावट पर प्रशंसा करना
3. विद्यार्थी को बार-बार इनाम और दण्ड देना
4. विद्यार्थी को सिर्फ तभी स्नेह दर्शाना जब वो वांछित व्यवहार प्रस्तुत करें।

Ans 1

227. While teaching a concept, Non-examples_______

1. should never be used .
2. should be given from a very unrelated concept.
3. should be used to enhance clarity about defining features of that concept.
4. should be avoided as they will lead to rigid misconceptions.

किसी संप्रत्यय को पढ़ाते समय, गैर उदाहरणों_______

1. का कभी भी इस्तेमाल नहीं करना चाहिए।
2. का चुनाव किसी असंबंधित संप्रत्यय से करना चाहिए।
3. का इस्तेमाल उस संप्रत्यय को परिभाषित करने वाले गुणों की स्पष्टता बढ़ाने के लिए करना चाहिए।
4. का इस्तेमाल करने से बचना चाहिए क्योंकि वो अटल भ्रांतियों को जन्म दे देगें।

Ans 3

228. A teacher is planning to facilitate discovery learning among her students. For their purpose,she should:

1. extensively use lecture method.
2. emphasise on use of text books only.
3. facilitate self-directed experimentation with requisite guidance.
4. let students work on their own without any guidance

एक अध्यापिका अपने विद्यार्थियों में खोजी अधिगम को सुसाध्य करना चाहती है। इसके लिए, उस अध्यापिका को क्या करना चाहिए?

1. व्याख्यान विधि का अत्यधिक प्रयोग करना चाहिए।

2. केवल पाठ्य-पुस्तक के इस्तेमाल पर बल देना चाहिए।
3. आवश्यकतापूर्ण मार्गदर्शन के साथ स्वनिर्देशित प्रयोग को सुसाध्य करना चाहिए।
4. विद्यार्थियों को बिना किसी मार्गदर्शन के खुद काम करने देना चाहिए।

Ans 3

229. Which of the following statements about the use of mother tongue by learners in the classrooms is correct?

1. Schools should prescribe only one standard language for use in the classroom across all classes.
2. Schools should build a culture of respecting languages of all learners.
3. Schools should prescribe 'English' as the medium of instruction at all levels.
4. Schools should discourage learners from expressing in their mother tongue by imposing fines.

विद्यार्थियों द्वारा कक्षा में मातृ-भाषा के इस्तेमाल के संदर्भ में कौन सा कथन सही है?

1. स्कूल को सारी कक्षाओं में केवल एक मानक भाषा का इस्तेमाल निर्धारित करना चाहिए।
2. स्कूल को सभी विद्यार्थियों की भाषाओं का सम्मान करने की संस्कृति अपनानी चाहिए।
3. स्कूल को सभी स्तर पर अंग्रेजी को निर्देशन की भाषा निर्धारित करना चाहिए।
4. विद्यार्थियों को अपनी मातृभाषा में अभिव्यक्ति से हतोत्साहित करने के लिए स्कूल को जुर्माना करना चाहिए।

Ans 2

230. To cater to the needs of learners who are gifted, a teacher should

1. give specific instructions and detailed guidelines for undertaking tasks.
2. strictly follow the prescribed curriculum.
3. use standardized assessment measures.
4. give moderate to higher order thinking tasks.

मेधावी अधिगमकर्ताओं की जरूरतों को पूरा करने के लिए एक अध्यापिका को क्या करना चाहिए?

1. कार्यों को समझने के लिए निश्चित निर्देशन और विस्तृत दिशा निदेशक देना
2. निर्धारित पाठ्यचर्चा का सख्ती से अनुसरण करना
3. मानकीकृत आकलन युक्तियों का इस्तेमाल
4. मध्यम से उच्चतर श्रेणी के चिंतन वाले कार्यकलाप देना।

Ans 4

231. Is there a role of fear in teaching-learning process? Choose the best option.

1. Yes, fear is a great motivator and should be used frequently by the teacher.
2. No, fear leads to withdrawal from learning and students take very few risks in fearful situations.
3. Yes, it is under the pressure of fear only that children make efforts to learn.
4. No, fear is an emotion and thus is not connected with cognition.

क्या अध्यापन-अधिगम प्रक्रिया में भय की कोई भूमिका होती है? सही विकल्प चुनिए?

1. हां, भय एक उम्दा अभिप्रेरक है और अध्यापक को उसका बारंबार प्रयोग करना चाहिए।

2. नहीं, भय की वजह से अधिगम से संबंध-विच्छेद हो जाता है और विद्यार्थी भयपूर्ण परिस्थितियों में बहुत कम जोख़िम लेते है।
3. हां, बच्चे सिर्फ भय के दवाब में ही अधिगम के लिए प्रयत्न करते है।
4. नहीं, भय एक संवेग है और इसलिए संज्ञान से संबंधित नहीं है।

Ans 2

भय की वजह से अधिगम में बाधा(obstacle) उत्पन्न होती है और बच्चे कार्य करते हुए घबराते हैं इसलिए अधिगम में भय की जगह नहीं होनी चाहिए।

232. A 'child centered' pedagogy__________.

(i) incorporates diverse pedagogic methods
(ii) promotes democratic classroom practice
(iii) considers children's psychological development
(iv) gives primacy to the teacher's authority

1. (i), (iii), (iv)   2. (i), (ii), (iv)
3. (iii), (iv)   4. (i), (ii), (iii)

'बालक-केंद्रित' शिक्षण-शास्त्र__________

i. विविधतापूर्ण शिक्षणशास्त्रीय विधियाँ समाहित करता है।
ii. प्रजातांत्रिक कक्षा प्रक्रियाओं को समुन्नत करता है।
iii. बच्चों के मनोवैज्ञानिक विकास का ध्यान रखता है।
iv. अध्यापकों की सत्ता को प्राथमिकता देता है।

1. (i), (iii) और (iv)
2. (i), (ii) और (iv)
2. (ii) और (iv)
4. (i), (ii) और (iii)

Ans 4

233. What adaptions should a teacher make while engaging learners who are visually challenged ?

(i) speaking clearly and loudly with appropriate pauses
(ii) use text to speech softwares
(iii) use a variety of colourful worksheets
(iv) use a lot of tactical materials

1. (ii), (iii), (iv)   2. (i), (ii), (iii)
3. (i), (ii), (iv)   4. (i), (iii), (iv)

दृष्टिबाधित अधिगमकर्ताओ के साथ काम करते हुए, एक अध्यापक को क्या रूपांतर करना चाहिए?

i. उपयुक्त विरामों के साथ स्पष्ट रूप से और ज़ोर से बोलना
ii. लिखित को वाचन में बदलने वाले सॉफ्टवेयर का इस्तेमाल करना
iii. विविध तरह के रंगीन कार्यपत्रकों का इस्तेमाल करना
iv. बहुत सारी स्पर्श सामग्री का इस्तेमाल करना

1. (ii), (iii) और (iv)
2. (i), (ii) और (iii)
3. (i), (ii) और (iv)
4. (i), (iii) और (iv)

Ans 3

234. A student does not perform well in school, a teacher needs to –

1. analyze the system
2. blame the parents
3. shame the student
4. refer the student to special school

जब कोई विद्यार्थी स्कूल में अच्छा प्रदर्शन नहीं करता तब एक शिक्षिका को-

1. शिक्षा व्यवस्था तंत्र का विश्लेषण करना चाहिए।
2. माता-पिता को दोषी ठहराना चाहिए।
3. विद्यार्थी को शर्मिंदा करना चाहिए।

4. विद्यार्थी को विशिष्ट स्कूल में भेज देना चाहिए।

Ans 1

जब कक्षा में कोई विद्यार्थी अच्छा प्रदर्शन(perform) नहीं कर रहा होता है तब शिक्षक को यह आवश्यकता है कि वह कक्षा में उपयोग की जाने वाली विधियों(methods) और शिक्षा व्यवस्था(education system) का सही ढंग से विश्लेषण(analysis) करें।

235. Assertion (A): A teacher should not design learning tasks that encourage children to seek out knowledge from sites other than the textbook

Reason(R) : Learning and knowledge is 'transmitted' and not sought or constructed.

Choose the correct option.

1. Both (A) and (R) are true and (R) is the correct explanation of (A)
2. Both (A) and (R) are true but (R) is not the correct explanation of (A)
3. (A) is true but (R) is false
4. Both (A) and (R) are false

कथन (A) : एक अध्यापक को ऐसी अधिगम कार्य नहीं अभिकल्पित करने चाहिए जो बच्चों को पाठ्य-पुस्तक के अलावा किसी और स्रोत से ज्ञान-अर्जन को बढ़ावा दे ।

तर्क (R) : अधिगम और ज्ञान संप्रेषित होते हैं और इच्छित या सृजित नहीं है।

1. (A) और (R) दोनों सही हैं और (R) सही व्याख्या करता है (A) की।
2. (A) और (R) दोनों सही हैं, लेकिन (R) सही व्याख्या नहीं है (A) की।
3. (A) सही है और (R) गलत है।
4. (A) और (R) दोनों गलत हैं।

Ans 4

बच्चों के अधिगम को केवल पुस्तक के ज्ञान तक ही सीमित(limited) नहीं रखा जा सकता है, बच्चे सामाजिक अंतः क्रिया(social interaction) द्वारा सीखते हैं। अधिगम और ज्ञान संप्रेषित (communicate) होते हैं। साथ ही साथ ज्ञान को सृजित(create) भी किया जाता है।

236. To promote conceptual understanding among students, a teacher should NOT -

1. use analogies.
2. give examples and non - examples.
3. make linkages with previous knowledge.
4. focus on mere reproduction of information.

संप्रत्यात्मक समझ को सुसाध्य करने के लिए एक शिक्षिका को क्या नहीं करना चाहिए?

1. रूपकों का इस्तेमाल
2. उदाहरणों व गैर उदाहरणों का उपयोग
3. पुनर्ज्ञान के साथ संबंध स्थापित करना
4. केवल जानकारी के पुनरुत्पादन पर बल देना

Ans 4

केवल जानकारी का पुनरूत्पादन (reproduction) जानकारी को याद करने पर अधिक बल देता है।

237. How should a teacher support first - generation school goers who come from marginalized communities?

1. Ask them to seek private tuitions after school.
2. Encourage them to participate in classroom activities by providing appropriate scaffolding.
3. Give them a lot of complex worksheets as homework.
4. Induce fear of failure in them to make them work hard.

हाशिए पर रहने वाले समुदायों से पहली बार स्कूल में प्रवेश लेने वाले विद्यार्थियों को शिक्षिका कैसे मदद कर सकती है ?

1. उसको स्कूल के बाद निजी ट्यूशन रखने को कहकर।
2. उपयुक्त पाड़ देकर कक्षा में उनकी भागीदारी को बढ़ावा देकर।
3. उन्हें बहुत से जटिल कार्यपत्रक गृहकार्य में देकर।
4. उनमें असफलता का भय पैदा करके जिससे वह स्वयं मेहनत करें।

Ans 2

बच्चों को आवश्यकता के अनुसार प्रेरित(motivate) करके तथा उनको encourage करके।

238. During discussion on plants, a teacher noticed that several students have misconceptions related to this concept. In this context the teacher should –

1. help students identify their misconceptions and reconstruct their understanding
2. punish students for carrying such misconceptions and leave the topic at this moment
3. point out the misconceptions straight forwardly and give correct information to rote memorize
4. label them as 'intellectually inferior and recommend them for special education

पौधों पर चर्चा करते हुए, एक शिक्षक ने पाया कि कई बच्चों को इस संकल्पना के संबंध में भ्रांतियाँ हैं। इस संदर्भ में शिक्षक को –

1. विद्यार्थियों को उनकी भ्रान्तियों की पहचान करने में मदद करनी चाहिए और समझ का दोबारा निर्माण करना चाहिए।
2. ऐसी भ्रान्तियाँ पालने के लिए विद्यार्थियों को सज़ा देनी चाहिए और इस समय इस विषय को छोड़ देना चाहिए
3. स्पष्ट रूप से भ्रान्तियाँ की ओर संकेत करना चाहिए और याद करने के लिए सही जानकारी देनी चाहिए
4. विद्यार्थियों को 'बौद्धिक रूप से तुच्छ' नामीकरण करना चाहिए और उन्हें विशिष्ठ शिक्षा के लिए अनुमोदित करना चाहिए

Ans 1

239. Assertion (A): To develop critical thinking in learners, a teacher brings several newspapers mentioning the 'same news' and encourage students to discuss it in groups.

Reason (R): Textbook can be the only source of knowledge in a middle grades.

choose the correct option.

1. Both (A) and (R) are true and (R) is the correct explanation of (A).
2. Both (A) and (R) are true and (R) is not the correct explanation of (A).
3. (A) is true but (R) is false.
4. Both (A) and (R) are false.

कथन(A) : अधिगमकर्ताओं में समालोचनात्मक चिंतन के विकास के लिए, एक अध्यापक कक्षा में कई समाचारपत्र लेकर आती है जिन सभी में एक विशेष खबर का उल्लेख है और अधिगमकर्ताओं को समूहों में चर्चा करने को कहती है।

तर्क(R) : माध्यमिक स्तर पर पाठ्यपुस्तकें ही जान का एकमात्र माध्यम हो सकती है।

सही विकल्प चुनें

1 (A) और (R) दोनों सही है और (R) सही व्याख्या करता है (A) की ।
2. (A) और (R) दोनों सही है लेकिन (R) सही व्याख्या नहीं करता है (A) की ।
3. (A) सही है, लेकिन (R) गलत है।

4. (A) और (R) दोनों गलत है

Ans 3

किसी भी स्तर पर केवल पाठ्य पुस्तक(text book) के ज्ञान पर ही निर्भर(depend) रहना संपूर्ण अधिगम(complete learning) को नहीं दर्शाता है।

240. In a classroom built on socio-constructive framework –

1. Children listen passively while the teachers teaches
2. Material is meant only for display
3. Seating arrangement changes according to the activity.
4. Assessment is undertaken as a separate activity from learning.

एक सामाजिक रचनात्मक कक्षा में-

1. बच्चे निष्क्रिय रूप से सुनते है जब शिक्षिका पढाती है।
2. संसाधन केवल दिखावे के लिए होते है।
3. बैठने की व्यवस्था में क्रियाकलाप के अनुसार बदलाव होते है।
4. आकलन को अधिगम से परे एक अलग गतिविधि के रूप में किया जाता है।

Ans 3

एक रचनात्मक कक्षा में कभी भी बैठने की व्यवस्था(sitting arrangement) को fix नहीं किया जाता है, उसको समय-समय पर बदला(change) जाता है।

241. If students are not taking interests is your teaching , then you will –

1. Ignore them and continue teaching
2. Leave the class and complain to their parents
3. Punish them for not paying attention
4. Reflect upon your teaching methods and will try alternative methods.

यदि छात्र आपके शिक्षण में रुचि नहीं ले रहें हैं तो आप-

1. उन्हें अनदेखा करेंगे और पढाना जारी रखेंगे।
2. कक्षा छोड़ देंगे और उनके माता पिता को शिकायत करेंगे।
3. उन्हें ध्यान ना देने के लिए दण्डित करेंगे।
4. अपनी शिक्षण विधियों पर चिंतन करेंगे और वैकल्पिक विधि का प्रयोग करेंगे।

Ans 4

242. Assertion (A): A teacher should not cater to individual differences in the class.

Reason (R): The purpose of progressive education is to ensure that all children are instructed in a uniform manner and assessed by standard methods.

Choose the correct option.

1. Both (A) and (R) are true and (R) is the correct explanation of (A)
2. Both (A) and (R) are true but (R) is not the correct explanation of (A)
3. (A) is true but (R) is false
4. Both (A) and (R) are false

अभिकथन (A) : एक अध्यापक को अपनी कक्षा में वैयाक्तिक भिन्नताओं को पोषित नहीं करना चाहिए।

तर्क (R) : प्रगतिशील शिक्षण का उद्देश्य यह सुनिश्चित करना है कि सभी बच्चों को एक रूपी तरीके से निर्देश दिए जाएँ और मानक विधियों से उनका आकलन किया जाए।

सही विकल्प चुनें।

1. (A) और (R) दोनों सही हैं और (R) सही व्याख्या करता है (A) की।
2. (A) और (R) दोनों सही हैं लेकिन (R) सही व्याख्या नहीं है (A) की।
3. (A) सही है लेकिन (R) गलत है।
4. (A) और (R) दोनों गलत हैं।

Ans 4

कक्षा में शिक्षण के दौरान व्यक्तिगत

विभिन्नताओं(individual differences) को ध्यान में रखना बहुत आवश्यक है । सभी बच्चों को सिर्फ एक ही तरीके से निर्देश (instruction) दिए जाएं और उन सबके लिए उपयोगी (beneficient) हो ऐसा संभव नहीं है। इसलिए सभी बच्चों की आवश्यकताओं को ध्यान में रखकर ही उनका आकलन (assessment) किया जाना चाहिए।

243. In a socio-constructivist classroom, what all would be a source of knowledge?

(i) Newspapers (ii) Peers
(iii) Textbooks (iv) Folktales

Choose the correct option.

1. (ii), (iii) 2. (i), (ii), (iii)
3. (i), (iii), (iv) 4. (i), (ii), (iii), (iv)

एक सामाजिक- संरचनात्मक कक्षा में ज्ञान के क्या-क्या स्रोत होंगे?

(i) अखबार (ii) सहपाठी
(iii) पाठ्यपुस्तक (iv) लोक कथाएँ

1. (ii), (iii) 2. (i), (ii), (iii)
3. (i), (iii), (iv) 4. (i), (ii), (iii), (iv)

Ans 4

244. To encourage conceptual change among students, a teacher should –

1. give long passages to rote memorize.
2. present content which is moderately challenging and requires modification of schemas.
3. present information in disconnected chunks.
4. give tasks which are way higher than children's current cognitive level.

विद्यार्थियों में संज्ञानात्मक परिवर्तन को प्रोत्साहित करने के लिए एक शिक्षिका को___

1. यंत्रवत याद करने के लिए लंबे अनुच्छेद देने चाहिए।
2. ऐसी सामग्री देनी चाहिए जो मध्यम रूप से चुनौतीपूर्ण हो और स्कीमा में रूपांतरण की माँग करे।
3. असम्बद्ध खण्डों में जानकारी प्रस्तुत करनी चाहिए।
4. ऐसे कार्य देने चाहिए, जो बच्चों के वर्तमान संज्ञानात्मक स्तर से अत्यधिक ऊँचे हों।

Ans 2

सोचने, समझने, समाधान निकालने (solution) व निर्णय लेने (decision making) की क्षमता है स्कीमा।

245. To help children memorise the phone numbers, a teacher suggested students to divide 10 digits of phone number into 3- 4 smaller units and then remember. The strategy suggested by the teacher here is called

1. chunking 2. Encoding
3. Assimilation 4. adaptation

एक अध्यापिका बच्चों को फोन नंबर रटने के लिए, फोन नंबर के 10 अंकों को 4-3 अंकों के समूहों में बाँट कर याद करना सुझाती है। अध्यापिका द्वारा सुझाई यह रणनीति_____कहलाती है।

1. खण्डीकरण 2. कूटलेखन
3. स्वागीकरण 4. अनुकूलन

Ans 1

कार्य को छोटे-छोटे भागों(parts) में विभाजित (divide) करके सीखना खंडीकरण कहलाता है।

246. As a teacher how can you facilitate problem solving abilities in your students?

1. Generating fear amongst your students.

2. Encouraging a fixed way of solving problem.
3. Encouraging use of analysis.
4. Emphasising on use of passive memorisation strategies

एक शिक्षक होने के नाते आप अपने छात्रों में समस्या समाधान क्षमताओं को किस प्रकार सुसाध्य कर सकते हैं?

1. अपने विद्यार्थियों में डर की भावना पैदा करके
2. समस्याओं के हल हेतु अटल तरीके के इस्तेमाल को बढ़ावा देकर
3. समरूपों के इस्तेमाल को बढ़ावा देकर
4. निष्क्रिय रटन पद्धतियों के इस्तेमाल को बढ़ावा देकर

Ans 3

बच्चों में समस्या समाधान(problem solving) की क्षमता को बढ़ाने के लिए दिए गए विषय पर उन्हें विश्लेषण (analysis) करने का अवसर दिया जाना चाहिए।

247. Children often form alternative conceptions and misconceptions about various concepts. Which of the following statement is NOT correct in this context?

1. Alternative conceptions and misconceptions formed by students should be highly discouraged by the teacher.
2. Formation of alternative conceptions and misconceptions is very natural among children as well as adults.
3. A teacher should definitely attend to these alternative conceptions and misconceptions as they are significant in process of teaching-learning.
4. Alternative conceptions and misconceptions are not always baseless rather these represent children's intuitive ideas about world around them.

बच्चे अक्सर विभिन्न संकल्पों के बारे में वैकल्पिक संकल्पनाएँ और भ्रांतियाँ गठित कर लेते हैं। इस संदर्भ में निम्न में से कौन-सा कथन सही नहीं है?

1. एक अध्यापिका को बच्चों द्वारा गठित वैकल्पिक सकल्पनाओं और भ्रांतियों को सख्त रूप से हतोत्साहित करना चाहिए।
2. बच्चों और वयस्कों में वैकल्पिक संकल्पनाओं और भ्रांतियों का गठन बहुत स्वभाविक है।
3. एक अध्यापिका को निश्चित रूप से इन वैकल्पिक संकल्पनाओं और भ्रांतियों पर गौर करना चाहिए, क्योंकि ये सीखने-सिखाने की प्रक्रिया में महत्तवपूर्ण हैं।
4. वैकल्पिक संकल्पनाओं और भ्रांतियाँ सदैव निराधार नहीं होती है, बल्कि बच्चों को अपने आस-पास की दनिया के बारे में सहज समझ को दर्शाती है।

Ans 1

248. A teacher wants to design the teaching -learning processes in her classroom on Lev-Vygotsky's social constructivism principles.

Which of the following should she avoid?

1. Designing teaching - learning experiences based in social contexts.
2. Closely observing the students attempts of learning.
3. Use of formal standardised tests to assess learning.
4. Providing scaffolding when needed.

एक अध्यापिका अपनी कक्षा के लिए लेव वायगोत्सकी के सामाजिक – संरचनावादी सिद्धांतों पर आधारित शिक्षण-अधिगम प्रक्रिया तैयार करना चाहती है। उसे निम्न में से किसके प्रयोग से बचना चाहिए?

1. सामाजिक संदर्भों पर आधारित शिक्षण-अधिगम की अभिकल्पना करना।
2. विद्यार्थियों के अधिगम प्रयासों का गहन अवलोकन करना।
3. अधिगम के आकलन के लिए मानकीकृत परीक्षाओं का इस्तेमाल।
4. आवश्यकता के अनुसार पाड़ का प्रयोग।

Ans 3

249. A teacher in a progressive classroom should believe that -

1. Class should always be in strict control and only teacher should dictate instruction.
2. Learning takes place only in the classroom.
3. Learners bring a rich variety of experiences with them in the classroom.
4. Learners learn most meaningfully only through drill and practice.

किसी प्रगतिवादी कक्षा के बारे में एक अध्यापिका का क्या विश्वास होना चाहिए?

1. कक्षा हमेशा कठोर नियन्त्रण में रहे और सिर्फ अध्यापक को निर्देश देने चाहिए।
2. अधिगम केवल कक्षा में ही होता है।
3. कक्षा में विद्यार्थी अपने साथ विविध प्रकार के समृद्ध अनुभव लाते हैं।
4. विद्यार्थी केवल ड्रिल और अभ्यास के माध्यम से ही सबसे अधिक सार्थकता से सीखते हैं।

Ans 3

250. A teacher facilitates and support her students to work on multiple drafts for an essay over a period of one month. If she consider all the drafts of each student as well as the process of working on the same, what kind of assessment is she using ?

1. Summative
2. Norm-referenced
3. Formative
4. Standardized

एक शिक्षक एक महीने की अवधि के अंतराल में विद्यार्थियों को निबंध लेखन के लिए कई ड्राफ्ट लिखने के लिए सहयोग देता है। यदि यह शिक्षक प्रत्येक विद्यार्थी के सभी ड्राफ्ट को ध्यान में रखता है और उन सभी ड्राफ्ट पर काम करने की प्रक्रिया को भी मान्यता देता है, तो इस प्रकार के मूल्यांकन को क्या कहेंगे?

1. योगात्मक
2. मानक-संदर्भित
3. रचनात्मक
4. मानकीकृत

Ans 3

251. In order to complete her syllabus, a teacher always expects answers from a preferred group of leaners.

The teacher's action is:

1. is justified for completing the syllabus.
2. is showing that the teacher has good skills to identify best students of her class.
3. is depriving other students of equal opportunity.
4. would be effective in ensuring equal participation of all students

पाठ्यक्रम को जल्दी पूरा करने के लिए, एक शिक्षिका हमेशा अपनी पसंद के ही कुछ बच्चों से उत्तर पूछ लेती है। शिक्षिका द्वारा किया गया यह कार्य:

1. पाठ्यक्रम पूरा करने हेतु न्यायोचित है।
2. यह दर्शाता है कि शिक्षिका में अपनी कक्षा के श्रेष्ठ बच्चों को पहचानने का अच्छा कौशल है।
3. विद्यार्थियों को समान अवसर की उपलब्धता से वंचित करता है।
4. सभी विद्यार्थियों के समान सम्मिलन को सुनिश्चित करने में प्रभावशाली होगा।

Ans 3

252. Assertion (A): Teacher should employ multiple ways of assessment in their classroom.

Reason (R): Children success and failure in classroom cannot be accurately and adequately determined only by a paper - pencil test.

Choose the correct option.

1. Both (A) and (R) are true and (R) is the correct explanation of (A)
2. Both (A) and (R) are true but (R) is not the correct explanation of (A)
3. (A) is true and (R) is false.
4. Both (A) and (R) are false.

कथन (A) : कक्षा में मूल्यांकन के लिए शिक्षकों को विविध विधियों का प्रयोग करना चाहिए।

कारण (R) : एक कक्षा में बच्चे की सफलता और असफलता को केवल पेपर – पेंसिल परीक्षा के द्वारा सही और पूर्ण रूप नहीं निर्धारित किया जा सकता है।

1. (A) और (R) दोनों सही हैं और (R), (A) की सही व्याख्या करता है।
2. (A) और (R) दोनों सही हैं और (R), (A) की सही व्याख्या नहीं करता है।
3. (A) सही है लेकिन (R) गलत है।
4. (A) और (R) दोनों सही हैं।

Ans 1

253. To teach a concept, a teacher is giving multiple examples and subsequently ask students to form a rule considering the information gathered through those examples. Which of the following approach is being used here for concept formation among children?

1. Deductive　　2. Inductive
3. Imitative　　4. Competitive

किसी संप्रत्यय को पढ़ाने के लिए एक अध्यापिका विभिन्न उदाहरण प्रस्तुत करती है और उसके बाद विद्यार्थियों को उन उदाहरणों द्वारा एकत्रित जानकारी के आधार पर नियम निर्धारित करने को कहती है। इस क्रिया में अध्यापिका किस अभिगम का इस्तेमाल कर रही है?

1. निगमनात्मक　　2. आगमनात्मक
3. अनुकरणात्मक　　4. प्रतिस्पर्धात्मक

Ans 2

254. Assertion (A): Teachers should use a wide variety of assessment tools and technique to assess children.

Reason (R): No single assessment tool is capable of providing information about a child's progress and learning in different areas of development.

Choose the correct option.

1. Both (A) and (R) are true and (R) is the correct explanation of (A).
2. Both (A) and (R) are true but (R) is not the correct explanation of (A).
3. (A) is true but (R) is false.
4. Both (A) and (R) are false

अभिकथन (A) : शिक्षकों को बच्चों का आकलन करने के लिए विभिन्न प्रकार की आकलन तकनीक और विधियों का प्रयोग करना चाहिए।

कारण (R) : कोई भी एक मूल्यांकन तकनीक बच्चे की प्रगति और विकास के क्षेत्रों के बारे में जानकारी प्रदान करने में सक्षम नहीं है।

सही विकल्प चुनें।

1. (A) और (R) दोनों सही हैं और (R) सही व्याख्या करता है (A) की।
2. (A) और (R) दोनों सही हैं लेकिन (R) सही व्याख्या नहीं है (A) की।
3. (A) सही है लेकिन (R) गलत है।
4. (A) और (R) दोनों गलत हैं।

Ans 1

255. In early grades, which of the following approaches is preferable for teaching-learning process?

1. Imitation without understanding
2. Learning by doing
3. Passive listening
4. Rote-memorisation

प्रारंभिक कक्षाओं में, शिक्षण-अधिगम प्रक्रिया के लिए निम्नलिखित में से कौन-सा दृष्टिकोण बेहतर है?

1. बिना समझे नकल करना
2. करके सीखना
3. निष्क्रिय रूप से सुनना
4. रट कर याद रखना

Ans 2

256. Teachers can make classroom activities meaningful by:

1. dividing them in disconnected chunks.
2. giving ambiguous instructions about them.
3. presenting them in decontextualized manner.
4. situating them in the authentic context.

कक्षा की गतिविधियों को सार्थक बनाने के लिए एक शिक्षिका को क्या करना चाहिए?

1. उन्हें असंबंधित खण्डों में विभाजित करना।
2. उनके बारे में अस्पष्ट निर्देश देना।
3. उन्हें संदर्भहीन तरीके से प्रस्तुत करना।
4. उन्हें उचित सन्दर्भ में स्थित करना।

Ans 4

जिस विषय से संबंधित गतिविधि(activity) की जा रही है उसका उचित संदर्भ (context) गतिविधि में शामिल होना चाहिए।

257. Which of the following pedagogical practices are does NOT contribute positively in teaching learning process?

1. Curriculum adaptation as per needs
2. Experiential learning for students
3. Innovation in curricular planning
4. Rigid exam-centered teaching strategies

निम्नलिखित में से कौन-सी शैक्षणिक पद्धतियाँ शिक्षण-अधिगम प्रक्रिया में सकारात्मक योगदान नहीं देती हैं?

1. आवश्यकता के अनुसार पाठ्यचर्या अनुकूलन
2. छात्रों के लिए अनुभवात्मक शिक्षा
3. पाठ्यचर्या नियोजन में नवाचार
4. परीक्षा केंद्रित कठोर शिक्षण रणनीतियाँ

Ans 4

शिक्षण अधिगम प्रक्रिया में परीक्षा केंद्रित कठोर शिक्षण रणनीतियां बच्चों को कई बार निराश(demotivate) कर देती हैं जिसके कारण बच्चे अच्छा perform नहीं कर पाते हैं।

258. Assertion (A): A teacher should connect content to be taught with students' daily life experiences.

Reason (R): Children come to school with valuable life experiances that teahers need to pay attention to.

Choose the correct option.

1. Both (A) and (R) are true and (R) is the correct explanation of (A).
2. Both (A) and (R) are true but (R) is not the correct explanation of (A).
3. (A) is true but (R) is false.
4. Both (A) and (R) are false

अभिकथन (A) : एक शिक्षक द्वारा पढ़ाए जाने वाले विषयवस्तु को छात्रों के दैनिक जीवन के अनुभवों से जोड़ना चाहिए।

तर्क (R) : बच्चे स्कूल में जीवन के बहुत से महत्त्वपूर्ण अनुभव लेकर आते हैं जिसपर शिक्षिका को ध्यान देना चाहिए

सही विकल्प चुनें।

1. (A) और (R) दोनों सही हैं और (R) सही व्याख्या करता है (A) की।
2. (A) और (R) दोनों सही हैं लेकिन (R) सही व्याख्या नहीं है (A) की।
3. (A) सही है लेकिन (R) गलत है।
4. (A) और (R) दोनों गलत हैं।

Ans 1

259. To address the learners from disadvantaged and deprived groups, a teacher should:

1. foster a sense of belonging among all students.
2. highlight the weakness of students in front of all.
3. teach these students in a separate section only.
4. Use standardized curriculum for all students.

सुविधाहीन और वंचित समूहों के शिक्षार्थियों को संबोधित करने के लिए, एक शिक्षक को क्या करना चाहिए?

1. सभी छात्रों में अपनेपन की भावना को बढ़ावा देना चाहिए।
2 छात्रों की कमजोरी को सबके सामने उजगार करना चाहिए।
3. इन छात्रों को एक अलग संकाय ही में पढ़ाना चाहिए।
4. सभी छात्रों के लिए मानकीकृत पाठ्यक्रम का प्रयोग करना चाहिए।

Ans 1

260. In a class having learners with diverse needs, a teacher should NOT provide options for:

1. presentation of content
2. communication and expression
3. perspectives on information
4. stereotyping the learners

विविध आवश्कताओं वाले शिक्षार्थियों वाली कक्षा में, शिक्षक को निम्नलिखित के लिए विकल्प उपलब्ध नहीं करने चाहिए?

1. सामग्री का प्रस्तुतिकरण
2. संचार और अभिव्यक्ति
3. सूचना के दृष्टिकोण
4. शिक्षार्थियों के बारे में रुढिबद्धता

Ans 4

विशेष बच्चों से संबंधित ऐसी सामाजिक बातें जिन्हें समाज में प्राथमिकता(priority) दी जाती है परंतु सही मायने में वह केवल और केवल कुछ लोगों की अपनी सोच (thinking) होती है रूढीबदधता (stereotyping) कहा जाता है।

261. A teacher should promote activities which are:

1. Ambiguous
2. Culturally appropriate
3. Extremely complex
4. Meaningless

एक शिक्षक को उन गतिविधियों को बढ़ावा देना चाहिए जो ________ हो ।

1. अस्पष्ट
2. सांस्कृतिक रूप से उपयुक्त
3. अत्यंत जटिल
4. अर्थहीन

Ans 2

262. A teacher should design activities which promote:

1. hopelessness
2. convergent answers
3. divergent thinking
4. mere memorization

एक शिक्षक को ऐसी गतिविधियों की रुपरेखा तैयार करनी चाहिए जो ______ को बढ़ावा दे।

1. निराशा   2. अभिसारी उत्तर
3. अपसारी सोच   4. मात्र रटन

Ans 3

263. What kind of pedagogy would enable a teacher to cater to individual differences among learners in her class?

1. Standard and uniform
2. Totally centered around exams
3. Totally centered around textbooks
4. Engaging and contextual

किस प्रकार का शिक्षाशास्त्र एक शिक्षक को अपनी कक्षा में व्यक्तिगत विभिन्नताओं का ध्यान रखने में मदद करेगा?

1. मानकीकृत व एक समान
2. पूरी तरह से परीक्षाओं पर केन्द्रित
3. पूरी तरह से पाठ्यपुस्तकों पर केन्द्रित
4. संलग्न व संदर्भित

Ans 4

यदि शिक्षक कक्षा में बच्चों को शिक्षण प्रक्रिया में engage करेगा तो यह बच्चों की व्यक्तिगत विभिन्नताओं (individual differences) के लिए उपयोगी होगा।

264. The aim of assessment according to National Education Policy 2020 is -

1. testing rote memorization.
2. measuring reproduction and recall.
3. to support children in the process of learning.
4. to arrive at parameters to compare children across the country

राष्ट्रीय शिक्षा नीति 2020 के अनुसार मूल्यांकन का उद्देश्य क्या है?

1. रटने की क्षमता का परीक्षण।
2. पुनरुत्पादन व याद रखने की क्षमता को नापना।
3. बच्चों को सीखने की प्रक्रिया में मदद करना।
4. पूरे देश में बच्चों की तुलना करने के मापदंड बताना।

Ans 3

265. For successful inclusion of students belonging to diverse cultural backgrounds, which of the following should be avoided by the teacher?

1. Acknowledge and respect every student.
2. Give priority to the experiences of dominant groups.
3. Incorporate diversity in the content of teaching.
4. Practice cultural sensitivity in classroom.

विविध सांस्कृतिक पृष्ठभूमि के विद्यार्थियों को सफलतापूर्वक सम्मिलित करने के लिए शिक्षक को निम्नलिखित में से किससे बचना चाहिए?

1. हर विद्यार्थी को पहचानें और उसका सम्मान करें।
2. प्रभुत्वशाली समूहों के अनुभवों को प्राथमिकता हैं।
3. शिक्षण की सामग्री में विविधता शामिल करें।
4. कक्षा में सांस्कृतिक संवेदनशीलता का अभ्यास करें।

Ans 2

266. Students' failure can be minimalized by implementing a curriculum which is

1. connected to their social context
2. highly challenging and complex.
3. irrelevant to their everyday life.
4. moving from abstract to simple.

किस तरह के पाठ्यक्रम को लागू करके विद्यार्थियों की विफलता को कम किया जा सकता है?

1. जो उनके सामाजिक संदर्भ से जुड़ा हो।
2. जो अत्यधिक चुनौतीपूर्ण और जटिल हो।
3. जो उनके दैनिक जीवन के लिए अप्रासंगिक हो।

4. जो अमूर्त से सरल की ओर बढ़ता हो।
Ans 1

267. As children enter the school-
1. They should be allowed to speak in their mother tongue since expression is important.
2. They should be fined for not speaking in the language of the school.
3. They should be told categorically that school has a different language and they should not speak in their mother tongue at all.
4. Their parents should be told to use the language of the school only at home.

जब बच्चे स्कूल में प्रवेश करते हैं –
1. उन्हें अपनी मातृभाषा में बोलने की अनुमति दी जानी चाहिए क्योंकि अभिव्यक्ति महत्तवपूर्ण है।
2. स्कूल की भाषा में न बोलने पर उन पर जुर्माना लगाना चाहिए।
3. उन्हें स्पष्ट रूप से बताया जाना चाहिए कि स्कूल की एक अलग भाषा है और उन्हें अपनी मातृभाषा में बिलकुल भी नहीं बोलना चाहिए।
4. उनके माता-पिता को घर पर भी स्कूल की भाषा का प्रयोग करने के लिए कहा जाना चाहिए।

Ans 1

268. How should a teacher respond to young children talking out loud to themselves (self-talk)?
1. Discourage it because it promotes egocentricism.
2. Discourage it because it is distracting for the child herself.
3. Encourage it because it facilitates self-regulation.
4. Encourage it because this ends teacher's responsibility.

एक शिक्षिका को बच्चों के अपने आप से बात करने (व्यक्तिगत वाक्) को क्या प्रतिक्रिया देनी चाहिए?
1. उसे हतोत्साहित करना चाहिए क्योंकि वह आत्मकेन्द्रीयता को बढ़ावा देता है।
2. उसे हतोत्साहित करना चाहिए क्योंकि इसके द्वारा बच्चा अपना खुद का ध्यान भंग करता है।
3. उसे प्रोत्साहित करना चाहिए क्योंकि इससे स्व-नियमन सुसाधित होता है।
4. उसे प्रोत्साहित करना चाहिए क्योंकि इससे शिक्षक की ज़िम्मेदारी ख़त्म हो जाती है।

Ans 3

269. For the successful inclusion of students with visual impairment, a teacher should:
1. Add verbal explanations to anything pictorial in surroundings.
2. Give handwritten notes to these students.
3. Only use blackboard for teaching content.
4. Place them in a separate section of school.

उन विद्यार्थियों के सफल समावेशन के लिए जिन्हें दृष्टिबाधिता है, एक शिक्षिका को क्या करना चाहिए?
1. आस-पास की चित्ररूपी सामग्री में मौखिक स्पष्टीकरण जोड़ें।
2. इन विद्यार्थियों को हस्तलिखित नोट्स दें।
3. विषयवस्तु को पढ़ने के लिए केवल ब्लैकबोर्ड का प्रयोग करें।
4. उन्हें स्कूल के एक अलग संकाय में दाखिला दे।

Ans 1

270. For the successful inclusion of students from Tribal communities, a teacher should avoid:

1. Bringing up examples from their everyday lives and surroundings.
2. Giving importance and respect to their socio-cultural context.
3. Including folklores and songs prevalent in their culture in curriculum.
4. Teaching concepts totally irrelevant to their lives.

जनजातीय समुदायों के विद्यार्थियों के सफल समावेश के लिए एक शिक्षिका को निम्न में से किससे बचना चाहिए?

1. उनके दैनिक जीवन और परिवेश से उदाहरण शामिल करना।
2. उनके सामाजिक-सांस्कृतिक संदर्भ को महत्त्व और सम्मान देना।
3. पाठ्यक्रम में उनकी संस्कृति में प्रचलित लोकगीतों और गीतों को शामिल करना।
4. उन संप्रत्ययों को पढ़ाना जो उनके जीवन के लिए पूरी तरह अप्रासंगिक हैं।

Ans 4

271. Which of the following factor is responsible for students' failure?

1. Decontextualized curriculum
2. Multiple means of representing content
3. Student-centric activities
4. Consideration of individual differences

निम्न में से कौन-सा कारक विद्यार्थियों की असफ़लता के लिए ज़िम्मेदार है?

1. असंदर्भित पाठ्यक्रम
2. विषयवस्तु को प्रस्तुत करने के विविध तरीके
3. विद्यार्थी-केन्द्रित गतिविधियाँ
4. व्यक्तिगत विभिन्नताओं का मान

Ans 1

असंदर्भित पाठ्यक्रम वह है जो आवश्यकता(need) या संदर्भ(context) के अनुरूप नहीं है।

272. For children who are in concrete operational stage teachers should NOT -

1. Give opportunities for classification.
2. Give problems that require abstraction.
3. Give seriation tasks.
4. Give concrete resources.

मूर्त संक्रियात्मक अवस्था के बच्चों को पढ़ाते हुए एक शिक्षिका को क्या नहीं करना चाहिए?

1. वर्गीकरण के मौके देना
2. ऐसी समस्याएँ देना जिनमें अमूर्तता की आवश्यकता हो
3. क्रमित करने के कार्य देना
4. मूर्त संसाधन देना

Ans 2

अमूर्त वस्तु वह होती है जिसके बारे में हम अपने मस्तिष्क(mind) में एक image बना लेते हैं।

273. Before starting to teach a new topic, it is important for a teacher to know:

(i) What children already know
(ii) Commonly held misconceptions
(iii) Prerequisite to learn the topic
(iv) Preferred learning style of students

1. (i) 2. (i), (ii)
3. (i), (ii), (iii) 4. (i), (ii), (iii), (iv)

एक नया विषय पढ़ाना शुरू करने से पहले, एक शिक्षक के लिए यह जानना महत्वपूर्ण है:

i. बच्चे पहले से क्या जानते हैं
ii. सामान्य भ्रांतियाँ
iii. विषय सीखने के लिए पूर्वापेक्षाएँ
iv. विद्यार्थियों की पसंदीदा अधिगम शैली

1. (i) 2. (i), (ii)
3. (i), (ii), (iii) 4. (i), (ii), (iii) , (iv)
Ans 4

274. While teaching a concept, a teacher is giving an example that has the most important "core" features of the category associated with that concept Such an example is called -

1. a misconception.
2. a non-exemplar.
3. a prototype.
4. an expectation.

एक सम्प्रत्यय को पढाते समय, एक शिक्षक एक ऐसा उदाहरण दे रहा है जिस में उस सम्प्रत्यय से जुडी श्रेणी की सब से महत्त्वपूर्ण (मूल) विशेषताएं हैं। ऐसे उदहारण को ______

कहा जाता है।

1. एक भ्रान्ति 2. एक गैर-उदहारण
3. एक आद्यरूप 4. एक अपवाद
Ans 3

275. While conceptualising teaching - learning process, National curriculum framework (2005) emphasizes upon the importance of -

1. active engagement and interactions.
2. drill and repeated practice.
3. rote-memorisation of content.
4. stimulus-response associations.

शिक्षण अधिगम प्रक्रिया की अवधारणा करते समय, राष्ट्रीय पाठ्यचर्या की रूपरेखा (2005) निम्न में से किसके महत्त्व पर बल देती है ?

1. सक्रिय जुड़ाव और बातचीत
2. वेधन और बार-बार अभ्यास
3. सामग्री को रट कर याद करना
4. उत्तेजना प्रतिक्रिया संघ

Ans 1

276. To scaffold students in solving a problem, a teacher should -

1. confuse students by highlighting extraneous information.
2. directly tell the answer to students and ask them to copy it.
3. give cues that activities the relevant schemas.
4. split the information in disconnected chunks.

किसी समस्या को हल करने के लिए विद्यार्थियों की मदद करने के लिए, एक शिक्षक को निम्न में से क्या करना चाहिए?

1. असंगत जानकारी को चिन्हांकित करके विद्यार्थियों को भ्रमित करें।
2. विद्यार्थियों को सीधे उत्तर बताएं और उन्हें इसे नक़ल करने के लिए कहें।
3 ऐसे संकेत दें जो प्रासंगिक स्कीमा/संरचना को सक्रिय करें।
4. जानकारी को वियोजित खण्डों में विभाजित करें।

Ans 3

277. Most classrooms in India are multi-lingual and this needs to be seen as _____ by the teacher.

1. a resource 2. an obstacle
3. a burden 4. a problem

भारत में अधिकांश कक्षाएँ बहुभाषी हैं और इसे शिक्षक द्वारा ______ के रूप में देखा जाना चाहिए।

1. एक संसाधन 2. एक बाधा
3. एक बोझ 4. एक समस्या
Ans 1

278. teacher should inculcate a sense of ______ among her learners.

1. belonging 2. Exclusion
3. Inferiority 4. alienation

एक शिक्षक को अपने शिक्षार्थियों में _______ की भावना पैदा करनी चाहिए।

1. जुड़ाव
2. बहिष्करण
3. हीनता
4. अलगाव

Ans 1

279. Deep seated teacher prejudices about disadvantaged groups can often be revealed through an analysis of which of the following classroom processes?

1. Seating arrangements done on the basis of gender, caste and class
2. Encouragement of 'mastery oriented' motivational style by the teacher
3. Making reasonable accommodations for children with learning difficulties by the teacher
4. Encouraging children to examine, resist and challenge the mechanical aspects of the education system

निम्नलिखित में से किस कक्षायी प्रक्रिया का विश्लेषण, किसी अध्यापक के वंचित समूहों के प्रति गढ़ित गूढ पूर्वाग्रहों को उजागर कर सकता है?

1. लिंग, जाति और आर्थिक श्रेणी के आधार पर निर्धारित आसन-व्यवस्था
2. अध्यापक का "निपुणता-उन्मुखी' अभिप्रेरणा शैली को प्रोत्साहित करना
3. अधिगम-कठिनता अनुभव करने वाले बच्चों के लिए यथोचित समायोजन करना
4. बच्चों को शिक्षा प्रणाली के यंत्रवादी पहलुओं का परीक्षण, प्रतिरोध और चुनौती देने के लिए प्रोत्साहित करना

Ans 1

280. "The failure of children is often the failure of schools" which of the following supports this statement?

1. School exists so that they can appropriately discriminate among student's ability
2. Children fail because schools do not take into consideration different pace of learning of students
3. Children fail because they do not comply with school requirements
4. Children fail because of the lack of ability and less IQ.

"बच्चों की असफलता, अकसर विद्यालय की असफलता होती है। निम्न में से कौन-सा कथन इस वाक्य का समर्थन करता है?

1. स्कूलों का अस्तित्व विद्यार्थियों के सामर्थ्य में विभेदीकरण करने हेतु है।
2. बच्चे इसीलिए असफल होते हैं, क्योंकि विद्यालय बच्चों के सीखने की विविध गतियों का संज्ञान नहीं करते।
3. बच्चे इसीलिए असफल होते हैं, क्योंकि वह विद्यालय की ज़रूरतों का अनुपालन नहीं करते हैं।
4. बच्चे योग्यता की कमी और निम्न बुद्धि-लब्धि की वजह से असफल होते हैं।

Ans 2

बच्चों की असफलता को विद्यालय की असफलता(failure) इसलिए कहा जाता है क्योंकि कहीं ना कहीं शिक्षक बच्चों की आवश्यकताओं(needs) की पूर्ति(full fill)नहीं कर पाते हैं।

281. To be able to create a positive learning environment within the classroom, it is important that the teachers -

1. follow the fixed time table well
2. are able to discipline children using awards and punishments
3. are able to include children's emotions within learning process
4. are able to discriminate between the 'abilities' of children and make groupings accordingly

शिक्षिका कक्षा में सकारात्मक रूप से सीखने का वातावरण किस प्रकार सुनिश्चित कर सकती है?

1. एक तय एवं निर्धारित समय-सारणी का अनुपालन करके।
2. पुरस्कार एवं सजा का प्रयोग कर बच्चों को अनुशासित रखकर।
3. बच्चों के संवेगों को सीखने की प्रक्रिया का हिस्सा बनाकर।
4. बच्चों की क्षमता के आधार पर उनका विभेदीकरण करके एवं अलग-अलग समूह बनाकर

Ans 3

282. Should a teacher be considered as authority figure within the classroom, who cannot be challenged?

1. Yes, it helps students gain the value of obedience and respect for teachers
2. Yes, only such a teacher can provide clear guidance and precise conceptual celerity to students
3. No, Students are afraid to ask questions from such teachers which results in lack of conceptual clarity
4. No, teachers in any case are irrelevant for student learning in the digital age.

क्या एक शिक्षक को कक्षा में एक सत्ताधारी व्यक्ति के रूप में देखा जाना चाहिए जिसे कोई चुनौती न दे सके?

1. हाँ, इससे विद्यार्थियों को शिक्षकों के आज्ञापालन एवं आदर करने के मूल्यों की सीख मिलती है।
2. हाँ, केवल ऐसा शिक्षक ही विद्यार्थियों को स्पष्ट मार्गदर्शन एवं यथार्तिक संज्ञानात्मक स्पष्टता प्रदान कर सकता है।
3. नहीं, विद्यार्थी एसे शिक्षकों से प्रश्न पूछने में हिचकते हैं जिसे उनकी संप्रत्यायिक स्पष्टता में कमी रह जाती है।
4. नहीं, आज के तकनीकी युग में शिक्षक विद्यार्थियों की अधिगम प्रक्रिया में अप्रसांगिक हैं।

Ans 3

283. Should 'wrong' answers of students be corrected by the teachers during class discussions?

1. Yes, children's errors should be immediately rectified
2. No, children should be encouraged to express themselves without fear of being incorrect
3. Wrong answers are always a reflection of lack of conceptual clarify and must be always corrected
4. Children come to school to gain correct information, so their answers should be corrected immediately.

कक्षा में परिचर्चा के दैरान क्या एक शिक्षिका को विद्यार्थियों के 'गलत उत्तर' सही करने चाहिएं?

1. हाँ बच्चों की त्रुटियों को तुरंत संशोधन करना चाहिए।
2. नहीं बच्चों को अभिव्यक्ति करने के लिए प्रोतसाहित करना चाहिए, बिना गलत होने के भय के।
3. गलत उत्तर हमेशा संज्ञानात्मक स्पष्टता की कमी को दर्शाते हैं एवं इन्हें हमेशा सुधारना चाहिए।
4. बच्चे स्कूल में सही जानकारी प्राप्त करने के लिए आते हैं, इसलिए उनके उत्तरों को तुरन्त सुधारना चाहिए।

Ans 2

284. In order to facilitate long-term remembrance of a particular content, which of the following strategy should be avoided by a teacher?

1. Applying mnemonics
2. Making Organizational charts
3. Presenting Disjointed words
4. Using imagery

किसी विशेष विषयवस्तु को लंबे समय तक स्मरण रखने को सुसाध्य करने हेतु, एक शिक्षक को निम्नलिखित में से किस रणनीति से बचना चाहिए?

1. स्मृति-सहायक विधियाँ लागू करना
2. संगठनात्मक चार्ट बनाना
3. असंबद्ध शब्द प्रस्तुत करना
4. मानसिक चित्र का उपयोग करना

Ans 3

असंबद्ध शब्द का अर्थ है जो शब्द उस विषय वस्तु(subject matter) से दूर-दूर तक connected ना हों।

285. In order to teach a concept, a teacher should avoid using:

1. Exemplars related to the concept
2. Instances discrete to the concept
3. Non-exemplars related to the concept
4. Prototypes prevalent in their culture

एक संप्रत्यय को पढ़ाने के लिए, एक शिक्षक को निम्नलिखित में से किस के प्रयोग से बचना चाहिए?

1. उस संप्रत्यय से संबंधित उदाहरण
2. उस संप्रत्यय के लिए असतत उदहारण
3. संप्रत्यय संबधित गैर-उदाहरण
4. उनकी संस्कृति में प्रचलित आद्यरूप

Ans 2

286. Which of the following is not an effective practice adopted by a teacher in the classroom to address gender stereotypes?

1. Counter gender bias.
2. Separate seating arrangement for boys and girls in the class.
3. Discussions on gender discrimination.
4. Use of examples which show boys and girls in non-conformist roles.

जेंडर रूढ़िवादिता को रोकने के लिए एक अध्यापक द्वारा कक्षा में प्रयोग की जाने वाली कौन-सी विधि उचित नहीं है?

1. जेंडर पक्षपात को चुनौती देना
2. कक्षा में बालक-बालिकाओं को अलग-अलग बैठाने की व्यवस्था करना
3. जेंडर भेद-भाव पर चर्चा करना
4. ऐसे उदाहरणों का प्रयोग करना जिनमें लड़के और लड़कियाँ गैर-परम्परावादी भूमिकाओं में दिखाई दें

Ans 2

287. Paro helps her father in his carpentry shop where she sucessfully measures wooden blocks using techniques taught by her father. She is recently admitted to a public school under EWS scheme, where she is unable to cope up with the academic demands especially in this situation, the teacher should –

1. tell Paro that she does not have the ability to study.
2. give tests and encourage repeated drill and practice.
3. contextualize the curriculum and study material for Paro integrating her mathematical experiences gained outside the school.
4. ask Paro to keep her knowledge gained at home separate from knowledge gained in school.

पारो अपने पिता की बढ़ई की दुकान में उनकी सहायता करती है, जहाँ पर वह लकड़ी के ब्लॉक (टुकड़ों) को अपने पिता द्वारा सिखाई गई विधि से सफलापूर्वक मापती है। उसे हाल में ई डब्लयू एस स्कीम के अंतर्गत एक

पब्लिक विद्यालय में प्रवेश मिला है जहां पर वह शैक्षिक अपेक्षाओं (खासकर गणित की) का सामना करने में असमर्थ हैं। इस स्थिति में अध्यापक को -

1. पारो को कहना चाहिए कि उसमें पढ़ने की क्षमता नहीं है।
2. पारो को परीक्षाएं देनी चाहिएं और दोहराव व वेधन को बढ़ावा देना चाहिए।
3. पाठ्यक्रम और अध्ययन सामग्री को पारो के लिए प्रासंगिक बनाना चाहिए और पारो द्वारा विद्यालय के बाहर सीखे गए गणितीय अनुभवों का समावेशन करना चाहिए
4. पारो को घर पर सीखे ज्ञान को स्कूल से सीखे ज्ञान से पृथक रखने के लिए कहना चाहिए

Ans 3

288. In a primary classroom, the teacher must _____ students to ask questions.

1. encourage
2. discourage
3. never allow
4. punish

एक प्राथमिक कक्षा में शिक्षक को छात्रों को प्रश्न पूछने -

1. के लिए प्रोत्साहित करना चाहिए।
2. के लिए हतोत्साहित करना चाहिए।
3. की कभी भी अनुमति नहीं देनी चाहिए।
4. पर सज़ा देनी चाहिए।

Ans 1

289. Assertion (A): Schools must enable children to find their voices, nurture their curiosity- to do things, to ask questions, to engage in discussions and do group work-rather than building their ability to reproduce textual knowledge.

Reason (R) : Learning is active and social in its character.

Choose the correct option.

1. Both (A) and (R) are true and (R) is the correct explanation of (A).
2. Both (A) and (R) are true but (R) is not the correct explanation of (A).
3. (A) is true but (R) is false.
4. Both (A) and (R) are false.

कथन (A): विद्यालयों को छात्रों में पाठ्य पुस्तकों को याद करके, पुन: उगल देने की योग्यता के स्थान पर उनमें अपनी आवाज़ उठाने, जिज्ञासा शांत करने, क्रियाशील होने, प्रश्न पूछने के बाद विवाद करने, समूह में कार्य करने की योग्यता विकसित करनी चाहिए।

कारण (B): अधिगम का स्वरूप क्रियाशील एवं सामाजिक है। सही विकल्प चुनें।

1. (A) और (R) दोनों सही हैं और (R) सही व्याख्या करता है (A) की
2. (A) और (R) दोनों सही हैं और (R) सही व्याख्या नहीं करता है (A) की
3. (A) सही है लेकिन (R) गलत है
4. (A) और (R) दोनों गलत है

Ans 1

290. Rachita a Mathematics teacher, tries to analyse the errors made by her students in identifying the correct operation to be applied for statement sum. She does this to –

1. segregate students who make more errors in comparison to others.
2. give more questions to them as a punishment.
3. correct the errors by giving them more practice.
4. understand the errors since they are a window to children's thinking.

रचिता एक गणित अध्यापिका, अपने छात्रों की भाषा कथन वाले प्रश्नों में सही प्रक्रिया पहचानने में त्रुटियों का विश्लेषण कर रही है। इसके पीछे उसका क्या उद्देश्य है?

1. अधिक त्रुटियों वाले छात्रों का कम त्रुटियों वाले छात्रों से पृथक करना।
2. अधिक त्रुटियों वाले छात्रों को दंड स्वरूप अधिक प्रश्न देना।
3. त्रुटि सुधार के लिए अभ्यास वाले अधिक प्रश्न देना।
4. त्रुटियों को समझना क्योंकि वे छात्रों के चिन्तन को समझने में मदद करते हैं।

Ans 4

291. Which of the following does NOT depict appropriate strategies for learning in a constructivist classroom?

1. Encouraging multiple perspectives
2. Group collaboration
3. Drill and Recall
4. Experimentation

निम्न में से कौस-सी शिक्षाशास्त्रीय पद्धति एक संरचनावादी कक्षा के लिए उपयुक्त नहीं है?

1. बहुआयामी परिप्रेक्ष्यों का प्रोत्साहन
2. सामूहिक सहयोगिता
3. वेधन व दोहराव
4. प्रयोगात्मकता

Ans 3

292. Anupama, a science teacher, often makes linkages in her classrooms with the concepts students are studying in Mathematics. This kind of pedagogy –

1. would help in transfer of learning and promote inter - disciplinarity.
2. would hinder in acquisition of knowledge.
3. would hinder learning as it would increase the students burden.
4. would promote misconceptions amongst children.

अनुपमा अपनी कक्षा में विज्ञान पढ़ाते हुए गणित के संप्रत्ययों के साथ संबंध बनाती है। इस प्रकार का शिक्षा शास्त्र -

1. अधिगम के स्थानांतरण और अंतः विषयात्मक अधिगम को बढ़ावा देगा।
2. ज्ञान के अर्जन में रुकावट उत्पन्न करेगा।
3. अधिगम के रुकावट उत्पन्न करेगा क्योंकि यह छात्रों के बोझ को बढ़ाएगा।
4. छात्रों में भ्रांतियों को बढ़ावा देगा।

Ans. 1

जब एक विषय से दूसरे विषय को जोड़कर पढ़ाया जाता है तो उसे अतः विषयात्मक अधिगम कहते हैं। इसके द्वारा बच्चे एक concept से दूसरे concepts को कनेक्ट कर पाते हैं।

293. Teacher's expectations from her students –

1. have a significant impact on their learning.
2. should not he correlated with the students' learning.
3. do not have any effect on the students' learning and self-efficacy.
4. are a sole determinent of the childrens' learning.

शिक्षिका की अपने विद्यार्थियों से अपेक्षाएँ / अपेक्षाओं —

1. उनके अधिगम पर महत्वपूर्ण प्रभाव डालती हैं।
2. का विद्यार्थियों के अधिगम से कोई सह-संबंध नहीं है।
3. विद्यार्थियों के अधिगम और उनकी स्वयं की क्षमता पर किसी प्रकार का प्रभाव नहीं डालती हैं।
4. बच्चों के अधिगम के लिए एक मात्र निर्धारक हैं।

Ans. 1

294. You are a teacher who believes that "children learn at varied paces and in different ways". In your class, you will plan assessment which :

1. is same for all students.

2. includes objective type questions only.
3. is not related to how children learn.
4. is based on different methods of assessment.

आप एक अध्यापक हैं जो विश्वास करता है कि "बच्चे विभिन्न गतियों और अलग-अलग तरीकों से सीखते हैं।" आप अपनी कक्षा में ऐसी आकलन योजना करेंगे जो -

1. सभी विद्यार्थियों के लिए समान हो।
2. केवल वस्तुनिष्ठ प्रश्नों को सम्मलित करे।
3. बच्चे के सीखने के तरीकों से संबंधित ना हो।
4. आकलन के अलग-अलग तरीकों पर आधारित हो।

Ans. 4

295. Classroom environment has a significant on children's learning. To inculcate a culture of mastery oriented learning (learning that focuses on understanding), learning, classroom environment should be :

1. Performance oriented.
2. competitive and individualistic.
3. teacher dominated.
4. cooperative and collaborative.

बच्चों के अधिगम पर कक्षा के वातावरण का काफी प्रभाव पड़ता है। प्रवीणती अभिमुखी अधिगम (वह अधिगम जो समझने पर जोर दे) संस्कृति को बढ़ावा देने के लिए, कक्षा का वातावरण किस तरह का होना चाहिए?

1. प्रदर्शन अभिमुखी।
2. स्पर्धात्मक एवं व्यक्तिपरक
3. अध्यापक प्रधान।
4. सहकारात्मक एवं सहयोगात्मक

Ans. 4

296. Anita, a teacher of 4th grade is facing a situation in her class where several students are reporting boredom in ongoing theme. In this scenario, she should:

1. Ignore these students and continue teaching the same content.
2. Punish these students and report this to their parents.
3. Reflect on the content of lesson and method of teaching.
4. Assume that these students are not capable of learning.

अनीता, जोकि चौथी कक्षा की अध्यापिका है, अपनी कक्षा में एक ऐसी स्थिति का सामना कर रही है जहां कई विद्यार्थी पढ़ाए जा रहे विषय में उकताहट महसूस कर रहे हैं, इस स्थिति में उसे क्या करना चाहिए?

1. इन विद्यार्थियों की अनदेखी करे और उसी विषय-वस्तु को पढ़ाना जारी रखें।
2. इन विद्यार्थियों को दंडित करें और इसकी सूचना उनके माता-पिता को दें।
3. पाठ के विषय-वस्तु और पढ़ाने के तरीके पर पुनः चिंतन करें।
4. मान ले कि ये विद्यार्थी सीखने के लिए सक्षम नहीं हैं।

Ans. 3

297. Which of the following pedagogical strategies are effective in a primary classroom ?

(i) Use of concept maps
(ii) Moving from abstract to concrete concept
(iii) Provisioning for diverse materials
(iv) Use of stories and anecdotes

1. (i) (ii) (iii) 2. (i) (iii) (iv)
3. (ii) (iii) (iv) 4. (i) (ii) (iii) (iv)

निम्न में से कौन-सी शैक्षणिक योजनाएं एक प्राथमिक स्तरीय कक्षा के लिए प्रभावकारी है?

i. संकल्पना मानचित्रों का इस्तेमाल
ii. अमूर्त से मूर्त संकल्पनाओं की ओर बढ़ना

iii. विविध सामग्रियों का प्रावधान होना
iv. कहानियों और उपाख्यानों का इस्तेमाल

1. (i), (ii), (iii)   2. (i), (iii), (iv)
3. (ii), (iii), (iv)   4. (i), (ii), (iii), (iv)

Ans. 2

298. A primary teacher asks her students to write all the information at least five times in their notebook. The technique would be –

1. highly effective since rehearsal and repetition helps significantly in meaningful learning of content.
2. effective since repetition of any information less than five times leads to immediate forgetting.
3. ineffective since more rehearsal is not a suitable technique for meaningful learning.
4. ineffective since rehearsal is a complex method of meaningful learning.

एक प्राथमिक शिक्षिका अपने छात्रों को सभी जानकारियों को कम से कम पांच बार अपनी कापी में लिखने के लिए कहती है। शिक्षण की यह विधि –

1. अत्याधिक प्रभावकारी है क्योंकि पूर्वाभ्यास और पुनरावृति, विषयवस्तु के अर्थपूर्ण अधिगम में अत्यधिक सहायता करते हैं।
2. प्रभावकारी है क्योंकि किसी भी जानकारी की पाँच बार से कम पुनरावृत्ति करने से तत्काल भूलने की संभावना रहती है।
3. प्रभावकारी नहीं है क्योंकि केवल पूर्वाभ्यास करना अर्थपूर्ण अधिगम की उपयुक्त तकनीक नहीं है।
4. प्रभावकारी नहीं है क्योंकि पूर्वाभ्यास अर्थपूर्ण अधिगम की एक जटिल प्रक्रिया है।

Ans. 3

299. A teacher uses a text and some pictures of fruits and vegetables to facilitate discussion with her students. The students link these details with previous knowledge and learn the concepts of nutrition. This approach is based on-

1. Classical conditioning of learning
2. Theory of reinforcement
3. Operant conditioning of learning
4. Construction of knowledge

एक शिक्षक कुछ लिखित सामग्री का एवं सब्जियों और फलों की तस्वीरों का प्रयोग करते हुए अपने छात्रों से चर्चा करता है। विद्यार्थी इस परिचर्चा को अपने पूर्वज्ञान से जोड़ते हुए पोषण का संप्रत्यय सीखते हैं। यह उपागम निम्न में से किस पर आधारित है?

1. शास्त्रीय अनुकूलन अधिगम पर
2. पुनर्बलन के सिद्वान्त पर
3. क्रिया-प्रसूत अनुकूलन अधिगम पर
4. ज्ञान के निर्माण पर

Ans. 4

300. It is very important for a teacher to have the ability to put herself in students' place and feel what they feel. This ability is called_______

1. Sympathy   2. Empathy
3. Apathy   4. Guilt

एक अध्यापिका में यह योग्यता होना बहुत ज़रूरी है कि वह खुद को विद्यार्थियों के स्थान पर रखकर यह महसूस कर सके कि वो क्या महसूस कर रहे हैं। यह योग्यता क्या कहलाती है?

1. सहानुभूति   2. तदानुभूति
3. उदासीनता   4. ग्लानि

Ans. 2

301. Assertion (A): It is very important to create a print rich environment in classroom.

Reason (R): Conducive environment plays a meaningful role in language development.

Choose the correct option.

1. Both (A) and (R) are true and (R) is the correct explanation of (A).
2. Both (A) and (R) are true but (R) is not the correct explanation of (A).
3. (A) is true but (R) is false.
4. Both (A) and (R) are false.

कथन (A) : कक्षा में प्रिंट-समृद्ध वातावरण का सृजन बहुत महत्वपूर्ण है।

तर्क (R) : उपकारी वातावरण भाषा विकास में अर्थपूर्ण भूमिका निभाता है।

सही विकल्प चुनें।

1. (A) और (R) दोनों सही हैं और (R), (A) की सही व्याख्या करता है।
2. (A) और (R) दोनों सही हैं लेकिन (R), (A) की सही व्याख्या नहीं है।
3. (A) सही है लेकिन (R) गलत है।
4. (A) और (R) दोनों गलत हैं।

Ans. 1

वह वातावरण, जो बच्चों को अधिगम में सहायता(help) करें और उन्हें सहायक सामग्री(accessories) उपलब्ध कराये उसे उपकारी वातावरण कहते हैं।

302. When children make errors -

1. they should not be valued in the classroom.
2. they should be asked to keep repeating the task till the time they omit the error.
3. they should be shifted to a separate section of the classroom.
4. the teacher should have discussions with the child to gain an understanding about child's thinking.

जब बच्चे गलतियां करते हैं, तो –

1. उन्हें कक्षा में महत्व नहीं देना चाहिए।
2. उन्हें कार्य को बार-बार दोहराने के लिए कहना चाहिए, जब तक कि वे गलती करना छोड़ न दें।
3. उन्हें कक्षा के एक अलग खण्ड में बैठाना चाहिए।
4. शिक्षक को बच्चे की सोचने-समझने की प्रक्रिया को समझने के लिए उसके साथ चर्चा करनी चाहिए।

Ans. 4

303. What pedagogical strategies should schools adapt to address individual differences among students?

1. Follow uniform curriculum and assessment for all students.
2. Categorize children based on their cognitive abilities and teach them in separate sections.
3. Cater to the individual needs of children by being flexible.
4. Ensure that all individual differences among the children are removed.

विद्यार्थियों में पाई जाने वाली वैयक्तिक भिन्नताओं को संबोधित करने के लिए विद्यालयों को किस तरह की शिक्षणशास्त्रीय युक्तियाँ अपनानी चाहिए?

1. सभी विद्यार्थियों के लिए एक समान पाठ्यचर्या और आकलन अपनाना।
2. विद्यार्थियों को उनकी संज्ञानात्मक योग्यताओं के आधार पर वर्गीकृत करना और उन्हें पृथक अनुभागों में पढ़ाना।
3. लचीलेपन का भाव रखते हुए बच्चों की वैयक्तिक भिन्नताओं को पोषित करना।
4. यह सुनिश्चित करना कि सभी बच्चों की वैयक्तिक भिन्नताओं को दूर किया जाए।

Ans. 3

304. For teaching students who are gifted, a teacher should -

1. Encourage reading of high - level and original texts for them chosen with their consent.
2. Create special sections to distinguish them from other students.
3. Motivate them with external rewards.
4. Pressurize them to follow goals designed for them by the school.

प्रतिभाशाली विद्यार्थियों को पढ़ाने के लिए शिक्षक को क्या करना चाहिए?

1. उन्हें स्वेच्छा से चयन किए गए उच्च स्तरीय और मौलिक पाठ्य सामग्रियों को पढ़ने के लिए प्रोत्साहित करना चाहिए।
2. अन्य विद्यार्थियों से अलग उनकी पृथक रूप से पहचान बनाने पर जोर देना चाहिए।
3. उन्हें बाह्य परितोषक देकर अभिप्रेरित करना चाहिए।
4. विद्यालय द्वारा उनके लिए अभिकल्पित लक्ष्यों को पूर्ण करने के लिए उन पर दबाव डालना चाहिए।

Ans. 1

305. As an elementary school teacher, which of the following assessment strategy will you use in the classroom to assist children with learning disability?

1. Construct tests that require maximum writing.
2. Keep handwriting as a creation for evaluating assignments.
3. Avoid spelling as a criterion for evaluating assignments.
4. Decrease the time allowed for writing.

एक प्राथमिक विद्यालय के अध्यापक के रूप में आप कक्षा में अधिगम निशक्तता वाले बच्चों की सहायता के लिए आकलन की कौन-सी युक्ति का प्रयोग करेंगे?

1. अधिक से अधिक लेखन कार्य वाले परीक्षण पत्र बनाएंगे।
2. प्रदत्त कार्यों का मूल्यांकन करने के लिए लिखावट को एक मानदण्ड मानेंगे।
3. प्रदत्त कार्यों के मूल्यांकन में वर्तनी को महत्व नहीं देंगे।
4. लेखन कार्य का समय घटा देंगे।

Ans. 3

306. A textbook of class III uses cartoons and stories. This would -

1. create unnecessary confusion in the mind of students.
2. lead to boredom and disinterest in students.
3. distract the students from learning and relating the concept.
4. make the content interesting and relatable for the children.

कक्षा 3 की पाठ्यपुस्तक में कार्टून और कहानियों का उपयोग किया गया है। इससे –

1. बच्चों के मन में अनावश्यक भ्रांति उत्पन्न होगी।
2. बच्चों में सीखने के प्रति बोरियत व अरुचि को बढ़ावा मिलेगा।
3. विद्यार्थियों का ध्यान अधिगम और अवधारणाओं को सीखने से भटक जाएगा।
4. विषयवस्तु को बच्चों के लिए रोचक और अपने से जुड़ी लगने वाली बनाया जा सकता है।

Ans. 4

307. Anuj teaches EVS to class III and always does 'Brainstorming' immediately after introducing any topic to his students. Which of the following would this strategy promote?

(i) rote learning
(ii) perspective-taking
(iii) critical thinking
(iv) inquiry

1. (i), (iv) 2. (i), (iii), (iv)
3. (ii), (iii) 4. (ii), (iii), (iv)

अनुज कक्षा तीन को पर्यावरण अध्ययन पढ़ाता है। वह हमेशा अपने विद्यार्थियों को किसी भी विषय से परिचित कराने के एकदम बाद मानस मंथन करवाता है। यह युक्ति निम्नलिखित में से किसे समुन्नत करेगी?

i. रटकर सीखना
ii. दृष्टिकोण जानना
iii. समालोचनात्मक चिंतन
iv. खोज-बीन

1. (i), (iv) 2. (i), (iii), (iv)
3. (ii), (iii) 4. (ii), (iii), (iv)

Ans. 4

308. Child: I am not able to fix this part of the puzzle.

Teacher: Which piece should come here as these are the legs of the cat?

Child: The paws?

Teacher: Good! Which piece like a paw?

Child: This one.

Which feature of social interaction is being highlighted in the above interaction?

1. Observational learning
2. Expository learning
3. Scaffolding
4. Cognitive conflict

बच्चा: मैं पहेली के इस हिस्से को पूरा नहीं कर पा रहा हूँ।

अध्यापक: यहाँ कौन-सा टुकड़ा आना चाहिए, क्योंकि ये बिल्ली के पैर हैं।

बच्चा: पंजे?

अध्यापक: सही! कौन-सा टुकड़ा पंजे जैसा दिखता है?

बच्चा: यह वाला।

उपर्युक्त बातचीत में सामाजिक अंतःक्रिया की किस विशेषता पर प्रकाश डाला जा रहा है?

1. अवलोकनात्मक अधिगम
2. विवरणात्मक अधिगम
3. पाड़
4. संज्ञानात्मक संघर्ष

Ans. 3

309. Harjot gets very upset when she does not receive a 'star' on her assignment. She gets defensive at any critical remarks on her work. Which of the following feedback approach would be most effective in this case?

1. Giving her lots of constructive feedback and allowing her to revise her work.
2. Making sure that she gets a 'star' on every assignment, to not make her upset.
3. Making sure that she does not get a 'star' or any other reward on any assignment so that she becomes used to it.
4. Not giving her any kind of feedback.

जब हरजोत को अपने प्रदत्त कार्य में 'सितारा' नहीं मिलता तो वह बहुत परेशान हो जाती है। अपने काम के संदर्भ में दी गई किसी भी आलोचनात्मक टिप्पणी के प्रति वह रक्षात्मक रुख अपनाती है। इस संबंध में निम्नलिखित में से कौन सा उपागम सबसे अधिक प्रभावकारी होगा?

1. उसे रचनात्मक प्रतिपुष्टि देना और अपना काम दोहराने के लिए कहना।
2. यह सुनिश्चित करना कि उसे उसके हर प्रदत्त कार्य में 'सितारा' मिले जिससे कि वह परेशान न हो।
3. यह सुनिश्चित करना कि उसे उसके किसी भी प्रदत्त कार्य में कोई सितारा या पुरस्कार न मिले जिससे कि उसकी आदत न पड़े।

4. उसको किसी भी तरह की प्रतिपुष्टि न देना।

Ans. 1

310. A teacher who believes that all students in her class are capable of improving their performance by studying more, attributes the children's success to their

1. ability.
2. effort.
3. anxiety.
4. genetic make-up.

वह शिक्षिका जो यह मानती है कि उसकी कक्षा का प्रत्येक छात्र अधिक अध्ययन करने से अपना प्रदर्शन सुधारने में सक्षम है, बच्चों की सफलता का श्रेय किसको देती है?

1. बच्चों की योग्यता को
2. बच्चों के प्रयत्न को
3. बच्चों की घबराहट को
4. आनुवंशिक रचना को

Ans. 2

311. A teacher should have high expectations –

1. only from the bright students.
2. from all students irrespective of their gender and class.
3. from all students except those who belong to 'special category'.
4. from boys and girls in different areas such as-in mathematics from boys and in languages from girls.

एक अध्यापक को बहुत अधिक अपेक्षाएँ किससे रखनी चाहिए?

1. केवल प्रतिभाशाली विद्यार्थियों से।
2. जैण्डर और वर्ग को ध्यान में न रखते हुए सभी विद्यार्थियों से।
3. 'विशेष श्रेणी' से संबंध विद्यार्थीयों को छोड़कर सभी विद्यार्थियों से।
4. भिन्न-भिन्न विषयों में लड़कों-लड़कियों से अलग-अलग अपेक्षाएँ जैसे कि गणित में लड़कों से और भाषा में लड़कियों से।

Ans. 2

312. In______ a teacher and 2-4 students form a collaboration group and take turns leading dialogues on the content of a text passage.

1. Reciprocal teaching
2. Scaffolding
3. Discovery learning
4. Programmed Instruction

- में एक अध्यापिका और 2-4 विद्यार्थी एक सहयोगिक गुट बनाते हैं और एक-एक करके लेखांश पर संवाद को आगे बढ़ाते है।

1. अन्योन्य शिक्षण
2. पाड़
3. खोजी-अधिगम
4. क्रमबद्ध अनुदेशन

Ans. 1

313. Assertion (A): A teacher should understand the social, cultural, religions and linguistic diversity of the classroom

Reason (R): Learners in Classroom comprise a homogeneous group.

Choose the correct option.

1. Both (A) and (R) are true and (R) is the correct explanation of (A).
2. Both (A) and (R) are true but (R) is not the correct explanation of (A).
3. (A) is true but (R) is false.
4. Both (A) and (R) are false.

कथन (A): एक अध्यापक को कक्षा की सामाजिक सांस्कृतिक, धार्मिक और भाषीय विविधता को समझना चाहिए।

तर्क (R): कक्षा में विद्यार्थी एक समरूप समूह गठित करते हैं।

सही विकल्प चुनें।

1. (A) और (R) दोनों सही हैं और (R) सही व्याख्या करता है (A) की।

2. (A) और (R) दोनों सही हैं, लेकिन (R) सही व्याख्या नहीं है (A) की।
3. (A) सही है, लेकिन (R) गलत है।
4. (A) और (R) दोनों गलत हैं।

Ans. 3

314. A student of your class faces problems in expressing views and often switches between school mainstream language and the dialect spoken in his/her hometown. As a teacher, you must:

1. emphasize the purity of language usage.
2. recommend the child to a special school
3. introduce similar word-meanings in the target language gradually.
4. rebuke student for mixing languages.

आपकी कक्षा का एक विद्यार्थी अपने विचारों को व्यक्त करने में मुश्किल महसूस करता है और बार-बार विद्यालय द्वारा निर्धारित मुख्यधारा रूपी भाषा और उसके स्थानीय कस्बे की बोली में फेर-बदल करता रहता है। एक अध्यापिका के तौर पर आपको:

1. भाषा के शुद्ध (एकल) स्वरूपी इस्तेमाल को प्रोत्साहित करना चाहिए।
2. विद्यार्थी को विशेष शिक्षा वाले विद्यालय में भेजने का प्रस्ताव रखना चाहिए।
3. आनुक्रमिक रूप से लक्षित भाषा में समरूपी शब्द-अर्थ प्रस्तावित करने चाहिए।
4. भाषाओं को मिश्रित करने पर फटकारना चाहिए।

Ans. 3

ऐसे बच्चों को ,शिक्षिका को धीरे-धीरे ऐसे समान शब्द(similar words) सिखाने चाहिए जिससे वह नई भाषा को धीरे-धीरे सीख(learn) पाएं।

315. The curriculum in schools should follow the curriculum principle of moving from ____to____and from____to____

1. abstract, concrete local, global
2. concrete, abstract global, local
3. concrete, abstract local, global
4. abstract, concrete global, local

विद्यालयों में पाठ्यक्रम निर्धारित करने हेतु इस प्रकार का पाठ्यक्रम नियम लागू करना चाहिए जो____ से____ और____ से____ की तरफ बढ़ें।

1. अमूर्त, मूर्त स्थानीय, वैश्विक
2. मूर्त, अमूर्त वैश्विक, स्थानीय
3. मूर्त, अमूर्त स्थानीय, वैश्विक
4. अमूर्त, मूर्त वैश्विक, स्थानीय

Ans. 3

SOME IMPORTANT QUESTIONS

1. Read the following statements and choose the correct option :

Assertion (A) : Interaction with more knowledgeable others, such as teachers and peers, can provide the necessary support and guidance to help learners develop their understanding and skills.
Reason (R) : Social interaction is a key component of learning and development.
(1) Both (A) and (R) are false.
(2) Both (A) and (R) are true and (R) is the correct explanation of (A).
(3) Both (A) and (R) are true, but (R) is not the correct explanation of (A).
(4) (A) is true, but (R) is false.

निम्नलिखित कथनों को पढ़िए तथा सही विकल्प का चयन कीजिए :

अभिकथन (A) : शिक्षकों और साथियों जैसे अधिक जानकार अन्य लोगों के साथ बातचीत, शिक्षार्थियों को उनकी समझ और कौशल विकसित करने में मदद करने के लिए आवश्यक समर्थन और मार्गदर्शन प्रदान कर सकती हैं।

कारण (R) : सामाजिक संपर्क सीखने और विकास का एक प्रमुख घटक है।
(1) (A) और (R) दोनों ग़लत हैं।
(2) (A) और (R) दोनों सही हैं तथा (R), (A) की सही व्याख्या है।
(3) (A) और (R) दोनों सही हैं, परन्तु (R), (A) की सही व्याख्या नहीं है ।
(4) (A) सही है, परन्तु (R) ग़लत है।
Ans. 2

सामाजिक संपर्क का अर्थ है दूसरों से बातचीत करना(conversation), ज्ञान का आदान-प्रदान(knowledge exchange) करना जिससे बच्चा बहुत कुछ सीखता है और वह उसके संपूर्ण विकास में एक महत्वपूर्ण भूमिका(role) निभाता है।

2. Which of the following is an effective method to enhance problem-solving skills in children?

(1) Discouraging independent thinking and focusing on declarative knowledge
(2) Encouraging them to avoid difficult problems
(3) Providing them with ready-made solutions to problems
(4) Giving them opportunities to brainstorm and make intuitive guesses

बच्चों में समस्या-समाधान कौशल को बढ़ाने के लिए निम्नलिखित में से कौन-सा प्रभावी तरीका है ?
(1) स्वतंत्र चिंतन को हतोत्साहित करना और घोषणात्मक ज्ञान पर ध्यान केंद्रित करना
(2) कठिन समस्याओं से बचने के लिए उन्हें प्रोत्साहित करना
(3) उन्हें समस्याओं का तैयार समाधान उपलब्ध कराना
(4) उन्हें बुद्धि मंथन करने और सहज अनुमान लगाने के अवसर देना
Ans. 4

समस्या समाधान के कौशल को बढ़ाने के लिए बच्चों को स्वयं सोचे व अनुमान(guess) लगाने का अवसर(chance) देना चाहिए।

3. Which of the following is an example of an internal attribution for failure?

(1) I received a low grade because the teacher is a tough grader.

(2) I failed the test because I didn't study enough.
(3) I didn't get good marks because the teacher was biased.
(4) I failed the test because my friends were distracting me.

निम्नलिखित में से कौन-सा विफलता के लिए आंतरिक आरोपण का एक उदाहरण है ?

(1) मुझे निम्न ग्रेड प्राप्त हुआ क्योंकि शिक्षक कठोर तरीके से आँकते हैं।
(2) मैं परीक्षा में फेल हो गया क्योंकि मैंने पर्याप्त पढ़ाई नहीं की।
(3) शिक्षक के पक्षपाती होने के कारण मुझे अच्छे अंक नहीं मिले।
(4) मैं परीक्षा में फेल हो गया क्योंकि मेरे दोस्त मेरा ध्यान भटका रहे थे ।

Ans. 2

यह भावना बच्चों में आंतरिक रूप से आ रही है कि वह परीक्षा में फेल इसलिए हुआ है क्योंकि उसने पढ़ाई नहीं की, इसको आंतरिक आरोपण बोला जाएगा।

4. Assertion (A): Encouraging middle school children to make intuitive guesses and prompting them to look for different ways is an effective strategy to promote problem-solving skills.

Reason (R): Children learn through the processes of discussion and thinking of multiple perspectives.

Choose the correct option.

(1) Both (A) and (R) are true and (R) is the correct explanation of (A).
(2) Both (A) and (R) are true but (R) is not the correct explanation of (A).
(3) (A) is true but (R) is false.
(4) Both (A) and (R) are false.

कथन (A): मध्य विद्यालय के बच्चों को सहज अनुमान लगाने के लिए प्रोत्साहित करना और उन्हें विभिन्न तरीकों की तलाश करने के लिए प्रोत्साहित करना समस्या समाधान कौशल को बढ़ावा देने के लिए एक प्रभावी रणनीति है।

तर्क (R):बच्चे विभिन्न दृष्टिकोणों की चर्चा और सोच की प्रक्रियाओं के माध्यम से सीखते हैं।

सही विकल्प चुनें।

(1) (A) और (R) दोनों सही हैं और (A) की (R) सही व्याख्या करता है।
(2) (A) और (R) दोनों सही हैं लेकिन (A) की (R) सही व्याख्या नहीं करता है।
(3) (A) सही है लेकिन (R) गलत है।
(4) (A) और (R) दोनों गलत हैं।

Ans. 2

बच्चे जब एक दूसरे के विचारों को जानते हैं, सोचते समझते हैं, अनुमान(guess) लगाते हैं और विभिन्न तरीकों से किसी समस्या का हल(solution of problem) निकालते हैं तो यह उनके समस्या समाधान कौशल(problem solving skills) को बढ़ावा देता है।

5. _______would be a contributing factor for children's academic failure.

(1) Collaborative learning
(2) Inclusive classroom
(3) Decontextualised curriculum
(4) Meaningful learning

अकादमिक निम्न में से कौन-सा कारक विफलता के लिए जिम्मेदार है ?

(1) सहयोगात्मक शिक्षा
(2) समावेशी कक्षाएं
(3) गैर-प्रासंगिक पाठ्यक्रम
(4) सार्थक अधिगम

Ans. 3

पाठ्यक्रम लचीला(flexible) और प्रासंगिक(contextualised) होना बहुत आवश्यक है जो कि बच्चे की रुचि (interest), योग्यता (ability) और क्षमताओं (capability) को ध्यान में रखकर बनाया जाए।

6. ____________ is a hinderance in the process of problem-solving.

(1) Analogical thinking
(2) Algorithms
(3) Heuristics
(4) Response set

_________ समस्या समाधान की प्रक्रिया में बाधक है।
(1) अनुरूपित सोच
(2) कलन विधि
(3) स्वानुभाविक
(4) अनुक्रिया समुच्चय
Ans. 4
जब आप किसी समस्या को एक ही तरीके से हल करने का प्रयास (attempt) करते हैं और उस पर अटक/रूक (pause)जाते हैं तो उसे अनुक्रिया समुच्चय कहा जाता है। समस्या को विभिन्न तरीके (different methods) से करने का प्रयास ही आपको सफलता प्रदान करता है।

7. Assertion (A): Processes of dialogue and discussion enable children to become effective problem-solvers.

Reason (R) : Learning is social in character.

Choose the correct option
(1) Both (A) and (R) are true and (R) is the correct explanation of (A).
(2) Both (A) and (R) are true but (R) is not the correct explanation of (A).
(3) (A) is true but (R) is false.
(4) Both (A) and (R) are false.

अभिकथन (A) संवाद व चर्चा की प्रक्रियाएँ बच्चों को बेहतर समस्या समाधानकर्ता बनाने में सहायक है।

तर्क (R) सीखने की प्रवृत्ति सामाजिक है।

सही विकल्प चुनें:
(1) (A) और (R) दोनों सही हैं और (A) की (R) सही व्याख्या करता है ।
(2) (A) और (R) दोनों सही हैं लेकिन (A) की (R) सही व्याख्या नहीं करता है।
(3) (A) सही है लेकिन (R) गलत हैं।
(4) (A) और (R) दोनों गलत हैं।
Ans. 1

8. To enable effective problem-solving, the students should:

(1) Be promoted to think over the worked examples.
(2) Be given the worked examples and asked to transfer the strategies passively to similar problem
(3) Be discouraged to think-aloud,
(4) Be discouraged to look at worked examples.

छात्रों को प्रभावी समस्या समाधान को सक्षम करने के लिए:
(1) सुलझाए हुए उदाहरणों पर विचार करने के लिए प्रोत्साहित किया जाना चाहिए।
(2) सुलझाए हुए उदाहरण देकर उन्हें वही रणनीतियों को निष्क्रिय रूप से समान समस्याओं में स्थानांतरित करने के लिए कहा जाना चाहिए।
(3) बोल कर सोचने के लिए हतोत्साहित करना चाहिए।
(4) सुलझाए हुए उदाहरणों को देखने से हतोत्साहित करना चाहिए।

Ans. 1

समस्या समाधान की प्रक्रिया में बच्चों को समस्या के बारे में सोचने(think) और हल निकालने के लिए प्रेरित (motivate) करना चाहिए।

9. What does active engagement mean?

(1) Enquiry and questioning
(2) Drill and practice
(3) Rote memorization
(4) Passive listening

सक्रिय जुड़ाव का क्या अर्थ है ?
(1) पूछताछ और जांच
(2) वेधन और अभ्यास
(3) रटकर स्मरण
(4) निष्क्रिय सुनना
Ans. 1

यदि कक्षा में बच्चा प्रश्न (question)पूछ रहा है तो इसका अर्थ यह है कि बच्चा कक्षा में सक्रिय (active)रूप से जुड़ा हुआ है।

10. In means-end analysis :

(1) A step-by-step prescribed procedure is followed for achieving the goals
(2) The problem is divided into a number of intermediate goals and then focus on solving each sub-goal.
(3) The students begin at the goal and move back to the unsolved initial problem.
(4) The student limits her search for solutions to situations that have something in common with the one you currently face.

साधन लक्ष्य विश्लेषण में
(1) लक्ष्यों को प्राप्त करने के लिए चरण-दर-चरण प्रक्रिया निर्धारित होती है।
(2) समस्या को कई मध्यवर्ती लक्ष्यों में विभाजित किया जाता है और फिर प्रत्येक उप- लक्ष्य को हल करने पर ध्यान केंद्रित किया जाता है।
(3) छात्र लक्ष्य से शुरू करते हैं और अनसुलझी प्रारंभिक समस्या पर वापस जाते हैं।
(4) विद्यार्थी अपनी खोज को वन स्थितियों के समाधान के लिए सीमित कर देते हैं जिनमें कुछ ऐसी स्थिति है जिसका आप वर्तमान में सामना कर रहे हैं।
Ans. 2

इस प्रक्रिया में समस्या को छोटे-छोटे लक्ष्य(aim) में बांटकर एक-एक करके हल निकाला जाता है जिसे बच्चों की रुचि(interest) और ध्यान(attention) उस पर कैंद्रित रहे।

11. Assertion (A): In a socio-constructivist classroom recall based written tests should be the only basis of assessment.

Reason (R) : Children learn most effectively by rote memorisation.

Choose the correct option:
(1) Both (A) and (R) are true and (R) is the correct explanation of (A).
(2) Both (A) and (R) are true but (R) is not the correct explanation of (A).
(3) (A) is true but (R) is false.
(4) Both (A) and (R) are false.

कथन (A): एक सामाजिक रचनात्मक कक्षा में स्मरण पर आधारित लिखित परीक्षाएँ मूल्यांकन का एकमात्र तरीका होनी चाहिए।

तर्क (R) : बच्चे रटकर स्मरण करने द्वारा सबसे प्रभावी ढंग से सीखते हैं।

सही विकल्प चुनें।
(1) (A) और (R) दोनों सही हैं और (R), (A) की सही व्याख्या करता है।
(2) (A) और (R) दोनों सही हैं लेकिन (R), (A) की सही व्याख्या नहीं है।
(3) (A) सही है लेकिन (R) गलत है।
(4) (A) और (R) दोनों गलत हैं।
Ans. 4

रटकर सीखना(rote learning) कभी भी बच्चों के लिए प्रभावी नहीं होता है बच्चों

को हमेशा समझ कर(by understanding) ही पढ़ना चाहिए।

12. Assertion (A): Teachers must enable children to find their voices and nurture their curiosity-to do things, to ask questions and to pursue investigations.

Reason (R) : Learning is an act of meaning-making and not the ability to reproduce textual knowledge.

Choose the correct option.
(1) Both (A) and (R) are true and (R) is the correct explanation of (A).
(2) Both (A) and (R) are true but (R) is not the correct explanation of (A).
(3) (A) is true but (R) is false.
(4) Both (A) and (R) are false.

कथन (A) शिक्षक को बच्चों को उनकी आवाज खोजने में मदद करनी चाहिए व उनकी जिज्ञासा को पोषित करना चाहिए चीजों को करके देखना, सवाल पूछना, जाँच-पड़ताल करना।

तर्क (R) सीखना समझ बनाने की प्रक्रिया है न कि पुस्तकीय ज्ञान के ज्यों का त्यों पुनरुप्ति करने का कौशल ।

सही विकल्प चुनें:
(1) (A) और (R) दोनों सही हैं और (R) सहाँ व्याख्या करता है (A) की
(2) (A) और (R) दोनों सही हैं लेकिन (R) सही व्याख्या नहीं है (A) की
(3) (A) सही है लेकिन (R) गलत है।
(4) (A) और (R) दोनों गलत है।
Ans. 1

किसी विषय से संबंधित बच्चों की जिज्ञासा(curiosity) को शांत करना, उन्हें खोज के पूर्ण अवसर(opportunity) देना और जांच पड़ताल करने का पूरा अवसर दिया जाना चाहिए। उससे बच्चे अर्थपूर्ण(meaningful) तरीके से अधिगम करते हैं।

13. ______ motivate the learners to believe in themselves and work harder.
(1) Shame and hopelessness
(2) Fear and anxiety
(3) View of ability as fixed and incontrollable:
(4) View of ability as incremental and controllable

______ विद्यार्थियों को खुद पर विश्वास रखने और मेहनत करने के लिए अभिप्रेरित करते है।
(1) शर्मिंदगी और निराशा
(2) भय और उत्कंठा
(3) यह मान्यता कि क्षमता अटल और अनियन्त्रणीय है
(4) यह मान्यता की क्षमता वार्धिक और नियन्त्रणीय है
Ans. 4

बच्चों को यह बताना कि उनकी क्षमता (capacity) में उनकी मेहनत के अनुसार वृद्धि हो सकती है यह बच्चों को विश्वास रखना और मेहनत(effort effort) करने के लिए प्रेरित करता है।

14. Assertion (A): Provision of mid-may meals in schools can ensure better nutritional health of the students.

Reason (R): Environmental factors do not play any role in shaping an individual since growth is determined only by heredity.

Choose the correct option:
(1) Both (A) and (R) are true and (R) is the correct explanation of (A).
(2) Both (A) and (R) are true but (R) is not the correct explanation of (A).
(3) (A) is true but (R) is false.
(4) Both (A) and (R) are false.

कथन (A) स्कूलों में मीड-डे मील (भोजन) की व्यवस्था से छात्रों का बेहतर पोषण व स्वास्थ्य सुनिश्चित हो सकता है।

तर्क (R) पर्यावरणीय कारक किसी व्यक्ति को आकार देने में कोई भूमिका नहीं निभाते हैं क्योंकि विकास केवल आनुवंशिकता से निर्धारित होता है। सही विकल्प चुनें।

(1) (A) और (R) दोनों सही हैं और (R) सही व्याख्या करता है (A) की ।
(2) (A) और (R) दोनों सही हैं लेकिन (R) सही व्याख्या नहीं है (A) की ।
(3) (A) सही है लेकिन (R) गलत है।
(4) (A) और (R) दोनों गलत है।

Ans. 3

बच्चों का विकास आनुवांशिकता (hereditary) और पर्यावरणीय(environmental) दोनों कारकों से प्रभावित होता है, इसीलिए बच्चों के लिए भोजन की व्यवस्था करना उनके स्वास्थ्य(health) और पोषण (nutrition) के लिए उपयोगी होता है।

15. Which of the following is not a characteristic of students who are critical thinkers?

(1) Open-mindedness and inquiliness.
(2) Following instructions blindly
(3) Asking clarifying questions
(4) Assessing the credibility of sources

निम्न में से कौन-से अभिलक्षण एक समालोचनात्मक विद्यार्थी के नहीं हैं?

(1) खुली मानसिकता व जिज्ञासू प्रवर्ति
(2) आँख बंद करके निर्देशों का पालन
(3) स्पष्टीकरण के लिए प्रश्न पूछना
(4) स्त्रोतों की विश्वासनीयता का आकलन

समालोचनात्मक विद्यार्थी सभी पक्षों (aspect) पर सोच समझकर निर्णय (decision)लेते हैं।

Ans. 2

16. 'Alternative conceptions among children:

(1) Reflect the egocentric and irrational thinking of children.
(2) Are found only in children with very high IQ levels.
(3) Are an obstacle to learning and should be punished.
(4) Are the 'naive theories that children construct about phenomenon around them.

बच्चों में वैक्लपिक अवधारणाएँ:

(1) उनकी आत्मकेन्द्रित तथा तर्कशुन्य सोच को दर्शाती हैं।
(2) केवल उच्च बुद्धिलब्धि वाले विद्यार्थियों में पाई जाती है।
(3) सीखने की प्रक्रिया में बाधा डालती हैं तथा उन्हें दंडित करना चाहिए।
(4) बच्चों की अपने आस पास की घटनाओं के बारे में बनाए 'सहज सिद्धांतो को दर्शाती हैं।

Ans. 4

17. Which of the following describes use of heuristics in problem-solving?

(1) A step-by step procedure for achieving as goals is prescribed.
(2) The problem is divided into a number of intermediate goals and then focus on solving each sub-goal.
(3) The students begin at the goal and move back to the unsolved initial problem.
(4) The student limits her search for solutions to situations that have something in common with the one you currently face.

निम्नलिखित में से कौन सा समस्या समाधान में स्वानुभाविकता के प्रयोग का वर्णन करता है ?

(1) लक्ष्यों को प्राप्त करने के लिए चरण-दर-चरण प्रक्रिया निर्धारित है।
(2) समस्या को कई मध्यवर्ती लक्ष्यों में विभाजित किया जाता है और फिर प्रत्येक उप-लक्ष्य को हल करने पर ध्यान केंद्रित किया जाता है।
(3) छात्र लक्ष्य से शुरु करते हैं और अनसुलझी प्रारंभिक समस्या पर वापस जाते हैं।
(4) विद्यार्थी अपनी खोज को उन स्थितियों के समाधान के लिए सीमित कर देता है जिनमें कुछ ऐसी स्थिति है जिसका आप वर्तमान में सामना कर रहे हैं।

Ans. 1

18. Assertion (A): Teachers should disregard the mental well-being and emotional needs of children. Academic learning is not influenced by the emotional well-being of the child. Choose the correct option:

Reason (R) :

(1) Both (A) and (R) are true and (R) is the correct explanation of (A).
(2) Both (A) and (R) are true, but (R) is not the correct explanation of (A).
(3) (A) is true, but (R) is false.
(4) Both (A) and (R) are false.

अभिकथन : (A) : शिक्षकों को बच्चों की मानसिक स्थिति व संवेगात्मक जरूरतों की उपेक्षा करनी चाहिए।

तर्क (R) : अकादमिक अधिगम बच्चे के संवेगात्मक स्वास्थ्य से प्रभावित नहीं होता।

सही विकल्प चुनें।

(1) (A) और (R) दोनों सही हैं और (R) सही व्याख्या करता है (A) की ।
(2) (A) और (R) दोनों सही हैं लेकिन (R) सही व्याख्या नहीं है (A) की ।
(3) (A) सही है लेकिन (R) गलत है।
(4) (A) और (R) दोनों गलत है।

Ans. 4

प्रभावी अधिगम (effective learning) के लिए शिक्षक को बच्चों की भावनात्मक स्थिति (emotional condition) को समझना चाहिए।

19. Monu believes that he has a flair for languages but he got less marks in English test because he could not study well. Monu is attributing his performance to:

(1) Environmental factors
(2) Hereditary factors
(3) Lack of ability
(4) Lack of effort

मोनू का मानना है कि उसके भाषाई कौशल अच्छे हैं उसके अंग्रेजी की परीक्षा में कम अंक आने का कारण है उसका अच्छे से पढ़ाई न करना। मोनू अपने प्रदर्शन का आरोपण किस कारक को कर रहा है ?

(1) पर्यावरणीय कारक
(2) आनुवांशिक कारक
(3) योग्यता की कमी
(4) कोशिश की कमी

Ans. 4

20. Assertion (A) : Overall physical and emotional well-being of the child greatly affects her learning.

Reason (R) : Academic learning is not influenced by personal emotional factors Choose the correct option:

(1) Both (A) and (R) are true and (R) is the correct explanation of (A).
(2) Both (A) and (R) are true but (R) is not the correct explanation of (A).
(3) (A) is true but (R) is false.
(4) Both (A) and (R) are false.

कथन (A)बच्चों का संपूर्ण शारिरिक व संवेगात्मक विकास उसके सीखने को बहुत प्रभावित करता है।

तर्क (R)अकादमिक अधिगम पर व्यक्तिगत संवेगात्मक कारकों की कोई प्रभाव नहीं पड़ता।

सही विकल्प चुनें।

(1) (A) और (R) दोनों सही हैं और (R) सही व्याख्या करता है (A) की।
(2) (A) और (R) दोनों सही हैं लेकिन (R) सही व्याख्या नहीं है (A)
(3) (A) सही है लेकिन (R) गलत है।
(4) (A) और (R) दोनों गलत हैं।
Ans. 3

21. A step-by-step prescription for achieving a goal that is usually domain specific is called:

(1) Algorithm
(2) Heuristic
(3) Analogy
(4) Means-end analysis

लक्ष्य की प्राप्ति के लिए चरण-दर-चरण प्रक्रिया जो विशिष्ट आयाम से सरोकार रखती है, क्या कहलाती है?

(1) कलनविधि
(2) स्वानुभाविकता
(3) अनुरूपता
(4) साधन लक्ष्य विश्लेषण
Ans. 1

22. The process of problem - solving is hindered by :

(1) Analogical thinking
(2) Heuristics
(3) Means - end analysis
(4) Functional fixedness

समस्या-समाधान की प्रक्रिया किसके द्वारा बाधित होती है ?

(1) अनुरूपित सोच
(2) स्वानुभाविकता
(3) साधन लक्ष्य विश्लेषण
(4) प्रकार्यात्मक स्थिरता
Ans. 4

सीखना किसी एक विशेष(specific) प्रकार से नहीं हो सकता है इसलिए इसमें विभिन्न aspects को शामिल किया जाना चाहिए।

23. In a middle school classroom emphasis should be on creating an environment of -

(1) Cooperation and collaboration
(2) Competition and individualism
(3) Drill and rote memorisation
(4) Fear and stress

मध्य विद्यालय की कक्षा में किस प्रकार का वातावरण बनाने पर जोर दिया जाना चाहिए?

(1) सहयोगात्मक और सहकारात्मक
(2) प्रतिस्पर्धात्मक और व्यक्तिवादी
(3) वेधन व रटना
(4) भय और तनाव
Ans. 1

24. The process of construction of knowledge and making meaning in middle school students is facilitated through:

(i) Active exploration
(ii) Social interaction
(iii) Experimentation
(iv) Conditioning of behaviour
(1) (i), (iii)
(2) (iii), (iv)
(3) (i), (ii), (iii)
(4) (i), (ii), (iii), (iv)

मध्य विद्यालय के छात्रों में ज्ञान निर्माण और अर्थ बनाने की प्रक्रिया को सुगम बनाने के लिए किसका प्रयोग करना चाहिए ?

(i) सक्रिय अन्वेषण
(ii) सामाजिक संपर्क
(iii) प्रयोग
(iv) व्यवहार का अनुबंधन

(1) (i), (iii) (2) (iii), (iv)
(3) (i), (ii), (iii) (4) (i), (ii), (iii), (iv)

Ans. 3

25. Assertion (A): Promoting students to reflect on attributing their success and failure to internal factors helps them to work on themselves constructively.

Reason (R): Internal attributions of success and failure help individuals to improve their performance by working harder.

Choose the correct option:
(1) Both (A) and (R) are true and (R) is the correct explanation of (A)
(2) Both (A) and (R) are true but (R) is not the correct explanation of (A)
(3) (A) is true but (R) is false
(4) Both (A) and (R) are false

कथन (A) : छात्रों को अपनी सफलता और विफलता के लिए आंतरिक कारकों को जिम्मेदार ठहराने पर प्रतिबिंबित करने के लिए प्रोत्साहित करें जिससे उन्हें खुद पर रचनात्मक रूप से काम करने में मदद मिलती है।

तर्क (R) : सफलता और असफलता के आंतरिक गुण व्यक्तियों को कड़ी मेहनत करके अपने प्रदर्शन को बेहतर बनाने में मदद करते हैं।

सही विकल्प चुनें।
(1) (A) और (R) दोनों सही है और (A) की (R) सही व्याख्या करता है ।
(2) (A) और (R) दोनों सही है लेकिन (A) की (R) सही व्याख्या नहीं करता है।
(3) (A) सही है लेकिन (R) गलत है।
(4) (A) और (R) दोनों गलत है।

Ans. 1

26. Assertion (A) In middle school classrooms only the teachers should ask questions and not the students.

Reason (R) - Passive listening is the best method to learn meaningfully.

Choose the correct option.
(1) Both (A) and (R) are true and (R) is the correct explanation of (A)
(2) Both (A) and (R) are true but (R) is not the correct explanation of (A)
(3) (A) is true but (R) is false
(4) Both (A) and (R) are false

कथन (A) मध्य विद्यालयी कक्षाओं में केवल शिक्षकों को प्रश्न पूछने चाहिए, विद्यार्थियों को नहीं। तर्क (R) : निष्क्रिय रूप से श्रवण अर्थपूर्ण ढंग से सीखने का सबसे अच्छा तरीका है।

सही विकल्प चुनें।
(1) (A) और (R) दोनों सही हैं और (A) की (R) सही व्याख्या करता है।
(2) (A) और (R) दोनों सही हैं लेकिन (A) की (R) सही व्याख्या नहीं करता है।
(3) (A) सही है लेकिन (R) गलत है।
(4) (A) और (R) दोनों गलत हैं।

Ans. 4

कक्षा में सक्रिय रूप से अधिगम के लिए विद्यार्थियों को प्रश्न अवश्य पूछना चाहिए। यदि वह सक्रिय(active) रूप से कक्षा में भाग लेंगे तो वो प्रभावशाली(effectively) ढंग से सीख पाएंगे।

27. An assistive technology to aid vision is:

(1) Large print worksheets
(2) Voice activated [computer
(3) Calculators
(4) Magnifying glass

दृष्टि की सहायता के लिए एक सहायक तकनीक है :

(1) बड़े मुद्रण वाली वर्कशीट

(2) वाक चलित कंप्यूटर

(3) कैलकुलेटर

(4) आवर्धक लेंस

Ans. 2

वाक चलित कंप्यूटर व्यक्ति की voice decode कर सकते हैं, जिससे बच्चों को अधिगम में सहायता मिलती है।

28. Children form naïve theories or alternative conceptions because:

(1) their thinking is much inferior to adults.

(2) they are blank slates.

(3) they are thinking beings who are constructing knowledge by interacting with the world.

(4) their thinking is illogical and irrational.

बच्चे सहन सिद्धांत या वैकल्पिक अवधारणाएँ बनाते हैं क्योंकि

(1) उनकी सोच बड़ों से काफी नीच होती है।

(2) से कोरी पट्टी है।

(3) वे सोच वाले प्राणी हैं जो दुनिया के साथ बातचीत करके ज्ञान का निर्माण कर रहे हैं।

(4) उनकी सोच अतार्किक और तर्कहीन है।

Ans. 3

29. Assertion (A): While teaching problem-solving, teachers should discourage the children to think about their own thinking and focusing on how to learn.

Reason (R) : Development of metacognitive abilities hinder problem-solving.

Choose the correct option.

(1) Both (A) and (R) are true and (R) is the correct explanation of (A)

(2) Both (A) and (R) are true but (R) is not the correct explanation of (A)

(3) (A) is true but (R) is false

(4) Both (A) and (R) are false

कथन (A) समस्या समाधान पढ़ाते समय, शिक्षकों को चाहिए कि वे बच्चों को अपनी सोच के बारे में सोचने और सीखने के तरीके पर ध्यान केंद्रित करने के लिए हतोत्साहित करें।

तर्क (R)

संज्ञानात्मक क्षमताओं का विकास समस्या समाधान में बाधा डालता है।

सही विकल्प चुनें।

(1) (A) और (R) दोनों सही हैं और (A) की (R) सही व्याख्या करता है।

(2) (A) और (R) दोनों सही है लेकिन (A) की (R) सही व्याख्या नहीं करता है।

(3) (A) सही है लेकिन (R) गलत है।

(4) (A) और (R) दोनों गलत है।

Ans. 4

30. Assertion (A): In a classroom of diverse learners, teachers should give reasonable autonomy and flexibility in curriculum and assessment strategies.

Reason (R): Children learn better when they take ownership and their learning needs are accommodated.

Choose the correct option.

(1) Both (A) and (R) are true and (R) is the correct explanation of (A).

(2) Both (A) and (R) are true but (R) is not the correct explanation of (A).

(3) (A) is true but (R) is false.

(4) Both (A) and (R) are false.

कथन (A) : विविध विद्यार्थियों की कक्षा में शिक्षकों को यथोचित स्वायत्तता देनी चाहिए और पाठ्यचर्या और आकलन प्रणाली को लचीला बनाना चाहिए।

तर्क (R) : बच्चे बेहतर सीखते हैं जब वह प्रभुत्व लेते हैं और उनके सीखने की जरूरतों का समायोजन होता है।

सही विकल्प चुनें।

(1) (A) और (R) दोनों सही हैं और (R) सही व्याख्या करता है (A) की ।
(2) (A) और (R) दोनों सही हैं लेकिन (R) सही व्याख्या नहीं है (A) की।
(3) (A) सही हैं लेकिन (R) गलत है।
(4) (A) और (R) दोनों गलत हैं।

Ans. 1

31. During a group work in class, Ramesh finds his students struggling to solve a given question.

In order to scaffold them Ramesh should:

(1) Tell them to copy the answer from book
(2) Ask them to withdraw given assignment and move on next task
(3) Give cues and hints relevant to the problem
(4) Complicate the question by ambigous instructions

कक्षा में समूह कार्य के दौरान, रमेश ने देखा कि उसके विद्यार्थी दिए गए प्रश्न का हल ढूँढने में जूझ रहे हैं। विद्यार्थीयों को सहयोग देने के लिए रमेश को क्या करना चाहिए?

(1) उन्हें पुस्तक से उत्तर नकल करके लिखने के लिए कहना चाहिए
(2) उस प्रदत्त कार्य को छोड़कर अगले कार्य को करने के लिए कहना चाहिए
(3) प्रश्न से संबंधित संकेत देने चाहिए
(4) अस्पष्ट निर्देश द्वारा प्रश्न को जटिल बना देना चाहिए

Ans. 3

रमेश को सहायक विधि (cooperative method) द्वारा बच्चों को समस्या से संबंधित संकेत (hint) देकर उनकी सहायता करनी चाहिए, हल ढूंढने के लिए।

32. Assertion (A): Teachers should follow standardized curriculum and procedures for assessment of children.

Reason (R): The aim of inclusive education is to work towards making everyone the same by dismissing differences.

Choose the correct option.

(1) Both (A) and (R) are true and (R) is the correct explanation of (A).
(2) Both (A) and (R) are true but (R) is not the correct explanation of (A).
(3) (A) is true but (R) is false.
(4) Both (A) and (R) are false.

अभिकथन (A) : शिक्षकों को बच्चों के मूल्यांकन के लिए मानकीकृत पाठ्यक्रम और प्रक्रियाओं का पालन करना चाहिए।

तर्क (R) : समावेशी शिक्षा का उद्देश्य मतभेदों को खारिज कर सभी को समान बनाने की दिशा में काम करना है ।

सही विकल्प चुनें।

(1) (A) और (R) दोनों सही हैं और (A) की (R) सही व्याख्या करता है ।
(2) (A) और (R) दोनों सही हैं लेकिन (A) की (R) सही व्याख्या नहीं करता है।
(3) (A) सही है लेकिन (R) गलत है।
(4) (A) और (R) दोनों गलत है।

Ans. 4

33. When students experience the emotion of________ their learning is likely to be influenced positively.

(1) tension (2) shame
(3) humiliation (4) satisfaction

जब विद्यार्थी_______ की भावना का अनुभव करते हैं तब उनके सीखने पर सकारात्मक प्रभाव पड़ने की संभावना है।

(1) तनाव (2) शर्म
(3) हीनता (4) संतुष्टि
Ans. 4

34. Which of the following is the correct match of emotion likely to be experienced in by the students specified context?

(1) Frustration - When activity is valued and there is low control of student over learning
(2) Anxiety - When success is expected
(3) Joy - When success is not achieved
(4) Gratitude - When failure is seen as caused by others

निम्नलिखित में से कौन-सा मिलान विशिष्ट संदर्भों में विद्यार्थियों द्वारा अनुभव की जाने वाली भावनाओं की संभावना का सही मिलान है ?

(1) कुंठा - जब गतिविधि को कम महत्व दिया जाता है और विद्यार्थियों का अधिगम पर कम नियन्त्रण होता है।
(2) चिंता - जब सफलता अपेक्षित होती है।
(3) आनन्द - जब सफलता नहीं मिलती है।
(4) कृतज्ञता जब असफलता को इस रूप में देखा जाता है कि उसका कारण कोई और व्यक्ति है।

Ans. 1

बच्चे frustrate feel करते हैं जब गतिविधि(activity) को कम महत्व दिया जाए।

35. Socio-Constructivist environment is characterised by_______and_______.

(1) fixed seating arrangement, standardised curriculum
(2) teacher centered pedagogies, focus on rote memorisation
(3) student centered pedagogies, conducive environment of knowledge construction
(4) culturally irrelevant curriculum, exam - centric pedagogies

सामाजिक- रचनावादी परिवेश_______ और________ के द्वारा परिलक्षित होता है।

(1) बैठने की स्थिर व्याख्या, मानकीकृत पाठ्यचर्या
(2) अध्यापक केन्द्रित शिक्षणशास्त्रीय प्रविधियाँ, कंठस्थीकरण पर बल
(3) विद्यार्थी केन्द्रित शिक्षणशास्त्रीय प्रविधियाँ, ज्ञान सृजन हेतु अनुकूल परिवेश
(4) सांस्कृतिक रूप से अप्रासंगिक पाठ्यचर्या, परीक्षा केन्द्रित शिक्षणशास्त्रीय प्रविधियाँ

Ans. 3

36. 'Active engagement' of learners requires a classroom culture which promotes :

(i) Reproduction of Knowledge
(ii) Mere recall of information
(iii) Reflection
(iv) Discussion

(1) (i), (ii) (2) (i), (iii)
(3) (ii), (iii) (4) (iii), (iv)

शिक्षार्थियों की 'सक्रिय संलग्नता ऐसी कक्षा संस्कृति की माँग करती है जो_______ और__________ को समुन्नत करे ।

(i) ज्ञान के पुनरुत्पादन
(ii) जानकारी के मात्र प्रत्यास्मरण
(iii) विमर्श चिंतन
(iv) चर्चा

(1) (i), (ii) (2) (i), (iii)
(3) (ii), (iii) (4) (iii), (iv)

Ans. 4

37. While the process of problem-solving involves a lot of back and forth, yet typically the first step in the process of problem solving process is____.

(1) finding appropriate solution
(2) representing the problem
(3) identifying the problem

(4) evaluating the solution implemented

हालाँकि समस्या समाधान प्रक्रिया में अक्सर हम चरणों पर फेर-बदल करते रहते हैं, फिर भी औसतन रूप से समस्या समाधान प्रक्रिया का पहला चरण ____होता है।

(1) उपयुक्त हल ढूँढना
(2) समस्या का प्रस्तुतीकरण
(3) समस्या की पहचान
(4) अपनाए गए समाधान का मूल्यांकन

Ans. 3

38. While biologically ________ abilities such as walking can be gained through ________ biologically abilities such as writing require ________ .

(1) Primary playful interaction with environment secondary explicit instruction.
(2) Secondary playful interaction with environment primary explicit instruction.
(3) Primary explicit instruction secondary self-driven practice.
(4) Secondary eliminating explicit instruction primary explicit instruction.

जैवकीय________ योग्यता जैसे कि चलना ________ के माध्यम से हासिल हो सकती है जैवकीय ________ योग्यताएँ जैसे कि लिखने के लिए ________ की आवश्यकता होती है ।

(1) प्राथमिक परिवेश के साथ आनन्ददायी अन्त:क्रियाएँ द्वितीयकः स्पष्ट अनुदेशन ।
(2) द्वितीयकः परिवेश के साथ आनन्ददायी अन्त:कियाएँ प्राथमिक स्पष्ट अनुदेशन ।
(3) प्राथमिकः स्पष्ट अनुदेशन द्वितीयकः स्वयं-निर्देशित अभ्यास ।
(4) द्वितीयकः स्पष्ट अनुदेशन की विलंगता प्राथमिक स्पष्ट अनुदेशन ।

Ans. 1

प्राथमिक जैविकीय योग्यता के अंतर्गत चलना, फिरना आता है जो कि environmental interaction से आती है और द्वितीय जैविक योग्यताओं के अंतर्गत लिखने की योग्यता जो की स्पष्ट अनुदेशन(clear instruction) के माध्यम से प्राप्त की जाती है।

39. A general strategy that might lead to solution of a given problem is called

(1) Mnemonics)
(2) Functional fixedness
(3) Response set
(4) Heuristics

एक सामान्य युक्ति जो दी गई समस्या के समाधान तक पहुँचने में मददगार हो सकती है, ______कहलाती है।

(1) स्मृति-सहायक तकनीक
(2) प्रकार्यात्मक स्थिरता
(3) अनुक्रिया समुच्चय
(4) अनुमानी सोच

Ans. 4

40. Which of the following skill should not be promoted among students?

(1) Metacognition
(2) Reflection
(3) Creativity
(4) Docility

विद्यार्थियों में निम्न में से किस कौशल को बढ़ावा नहीं देना चाहिए ?

(1) अभिसंज्ञान
(2) चिंतन
(3) सृजनात्मकता
(4) अधीनता उन्मुखी

Ans. 4

बच्चों का कक्षा में शांत रहना और जो शिक्षक बोल रहा है उसको बिना किसी अपनी सोच समझ के आत्मसात(assimilate)कर लेना, अधिगम को कमजोर कर सकता है।

41. Assertion (A) : From early age itself, our brain is good at learning content related to real world contexts.

Reason (R): School should emphasize on abstract content and textbook learning in primary grades.

Choose the correct option:
(1) Both (A) and (R) are true and (R) is the correct explanation of (A)
(2) Both (A) and (R) are true but (R) is not the correct explanation of (A)
(3) (A) is true but (R) is false
(4) Both (A) and (R) are false

अभिकथन (A) : शुरुआती उम्र से ही हमारा मस्तिष्क वास्तविक सांसारिक परिवेशों से जुड़ी विषयवस्तु को सीखने में सक्षम होता है।

तर्क (R) : प्राथमिक स्तर पर विद्यालयों को अमूर्त विषयवस्तु और पुस्तकीय अधिगम पर बल देना चाहिए।

सही विकल्प चुनिए :
(1) (A) और (R) दोनों सही हैं और (R), (A) की सही व्याख्या करता है।
(2) (A) और (R) दोनों सही हैं लेकिन (R), (A) की सही व्याख्या नहीं है
(3) (A) सही है लेकिन (R) गलत है
(4) (A) और (R) दोनों गलत हैं

Ans. 3

बच्चों को वास्तविक जीवन और समाज से संबंधित विषय वस्तु को सिखाने में ज्यादा आसानी होती है और प्राथमिक स्तर(primary level) पर मूर्त(concrete) विषय वस्तु जिससे बच्चे देख कर सीख पाए ज्यादा लाभकारी होती है।

42. Students who are creative are likely to:
(1) take long time to understand task.
(2) come up with innovative original ideas.
(3) be behind their agemates in cognitive development.
(4) require higher efforts in learning content.

सृजनात्मक विद्यार्थी के बारे में निम्न में से क्या सही है ?
(1) वे कार्य को समझने में काफी समय लेते हैं ।
(2) वे नवीन और मूल विचार सुझाते हैं।
(3) वे अपने सहपाठियों के मुकाबले संज्ञानात्मक विकास में पिछड़े होते हैं ।
(4) उन्हें विषय-वस्तु को समझने में काफी मेहनत लगती है ।

Ans. 2

43. Which of the following approach undermines students' ability?
(1) Discovery learning
(2) Cooperative learning
(3) Intuitive guessing
(4) Passive imitation

निम्न में से कौन-सा उपागम विद्यार्थियों के ज्ञान अर्जन की योग्यता को कमत्तर आँकता है ?
(1) खोजी अधिगम
(2) सहयोगात्मक अधिगम
(3) सहज अनुमान लगाना
(4) निष्क्रिय नकल

Ans. 4

44. Assertion (A) : Along with cognitive development schools should ensure emotional well-being of students as well.

Reason (R) : Verbalisation of thoughts while working on a problem hinders problem solving skill. Choose the correct option:
(1) Both (A) and (R) are true and (R) is the correct explanation of (A).
(2) Both (A) and (R) are true but (R) is not the correct explanation of (A).

(3) (A) is true but (R) is false.
(4) Both (A) and (R) are false.

अभिकथन (A) : संज्ञानात्मक विकास के साथ विद्यालयों को विद्यार्थियों की भावात्मक खुशहाली सुनिश्चित करनी चाहिए ।

कारण (R) : किसी समस्या/प्रश्न को हल करते समय विचारों का मौखिकीकरण समस्या समाधान कौशल में बाधा डालता है ।

सही विकल्प चुनें:
(1) (A) और (R) दोनों सही हैं और (R), (A) की सही व्याख्या करता है।
(2) (A) और (R) दोनों सही हैं लेकिन (R), (A) की सही व्याख्या नहीं है ।
(3) (A) सही है लेकिन (R) गलत है।
(4) (A) और (R) दोनों गलत हैं।
Ans. 2

45. Which discussing the sources of water, Rani responds that 'tap' and 'shower' are the main sources of water. Her response represents____.
(1) her understanding formed on basis of her experience
(2) her low interpersonal and intrapersonal intelligence
(3) lack of motivation to learn a new concept
(4) higher order problem-solving skills

जल के स्रोतों के बारे में चर्चा करते हुए रानी उत्तर देती है कि नल' और फव्वारा पानी के मुख्य स्रोत हैं। उसका उत्तर किसका प्रतिनिधित्व करता है ?
(1) उसकी समझ जो उसके अनुभवों के आधार पर बनी हैं।
(2) उसकी निम्न अंतः वैयक्तिक और अंतर्वैयक्तिक बुद्धि
(3) नई अवधारणा सीखने के लिए अभिप्रेरणा की कमी
(4) उच्च स्तरीय समस्या समाधान कौशल
Ans. 1

46. According to constructivist theorists, which of the following statements would not be correct ?
(1) Knowledge is subjective.
(2) Learners construct knowledge in their social and cultural context.
(3) Learners need to be extrinsically motivated to ensure effective learning.
(4) Knowledge is pluralistic and multiple.

संरचनावादी सिद्धांतकारों के अनुसार, निम्नलिखित में से कौन-सा कथन सही नहीं होगा ?
(1) ज्ञान व्यक्तिपरक है ।
(2) शिक्षार्थी अपने सामाजिक और सांस्कृतिक संदर्भ में ज्ञान की रचना करते हैं ।
(3) प्रभावी अधिगम सुनिश्चित करने के लिए शिक्षार्थियों को बाहरी रूप से प्रेरित करने की आवश्यकता है ।
(4) ज्ञान बहुलवादी और बहुविध है ।
Ans. 4

47. Read the following statements and choose the correct option :

Assertion (A) : Teachers should work hard to break down students' stereotypes of particular ethnic groups.

Reason (R) : A key educational objective is to enable students to engage in critical self-reflection.
(1) (A) is true, but (R) is false.
(2) Both (A) and (R) are true, but (R) is not the correct explanation of (A).
(3) Both (A) and (R) are false.
(4) Both (A) and (R) are true and (R) is the correct explanation of (A).

निम्नलिखित कथनों को पढ़िए तथा सही विकल्प का चयन कीजिए:

अभिकथन (A) : शिक्षकों को विद्यार्थियों में विशेष जातीय समूहों के बारे में रूढ़िवादिता को तोड़ने के लिए कड़ी मेहनत करनी चाहिए ।

कारण (R) : शिक्षा का एक प्रमुख उद्देश्य विद्यार्थियों को समालोचनात्मक आत्म-चिंतन के लिए प्रोत्साहित करना है ।

(1) (A) सही है, परन्तु (R) ग़लत है।
(2) (A) और (R) दोनों सही हैं, परन्तु (R), (A) की सही व्याख्या नहीं है।
(3) (A) और (R) दोनों ग़लत हैं।
(4) (A) और (R) दोनों सही हैं तथा (R), (A) की सही व्याख्या है।

Ans. 4

48. Students who score less marks during exams should ________.

1. be placed in special schools.
2. be guided to pursue only vocational education.
3. be subjected to corporal punishment.
4. be provided with necessary support as per their individual needs.

परीक्षा में कम अंक पाने वाले विद्यार्थियों को –

1. विशिष्ट विद्यालय में भेज देना चाहिए।
2. केवल व्यावसायिक शिक्षा पाने के लिए मार्गदर्शन देना चाहिए।
3. दण्ड देना चाहिए।
4. उसकी व्यक्तिगत आवश्यकताओं के अनुसार सहायता देनी चाहिए।

Ans. 4

49. It is important to_______ situations where the students are ________ listeners for long periods of time.

1. avoid, passive
2. create, passive
3. prevent, active
4. reinforce, docile

ऐसे स्थितियाँ ________ महत्त्वपूर्ण हैं जहाँ छात्र लंबे समय तक _______ श्रोता होते हैं।

1. टालना, निष्क्रिय
2. पैदा करना, निष्क्रिय
3. निषेध करना, सक्रिय
4. सुदृढ करना, आज्ञाधीन

Ans. 1

बच्चे निष्क्रिय (passive) होकर कुछ भी नहीं सीख पाएंगे इसलिए बच्चों को सक्रिय(active) रखना बहुत आवश्यक है।

50. Which of the following set of attributions on success or failure on a task is likely to cause increase in students' motivation and attempts to engage in similar tasks in the future?

1. External, Non-controllable
2. External, Stable
3. Internal, Stable
4. Internal, Controllable

किसी कार्य की सफलता या विफलता पर निम्नलिखित में से कौन-सा आरोपण भविष्य में विद्यार्थियों की प्रेरणा और समरूपी कार्यों में संलग्न होने के प्रयासों में वृद्धि कर पाएगा?

1. बाहरी, गैर-नियंत्रणीय
2. बाहरी, स्थिर
3. आंतरिक, स्थिर
4. आंतरिक, नियंत्रणीय

Ans. 4

51. The sequence of presentation of concepts should be from:

1. Application-based to understanding-based
2. Higher-order to lower-order
3. Abstract to concrete
4. Simple to complex

संप्रत्ययों की प्रस्तुति का क्रम क्या होना चाहिए?

1. आवेदन-आधारित से समझ-आधारित की ओर
2. उच्च-क्रम से निम्न-क्रम तक
3. अमूर्त से मूर्त की ओर
4. सरल से जटिल की ओर

Ans. 4

52. Which of the following statement is NOT correct in context of misconceptions formed by students?

1. Misconceptions can be used constructively by a teacher in the process of learning.
2. Misconceptions characterizes the initial phase of children's understanding of certain concepts.
3. Misconceptions clearly indicates children's inability to learn anything new and advanced.
4. Misconceptions represents children's intuitions about the processes they observe around them.

भ्रांतियों के संदर्भ में निम्नलिखित में से कौन-सा कथन सही नहीं हैं?

1. भ्रांतियों का प्रयोग शिक्षक द्वारा सीखने की प्रक्रिया में रचनात्मक रूप से किया जा सकता है।
2. भ्रांतियां कुछ सम्प्रत्तयों के बारे में बच्चों की समझ के प्रारम्भिक चरण की विशेषता है।
3. भ्रांतियां स्पष्ट रूप से बच्चों की कुछ भी नई और उन्नत सीखने की अक्षमता को दर्शाती हैं।
4. भ्रांतियां बच्चों के अपने आसपास देखी जाने वाली प्रक्रियाओं के बारे में उनके सहज ज्ञान का प्रतिनिधित्व करती हैं।

Ans. 3

53. Which of the following set of attributions for failure on a task is likely to motivate a student for future attempts?

1. I am not intelligent and intelligence is fixed.
2. I didn't put enough effort this time although I am capable of doing so.
3. Teacher was biased towards me and I can't change her perception about me.
4. This particular exam falls on Tuesday and Tuesday is my unlucky day.

किसी कार्य में विफलता के लिए निम्नलिखित में से कौन-से आरोपण में एक विद्यार्थी को भविष्य के प्रयासों से लिए प्रेरित करने की संभावना है?

1. मै बुद्धिमान नहीं हूँ और बुद्धिमता स्थिर है।
2. मैंने इस बार पर्याप्त प्रयास नहीं किया, हालांकि मै ऐसा करने में सक्षम हूँ।
3. शिक्षक मेरे प्रति पक्षपाती था और मै अपने बारे में उसकी धारणा को नहीं बदल सकता। ।
4. यह विशेष परीक्षा मंगलवार को ही पड़ती है और मंगलवार मेरा अशुभ दिन है।

Ans. 2

54. Match the following procedures of problem solving with their description -

(A) Algorithm	(i) keeping in mind solutions of problems similar to the problem at hand.
(B) Heuristic	(ii) step by step prescribed solution of a problem
(C) Analogy	(iii) dividing a problem into sub-goals and then solving each sub-goals.
(D) Means-end analysis	(iv) a general strategy leading to the correct answer

1. (A)-(iv), (B)-(iii), (C)-(i), (D)-(ii)
2. (A)-(i), (B)-(iv), (C)-(ii),(D)-(iv)
3. (A)-(iii), (B)-(ii), (C)-(i), (D)-(iv)
4. (A)-(ii), (B)-(iv), (C)-(i), (D)-(iii)

समस्या समाधान की निम्नलिखित प्रक्रियाओं का उनके वर्णन से मिलान कीजिए –

(a) कलन विधि	(i) मिलती-जुलती समस्याओं के समाधानों को ध्यान में रखना
(b) स्वानुभविक शोध प्रणाली	(ii) एक समस्या को हल करने की चरण दर चरण निर्धारित पदानुक्रम विधि
(c) तुल्यरूपता	(iii) एक समस्या को उप-लक्ष्यों में विभाजित करना और फिर प्रत्येक उप-लक्ष्य को हल करना
(d) उपाय-अंत विश्लेषण	(iv) सही उत्तर प्राप्त करना की एक सामान्य नीति

1. (A)-(iv), (B)-(iii), (C)-(i), (D)-(ii)
2. (A)-(i), (B)-(iv), (C)-(ii),(D)-(iv)
3. (A)-(iii), (B)-(ii), (C)-(i), (D)-(iv)
4. (A)-(ii), (B)-(iv), (C)-(i), (D)-(iii)

Ans. 4

55. In a school based on progressive principles, school holidays coincide with tribal festivals and the weekly holiday is in tune with the local weekly bazaar. This illustrates________

1. regressive school practices
2. flexibility of school organization
3. cultural discontinuity between school and home
4. ignorance towards children's education

प्रगतिशील सिद्धांतों पर आधारित एक विद्यालय में विद्यालय की छुट्टियाँ और जनजातीय-त्यौहार एक ही समय पड़ते हैं तथा साप्ताहिक अवकाश भी साप्ताहिक बाज़ार वाले दिन होते हैं। यह क्या दर्शाता है?

1. पिछड़ी विद्यालय प्रथाएँ
2. विद्यालय व्यवस्था में लचीलापन
3. घर और विद्यालय में सांस्कृतिक असतता
4. विद्यार्थियों की शिक्षा के प्रति अनभिज्ञता

Ans. 2

56. When classroom climate is positive, then learners know that they are valued______

1. as individuals regardless of their appearance, personality or achievement
2. only if they confirm to classroom norms
3. only if they perform well in examinations
4. only if they stay in their seats and speak only when asked.

जब कक्षा का वातावरण सकारात्मक होता है, तब अधिगमकर्ताओं को ज्ञात होता है कि -

1. वे अपनी दिखावट, व्यक्तित्व या सफलता से परे होकर एक व्यक्ति के तौर पर समादृत हैं।
2. उन्हें केवल तभी समादृत समझा जाएगा जब वे कक्षा मानकों को साबित करते हैं।
3. सिर्फ तभी समादृत समझा जाएगा जब वे परीक्षा में बेहतर प्रदर्शन करें।
4. उन्हें सिर्फ तभी समादृत समझा जाएगा जब वे अपनी जगह पर बैठे और सिर्फ तभी बोलें जब पूछा जाए।

Ans. 1

57. Assertion (A): Humans are able to learn and remember new things in motor and cognitive domains throughout their life span.

Reason (R): Outcome of a severely deprived childhood can be easily changed in later years.

Choose the correct option.

1. Both (A) and (R) are true and (R) is the correct explanation of (A).
2. Both (A) and (R) are true but (R) is not the correct explanation of (A).
3. (A) is true but (R) is false.
4. Both (A) and (R) are false.

कथन (A): मानव अपने पूरे जीवन काल के दौरान गत्यात्मक और संज्ञानात्मक क्षेत्रों मे नई चीजें सीखने और स्मरण रखने के योग्य है।

कारक (R): एक गंभीर रूप से पीड़ित बचपन के परिणामों को बाद के वर्षों में आसानी से बदला जा सकता है।

सही विकल्प चुनें

1. (A) और (R) दोनों सही हैं और (R) सही व्याख्या करता है (A) की।
2. (A) और (R) दोनों सही हैं लेकिन (R) सही व्याख्या नहीं है (A) की।
3. (A) सही है लेकिन (R) गलत हैं।
4. (A) और (R) दोनों गलत हैं।

Ans. 3

मानव अपने जीवन काल में बहुत सी शारीरिक और मानसिक क्रियाएं(physical and mental activities) सीखता है। एक गंभीर रूप से पीड़ित बचपन के परिणाम के बाद के वर्षों में आसानी से बदलाव नहीं किया जा सकता, उसके लिए बहुत कड़ी मेहनत(hard work) और सही दिशा(right direction) की आवश्यकता होती है।

58. Which is the most effective strategy to encourage conceptual development in children?

1. Keep punishing students till they make the required changes.
2. Getting children to forget old concepts and learn new ones by rote memorization.
3. Give a variety of examples and non-examples and encourage students to use reasoning.
4. Rewarding students each time they make a conceptual change in their schema.

बच्चों में सम्प्रत्यात्मक विकास को प्रोत्साहित करने के लिए कौन सी विधि सबसे प्रभावी है?

1. जब तक बच्चों में वांछित सम्प्रत्यात्मक परिवर्तन न हो जाए, तब तक दण्ड का उपयोग करना।
2. रट्टा लगाने के लिए कहना जब तक बच्चों की पुरानी अवधारणा सही से न बदल जाए।
3. बहुत से उदाहरण व गैर-उदाहरण देना तथा बच्चों को तर्कशक्ति का उपयोग करने के लिए प्रोत्साहित करना।
4. बच्चों को अपने स्कीमा में सम्प्रत्यात्मक विकास करने पर इनाम देना।

Ans. 3

59. Presentation of a concept and its sub concepts in a heirarchial and interconnected manner is called-

1. Mnemonic
2. Heuristics
3. graphic organizer
4. Algorithms

किस संप्रत्यय तथा उसके उपसंप्रत्यय की अधिक्रम तथा अंतर्संबंधित रूप से क्या प्रस्तुति कहलाती है?

1. स्मृति-सहायक विधियाँ
2. खोजी विधियाँ
3. चित्रण आयोजक
4. कलन विधि

Ans. 3

जब विषय वस्तु(subject matter) अवधारणा चित्रण(concept mapping), कहानी चित्रण(story mapping) या ज्ञान चित्रण(knowledge mapping) के माध्यम से प्रस्तुत की जाती है तो उसे चित्रण आयोजन कहा जाता है।

60. Several educational reports are revealing that students are underperforming than the expected learning levels. The first unit of analysis to understand this gap should be:

1. System	2. Child
3. Community	4. Parent

शिक्षा की कई प्रतिवेदनाएँ यह दिखा रही हैं कि विधार्थी प्रत्याशित अधिगम स्तरों से कम प्रदर्शन कर रहे हैं। इस दूरी को समझने के लिए विश्लेषण की प्रथम इकाई है क्या होनी चाहिए?

1. तंत्र	2. बच्चा
3. समुदाय	4. अभिभावक

Ans. 1

61. Assertion: Teachers must encourage children to share the 'naïve' or intuitive theories that they construct.

Reason: All children start off with pre-conceptions of reality and these conceptions influence their understanding in schools.

Choose the correct option.

1. Both (A) and (R) are true and (R) is the correct explanation of (A).
2. Both (A) and (R) are true but (R) is not the correct explanation of (A).
3. (A) is true but (R) is false.
4. Both (A) and (R) are false.

कथन (A): बच्चों द्वारा निर्मित सहज या अंतर्ज्ञान सिद्धांतों को उन्हें साझा करने के लिए उन्हें प्रोत्साहित करना चाहिए।

कारण (R): सभी बच्चे वास्तविकता की पूर्व संकल्पनाओं से आरंभ करते हैं, और विद्यालय में उनकी समझ को ये संकल्पनाएं प्रभावित करती है।

सही विकल्प चुनें

1. (A) और (R) दोनों सही हैं और (R) सही व्याख्या करता है (A) की।
2. (A) और (R) दोनों सही हैं और (R) सही व्याख्या नहीं है (A) की।
3. (A) सही है लेकिन (R) गलत है।
4. (A) और (R) दोनों गलत है।

Ans. 1

62. Assertion (A): it is important to encourage children to speculate over causes of various phenomenon occurring around them.

Reason (R): Children seek to understand the causes of everything they see around them and these causal explanations lead them towards construction of mini theories.

Choose the correct option.

1. Both (A) and (R) are true and (R) is the correct explanation of (A).
2. Both (A) and (R) are true but (R) is not the correct explanation of (A).
3. (A) is true but (R) is false.
4. Both (A) and (R) are false.

कथन (A): विद्यार्थियों को अपने आस-पास होने वाली विभिन्न घटनाओं के कारणों का अंदाजा लगाने के लिए बढ़ावा देना चाहिए।

तर्क (R): बच्चे अपने आस-पास दिखी हर घटना का कारण खोजना चाहते हैं और उनकी कारक-व्याख्या उन्हें लघु-सिद्धांतों के निर्माण की ओर ले जाती है।

सही विकल्प चुनें।

1. (A) और (R) दोनों सही हैं और (R) सही व्याख्या करता है (A) की।
2. (A) और (R) दोनों सही हैं और (R) सही व्याख्या नहीं है (A) की।
3. (A) सही है लेकिन (R) गलत हैं।
4. (A) और (R) दोनों गलत हैं।

Ans. 1

63. Graphical tools for organizing and representing knowledge and relationships on a given topic is called_______.

1. Analogy 2. Algorithm
3. Concept maps 4. Verbalization

किसी दिए गए विषय पर ज्ञान और संबंधों को व्यवस्थित और प्रस्तुत करने का चित्रात्मक उपकरण क्या कहलाता है?

1. अनुरूपक
2. कलन विधि
3. संप्रत्यय चित्रण
4. शाब्दिक अभिव्यक्ति

Ans. 3

64. _______belief of ability implies that efforts are meaningful in achieving success.

1. Competitive 2. Entity
3. Incremental 4. Avoidance-based

योग्यता की _____धारणा का आशय है कि सफलता पाने के लिए प्रयास सार्थक भूमिका निभाते हैं।

1. प्रतिस्पर्धात्मक 2. सत्वात्मक
3. वृद्धिशीलात्मक 4. परिहार आधारित

Ans. 3

65. Misconception among children are -

1. Abnormal 2. Atypical
3. Natural 4. Rare

बच्चों में भ्रांतियाँ होना _______ है।

1. असामान्य 2. अप्रारूपिक
3. प्राकृतिक 4. दुर्लभ

Ans. 3

66. Which of the following statements about questioning in the class is not correct?

1. Main focus of asking students to answer questions is to test them.
2. Asking analytical questions helps students to think critically.
3. Students should be encouraged to ask questions in the class.
4. Questions that promote analysis and application foster higher-order thinking skills.

निम्नलिखित में से कौन-सा कथन कक्षा में सवाल पूछने के संदर्भ में सही नहीं है?

1. विद्यार्थियों से प्रश्न के उत्तर पूछने का मुख्य उद्देश्य उनका परीक्षण करना है।
2. विश्लेषणात्मक प्रश्न पूछने से विद्यार्थियों को समालोचन चिंतन में मदद मिलती है।
3. विद्यार्थियों को कक्षा में प्रश्न पूछने के लिए प्रोत्साहित करना चाहिए।
4. वह प्रश्न जो विवेचन और अनुप्रयोग पर आधारित होते हैं, उच्चतर-श्रेणी के चिंतन कौशलों को बढ़ावा देते हैं।

Ans. 1

67. Which of the following creates barrier to inclusion of students from marginalized groups?

1. Access to Educational spaces
2. Equity in rights
3. Opportunity to participate
4. Social Stigma

निम्नलिखित में से कौन हाशिए के समूहों के विद्यार्थियों को शामिल करने में बाधा उत्पन्न करता है?

1. शैक्षिक स्थानों तक पहुँच
2. अधिकारों में समता
3. भाग लेने का अवसर
4. सामाजिक वर्तिकाग्र

Ans. 4

समाज की वह मान्यताएं(belief) जो भेदभाव(discrimination) उत्पन्न करती हैं।

68. A teacher wants to facilitate comprehension skills among her students. Which of the following should be avoided by her for this purpose?

1. Concept mapping
2. Decontextualising
3. Outlining
4. Summarizing

एक शिक्षिका अपने विद्यार्थियों में बोध कौशल को सुसाध्य करना चाहती है। इस उद्देश्य के लिए उसे निम्नलिखित में से किस से बचना चाहिए?

1. संकल्पना मानचित्रण
2. संदर्भहीनता
3. रूपरेखीकरण
4. सारांशीकरण

Ans. 2

विषय की संदर्भ(context) से हटकर बात करना, बच्चों के अधिगम में बाधा उत्पन्न कर सकता है इसलिए जानकारी विषय के संदर्भ के आसपास ही रखनी चाहिए।

69. Which of the following is an inappropriate way of using feedback as a motivator?

1. Feedback concentrated on the ability of the student
2. Feedback focused on the process of an activity
3. Feedback in descriptive style related to students' work
4. Feedback without referring to comparisons with other students

निम्नलिखित में से कौन-सा तरीका प्रतिपुष्टि को प्रेरक के रूप में उपयोग करने का अनुचित तरीका है?

1. विद्यार्थी की क्षमता पर केंद्रित प्रतिपुष्टि देना।
2. गतिविधि की प्रक्रिया पर केंद्रित प्रतिपुष्टि देना।
3. विद्यार्थी के काम से संबंधित वर्णात्मक शैली में प्रतिपुष्टि देना।
4. अन्य विद्यार्थियों के साथ तुलना किए बिना प्रतिपुष्टि देना।

Ans. 1

70. Assertion (A): Education fails the child when children are expected to reproduce knowledge in more or less the same way it was received.

Reason (R): Reproduction of information is a meaningful indicator of children's learning.

Choose the correct option.

1. Both(A) and (R) are true and (R) is the correct explanation of (A).
2. Both(A) and (R) are true but (R) is not the correct explanation of (A).
3. (A) is true but (R) is false.
4. Both (A) and (R) are false.

कथन (A) शिक्षा असफल हो जाती है जब बच्चों से यह अपेक्षा की जाती है कि वे प्राप्त ज्ञान को ज्यों का त्यों पुनः उत्पादित करें।

कारक (R) जानकारी का पुनः उत्पादन बच्चों के सीखने का अर्थपूर्ण घोतक है।

सही विकल्प चुनें।

1. (A) और (R) दोनों सही हैं और (R) सही व्याख्या करता है (A) की।
2. (A) और (R) दोनों सही हैं, लेकिन (R) सही व्याख्या नहीं करता है (A) की।
3. (A) सही है, लेकिन (R) गलत है।
4. (A) और (R) दोनों गलत हैं।

Ans. 3

किसी भी जानकारी को as it is याद करना या आत्मसात(assimilate) करना एक meaningful अधिगम का तरीका नहीं है।

71. The information related to the procedure of riding a bike, folding laundry and experience of climbing a tree as a 7 years old is stored in –

1. short term memory
2. long term memory
3. sensory memory
4. working memory

ये जानकारियाँ किस स्मृति में संगठित होती हैं?

i. बाइक की सवारी करने की प्रक्रिया
ii. धुले कपड़ों को तह करने की प्रक्रिया
iii. 7 वर्ष की उम्र में एक पेड़ पर चढ़ने का अनुभव

1. अल्प अवधि स्मृति
2. दीर्घ अवधि स्मृति
3. संवेदिक
4. कार्यकारी

Ans. 2

72. Mohan provides students with containers of different capacities to help them learn the concept of volume. Farah ask students to brainstorm on possibilities of making waste disposal a mechanical task so that people do not have to do these menial task.

Both of the teachers are employing ________ in their classroom.

1. Behaviourism
2. Constructivism
3. Direct instruction
4. Operant conditioning

मोहन ने विद्यार्थियों को आयतन की समझ बनाने के लिए भिन्न धारिताओं वाले बर्तन दिए। फराह ने अपने विद्यार्थियों को कूड़े को यांत्रिक कार्य बनाने की संभावनाओं पर मानस मंथन करने के लिए कहा। दोनों अध्यापक अपनी कक्षा में किस शिक्षण शास्त्रीय युक्ति का प्रयोग कर रहे हैं?

1. व्यवहारवाद 2. रचनावाद
3. स्पष्ट अनुदेशन 4. सक्रिय अनुकूलन

Ans. 2

73. Concept maps help in facilitating understanding of concepts by:

1. synthesizing and organising information.
2. removing sub-concepts.
3. by disconnecting information from social context.
4. putting over-emphasis on recall.

संकल्पनात्मक चित्रण नए संप्रत्ययों की समझ को किस प्रकार सुसाध्य करते हैं?

1. जानकारी को संश्लेषित और सुव्यवस्थित करके
2. उप-संप्रत्ययों को हटाकर
3. जानकारी को सामाजिक संदर्भ से पृथक करके
4. प्रत्यास्मरण पर अति-बल देकर

Ans. 1

74. Which of the following statements about children are correct?

(i) Children are born to be like 'scientific investigators'.
(ii) Children are active explorers of the environment.
(iii) Children think like adults - only lesser than them.
(iv) Children are born to construct meaning of their environment through social interactive.

1. (iii), (iv) 2. (i), (ii)
3. (i), (ii), (iv) 4. (i), (iii), (iv)

बच्चों के बारे में निम्नलिखित कथनों में से कौन-सा सही है?

(i) बच्चे वैज्ञानिक शोधकर्ता बनने के लिए पैदा होते हैं।
(ii) बच्चे पर्यावरण के सक्रिय अन्वेषक हैं।

(iii) बच्चे वयस्कों की तरह सोचते हैं – सिर्फ उनसे कम।
(iv) बच्चे सामाजिक अन्त:क्रिया द्वारा अपने परिवेश से अर्थ सृजित करने के लिए पैदा होते हैं।

1. (iii), (iv) 2. (i), (ii)
3. (i), (ii), (iv) 4. (ii), (iii), (iv)

Ans. 3

75. Primary objective of analysing errors in students' work is-

1. to rank students and segregate them in ability-based groups.
2. to understand children's thinking.
3. to reprimand students for making any kind of mistakes.
4. to compare the efficiency of teachers at the school.

विद्यार्थियों के काम में त्रुटियों के विश्लेषण का मुख्य उद्देश्य क्या है?

1. विद्यार्थियों को श्रेणीबद्ध करना और योग्यता आधारित समूहों में पृथक्कीकरण करना।
2. बच्चों की सोच-चिंतन को समझना।
3. विद्यार्थियों को किसी भी तरह की गलती करने के लिए फटकारना।
4. विद्यालय में अध्यापकों की क्षमता की तुलना करना।

Ans. 2

76. Assertion (A) : Fear of failure and pressure to achieve should not be induced in children to ensure that every child gets good marks in examinations.

Reason (R): For meaningful learning to take place it is important that children feel a sense of physical and emotional security.

Choose the correct option.

1. Both (A) and (R) are true and (R) is correct explanation of (A).
2. Both (A) and (R) are true but (R) is not the correct explanation of (A).
3. (A) is true but (R) is false.
4. Both (A) and (R) are false.

कथन (A) : सभी बच्चे परीक्षाओं में अच्छे अंक लाएँ, यह सुनिश्चित करने के लिए बच्चों में असफलता का भय और उपलब्धि का दबाव पैदा नहीं करना चाहिए।

कारण (R) : अर्थपूर्ण अधिगम हो सके, इसके लिए महत्वपूर्ण है कि बच्चे शारीरिक और भावात्मक सुरक्षा महसूस कर सकें।

सही विकल्प चुनें।

1. (A) और (R) दोनों सही हैं और (R) सही व्याख्या करता है (A) की।
2. (A) और (R) दोनों सही हैं, लेकिन (R) सही व्याख्या नहीं है (A) की।
3. (A) सही है, लेकिन (R) गलत है।
4. (A) और (R) दोनों गलत हैं।

Ans. 1

77. What sequence a child should adopt while solving a problem?

1. Identifying the problem, hypothesizing, testing the hypothesis, Data collection.
2. Data collection, hypothesizing, hypothesis testing, analysis of data.
3. Defining the problem, analysing the problem, hypothesizing, testing the hypothesis.
4. Analysing the problem, data collection, hypothesizing interpretation of result.

बच्चे को किसी समस्या का समाधान ढूँढने में किस क्रम को अपनाना चाहिए?

1. समस्या की पहचान, परिकल्पना बनाना, परिकल्पना का परीक्षण, आँकड़ों का संग्रहण।

2. आँकड़ों का संग्रहण, परिकल्पना बनाना, परिकल्पना परीक्षण, आँकड़ों का विश्लेषण।
3. समस्या को परिभाषित करना, समस्या का विश्लेषण करना, परिकल्पना बनाना, परिकल्पना का परीक्षण।
4. समस्या का विश्लेषण, आँकड़ों का संग्रहण, परिकल्पना बनाना, परिणाम की व्याख्या करना।

Ans. 1,3

78. Assertion (A): Children need to be provided opportunities such as manipulation of objects, experiments, brainstorming and discussions to foster their inherent interest in meaning-making

Reason (R): Learning is active and social in its character.

1. Both (A) and (R) are true and (R) is the correct explanation of (A).
2. Both (A) and (R) are true but (R) is not the correct explanation of (A).
3. (A) is true but (R) is false.
4. Both (A) and (R) are false.

अभिकथन (A) : विद्यार्थियों को अर्थ ग्रहण करने में अपनी स्वाभाविक रुचियों को पोषित करने लिए अवसर मिलने चाहिए जैसे कि तरह-तरह की वस्तुओं का उपयोग करना, प्रयोग एवं परीक्षण करना, मानस मंथन और चर्चाएँ करना।

कारण (R) : अधिगम की प्रकृति क्रियाशील और सामाजिक है।

सही विकल्प चुनें।

1. (A) और (R) दोनों सही हैं और (R) सही व्याख्या करता है (A) की।
2. (A) और (R) दोनों सही हैं लेकिन (R) सही व्याख्या नहीं है (A) की।
3. (A) सही है, लेकिन (R) गलत है।
4. (A) और (R) दोनों गलत हैं।

Ans. 1

79. 4.Which of the following has been recommended by clause 12 of the Right to Education Act(2009) regarding education of students belonging to economically weaker sections?

1. Admission in government schools only
2. Reservation in private schools
3. Provision of vocational education only
4. Separate schools for them

आर्थिक रूप से कमज़ोर वर्ग के विद्यार्थियों की शिक्षा के सम्बन्ध में शिक्षा का अधिकार अधिनियम (2009) के खंड 12 द्वारा निम्नलिखित में से किसकी सिफरिश की गयी है?

1. केवल सरकारी विद्यालयों में दाख़िला
2. निजी विद्यालयों में आरक्षण
3. केवल व्यावसायिक शिक्षा का प्रावधान
4. उनके लिए अलग विद्यालय

Ans. 2

शिक्षा का अधिकार अधिनियम(RTE ACT) 2009 के क्लॉज 12 में स्पष्ट उल्लेख है कि आर्थिक रूप से कमजोर वर्ग के विधार्थियो(EWS) का 25% आरक्षण निजी विधार्थियो में होगा।

POSITIVE & NEGATIVE WORDS (IMPORTANT TERMS)

Equality समानता - सभी व्यक्तियों को अपने विकास के लिए समान अवसर मिले।

Equity समता - क्षमताओं (abilities) के आधार पर साधन (resource) देना।

Decontextual (असंदर्भित) - किसी संदर्भ से हटाना। अर्थात किसी चीज़ को उसके मूल संदर्भ से अलग करना।

Contextual (संदर्भित) - किसी बात पर उस स्थिति के संबंध में विचार करने की प्रक्रिया जिसमे वह घटित होती है।

अधिसंज्ञानात्मक metacognition - किसी की अपनी सोच सिखने के बारे में सोचने की प्रक्रिया।

Acceleration त्वरण (गतिवर्द्धन) - इसको double promotion भी कहते। प्रतिभाशाली बच्चे को एक साल में दो class में promotion कराना।

समालोचनात्मक चिंतन critical thinking - एक व्यक्ति को उचित व्याख्या विश्लेषण, मूल्यांकन, अनुमान आदि करने के लिए क्षमताओं (abilities) और कौशल (skill) को विकसित करता है ।

मानकीकृत (Standardised) - एक स्थापित मानक या गुणवक्ता।

संवेदनशील (Sensitive) - किसी चीज़ के प्रति तीव्र धारणा या प्रतिक्रिया से है।

Scaffolding पाड़ - अधिगम के दौरान दिया गया अस्थायी बाहरी सहयोग (temporary support) होता है।

Mastery-oriented महारत - अभिमुखी - स्व निर्धारित मानकों के अनुसार सिखने और कार्य में महारत हासिल करने के लक्ष्य के रूप में परिभाषित किया गया है।

Sympathy (सहानुभूति) - दुसरो की सांवेगिक दशा को समझना।

Empathy (समानुभूति) - दूसरे की सांवेगिक दशा को अपनी दशा के रूप में अनुभव करना।

Spatial understanding - अमूर्त तथ्य (**abstract concept**) के आधार पर चिंतन करना

प्रतिक्रिया सेट Response Set - समस्या को एक ही समाधान द्वारा हल (**solve**) करना।

Retrieval पुनर्प्राप्ति - किसी वस्तु/ तथ्य को पुनः प्राप्त करने या खोजे जाने से बचाने की क्रिया है।

Collaborative - एक कार्य को पूरा करने या लक्ष्य प्राप्त करने के लिए दो या दो से अधिक लोगो की एक साथ काम करने की प्रक्रिया है।

गतिशील Dynamic - सदैव सक्रिया या परिवर्तनशील (changeable)

Rigid (कठोर) - अवधारणाओं, दृष्टिकोण और विश्वासों में अपरिवर्तन।

Autism स्वलीनता - बार-बार दोहराव और आवर्ती व्यवहार (repetitive behaviour)

Passive निष्क्रिय - जो कोई प्रतिक्रिया भावना या रूचि न दिखाए।

वेधन और अभ्यास Drill & Practice - एक व्यवहारवादी तकनीक है जिसमे छात्रों को महारत हासिल होने तक एक ही सामग्री बार बार दी जाती है।

Hypothesis (परिकल्पना) - पूर्वज्ञान (**previous knowledge**) या एक शिक्षित अनुमान पर आधारित अनुमान ।

Maturity (परिपक्वता) - पूर्ण विकसित या व्यस्क होने की अवस्था है, आनुवंशिकता (heredity) पर आधारित है।

Labelling (नामीकरण) - क्षमता (ability) या व्यवहार (behaviour) के आधार पर लेबल लगाना।

Chunking (खंडीकरण) - परिचित के समूह को एक इकाई के रूप में संचित करना।

Impulsivity (आवेगशीलता) - बिना सोच विचार के किया हुआ।

Restless (आकुल) - आराम से रहने में असमर्थता दर्शाना, बेचैन या अशांत रहना।

Retain (प्रतिधारण) - किसी सूचना को अच्छी तरह से याद रखना।

Learned helplessness (अधिगम असहायता) - जो व्यक्ति जीवन में बार-बार असफल (failure) होता है वह किसी भी नए कार्य से पहले ही अपनी असफलता मान लेता है।

Brainstorm / बुद्धि मंथन - रचनात्मक (creativity) तरीके से चिंतन करना

Analogical thinking (अनुरूपित सोच) - एक समस्या समाधान (problem solving) तकनीक है जिसमे समय को हल करने के लिए उससे मिलती जुलती समय को हल किया जाता है।

Algorithms (कलनविधि) - एक समस्या समाधान तकनीक है जिसका उपयोग विचार निर्माण में सहायता के लिए किया जाता है।

Means-end -analysis (साधन लक्ष्य विशेषण) - समस्या समाधान रणनीति है जिसमें अंतिम लक्ष्य की पहचान की जाती है और उसे उपलक्षों और कार्य योजनाओं के माध्यम से पूरा किया जाता है।

Imitation (अनुकरण) - व्यक्ति या वस्तु की नकल करना।

Adaptation (अनुकूलन) - समायोजन करने की क्षमता है।

Recall (प्रत्याहार) - अतीत की कोई बात घटना, तथ्य आदि याद करना।

Heuristic (स्वानुभुविकता) - एक ऐसा प्रतीत है जिसमें बच्चों को एक खोजकर्ता के दृष्टिकोण में रखना शामिल अथवा खोजने (discovery) के द्वारा सीखने पर बल देती है।

Working backward strategy (पस्च्गामी विधि का संचालन) - समस्या समाधान की रणनीति जिसमें व्यक्ति लक्ष्य से शुरुआत करता है और समाधान खोजने के लिए क्रमिक रूप से पीछे हटता है।

Frustration (कुंठा) - अनिर्णय की स्थिति।

Reflection (विमर्श चिंतन) - अपने कार्यों, विश्वासो, विचारों और भावनाओं पर विचार पूर्वक विचार करने के लिए समय निकालने का अभ्यास।

Docility(अधीनता उन्मुखी) - शांत रहने और प्रभावित करने या नियंत्रण करने में आसान होने का गुण।

Linear (रैखिक) - समस्या समाधान पर पहुंचने के लिए चरण दर चरण प्रक्रिया (step by step process) का पालन करना शामिल है।

Spiral (वर्तुलाकार) - एक रेखीय प्रक्रिया (linear process) न होकर आगे पीछे बढ़ना

Concept Map (संकल्पना मानचित्र) - एक आरेख है जो अवधारणाओं (concept) के बीच सुझाव गए संबंधों को दर्शाता है।

Construction (सरचनावाद) - विद्यार्थी अपने ज्ञान की रचना वातावरण से interact करते हुए अपने अनुभवों से स्वयं करता है।

Facilitate (सुसाधित) - सीखने को आसान बनाना।

Declarative knowledge (घोषणात्मक ज्ञान) - ज्ञान, सूचना एवं घटना से संबंधित ज्ञान जैसे देखी गई घटना का वर्णन।

Procedural knowledge (प्रक्रियात्मक ज्ञान) - कार्य करने की प्रक्रिया से संबंधित ज्ञान जैसे खाना कैसे बनाया जाता है।

Discovery learning (खोजी अधिगम) - एक जांच आधारित शिक्षण पद्धति है जहां छात्र स्वयं निर्देशित सीखने की प्रक्रिया के माध्यम से अपने स्वयं के ज्ञान का निर्णय करने के लिए प्रोत्साहित किया जाता है।

Universal (सार्वभौमिक) - दुनिया में हर किसी से या किसी विशेष समूह या समाज में हर किसी से संबंधित है।

Reinforcement (पुर्नबलन) - ऐसा उद्दीपक जो किसी वांछित अनुक्रिया को बार- बार करने के लिए प्रेरित करता है।

Self-directed (स्व निर्देशित) - स्वयं के लिए या स्वयं द्वार निर्दशितत होता है।

NCERT (शब्दावली)

- **जीववाद (Animism): -** पूर्ण-संक्रियात्मक चिंतन का एक पक्ष या विश्वास कि निर्जीव वस्तुओं में 'जीवन जैसे' गुण होते हैं और वे कार्य करने में सक्षम हैं।

- **सहचारी अधिगम (Associative Learning):-** ऐसा अधिगम जिसमें कुछ घटनाएँ साथ-साथ घटित होती हैं। ये घटनाएँ दो उद्दीपक हो सकती हैं (जैसा कि प्राचीन अनुबंधन में) या एक अनुक्रिया और उसका परिणाम (जैसा कि क्रियाप्रसूत अनुबंधन में) हो सकती हैं।

- **द्विभाषिकता (Bilingualism):-** दो भाषाओं को सीखना जिसमें भिन्न वाक्-स्वन, शब्दावली एवं व्याकरणिक नियम हों।

- **ऊर्ध्वगामी प्रक्रमण (Bottom-up processing):-** आकृति प्रत्यक्षण में अंश से पूर्ण की ओर प्रगति।

- **विचारावेश (Brainstorming):-** समस्या समाधान युक्ति जिसमें व्यक्ति या समूह समस्त संभावित विचारों को एकत्र करते हैं और तभी मूल्यांकन करते हैं जब सारे विचार एकत्र कर लिए गए हों।

- **केंद्रीकरण (Centration):-** दूसरी सभी विशेषताओं को छोड़कर एक विशेषता पर ध्यान केंद्रित करना।

- **शिरःपदाभिमुख संरूप (Cephalocaudal Pattern):-** वह क्रम, जिसमें सबसे अधिक विकास शीर्ष पर होता है। आकार, वजन और रूप में शारीरिक वृद्धि के साथ विभेदन क्रमशः ऊपर से नीचे की ओर होता है।

- **कालानुक्रमिक आयु (Chronological Age):-** उन वर्षों की संख्या जो किसी व्यक्ति के जन्म के बाद से लेकर गणना के समय तक गुजर गए; जिसका सामान्यतः 'उम्र' से तात्पर्य होता है।

- **संज्ञान (Cognition):-** जानने के साथ जुड़ी सभी मानसिक प्रक्रियाएँ, यथा-प्रत्यक्षण करना, चिंतन करना और याद करना इत्यादि। यह सूचना के प्रक्रमण, समझ एवं संप्रेषण से संबंधित है।

- **संज्ञानात्मक अधिगम (Cognitive Learning):-** वैसा अधिगम जिसमें प्रत्यक्षण, ज्ञान एवं विचार की पुनर्व्यवस्था अंतर्निहित होती है।

- **संज्ञानात्मक प्रक्रियाएँ (Cognitive Processes):-** व्यक्ति के चिंतन, बुद्धि और भाषा को संलग्न करने वाली मानसिक प्रक्रियाएँ।

- **संप्रत्यय (Concept) :-** विचारों, वस्तुओं, व्यक्तियों अथवा अनुभवों की एक सामान्य श्रेणी जिसके सदस्यों में कुछ समान गुण विद्यमान होते हैं।

- **अनुबंधन (Conditioning):-** एक व्यवस्थित प्रक्रिया जिसके माध्यम से उद्दीपक के प्रति नयी अनुक्रियाएँ सीखी जाती हैं।

- **संरक्षण (Conservation):-** बाह्य परिवर्तनों के बावजूद स्थितियों अथवा वस्तुओं के कुछ गुणों में स्थायित्व या अपरिवर्तनीयता का विश्वास।

- **अभिसारी चिंतन (Convergent Thinking):-** ऐसा चिंतन जो समस्या के एक सही समाधान की ओर निर्देशित होता है।

- **सर्जनात्मकता (Creativity) :-** अभिनव और असाधारण तरीके से सोचने की योग्यता और समस्याओं को अनन्य ढंग से हल करना।

- **निर्णयन (Decision-making):-** विकल्पों के मूल्यांकन एवं उनमें से चुनाव करने की प्रक्रिया।

- **निगमनात्मक तर्कना (Deductive Reasoning):-** किसी तर्क की आधारिका को स्वीकार कर एक निष्कर्ष तक पहुँचना और फिर औपचारिक तार्किक नियमों का अनुसरण करना।

- **अपसारी चिंतन (Divergent Thinking):-** ऐसा चिंतन जो मौलिक, आविष्कारशील और लचीला है। ऐसे प्रश्न जिनके कई उत्तर हो सकते हैं, उन सभी प्रकार के उत्तरों को खोजने के लिए विभिन्न दिशाओं में चिंतन उन्मुख होता है और जो सर्जनात्मकता की विशेषता है।

- **अंहकेंद्रवाद (Egocentrism):-** पूर्व-सक्रियात्मक चिंतन की एक प्रमुख विशेषता जो किसी व्यक्ति द्वारा अपने परिप्रेक्ष्य और किसी दूसरे के परिप्रेक्ष्य के बीच भेद न कर पाने की अयोग्यता की ओर संकेत करती है।

- **संवेग (Emotion):-** ऐसी स्थितियाँ जो व्यक्तिगत रूप से महत्वपूर्ण समझी जाती हैं, उनके प्रति अनुक्रियाओं में परिवर्तनों का एक जटिल प्रारूप, जिसमें शारीरिक उत्तेजन, अनुभूति, विचार और व्यवहार सम्मिलित होते हैं।

- **सूक्ष्म पेशीय कौशल (Fine motor skills):-** पेशीय कौशल वे हैं जो अधिक सूक्ष्म गतियों से संबंधित हैं, जैसे अंगुलियों का कौशल।

- **प्रकार्यात्मक स्थिरता (Functional Fixedness):-** किसी भी चीज के बारे में केवल उनके सामान्य प्रकार्यों के संदर्भ में सोचना, जो समस्या समाधान के लिए एक बाधा होती है।

- **लिंग पहचान (Gender Identity):-** पुरुष या महिला होने की समझ, जो 3 वर्ष की उम्र होने तक बच्चों में आती है।

- **लिंग भूमिका (Gender Role):-** प्रत्याशाओं का एक समुच्चय जो यह निर्धारित करता है कि किस प्रकार महिलाओं और पुरुषों को विचार करना चाहिए, कार्य करना चाहिए और अनुभव करना चाहिए।

- **सामान्यीकरण (Generalisation):-** ऐसी प्रवृत्ति जिसमें यदि कोई अनुक्रिया अनुबंधित हो गई हो तो ऐसा उद्दीपक जो अनुबंधित उद्दीपक के समान हो, समान अनुक्रियाएँ उत्पन्न करेगा।

- **जीन (Genes):-** आनुवंशिक सूचना की इकाइयाँ, डी.एन.ए, निर्मित गुणसूत्र खंड। जीन अपने को पुनः उत्पादित करने के लिए और जीवन को बनाए रखने वाले प्रोटीन के उत्पादन के लिए कोशिका के लिए ब्लूप्रिंट का काम करता है।

- **स्थूल पेशीय कौशल (Gross Motor Skills):-** पेशीय कौशल जिसमें मांसपेशियों के व्यापक रूप से क्रियाकलाप की आवश्यकता होती है, जैसे टहलना।

- **आनुवंशिकता (Heredity):-** माता-पिता से संतान को गुणों का जैविकीय संचरण।

- **उद्भवन (Incubation):-** सर्जनात्मक प्रक्रिया में एक अवस्था जिसमें सचेतन स्तर पर प्रगति प्रकट नहीं होती, जबकि अचेतन मन किसी विचार या समाधान पर कार्य कर सकता है।

- **आगमनात्मक तर्कना (Inductive Reasoning):-** वह तार्किक प्रक्रिया जिसके द्वारा विशेष घटनाओं से सामान्य सिद्धांतों तक पहुँचा जाता है।

- **मूल प्रवृत्ति (Instinct):-** एक जटिल सार्वभौम व्यवहार है जो एक प्रजाति के सभी सदस्यों में पाया जाता है और अधिगत नहीं होता है।

- **अधिगम अशक्तताएँ (Learning Disabilities):-** सीखने की अशक्तता वाले बच्चे **(i)** सामान्य या सामान्य से अधिक बुद्धि वाले होते हैं, **(ii)** कई शैक्षिक क्षेत्रों में कठिनाई का अनुभव करते हैं किन्तु अन्य दूसरे क्षेत्रों में कोई कमी नहीं प्रदर्शित करते, तथा **(iii)** किन्हीं अन्य दशाओं या विकारों से ग्रस्त नहीं होते जो उनकी सीखने की समस्याओं की व्याख्या कर सकें।

- **अधिगम (Learning):-** अनुभव के कारण प्राणी के व्यवहार में होने वाला अपेक्षाकृत स्थायी परिवर्तन।

- **परिपक्वता (Maturation):-** परिवर्तनों की क्रमबद्ध श्रृंखला जो प्रत्येक व्यक्ति के आनुवंशिक

'ब्लूप्रिंट' (रूपरेखा) से निर्धारित होती है।

- **स्मृति-सहायक संकेत (Mnemonics):-** वे युक्तियाँ या तंत्रि तकनीकें जो नयी सूचनाओं के भंडारण में परिचित साहचर्यों का उपयोग करती हैं ताकि उन्हें सहजता से याद रखा जा सके।
- **नैतिक विकास (Moral Development):-** ऐसे नियमों और परंपराओं के परिप्रेक्ष्य में विकास कि एक व्यक्ति को दूसरे व्यक्तियों के साथ परस्पर किस तरह का व्यवहार करना चाहिए।
- **रूपिम (Morphemes):-** किसी भाषा में सबसे छोटी अर्थपूर्ण इकाई।
- **अभिप्रेरणा (Motivation):-** एक आवश्यकता अथवा इच्छा जो व्यवहार को शक्ति देती है और उसे निर्देशित करती है।
- **अभिप्रेरक (Motives):-** व्यवहार को शक्ति देने वाले और निर्देशित करने वाले कारक।
- **पेशीय या गत्यात्मक विकास (Motor Development):-** शारीरिक क्रियाओं के लिए आवश्यक मांसपेशियों के समन्वयन की प्रगति
- **वस्तु स्थायित्व (Object Permanence):-** यह समझ कि वस्तु और घटनाएँ तब भी अस्तित्ववान होती हैं जब वे प्रत्यक्ष रूप से दिखाई सुनाई नहीं पड़तीं और न ही स्पर्श के अनुभव में आती हैं।
- **संक्रियाएँ (Operations):-** क्रियाओं का वह आत्मीकृत रूप जो बालक को भौतिक रूप से घटित घटनाओं को मानसिक रूप से करने में सहायता करता है।
- **समकक्षी (Peers):-** एक ही उम्र अथवा परिपक्वता स्तर के बालक।
- **प्रत्यक्षण (Perception):-** वे प्रक्रियाएँ जो संवेदी सूचना को संगठित करती हैं और इसको पर्यावरणी स्रोत के रूप में परिभाषित करती हैं।
- **स्वनिम (Phonemes):-** किसी भाषा में ध्वनि की सबसे छोटी इकाई।
- **समस्या समाधान (Problem Solving):-** चिंतन के उच्चतर स्तर पर घटित होने वाला व्यवहार; समस्या समाधान को चार चरणों में विभाजित किया जाता है: उद्भवन, प्रबोधन, तैयारी और सत्यापन।
- **तर्कना (Reasoning):-** यथार्थवादी चिंतन प्रक्रिया जो तथ्यों के एक समुच्चय (सेट) से निष्कर्ष निकालती है।
- **विश्वसनीयता (Reliability):-** किसी मापन तकनीक की स्थिरता के परिमाण के बारे में एक कथन। विश्वसनीय तकनीक से समान स्थितियों के अंतर्गत बार-बार मापन से समान माप प्राप्त होते हैं।
- **समाकृति या स्कीमा (Schema):-** एक संज्ञानात्मक संरचना; संयोजनों का एक संजाल जो किसी व्यक्ति के प्रत्यक्षण को संगठित और निर्देशित करता है
- **संवेदना (Sensation):-** किसी भौतिक उद्दीपन की अनुभूति।
- **संवेदी स्मृति (Sensory Memory):-** प्रारंभिक प्रक्रिया जो उद्दीपक के संक्षिप्त प्रभावों को संरक्षित रखती है, इसे संवेदी पंजिका भी कहा जाता है।
- **वाक्यविन्यास (Syntax):-** स्वीकार्य वाक्यांश या वाक्य बनाने के लिए शब्दों को संयोजित करने के नियमों से संबंधित।
- **अधोगामी प्रक्रमण (Top-down Processing):-** आकार प्रत्यक्षण में पूर्ण से अंशों की ओर क्रमिक प्रगति।
- **वैधता (Validity):-** किसी मापक द्वारा की गई परिशुद्धता का द्योतक जो यह बताता है कि मापन वास्तविकता के निकट है।
- **वाचिक अधिगम (Verbal Learning):-** वाचिक उद्दीपक के प्रति वाचिक रूप से अनुक्रिया करने की अधिगम की प्रक्रिया। इसमें प्रतीक, निरर्थक पद, शब्दों की सूचियाँ आदि होते हैं।

- **अनुकूलन (Adaptation) :-** संरचनात्मक या प्रकार्यात्मक परिवर्तन जो किसी जीव के उत्तरजीविता मूल्य में वृद्धि करता है। अर्थात् नई परिस्थिति में समायोजित होने की प्रक्रिया।

- **दुश्चिता विकार (Anxiety disorders) :-** ऐसे विकार जिसमें दुश्चिंता ही प्रमुख लक्षण होती है। अर्थात् विकार जिसमें चिंता एक केंद्रीय लक्षण है। विकार की विशेषता असुरक्षा, आशंका या भय की भावना है।

- **अभिक्षमता (Aptitude) :-** ऐसी विशेषताओं का संयोग जो व्यक्ति की प्रशिक्षण द्वारा कुछ विशिष्ट कौशलों को अर्जित करने की समर्थता का सूचक होता है। अर्थात् किसी निश्चित प्रकार के कार्य को कर सकने की क्षमता।

- **आद्यप्ररूप (Archetypes):-** सामूहिक अचेतन की अंतर्वस्तुओं के लिए युंग द्वारा प्रयुक्त पद अनुभव के संगठन के लिए वंशागत प्रतिरूपों को अभिव्यक्त करने वाली प्रतिमाएँ या प्रतीक ।

- **अभिवृत्तियाँ (Attitudes) :-** किसी विषय के संबंध में मन की अवस्थाएं, विचार या धारणाएं जिनमें संज्ञानात्मक, भावात्मक और व्यवहारिक घटक होते हैं।

- **गुणारोपण (Attribution) :-** अपने अथवा दूसरों के व्यवहार की व्याख्या करने के लिए उस व्यवहार के कारणों का विवरण देना।

- **सत्ता या प्रभुत्व (Authority):-** किसी पद (जैसे- प्रबंधकीय) में निहित अधिकार जिनके आधार पर आदेश देना और उनका पालन किए जाने की अपेक्षा करना।

- **सज्ञान (Cognition):-** जानने की प्रक्रिया। ऐसी मानसिक क्रियाएँ जो चिंतन, निर्णयन भाषा के उपयोग तथा अन्य उच्चतर मानसिक प्रक्रियाओं से संबंधित हैं।विचार, निर्णय-निर्माण, भाषा और अन्य उच्च मानसिक प्रक्रियाओं से जुडी मानसिक गतिविधि।

- **दवंद्व (Conflict) :-** परस्पर-विरोधी अभिप्रेरकों, अंतनोंदों, आवश्यकताओं या लक्ष्यों से उत्पन्न हुए अशांति या तनाव की दशा।

- **सर्जनात्मकता (Creativity):-** विचारों एवं वस्तुओं को उत्पन्न करने की योग्यता तथा समस्या के ऐसे समाधानों को प्रस्तुत करने की योग्यता जिसमें नयापन हो एवं जो उपयुक्त हों।

- **भेदभाव (Discrimination):-** ऐसा व्यवहार जिसमें यह अनुभव हो कि दो या अधिक व्यक्तियों के बीच, प्रायः किसी व्यक्ति (या व्यक्तियों) के प्रति उनको किसी अन्य विशिष्ट समुदाय का सदस्य होने के आधार पर उसके प्रति विभेद किया जाना। अर्थात् ऐसा व्यवहार जो किसी विशेष समूह के व्यक्ति की सदस्यता के आधार पर दो या दो से अधिक व्यक्तियों के बीच किए जा रहे भेद को दर्शाता है।

- **सांवेगिक बुद्धि (Emotional Intelligence) :-** जीवन के सांवेगिक/भावात्मक पक्ष से संबंधित विशेषकों या योग्यताओं का समूह जैसे अपने निजी संवेगों की पहचान एवं प्रबंधन करने, दूसरों के संवेगों की पहचान एवं प्रबंधन करने, स्वयं अपने को उत्प्रेरित करने एवं अपने आवेगों को नियंत्रित रखने तथा प्रभावी ढंग से अंतर्वैयक्तिक संबंधों पर व्यवहार करने की योग्यताएँ। इसे एक सांवेगिक लब्धि प्राप्तांक (EQ) के रूप में व्यक्त किया जाता है।

- **सा-कारक (g-factor):-** सामान्य बुद्धि कारक, बुद्धि की सभी अभिव्यक्तियों के अंतर्गत आधारभूत बौद्धिक क्षमता को संदर्भित करता है।

- **व्यक्तिगत भिन्नताएँ (Individual differences) :-** अर्थात् लोगों की विशेषताओं और व्यवहार पैटर्न के बीच विशिष्टता और अद्वितीय भिन्नता।

- **बौद्धिक अशक्तता (Intellectual disability):-** बुद्धि की औसत से भी कम कार्यशीलता तथा उसके साथ की अनुकूली व्यवहार में अनेक कोटि की न्यूनताओं की विद्यमानता अर्थात् औसत से कम बौद्धिक कार्यशीलता के साथ अनुकूली व्यवहार में कमी की विभिन्न डिग्री।

- **बौद्धिक प्रतिभाशीलता (Intellectual giftedness) :-** असाधारण सामान्य बौद्धिक क्षमता जो विभिन्न प्रकार के कार्यों में उत्कृष्ट प्रदर्शन (**superior performance**) में प्रदर्शित होती है।

- **बुद्धि** (Intelligence) **:-** दुनिया को समझने, तर्कसंगत ढंग से सोचने और चुनौतियों का सामना करते समय संसाधनों का प्रभावी ढंग से उपयोग करने की क्षमता।

- **बुद्धि लब्धि (Intelligence quotient, IQ) :-** मानकीकृत बुद्धि (**standardised test**) परीक्षण से प्राप्त एक सूचकांक, जो मानसिक आयु (**mental age**)और कालानुक्रमिक आयु (**chronological age**)के अनुपात को दर्शाता है।

- **अभिरुचि (Interest) :-** एक या अधिक विशिष्ट गतिविधियों के लिए किसी व्यक्ति का प्रदर्शन।

- **अंतर्मुखता (Introversion) :-** व्यक्तित्व की एक विमा जिसमें अभिरुचियाँ बाहर (बहिर्मुखी/ **extravert**) के बजाय अंदर की ओर उन्मुख होती हैं।

- **बहिर्मुखता (Extraversion):-** व्यक्तित्व की एक विमा जिसमें व्यक्ति की अभिरुचि अपने विचारों या भावनाओं की ओर अंतर्मुखी न होकर प्रकृति या अन्य व्यक्तियों की ओर बहिर्मुखी हो जाती है।

- **मानसिक आयु (Mental age, MA) :-** आयु के रूप में अभिव्यक्त बौद्धिक कार्यशीलता का मापक।अर्थात् विशिष्ट आयु में बौद्धिक विकास का माप।

- **तंत्रिकाजन्य विकार (Neurodevelopmental disorders) :-** इन विकारों की एक विशेषता है कि इनके अभिलक्षण विकास की प्रारंभिक अवस्था में प्रकट होते हैं। ये विकार व्यक्ति के वैयक्तिक(**personal**), सामाजिक(**social**), शैक्षिक(**educational**) और व्यावसायिक(**occupational**) क्रियाकलापों को प्रभावित करते हैं।

- **मानक (Norms) :-** परीक्षण निष्पादन के मानक जो अन्य परीक्षार्थियों (उसी परीक्षण के) के प्राप्तांकों के साथ किसी एक परीक्षार्थी के प्राप्तांकों की तुलना का आधार प्रदान करते हैं।अर्थात् बच्चों के अंक की तुलना दूसरे बच्चों के अंकों से करना।

- **निष्पादन परीक्षण (Performance test) :-** ऐसा परीक्षण जिसमें भाषा की भूमिका न्यूनतम होती है क्योंकि कार्य के लिए मौखिक/वाचिक(**verbal**) अनुक्रियाओं की अपेक्षा प्रकट गत्यात्मक या पेशीय अनुक्रियाओं(**motor responses**) की आवश्यकता पड़ती है।

- **समस्या समाधान व्यवहार (Problem solving behaviour) :-** किसी प्राणी और उसके लक्ष्य की प्राप्ति के बीच आने वाली भौतिक या संप्रत्ययात्मक बाधाओं को दूर करने में निहित क्रियाकलाप और मानसिक प्रक्रियाएँ।

- **आद्यरूप (Prototype):-** किसी श्रेणी के रूप में एक क्रमागत योजना जो किसी वस्तु या व्यक्ति की सभी संभावित गुणवत्ताओं का को दर्शाती हो ।

- **अन्विति योजना (Schema):-** एक मानसिक संरचना(**mental structure**) जो सामाजिक (तथा अन्य) संज्ञान को निर्देशित करती है।

- **आत्म जागरूकता (Self-awareness**):- अपने अभिप्रेरकों(**motives**), विभवताओं (**potential**) और परिसीमाओं (**limitations**)के प्रति अंतदृष्टि।

- **आत्म-**सक्षमता (**Self-efficacy**):- बंडुरा द्वारा प्रयुक्त शब्द ,व्यक्ति की अपनी प्रभावशीलता के बारे में विश्वास, इस उम्मीद के लिए है कि कोई व्यक्ति किसी स्थिति का सामना कर सकता है और सकारात्मक परिणाम दे सकता है।

- **आत्म-**सम्मान (**Self-esteem**):- किसी व्यक्ति का अपनी निजी योग्यता के बारे में व्यक्तिगत निर्णय; एक सकारात्मक नकारात्मक आयाम के साथ स्वयं के प्रति दृष्टिकोण।

- **आत्म-**नियमन (**Self-regulation**) :- यह स्वयं अपने व्यवहार को व्यवस्थित(**organize**) करने और निगरानी(**monitor**) करने की हमारी क्षमता का उल्लेख करता है।

- **संवेदनशीलता (Sensitivity) :-** निम्न स्तर

के भौतिक उद्दीपन(**physical stimulation**) पर अनुक्रिया करने की प्रवृत्ति ।

- **रूढ़धारणा (Stereotype) :-** लोगों के किसी विशिष्ट समूह के बारे में एक निश्चित, अतिसामान्यीकृत(**overgeneralized**), पक्षपाती और असत्यापित (**unverified**) धारणा है।

- **मूल्य (Values) :-** व्यवहार के आदर्श तरीकों या अस्तित्व की अंतिम स्थिति के बारे में स्थायी विश्वास; वे अभिवृत्तियाँ(**attitudes**) जिनका मूल्यपरक और 'कर्तव्यता' पक्ष प्रबल होता है।